Was bi

Aufbau des R
N

Reisevorbereitung und -planung

Vancouver & Umgebung

Trans Canada Highway
von Toronto nach Calgary

Unterwegs in Kanada

Routen durch British Columbia und Alberta:
Von Vancouver Island durch die
Rocky Mountains nach Calgary & Edmonton
Nord-BC & Cassiar Highway

Zusätzliche Routenvorschläge

Durch Kanadas hohen Norden:
Alaska Highway in Kanada & Yukon Territory

Anhang:
Kanadas Provinzen & Territorien
US-Staat Alaska

Alaska mit Inside Passage
& Fährverbindungen

Anhang:
Adressen & Verzeichnisse
(Index/Karten)

In der Klappe links:
Übersicht über die in diesem
Buch beschriebenen Routen

Reise Know-How im Internet

Mehr zu unseren Titeln zu

Nordamerika/Balearen/Teneriffa u.a.

Newsletterabonnierung, aktuelle und Sonderthemen,
Fahrzeugvermittlung USA/Canada, Buchshop,
viele Links zu nützlichen Internetseiten u.v.a.m.
finden Sie auf unserer Verlagshomepage:

Aktuelle Reisetips und Neuigkeiten
zu fast allen Reisezielen der Erde,
Ergänzungen nach Redaktionsschluss
Büchershop und Sonderangebote:

www
reise-know-how.de

Dr. Hans-R. Grundmann GmbH
Verlagsgruppe Reise Know-How

Bernd Wagner
Hans-R. Grundmann

Kanada der ganze Westen

Alberta, British Columbia, Yukon und Northwest Territories

Trans Canada Route durch Ontario, Manitoba und Saskatchewan nach Calgary

mit Alaska

Canada oder Kanada?

Die kanadische Schreibweise ist »Canada«, die deutsche »Kanada«. In diesem Buch wird durchgehend »Canada« als Eigenname des Landes verwendet, jedoch im Text als Adjektiv gemäß deutscher Rechtschreibung »kanadisch«.

Der Titel dieses Buches, früher konsequent ebenfalls mit »C« geschrieben, wurde auf die deutsche Schreibweise umgestellt, weil in deutschsprachigen Verzeichnissen, Katalogen und im Internet »Kanada« üblich ist und das früher unter »C« eingeordnete Buch daher oft nicht gefunden wurde.

Bernd Wagner, Hans-R. Grundmann

Kanada, der ganze Westen - mit Alaska

16. komplett überarbeitete und erweiterte Auflage 4/2014

mit separater Straßenkarte und
Unterkunfts- und Campingplatzführer
für British Columbia und Westalberta

ist erschienen im

Reise Know-How Verlag
Dr. Hans-R. Grundmann GmbH

ISBN: 978-3-89662-285-3

Gestaltung
Umschlag: Hans-R. Grundmann/Ulf Behrmann, Carsten C. Blind
Satz & Layout: Hans-R. Grundmann
Fotos: siehe Nachweis auf Seite 564
Karten: map solutions, Karlsruhe

Druck
Media Print, Paderborn

Dieses Buch ist in jeder Buchhandlung
in Deutschland, Österreich und der Schweiz erhältlich.
Die Bezugsadressen für den Buchhandel sind

- Prolit Gmbh, 35463 Fernwald
- AVA Buch 2000, CH-8910 Affoltern
- Mohr Morawa GmbH A-1230 Wien
- Barsortimenter

Wer im lokalen Buchhandel Reise Know-How-Bücher nicht findet,
kann diesen und andere Titel der Reihe auch im Buchshop des
Verlages im Internet bestellen: www.reisebuch.de

Zur Konzeption dieses Reiseführers

Dieses Buch wendet sich in erster Linie an Leser, die den **Westen Kanadas auf eigene Faust** entdecken und erleben möchten. Es entstand aus der langjährigen Reisepraxis der Autoren und stellt konkrete Fragen, wie sie sich während der Reisevorbereitung und unterwegs ergeben, konsequent in den Vordergrund.

Das einführende Kapitel liefert spezifische, vor allem unter touristischem Blickwinkel wichtige **Informationen zu den Reisezielen Kanada und Alaska**. Es erläutert alle wesentlichen Möglichkeiten der Urlaubsgestaltung und hilft bei der Frage nach den besten Reiseterminen und -regionen.

Zu **Flügen** nach und in Canada und Alaska sowie zur Entscheidung über die **Art des Reisens** (vor allem mit Campmobil, Pkw und Motel/Zelt, nur eventuell per Bus und/oder Eisenbahn) sind in den folgenden Kapiteln alle Informationen und Aspekte zusammengetragen. Sowohl das **Flugkapitel** als auch die Abschnitte über **Pkw- und Campermiete** gehen in ihrer Ausführlichkeit und Aktualität weit über das gewohnte Maß hinaus. Viele Tipps und Hinweise helfen, **unterwegs in Kanada und in den USA** problemlos zurechtzukommen und unnötige Ausgaben, Zeitverlust und Ärger zu vermeiden.

Im **Reiseteil** findet sich ein **dichtes Routennetz für Kanadas gesamten Westen und Alaska** mit Anfahrtsalternativen für alle, die ihre **Reise durch Kanada ab Seattle** starten wollen. Eine **Ost-West-Route** von Toronto nach Calgary auf dem *Trans Canada Highway* oder Alternativstrecken schließt den Reiseteil ab, ➪ Übersicht vordere Umschlagklappe. Für **British Columbia** mit seinem vergleichsweise verzweigten Straßennetz wurden die Teilstrecken so gewählt, dass sie leicht anders als beschrieben kombiniert werden können. Zusätzlich zu den im Text verfolgten Routen ergänzen regionenübergreifende **Tourenvorschläge** die Reisekapitel. Genauere Details zum Reiseteil und dessen Aufbau stehen auf den Seiten 146+147.

Großer Wert gelegt wurde auf **Wanderempfehlungen**. Hinweise auf die jeweils schönsten Wege gibt es in allen Kapiteln, ➪ auch Seite 31.

Alles Wissenswerte zu Canada, den Provinzen und Territorien ist in einem ausführlichen **Anhang** behandelt; darüber hinaus stehen **Themenkästen** an geeigneter Stelle im laufenden Text.

Diese Auflage wurde um das Kapitel »Seattle mit Startrouten« erweitert und insgesamt sorgfältig überarbeitet und aktualisiert. Zahlreiche **Internet-Adressen ergänzen die Informationen** und ermöglichen, Preise und Daten *up-to-date* zu halten.

Eine gute Reise wünschen Ihnen

Bernd Wagner und Hans-R. Grundmann

TEIL 1 PLANUNG, VORBEREITUNG UND DURCHFÜHRUNG einer Reise durch Canadas Westen und Alaska

TEIL 2 REISEN DURCH CANADAS WESTEN UND ALASKA

TEIL 3 CANADA UND ALASKA WISSEN

*) Die Informationen zu den Provinzen sind identisch aufgebaut, die Gliederung ist hier am Beispiel Alberta nur einmal exemplarisch aufgeführt.

Informative Themen

(Das Foto zeigt den Blick auf den Fairview Mountain im Banff National Park unweit des Lake Louise)

Planung, Vorbereitung
und Durchführung
einer Reise durch Kanadas
Westen und Alaska

1. WAS BIETET CANADAS WESTEN?

1.1 Reiseziel Canada

Naturerlebnis und Abenteuer

Canada gilt als Inbegriff unberührter Natur, Einsamkeit und Wildnisabenteuer. Weite Gebiete im Westen und Norden des riesigen Landes und nicht zuletzt in Alaska entsprechen auch tatsächlich diesem Bild: Unendliche Wälder, glasklare Bäche und Seen, reißende Flüsse, schneebedeckte Berge und mächtige Gletscher warten auf den Reisenden. Begegnungen mit Bären und Elchen sind keine Seltenheit, Gewässer voller Forellen und Lachse der Traum eines jeden Anglers. Ob per Wohnmobil, mit dem Zelt, zwischendurch vielleicht auch mal auf Schusters Rappen, auf dem Pferderücken oder im Kanu, in Canada gehören Naturerlebnis und Lagerfeuerromantik zu den selbstverständlichen »Zutaten« jeder Reise, ja machen ihren besonderen Reiz aus. In den Nationalparks der Rocky Mountains, am *Trans Canada Highway* in British Columbia, am Lake Superior in Ontario und auf dem *Alaska Highway* mit seinen Nebenstrecken – um nur die touristisch populärsten Bereiche zu nennen – wird jeder Reisende sein »typisches« Canada finden.

Großstädte

Aber durchaus nicht überall stehen zivilisationsferne Attraktionen im Vordergrund. Ebenfalls Besuchermagneten sind Canadas Großstädte. Die Lage **Vancouvers** zwischen Meer und Küstengebirge mit Badestränden in Zentrumsnähe, Resten von Regenwald in seinen Parks und Skipisten unweit der nördlichen Vororte wird von keiner anderen Großstadt Nordamerikas übertroffen.

Die Präriezentren **Edmonton,** als Sitz der Provinzregierung und Tor zum Norden, und **Calgary** als Ölhauptstadt Albertas und Heimat der *Calgary Stampede*, der größten Rodeo Show Amerikas, besitzen beide den Vorzug einer kurzen Distanz zu den Rocky Mountains.

Klimatische »Über - raschungen«

Kaum bekannt ist, dass die südlichsten Zipfel Canadas auf derselben Breite wie Nordkalifornien oder Rom liegen. Während in der subarktischen Tundra die Vegetation gegen Dauerfrost kämpft, gedeihen im südeuropäisch anmutenden Sommerklima Ontarios Weintrauben und Pfirsiche. Im südlichen Alberta und Saskatchewan, wo im Juli und August Tagestemperaturen von 25°-30°C überwiegen, ist es sogar noch wärmer.

Landschaftliche Vielfalt

Ausgedörrte ***Badlands*** erinnern dort eher an Landschaften im US-Südwesten. Eine Art kanadisches Oberitalien und warme Badeseen, Weinterrassen (➪ Foto Seite 141), Obst in Hülle und Fülle und sogar Kakteenbestände findet man im ***Okanagan Valley*** in British Columbia. Nur wenige hundert Kilometer westlich davon stehen auf **Vancouver Island** dichte Regenwälder entlang einer niederschlagsreichen, eher unwirtlichen, aber nichtsdestoweniger reizvollen Küste.

Im Südosten der Insel ziehen dagegen flache Sandstrände und eine warme Meeresströmung Badegäste an. Weiter im Norden an der noch kaum erschlossenen **Pazifikküste** passieren die Alaskafähren durch die *Inside Passage* rauhe Gebirgszüge und kalbende Gletscherfelder.

»Lebende Museen«

Fast wie ein Teil der Landschaft wirken die originalgetreuen Rekonstruktionen historischer Dörfer und Befestigungsanlagen (*Barkerville* und *Fort Steele* in BC, *Fort Walsh* in den Cypress Hills/Saskatchewan oder *Old Fort William* bei Thunder Bay/ Ontario), die als »lebende« Museen zu den besonderen Sehenswürdigkeiten Canadas zählen. Ein Höhepunkt jeder Fahrt in den Norden ist das heute zum historischen nationalen Denkmal erklärte **Dawson City,** Kapitale des Klondike-Goldrausches im ausgehenden 19. Jahrhundert.

Pioniergeist

Wer auf eigene Faust durch Canada reist und sich vielleicht vom ***Frontier Spirit***, dem alten Pioniergeist, anstecken lässt, wird noch manches Unerwartete mehr entdecken.

Reisekosten

In Canada benötigt man aber eine einigermaßen gut gefüllte Brieftasche – für europäische Verhältnisse ist Canada ein teures Reiseland. Viele Produkte des täglichen Lebens – insbesondere Alkohol – und (touristische) Dienstleistungen sind deutlich teurer als bei uns – und auch teurer als in den USA.

Indianer - tradition, eher mit den USA in Verbindung gebracht, gibt es auch noch in Canada: hier auf dem Kamloops Pow-Wow im zentralen British Columbia

1.2 Landesüberblick

Fläche und Bevölkerung

Canada umfasst eine Fläche von fast **10 Millionen km^2** und ist damit nach Russland und (knapp) vor den USA das zweitgrößte Land der Erde, besitzt aber nur **35,2 Mio. Einwohner**. Zum Vergleich: in Deutschland leben auf nur 3,6% der Fläche Canadas (357.000 km^2) 80,8 Mio. Menschen. Dabei ergibt sich für Canada eine **durchschnittliche Bevölkerungsdichte** von knapp knapp **3,5 Einwohnern pro km^2**, in Deutschland von 226 Menschen pro km^2.

Canada erstreckt sich in Ost-West-Richtung von Cape Spear bei St. John's auf Neufundland bis zur Alaska/Yukon-Grenze über eine Luftlinie von rund 5.514 km. Die maximale Nord-Süd-Distanz von *Middle Island,* einer winzigen Insel vor *Point Pelee* im Lake Erie bis zum *Cape Columbia* auf Ellesmere Island (nur 765 km vom Nordpol entfernt) beträgt ca. 4.634 km.

Die Grenze mit den USA ist im Westen mit dem Verlauf des 49. (Karlsruhe) und im Osten zu einem Teil mit dem des 45. Breitengrades (Turin) identisch. Die Bevölkerung lebt zu über 90% auf nur einem Fünftel des Gesamtterritoriums, innerhalb eines etwa 500 km breiten Gürtels entlang der Grenze zu den USA in einer Mitteleuropa entsprechenden geographischen Zone.

Kanadischer »Schild«

Mit Abstand am dichtesten besiedelt sind die nördlichen Uferregionen des St. Lorenz Stroms und das Gebiet zwischen den Seen Huron, Erie und Ontario. Inmitten dieser fruchtbaren landwirtschaftlich intensiv genutzten Ebenen liegen die wichtigsten Industriezentren. Unmittelbar nördlich der Großen Seen erstreckt sich in einem weiten Bogen rund um die Hudson Bay der sogenannte *Kanadische Schild,* eine in der Eiszeit geformte felsige **Hügellandschaft,** die sich von Ontario über den Norden Manitobas, Saskatchewans und Albertas bis in die Northwest Territories hinein fortsetzt. **Zahllose Seen** füllen Senken und Vertiefungen. Das größte Gewässer, der ***Lake Winnipeg***, ist mit einer Fläche von 24.400 km^2 (Bodensee: 540 km^2) größer als Hessen. Der südliche ***Canadian Shield*** ist dicht bewaldet, eignet sich aber kaum für Agrarwirtschaft oder Viehzucht. Er blieb daher weitgehend unbesiedelt. Erst in den 1970er-Jahren wurden die oft durch Flüsse und Wildwasser miteinander verbundenen Seenplatten als touristisch »verwertbare« Freizeit- und Abenteuerreviere erkannt.

Prärien

Die flachen bis leicht hügeligen, scheinbar endlosen **Getreidefelder** im Süden Manitobas, Saskatchewans und Albertas sind eine Fortsetzung der US-amerikanischen ***Great Plains***. Die ins Land strömenden Siedler machten daraus in wenigen Jahrzehnten die Kornkammer Canadas. Von den ***Grasslands***, Weideflächen einst riesiger Bisonherden, blieben nur kleinere Areale erhalten.

Die nördlichen Grenzen der vier Provinzen British Columbia, Alberta, Saskatchewan und Manitoba verlaufen entlang des 60. Breitengrades, auf dem auch Oslo liegt. Die durch die ***Mackenzie Mountains*** getrennten Northwest und Yukon Territories stehen

Der hohe Norden

in Canadas Westen für den hohen Norden. Nadelwälder und unzählige Seen und Flüsse kennzeichnen vor allem die südlichen **Northwest Territories.** Dort findet man die beiden größten ganz in Canada gelegenen Seen, den **Great Slave Lake** und den **Great Bear Lake** (28.600 km² bzw. 31.300 km²). Der mächtige ***Mackenzie River*** fließt vom Großen Sklavensee ins Nordpolarmeer. In weiten Teilen der Territorien herrscht **Permafrost** (der Boden ist bis auf wenige Zentimeter dauerhaft gefroren), der im Bereich des Polarkreises und weiter nördlich nur Tundravegetation in Form von Moos- und Heidebewuchs zulässt.

Rocky Mountains in Canada

Das **Landschaftsbild** im kanadischen Westen wird geprägt durch die mächtigen Rocky Mountains und die Coast Mountains. Die beiden parallel von Nordwesten nach Südosten verlaufenden **Gebirgszüge** gehören zu den **Kordilleren**, die von den Anden Südamerikas bis nach Alaska reichen. In der Prärie kann man schon aus großer Entfernung die schneebedeckten Gipfel der **Rocky Mountains** erkennen, wobei im ***Waterton Lakes National Park*** der Übergang zwischen *Great Plains* und Hochgebirge dann vollkommen abrupt erfolgt. Die *Rockies* im Grenzbereich zwischen den Provinzen Alberta und British Columbia sind erklärte Lieblingsziele europäischer Touristen, denn in ihnen befinden sich mit ***Banff*** und ***Jasper*** zwei der populärsten Nationalparks Nordamerikas. Die Rocky Mountains setzen sich weiter nördlich bis zum ***Muncho Lake Provincial Park*** am *Alaska Highway* in British Columbia nahe der Grenze zum Yukon Territory fort.

Küstengebirge

An der Westküste bilden die ***Coast Mountains*** die Fortsetzung der US-amerikanischen **Kaskaden.** Ihre steilen Hänge über dem Pazifik lösen sich in zahlreiche fjordartige Buchten und gebirgige Inseln auf. In der südwestlichsten Ecke des Yukon Territoriums ***(St. Elias Range/Kluane National Park)*** steht der ***Mount Logan,*** mit 5.959 m höchster Berg Canadas. Dort befindet sich im angrenzenden Wrangell-St.Elias National Park (bereits in Alaska) mit dem ***Bagley Icefield/Bering Glacier*** der größte Gletscher Nordamerikas.

Gebirge in British Columbia

Im südöstlichen und nordwestlichen British Columbia liegen zwischen beiden Hauptformationen weitere dazu parallel verlaufende Gebirgszüge. Sie umrahmen das im zentralen Bereich der Provinz gelegene ***Fraser Plateau,*** eine bewaldete Hügel- und Seenlandschaft mit einer Basishöhe um 600 m.

Inseln

Der Westküste vorgelagert sind zahlreiche Inseln, davon als bedeutendste **Vancouver Island,** die mit einer Fläche von **31.200 km²** die Ausmaße eines kleinen europäischen Landes besitzt und mit ihren unterschiedlichen Landschaftsformen und Klimazonen ein Reiseziel für sich darstellt.

BC Coast Mountains

1.3 Vegetation und Tierwelt

Indian Summer/ Wälder

Vor allem die Laubwälder Ontarios liefern im Herbst ein außerordentliches Farbenspiel. Die leuchtenden Rottöne der **Ahornbäume,** die im Frühjahr den beim kanadischen Frühstück unverzichtbaren ***Maple Syrup*** liefern, und das strahlende Gelb der Eichen, Birken und Espen finden in Europa kaum ihresgleichen. Die intensive Blätterfärbung entsteht durch den früh im Jahr einsetzenden Nachtfrost.

Nach **Norden** hin nimmt der Anteil der Nadelbäume zu, bis in subarktischen Gefilden schließlich der boreale **Nadelwald** dominiert. Die unendlichen Wälder Canadas bieten **Hirschen, Elchen, Schwarzbären, Bibern, Waschbären, Füchsen, Bisamratten** und vielen Kleintierarten einen immer noch verhältnismäßig ungestörten Lebensraum.

Tundra

Jenseits der Baumgrenze breitet sich bis ans Nordpolarmeer die Welt der **Tundra** aus. In dem rauhen Klima vermag nur eine Vegetation zu überdauern, die den langen, dunklen Wintern mit ihren eisigen Schneestürmen trotzen kann und sich mit einer ausgesprochen kurzen Wachstumsperiode zufriedengibt. Die extrem an die Witterung angepassten, meist kleinen und gedrungenen Pflanzen wachsen in Spalten und Senken oder hinter Felsen und Hügeln, die Schutz vor den Unbilden der Witterung gewähren. Da **im Norden** in der Regel **nur wenig Niederschläge** fallen, haben die meisten Pflanzen wirkungsvolle Mechanismen für die Wasserspeicherung entwickelt. Trotz der ungünstigen Bedingungen konnte sich daher eine bemerkenswert vielfältige Vegetation durchsetzen.

Fauna im Norden

Die Fauna ist in dieser unwirtlichen Gegend nicht übermäßig artenreich, die Tundra in erster Linie das Land der *Caribous* (➪ Seite 459). Die kalten Gewässer des Nordpolarmeeres und der Hudson Bay sind Lebensraum für **Großwale, Belugas, Walrösser, Seehunde, Eisbären,** zahlreiche Fischarten sowie Kleinstlebewesen. Das sensible Biosystem reagiert auf Störungen sehr empfindlich. Schon im 18. Jahrhundert verschwanden aus unbekannten Gründen viele Walarten aus diesen Gewässern, was die ***Inuit*** zwang, zur **Robbenjagd** überzugehen.

Prärie-provinzen

Wie oben angedeutet, mussten die einstigen **Kurzgrasprärien** der Provinzen Manitoba, Saskatchewan und Alberta weit-gehend dem **Weizenanbau** weichen. Dies führte zu Flächen riesigen Ausmaßes, heute zum Teil **Brachland,** fast ohne natürliche Vegetation. Als Folge kam es zu starker Winderosion. Eisige Winterstürme und heiße, trockene Sommer machen es der Pflanzenwelt zusätzlich schwer, wieder Fuß zu fassen.

Der dort arg dezimierte **Tierbestand** findet in vereinzelten kleinen Waldinseln und Prärieresten einen kaum noch nennenswerten Lebensraum.

Bisons

Auf die aus freier Wildbahn praktisch verschwundenen **Bisons** trifft man nur noch bei privaten Züchtern und in geschützen Bisongehegen wie z.B. in den ***Riding Mountain, Elk Island und Wood Buffalo National Parks***. Immerhin ist es gelungen, den

Biber

Biber, Wappentier Canadas, vor der Ausrottung zu retten. Es gibt ihn wieder in großer Zahl in den Wald- und Seengebieten nördlich der Landwirtschaftszone.

Bisons im Elk Island National Park bei Edmonton/ Alberta

1

Bären

Die dicht bewaldeten, einsamen Regionen der Rocky Mountains und die Küstengebirge sind ***Bear Country***. Das Reich der ***Grizzlies*** liegt in den schwer zugänglichen Hochregionen, die **Schwarzbären** haben ihr Revier in tiefergelegenen Gebieten. Beide Bärenarten kommen sich aufgrund dieser unterschiedlichen Lebensgewohnheiten selten in die Quere. Typisch für die Bergwelt sind außerdem **Dickhornschafe, Bergziegen und Adler**. Aus den stärker besiedelten Gebieten des ***Fraser Plateaus*** – wiewohl ebenfalls überwiegend Waldland – haben sich die Bären etwas zurückgezogen. Dort sieht man neben dem Hochwild gelegentlich noch **Elche.** Ansonsten leben in den Wäldern kleine **Pelztiere** wie Marder, Füchse und Dachse; an Seen und Bächen auch dort zahlreiche Biber. Die Gewässer sind reich an **Forellen** und **Lachsen**.

Regenwald

Bereits erwähnt wurden die imposanten Regen(ur)wälder entlang der **Pazifikküste** und auf **Vancouver Island**. Obwohl ihnen die Ausbeutung durch die Holzwirtschaft seit Jahrzehnten zusetzt, existieren immer noch große Bestände gewaltiger, moosüberzogener Douglasfichten.

Wüstenvegetation

Bis in den Süden British Columbias reicht ein Ausläufer der ***Great American Desert.*** Neben anderen typischen Gewächsen arider Zonen gedeihen in Grenznähe sogar **Kakteen** und **Palmen.** Im ***Okanagan Valley*** bis nach Kamloops und westlich davon sorgen Trockenheit und hohe Sonneneinstrahlung für nur karge Wachstumsbedingungen.

You are in Bear Country!

In Canada sind drei Bärenarten heimisch. **Schwarzbären** *(Black Bears)* sind – mit Ausnahme des südlichen Teils der Prärien sowie der arktischen Tundra – in ganz Canada verbreitet. Zu den Braunbären gehören als Unterarten **Grizzly-** und **Kodiakbären**. *Grizzlies* sind in den einsamen Gebirgsregionen West-Canadas und Alaskas anzutreffen. Der Lebensraum der *Kodiak Bears* beschränkt sich auf die Insel gleichen Namens und die Westküste Alaskas. Die **Eisbären** *(Polar Bears),* die dritte bedeutende Bärenart Nordamerikas, leben ausschließlich in arktischen Gefilden.

Die Schwarzbären sind kleiner, schlanker und anpassungsfähiger als die scheueren *Grizzlies* und die Kodiakbären, die als größte Vertreter der Braunbären bis zu 800 kg schwer werden und aufgerichtet eine Länge von bis zu 3 m erreichen. Die Färbung des Pelzes reicht bei den Braunbären von blond über zimtfarben bis zum dunklen Braun, wobei die Grizzlies dem längeren, angegrauten *(grizzled)* Deckhaar ihren Namen verdanken. Am leichtesten zu identifizieren sind sie durch den ausgeprägten Schulterbuckel *(Hump).* Ihr Gesicht ist zwischen Nase und Ohren deutlich gewölbt, während das Profil der *Black Bears* eine nahezu gerade Linie bildet. Die wesentlich längeren Klauen der *Grizzlies* hinterlassen außerdem unverwechselbare Fußspuren.

Natürliche Feinde besitzen Bären nicht; Gefahr droht ihnen hauptsächlich durch den Menschen. Die fälschlicherweise oft als Raubtiere angesehenen Allesfresser bevorzugen pflanzliche Nahrung wie Beeren und Gras. Ihre Fleischkost besteht zu einem großen Teil aus Aas und Kleingetier; für die flinken *Grizzlies* stellen Lachse und Forellen eine willkommene Bereicherung ihres Speiseplans dar.

Das Vorrücken der menschlichen Zivilisation hat sich allerdings auch auf das Ernährungsverhalten der Bären ausgewirkt. Sie werden zunehmend von leicht erreichbaren Essensresten auf städtischen Müllplätzen angelockt, und selbst Abfalltonnen vor Wohnhäusern sind mittlerweile vor ihnen nicht mehr sicher. Durch zu häufige Besuche dieser Futterstellen – wobei sie zuweilen ihr Einzelgängerdasein aufgeben und in größerer Zahl auftreten – verlieren sie schnell die natürliche Scheu vor Menschen und reagieren aggressiv auf Abwehrversuche. Besonders aufdringliche Exemplare werden betäubt, markiert und in die Einsamkeit zurückgeflogen.

Früher wurden in manchen Nationalparks Bären durch regelmäßige Fütterungen an Menschen gewöhnt und dadurch zur Parkattraktion. Um Nahrung bettelnde Tiere begannen, eine Gefahr zu werden. Um die »kulinarischen« Verlockungen für die Tiere zu minimieren, stehen heute auf allen »bärennahen« Campingplätzen verriegelte Abfallcontainer. Allerdings bekunden Bären mit ihrem guten Geruchssinn nicht nur für Nahrungsmittel ein ausgeprägtes Interesse. Im Zelt befindliche Kosmetika und Zahnpasta oder angebrannte *Marshmellows* in der Asche des Lagerfeuers sind gleichfalls Objekte ihrer Begierden! Wildniscamper hängen ihre Lebensmittel über Nacht für Bären unerreichbar an ein Seil zwischen zwei Bäumen. Beim Kochen halten sie Abstand zum Zelt und achten darauf, dass der Wind die Essensdüfte nicht in Richtung Schlafplatz weht. Und vor dem Schlafengehen ist Wäschewechsel eine gute Idee.

Wildniswanderungen führen oft durch Bärengebiet. Ein bimmelndes Glöckchen oder eine mit Kieselsteinen gefüllte Coladose am Rucksack, eine Trillerpfeife oder laute Rufe und Singen sollen die Bären rechtzeitig auf Gefahr aufmerksam mache, der sie lieber aus dem Weg gehen. Dabei muss der Geräuschpegel natürlich Wind und rauschendes Wasser übertönen. Tatsächlich bietet das einigen Schutz, auch wenn der Lärm mitunter lästig wird.

Begegnet man trotz aller Vorsichtsmaßnahmen einem Bären, hilft nur besonnenes Verhalten. Panisches Wegrennen lädt Meister Petz zur Verfolgung ein. Die tapsig wirkenden Bären erreichen Sprintgeschwindigkeiten bis zu 50 km/h. Zufluchtsuche auf dem nächsten Baum empfiehlt sich nur bei *Grizzlies* im Erwachsenenalter (indessen, woher weiß man, wie erwachsen der aufgetauchte *Grizzly* ist?), die nicht mehr gerne klettern, vorausgesetzt man kommt hoch genug. Ihre jüngeren Artgenossen und insbesondere *Black Bears* erklimmen Bäume zur Futtersuche und zum eigenen Schutz gern und erstaunlich elegant.

Die *Ranger* der Nationalparks raten, bei einem plötzlichen Zusammentreffen mit einem Bären langsam den Rückzug anzutreten. Sollte der Bär dennoch bedrohlich näherkommen, kann man ihm zur Ablenkung im letzten Moment den Rucksack als »Köder« zuwerfen. In den meisten Fällen wird er sich darüber hermachen und dem Wanderer Zeit geben, das Weite zu suchen. Als Wunderwaffe und letzte Notbremse gilt ein ***Anti-Bear Spray***, dessen Geruch Bären angeblich nicht ertragen können. Bei kranken, verletzten oder hungrigen Tieren, deren Verhalten nicht berechenbar ist, sind – wenn man Pech hat – alle genannten Strategien wirkungslos. Gleiches gilt für Bärinnen mit Jungen, wenn man zwischen Mutter und Nachwuchs gerät.

Attacken von Schwarz- oder Braunbären soll man unterschiedlich begegnen. Bei Schwarzbären kann man sich (insbesondere in einer Gruppe) angeblich gut wehren. Die *Ranger* sagen: *Fight back!* Damit darf man indessen erst beginnen, wenn klar wird, dass der Bär keinen Scheinangriff inszeniert, bei dem er in letzter Sekunde abdreht. Bei den starken Grizzlies hilft absolut keine Gegenwehr. Greift ein Grizzly an, kann man sich nur noch mit dem Bauch auf dem Boden einkugeln, den Kopf mit den Armen schützen und den Angriff über sich ergehen lassen. Zumindest hat man so eine gute Chance, mit dem Leben davonzukommen, wenngleich schwere Verletzungen wahrscheinlich sind.

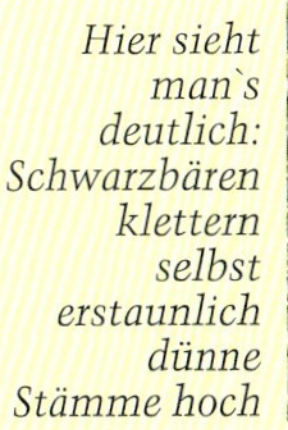

Hier sieht man`s deutlich: Schwarzbären klettern selbst erstaunlich dünne Stämme hoch

1.4 Klima und Reisezeit

Kennzeichnung

Westwinde am Pazifik, stabile Hochs im Zentrum und Tiefdruckgebiete am Atlantik charakterisieren im großen Maßstab das kanadische Klima. Die regionalen Unterschiede sind, wie bei einem so riesigen Land nicht anders zu erwarten, extrem. Im Süden der Prärieprovinzen etwa überschreiten die Temperaturen im Juli/August fast täglich 30°C, während in Inuvik in den Northwest Territories die Sommerwärme gerade ausreicht, den gefrorenen Boden einen Meter tief aufzutauen.

1.4.1 Temperaturen

Pazifikregion

Das Klima in der Pazifikregion wird von relativ milden Luftmassen geprägt. An der Küste sorgt der **Alaskastrom** in Britisch Columbia für **moderate Wintertemperaturen** oberhalb der Frostgrenze. So hat Anchorage ungeachtet seiner nördlichen Position um 12°C wärmere Winter als Fairbanks im Inland. Ein sehr angenehmes Klima besitzt Victoria auf Vancouver Island: es erfreut sich milder Winter und durchweg warmer und sonniger Sommer im Juli und August, in denen im Schnitt tagsüber 20°C-22°C, oft über 25°C gemessen wird.

British-Columbia

Während Wolkenfelder an den windzugewandten Seiten der Gebirge auch im Sommer häufig **kühle Witterung** und Regen mit sich bringen, ist es in geschützten, windabgewandten Regionen wie dem ***Okanagan*** von Mai bis September **sehr warm,** im Sommer mit Temperaturen von rund 28°C sogar **heiß**. Im **Mai/Juni** muss man dagegen im Küstenbereich und in Höhenlagen im allgemeinen mit Temperaturen unter 20°C rechnen. Im Sommer ist es aber auch an der Küste und in den Bergen warm, vorausgesetzt, die Sonne scheint. Im Herbst wird es bei tagsüber oft angenehmen Temperaturen nach Sonnenuntergang rasch kühl.

Prärien

Östlich der Rocky Mountains, der Klimascheide des westlichen Canada, prägen kalte Winter und trockene warme Sommer mit Tagestemperaturen durchgehend über 25°C das Bild. Verantwortlich für das Wettergeschehen im Zentrum des Landes ist das **»Kanadische Hoch«,** das kontinental-arktischen Luftmassen aus dem Norden den ungehinderten Zugang nach Süden bis tief in die USA hinein verschafft. Da es keine von Ost nach West verlaufenden Gebirgszüge gibt, die sie aufhalten, bestimmt das ***Canadian High*** bis tief in die USA hinein die sehr kalte **trockene Witterung**. Die Folge davon sind um ca. 20°C tiefere Wintertemperaturen als in Europa auf demselben Breitengrad.

Im Sommer verzeichnen die Prärien oft wochenlang **stabile Hochdruckwetterlagen,** die bisweilen von Gewittern unterbrochen werden. Sonnigster Punkt Canadas ist Estevan im Südosten von Saskatchewan mit jährlich 2.979 Stunden klarem Himmel.

Verantwortlich dafür ist ebenfalls das *Canadian High*. Es bewirkt selbst im Norden der Provinzen im Juli/August Tagestemperaturen

Sandburg im Sonnenuntergang am Strand des Lesser Slave Lake (Alberta)

von meist deutlich über 20°C und lässt das Thermometer nahe der Grenze zu den USA fast auf Höhen ansteigen, die in Canada sonst nur im Okanagan Valley registriert werden

Hoher Norden

Im Sommer klettern die **Temperaturen** im hohen Norden wegen der langen Dauer des Sonnenscheins (nördlich des Polarkreises zum Sommeranfang rund um die Uhr) erstaunlich hoch. In den südlichen Territorien überschreiten sie im Juli und August sogar täglich 20°C, bisweilen auch 30°C und mehr.

Allerdings gilt dies nicht für den Einflussbereich der **Hudson Bay.** Acht Monate des Jahres schiebt sich vom Eispanzer der Bucht ein **Kältekeil** über das kanadische Festland, der auch im Sommer seine Wirkung nicht ganz verliert. Da die kalte Luft wenig Feuchtigkeit aufnimmt, fallen im Norden erheblich geringere Regen- und Schneemengen als in allen anderen Regionen Canadas.

Ontario

Im zentralen Ontario und weiter östlich besitzt das *Canadian High* nur begrenzten Einfluss. **Feuchtwarme tropische Luft** aus der Karibik und dem Golf von Mexiko dringt von Mai bis Oktober oft bis ins südliche Canada vor. **Schwülwarmes Wetter** ist die Folge. Die durchschnittlichen Höchsttemperaturen von bis zu 27°C im Juli/August etwa in Südontario liegen weit über den Mittelwerten in Deutschland. Die Winter sind dort andererseits kalt und schneereich.

Die folgende Übersicht zeigt durchschnittliche Temperaturen an ausgewählten Orten während der Hauptreisemonate:

Durchschnittliche Tageshöchst-/tiefsttemperaturen

Angaben in °C	Juni	Juli	August	September
Alaska				
Anchorage	17/9	19/11	17/10	13/5
Fairbanks	22/10	22/11	19/8	12/2
Juneau	17/8	18/11	17/9	13/6
Alberta				
Banff	19/5	22/7	21/7	16/3
Calgary	20/7	23/9	23/9	18/4
Edmonton	21/8	22/10	22/8	17/3
Jasper	20/5	23/7	22/7	17/3
Lethbridge	22/9	26/11	25/10	20/5
Medicine Hat	24/10	27/12	27/11	21/6
British Columbia				
Fort St. John	19/8	21/10	20/9	15/5
Kamloops	25/11	28/14	28/13	22/9
Penticton	25/10	28/13	28/13	22/8
Prince George	20/7	22/9	22/8	16/4
Prince Rupert	14/8	16/10	17/10	15/8
Vancouver	19/11	22/13	22/13	19/11
Victoria	19/9	22/11	22/11	19/8
Manitoba				
Churchill	11/2	17/7	16/7	9/3
Winnipeg	23/11	26/13	25/12	19/6
Northwest Territories				
Inuvik	17/5	20/9	16/6	8/0
Yellowknife	18/9	21/12	18/10	10/4
Ontario				
Sault Ste. Marie	21/8	24/11	23/11	18/8
Sudbury	22/10	25/13	23/12	17/7
Thunder Bay	21/7	24/11	23/10	17/5
Toronto	24/12	27/15	26/14	21/10
Saskatchewan				
Regina	23/10	26/12	25/11	19/5
Saskatoon	23/9	25/11	24/10	18/4
Yukon Territory				
Watson Lake	19/6	21/9	19/7	13/2
Whitehorse	19/5	21/8	19/6	12/2

1.4.2 Niederschläge

Pazifik-region

Mit **Regen** rechnen müssen Canada-Reisende vor allem im Einzugsbereich des Pazifik, in erster Linie aber auf Vancouver Island. ***Estevan Point*** an der Westküste der Insel bringt es auf einen Rekordwert von über 3 m Niederschlag pro Jahr. Im Windschatten der insularen Gebirgszüge erhält Vancouver nur noch ein Drittel dieser Regenmenge, wobei ein Großteil davon auf die Wintermonate entfällt. Im Sommer regnet es in Vancouver vergleichsweise wenig. Nur 100 km östlich der Stadt verzeichnet Hope an den windzugewandten Westhängen der ***Cascade Mountains*** aber wieder erhöhte Niederschlagswerte. Im Windschatten weiter östlich gelegenen ***Okanagan Valley*** fällt kaum noch Regen.

Zentrales BC

Rocky Montains

An den Gebirgszügen der Rocky Mountains regnen sich die feuchten Westwinde endgültig ab. In den **Prärien** bleibt es daher relativ trocken. Die durchschnittlichen **Niederschläge** liegen dort bei ganzen **40 cm pro Jahr**. Im Sommer prallen Ausläufer feuchtwarmer Strömungen aus dem Süden auf die trockenen kontinental-arktischen Luftmassen. Dann bilden sich **Sturmwetterlagen** mit Gewittern, die aber mit den vorherrschenden Westwinden meist rasch nach Osten ziehen.

Prärien

Ontario

Weiter östlich spielen diese Faktoren eine stärker werdende Rolle, so dass etwa das östliche **Manitoba** mehr sommerliche Regentage zählt als **Saskatchewan** und **Alberta.** Ontario kommt – wegen starker Schneefälle – oberhalb der Großen Seen und im Osten auf höhere Niederschläge als die Westprovinzen abseits der Gebirgsregionen. **Toronto** zum Beispiel hat weit mehr Schnee zu verkraften als Ontarios kalter Norden. Im Sommer dürfen Reisende dort mit gutem Wetter rechnen, wenn auch Regenfronten die Großen Seen viel häufiger heimsuchen als die Prärie.

Die Zahlen auf der folgenden Seite verdeutlichen noch einmal die erläuterten Fakten.

Extreme Trockenheit unterstützte die Bildung solcher Sandsteinformationen im Tal des Red Deer River (➪ Seite 295f) nur 200 km östlich der Rocky Mountains

Jährliche Niederschlagsmenge

3.177 mm	Estevan Point/Vancouver Island (Westseite)
1.163 mm	Nanaimo/Vancouver Island (Ostseite)
1.199 mm	Vancouver Airport
2.008 mm	Hope/BC
333 mm	Penticton/BC
334 mm	Medicine Hat/Alberta
388 mm	Regina/Saskatchewan
514 mm	Winnipeg/Manitoba
712 mm	Thunder Bay/Ontario
793 mm	Toronto

Die Orte sind in West-Ost-Richtung gelistet und liegen bis auf Estevan Point im Süden Kanadas nahe der Grenze zu den USA und bis auf Toronto alle auf derselben geografischen Breite.

Die Tabelle zeigt die Verteilung der Regenmenge in ausgewählten Orten der Westprovinzen auf die Hauptreisemonate:

Niederschläge in Millimetern

	Juni	Juli	August	Sept.	Jahr
Alberta					
Calgary	80	68	59	46	413
Edmonton	87	95	70	47	483
Medicine Hat	63	41	33	36	334
British Columbia					
Penticton	39	28	31	25	333
Prince George	73	64	51	53	601
Prince Rupert	124	114	155	244	2.594
Vancouver	55	40	39	54	1.199
Manitoba					
Winnipeg	80	71	75	52	514
Ontario					
Toronto	74	74	80	78	793
Northwest Territories					
Inuvik	22	33	40	28	248
Yellowknife	27	35	41	33	281
Saskatchewan					
Regina	75	64	43	33	388
Yukon Territory					
Whitehorse	30	41	39	34	267
Alaska					
Anchorage	25	47	68	69	401
Fairbanks	34	50	47	27	268
Juneau	78	112	136	191	1.457

1.4.3 Optimale Reisezeiten

Saison-abgrenzungen

Ob man in der **Hauptsaison** (tourist season) oder in der Vor- bzw. **Nebensaison** (off-season) nach Canada fliegen sollte, hängt nicht nur von terminlichen Vorgaben und vom Geldbeutel ab, sondern auch von den Aktivitäten, die man während der Reise plant. Grundsätzlich eignen sich die Monate Juni bis September am besten für einen Urlaub im Westen des Landes, bei dem das **Naturerlebnis Canada** im Vordergrund steht. Bis in den Mai hinein und ab Oktober muss man – je nach Region – mit witterungsmäßigen Unbilden und begrenzten touristischen Möglichkeiten rechnen. Regenperioden und sehr kühle Tage, in den Höhenlagen Schnee und Kälte, sind dann wahrscheinlicher. Noch oder bereits **geschlossene touristische Einrichtungen** (z.B. Seilbahnen, Berghütten, Schwimmbäder, Campingplätze, sogar Motels) und stark eingeschränkte bzw. eingestellte Angebote (Boots-, Fahrrad- und Pferdeverleih, Veranstaltungen in Nationalparks, Wildwasserfahrten) beeinträchtigen dann die Urlaubsfreude. Gleichzeitig bricht die Dunkelheit früher ein. Einige Straßen schneien bei **Schlechtwettereinbrüchen** selbst im Juni schon mal wieder zu, so etwa der *Icefields Parkway* in den *National Parks Jasper* und *Banff*. **Schnee** bleibt häufig bis in den Frühsommer hinein liegen. Im Winter entstandene Straßenschäden sind daher oft im Mai, gelegentlich auch erheblich später noch nicht beseitigt. *Gravel* und speziell *Dirt Roads* (zu den Straßenkategorien ➪ Seiten 100ff) können bis zum Frühsommer nicht befahrbar sein.

Hauptsaison

Die **Touristensaison** beginnt nach offiziellem Verständnis Mitte Juni und dauert bis zum ersten Montag im September *(Labour Day).* In diese Zeit fallen auch die kanadischen und US-amerikanischen Schulferien. Sieht man ab von den absoluten Brennpunkten des Tourismus wie den bekanntesten Nationalparks und bestimmten Provinzparks ab, kann aber von einer echten **Hauptsaison** im Sinne voll ausgelasteter touristischer Kapazitäten nur an Wochenenden (in Canada lediglich Samstagmittag bis Sonntagabend) und in den Ferienkernwochen **Anfang Juli bis Mitte August** die Rede sein. Außerhalb dieser sechs Wochen, den Wochenenden und generell abseits der touristischen Hauptpfade wird man im Westen Canadas selten einen – nach unseren Begriffen – starken Andrang erleben.

Vor- und Nachsaison

Bei zeitlicher Flexibilität und Reisen in die Rocky Mountains und nach Vancouver Island, aber auch bei Reiseplänen, die Fahrten mit den Alaskafähren einschließen, sollte man den **Start ab Mitte August** bevorzugen. Auch in den ersten Septemberwochen wird das Wetter tagsüber im allgemeinen noch recht angenehm sein, während die Nächte schon spürbar kühler sind als im Sommer.

Eine **Campingreise per Zelt** im Juni oder September ist daher in Höhenlagen nur etwas für abgehärtetere Naturen. Der **Spätsommer/Frühherbst** besitzt jedoch generell den Vorzug geringer frequentierter Ziele. Auf den dann ruhigen Campingplätzen trifft man überwiegend europäische Urlauber oder kanadische wie US-Rentner mit ihren Wohnmobilen. Gelegentlich findet sich dann auch schon 'mal ein ganzes Seeufer ohne »Nachbarn«.

Hoher Norden: Dalton und Dempster Highways

Reisen **nördlich des Polarkreises** sollte man besser nicht vor **Mitte Juni** antreten. Denn Straßenschäden sind dann noch nicht ausgebessert, und Schnee- und Eisreste können die Fahrt über Pass - höhen erschweren. Obwohl im Hochsommer Gutwetterperioden eher die Regel sind (siehe oben), kann das **Wetter** auch schon mal **recht wechselhaft** ausfallen. Bereits Ende August wird es nachts in aller Regel empfindlich kühl. Spätestens Mitte September sinken auch die Tagestemperaturen auf ein ungemütliches Niveau, und der erste **Schnee** lässt oft nicht mehr lange auf sich warten.

Mückenplage

Nebenbei sei angemerkt, dass rechtzeitig zur Touristensaison ab Juni fast überall eine mehr oder minder lästige Mückenplage auftritt. Sie nimmt erst im Laufe des August langsam ab. Spätestens im September setzen ihr Nachtfröste ein Ende.

Saisonale Charakteristika

Als zusätzliche Hilfestellung zur Entscheidung für die persönlich optimale Reisezeit sind im folgenden bereits genannte und zusätzliche bedeutsame Charakteristika der Reisebedingungen für Früh-, Hoch- und Spätsommer zusammengefasst:

Frühsommer (Ende Mai bis Anfang Juli)

- Die Tage sind besonders lang
- Lange Dämmerlichtzeiten bieten gute Möglichkeiten zur Tierbeobachtung
- Wanderwege verlaufen durch schöne *Bogs* (Sümpfe) mit reicher Vegetation
- Blütezeit der alpinen Blumen
- Flüsse und Fälle führen viel Wasser
- Bergspitzen sind noch fotogen verschneit, aber ebenso die Wanderwege in größeren Höhen
- Das Wetter neigt zu Schauer- und Gewitterbildung
- Zahllose *Black Flies* und *Mosquitos* vergällen bisweilen die Ferienfreude. Die Mücken stechen morgens und abends, Schwarze Fliegen beißen tagsüber
- Schotterstraßen weisen Winterschäden auf, asphaltierte Nebenstrecken im Gebirge sind teilweise unpassierbar (Bergrutsch etc.)
- Nach schneereichen Wintern bleiben vor allem Wanderwege wegen Lawinengefahr oder verschütteter Streckenabschnitte gesperrt

Hochsommer (Mitte Juli bis Mitte August)

- Wanderwege sind auch in größeren Höhen schneefrei
- Höchste Temperaturen
- In Südontario ist es schwül, im *Okanagan Valley* (BC) und in den südlichen Prärieprovinzen sehr heiß

Mosquitos – zack, schon wieder eine!

In Canada sind von Anfang Juni bis Mitte September Stechmücken, auf amerikanisch *Mosquitos,* allgegenwärtig. Sie bevorzugen zwar Feuchtregionen und schattige Waldgebiete, aber vor allem im Juni/Juli entgeht man den Stechmücken fast nirgendwo. Selbst in höheren Gebirgslagen und am offenen Wasser, bei Wind und Kälte suchen sie nach Opfern.

Dabei greifen Stechmücken tagsüber meist nur verhalten an. Ihre Zeiten sind vorzugsweise das Morgengrauen und natürlich die Dämmerung, wenn der Canada-Urlauber – gemütlich vor Wohnmobil oder Zelt sitzend – die Abendstimmung in Ruhe genießen möchte. Ein Lagerfeuer bringt nur Entlastung, wenn es ordentlich qualmt. Aber dann vertreibt es meist nicht nur die Insekten. Mit kleinen regionalen Unterschieden lässt die Plage ab August spürbar nach und verschwindet mit den ersten Nachtfrösten ganz. Nur im Hochgebirge bleibt man von der Plage generell verschont.

Sprays und Lotionen aus europäischer Produktion richten gegen kanadische Mosquitodamen (nur sie stechen) wenig aus. Am besten hält man sich die Mücken mit einheimischen ***Insect Repellents*** wie dem bewährten Johnson`s Off (www.off.com), *Muskol* (www.muskol.com) oder *Repel* (www.repel.com) oder *Cutter* (www.cutterinsectrepellent.com) vom Leibe. Indessen greifen die wirklich wirksamen Sprays auch Haut und Kleidung an. Leider steigen die ohnehin schon hohen Preise für den *Mosquito*-Schutz mit der Schwere des Problems. D.h., am höchsten sind sie weitab städtischer Zivilisation. Man sollte sich deshalb vorsorglich in urbanen Gebieten eindecken, wo die Preise im allgemeinen unter dem Niveau des einzigen Shops im Nationalpark liegen. Hilfreich für Camper sind *Mosquito Coils,* Mücken-Spiralen, die im Freien vor sich hinkokeln. Summgeräte und andere technische Neuerungen scheinen kanadische Mücken nicht sonderlich zu beeindrucken.

Auch Kleidung bietet nur begrenzten Schutz. Was ein richtiger *Mosquito* ist, der sticht sogar durch relativ dicke Stoffe wie Zeltwände und Jeans. Empfehlenswert sind weite Textilien, die indessen an Hals, Handgelenken und Knöcheln dicht anliegen sollten.

Trotz gewissenhaften Einreibens, Sprayens und anderer Maßnahmen wird ein Urlaub in Canada kaum ganz ohne Mückenstiche ablaufen. Kratzen gegen den Juckreiz hilft bekanntlich nicht, sondern verschlimmert ihn nur. Doch auch dagegen gibt es geeignete Prä parate. Beruhigend ist immerhin, dass kanadische *Mosquitos* im Gegensatz zu ihren tropischen Verwandten im allgemeinen keine Krankheiten übertragen, wiewohl in den letzten Jahren das sog. ***West-Nile-Virus*** eingeschleppt wurde. Infizierte Mücken geben diesen Erreger weiter an Menschen. Die dadurch ausgelösten Symp - tome reichen von Fieber bis Meningitis. Eine Impfung oder Medikation dagegen ist nicht bekannt. Nur 10 von 74 kanadischen *Mosquito*-Gattungen sind infiziert. Sie gefährden in erster Linie Vögel.

1

- Alle Attraktionen haben bis in den Abend hinein geöffnet
- An beliebten Ausflugszielen herrscht großer Andrang
- Hochsaisonpreise
- Motels und Campingplätze sind in populären Urlaubsgebieten (Nationalparks) oft ausgebucht

Spätsommer/Frühherbst (Ende August bis Anfang Oktober)

- Im Laubwald tritt die *Fall Foliage*, die Blätterfärbung ein; insbesondere in Ontario und den östlicheren Provinzen bilden sich nach erstem Frost prachtvoll bunte Wälder.
- *Black Flies* verschwinden mehr oder weniger; *Mosquitos* erlahmen in ihrer Angriffslust.
- Im allgemeinen kann man mit einer relativ stabilen Gutwetterlage rechnen. Die Nächte sind kühl; über 1000 m liegen die Nachttemperaturen unter dem Gefrierpunkt.
- Wasserfälle und Wildbäche führen nur noch wenig Wasser; Stauseen stehen oft halbleer. Feuchtgebiete liegen trocken, ganze Landstriche wirken ausgedörrt.

1.5 National- und Provinzparks

Konzeption und System

Das Nationalparkkonzept Canadas verfolgt wie das der USA zwei **Ziele:** zum einen geht es um den Schutz der Natur und historisch bedeutsamer Stätten vor kommerzieller Ausbeutung, zum anderen dienen die Parks als Erholungs- und Freizeitlandschaft; ***Parks Canada*** verwaltet **44 *National Parks.*** Der älteste ist der 1885 gegründete ***Banff National Park,*** der zusammen mit dem ***Jasper National Park*** in der Beliebtheitsskala ganz oben rangiert.

Bei den National Parks handelt es sich meist um größere Gebiete, die geographische, biologische und/oder geologische Besonderheiten aufweisen. Wird eine Lokalität wegen ihrer historischen Bauwerke oder wichtiger Ereignisse für schützenswert erklärt, nennt man sie ***National Historic Site*** oder ***Park.***

Lage der Parks/ Verkehrsanbindung

Die meisten Nationalparks liegen **abseits der großen urbanen Zentren** und lassen sich in der Regel **nur mit dem Auto** problemlos erreichen. Busverbindungen existieren nur zwischen besonders populären Parks und den jeweils nächstgelegenen Ortschaften. **Schienenanschlüsse** gibt es mit Ausnahme des *Jasper National Park* keine.

Auf ein Fahrzeug ist man erst recht innerhalb der Parks angewiesen, denn dort gibt es in aller Regel keine Busverbindungen zwischen den oft weit auseinanderliegenden Sehenswürdigkeiten, Wanderwegen und Campgingplätzen.

Eintritt

Der Besuch von Nationalparks kostet Eintritt. Ein **Tagespass** (gültig bis 16 Uhr des Folgetages) kostet **$7-$10**; für Kinder zwischen

6-16 Jahren kostet er **$3-$5** und für Senioren ab 65 Jahren **$6-$8.** Ein Gruppenticket gilt für bis zu 7 Personen in einem Auto und kostet pauschal **$20**. Die zusammenhängenden Parks ***Jasper, Banff, Yoho und Kootenay*** in den BC- und Alberta-Rocky Mountains werden wie ein Park behandelt.

Jahrespässe

Ein **Jahrespass** (für 12 Monate ab Kaufdatum) für alle *National Parks, National Historic Sites* und *National Marine Conservation Areas*, der ***Parks Canada Discovery Pass***, kostet **$68 pro Person**, für Senioren $58 bzw. Kinder $34. Mehrere Personen im Auto fahren ggf. preiswerter mit einem **Gruppenticket für $137**. Info: www.pc.gc.ca/eng/ar-sr/lpac-ppri/ced-ndp.aspx.

Die Jahrespässe können im Internet bestellt und per Kreditkarte bezahlt werden. Die Versandkosten per Post sind eingeschlossen.

Inwieweit sich ein Jahrespass lohnt, ist ein Rechenexempel. Bei insgesamt 7 Tagen Aufenthalt in den populären Parks #4-#10 macht der Jahrespass bereits Sinn.

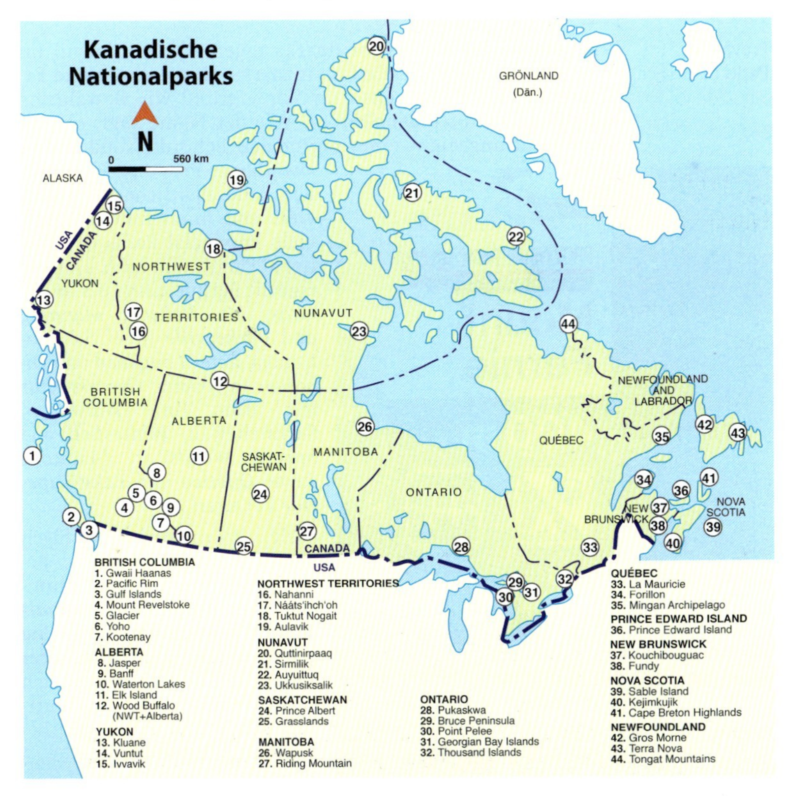

Information vor Ort

An der Einfahrt oder im immer vorhandenen **Besucherzentrum** erhält man gratis ein **Parkfaltblatt** mit einer Karte und wichtigen Hinweisen. In allen ***Visitor Centres*** gibt es in der Regel Ausstellungen, Diashows und Filme zu Geschichte, Geologie, Flora, Fauna und Höhepunkten des jeweiligen Parks. ***Park Ranger,*** Aufsichtsbeamte und Besucherbetreuer zugleich, sind Ansprechpartner für sämtliche »ihren« Park betreffende Fragen, Wanderführer und Vortragsredner.

Internet

Offizielle Informationen zu allen kanadischen Nationalparks findet man im Internet unter www.pc.gc.ca. Ein aktueller **Wetterbericht** für ganz Canada findet sich unter wwww.ec.gc.ca auf der Website der Naturschutzbehörde ***Environment Canada***.

Camping

In den Nationalparks ist das **Campen** ausgesprochen **populär**. Die meisten Campingplätze sind dort erfreulich in Bezug auf Lage und Anlage, aber selten superkomfortabel, ➪ Seite 118.

Zu in Nationalparks möglichen Aktivitäten gibt das folgende Kapitel ausführlich Antwort.

Provincial Parks

Was generell zu den Nationalparks angemerkt wurde, gilt im wesentlichen auch für die Provinzparks. **Naturschutz und Erholung** stehen dort ebenso im Vordergrund wie Bewahrung und Pflege historischer Stätten. Wie der Name sagt, obliegt die Verwaltung nicht einer nationalen Behörde, sondern der jeweiligen Provinz. Hinsichtlich landschaftlicher Attraktivität und Infrastruktur stehen viele **Provincial Parks** den National Parks nicht nach. Herausragende Beispiele sind u.a. ***Wells Gray, Mt. Robson, Manning*** und ***Barkerville*** in British Columbia, ***Peter Lougheed*** und ***Dinosaur*** in Alberta, ***Cypress Hills*** mit dem ***Fort Walsh*** in Saskatchewan, ***Whiteshell*** und ***Spruce Woods*** in Manitoba sowie ***Quetico*** und ***Lake Superior*** in Ontario.

Viele Provinzparks verfügen über Campingplätze. Eine Besonderheit von **British Columbia** sind reine ***Campgrounds*** unter Provinzverwaltung. Sie tragen allesamt, ob groß oder klein, überdurchschnittlich reizvoll oder nur durchschnittlich gelegen, ebenfalls die Bezeichnung ***Provincial Park***.

Wildwaser-fahrten (»Whitewater Rafting«) sind ein in Canada oft angebotenes Abenteuer für Touristen (hier auf dem Clearwater River im Wells Gray Provincial Park/BC, ➪ *Seite 244**)*

1.6 Naturerlebnis und Abenteuer

Aktivitäten

Die Möglichkeiten für aktive Ferien sind in Canada überaus vielfältig. Das gilt besonders für die ***Outdoor Activities,*** also sportliche Betätigungen an frischer Luft wie Wandern, Bergsteigen, Reiten, Schwimmen, Angeln, Kanupaddeln etc.

Wandern

Dem Wanderfreund stehen in Canada buchstäblich alle Wege offen. Insbesondere in den National- und Provinzparks findet man hervorragende ***Hiking Trails,*** Wanderwege aller Schwierigkeitsgrade und unterschiedlichster Länge (viele Hinweise dazu ➪ Reiseteil). Kürzere ***Nature Trails*** führen durch Bereiche im erschlossenen Teil eines Parks, deren geologische Beschaffenheit und/oder Flora Aufmerksamkeit verdient.

Für intensives Wandern in den Rocky Mountains empfiehlt sich der ausgezeichnete ***Canadian Rockies Trail Guide*** (*Patton/Robinson, Summerthought Publishing,* $25): www.summerthought.com. Dieses 464-Seiten-Buch ist zum jeweils aktuellen Dollarkurs bei www.amazon.de erhältlich.

Wegesystem

Mit guter Kondition und geeigneter Ausrüstung sind mehrtägige und sogar mehrwöchige Touren ins Hinterland eines Parks auf eigene Faust kein Problem (z.B. ***West Coast Trail,*** ➪ Seite 219; ***Chilkoot Pass Trail,*** ➪ Seite 407). Wer sich zum ***Backpacking***, dem Rucksackwandern, entschließt, muss wissen, dass in der Wildnis des ***Backcountry*** Pfade oft nur schlecht markiert und überwuchert, Wildbäche zu überqueren und die wenigen Schutzhütten im Hinterland unbewirtschaftet sind. Daher ist für fast alle Übernachtungstrips ein Zelt unerlässlich.

Permits

Fürs *Backpacking* in Parks sind ***Permits*** (Genehmigungen) erforderlich. Man erhält sie nach Erläuterung seiner Pläne und der unvermeidlichen Belehrung durch einen *Park Ranger* in den Besucherzentren. Diese Kontrollmaßnahme dient einerseits dazu, die Anzahl der Wanderer zu begrenzen und die Natur nicht übermäßig zu belasten. Andererseits möchte man Wanderer von zu ehrgeizigen Plänen abhalten und ggf. Anhaltspunkte über ihren möglichen Verbleib haben. Oft sind Permits kostenlos, nicht aber in den ***Rocky Mountain Parks,*** dort kostet ein ***Übernacht-Permit*** **$10,** der **Jahrespass $69.**

Bergsteigen

Wer höher hinaus will, findet fabelhafte Möglichkeiten zum Bergsteigen vor allem in den Nationalparks ***Banff, Jasper, Kootenay*** und ***Yoho,*** aber auch in einigen ***Provincial Parks.***

Reiten

Das Reiten, ***Horseback Riding*** genannt und im Western-Stil betrieben, ist in Canada, speziell im Westen des Landes, äußerst populär. In vielen touristisch erschlossenen Regionen gibt es herrliche Reitgelände. Ab den ***Riding Stables*** kosten geführte Ausritte $20-$30 die Stunde und $70-$100 pro Tag. Aber auch sonst – zumal in den westlichen Provinzen – ist es nicht schwer, unterwegs einen Reitstall für einen Ausritt »zwischendurch« zu finden. Komplette Reiterferien auf ***Guest Ranches*** und geführte Mehrtagestouren in die Wildnis können großartige Erlebnisse sein, haben aber ihren Preis.

Schwimmen

Canadas Westen hat auch hervorragende Wassersportreviere. Im Süden gibt es an vielen Seen schöne Sandstrände. Urlaubsstimmung à la Gardasee versprechen bei Sommertemperaturen um die 30° C die Badeseen im Okanagan Valley. So wetteifert etwa der **Osoyoos** mit dem **Christina Lake** am *Crowsnest Highway* um die Ehre des wärmsten kanadischen Sees. Vielbesucht sind auch ***Kitsilano Beach*** und ***Wreck Beach*** in Vancouver, der **Seton Lake** bei Lillooet, die Seen der **Cypress Hills** und der Strand des Milk River im ***Writing-on-Stone Provincial Park*** in Alberta, die Stauseen in Saskatchewan, der **Lake Winnipeg** in Manitoba sowie die ***Wasaga Beach*** an der südlichen Georgian Bay in Ontario.

Der **Pazifik** hingegen zeigt uns die kalte Schulter. Nur an den populären Stränden zwischen Nanaimo und Qualicum Beach an der **Südostküste von Vancouver Island** erwärmt sich das flache Wasser im Sommer bis auf angenehme 21°C.

Heiße Quellen

An vielen Orten im westlichen Canada existieren aber wohltemperierte Alternativen. Es gibt zahlreiche heiße **Thermalquellen,** von denen viele an oder in der Nähe touristisch interessanter Strecken liegen. Die besten ***Hot Springs*** befinden sich bei Jasper *(Miette),* in Banff (beide Alberta) und vor allem in British Columbia *(Ainsworth, Canyon, Fairmont, Harrison, Liard, Mount Layton, Nakusp, Radium).* Gelegentlich sprudelt das Wasser in natürlichen Felsbecken, meist aber in angelegten ***Pools*** mit unterschiedlichen Temperaturbereichen.

Überdachtes Superwellenbad »World Water Park« mit Riesenrutschen als Teilbereich der West Edmonton Shopping Mall

Öffentliche Bäder

Water Parks

Die meisten öffentlichen **Freibäder** sind nur von Mitte Juni bis Anfang September geöffnet. Ganzjährig zu besuchen sind **Hallenbäder,** die oft zusammen mit Sauna, Whirlpool, Fitnesscenter etc. in attraktive ***Leisure Centres*** oder ***Recreation Centres*** integriert sind. Attraktiv sind die kombinierten **Wasser- und Spiellandschaften** vor den Toren einiger Großstädte (z.B. in **Edmonton** der *World Water Park,* ➪ Seite 320). Die Besucher können sich dort auf Rutschen aller Art und in Wellenschwimmbecken austoben.

Kanusport

Canada ist das Mutterland des Kanusports. Traditionell knien Indianer in offenen, aus ausgehöhlten Baumstämmen oder Baumrinden (vor allem der Birke) konstruierten Booten und bewegen es per Stechpaddel.

Für die immer populärer werdenden Kanutrips eignet sich Canada wie kein anderes Land. Zahllose Seen und Flüsse bieten hervorragende Bedingungen für Anfänger, Fortgeschrittene und Wildnisenthusiasten. Die besten Kanureviere liegen im ***Bowron Lake Provincial Park*** in BC und im ***Quetico PP*** in Ontario. Speziell im ***Wells Gray PP*** in BC gibt es verschiedene längere Kanurouten. Auch und besonders der mächtige **Yukon River** (➪ Seite 402 unten) ist beliebt für Langstreckentouren.

Kanuverleih

Wer mit dem Gedanken spielt, Canada (auch) per Kanu kennenzulernen, kann sich an eine der zahlreichen Verleihfirmen wenden. Die **Miettarife** betragen ab $30 pro Tag. Ausrüstungsgegenstände (z.B. Zelte, Regenponchos, Kocher etc.) lassen sich normalerweise gleich mitmieten. Für längere Touren in der Hochsaison (Juli bis Mitte August) empfiehlt es sich, Kanu und Zubehör zeitig im voraus zu reservieren.

An den meisten touristisch frequentierten Seen gibt es Bootsver-mietungen; hier am Emerald Lake im Yoho Nat'l Park

Hausboote

Eine schöne, wenn auch relativ teure Variante eines Canadaurlaubs auf dem Wasser sind **Hausbootferien.** Beste Voraussetzungen dafür besitzen die Seengebiete ***Lake of the Woods*** bei Kenora (➪ Seite 525) in Ontario und ***Shuswap Lake*** mit den Orten Sicamous und Salmon Arm (➪ Seite 335) in British Columbia. Dort im Hochsommer auf eigene Faust ein Boot der gewünschten Größe und Ausstattung zu finden, ist schwierig. Für die Hochsaison (Juli-Mitte August) sollte man auf jeden Fall langfristig vorbuchen. In der Nebensaison (im Juni und ab Mitte August, mehr noch im September nach Labour Day) sind dagegen Boote immer verfügbar, und die **Miettarife** liegen deutlich niedriger als in der Hochsaison. Es ist dann auch kein Problem, Hausboote direkt vor Ort zu mieten. Vorteilhafterweise kann man dabei die schwimmende Ferienwohnungen vor der Anmietung in Augenschein nehmen. Gerade **Spätsommer und Frühherbst** auf relativ einsamen Gewässern bieten ein besonders intensives Canada-Erlebnis. Tagsüber ist es noch angenehm warm, und die kühleren Nächte stören im komfortablen Hausboot ohnehin nicht.

Reviere

Auf die hübschen kleinen Seeuferdörfer und urigen Kneipen, wie sie für europäische Hausbootreviere typisch sind, muss man freilich verzichten. Dafür darf man sich sowohl in Ontario als auch in British Columbia auf schöne Anlegestellen an stillen Buchten und romantische Abende am Lagerfeuer freuen, wo dann der selbstgefangene Fisch in der Pfanne brutzelt.

Wildwasser-fahrten

Wer **Wildwasserabenteuer** sucht, kommt im westlichen Canada auf seine Kosten. ***Whitewater*** wird mit den Schwierigkeitsgraden von I (kleine Stromschnellen) bis VI (nur bei geeigneten Wasserständen eventuell befahrbar) bewertet. Kommerzielle Veranstalter bieten in der Regel Touren von Grad II (mittlere, kindergeeignete Stromschnellen) über III (lange, hohe Stromschnellen) bis IV (anspruchsvolles Wildwasser).

Es gibt heute kaum noch einen für **Schlauchboottrips** geeigneten Fluss, der nicht von kommerziell operierenden Veranstaltern fürs touristische ***Whitewater River Rafting*** genutzt würde. Die lassen sich das gut abgesicherte Abenteuer mit Nervenkitzel und Restrisiko zwar nicht schlecht bezahlen, aber im »Gummifloß« durch Stromschnellen zu schießen, ist ein Hauptspaß. Vor allem kürzere ***Raft Trips*** kann man ohne weiteres vor Ort einen Tag im voraus buchen. Wer aber einen festen Reiseplan besitzt und Rafting mit Zwischenübernachtung plant, ist gut beraten zu reservieren. Die meisten Veranstalter operieren in British Columbia. Ihre Anschriften findet man in der Broschüre ***Outdoor Adventure*** des *BC Tourism Office*, ➪ Seite 581.

Reviere

Fraser River und **Thompson River** sind die populärsten Flüsse mit dem Ort Lytton an deren Zusammenfluss als bestem Ausgangspunkt für ein *Rafting*-Abenteuer in BC. Beliebteste Trips sind die Routen auf dem Thompson River von Spences Bridge nach Lytton oder auf dem Fraser River durch das *Hell s Gate*.

Ebenfalls zahlreiche *Whitewater Rafting* Anbieter gibt es am **Kicking Horse River** bei Golden (nahe der Westaus-/einfahrt des *Yoho National Park)*, am **Fraser River** beim *Mount Robson Provincial Park* und am **Clearwater River** im *Wells Gray* Park.

In den Rocky Mountains von Alberta werden im *Jasper National Park* ruhige Touren auf dem **Athabasca River** oder etwas wildere auf dem **Sunwapta River** angeboten.

Die **Preise** sind vom Schwierigkeitsgrad der Flüsse und Region abhängig und recht unterschiedlich. In touristisch stark frequentierten Gebieten werden für Kurztrips ab **$50** (ca.1,5 Std. auf dem Wasser; mit Vorbereitung Hin- und Rücktransport 3-4 Std.) verlangt. Ganztagestrips (ca. 3-4 Std. auf dem Wasser) gibt es ab $100.

Komfort-Hausboot auf dem Shuswap Lake (➪ oben) im zentralen British Columbia, www.twinanchors.com, (✆ 1-800-663-4026), ab Sicamous ➪ Seite 335

Radfahren

Radfahren – ***Bicycling, Cycling*** oder ***Biking*** genannt – ist als sportliche Freizeitaktivität ausgesprochen populär; speziell, seit es ***Mountain Bikes*** gibt. Fahrräder lassen sich in jeder größeren Stadt, aber auch in vielen National- und Provinzparks mieten. Etwa Vancouver auf der ***Seaside Bicycle Route*** durch den Stanley Park und um die English Bay per Zweirad zu erkunden, kann gar nicht genug empfohlen werden. Kanadische Autofahrer sind auf Leute, die das Fahrrad als Fortbewegungsmittel benutzen, indessen oft nicht eingestellt. Da die meisten Städte keine Radwege besitzen, ist ein wenig mehr Vorsicht als hierzulande daher angebracht. Die **schönste Radroute** mit zahlreichen sehenswerten Brücken und Tunneln verläuft über die stillgelegte Trasse der 481 km langen ***Kettle Valley Railway*** von Hope nach Midway durch den zentralen Süden von British Columbia. Der ***Myra Canyon*** ist ein Highlight vieler Radtouren (➪ Seite 342). Obwohl mit nur 2,2% Maximalsteigung prinzipiell gut befahrbar ist die Strecke wegen Trassenschäden sowie steiler Umleitungen zur Umgehung zerstörter Brücken/Tunnel stellenweise nur Mountainbikern vorbehalten.

Gute **Mountain-Bike-Reviere** mit Seilbahntransport sind der ***Calgary Olympic Park***, ***Silver Star Mountain*** bei Vernon, der ***Whistler Mountain*** und – obwohl ohne Seilbahn – sehr populär ***Rossland***; www.rosslandtrails.ca.

Wer mehr über Radfahren und Mountain Biking auch in Canada wissen möchte, sollte zum Reise Know-How-Speziatitel »**USA/ Canada Bikebuch**« greifen.

Angeln

Die liebste **Freizeitbeschäftigung** eines rechten Kanadiers ist ganz ohne Zweifel das Angeln. Im Sommer sitzen Männer, Frauen und Kinder jeden Alters geduldig an den See- und Flussufern oder werfen unermüdlich Blinker und künstliche Fliegen aus.

Angelgerät kann man zwar problemlos im Flugzeug mitnehmen, aber drüben wartet eine derartige auf kanadische Verhältnisse zugeschnittene Auswahl, dass viel dafür spricht, sich erst vor Ort einzudecken. Zumal auch die **Preise** dafür relativ günstig sind.

Angelerlaubnis

Neben der geeigneten Ausrüstung benötigt jeder Angler unbedingt eine ***Fishing Licence*** bzw. ein ***Fishing Permit*** der jeweiligen Provinz oder des Nationalparks. Angelscheine sind noch in kleinsten Ortschaften erhältlich – im Lebensmittelladen, an der Tankstelle oder sonstwo. Jedermann kennt die Ausgabestellen. Die **Gebühren** für Angler, die nicht in Canada leben, sind deutlich höher als für Provinzbewohner. Bei längerem Aufenthalt lohnt sich der Kauf eines Mehrtages-/Jahrestickets. Ausländer zahlen z. B. in BC $20/Tag, $50/8 Tage, $80/Jahr für ***Non-Tidal Angling Licences*** (Süßwasserreviere) bzw. $7/Tag, $31/5 Tage, $101/Jahr für ***Tidal Water Fishing Licences*** (Salzwasserreviere); www.env.gov.bc.ca/fw/fish/licences.

Regeln

Die Bestimmungen (die alle Angler zur Kenntnis zu nehmen verpflichtet sind) zur Regulierung der allgemeinen Angelleidenschaft sind von Provinz zu Provinz unterschiedlich. Sie sind sorgsam zu beachten. **Streng kontrollierte Beschränkungen** beziehen sich auf tägliche Fangmenge, Art der Köder und der zum Fang freigegebenen Fischarten. Eine überall geltende Vorschrift besagt, dass ein Angler nicht mehr als **eine Angel** gleichzeitig benutzen darf. Wer ohne gültige Genehmigung erwischt wird, darf sich auf eine saftige **Geldstrafe** gefasst machen. Üblich ist zudem die Konfiszierung des Angelgeräts, sogar des Bootes oder Campmobils, wenn darin illegal gefangene Fische gefunden werden. Bei Begrenzungen der **Tagesmenge** zählen auch Fische, die vom Vortag stammen, aber noch nicht verzehrt wurden!

In den **Nationalparks** benötigt man – unabhängig von der jeweiligen Provinz – eine **Sondergenehmigung.** Das ***Fishing Permit*** (für Banff&Jasper NPs z. B. $10/Tag, $35/Jahr) gibt es in den Besucherzentren.

Zum Schutz der Fischbestände hat man das ***Catch & Release Fishing*** eingeführt. Dabei geht es nicht mehr um den Fisch als essbare Beute, sondern ausschließlich um die Aktivität Angeln als solche. Der Angler nimmt dabei den gefangenen Fisch wieder vom Haken und setzt ihn zurück ins Wasser – eine fragwürdige Methode, bei der viele Fische verletzt werden und qualvoll zugrundegehen.

Fish Hatcheries

Die starke Befischung vieler Seen und Flüsse würde etliche Arten in ihrer Existenz bedrohen, wenn die Bestände nicht immer wieder künstlich aufgestockt würden. Mit der Aufzucht und dem Aussetzen von Jungfischen sind Fish Hatcheries betraut, allerorten zu findende staatliche Fischzuchtstätten und künstliche ***Spawning Channels*** (Laichkanäle, z.B. an Duncan Lake, Galena Bay). Sie können häufig besichtigt werden. Obwohl der Staat über die *Fishing Permits* erhebliche Einnahmen realisiert, reichen sie

Angler am Lake of the Woods im westlichen Ontario

kaum zur Aufstockung aller leergefischten Reviere. Dem Wahlvolk über das bereits vorhandene Reglement hinaus aus ökologischen Gründen weitere Zurückhaltung aufzuerlegen, mag offenbar keine Regierung riskieren.

Jagen

Im Gegensatz zum Angeln ist das Jagen für Ausländer eine aufwendige und kostspielige Angelegenheit. Sie dürfen ausschließlich unter der Obhut von staatlich geprüften Jagdbegleitern ***(Outfitters)*** jagen, die ihren gut zahlenden Gästen alle Jagdvorbereitungen abnehmen und für den Transport zu den besten Plätzen sorgen. Außerdem kümmern sie sich um die Unterkunft in der Wildnis. Wer bestimmte Felle oder Geweihe mit nach Europa nehmen möchte, benötigt dazu eine besondere Genehmigung.

Lizenzen

In ***National Parks*** ist **Jagen grundsätzlich verboten,** ebenso das bloße Mitführen gebrauchsfähiger Waffen.

Gebührenfreies Goldwaschen am Touristenclaim des Bonanza Creek, einem Nebenflüsschen des Klondike River

Goldwaschen

Ein besonderes **Abenteuer** ist für manche Canada-Touristen sicher das Goldwaschen. An zahlreichen Flüssen und Bächen in British Columbia, in Alaska und im Yukon trifft man bis heute auf Relikte der **Goldrauschepoche ab 1858**: zerwühltes Erdreich, verlassene Minen und verrostendes Gerät. An Originalschauplätzen wie Barkerville, Dawson City, Fairbanks oder Anchorage kann jedermann Waschpfannen leihen oder kaufen und sein Glück versuchen.

Situation heute

Grundsätzlich befindet sich das Gold zunächst in felsigen Lagerstätten. Bergwerke gewinnen das goldhaltige Erz im ***Hardrock Mining***-Verfahren, indem sie tiefe Stollen in den Fels treiben. Durch Erosion freigesetzte Goldpartikel werden aber auch vom Wasser aus dem Erz geschwemmt und setzen sich am Grund und an den Uferböschungen von Wasserläufen als Waschgold (*placer gold*) ab. Auf diese ***Gold Flakes***, darunter dann und wann auch größere ***Nuggets***, hatten es einst die ***Gold Prospectors*** oder ***Diggers*** abgesehen. Maschinell wurde Waschgold im *Placer Mining*-Verfahren mit gigantischen Eimerkettenschwimmbaggern (***Gold Dredges***, z.B. in Dawson City, Fairbanks) aus Bachböden herausgespült. Dank der in der letzten Dekade extrem gestiegenen Goldpreise (seit 2004 von ca. $400 auf bis zu $1.900/Feinunze, zur Zeit wieder niedriger, aber bei immerhin noch klar über $1000) sind Prospektoren mit Waschpfanne, aber auch mit mancherlei raffiniert ausgetüftelten Gerätschaften wieder zahlreich anzutreffen. Außer in Gebieten mit früher nicht ausgeschöpften Goldreserven suchen sie vor allem nach Goldpartikeln, die erst nach der Goldrauschperiode aus den Lagerstätten herausgewaschen wurden.

Touristen Claims

Wer sich selbst als Goldgräber betätigen möchte, muss sich im ***Tourist Claim*** z.B. bei Dawson City entweder nach alter Art stundenlang in einen eiskalten Bach stellen und mit schmerzendem Rücken ***Pay Dirt*** (goldhaltigen Sand) durchspülen oder am kommerziell betriebenen Trog für ein paar Dollar etwas bequemer eine im voraus mit dünnen Goldflocken (*Flakes)* präparierte Pfanne auswaschen.

Literatur

Vor dem Einstieg in die Praxis sind theoretische Kenntnisse nützlich: In kanadischen *Book Shops* stößt man auf eine beachtliche Auswahl an Werken über **Methoden des Goldschürfens**, geeignete Ausrüstung und gesetzliche Vorschriften. Der Titel ***Gold Panner's Manual*** von *Garnet Basque* (144 Seiten, $15, *Heritage House Publishing Company*, www.heritagehouse.ca), ist anschaulich und vor allem für Anfänger gut geeignet (nur in großen Läden vorrätig). In ihm findet man u.a. Adressen von Firmen, die den modernen Prospektor mit allem ausstatten, was er braucht. Den Titel gibt's zum aktuellen Dollarkurs auch bei www.amazon.com.

Allgemeine Auskünfte über Goldsuche in Canada und Alaska erhalten Interessenten auch bei den ***Tourist InfoCentres.***

Wasch-pfanne

Eine stilecht zerbeulte Goldwaschpfanne ist im übrigen ein originelles Mitbringsel aus dem hohen Norden und ggf. ein schönes Erinnerungsstück an die »eigene Goldgräberzeit« oder die ***Yukon Gold Panning Championship***, die jedes Jahr am 1. Juli in Dawson City stattfindet. Leider sind die meisten der zum Kauf angebotenen Pfannen heute aus Plastik.

Goldwaschmeisterschaften unter Mountie-Aufsicht in Dawson City/ Yukon Territory

2. REISEVORBEREITUNG UND -PLANUNG

2.1 Formalitäten, Finanzen und Versicherungen

2.1.1 Einreise nach Canada

Reisepass und Aufenthaltsdauer

Zur Einreise benötigt man nur den für die Reisezeit, besser aber noch mindestens sechs Monate gültigen Pass. Direkt aus Übersee einfliegende Touristen mit **Rückflugticket** und genügend Bargeld bzw. Reiseschecks und/oder Kreditkarten erhalten im Normalfall den erforderlichen Sichtvermerk für eine **Aufenthaltsdauer bis zu maximal 6 Monaten**.

Einreise ab 2016

Ab 2016 verlangt auch Canada eine ESTA/USA vergleichbare Vorabregistrierung, die ***electronic Travel Authorization*** (***eTA***), alle Details unter www.cic.gc.ca/english/visit/eta-start-asp (can$7).

Einreise nach Canada über die USA

Bei Anreise über die USA (➪ nebenstehend und Seiten 150ff) gibt es ebenfalls einen Einreisestempel für max. 6 Monate in Canada. Aber andere Eintragungen kommen vor, etwa bei Auskünften des Touristen, die den *Immigration Officer* nicht befriedigen.

Ausreise in die USA und Wiedereinreise

Dagegen verliert bei einer Ausreise von Canada in die USA die einmal erteilte kanadische Genehmigung im Prinzip ihre Gültigkeit. Wer erneut nach Canada einreist, muss sich bei der *Immigration* eigentlich einen neuen Sichtvermerk holen. Bisweilen verzichten die Grenzbeamten aber – nach einem Blick in den Pass – auf diese Prozedur und winken den Touristen einfach durch.

Mit Auto von den USA nach Canada

Wegen der (insbesondere nach Umsatzsteuern) niedrigeren Autopreise sind grenznahe Städte in den USA ggf. bedenkenswerte Ausgangspunkte auch für eine Reise durch Canada für Langzeitreisende, die sich ein Auto kaufen wollen (➪ Seite 85). Der Grenzübertritt ins Nachbarland ist auch mit einem Fahrzeug – gemietet oder gekauft – problemlos. **Wagenpapiere** oder **Führerschein** werden oft nicht einmal kontrolliert.

Einen Nachweis über die in Canada vorgeschriebene **Haftpflichtversicherung** muss man erst bei Unfällen und gelegentlich bei Verkehrskontrollen erbringen. Einige (wenige) *Rental Car Companies* untersagen den Grenzübertritt. Wer in einem Mietwagen von den USA aus nach Canada fahren möchte, sollte daher bereits vor der Buchung sicherstellen, dass Canada auch mit dem in den USA gemieteten Fahrzeug ohne Einschränkungen befahren werden darf – und vor Ort diese Absicht noch einmal bekunden.

Eigenes Fahrzeug

Für ein eigenes Auto benötigt man von seiner (US-amerikanischen) Versicherung eine für Canada gültige ***Non-Resident Inter-Province Motor Vehicle Liability Insurance Card*** (entspricht unserer grünen Versicherungskarte).

Privat geliehenes Fahrzeug

Bei Verkehrskontrollen fragt die kanadische Polizei bisweilen nach einem **Besitznachweis** für den Wagen. Als Beleg dient die ***Registration***, ein dem deutschen Kraftfahrzeugschein entsprechendes Papier, bzw. der Mietvertrag. Falls das Auto von Bekannten geliehen ist, sollte man sich eine **notariell beglaubigte Erlaubnis des Eigentümers** für die Benutzung und Einreise nach Canada geben lassen. Die Beglaubigung erledigt gegen Gebühr ein ***Notary Public***, den man in den USA »an jeder Ecke« findet.

2.1.2 Nach Canada über die USA/von Canada in die USA

Ohne Visum

Zur Einreise in die USA, also auch nach **Alaska**, benötigt man – auch für jedes Kind einzeln! – zunächst einmal einen maschinenlesbaren bordeauxroten **Reisepass** (später als im Oktober 2005 ausgestellte Pässe müssen **biometrische Daten** enthalten), der mindestens noch drei Monate gültig sein muss. Bürger der meisten westeuropäischen Staaten benötigen kein Visum, wenn sie

- in die USA als Tourist oder für private Besuche einreisen
- lediglich einen Aufenthalt von bis zu 90 Tagen planen und
- ein **Ticket** für die Rück- oder Weiterreise besitzen.

ESTA

Seit Anfang 2009 ist außerdem ohne vorherige Anmeldung bei ESTA (***Electronic System for Travel Authorization***) keine Einreise per Flugzeug oder Schiff in die USA mehr möglich. **Bei Einreise über Land von Canada aus benötigt man indessen keine ESTA-Zulassung.** Damit ESTA samt Genehmigung rechtzeitig vor der Abreise die Zulassung erteilt, muss die elektronische Registrierung mindestens 72 Stunden vor Abflug erfolgen. Die Genehmigung gilt für zwei Jahre und ggf. mehrere Einreisen.

Vorgehen

Im Internet findet sich der Antragsvordruck unter https://esta.cbp.dhs.gov/esta. Die gewünschte Sprache ist durch Mausklick leicht einzustellen.

Elektronisches Formular

Von der ersten grünen Antragsseite (zunächst nur den Block links beachten) geht's in der deutschsprachigen Version ganz unten einfach »weiter« (englischsprachige Version »*apply*«). Ein Klick darauf und noch einer nach »ja« führt zum Formular. Die ESTA-Antragsgebühr von $14 kann nur mit Kreditkarte bezahlt werden.

ESTA-Zulassung als Tourist

Mit Versand des Formulars erhält der/die Antragsteller(in) einen Zugangscode, unter der er/sie nach spätestens 72 Stunden nachschauen kann, ob er/sie autorisiert wurde, in die USA einzureisen. Um das zu tun, ist wieder https://esta.cbp.dhs.gov/esta aufzurufen. Man gelangt auf die identische Seite wie im Fall des Antrags, muss nun aber im grünen Formular den zugeteilten Code und noch einmal Geburtsdatum und Passnummer eintragen. Unter »Aktualisieren« erfährt man, ob alles geklappt hat.

Wenn ja, steckt man mit allen abgelieferten Daten im Computer der ***US-Homeland Security*** als zugelassener Einreiser. Das kann so auch die Airline beim Einchecken aufrufen und ablesen. Sollte die Einreisegenehmigung via ESTA nicht erteilt werden, muss man ein Visum beantragen, ➪ rechts.

Formulare

Nur **USA-Besucher mit Visum** müssen **zwei** weitere **Formulare** ausfüllen: Einreisepapier (***Arrival/Departure Record***) und die Zollerklärung (***Customs Declaration***). **ESTA-Einreiser brauchen nur die Zollerklärung auszufüllen**.

Kontrollprozedur bei der Einreise

- Obwohl jeder dank ESTA bzw. Visum noch vor Besteigen des Flugzeugs überprüft wurde, erfolgt eine weitere Kontrolle am Immigrationsschalter im Ankunftsairport. Nach Überprüfung des Passes (der Scanner gibt Auskunft über vorherige Einreisen und dabei ggf. gespeicherte negative Kontakte mit der US-Obrigkeit) werden die sog. **biometrischen Daten des Besuchers** erfasst. Das sind in diesem Fall Abdrücke aller 10 Finger und ein Gesichtsfoto (dauert ca. eine Minute), um sicherzustellen, dass später der/die Ausreisende wirklich der-/dieselbe wie bei Einreise ist bzw. die Person, die im Pass steht.

  Darüberhinaus wird der Reisende üblicherweise kurz nach seinen Reiseplänen befragt (*Business, Tourism, Visiting Friends* o.ä.). Bei normalen Urlaubsplänen prüft der *Immigration Officer* die Angaben des Reisenden meist nicht weiter und erteilt die Höchstaufenthaltsdauer von 90 bzw. 180 Tagen (mit Visum). Er fragt aber schon mal nach **Rückflugticket, Barmitteln** und **Kreditkarte** und verkürzt u.U. die maximal mögliche Aufenthaltsdauer nach Ermessen.

Wieder - einreise

- Der einmal genehmigte Aufenthalt für die USA bleibt auch bei Wiedereinreise (nach einem Canada-Abstecher) weiter gültig.

Zoll/ Customs

- Bei der **Zollerklärung** lautet die kategorische Antwort auf die Zeile »Ich habe noch Früchte, Gemüse, Fleischwaren etc. dabei und war kürzlich auf einem Bauernhof«: ***No***! Wer wursthaltige Marschverpflegung oder Obst von daheim in der Tasche hat, muss alles spätestens im Ankunftsflughafen entweder essen oder vernichten. Die Zollbeamten machen unter dem Schild *Nothing to declare* **Stichproben**, müssen aber in jedem Fall das **Zoll - papier stempeln** (Zollformular www.cbsa-asfc.gc.ca/publications).

Gebühr

- Bei erster **Einreise auf dem Landweg**, z.B. auch von Canada nach Alaska, fällt eine **Gebühr von US$6** in bar/$-Reisescheck an – keine Kreditkarte, keine kanadische Währung!

Visumerfordernis Sonderfälle

Bei Reiseplänen, die 90 Tage Aufenthalt in Nordamerika und in Mexico übersteigen und auch, wenn eine zweite Einreise in die USA (aus Canada oder Mexico) nach diesen 90 Tagen liegt, benötigt man immer ein Visum. Das erhält man nur nach plausibel zu erläuternden Reiseabsichten. **Bei uns lebende Bürger jener Staaten, die nicht ausdrücklich von der Visapflicht ausgenommen sind, benötigen auch für USA-Reisen unter 90 Tagen Dauer ein Visum**.

Generelle **Informationen zu Visaantrag und Ausdruck/ Ausfüllen des Antragsformular DS-160** gibt es unter http://german.germany.usembassy.gov/visa/niv/antrag.

Die Details zur **Visa-Erlangung** finden sich auch auf dem 12/2013 neu eingerichteten Internetportal http://www.ustraveldocs.com/de.

Antrag auf Erteilung

Die Beantragung eines Besuchervisums kostet eine variable vom Dollarkurs abhängige **Gebühr** von zur Zeit **€144**, die auch bei Ablehnung nicht erstattet wird.

Der ausgefüllte Antrag DS-160 samt farbigem Passfoto (digital 50 x 50 mm) plus Zahlungsnachweis der Antragsgebühr (➤ vorstehende Website) **kann nur elektronisch versandt werden.**

Verschärfte Regelungen nach 9/11/ Interview

Bereits seit dem 11. September 2001 erteilen die USA die Visa nicht mehr einfach nach Sichtung der Formulare, sondern laden alle Antragsteller über 13 und unter 80 Jahren zum persönlichen **Interview** in eines der untenstehenden Konsulate bzw. in die US-Botschaft (A und CH) ein. Zum Interviewtermin, den man im Internet im Rahmen der Möglichkeiten selbst definiert (»*Schedule my Appointment*«) bringt der Antragsteller den Ausdruck seines Antrags, das Fotooriginal, Reisepass und weitere Unterlagen mit. Nach dem Interview kommt das Visum per Post oder gar nicht.

Konsularabteilung der US-Botschaft in Berlin
(zuständig für norddeutsche und neue Bundesländer)
Clayallee 170, 14195 Berlin (www.us-botschaft.de)

Generalkonsulat München (zuständig für Bayern)
Königinstr. 5, 80539 München (http://munich.usconsulate.gov)

Generalkonsulat Frankfurt (alle anderen Bundesländer),
Gießener Str. 30, 60435 Frankfurt
(http://frankfurt.usconsulate.gov)

Botschaft der Vereinigten Staaten in der Schweiz
Sulgeneckstr. 19, 3007 Bern,
Info: ✆ **0720 116000** (2,50 SFr/min), http://bern.usembassy.gov

Botschaft der Vereinigten Staaten in Österreich,
Visa Section, Parkring 12, 1010 Wien

Info: ✆ **0900-510300** (€2,16/min), www.usembassy.at

Das erteilte in den Pass geklebte Visum berechtigt zu beliebig vielen Einreisen in die USA innerhalb des gewährten Zeitrahmens.

Aufenthaltsdauer in den USA

Letzte Instanz bei der Einreise ist der ***US Immigration Officer*** auf US-Territorium. Er vergibt bei Visainhabern die gewünschte Zeit bis zu 180 Tagen, aber ggf. auch weniger. Er kann die Einreise im Extremfall trotz Vorhandensein eines Visums verweigern.

2.1.3 Zollbestimmungen

Zollfreie Einfuhr Canada

Folgende Waren dürfen zollfrei nach Canada eingeführt werden:

1,14 l Spirituosen oder 1,5 Liter Wein oder

4 *Sixpacks* Bier zu je 12 *Ounces/Dose* (= 0,355 ml; das Äquivalent einer Kiste Bier mit 8,5 l)

und **200 Zigaretten und 50 Zigarren** sowie **Geschenke** im maximalen Gegenwert von **$60**

Obst, Gemüse

Beschränkungen gibt es in einigen Gebieten bei der Einfuhr von Obst- und Gemüsesorten. Das gilt z.B. für Äpfel bei der Einreise von den USA über Vancouver Island oder das Okanagan Valley.

Preisgefälle USA/Canada

Viele Produkte sind in den USA preiswerter als in Canada, in erster Linie Tabakwaren und Alkoholika. Viele Kanadier zieht es daher zu **Einkaufstrips** in die USA. Oft fragen die kanadischen Zollbeamten auch nach **Schusswaffen**, da in Canada strengere Waffengesetze gelten als in den USA.

Zollfreie Waren USA

Die Einhaltung der amerikanischen Einfuhrbeschränkungen für **Zigaretten (200 Stück)**, **alkoholische Getränke (1 Liter)** und Geschenke (im **Wert bis zu US$100**) wird von den US- Zollbeamten nur lax kontrolliert. Sie interessieren sich vor allem für eventuell mitgeführte Fleischwaren, Obst und Gemüse, deren Einfuhr streng untersagt ist, ➪ auch Seite 42.

2.1.4 Reiseversicherungen

Krankenversicherung

Eine Reise nach Nordamerika sollte nie ohne umfassenden Krankenversicherungsschutz angetreten werden. Den besitzen automatisch nur unbegrenzt Privatversicherte, deren Kassen weltweite Kostendeckung gewähren. **Die gesetzlichen Krankenkassen übernehmen in Canada oder den USA anfallende Behandlungskosten nicht einmal teilweise**. Aber selbst, wer privat krankenversichert ist und glaubt, keine Auslandszusatzversicherung zu benötigen, sollte den **Geltungsbereich** seines Vertrages prüfen. Manche Versicherungen beschränken die Leistungspflicht auf Krankheitskosten, die in Europa und in Ländern rund ums Mittelmeer anfallen.

Kurzfristige Auslandskrankenversicherungen werden von vielen Gesellschaften angeboten. Die meisten Veranstalter legen ihren Buchungsunterlagen Überweisungsformulare für den unkomplizierten Abschluss aller denkbaren Reiseversicherungen bei. Es gibt sie aber auch separat, d.h., unabhängig von einer Buchung, in jedem Reisebüro. Kreditkartenunternehmen (➪ Seite 49) und **Automobilclubs** bieten ihren Mitgliedern Vorzugstarife beim Auslandsschutz. Im Jahresbeitrag für einige **Kreditkarten**-Edelversionen ist der Versicherungsschutz für Auslandsreisen enthalten.

Tarifvergleich

Grundsätzlich lohnt sich vor Abschluss ein Vergleich nicht nur der Tarife, sondern auch der mit dem Vertrag verbundenen Leistungen. Einige Versicherungen verzichten z.B. auf eine Eigenbeteiligung des Versicherten, bei anderen müssen die Ausgaben für kleinere Verschreibungen und Behandlungen selbst getragen werden. Zu beachten ist auch, dass ab einem bestimmten Alter (meist 65) die Versicherungstarife deutlich steigen.

Versicherter Zeitraum

Ein wichtiger Punkt bei Auslands-Krankenversicherungsverträgen ist der **maximal versicherte Zeitraum** bei ununterbrochener Abwesenheit. Insbesondere über bestimmte Mitgliedschaften »automatisch« Versicherte (Abbuchung des Beitrages jährlich ohne Notwendigkeit eines erneuten Abschlusses) sind **oft nur bis zu sechs Wochen** geschützt. Bei längeren Reisen muss auch in solchen Fällen ein gesonderter Vertrag über den gesamten Zeitraum abgeschlossen werden.

Preisgünstig sind **Verträge bis zu 2 Monaten Gültigkeit**. Für kurze Fristen ist auch die Auswahl groß. Das Spektrum der Angebote beginnt bei ganzen €12 für 8 Wochen (Erwachsene bis 59 Jahre bei der Halleschen; www.hallesche.de; Kinder zahlen dort nur €8 für denselben Zeitraum); ab 60 Jahre sind €45 fällig; Jahresbeiträge gelten auch bei Mehrfachfahrten.

Familien mit Kindern bis 21 Jahren zahlen €20,50; Einzeltarif €8,50 (HUK-Coburg: www.huk24.de; 6 Wochen Gültigkeit).

Für längere Auslandsreisen vermindert sich die Zahl der Anbieter; und auch die Kosten steigen bei einigen Gesellschaften überproportional. Umso wichtiger ist der **Kostenvergleich.**

Langfristige Absicherung

Leider kann man teurere Tarife langfristiger Verträge nicht durch mehrere aufeinanderfolgende Kurzfristverträge zum Niedrigtarif umgehen. Man verliert dann nach der ersten Vertragsperiode seinen Versicherungsschutz.

Die Versicherer lassen sich bei kostspieligen Versicherungsfällen den Pass mit Einreisestempel vorlegen. Falschangaben des Versicherten kommen dann heraus.

Brille

Brillenträger sollten neben einer Reservebrille den **Brillenpass** mitnehmen. Damit kann man bei Verlust oder Defekt ohne Umweg über einen Augenarzt einen Optiker aufsuchen.

Behandlung und Zahlung

Im Krankheitsfall wird in Nordamerika **vor** der Behandlung ein **Nachweis der Zahlungsfähigkeit** verlangt. Eine Kreditkarte ist dabei fast unabdingbar. Ohne muss man sich bei teuren Behandlungen an seine Auslandskrankenversicherung wenden und um Vorschuss bzw. Kostenübernahme bitten. Die **Kopie des Vertrags** und die Telefonnummer der Versicherung sollte man daher vorsorglich mitführen.

Erstattung

Da man Arzt- und Rezeptkosten vorstreckt, sind für die spätere Erstattung in der Heimat **detaillierte Aufstellungen** mit Datum, Namen des Arztes, Behandlungsbericht etc. vorzulegen.

Behandlungskosten, die wegen chronischer Leiden oder infolge von Erkrankungen vor Reisebeginn anfallen, sind durch Reiseversicherungen nicht gedeckt. Zweifelsfälle sollten vor der Reise mit der Krankenversicherung erörtert werden.

Weitere Reiseversicherungen

Inwieweit man über die Krankenversicherung hinaus weiteren Versicherungsschutz benötigt, hängt von ggf. bereits bestehenden Versicherungen in der Heimat und dem eigenen Risikoempfinden ab. Vor dem Abschluss etwa einer **Reisehaftpflicht-** oder **Reiseunfallversicherung** sollte man unbedingt prüfen, ob nicht die bereits vorhandenen Versicherungsverträge ggf. auch außerhalb von Europa Deckung gewähren.

Gepäckversicherung

Über den Nutzen der vergleichsweise teuren **Reisegepäckversicherung** sind die Meinungen geteilt. Bei sorgfältiger Lektüre des »Kleingedruckten« entsteht mitunter der Eindruck, dass die Möglichkeiten des Haftungsausschlusses zahlreicher sind als Fälle, in denen der Versicherer zahlt. **Camping** etwa gilt versicherungstechnisch als besonders riskantes Unternehmen, auf das sich allerhand Ausschlussklauseln beziehen. Tatsächlich ist das Diebstahlrisiko in Canada, aber auch in den USA bei umsichtigem Verhalten eher nicht hoch.

Versicherungspakete

Bei den von Reisebüros gerne verteilten Versicherungspaketen sollte man prüfen, welche Einzelleistungen wirklich benötigt werden. Eine Haftpflicht- und Unfallversicherung besteht vielleicht schon, und die absolut notwendige Krankenversicherung gibt es manchmal anderswo günstiger.

Reiserücktrittskosten-Versicherung

Eine Reiserücktrittskosten-Versicherung ist bisweilen im Reisepreis schon enthalten. Sie kann, sollte das nicht der Fall sein, aber auch gesondert abgeschlossen werden. Die Prämien sind relativ niedrig (Elvia, Europäische u.a.). Man sollte darauf speziell bei langfristiger Vorbuchung nicht verzichten.

2.1.5 Bargeld, Reiseschecks und Kreditkarten

Cash

Bargeldlos

Bargeld spielt im Zahlungsverkehr Canadas und der USA insgesamt eine deutlich geringere Rolle als in Europa. Kanadier und Amerikaner begleichen oft auch niedrige Beträge per Kreditkarte oder mit Scheck. Auch Touristen brauchen **keine größeren Dollarbeträge in bar** mitzunehmen. Es macht Sinn, Bargeld zunächst nur für die ersten Ausgaben bereitzuhalten. Denn der Wechselkurs für Bargeld aus Automaten oder für Reiseschecks ist günstiger als der **Sortenkurs** der Banken beim Kauf von Bardollars.

Umtausch in Canada/USA

Euros und Franken lassen sich ausschließlich in Großstädten und auch dort nur in wenigen Banken und an internationalen Flughäfen umtauschen, und zwar zu ungünstigen Kursen.

EC-Karten

Indessen können **EC-Karten** (mit Maestro-Logo) auch an Geldautomaten in Nordamerika eingesetzt werden, ➪ Seite 50.

Münzen

Kleine Münzen sind in **Canada und den USA** nicht nur vom Aussehen her ähnlich und in der Größe so gut wie identisch:

1 Cent:	***Penny***	5 Cents:	***Nickel***
10 Cents:	***Dime***	25 Cents:	***Quarter***

In **Canada** sind darüberhinaus **$1- und $2-Münzen** im Umlauf. Auch für sie gibt es umgangssprachliche Bezeichnungen:

1 can$: ***Loonie***

2 can$: ***Toonie***

Die in den **USA** kursierenden 50-Cent- und Ein-Dollar-Münzen bekommt man nur sehr selten zu Gesicht.

Quarters benötigt man ggf. in der **Telefonzelle,** am **Cola-Automaten** und im **Waschsalon**. Ein Vorrat davon ist praktisch. Bei Banken gibt es **Rollen** zu je 40 Quarters ($10).

Münzen benötigt man auch in den öffentlichen Verkehrsmitteln der Großstädte. Die Fahrgäste werfen den abgezählten Fahrpreis in einen gut gesicherten Behälter. Die Fahrer verfügen als Vorsichtsmaßnahme gegen Überfälle grundsätzlich nicht über Wechselgeld.

Banknoten

Da **US-Dollarscheine** unabhängig von ihrem Wert dieselbe Größe und Farbgebung aufweisen (Zahlseite grau-schwarz, Rückseite blassgrün), kommt es leicht zu Verwechslungen und auch mutwilligen Täuschungen. Beim Herausgeben ist deshalb etwas mehr Aufmerksamkeit als bei uns angebracht. Verwechslungs- und fälschungssicherer mit Wasserzeichen, Farbwechsel an der Wertzahl und Sicherheitsfaden sind die neueren, leicht rosa unterlegten Scheine zu $5, $10, $20- und $50.

Kanadische Geldscheine unterscheiden sich ebenfalls nicht in der Größe, lassen sich aber dank unterschiedlicher Farben besser auseinanderhalten, ➪ Foto. Relativ neu sind aalglatte «Plastikscheine«.

US-Dollars in Canada

US-Dollars werden in Canada weitgehend akzeptiert, meist allerdings zu einem ungünstigeren Wechselkurs als in der Bank.

Wechseln großer Scheine

Aus Sicherheitsgründen behalten manche abends und nachts geöffnete Shops und Tankstellen nicht mehr als **$20 Wechselgeld** in der Kasse. Überschießende Einnahmen verschwinden per Rohrpost unwiederbringlich im Tresor. So können größere als $20-Noten bei kleinen Kaufsummen nicht gewechselt werden; mitunter verweigert man sogar die Annahme. Auch bei Barzahlungen am Tage kommt man mit **Geldscheinen bis maximal $50** am besten zurecht. $100-Scheine werden oft ungern, in kleineren Geschäften mitunter gar nicht angenommen.

Cash only!

Trotz der großen Bedeutung der Kreditkarten, gibt es Situationen, wo sie nicht weiterhelfen und unbedingt mit ***Cash*** zu zahlen ist: Für Touristen sind in erster Linie die **Campingplätze** in National- und Provinzparks und besonders in den Nationalforsten zu nennen, wo die Übernachtungskosten bar und abgezählt ohne Wechselmöglichkeit in einem Umschlag deponiert werden müssen, ➪ S. 117. Auch manche Tankstellen akzeptieren Kreditkarten nicht.

Travelers Cheques

Anwendung

Travelers Cheques (amerikanische Schreibweise) werden im Gegensatz zu früheren Jahren nur noch in den wenigsten Geschäften wie Bargeld akzeptiert. Und viele Banken verweigern die Barauszahlung von *Traveler Cheques*. Wenn es klappt, fallen üblicherweise Gebühren an.

Kanadische Dollars (hier can$; offizielles Kürzel: CAD)

Wer sich dennoch Reisescheck, z.B. als Sicherheitsreserve, zulegt, sollte sich für eine Canada-Reise ausschließlich auf **kanadische Dollar lautende *Travelers Cheques*** beschaffen, für **Alaska** bzw. im Kernland der USA dagegen nur **US$-*Travelers Cheques*** verwenden. Auch für Reiseschecks gilt das unter *Wechseln großer Scheine* bereits Gesagte: Hohe Nennwerte werden ungern angenommen.

Kosten der Reiseschecks

Beim Kauf von $-Reiseschecks in Europa erfolgt die Währungsumrechnung zum Devisenbriefkurs. Trotz der Provision von 1% des Wertes und ggf. Gebühr beim Einlösen sind sie dadurch meist etwas günstiger als Bargeld zum Sortenkurs.

Beim Kauf unterschreibt man in der Bank die *Travelers Cheques* ein erstes Mal, bei der Einlösung in einer Bank müssen sie unter Vorlage von Pass oder Führerschein gegengezeichnet werden.

Ersatz für abhanden gekommene Reiseschecks

Der **Vorteil der Reiseschecks** gegenüber dem Bargeld besteht darin, dass bei Verlust oder Diebstahl rasch Ersatz erlangt werden kann, ohne dass dafür Kosten entstehen. Man muss zu diesem Zweck den Kaufnachweis vorweisen und – etwa durch die notierten Einlösedaten verbrauchter Schecks – glaubhaft belegen, welche Schecks (Nummernfolge) verloren gegangen sind.

Gebührenfreie Telefonnummer von **American Express**, die im Verlustfall angerufen werden muss: **✆ 1-800-221-7282**.

Die Zentrale nennt dem Anrufer die **nächstliegende Bank**, welche den Verlust dokumentieren und die Ersatz-Schecks ausstellen kann. Nicht gebrauchte Reiseschecks lassen sich zu Hause (zu sehr ungünstigen Konditionen) zurücktauschen.

Credit Cards

Verbreitung der unterschiedlichen Kreditkarten

In Nordamerika gehört die Zahlung per *Credit Card* mehr als bei uns zum täglichen Leben. Die meisten Kanadier und US-Amerikaner nutzen gleichzeitig mehrere Kreditkarten. ***Visa*** und ***Mastercard*** werden fast überall akzeptiert. Relativ weit verbreitet ist auch die ***American Express Card***, aber eher bei Unternehmen für Waren und Dienstleistungen des sogenannten »gehobenen« Bedarfs.

Kreditkarten machen das Reisen in Canada und in den USA erheblich leichter: Nicht nur kann ein Großteil der Ausgaben per Karte getätigt werden, sondern es wird in manchen Fällen auch mehr oder weniger erwartet. Im Hotel etwa ersetzt die Kreditkarte eine Überprüfung der Bonität des Kunden. Leute ohne »Plastik« gelten als eher weniger vertrauenswürdig. Ohne Vorlage einer Kreditkarte wird man daher keinen Leihwagen bekommen. Mietautos, Fährpassagen, Theaterkarten, Campingplätze und sogar Arzttermine (!) lassen sich verbindlich nur unter Angabe einer Kreditkartennummer **reservieren**.

Die **Anschaffung einer Kreditkarte**, sollte man noch keine besitzen, ist daher vor einer Reise nach Canada und erst recht in die USA **mit Nachdruck zu empfehlen**.

Wer seine Kreditkarte konsequent einsetzt, braucht nur noch für manche *Fast Food Restaurants,* auf öffentlichen *Campgrounds* und für kleine Nebenkosten Bargeld bzw. Reiseschecks.

Kosten

Die Mitglieder des **ADAC** zahlen z.B. als Jahresgebühr für die Visa Karte €19, für die Visa- und Mastercard mit Guthabenverzinsung als Kartendoppel €49. **Banken und Sparkassen** stellen die Mastercard für €20-€30 aus, einige sogar kostenlos. Etliche Karten lassen sich gratis zur Probe nutzen. Bei der **HUK-Coburg** kostet eine Visacard inklusive Auslandskrankenversicherung nur €22 pro Jahr, für Familien mit Kindern bis 21 Jahren ca. €40; www.huk-visa.de.

Vergleich

Die individuell beste Karte ermittelt man hier: www.cardscout.de.

Icefields Parkway zwischen Lake Louise und Jasper (Alberta)

EC-Geldkarte

An **Geldautomaten** mit dem Maestro-Logo (www.maestrocard.com) bereitet die Bargeldbeschaffung mit EC-Karte keine Probleme (aber die Karte muss einen Magnetstreifen haben!). Man sollte für mögliche Rückfragen wegen der für Ausländer an ATMs (***A**utomated **T**eller **M**achines*) teilweise unklaren Abfragepunkte vorsichtshalber die Banköffnungszeiten nutzen.

Auf die von manchen Banken an Geldautomaten angebotene Währungsumrechnung (*Dynamic Currency Converter DCC*) sollte man verzichten, denn dafür berechnen sie zusätzliche Gebühren bzw. einen ungünstigeren als den Standard-Devisen-Umtauschkurs.

Direktzahlungen in Läden sind mit EC-Karte **nicht** möglich.

Ausgabengrenzen Mit einer Kreditkarte lassen sich beliebig hohe Beträge begleichen, sofern die im Abrechnungszeitraum aufgelaufene Summe aller Rechnungen im Rahmen des festgesetzten persönlichen **Kreditlimits** bzw. der von der Hausbank zugestandenen Girokonto-Überziehungslinie liegen.

Effektive Zahlung Für die **Umrechnung** von Dollarausgaben in die heimische Währung ihrer Kunden legen die Kreditkartenorganisationen mehrheitlich den **Devisenbriefkurs plus 1%-1,75%** zugrunde. Dies Vorgehen führt normalerweise zu einem Wechselkurs unter dem für Bardollars.

Bargeld per Kreditkarte Bei der Barentnahme entstehen relativ hohe Kosten, meist ab 3% der Summe, mindestens eine fixe Gebühr bei Kleinbeträgen. Barentnahmen werden im Gegensatz zu laufenden Ausgaben in Geschäften, Restaurants etc. sofort dem heimischen Konto belastet.

Preise und Zahlungsart Insbesondere bei höheren Ausgaben lohnt sich die Frage nach Preisdifferenzen zwischen den Zahlungsarten: ***»Same price cash or credit?«*** Denn wegen der Provision der Kartenunternehmen sind viele Geschäftsleute bereit, bei Barzahlung (auch *Traveler Cheques*) Preisnachlass zu gewähren – ***Rebate for Cash***.

»Edelkarten« Inhaber von **Gold-**, **Platin**- und anderer »Edelkarten« dürfen zu höheren Jahresgebühren meist **höhere Bargeldabhebungen** vornehmen und genießen automatisch bei Zahlung mit Karte weitreichenden **Versicherungsschutz**. Allerdings sind nicht alle Versicherungen im Einzelfall von Bedeutung, da viele Kunden bereits gleichartige Versicherungen anderweitig besitzen.

Interessant ist insbesondere die automatische Aufstockung einer eventuell unzureichenden Haftpflicht-Versicherungssumme bei Wagenmiete im Ausland bei Buchung vor Ort (➪ Seiten 64ff und 75ff; speziell bei Miete in den USA, wo viele Mietwagen nur mit der jeweiligen Minimalsumme versichert sind), wie sie etwa die ADAC-Visa-Goldkarte mit der Gold Mastercard für €89 oder die Platincard der Netbank (www.netbank.de; sogar mit Vollkaskoversicherung, $100) bieten, sofern die Mietkosten per Karte beglichen und dies von vornherein auch im Vertrag festgehalten wird.

Missbrauch

Leider ist das Kreditkartensystem schwer gegen **unerlaubte Nutzung** zu schützen. Wer an die Nummern fremder Karten herankommt (also z.B. jeder, der Zahlungen per Kreditkarte entgegennimmt), ist in der Lage, damit telefonische Bestellungen und Reservierungen auf fremde Rechnung vorzunehmen. Bei Kartenverlust oder Missbrauch, kann man sie durch einen Anruf bei der Gesellschaft mit sofortiger Wirkung **sperren lassen (englisch)**:

American Express: 1-800-528-4800

Mastercard: 1-800-627-8372

VISA: 1-800-847-2911

Deutschsprachig geht das wie folgt (Vorwahl 011 49, ➪ Seite 139):

American Express: (0) 69 97972000; www.americanexpress.de

Mastercard: (0) 800 8191040; www.mastercard.de

VISA: (0) 800 811 8440; www.visa.de

Für bis zu einer Sperrung eventuell eingetretene Schäden haftet der Kunde in der Regel mit höchstens €50.

British Airways (hier eine Boeing 787 Dreamliner) verbindet London u.a. mit Toronto, Calgary und Vancouver non-stop

2.2 Die Flugbuchung

2.2.1 Der Flug nach Canada

Ziele in Canada

Die großen Städte Westkanadas (**Vancouver**, **Calgary**, **Edmonton**) und **Toronto** erreicht man von Europa aus *non-stop* per Linien-und Charterflug. Canadas größter Flughafen, der *Toronto Pearson International Airport* (YYZ, 35 Mio Passagiere), wird von allen bedeutenden *Airlines* angeflogen. Vancouver (YVR, 18 Mio Passagiere) ist mit großem Abstand die Nr. 2 im Lande. Calgary (YYC) verzeichnet 14 Mio, Edmonton (YEG) 7 Mio. Winnipeg (YWG) ist mit 4 Mio Passagieren kleinster unter den Großstadtairports (➪ Statistiken unter www.aci-na.org.) Der Lufthansa-*Star Alliance*-Partner ***Air Canada*** bedient ganzjährig – mit *Code Sharing* ab Deutschland – alle wichtigen Städte des Landes.

Charterflüge

Im Sommer fliegen auch ***Condor*** und die kanadische Bedarfsfluggesellschaft ***Air Transat*** von Deutschland aus in den Westen Kanadas – bei relativ günstigen Tarifen. Das gilt insbesondere für die der *Business Class* ähnlichen Klassen; ➪ Liste Seite 53 unten.

Komfortklassen

Comfort *(Condor) bzw.* ***Club Class*** *(Air Transat)* mit bequemeren Sitzen und super Service kosten bei *Condor* ab ca €1.100 one-way, bei *Air Transat* ab ca. €1.400 retour. ***Premium Economy*** bei ***Condor*** mit 15 cm mehr Sitzabstand und *Service-grade-up* (Menüwahl, Alkoholische Getränke frei) kostet je Strecke ab plus €150.

Linienflüge

Airlines der Nachbarländer befördern Passagiere aus Deutschland, Österreich oder der Schweiz mit Zubringerflügen zu ihren Knotenpunkten (**KLM**/Amsterdam, **British Airways**/London, **Air France**/Paris etc.) und von dort zum Zielflughafen. Derartige Umsteigverbindungen sind häufig preiswerter als *Non-stop*-Flüge.

BA World Traveller Plus Class

Ein Aspekt, für den mancher den Flug über London Heathrow erwägen dürfte, ist die ***World Traveller Plus Class*** von ***British Airways***. Diese Klasse bietet gegenüber der normalen *Traveller Class* (*Economy*) in einer separaten Kabine höheren Sitzkomfort (15 cm mehr Abstand zwischen den Reihen, breitere Polster), bessere Entertainment-Komponenten und Bordverpflegung sowie zwei freie Gepäckstücke und Handgepäck bis 23 kg (!). Das kostet ca. €100 bis €360 zusätzlich pro Strecke je nach Abflugtag und -zeit.

Economy Plus KLM u.a.

Auch ***KLM/Delta*** und ***United*** bieten 15 cm mehr Sitzabstand in der ***Economy-Plus***-Kabine, aber keine höheren Gepäckfreigrenzen etc. ***American Airlines*** nennt das ***Main Cabin Extra***. **Lufthansa** und ***Air Canada*** haben 2014 die sog. ***Premium Economy Class*** eingeführt mit Vorzügen ähnlich *BA Traveller Plus* und *Condor Comfort*, aber – so weit ersichtlich – mit viel höheren Tarifen als *Economy*.

Stopover

Nur ***Non-stop*-Flüge garantieren Transport ohne Unterbrechung**. »Direkt« bedeutet, dass Ziele ohne Umsteigen, aber mit (ggf. zeitraubenden) Zwischenlandungen angeflogen werden.

Ein Zwischenstopp auf Direktflügen oder auch die Notwendigkeit umzusteigen, ist aber nicht unbedingt ein Nachteil. Denn ***Stopover*** erlauben dem Passagier in vielen Fällen Unterbrechungen und den Besuch weiterer Ziele in Nordamerika ohne Mehrkosten oder zu einem relativ geringen Aufpreis, ➪ Seite 58.

Vorteil Linienflüge

Während **Charterflieger** nach Canada nur an bestimmten Wochentagen im Sommer starten, bieten die **Liniengesellschaften** größeren terminlichen Spielraum – dank überwiegend täglicher Flüge.

Gabelflüge

Deshalb lassen sich per Linienflug auch Gabelflüge, die durch **unterschiedliche Ziel- und Rückflug-Airports** gekennzeichnet sind, deutlich besser realisieren. Gabelflüge kosten überwiegend nicht mehr als Hin- und Rückflug zu/ab einem identischen Flughafen.

Billigfluganbieter

Für günstigste Preise muss man Abflug in der Wochenmitte, Zubringer übers Ausland, Zwischenstopps und/oder weitere Umsteiger akzeptieren. Außerdem gelten meist andere Bedingungen, etwa beim Prozentsatz der Kinderermäßigung und/oder vor allem bei den Umbuchungsregelungen bzw. -kosten.

Gebühren

Zu den reinen Flugtarifen addieren sich pro Flugstrecke €80-€160 für Flughafensteuern und Sicherheitsabgaben; sie sind im Ticketpreis enthalten, werden aber gesondert ausgewiesen.

Alle Fluggesellschaften mit Flügen nach Canada und Seattle

Die folgende Auflistung liefert einen Überblick über alle *Non-stop*-Flüge ab Deutschland, Österreich, Schweiz und einigen Nachbarländern zu Zielen in Canada westlich von und nach Toronto sowie nach Seattle (2014).

Non-stop-Linienflüge nach Canada mit Star Alliance ab Deutschland

Air Canada: Toronto, Calgary und Vancouver

Lufthansa: Toronto, Vancouver und Seattle

Air Canada und *Lufthansa* kooperieren in der *Star Alliance* (➪ auch Seite 57). Deshalb tragen die Flugnummern auf Flügen von/nach Canada die Kürzel AC und LH unabhängig davon, ob der jeweilige Flug mit Maschinen der *Lufthansa* oder von *Air Canada* abgewickelt wird.

Linienflüge mit US-Airlines (*American/US Airways, Delta* und *United*)

Alle Flüge nach Canada gehen zunächst ***non-stop*** von Deutschland **in die USA**; dort Gepäckannahme, Pass- und Zollkontrolle (Achtung ESTA, ➪ Seite 41). Weiterflug nach Canada mit Umsteigen (in Canada erneute Zoll- und Passkontrolle). Auf der direkten Flugstrecke ist in der Regel ein kostenloser *Stopover* erlaubt.

Nur ***United*** fliegt auch non-stop nach **Seattle** (*Code Sharing* mit *Lufthansa*)

Linienflüge mit europäischen Airlines

Air France (ab Paris): Toronto und Seattle

Alitalia (ab Rom): Toronto

Austrian Airlines (ab Wien): Toronto

British Airways (ab London): Calgary, Toronto, Vancouver und Seattle

KLM (ab Amsterdam): Toronto, Vancouver, Calgary und Seattle

Charterflüge

Air Transat: Calgary, Toronto, Vancouver

Condor: Calgary, Vancouver, Toronto, Whitehorse, Seattle

In der **Nebensaison** kann man schon ab ca. **€600-€700** inklusive aller Zuschläge nach Vancouver und zurück fliegen. In der **Hochsaison** muss man mit Tarifen deutlich über **€1.000** (*Economy Class*) nicht nur bei den Liniengesellschaften, sondern selbst bei den Charterern rechnen.

Gepäckfreigrenzen und -kontrolle bei Flügen nach Nordamerika

Mittlerweile sind die unterschiedlichen Hand-, Frei- und Übergepäckregelungen der *Airlines* derart komplex, dass man schon einen Kurs in internationalen *Baggage Regulations* benötigt, um sie zu verstehen. Hier daher nur das Wichtigste, im Detail helfen die jeweiligen **Internetportale**.

Für alle Transatlantikflüge in der ***Economy Class*** gilt: **1 Gepäckstück** nicht über 23 kg und 158 cm (Länge+Breite+Tiefe) wird frei befördert. **Übergepäck** (über 23 kg bis 32 kg und/oder über 158 cm) und/oder **zusätzliche Gepäckstücke werden teuer**. Bei ***Condor*** fallen dafür €65/€75 zusätzlich je Strecke an, bei der ***Lufthansa*** und anderen Liniengesellschaften ab Europa für Übergepäck über 23 kg bis 32 kg pauschal €100 und über 158 cm €200, für ein zweites Gepäckstück bis 23 kg/158 cm €75. Wer nicht aufpasst, zahlt für Extragepäck und Gewicht- oder Maßüberschreitungen daher ggf. erheblich drauf. Es sei denn, man bucht *World Traveller Plus* (nur *BA*), *Comfort* (*Condor*), *Business* oder *First Class*. Dann gelten höhere Freigrenzen.

Handgepäck darf die Größe 55x40x20 cm (z.B. *Condor*), 55x40x23 (*Lufthansa*) oder 56x35/45x23 cm (andere) nicht überschreiten, **Gewichtslimit 6-23 kg** (*BA!*) je nach Gesellschaft, in der Regel **plus Laptop** oder **Handtasche**.

Im Handgepäck darf sich kein **Behälter mit Flüssigkeiten, wachs- und gelartigen Stoffen** über 100 ml befinden. Alle Behälter mit diesen Inhalten müssen in einer transparenten Plastiktüte stecken, deren Volumen max. 1000 ml beträgt.

Gepäckstücke werden im Transatlantikverkehr in großen Stichproben geöffnet und durchsucht. Verschlossenes Gepäck »knackt« man einfach. Also entweder alles von vornherein unverschlossen lassen oder – besser – ***Travel Safe Locks*** verwenden, Zahlenschlösser und gesicherte Gepäckgurte, die von den Checkinstanzen mit Spezialwerkzeug geöffnet werden können. Erhältlich sind sie in Ausrüstungs-, Sport- und Gepäckshops ab ca. €10/Stück (USA ab ca. $7). Es gibt mittlerweile Koffer und Reisetaschen mit eingebauten ***TSA Locks***.

Mehr Information über die *TSA*-Schlossvarianten findet man im Internet z.B. beim Hersteller ***Eagle Creek***: www.eaglecreek.com/accessories/security_id.

Buchung

In der Hoch(preis-)saison sind die Plätze zu Billigtarifen in der Regel langfristig ausgebucht. Aber sonst gibt es selbst zu Sondertarifen oft noch kurzfristig freie Plätze. Risikofreudige Kunden machen deshalb mit Glück ein Schnäppchen, wenn sie erst 4-6 Wochen oder noch knapper vor dem beabsichtigten Flugtermin buchen. Wer Pech hat, zahlt bei dieser Strategie indessen drauf.

Anfahrt zum Flughafen

Für die Anfahrt zum Airport gibt es drei preiswerte Alternativen:

- Der eigene Wagen wird auf einem Langzeitparkplatz abgestellt oder – meist preisgünstig – auf dem **Parkplatz eines Hotels**, in dem man vor der Reise oder nach der Rückkehr übernachtet.
- Man fährt per ***Rail & Fly Ticket*** der Deutschen Bahn. In bestimmten Ticketpreisen ist *Rail & Fly* zum Abflughafen bereits enthalten; es kann nicht separat gekauft werden.
- Einige Mietwagenfirmen offerieren Überführungen zwischen Kundenwohnort und Flughafen zum günstigen Pauschaltarif.

Canada über die USA

Manchmal lohnen sich auch die USA, speziell Seattle, als Ausgangspunkt für den Canada-Urlaub, ➪ Seiten 149 ff.

Der ***Seattle-Tacoma International Airport*** liegt nur 240 km von Vancouver entfernt und wird von allen großen US-amerikanischen und mehreren europäischen Fluglinien zu – bisweilen – günstigeren Tarifen als Vancouver bedient.

Vielflieger-Programme »Frequent Flyer«, »Miles & More« etc.

Alle großen Fluglinien bieten heute ihren Kunden Vielflieger-Programme. In diese sollte man sich bereits vor dem ersten Flug bei »seiner« Airline eintragen lassen. Auf dem Bonuskonto der Gesellschaft bzw. des Verbundes sammelt man nicht nur Flugmeilen, sondern auch Punkte für Automiete oder Hotelbuchung bei kooperierenden *Rental-Car-Compan*ies bzw. Hotelketten.

Internationale Airlines mit Destinationen in Westkanada und/oder Flügen nach Alaska und Seattle

	***Toll-free* ✆ USA/Canada**	**✆ Deutschland**
Air Berlin	1-866-266-5588	030/34343434
Air Canada	1-888-247-2262	069/27115111
Air France	1-800-237-2747	01806/830830
Air Transat	1-877-872-6728	00800/87267288
Alaska	1-800-252-7522	00800/25275200
Alitalia	1-800-223-5730	01805/074747
American Airlines	1-800-433-7300	069/2999-3234
Austrian Airlines	1-800-843-0002	069/50600598
British Airways	1-800-247-9297	0421/5575758
Condor	1-866-960-7915	01806/767757
Delta Airlines	1-800-221-1212	01806/805872
KLM	1-800-618-0104	01806/254750
Lufthansa	1-800-645-3880	069/86799799
SAS	1-800-221-2350	01805/117002
SWISS	1-877-359-7947	069/86798000
United Airlines	1-800-864-8331	069/50985051
US Airways	1-800-428-4322	0800/7236421

Internetportale der Fluggesellschaften http://www. ...

Air Berlin airberlin.de
Air Canada aircanada.de
Air France airfrance.de
Air Transat airtransat.de
Alaska Airlines alaskaair.de
Alitalia alitalia.de
American Airlines aa.com
Austrian Airlines austrian.com
British Airways ba.com
Condor condor.de
Delta Airlines delta.com
KLM klm.de
Lufthansa lh.de
SAS flysas.de
SWISS swiss.com
US Air usair.com
United Airlines ual.de
Star Alliance staralliance.com
One World www.oneworld.com
Skyteam skyteam.com

Flugbuchung im Internet?

Zahlreiche **Internetportale** bieten heute eine scheinbar komplette Information zu Flügen weltweit und das passende Buchungstool gleich mit, z.B.

www.airline-direct.de
www.ebookers.de
www.expedia.de
www.flug.de
www.flugticket.de
www.mcflight.de
www.skyways.de
www.opodo.de
www.ticketman.de
www.travel-overland.de

Die Portale www.billiger-reisen.de, www.info-reisepreisvergleich.de und www.swoodoo.com vergleichen die Angebote dieser und weiterer Agenturen und listen sie nach Tarifen geordnet. Man sollte meinen, es sei damit ein Leichtes, für den eigenen Flugwunsch das passende und zugleich preisgünstigste Angebot herauszufiltern. Tatsächlich aber ist ein Großteil der vorgeschlagenen Verbindungen nach Seattle, Vancouver, Calgary oder Toronto ab einem heimatnahen Flughafen oft völlig außerhalb jeder Diskussion mit Flug- plus Wartezeiten auf Airports in Europa und in Nordamerika von weit über 20 bis 35 Stunden und mehrfachem Umsteigen, ggf. Übernachten. Zur Beurteilung der Verbindungsqualität sollte man in die zeitlichen Details schauen. Non-Stop-Flüge ab Mitteleuropa nach Calgary/Vancouver bzw. Seattle dauern ca. 9,5-10,5 Stunden, zurück etwas kürzer. Mit Zubringerflug von 60-90 min und ausreichender Umsteigezeit von 90-120 min sind daher Verbindungen mit 13-15 Stunden Gesamtdauer optimal, 18 Stunden noch erträglich. Alles, was über 20 Stunden hinaus geht, sollte meiden, wer nicht fix und fertig ankommen möchte.

Bei günstigem Ticketpreis und damit verbundenem Umsteigen mit Wartezeit in den USA, ist zu überlegen, ob man die Unterbrechung nicht für ein/zwei Extratage in der jeweiligen City nutzt.

Für richtig gute Ergebnisse werden Suche und Buchung in Eigeninitiative im Internet leicht zum zeitaufwändigen Unterfangen. Wobei die Mühe nicht immer mit Erfolg belohnt wird.

In den meisten Fällen lässt sich die Flugbuchung bequemer und sicherer durch eine auf Nordamerika spezialisierte Reiseagentur erledigen, ohne dass dies teurer kommt; oft ist das sogar günstiger. Wer kein passendes **Reisebüro** um die Ecke hat oder kennt, nimmt zunächst mal im Internet Kontakt auf, z.B. mit www.sktouristik, www.trans-canada-touristik.de oder http://kanadareisen.de

Schweizer sind u.a. bei www.globetrotter.ch gut aufgehoben.

Die Details klärt man dann im direkten Kontakt telefonisch.

Oft ist es auch keine schlechte Idee – so lehrt die Erfahrung – bei den passenden Airlines die gewünschten Flugdaten direkt einzugeben, ➪ Liste Seite 55. Da kommen gelegentlich bessere Verbindungen zum Vorschein als in den Tarif- und Angebotsrechnern im Internet ausgewiesen werden. Und zwar, ohne dass sich dadurch die Ticketkosten nennenswert erhöhen.

Gute aktuelle Informationsquellen für die Flugbuchung mit vielen Hinweisen und Links sind die Portale www.reise-preise.de und www.fliegen-sparen.de.

2.2.2 Fliegen in Canada und von den USA nach Canada

Kanadische Airlines

Mit ***Air Canada***, der größten nationalen Fluggesellschaft, gibt es nur eine einzige international bedeutende kanadische Airline.

Flugnetz Air Canada

Air Canada fliegt zwischen den Großstädten im Süden des Landes alle wichtigen Strecken wie **Vancouver-Calgary** (bis 15x/Tag) und die Transkontinentalroute Vancouver-Toronto (17x/Tag) jeweils *non-stop*. Ihre Tochtergesellschaft, die Regionalfluglinie ***Jazz Aviation*** (www.flyjazz.ca), bedient auf der Kurz- und Mittelstrecke an die 60 Destinationen, dabei in Saskatchewan nur zwei (Saskatoon, Regina), in Manitoba (Winnipeg) Yukon (Whitehorse) und NWT (Yellowknife) jeweils nur eine Stadt.

Weitere Airlines

Neben *Air Canada* gibt es weitere überregionale Airlines:

- ***WestJet*** (www.westjet.com) ist auf einem wachsenden Netz mit 90 Destinationen mittlerweile größte *Airline* nach *Air Canada*.
- ***CanJet*** (www.canjet.com, ✆ 1-800-809-7777, vornehmlich im östlichen Canada) mit Flügen in die USA, ***First Air*** (✆ 1-800-267-1247, www.firstair.ca, im Besitz von Inuit aus der Region Nunavik) und ***Calm Air*** (www.calmair.com, ✆ 1-800-839-2256), sind die jeweils größten Fluglinien im Norden Canadas bzw. in Manitoba. ***Air North*** (✆ 1-800-661-0407, www.flyairnorth.com) bedient vor allem den Bereich Yukon.

Per Airpass durch Canada oder ganz Nordamerika

Mit Hilfe von *Airpasses* lassen sich relativ preiswert individuelle Rundflüge zusammenstellen. Die großen *US-Airlines* (➪ Seite 53) bedienen von den USA aus aber nur wenige Ziele in Canada und fliegen auch nicht auf innerkanadischen Strecken. Prinzipiell ist für Reisende mit Zielen vor allem oder nur in Canada die *Star Alliance* erste Wahl. Denn sie hat als einzige innerkanadische Flüge.

Für alle Airpässe gilt:

- Man kauft minimal 2, maximal 10 (Flugstrecken-) Coupons
- Transatlantikflug und alle *Airpass*-Flüge müssen mit Gesellschaften derselben Allianz erfolgen
- *Airpasses* können nur bei Wohnsitz des Reisenden außerhalb von Nordamerika und nur vor Abflug dorthin erworben werden.
- Die Flugstrecke wird im Voraus festgelegt
- Gültigkeit (2-3 Monate) beginnt nach erstem Couponflug
- Der erste *Airpass*-Flug muss bereits in Europa reserviert werden
- Für jede Flugstrecke (Flugnummer) wird ein Coupon benötigt

Star Alliance

Der ***Star Alliance North America Airpass*** gilt auf dem gesamten Streckennetz in den USA und Canada inklusive Alaska. Die Preise stehen in enger Relation zur Streckenlänge. Der **Gesamtpreis** lässt sich nur über eine Buchungsabfrage der Flugroute ermitteln: www.staralliance.com/de/fares/airpasses/north-america-airpass.

2

Sky Team

Der ***SkyTeam Go USA and Canada Pass*** umfasst das komplette Streckennetz in den USA (nicht Alaska/Hawaii) und nach Canada; www.skyteam.com/de/your-trip/travel-passes.

One World

Beim ***OneWorld Visit North America Pass*** kauft man minimal zwei bis maximal zehn Coupons, die nach Entfernung kosten und auf dem gesamten Streckennetz von *OneWorld* in Canada, USA, Mexiko und der Karibik gültig sind; http://de.oneworld.com/flights/single-continent-fares.

2.2.3 Fliegen nach und in Alaska

Linienflüge mit Stopover

Vom südlichen Festland der USA bedienen die vier unten genannten *US-Airlines* den nördlichsten Bundesstaat. Dabei hat man bei täglichem Abflug von deutschen Airports durchweg noch die Möglichkeit zur kostenfreien Unterbrechung (➪ Seite 52f).

Flüge mit ***American/US Airways*** (fusioniert Ende 2013), ***United*** oder ***Delta*** nach Anchorage auf dem Umweg über den kontinentalen Hauptteil der USA (»*Lower 48*«) kosten in etwa dasselbe wie der ***Condor*-Direktflug** ab Frankfurt (nur Sommermonate) nach Anchorage oder Fairbanks. Auch *Delta* fliegt Fairbanks an.

Coupontickets

Mit diesen *Airlines* gibt es eine weitere Flugoption nach Alaska, nämlich die Kombination aus Transatlantikflug und mindestens 2 Flugcoupons für Flüge in Nordamerika.

Flüge nach und innerhalb Alaskas mit Alaska Airlines

Die meisten Flüge nach Alaska ab USA Mainland und innerhalb Alaskas (20 Ziele) bietet ***Alaska Airlines***. Ab **Seattle** geht es im Sommer täglich *non-stop* nach **Anchorage** (19!), **Fairbanks** (3), **Ketchikan** (5), **Juneau** (6), **Sitka** (1); Anzahl der Flüge in Klammern.

3x täglich fliegt die Linie von **Portland/Oregon** nach Anchorage und von **Las Vegas**, **Los Angeles** und **Phoenix** jeweils 1x täglich.

Regionalflieger

Die Mehrheit der Siedlungen im Norden und Westen Alaskas ist nur über **Regionalflieger** mit der Außenwelt verbunden:

- ***Ravn Alaska*** (www.flyera.com, ✆ 1-800-866-8394) bedient täglich 100 Orte in Alaska.

Alaska Airlines beeindruckt gelegentlich durch besonders originelle Bemalung seiner Flugzeuge

2.3 Individuell reisen mit Auto

Beurteilung

Für Rundreisen in Canada und Alaska gibt es **zum Auto keine echte Alternative**. Das Streckennetz der öffentlichen Verkehrsmittel ist äußerst dünn; d.h., **mit Bus oder Bahn** lassen sich nur Ziele entlang der Hauptstraßen bzw. weniger Schienenstränge erreichen. Wegen der durchweg niedrigen Verkehrsfrequenz (eine Abfahrt pro Tag, mitunter weniger) **ist ein flexibles Reisen** selbst in erschlossenen Bereichen **nicht möglich**. Vielmehr sind genaue Zeitplanung und -einhaltung erforderlich. Viele Regionen, National- und Provinzparks sind ohnehin nur mit dem Auto zu erreichen, sieht man ab von Mini-Airlines, die in Canada für heftige Tarife auch noch die entlegenste Ortschaft anfliegen.

2.3.1 Die Pkw-Miete

Voraussetzungen der Automiete

Voraussetzung jeder Automiete ist in ganz Nordamerika fast ausnahmslos, dass der/die Fahrer das **21. Lebensjahr** vollendet hat/haben (nationaler **Führerschein** genügt). Für jeden **Fahrer unter 25 Jahren** wird immer ein **Zuschlag** von $25-$50/Tag berechnet.

Alter

Einzig die Firma ***Alamo*** bietet **21-24-jährigen Mietern** pauschal einen »***Young & Free*-Tarif**«, der bei Entfall des Tageszuschlags nur für das teuere »***All Inclusive«-Paket B*** rund $100 pro Woche teurer ist als das Standardpaket für Mieter ab 25 Jahren. **Wichtig**: Dieser Tarif ist nur erhältlich bei Vorausbuchung in der Heimat und nicht direkt vor Ort.

Bei den **Campfahrzeugen** ist bei den meisten Firmen die Miete ab 21 Jahren ohne Zusatzkosten möglich.

Kreditkarte

Eine weitere Voraussetzung, ohne die es bei der Miete vor Ort nicht geht, ist eine **Kreditkarte**. Auch im Fall der Buchung und Zahlung bereits in der Heimat wird bei der Übernahme die Vorlage einer Kreditkarte zur Abdeckung der Kaution und erst vor Ort fälliger Zahlungen erwartet (Steuern, Zusatzversicherungen, Einwegzuschlag etc.). Zu beachten ist darüberhinaus, dass Mieter und Kreditkarteninhaber identisch sein müssen.

Welches Fahrzeug?

Wer sich für eine Reise im Auto entscheidet, hat die Wahl zwischen **Pkw** bzw. einem Fahrzeug, in dem man nicht übernachten kann, und **Wohnmobil,** dessen Miete gleichzeitig die **Übernachtungsfrage** löst. Pkw-, Mini-Van- oder SUV-Fahrer müssen wählen zwischen festen Nachtquartieren wie Hotel, Motel oder *Hostel* und der preiswertesten Lösung, dem Zelt. Zunächst zum Thema Pkw-Miete und allen damit zusammenhängenden Fragen:

Die Pkw-Miete – Vorbuchung

Zu den Anbietern

Bei hiesigen Reiseveranstaltern, Automobilclubs, zahlreichen Internetagenturen und Mietwagenvermittlern wie ***Sunny Cars*** (zu buchen in Reisebüros oder im Internet unter www.sunnycars.de) oder ***billiger-mietwagen*** (www.billiger-mietwagen.de) wie auch direkt bei den *Rental Car Companies* kann man die ganze Palette der in Canada bzw. in den USA gängigen Fahrzeuge buchen.

Detailinformationen unter den folgenden Telefonnummern oder auch im Internet. In Deutschland unterhalten folgende internationale Vermieter, die auch in Canada operieren, eigene Büros:

	Telefon	Website
Alamo	01806/022077	www.alamo.de
Avis	01806/217702	www.avis.de
Budget	01806/217711	www.budget.de
Dollar	030/243263568	www.dollar.de
Enterprise	0800/3683777	www.enterprise.de
Hertz	01806/333535	www.hertz.de
National	0800/7238828	www.nationalcar.de
Sixt	01806/252525	www.sixt.de

Eine Übersicht über die Tarife aller Vermieter findet man u.a. bei www.mietwagen-vergleich.de. Dabei wird man für manche Fahrzeugklassen feststellen, dass substanzielle Unterschiede bei den Tarifen kaum existieren. Das gilt auch für Saisonzuschläge bei einer Anmietung im Juli und August.

Es kann nicht schaden, sich auch einmal die Portale kleinerer Veranstalter anzusehen wie www.trans-canada-touristik.de, www.sk touristik.de oder http://kanadareisen.de

Fahrzeugtypen bzw. -kategorien

Die Auswahl bei den Fahrzeugtypen ist groß und umfasst das ganze Spektrum der in Nordamerika gängigen Marken und Kategorien vom Kleinwagen bis zu Luxuslimousinen, Mini Vans, Cabriolets und SUVs. Auch in Canada überwiegen in den Fuhrparks aller Vermieter Fahrzeuge der amerikanischen Hersteller *General Motors*, *Ford* und *Chrysler*. Einige Vermieter sind Tochterunternehmen der Autohersteller.

Tarifelemente

Bei **Vorausbuchung** sind mit der Zahlung normalerweise die **Basiskosten** des Mietwagens (einschließlich Steuern und ggf. Flughafengebühren) und die **Haftpflicht- und Vollkaskoversicherung** abgedeckt (dazu mehr weiter unten).

Aufschläge für junge/zusätzliche Fahrer, **Überführungsgebühren** bei Einwegmieten und eventuelle **Zusatzversicherungen** müssen direkt beim Vermieter in Dollar beglichen werden.

Leistungspakete

Fast alle Tarife sind seit Jahren in sog. **Leistungspakete** unterteilt, deren Bezeichnungen vom Anbieter abhängen, aber durchweg fast identische Inhalte kennzeichnen: »A« und »B«, »Spar Plus« und «Inklusiv Plus«, »Silber« und »Platin« o. ä. Das erweiterte, nicht wesentlich teurere Paket beinhaltet neben den genannten Punkten Zusatzversicherungen, Gebührenentfall für zusätzliche Fahrer und einen vollen Tank »gratis«. Bei kurzer Mietdauer (eine Woche) lohnen sich oft die Mehrkosten des teureren Pakets schon allein durch die bezahlte Tankfüllung. Bei längerer Miete ist es eher interessant bei Eintragung mehrerer Fahrer.

Tipp

Ideal für Zelturlauber sind die SUVs (*Sport Utility Vehicle* mit/ohne 4WD). Sie bieten viel Platz, hohe Sitzposition und ideale Be- und Entladung hinten. Zur Not kann man in ihnen (unbequem) schlafen. Die Kosten liegen zwischen €30/Woche beim *Midsize SUV* und €140/Woche bei *Standard SUV* über denen mittelgroßer Pkw.

Speziell bei ***Alamo*** und ***National*** findet man die kleinere Version der SUV (z.B. *Toyota RAV4*) für Tarife ab ca. €270/ Woche (Hochsaison). Bei diesen Firmen darf man sich bisweilen aus dem Bestand vor Ort das Wunschfahrzeug aussuchen. Häufig interessiert es niemanden, ob der *Midsize SUV*-Bucher sich einen an sich teureren großen, aber auch mehr Sprit fressenden – *Trail Blazer* greift.

2014 bei Alamo: Midsize SUV GM Captiva

Kostenunterschiede USA/Canada

Die Kosten der **Leistungspakete in Canada** liegen zur Zeit in etwa gleichauf mit den Miettarifen **in den USA**. Aber die Hochsaisonzuschläge/Woche sind für Canada rund \$20-\$30 höher. Für beide Länder sind **unlimitierte Meilen** bzw. **Kilometer Standard**.

Anmietungen **im Norden Canadas** (z.B. ab Whitehorse) kosten wöchentliche Aufschläge bis zu €100 bei nur 200 Freikilometern/ Tag. Mietwagen **in Alaska** sind rund €40-€60/Woche teurer als in den übrigen US-Bundesstaaten.

Wahl des Vermieters

Bevor man den Vermieter/Vermittler endgültig wählt und »A« oder »B« etc. bucht, sollte man die jeweiligen Tarifinhalte gut studiert haben. Es ist nützlich, Folgendes zu wissen:

Vollkasko

Die **Vollkaskoversicherung** ohne Selbstbeteiligung ist als Tarifbestandteil Standard; sie gilt aber im Allgemeinen nur bei Nutzung öffentlicher befestigter Straßen. Bei der Übernahme des Wagens unterschreibt man mit dem Kleingedruckten immer entsprechende Klauseln, ➪ auch nächste Seite, Stichwort »Gesperrte Straßen«.

Zwei weitere Aspekte verdienen bei der Fahrzeugmiete besondere Beachtung: die Höhe der **Haftpflichtversicherungsleistung** und eventuelle **Gebietsausschlüsse**:

Haftpflichtdeckung

Manche *Rental Car Companies* gönnen ihren Kunden generell nur eine Haftpflichtversicherung, die gerade dem jeweils gesetzlich verlangten **Minimalschutz** entspricht. Dieser beträgt in den westkanadischen Provinzen nur can\$200.000 und in einigen Bundesstaaten der USA \$50.000 und weniger.

Zusatzversicherung Haftpflicht inklusive

Die Vermieter und Reiseveranstalter eliminieren die aus einer Unterversicherung resultierende Problematik dadurch, dass sie für ihre europäischen Kunden eine im Tarif bereits enthaltene (➪ Stichwort »Leistungspakete« Seite 60). **Zusatzversicherung über mindestens $1 Mio**, teilweise **€1,7-€2 Mio** abschließen. Seit 2013 sind Automieter bei einigen deutschen Veranstaltern und *Sunny Cars* über die Allianz AG sogar bis **€7,5 Mio** zusatzversichert. Wer Risiken minimieren möchte, bucht bei solchen Firmen.

Aufstockung der Haftpflichtdeckung und ggf. Vollkasko mittels Kreditkarte

Inhaber einiger **Goldkarten** genießen teilweise eine **Kfz-Reise-Haftpflicht-Versicherung** (= Aufstockung, z. B. ADAC-Goldcard).

Bei der **Netbank** gibt es sogar eine **Platinkarte**, die sowohl Haftpflichtaufstockung als auch Mietwagen-Vollkasko beinhaltet. Mit der **Lufthansa Goldkarte** ist zwar keine Haftpflichtaufstockung, aber eine Vollkaskoversicherung für Mietwagen verbunden, was das Anmieten von Fahrzeugen vor Ort verbilligt.

Voraussetzung solcher Deckungen per Kreditkarte ist natürlich immer die Zahlung der Mietkosten mit Karte. Wer die Karte einsetzen möchte und Wert auf die Zusatzhaftpflicht legt, sollte »seine« **Kreditkarten-Bedingungen** daraufhin überprüfen.

Grenzübertritt mit Mietwagen

Die großen Vermieter gestatten in aller Regel den **Grenzübertritt zwischen Canada und den USA** (zu den Grenzbestimmungen ➪ Seiten 40ff) und erlauben auch Fahrten nach Alaska.

»Gesperrte« Straßen

Auch innerhalb »erlaubter« Regionen dürfen Leihwagen nicht auf allen Strecken eingesetzt werden. Erst vor Ort, bei der Aushändigung des Mietvertrages, erfährt man die Einzelheiten im Kleingedruckten auf der Rückseite unter dem Punkt ***Prohibited Use of the Vehicle***. Die größeren Autovermieter untersagen ausdrücklich das Befahren nicht öffentlicher, geschotterter oder gänzlich unbefestigter (auch wenn sie öffentlich sind) Straßen selbst für 4WD-Fahrzeuge. Bei Schäden/Unfällen dort besteht kein Versicherungsschutz, was ggf. auch die Haftpflichtversicherung betrifft.

Strenggenommen liegt manche Zufahrt zu Sehenswürdigkeiten in Nationalparks schon außerhalb des zugestandenen Fahrgebietes. Ganz sicher auch die Mehrheit der Forststraßen, die als Zubringer zu manchen Campingplätzen dienen. Bei ausgerechnet dort auftretenden Problemen hat der Mieter »schlechte Karten«.

Tankregelung

Fast alle besonders günstigen Tarife basieren auf dem vor Ort extra zu bezahlenden vollen Tank – oft zu hohen Kosten über den Preisen der nächsten Tankstelle. Rückgabe dann leer. Aber wer riskiert schon die Tankuhrnadel am Anschlag mit der Gefahr, wenige Meilen vorm Abflugairport liegenzubleiben? Meist schenkt man in solchen Fällen dem Vermieter Gallonen teuer bezahlten Sprits. Gelegentlich wird der Restinhalt gemäß Tankuhr notiert und ein Schätzwert dafür gutgeschrieben. Die sauberere Methode »voll übernehmen« und »voll zurückgeben« gibt es manchmal, wenn man am Mietwagenschalter bei der Wagenübernahme ausdrücklich nach der Option »*Self Fill-up*« fragt.

Einwegmiete

Alle Tarife gelten grundsätzlich unter der Voraussetzung, dass das Fahrzeug am Ausgangsort zurückgegeben wird. Sonst handelt es sich um eine Einwegmiete. Am Flughafen übernommene Autos können bei einigen Vermietern nicht ohne Zusatzkosten in einer City-Filiale wieder abgegeben werden und umgekehrt.

Konditionen Einwegmiete

Eine Einwegmiete, soweit erlaubt (in Canada und von Canada in die USA bzw. umgekehrt nur zwischen bestimmten Städten, z.B. Calgary/Vancouver-Seattle oder Toronto-Detroit/Buffalo, unterliegt bei allen Firmen unterschiedlichen **Restriktionen**. In keinem Fall sind alle Fahrzeugkategorien dafür zugelassen, Minivans oder Cabrios davon meistens ausgenommen. ***One-way*** muss immer ausdrücklich bestätigt werden.

One-way Fee

Generell werden entfernungsabhänge Pauschalbeträge (**Rückführungsgebühr/*One-way Service Fee***) berechnet, die je nach Vermieter recht unterschiedlich ausfallen.

Zwischen Calgary und Edmonton und von Vancouver nach Calgary/Edmonton ist ***one-way*** bei einigen Vermietern **gebührenfrei**.

Steuern

Bei allen in Dollar ausgewiesenen Rechnungsbeträgen (das gilt immer bei Buchung drüben und bei den Nebenkosten für zusätzliche/junge Fahrer, *one-way* etc.), sind Umsatzsteuern fällig, ➪ Seite 142 für ***Sales Taxes*** in Canada.

In den **USA** beträgt die ***Sales Tax*** in Washington State 6,5% plus maximal 3,5% lokale Steuern. In **Alaska** gibt es keine *Sales Tax*.

Concession Fee

Bei Wagenrückgabe am Flughafen fallen in beiden Ländern zusätzlich zum normalen Steuersatz erhebliche **Zuschläge** an (in Anchorage 12%, in Calgary 15%, in Vancouver 17%, in Seattle 9%). In der Summe macht das bei Airportmiete **bis zu 29% Nebenkosten** aus; d.h., bei einer Einweggebühr von z.B. $500 wären am Vancouver Airport $145 an Steuern und Zuschlägen fällig.

Auf der Schotterstraße hoch über dem Trout Lake/BC, ➪ Seite 338. Eine tolle Strecke abseits der gängigen touristischen Routen, aber mit den meisten Mietwagen nicht erlaubt.

Navi

Mietautos der Kategorie ***Paket B+Navigerät*** kosten etwa ab €40/ Woche mehr. Erwägenswert ist ein Navi aber nur für Fahrten in dicht besiedelten Regionen, bei Touren durch British Columbia (außerhalb von Vancouver und Victoria), Alberta und weiter nördlich eher unnötig. **Auch wenn im Vorwege alles bedacht wurde, ergeben sich bei der Wagenübernahme regelmäßig noch weitere Fragen bzw. werden von den Mitarbeitern der Verleihfirma gestellt**:

Anderes Fahrzeug als gebucht

- Gelegentlich sind Fahrzeuge einer bestimmten Kategorie **überbucht,** dann wird Kunden eigentlich automatisch ein Wagen der nächsthöheren Klasse zugewiesen – ohne Aufpreis! Es kommt aber durchaus vor, dass man stattdessen das Angebot erhält, für eine gewisse Zuzahlung ein größeres Modell zu nehmen. Man muss sich darauf nicht einlassen. Denn die Chance ist groß, dass dann das ***Upgrading*** kostenlos erfolgt. Auf keinen Fall sollte man blind akzeptieren, sondern zunächst einmal den eigentlich gemieteten und dann den teureren Wagen in Augenschein nehmen. Wenn andererseits das gebuchte und zugewiesene Fahrzeug nicht gefällt, besteht immer noch die Möglichkeit, auf ein anderes Modell zu wechseln – dann jedoch nicht mehr zu europäischen Katalogpreisen, sondern zu amerikanischen Tarifen.

Pkw-Miete vor Ort

Am Flughafen

Auf größeren Flughäfen Nordamerikas sind regelmäßig **die internationalen Leihwagenfirmen** im Ankunftsbereich der *Terminals* vertreten, außerdem noch der eine oder andere lokale Anbieter.

Auch ohne Vorausbuchung findet sich **dort immer ein Auto**, wiewohl nicht unbedingt in der gewünschten Kategorie und selten zu einem besonders günstigen Preis. Ein Mindestalter von 21 Jahren, Führerschein und Kreditkarte sind Voraussetzung der Miete direkt vor Ort, nur ausnahmsweise 25 Jahre, ⇨ auch Seite 59

Kurzmieten

Zwar sind die Tarife für Vorausbucher bei mindestens einwöchiger Mietzeit erheblich günstiger als direkt in Nordamerika. Da aber die Mindestmietzeit in den Katalogen der Reiseveranstalter vier Tage beträgt, ist das bei **Kurzmieten** nicht der Fall. Insbesondere nicht bei flexiblem Vorgehen unter Ausnutzung von lokalen Sonderangeboten (siehe unten ***Weekend Special*-Tarife**).

Lokaler Tarifvergleich

Wer erst in Canada oder in den USA ein Auto mieten möchte, spart in der Regel Geld, wenn er nicht direkt den Flughafen- oder Cityschalter eines Vermieters ansteuert, sondern das vorab per Internet (**Webportale** wie auf Seite 60, jedoch mit Endung ».com« statt ».de«), ggf. auch telefonisch erledigt. Die **Tarifunterschiede** sind nicht nur bei den Basis-Mietkosten groß, sondern auch bei den **Zusatzkosten** für Haftpflichtaufstockung (ab $12/Tag) und ggf. Vollkasko (bis $25/Tag). Sie sind bei Buchung in Canada (oder USA) plus Steuern **immer extra zu zahlen**.

Die gebührenfreien Nummern der wichtigsten überregional operierenden *Rental Car Companies* lauten:

Alamo	1-800-462-5266
Avis	1-800-331-1212
Budget	1-800-527-0700
Discount	1-800-263-2355
Dollar	1-800-800-4000
Enterprise	1-800-736-8222
Hertz	1-800-654-3131
National	1-800-227-7368
Payless	1-800-729-5377
Thrifty	1-800-847-4389

Nordamerikanische **Preisvergleichsportale** sind z.B. www.orbitz.com und www.priceline.com. Aber auch hier Achtung: Die tabellarisch aufgelisteten Tarife sind immer netto und ohne Zusatzversicherungen, die addiert werden müssen.

Weekend Specials

Günstig kann man Pkw und Minivans an Wochenenden mieten. ***Weekend Special*-Tarife** gibt es bei mindestens 2 Tagen Mietzeit meist bereits ab Do-Mittag, spätestens ab Freitag, bis Mo-Mittag. Übernahme- und Rückgabezeiten sind verhandelbar. Sonderkonditionen werden oft in Bordzeitschriften der *Airlines*, in Tageszeitungen und auf den Websites der Vermieter publiziert.

Sonder-discounts

Einige Leihwagenfirmen räumen den Passagieren bestimmter *Airlines* einen ***Discount*** ein; Vorlage des *Boarding Pass* genügt dann, um in den Genuss derartiger »Kooperations-Rabatte« zu kommen. Wer einen ***Frequent Flyer Pass*** besitzt (➪ Seite 55), sollte nicht vergessen, dass Leihwagenbuchungen bei der »richtigen« Firma zusätzliche Meilen bringen.

Kleine Vermieter/ Problematik

Preisgünstiger als die bekannten überregionalen Vermieter können **lokale *Auto Rentals*** sein. Ihre Rufnummern lassen sich den *Yellow Pages*, den Gelben Seiten des Telefonbuchs, entnehmen. Diese Firmen bieten keinen Transfer vom/zum Flughafen, wenn sie nicht in dessen unmittelbarer Nähe residieren, gelegentlich aber einen **Abholservice für Hotelgäste** in der City. Buchungen vor Ort bei anderen als den bekannten überregionalen Verleihfirmen sind aber für Touristen eher problematisch, denn nur zu oft gelten Einschränkungen wie:

- Die im Basispreis enthaltenen **Kilometer sind limitiert** (selten mehr als 200 km), ein Überschreiten führt zu hohen Kosten
- Der **Aktionsradius** ist auf einzelne Bundesstaaten bzw. Provinzen beschränkt, ein Grenzübertritt von den USA nach Canada und umgekehrt nicht gestattet
- Bei **Panne oder Unfall** außerhalb der Geschäftszeiten ist die Firma schwer zu erreichen, rascher Ersatz in solchen Fällen nur schwer und, wenn überhaupt, unter Zeitverlust möglich
- Die **Basismiete** enthält weder Steuern und Gebühren noch Vollkasko- und Zusatzhaftpflicht-Versicherungen, die zusammen leicht $30 und mehr pro Tag kosten, speziell wenn bei Abgabe am Flughafen auch noch eine *Concession Fee* anfällt

2

- Übernahme und Rückgabe sind an die **Geschäftszeiten** gebunden, eventuell an Sonn- und Feiertagen nicht möglich
- **Probleme** können **nur vor Ort** geregelt werden und nicht auch noch in nachhinein von der Heimat aus
- Das gilt im Prinzip auch für Fahrzeuge der Billigfirma ***Rent-a-Wreck***, www.rentawreck.ca, ✆ 1-800-327-0116

Im Übrigen sind bei der Vor-Ort-Miete die im vorigen Abschnitt ausführlich erläuterten Punkte zu Steuern, Haftpflicht- und anderen Versicherungen, Gebietsausschlüssen etc. ebenso bedeutsam wie bei Vorausbuchungen.

Wer eine Vor-Ort-Buchung erwägt, sollte bezüglich seiner Kreditkarte unbedingt vorgesorgt haben, d.h., eine der Edelkarten besitzen, die automatisch eine Haftpflichtaufstockung beinhalten, ➪ Seite 62. Andernfalls stellt sich bei Vorliegen geringer Deckungssummen die Frage nach einer Höherversicherung, die einen an sich preiswerten Basistarif rasch teuer werden lässt.

Wer durch Canadas Westen tourt, kommt an Fähren nicht vorbei. Hier geht's per Kabelfähre über den Fraser River bei Lytton/BC

2.3.2 Die Miete eines Campmobils

Die Miete eines Campmobils

Voraus-setzung

Campmobile dürfen prinzipiell mit **Pkw-Führerschein** bewegt werden. Niemand fragt danach, ob der soeben eingetroffene Tourist jemals vorher hinter dem Steuer eines vergleichbaren 30-Fuß-Ungetüms saß und ob der Mieter einen Führerschein der alten deutschen Klasse 3 bis 7,5 t oder nur einen neuen Führerschein Klasse B bis 3,5 t besitzt, ein Gewicht, das große Campmobile locker übertreffen. Er muss eben sehen, wie er – nach kurzer Einweisung – mit dem Nachmittags-Verkehr auf dem vollbesetzten *Trans Canada Highway* klarkommt. Aber das Fahren selbst eines großen *Motorhome* ist einfacher, als es zunächst den Anschein hat. Man gewöhnt sich schnell an die Ausmaße des Fahrzeugs, an die weiche Federung und die dadurch bedingte Schwammigkeit der Straßenlage sowie an die meist sehr leichtgängige Lenkung.

Welcher Camper?

Damit zu den konkreten Fragen der Campermiete in Canada. Zunächst ist es wichtig, die verschiedenen **Fahrzeugtypen** zu kennzeichnen. Im Gegensatz zu Pkw-Kategorien, die sich im wesentlichen durch Größe, kaum aber durch abweichende Funktionalität unterscheiden, besitzen die diversen Campertypen **spezifische Vor- und Nachteile.** Die Entscheidung für oder gegen eine bestimmte Fahrzeugart ist nicht nur eine **Kostenfrage**, sondern auch abhängig von den **Ansprüchen des Mieters**.

Campertypen

Recreational Vehicles/ Kennzeichnung

In Nordamerika gelten Camper vom kleinsten Modell bis zum Riesen-Motorhome als ***Recreational Vehicles*** (umgangssprachliches Kürzel **RV,** sprich »Arwí«). RVs verfügen in aller Regel über einen großvolumigen **8-12-Zylinder-Motor** und automatisches Getriebe. Das und die kastenförmige Bauart kombiniert mit hohem Gesamtgewicht sorgen für ausgeprägten **Benzindurst** schon bei kleineren Modellen. **Dieselfahrzeuge** sind selten und in Mietflotten kaum vorhanden; und wenn, dann sehr teuer.

Schaut man in die Nordamerika-Angebote der Reiseveranstalter, findet man für Canada **vier unterschiedliche Typen** von Campfahrzeugen im Angebot:

(1) Van Conversion *bzw.* ***Van Camper*** (Bezeichnung variiert)

(2) Motorhome

(3) Pick-up- bzw. ***Truck-Camper***

(4) 5th-Wheeler Gespann (Super Travel Campmobil)

Van Camper/ Conversion

zu (1): Der ***Van Conversion*** oder ***Van Camper*** entspricht von seinen Ausmaßen her in etwa einem Kastenwagen der Klasse Ford Transit/Mercedes Sprinter und besitzt grundsätzlich **Stehhöhe.** Bei ca. 2 m Breite gibt es ihn in Längen von 17-20 Fuß (4,90-6,10 m) und vielen Ausstattungsvarianten.

Mit Ausnahme der kleinsten Modelle besitzen sogar die Vans ein **Doppelbett im Hochdach** über der Fahrerkabine oder hinten. Der Abstand zwischen Matraze und Dach ist für erwachsene Schläfer jedoch oft zu gering. Die zweite (überwiegend schmalere) Schlafgelegenheit besteht entweder aus einem langen **Klappsofa** oder aus der umzubauenden **Sitzecke. Gasherd, Spüle** und **Kühlschrank** (ab

20-Fuß-Mercedes Van Camper, das Luxusgefährt für die gut gefüllte Brieftasche; Vermieter »RV Go West«

19 Fuß in Haushaltsgröße) fehlen nie. Eine tragbare Chemietoilette gehört – zumindest optional – zur Ausstattung auch kleinster Vans. Größere Typen verfügen heute meist über Spültoilette und Mini-Duschbad. Ein 17-Fuß-Van mit 6 Zylindern begnügt sich schon mal mit **15 l/100 km**, längere und schwerere Versionen brauchen bis **20 l/100 km.**

Motorhomes

zu (2): Die **technische Basis** eines Motorhome ab 19/21 Fuß (5,70 m/6,30 m) bis etwa 27/28 Fuß (8,10 m/8,40 m) entspricht weitgehend dem eines *Van Camper;* Fahrerkabine, Motoren und Fahrgestelltechnik sind im Prinzip identisch. Die **Hinterachse** ist allerdings **verstärkt** und **mit Zwillingsreifen** versehen. Über den Vordersitzen befindet sich ein **Dachüberhang,** der recht weit über die Windschutzscheibe hinausragt. Die Sicht zur Seite und nach oben ist durch diese Bauweise stark eingeschränkt.

Ausstattung

Der Überhang beherbergt ein (Alkoven-) Doppelbett, das meist mehr Höhe als im *Van Camper,* aber weniger als im Truck bietet. Umbauliege/Sitzecke, **Küchen-Einbaugeräte in Haushaltsgröße** inklusive Mikrowelle und Toilette/Duschbad gehören ebenso wie die gesonderte, elektrisch zu betreibende **Klimaanlage** bereits zum Standard kleinerer *Motorhomes.*

Ab 23 Fuß Länge gibt es durchgängig ein **gesondertes Doppelbett im hinteren Teil** des Wagens. Sessel ergänzen den Wohnbereich.

Komfort-maximierung

Um auch ohne Steckdose in der Wildnis alle Geräte betreiben zu können, besitzen *Motorhomes* ab 23 Fuß, spätestens ab 25 Fuß einen **Generator** und ein ***Slide-off***, das im Stand die Wagenbreite im Wohnbereich deutlich erweitert. Man erkennt nebenbei: viel Komfort bedeutet auch viel Technik, die als Kehrseite der Annehmlichkeiten nicht ganz von selbst funktioniert, sondern richtig behandelt und gut gewartet werden will.

Luxus-RVs

Ab 29/30 Fuß wird aus dem *Motorhome* eine Art Reisebus. Die Überhänge verschwinden zugunsten eines integrierten Cockpits mit besserer Rundumsicht, über dem meistens ein Doppelbett

27-Fuß-Motorhome verlässt die Fähre Valdez-Whittier (Alaska)

abgesenkt werden kann. Derartige Fahrzeuge verfügen außerdem über ein abgeschlossenes Schlafzimmer und einen großzügigen Nassbereich. Der Benzinverbrauch beginnt bei etwa 22 l/100 km und übertrifft bei großen Modellen locker 30 l/100 km.

Typische Pick-up/Truck Camper, wie sie auch vermietet werden (allerdings durchweg ohne die Stützen zum Abstellen des Wohnkastens)

Pick-up bzw. Truck-Camper

zu (3): *Pick-up* oder *Truck Camper,* »**Kleinlastwagen**«, auf deren Ladefläche ein »**Campingkasten**« montiert wurde, haben sich in den letzten Jahren bei den kanadischen Vermietern in den Vordergrund geschoben und in einigen Flotten die *Van Camper* ersetzt, da sich *Trucks* im Gegensatz zu reinen Campfahrzeugen besser wiederverkaufen lassen. Dabei ersetzen auch Firmen, die mit neuen Modellen werben, in der Regel nur das Fahrzeug und nutzen den Campingaufsatz einige Jahre mehr.

Die zur Vermietung stehenden Fahrzeuge verfügen über **Aufsätze unterschiedlichster Größe** vom relativ einfach ausgestatteten 17-Fuß-Camper (wie *Van Camper* gleicher Länge, siehe oben) bis zum »**Luxuskasten**« (Klimaanlage, Mikrowelle, Backofen, Warmwasserversorgung, Duschbad etc.) mit enormen Überhängen, was die Gesamtlänge des Fahrzeugs auf bis zu 25 Fuß bringen kann. Über der Fahrerkabine befindet sich in allen Versionen ein **Alkovenbett,** das eine deutlich höhere Kopffreiheit bietet als die Hochbetten im *Van Camper.* Praktisch für Familien: Die drei Sitzplätze auf der Frontbank werden bei Bedarf in Liegen verwandelt.

Nachteile

Da zwischen *Truck* und Campingkasten meist **kein Durchgang** besteht (Eingang meistens vom Heck aus) und Ladefläche und Seitenwände die Raumverhältnisse nach unten bzw. seitlich begrenzen, geht es im *Truck Camper* beengter zu als im *Van Camper* oder *Motorhome* gleicher Länge. Die **Sicht ist** bis auf die kleinsten Modelle nach allen Seiten und oben durchweg stark behindert. Hinzu kommt eine hohe Windempfindlichkeit. Der Spritdurst selbst der kleineren *Truck Camper* liegt leicht bei 20 l/100 km und mehr.

2

Vorteile

Jedoch besitzen ***Truck Camper*** dank hoher Bodenfreiheit und ihrer Grundkonzeption als »***Arbeitstier***« deutliche **Vorteile bei schlechten Straßenverhältnissen.** Sie dürfen deshalb bei einigen Vermietern (gegen Zuschlag) auch in die Provinz Yukon und in die Northwest Territories und nach Alaska gefahren werden. ***Truck Camper*** gibt es auch mit **Vierrad-Antrieb**.

Das eigentliche Plus des Campmobils auf Truckbasis, nämlich die mögliche Trennung des Aufsatzes, bleibt den meisten Mietern indessen verwehrt, da die dazu nötige Vorrichtung entfernt wurde. Die Vermieter befürchten unsachgemäße Handhabung.

Gespanne

zu (4): Wer auf die Trennmöglichkeit entscheidenden Wert legt, findet die Lösung des Problems durch Miete eines Gespanns aus ***Pick-up Truck*** und einem sog. ***5th Wheeler,*** einem doppelachsigen Wohnwagen mit Auflieger auf der Ladefläche des Zugfahrzeugs. Von der **Wohnqualität** her sind diese Anhänger, die in unterschiedlicher Größe angeboten werden, ohne weiteres mit *Motorhomes* vergleichbar. Ist der **Trailer** auf dem *Campground* abgestellt und fixiert, kann man Ausflüge und Einkäufe per Truck erledigen, ohne in der Stadt oder auf engen, kurvigen Straßen durch den Anhänger behindert zu werden. Das **Fahren mit *Trailer*** ist nicht ganz so einfach wie mit einem *Motorhome*, und speziell das Rangieren auf Park- und Campplätzen für Ungeübte so eine Sache. Dafür liegen die **Mieten unter denen vergleichbarer *Motorhomes*** (z.B. bei *Canadream* mit Stationen in Vancouver, Calgary, Toronto, Kelowna, Edmonton, Victoria und Whitehorse) bei ähnlichem Benzindurst.

Die Wahl des »richtigen« Campmobils

Wie eingangs angesprochen, hängt die Entscheidung für ein bestimmtes Fahrzeug nicht nur von den Kosten ab, sondern auch von Reiseplänen und individueller »Reisephilosophie«.

Schlechte Straßen

Gerade unter Canada-Urlaubern gibt es viele, die weniger auf Komfort und Bewegungsfreiheit im Fahrzeug Wert legen als auf Fahreigenschaften und Wendigkeit. Mit einem ***Truck*** lassen sich auch abseitig gelegene »Ecken« und Campingplätze ansteuern oder die *Forestry Trunk Road* (➪ Seite 306) problemlos abfahren, während sich größere ***Van Camper*** oder ***Motorhomes*** auf schlechter Straße schwer tun: spätestens auf dem ersten Stück welligem Schotter wird man vom Gerüttel der Achsen und Geschepper der Aufbauten genervt. Gut instandgehaltene Schotterstraßen lassen sich mit kleineren *Vans* und *Motorhomes* jedoch passabel befahren. Zu beachten ist bei Mietfahrzeugen aber das Kleingedruckte zu den erlaubten Fahrgebieten, sonst gibt es bei Schäden Probleme.

Van oder Truck Camper?

Ein ***Van Camper*** ist auf guten Straßen das angenehmere Fahrzeug mit besserer Raumaufteilung und breiter Schiebetür seitlich, wobei größere Personen Stehhöhe und Bettlänge oft als zu knapp empfinden werden. Der *Truck Camper* hat das bequemere Alkovenbett, dafür den Einstig hinten und höheren Benzindurst.

Fazit

Bis zu einer Besetzung mit 4 Personen (d. h., 2 Erwachsene und 2 kleinere Kinder) stellen die etwas größeren, gut ausgestatteten ***Van Camper*** den **besten Kompromiss** zwischen Fahreigenschaften, Kosten und Verbrauch einerseits sowie Platz und Komfort andererseits dar. Ohne die Absicht, Strecken zu fahren, auf denen es auf die spezifischen Vorteile der *Truck Camper* ankommt, sollte bei mehr Platzbedarf eher an ein *Motorhome* als an größere *Truck Camper* gedacht werden.

Aber keine Frage: die kleinen ***Truck Camper*** **sind die preiswertesten Campingfahrzeuge** auf dem Markt, ihre größeren Versionen billiger als *Motorhomes* vergleichbarer Länge.

Welches Motorhome?

Wer ein ***Motorhome*** bevorzugt, steht immer vor der Entscheidung für **die »richtige« Version.** Man muss bedenken: je größer das *Motorhome,* umso weniger geeignet ist es für Abstecher zu Zielen, die sich nur auf engen und mitunter schlechten Straßen erreichen lassen, z. B. die Takakkaw Falls, ➪ Seite 326. Die Anfahrt zu manchem besonders reizvoll gelegenen Campingplatz wird bei Fahrzeugen über 21 Fuß schon mal kritisch. Nicht zu reden von der mit zunehmender Länge überproportional steigenden **Rangiermühe**. Sonderklauseln in den Mietverträgen, die bei selbst verursachten Heckschäden einen erhöhten Eigenanteil des Wohnmobilfahrers festlegen, sprechen für sich. Bei großem Radabstand sind auch **ebene Stellplätze** auf Campingplätzen schwerer aufzutreiben.

Empfehlung

Wenn der größte *Van Camper* platzmäßig nicht reicht, sollte **das kleinste noch passend erscheinende *Motorhome*** erste Wahl sein. »Vorsichtshalber« den Camper eine Nummer größer zu wählen als eigentlich benötigt, ist im allgemeinen keine gute Idee. Es sei denn, dass ruhiges Reisen mit längeren Verweilperioden und ein sehr hoher Komfortbedarf die Wahl stärker bestimmen als der Wunsch, in Canada viel zu sehen und deshalb auch viel zu fahren.

Kompakt-Motorhome 19-Fuß von Cruise America/ Canada. Praktisch, aber relativ teuer und zudem mit der Foto - bemalung rundherum ein bunter Werbeträger

2

Gespann

Über die Miete eines ***5th Wheeler*** sollte nur nachdenken, wer bereits Erfahrung mit Gespannen hat und nicht plant, den Canada-Urlaub überwiegend »auf Achse« zu verbringen.

Tarife, Gesamtkosten und Konditionen bei Vorbuchung

Kosten in der Hauptsaison

Mit einem Blick in die Kataloge/Internetportale der Canada-Veranstalter (u.a. www.canusa.de, www.crd.de, www.sktouristik.de, www.kanadareisen.de, www.trans-canada-touristik.de) bekommt man schnell eine Marktübersicht und den Eindruck: Campmobile aller Kategorien sind ein teures Vergnügen. Selbst der preiswerteste ***Truck Camper*** **19 Fuß** kostet als Neufahrzeug (bis 2 Jahre alt) in der **Hauptsaison** (Mitte Juli bis Mitte August) **bei 250 Freikilometern** kaum unter €150 pro Tag, €120 Zwischensaison. Die Tagestarife für ***Motorhomes*** **bis 22 Fuß** Länge beginnen bei **€180**, **ca. €140 Zwischensaison**. Die Tarife liegen dem Kostenvergleich auf Seiten 80f zugrunde und enthalten der besseren Übersicht halber bereits Steuern, Übergabegebühren, Endreinigungskosten, Pauschalen für *Camping-Kit* – Geschirr, Decken, Axt etc. – und die Zusatzversicherung CDW (➪ Seite 74).

Während in der Hauptsaison die **Kosten in Canada** in etwa denen **in den USA** entsprechen, kann man zu anderen Zeiten Campmobile in Canada billiger mieten.

Zwischen-/ Nachsaison

Von Anfang Juni bis zum Beginn der Hauptsaison und danach bis Mitte/Ende September gelten bereits **erheblich niedrigere Tarife,** wobei die genauen saisonalen Abgrenzungen vom jeweiligen Vermieter abhängen. Für den Rest des »touristischen« Jahres (Oktober und April-Mai) sinken die Tagestarife auf 50% der Hochsaisonrate und darunter, bei allerdings identischen Kilometerkosten. Zur Eignung dieser Monate für Ferien in Canada ➪ Seiten 25/28.

Gesamtkosten - ermittlung

Es ist heute nicht mehr nötig, zum Preisvergleich mühsam Tarife und Nebenkosten zu addieren, denn Reiseveranstalter nehmen dem potenziellen Kunden die Mühe der Endpreisermittlung ab. Auf einer Reihe von Internetportalen führt die Eingabe der Daten und Anklicken aller gewünschten Extras (Zusatzversicherung, Meilenpakete etc.) rasch zum Ergebnis.

Einige Details der Bedingungen bedürfen aber einer Erläuterung:

One-way in Canada

- **Einwegmieten** erlauben u.U. attraktivere Reiserouten als eine Rückkehr zum Ausgangspunkt. Insbesondere die Strecke Vancouver-Calgary ist beliebt und bei allen Vermietern zugelassen, die dort Stationen besitzen. Die Zuschläge dafür sind recht **unterschiedlich** und reichen von $300 bis $1.295. Interessant für manchen sind die Sonderpreise bestimmter Vermieter für Einwegfahrten von Calgary/Vancouver nach Whitehorse im Frühsommer und umgekehrt im Herbst, etwa bei *Fraserway*, *Cana-Dream* (in alle Richtungen $750) und *Cruise Canada* (Vancouver-Whitehorse $450, Whitehorse-Vancouver $250). Nicht möglich ist *one-way* Canada-USA bzw. USA-Canada.

2

One-way bei Miete in USA

- Einwegmieten gibt es bei *Alaska Motorhome* (US$495-US$1.295) und *Cruise America* (US$750) – auch zwischen Alaska und Kernland USA, bei *Go North* nur als Frühjahrs-/Herbstspecial ($550).

Alter

- Das **Mindestalter** des/der Fahrer liegt fast durchweg bei 21 Jahren, selten bei 25 Jahren (z.B. ***Alaska Motorhome Rentals***).

Hoher Norden

- Die Regelungen für **Fahrten in den hohen Norden** sind unterschiedlich. Möglich sind sie z.B. bei ***Fraserway*** und ***Cruise America/Canada*** (jeweils nur bei Fahrt auf Asphaltstraßen) bei Voranmeldung aufpreisfrei und bei anderen unter Zusatzbedingungen mit bis zu $750 Aufschlag. Bei ***Go North*** dürfen auch **alle Schotterstraßen** befahren werden.

Haftpflicht

- Die **Haftpflichtversicherungssumme** kann ein problematischer Punkt sein, aber eher, was in den USA angemietete Fahrzeuge angeht. Wer dort mietet, sollte bei einem der Veranstalter buchen, der seine Kunden zusätzlich absichert, ➪ Seite 62. Bei **Miete in Canada** stellt sich das Problem weniger. Abgesehen von den bei Vorbuchung über hiesige Veranstalter vorhandenen Zusatzdeckungen, sind in Canada zugelassene Campmobile deutlich besser haftpflichtversichert als in den USA.

CDW

- Die **Abkürzung CDW** steht für *Collision Damage Waiver* (manchmal auch **LDW,** L für *Loss*) und suggeriert Freistellung von Kosten im Schadensfall. Faktisch ist sie in den Camper-Miettarifen enthalten, beinhaltet aber eine Eigenbeteiligung bei Schäden am Fahrzeug (unabhängig davon, wer der schuldige Verursacher sein mag, zahlt der Mieter zunächst immer). Bei bestimmten Schäden, die nicht auf Straßenunfall zurückgehen oder auf nicht öffentlichen Straßen eintreten (z.B. Zufahrt zum Campingplatz), haftet der Mieter auch mit CDW.

VIP

- Die **Zusatzversicherung** mit der schönen Bezeichnung VIP *(Vacation Interruption Policy)* ergänzt CDW/LDW. Sie kostet vor Ort bis zu $20/Tag, ist aber heute ebenfalls in vielen bei uns angebotenen Tarifen enthalten (worauf man achten sollte!).

  Sie reduziert von CDW nicht abgedeckte Schäden und in anderen Fällen die Selbstbeteiligung. Letztere kann durch eine Sonderversicherung (€4/Tag) über den Veranstalter (nicht vor Ort) weiter reduziert bis ganz eliminiert werden. Im Fall grober Fahrlässigkeit, was immer das sein mag, haftet der Mieter meist auch mit VIP.

- Die Detailregelungen bezüglich der Versicherungen etc. stehen »kleingedruckt« in den Unterlagen, die der Mieter bei Übernahme des Fahrzeugs – meist ungelesen –unterschreibt. Wer es vorab genau wissen will, findet die AGBs auch im Internet.

Kaution

- **Die Höhe der Kaution** hängt ab von den jeweils abgeschlossenen Zusatzversicherungen. Sie kann bei Vorbuchung aus dem Ausland in bar oder Reiseschecks hinterlegt werden. Üblich ist eine **Blankounterschrift auf einem Kreditkartenbeleg**. Man sollte darauf bestehen, dass von vornherein die vorgesehene Kautionssumme eingetragen wird.

Kosten

Die **Tabelle auf Seite 81** erklärt sich weitgehend von selbst. Sie berücksichtigt die z. Zt. bestehenden Möglichkeiten der Tarifgestaltung. In Europa vorausbezahlte Kosten verstehen sich inklusive lokaler Umsatzsteuern (*Sales Tax*). Wenn Nebenkosten in Dollar anfallen, kommen immer die Steuern hinzu.

Benzinkosten

Zu den Benzinpreisen in den USA und Canada ➪ Seiten 104 und 384. Wer mit einem Durchschnittswert von ca. €0,75 im Süden Canadas, €0,90 im Norden Canadas, €0,55 in Alaska kalkuliert, dürfte nicht verkehrt liegen. Eine kleine Ungenauigkeit hier beeinflusst die Gesamtrechnung nur geringfügig.

Vorteil Vorbuchung

Nicht zuletzt die relativ komplizierten **Miet- und Haftungskonditionen sprechen für eine Buchung vor der Reise**. Denn zunächst einmal hat man Zeit zum Vergleich. Und außerdem ist Vertragspartner der heimische Veranstalter, mit dem man sich ggf. nach der Reise auseinandersetzen kann. Bei Buchung vor Ort kann es gelegentlich schwer sein, während der Reise aufgetretene Mängel mit Erfolg zu reklamieren oder gar Erstattungen durchzusetzen.

Van Camper von Wild West in Vancouver (➪ Seite 73): Bikes und Kanu+Ausrüstung können gegen moderate Zusatzkosten mitgemietet werden.

Campermiete vor Ort

Prinzipielles

Wer einen Camper vor Ort mieten möchte, sei es in Canada oder auch jenseits der Grenze in den USA, hat bis Ende Mai und nach dem *Labour Day* im September gute Aussichten, ein Fahrzeug des gewünschten Typs zu einem akzeptablen Preis zu finden. In der Hauptsaison ab Mitte Juni bis Ende August ist ein Camper nur schwer aufzutreiben. Bis April und ab Oktober freuen sich die Verleihfirmen speziell in Canada über jeden Kunden, soweit die Stationen dann überhaupt besetzt sind.

Große Wohnmobilvermieter mit Stationen in Westkanada, Alaska und Seattle

CANADA

Big Country RV (www.bigcountryrv.ca): Winnipeg

CanaDream (www.canadream.com):
Calgary, Edmonton, Toronto, Vancouver, Whitehorse

Cruise Canada (www.cruisecanada.com):
Calgary, Toronto, Vancouver, Whitehorse

Four Seasons RV Rentals (www.fourseasonsrvrentals.ca):
Calgary, Edmonton, Toronto, Vancouver

Fraserway (www.fraserway.com):
Calgary, Toronto, Vancouver, Whitehorse

Go West (www.go-west.com): Calgary, Vancouver

Outdoor Travel (www.outdoortravelrv.com): Toronto

Owasco (www.owascorv.com): Toronto

Traveland (www.travelandrvcanada.com): Vancouver

Westcoast Mountain Campers (www.wcmcampers.com):
Calgary, Vancouver

Wildwest Campers (www.wildwestcampers.ch):
Calgary, Vancouver, Whitehorse

USA (Alaska und Seattle)

Alaska Motorhome Rentals (www.alaskaadventures.com):
Anchorage, Fairbanks, Seattle, Skagway

Camping World (www.campingworld.com/rvrentals): Seattle (Tacoma)

Cruise America (www.cruiseamerica.com): Anchorage, Seattle

El Monte RV (www.elmonterv.com): Seattle, Ferndale (grenznah)

Go North (www.gonorth-alaska.com):
Anchorage, Fairbanks, Seattle, Whitehorse

Die Fahrzeuge dieser Vermieter werden überwiegend auch von europäischen Reiseveranstaltern angeboten. Soweit ersichtlich sogar – unter Berücksichtigung von Versicherungen, Steuern und Nebenleistungen – oft günstiger als vor Ort. Auch unter dem Aspekt von möglichen Umbuchungen und im Fall ggf. auftauchender Probleme nach Unfall, Beschädigung o.ä. ist ein Vertrags- und Ansprechpartner in der Heimat von Vorteil, ➪ auch Text rechts.

Unter den oben angegebenen Internetadressen sind die Fahrzeuginformationen naturgemäß oft detaillierter als beim hiesigen Veranstalter. Sie eignen sich daher gut zur Vorinformation und Entscheidungsfindung, zumal viele Campfahrzeuge sich technisch, im Grundriss und Aufbau sowie in der Ausstattung stark ähneln.

Geeignetes Vorgehen

Die Voraussetzungen für eine Campermiete vor Ort sind identisch mit denen der Pkw-Miete. Mittlerweile ist ein Vorgehen übers **Internet** dabei erste Wahl mit der Suchbegriffskombination »***RV***« oder »***CamperVan***« (auch »***Class B Motorhome***«) oder »***Motorhome***« und dem gewünschten Ort. Telefonnummern der Verleihfirmen findet man natürlich auch noch in den Gelben Telefonbüchern (***Yellow Pages***) unter der Rubrik ***Automotive/RV-Rental*** oder direkt unter ***Recreational Vehicles***.

Kosten und Versicherung

Vor Anmietung unbedingt Klarheit verschaffen muss man sich über die **Haftung des Mieters** bei Eintritt der unterschiedlichen Schadensfälle. Zu achten ist speziell auf eine ausreichende **Haftpflichtdeckungssumme**, ganz besonders, wenn die Miete **in den USA** erfolgen soll, ➪ Seiten 61f.

Miete vor Ort, macht das Sinn?

Die Gretchenfrage »**Lohnt es sich, erst drüben zu mieten?**« lässt sich wegen der Komplexität der Angelegenheit selbst für die *Off-Season* und niedrige Dollarkurse nicht eindeutig beantworten.

Viel spricht generell für die Miete hier, denn erstens gibt es bei den heimischen Veranstaltern auch für die Nebensaison günstige Angebote, und zweitens spielen qualitative Aspekte eine Rolle.

So kann die Suche stressig und nicht gerade der ideale Einstieg in die Reise sein. Ein wenig ermunternder Gedanke ist auch, dass man bei Mängeln des Fahrzeugs und eventuellen Schäden eine Auseinandersetzung mit dem Vermieter im fremden Land führen müsste. Bei größeren Defekten hat man bei Campern, die über Veranstalter bei uns gebucht wurden, einen Anspuch auf Entschädigung für entgangene Urlaubszeit. So etwas gibt es bei einer Direktbuchung nicht.

Zu beachten ist, dass bei Buchung vor Ort Steuern, CDW/VIP und ggf. Deckungsaufstockung immer zum Basistarif hinzu kommen und damit selbst scheinbar günstige Tagesmieten zu erheblichen Gesamtkosten führen können.

Campermiete auf eigene Faust vor Ort mögen die Autoren auch außerhalb der Hochsaison letztlich nur Leuten raten, die über mindestens gute Englischkenntnisse und individuelle Reiseroutine im Ausland verfügen.

2.3.3 Übernahme/Rückgabe des Mietfahrzeugs

PKW-Miete

Im Fall einer **Pkw-Miete** bei einem internationalen Vermieter kann das Fahrzeug bei Ankunft am Airport übernommen werden.

Das geht rasch über die Bühne: Voucher des Veranstalters, Pass, Führerschein vorlegen, ggf. noch Beschlussfassung bzw. Ablehnung bezüglich angebotener Zusatzversicherungen, Unterschrift und Hinterlassung der **Kaution** (durchweg Kreditkartenerfordernis, ➪ Seite 59), Unterschrift unter die Formulare, Schlüssel steckt schon, Vergleich Tankuhr mit Vertragseintrag, fertig.

Niemand wird auf die Idee kommen, irgendetwas zu erklären.

Leuchtet die Bedienung der Automatik, der Klimaanlage, des Tempomats, der Anlassersperre (Bremse gedrückt halten!) etc. nicht ein, muss man schon fragen. Alle **Warntöne** schalten sich aus, wenn die Türen geschlossen und die Gurte eingerastet sind.

Vor der Abfahrt sollte man eine **Inspektion rund ums Auto** nicht vergessen und bereits vorhandene Dellen oder Kratzer »protokollarisch« festhalten lassen, sofern der Vertrag ggf. eine Eigenbeteiligung vorsieht. Nicht schaden kann die Kontrolle der Beleuchtungsanlage, speziell der Bremsleuchten.

Rückgabe

Auch die **Rückgabe ist unkompliziert** und rasch ohne bürokratischen Aufwand erledigt.

Camper-miete/ Abholung

Beim **Camper** dauert die Übernahmeprozedur erheblich länger als beim Pkw. Das beginnt damit, dass am **Tag der Ankunft** nach dem Transatlantikflug die **Wagenübernahme** aus versicherungstechnischen Gründen nicht erfolgen darf*). Die Campervermieter holen ihre Kunden auf Wunsch – ggf. Zusatzkosten – im Hotel ab.

Formales

Mehr oder weniger identisch ist bei allen Vermietern das Formale. Die Kaution bzw. Blanko-Kreditkartenunterschrift deckt nicht nur Risiken ab, sondern bezieht sich mitunter auf eine lange Liste von Extrakosten wie Übergabegebühren, Zusatzversicherungen, Mehrmeilen, Leihgebühren für die Campingausrüstung, Geschirrset und Bettwäsche, Benutzung des Generators, Endreinigung, Gasfüllung, lokale Steuern und ggf. Schäden. Abrechnung nach Rückgabe.

Technik

Nach Klärung der Formalitäten erfolgt die Inspektion des Fahrzeugs verbunden mit einer mehr oder minder intensiven **Einweisung** (Firmen mit einem hohem Buchungsaufkommen deutschsprachiger Touristen verfügen meist über Personal mit Deutschkenntnissen). Bei Andrang sind die unter Zeitdruck gegebenen **Erläuterungen** indessen nicht immer optimal. Immerhin wurden die **Bedienungsanleitungen** in den letzten Jahren von manchen Vermietern stark verbessert und sogar ins Deutsche übersetzt.

Fragen sollte man nach **Unterleghölzern** zum Niveauausgleich, der auf vielen Campingplätzen bitter nötig ist. Ein nicht waagerecht stehender Wagen bringt schlafstörende Schieflage mit sich.

Checkliste

Vor jeder Abfahrt muss alles verstaut und festgemacht sein, auch außen 'rum darf nichts mehr hängen oder ungewollt offenstehen. Besonders **ohne bisherige Campererfahrung** des Reiseteams sollte man eine kleine Checkliste anfertigen, die man vor Aufbruch abspult. Sonst bleibt am Ende der Wasserschlauch draußen, oder die Klappstufen des Einstiegs reißen am nächsten Bordstein ab.

Der folgende ***Check*** vor der Abfahrt **nach jedem Stopp** wird rasch zur festen Gewohnheit:

---

*) Wer dagegen direkt von Nordamerika aus in die Stadt der Fahrzeugübernahme einfliegt, z.B. von Toronto nach Vancouver, und rechtzeitig genug eintrifft, hat mit dieser Regelung keine Probleme und darf noch am selben Tag in »seinen« Camper steigen.

- Ist im Innenraum alles wieder rutschfest verstaut?
- Ist der Kühlschranktür gesichert?
- Ist das Dachfenster geschlossen?
- Ist das Gas abgedreht? (muss nicht, ist aber keine schlechte Idee)
- Ist der Tritt unter der hinteren Tür (automatisch) eingeklappt?

Wartung

Mieter aller Fahrzeuge sind nur noch bei extrem **langfristiger Miete** angehalten, Wartungsarbeiten durchführen zu lassen. Da es in beiden Ländern Nordamerikas viele Stationen für den schnellen Ölwechsel einschließlich einer **Kontrolle anderer wichtiger Liquide** gibt (Automatikgetriebe, Bremsflüssigkeit, Servolenkung), macht das wenig Probleme, ➪ Seite 104f.

Reparaturen

Sehr lästig sind Reparaturen, die – sofern sie minimale Kosten (heute meist ab $50) übersteigen – **erst nach der Rücksprache mit der Verleihfirma** ausgeführt werden dürfen. Dazu gehört auch der Ersatz unterwegs verschlissener Reifen. Die größeren Vermieter haben Verträge mit Reifenfirmen w.z.B. ***Canadian Tire*** oder ***Goodyear,*** die nicht nur aufs Reifengeschäft fixiert sind, sondern auch gängige Routinereparaturen durchführen. Für die kooperierenden Unternehmen erhält der Mieter eine Liste der Vertretungen, die er im Bedarfsfall von sich aus anlaufen kann. Das hat u. a. den Vorteil, dass die telefonische Kommunikation mit dem Vermieter entfällt. Das übernimmt dann die Werkstatt und entscheidet in Absprache mit dem Vermieter, welche Reparaturen ausgeführt werden sollen.

Pannen

Spätestens bei der ersten Panne wird man feststellen, dass es **kaum Bordwerkzeug** gibt, mitunter nicht mal einen Schraubenzieher. Der Kunde soll nämlich gar nicht erst auf die Idee kommen, selbst »herumzufummeln«. Das geht soweit, dass einige Vermieter sogar Wagenheber und Radschlüssel entfernen. Man soll bei einer Panne die Station oder den **Straßendienst** anrufen ...

Rückgabe des Campers

Vor der Abreise steht die Rückgabe des Campers, meistens am Vormittag. Möchte man **Endreinigungskosten vermeiden,** muss der Camper besenrein und mit entleerten Abwassertanks zurückgegeben werden, auch mit Frischwasser- und Benzintank voll, so man die voll übernommen hat. Die Vermieter akzeptieren meist äußerlich normal verschmutzte Fahrzeuge. Es wird aber erwartet, dass der Kunde groben Dreck (an einer der vielen Waschanlagen mit Druckreinigern) vor der Rückgabe entfernt hat. Andernfalls bittet man zur Kasse. Die **Formalitäten,** d.h. Inspektion des Wagens, Abrechnung von Mehrmeilen, Steuern etc., sind rasch erledigt.

Flughafen-Transfer

Der Vermieter sorgt für den Transport zum Hotel bzw. zum Airport. Bei Planung von **Rückgabe und Abflug am selben Tag** sollte auf reichlich Zeit geachtet werden: besser nicht unter 5 Stunden zwischen frühestmöglicher Ankunft in der Station und Abflug bei einer angenommenen Transferzeit von z.B. 1 Stunde. Denn gelegentlich entstehen **Wartezeiten**, etwa wegen anderer Kunden, die zu anderen Zielen transportiert werden müssen. Entspannter verläuft auf jeden Fall die Rückgabe einen Tag vor Abflug.

2.3.4 Reiseformen im Vergleich

Pkw mit Zelt oder Motel und Campmobil

Die Vor- und Nachteile des Reisens per Pkw/Zelt, Pkw/Motel und im Campmobil lassen sich nur begrenzt verallgemeinern. Denn zu unterschiedlich sind individuelle Vorstellungen und Ansprüche. Aber es gibt einige in Nordamerika, besonders im Westen Canadas wichtige, teilweise aber nicht offenkundige Aspekte, die vor der Entscheidung für die eine und gegen eine andere Reiseform bedacht werden sollten.

Doch dazu mehr am Ende dieses Abschnitts. Die recht unterschiedlichen **Kosten der drei Alternativen** klären vielleicht schon im Vorwege, welche Möglichkeit in Frage kommt – ganz unabhängig von weiteren Überlegungen:

Die Kosten

Annahmen

Ein Kostenvergleich zwischen Reiseformen muss generalisieren und Annahmen machen, die im Einzelfall so nicht immer zutreffen. Das folgende Schema kann aber leicht mit saisonal und/oder aktuell veränderten Zahlen modifiziert und so für die persönliche Reiseplanung und -dauer zugrundegelegt werden.

Für den Vergleichszweck sei ausgegangen von

- einem **4-Wochen-Urlaub** (28 Übernachtungen) für **2 Personen** in der **Hauptsaison**, die in Canada bezüglich der Hotel-/Motelkosten die vollen Monate Juli und August umfasst. Für die Campmobilmiete ist dies nur teilweise der Fall; die hier unterstellten Preise gelten bei einigen Verleihern nur in einer 6-wöchigen »Kernzeit« von ca 10.07. bis 20.08. (davor und danach liegen die Miettarife niedriger).
- **Pkw-Miete** (unlimitierte Kilometer, Zusatzgebühr für Zweitfahrer) und **Campermiete** zum Neufahrzeugtarif jeweils ab Calgary oder Vancouver. In der Praxis sind Pkw maximal 1 Jahr alt, Camper maximal 3 Jahre.
- saldierten **Mietkosten** mit Langzeitermäßigung, die bereits Erstausstattung mit Toilettenchemikalien und Propangas, Geschirr, Bettwäsche usw.,Transfer ab/bis Flughafenhotel, Steuern und VIP-Versicherung beinhalten, wichtige Kostengrößen, die in vielen Katalogen separat ausgewiesen werden.
- **Campertarifen mit 250 Freikilometern pro Tag**; das macht in 27 Tagen 6.750 km, die in den meisten Fällen ausreichen dürften, gleich ob im Pkw oder Camper, ➪ Seite 83 oben.
- einem Benzinpreis von ca. € 0,80/l (➪ Seite 104). Die **Benzinkosten** basieren auf der Annahme von 6.750 km Fahrstrecke.
- einer vorhandenen und aus der Heimat mitgebrachten **Ausrüs - tung für den Fall des Zelturlaubs**.

Kostenvergleich Canada-Urlaub für 2 Personen und 6.750 km in €*)

4 Wochen Hauptsaison Juli/August und Zwischensaison Juni bzw. September

Kostenart	Pkw1)/Zelt	Pkw2)/ Hotel	Truck Camper3) 19 Fuß	Motorhome4) 22 Fuß
Mietkosten (4 Wochen Pkw bzw. 27 Tage im Camper)				
Hauptsaison5)	880	960	3.780	4.860
Zwischensaison	720	800	3.240	3.780
Benzinkosten	394	492	985	1.132
Übernachtung				
Hauptsaison	429	1.931	652	652
Zwischensaison	386	1.543	584	584
Verpflegung etc	952	1.332	952	952
Gesamtkosten				
Hauptsaison	**2.655**	**4.715**	**6.639**	**7.596**
Zwischensaison	**2.452**	**4.167**	**5.761**	**6.448**

*) **ohne Flugkosten**, die in jedem Fall die Gesamtsumme um rund €2.000 (ggf. auch etwas weniger in der Zwischensaison oder mehr in der Hochsaison) erhöhen, und ohne Eintrittsgelder und sonstige Nebenkosten.

Anmerkungen

Zugrundegelegter Kurs für 1 can$ = €0,68 (Stand Anfang 2014)

1) Kompakte oder untere Mittelklasse (z.B. Ford Focus); der Verbrauch wurde hier mit in Canada/USA realistischen 8 l/100km angenommen.
2) Mittelklasse (wie Ford Mondeo o.ä. oder kleiner SUV); Verbrauch etwa 10 l/100km.
3) bzw. etwas teurer *Van Camper*, ➪ Seite 67f; Verbrauchsannahme 20 l/100 km.
4) Bietet bereits ab 21 Fuß bei einem guten Grundriss ausreichend Platz auch für 4 Personen. Modelle größer als 23 Fuß bringen nach Meinung der Autoren kaum Zusatznutzen, jedoch eingeschränkte Wendigkeit, höhere Mietkosten und höheren Verbrauch, Annahme hier: 23 l/100 km. Neuere Modelle bis 23 Fuß weniger.
5) Basis für alle Zahlen sind bei Pkw Tarife Paket A. Bei den Campern Gesamtkosten inklusive Steuern, VIP-Versicherung, Transfer und üblicher Neben(zusatz)kosten.

- Übernachtung auf **gebührenpflichtigen Campingplätzen**, bei **Zeltcamping**: ab can$17/Nacht. Bei **Campercamping** wird hier nur ausnahmsweise Nutzung eines *Full Hook-up* (Anschluss an Strom, Wasser, Abfluss) angenommen; daher können **im Schnitt** Kosten von can$25/Nacht ausreichen; ➪ Seiten 117ff.
- **Hotelübernachtung** für Camper- und Pkw-Urlauber eine Nacht im Airport/City-Hotel ($130, Nebensaison $100). Zusätzlich **27 Nächte in Hotels/Motels** untere Mittelklasse (mindestens $90 im Schnitt inkl. Steuern, ➪ Seite 109, Zwischensaison $70 möglich) bei **Pkw-Hotel-Urlaub**. Im Fall von **Pkw-Zelt-Camping** vier Nächte zu $50, in der Nebensaison $40 in preiswerteren Bleiben an Schlechtwettertagen oder in Städten.

- **Verpflegung bei Camping** nicht unter can$40 pro Tag (für 2 Personen) einschließlich gelegentlichem *Fast Food*, aber **ohne** Alkoholika, Restaurant- und Kneipenbesuche.
- Bei der **Variante Pkw/Hotel** sind die Möglichkeiten zur Selbstverpflegung begrenzter; relativ häufige **Cafeteria- und Restaurantbesuche** gehören dazu, d.h., ohne eisernen Willen zum Sparen sind can$60/Tag (für beide Reisepartner zusammen) kaum zu unterbieten. Leicht wird es mehr.
- **Eintrittsgelder,** die ja unabhängig von der jeweiligen Reiseform anfallen, persönliche **Nebenkosten, Einkäufe** günstiger Artikel (Jeans etc.), Kosten für **Souvenirs, Mitbringsel** etc. sind in den Zahlen der folgenden Tabelle nicht explizit berücksichtigt und noch individuell zu addieren.

Zu den konkreten Zahlen

Die vorstehenden Zahlen für **Mietkosten** basieren auf typischen Veranstalterpreisen 2014 jeweils ab Calgary oder Vancouver. Für die Mietwagen wurden die Tarife international bekannter Vermieter zugrundegelegt (*Compact* für Zeltcamper, *Intermediate* für Motelübernachter). Die Kosten für **Campfahrzeuge** beziehen sich auf ***Truck Camper*** **19 Fuß** und ***Motorhome*** **22 Fuß**. Gleichartige Fahrzeuge können je nach Veranstalter und Vermieter auch etwas preiswerter oder teurer sein. Alle anderen Werte errechnen sich aus den Einzelkosten wie auf den vorstehenden Seiten erläutert.

Kommentar

Interpretation der Tabellenwerte

Die **Kostenunterschiede** zwischen Urlaub im Pkw und den Campervarianten sind hier **enorm bis spürbar**. Wegen der von Haupt- und Zwischen-/Nebensaison kaum beeinflussten Miettarife für Pkw u.a. und saisonal ebenfalls kaum schwankender Campgebühren entsprechen die Kosten fürs Camping per Pkw/Zelt auch in der Vor- und Nachsaison fast den Hochsommerpreisen.

Beim finanziell aufwendigeren **Hotelurlaub** besteht jedoch die »Gefahr«, dass das nebenstehend errechnete Budget in der Hauptsaison nicht ausreicht. Das gilt insbesondere dann, wenn viele Tage Aufenthalt in touristisch populären (und teuren) Gebieten wie etwa in Banff und Jasper oder im hohen Norden geplant sind. Die **Kostendifferenz zur Zeltalternative** kann dann noch weit höher ausfallen. Anders ist es vor Juli und ab September. Bei den Übernachtungen lassen sich insbesondere bis Mitte Juni bzw. ab Mitte September im Beispiel rund € 400 sparen; mehr wird man aber wohl nur mit Mühe und/oder erheblichen Komfortabstrichen erreichen können.

Die extrem hohen Kosten für die **Campermiete** in der Hauptsaison **verzerren** diesen Vergleich insgesamt sehr. Bei der Anmietung gro - ßer Camper spart man bei ein wenig zeitlicher Flexibilität oft viele hundert Euros: In der Neben- bzw. Zwischensaison kosten *Truck Camper* bzw. *Motorhomes* beim selben Vermieter €700-€900 weniger. Dasselbe Einsparpotential bietet die Wahl der nächst kleineren

Wagenkategorie, die in der Regel minimal weniger Komfort bietet. Dadurch sind für ***Truck Camper*** Kosten realisierbar, die um ca. €800 über der Hotel-/Motel-Alternative in der Hauptsaison liegen.

Das **Motorhome** ist per Saldo auch **im Juni** und **September** noch die teuerste Reiseform, obwohl dann bei sonst gleichen Annahmen die Gesamtkosten (ohne Flüge und Nebenkosten) den Kosten einer Hauptsaisonreise mit ***Truck Camper*** entsprechen.

Fazit

Zu bedenken: Zeltcamping

Wie nicht anders zu erwarten, ergeben sich bei **Canada-Ferien im Zelt** die geringsten Kosten. Wer Spaß am Zelten hat, noch dazu unter den in Nordamerika gegenüber Europa ungleich viel besseren Bedingungen (➪ Seiten 117ff), braucht nicht lange zu überlegen. Zelten wird auch vielen jungen Leuten und Junggebliebenen in Canada Spaß machen, die Campingurlaub hierzulande weniger abgewinnen können.

Zu bedenken ist jedoch, dass **es trotz angenehmer Tagestemperaturen wegen der Höhenlage selbst im Hochsommer in manchen Regionen (z.B. *Icefields Parkway*!) nachts ziemlich kalt werden kann** (Nachtfröste auch im Sommer).

Und auch im Juli/August sind in Pazifiknähe mehrere aufeinanderfolgende **Schlechtwettertage** samt kräftigen Niederschlägen möglich, erst recht in Frühsommer und Herbst. Man sollte sich also über die voraussichtlichen **Witterungsbedingungen** der ins Auge gefassten Ziele informieren, bevor die Entscheidung fürs Zelten fällt.

PKW/Motel

Die erheblichen Mehrkosten für **Hotel-/Motelübernachter** sind gegenüber dem Campingurlauber nicht notwendig mit höherer Urlaubsfreude verbunden. Im Sommer bedeutet die Suche nach einer geeigneten Unterkunft gelegentlich Stress und Frust. Zwar können auch Campingplätze bei später Ankunft voll belegt sein, aber die Ausweichmöglichkeiten sind meist besser. Die Alternative, alle Quartiere im voraus zu buchen, besitzt den Nachteil, unterwegs unflexibel zu sein und weder auf neue Eingebungen noch widriges Wetter angemessen reagieren zu können.

Camping mal ganz anders, als man sich das für Canada vorstellt, in der ungewöhnlichen Landschaft der sog. Badlands im Dinosaur Provincial Park im östlichen Alberta. Kinder finden das toll.

Bedacht werden sollte, dass mit Ausnahme der Großstädte und einer Handvoll touristischer Hochburgen (Banff, Jasper, Okanagan Valley, Whitehorse, Dawson City) der Urlaubstag mit dem Einchecken ins Hotelzimmer weitgehend »gelaufen« ist. Zum abendlichen Bummel etwa fehlen in kleinen Orten gemeinhin alle Voraussetzungen. Die Gelegenheiten zum Ausgehen sind dort dünn gesät, **gemütliche Kneipen Mangelware**. Nach dem Abendessen bleiben oft nur der Fernseher oder Laptop als einzige Zerstreuung, während der Campingreisende vielleicht gerade dann »sein« Canada am Lagerfeuer genießt.

Vorzüge Campmobil

Genau das rechtfertigt letztlich die hohen Kosten des Campmobils. Es bietet mit **Unabhängigkeit, Mobilität** und **Bequemlichkeit** Vorzüge, die sich in Canada ideal kombinieren lassen mit Landschafts- und Naturerlebnis. Einen langweiligen Abend gibt's im Campmobil kaum. Die **Gestaltungsmöglichkeiten** sind schon tagsüber vielfältiger. Der Kontakt zu anderen Reisenden fällt leichter. **Geselligkeit**, so man sie sucht, ergibt sich zwanglos.

Und nichts hindert den Campmobilisten, seinen *Afternoon Tea* auf der Terrasse des *Banff Springs Hotel* genauso zu genießen, wie der Hotelgast. Ob man dabei mit *Van Camper* oder *Motorhome* vorfährt, spielt keine Rolle, ist vielmehr eine Frage persönlicher Präferenzen, ➪ auch Seite 71.

Wer mit dem Gedanken spielt, ein Campmobil zu mieten, aber vor den hohen Kosten zurückschreckt, kann bei Ausweichen auf Zeiträume der **Nebensaison** und konsequenten **Preisvergleich** die umseitig beispielhaft errechneten Zahlen im übrigen noch um einiges unterschreiten.

Fahrten in den hohen Norden

Soll die Reise überwiegend **nach Norden** gehen, auf Routen jenseits des *Yellowhead Highway*, **gibt es zum Camping** – sei es im Zelt oder im Campmobil – **kaum noch eine Alternative**. Übernachtungen selbst in einfachsten Quartieren sind dort teuer und Motels gerade entlang der besten Strecken rar gesät – ganz im Gegensatz zu den vielen herrlich gelegenen Campingplätzen. **Mehrkosten** fallen im Camper über Zuschläge für Fahrten in den Norden und höhere durchschnittliche Fahrtstrecken an.

Zeltcamping am idyllischen Pinto Lake (Chilcotin Highway/BC)

2.3.5 Canada im eigenen Auto?

Langzeitreisen

Wer eine längere Reise durch Canada plant, fragt sich, ob nicht unter Umständen der Kauf eines Autos der Miete vorzuziehen ist. Denn während zwei oder mehr Monaten kommen selbst bei einem Fahrzeug der kleinsten Kategorie ansehnliche Mietkosten zusammen. Von größeren Fahrzeugen und Campern gar nicht zu reden.

Autokauf in Canada

Allerdings sind in **Canada Autos generell teurer als in den USA** und obendrein mit höheren Umsatzsteuern (bis auf Alberta) belegt, die der Käufer auf jeden Fall verliert und nicht an den nächsten Besitzer weiterreichen kann. Da die meisten Canada-Langzeitreisenden klimatisch bedingt im Frühsommer starten und im Herbst vor dem Verkaufsproblem stehen, erleiden sie beim Kauf in Canada auch noch eine **saisonal bedingte Zusatzabschreibung** unabhängig von Typ, Zustand und Tachostand des Wagens. Ein Kauf in Canada und Wiederverkauf in den USA (nur theoretisch möglich, praktisch sehr schwierig) macht ökonomisch keinen Sinn. **Die Zulassung und der Verkauf eines aus den USA »exportierten« Autos ist in Canada privat gar nicht möglich.**

2

Autokauf in den USA

Wer mit dem Gedanken spielt, ein Fahrzeug zu kaufen, sollte also von vornherein einen passenden Startpunkt in den USA ins Auge fassen und die Reise auch in den USA beenden. **Ausnahme:** dank der voraussichtlich vorhandenen Hilfestellung von Freunden oder Verwandten bei Kauf, Zulassung und späterem Verkauf erscheint eine kanadische Stadt geeigneter.

Info im Internet

Die Suche nach Gebrauchtfahrzeugen im **Internet** ist recht mühsam, einen Überblick liefern: www.carsmart.com, www.autotrader.com und www.us-used-cars.com.

Minimale Reisezeit für Kauf

Vor der Entscheidung für die Beschaffung eines eigenen Fahrzeugs sollte insbesondere bei Reisezeiten bis zu 3 Monaten eine realistische **Kostenvergleichsrechnung zwischen den Alternativen Kauf und Miete** stehen. Bei Reisezeiten über 3 Monaten (nur mit US-Visum, wenn nicht zwischenzeitlich nach maximal 90 Tagen Nordamerika und Mexico wieder verlassen werden) errechnen sich schon eher Vorteile für den Kauf, wenn der Wertverlust sich in Grenzen hält. Dafür muss man am Ende der Reise in angemessener Frist nicht nur einen Käufer finden, sondern auch noch einen akzeptablen Preis erzielen.

Folgende Gesichtspunkte – erläutert anhand eines »billigen« Beispiels: **Kauf eines 10 Jahre alten Pkw in den USA für US$ 3.500, 3 Monate Reisezeit und 20.000 km unterwegs** – müssen bei einem Vergleich bedacht werden:

Nebenkosten der Zulassung

- Zum Kaufpreis addieren sich die ***Sales Tax,*** die Kosten für Zulassung ***(Registration)*** und Nummernschilder, ggf. für eine **Inspektion** mit Abgasuntersuchung und Formalitäten. Zusammen kommen leicht US$ 300 oder mehr zusammen.

Versicherung

- Während bei Kauf und Anmeldung auftauchende **Probleme** (bedingt durch den Ausländerstatus des Käufers) sich in vielen US-

Staaten noch irgendwie klären lassen, ist eine **Haftpflichtversicherung vor Ort** oft nur schwer und/oder mit extrem hohen Kosten zu finden. Im Zweifel ist der Automobilclub AAA behilflich. Die über **AAA** angebotenen Prämien entsprechen in etwa denen, die über die **Versicherungsvermittlung *Tour Insure*** in Hamburg, ✆ 040/251 72150; www.tourinsure.de, erhältlich sind. Versicherungsverträge für Haftpflicht, Vollkasko, Diebstahl kann man auch über die Firma ***Seabridge*** buchen: ✆ 0211/ 2108083, www.sea-bridge.de.

Zeitbedarf

- Für die Suche nach einem Gebrauchtwagen und Erledigung aller **Formalitäten** benötigt man kaum unter einer Woche und dafür einen **Mietwagen**. Bucht man ihn schon hier, sind ab ca. **€200** zu kalkulieren. Vor Ort ist es alles inklusive nicht billiger.

Wartung

- An **Unterhaltskosten** während der drei Monate entstehen mindestens **US$200** für drei **Ölwechsel** plus ein bisschen Verschleißmaterial (Kerzen, Luftfilter etc) und **Reifenersatz.**

Reparaturen

- bei älteren Wagen treten immer – hoffentlich kleinere – Reparaturen auf, ob nun die Scheinwerfer ausfallen, der Vergaser streikt oder die alte Wasserpumpe ihren Geist aufgibt. Wer eine Werkstatt aufsucht, muss Stundensätze ab US$70 zahlen. Mit Glück bleiben die Kosten unter **US$500**.

Verkauf

- Da sich ein Auto meist nicht unmittelbar vor dem Rückflug eben »auf die Schnelle« verkaufen lässt, muss wenigstens eine Reservewoche für diese Aktivität eingeplant werden, auch wenn dabei das Internet behilflich sein kann. Neben dem **Zeitaufwand** kostet das Geld für zusätzliche Lebenshaltung, für Telefonate und ggf. Anzeigen. **US$500** sind dabei die Untergrenze der zusätzlich entstehenden Kosten.

Abschreibung

- Ein besonders günstiger Verkaufspreis wird unter Zeitdruck selten zustandekommen. Wenn der Wagen kein Schnäppchen war, ist ein VK-Preis von US$2500 (das entspricht **US$1.000 Abschreibung**) für drei Monate und 13.000 Meilen mehr auf dem Tacho sicher nicht zu niedrig, eher ziemlich optimistisch angesetzt. Besser geht`s nur mit Zeit und Glück.

Gesamtkosten Kauf bei »Billigwagen«

Rechnet man alle vorstehend aufgeführten Positionen zusammen, ergibt sich **(bei komplikationsloser Fahrt ohne bedeutende Reparaturen!)** im günstigsten Fall ein Betrag von rund **US$ 2.200** für **Spesen, Fixkosten, Wartung, Reparaturen und US$1.000 Wertverlust, umgerechnet (unter der Annahme 1US$ = €0,90) €2.000**. **Hinzu kommt** die Versicherungsprämie, die von Alter, Familienstand, Fahrzeugwert etc. abhängt und kaum unter **€500** sein wird.

Mietkosten drei Monate

So viel kosten 10 Wochen Miete eines ganz neuen kleinen SUV in der Hauptsaison. Mietet man in den USA, kann man für €2.700 sogar 11 Wochen und mehr ohne persönliche Risiken unterwegs sein. Zudem genießen Mieter nicht nur den Vorteil, alle Arten von Problemen nicht selbst lösen zu müssen, sondern steigen in das bereitstehende Fahrzeug, wo es ihnen passt, und geben es am Ende der Reise einfach wieder ab. Darüberhinaus entfallen der organisatorische Aufwand für den Kauf und der Stress des Verkaufs.

Kosten bei Kauf eines neueren Auto

Das Risiko größerer Reparaturen lässt sich mit dem Kauf eines neueren Autos zwar mindern, aber nie ganz ausschließen. Investiert man mehr für einen Gebrauchtwagen, werden auch höhere Umsatzsteuern fällig. Und die Abschreibung dürfte rasch auf deutlich über US$1.000 steigen.

Fazit

Ein eigener Pkw ist bei den zur Zeit geltenden Mietwagentarifen und Wechselkursen erst bei sehr langen Reisezeiten erwägenswert.

Vorteile der Miete

Auch wenn der Vergleich zwischen einem größeren Gebrauchtwagen und den Kosten für ein entsprechendes Mietfahrzeug zu einer kürzeren »kritischen« Reisezeit zugunsten des Kaufs führt, bleibt die Aussage gültig. Denn die allgemeinen, hier gar nicht in Dollar bewerteten **Vorteile der Miete** spielen eine nicht zu unterschätzende positive Rolle. Ärger mit dem (eigenen) Fahrzeug kann die Reisefreude ganz schön beeinträchtigen und die Tour belasten.

Campmobil

Generell gilt: erst wenn alle Nebenkosten und Risiken berücksichtigt sind, lassen sich Autokauf und -miete einigermaßen miteinander vergleichen. Dabei kann je nach Reisesaison, -dauer und Wagentyp der Vergleich auch anders ausfallen als im Beispiel.

Die **Miete** etwa **für Campmobile** kostet **im Sommer für längere Zeiträume ein kleines Vermögen**. Aber auch der Kauf eines Campmobils – begnügt man sich nicht mit einem reparaturanfälligen Uraltmodell – erfordert zunächst einen relativ hohen finanziellen Einsatz und verursacht eine nur schwer abschätzbare Abschreibung. Ein großer ***Station Wagon*** (Kombi) oder besser noch **Van** (Kastenwagen/Kleinbus) in Eigenbesitz lässt sich ohne viel Aufwand zum Schlafen herrichten, und **Platz für *Coolbox*, Kocher und Wassertank** ist auch genug. Die dafür anfallenden Kosten bewegen sich eher im Pkw-Rahmen.

Vorteil des eigenen Wagens

Wichtig für die Entscheidung »Kauf oder Miete?« kann auch sein, dass die Tour im eigenen Wagen nicht durch **Gebietsausschlüsse** reglementiert wird. In Canada betrifft dieser Aspekt viele reizvolle *Gravel Roads* wie z.B. Abschnitte der ***Forestry Trunk Road***.

Kauf mit Rücknahmezusage des Verkäufers

Was tun, wenn man zwar gerne per Auto, eher noch per Camper für mehr als 3-4 Monate Nordamerika entdecken möchte, aber die Mietkosten für den langen Zeitraum zu hoch erscheinen, andererseits die mit einem Kauf bei selbständigem Vorgehen verbundenen Probleme abschrecken? Eine Lösung dafür bieten u.a. die Firmen ***Wildwest Campers*** in Vancouver (➪ Seite 73) und ***Adventures on Wheels*** (Middletown/New Jersey bei New York City und Flilialen im US-Westen und Florida, ✆ 1-800-943-3579, www.wheels9.com). Sie verkaufen Fahrzeuge (inkl. Zulassungs- und Versicherungsservice) an Langzeitreisende und nehmen sie ggf. nach Ende der Tour mit Wertverlust wieder zurück.

Kosten

Die **Gesamtkosten** liegen bei Inanspruchnahme einer Rücknahmegarantie irgendwo zwischen dem Mietaufwand für einen gleichartigen Wagen und der (vielleicht) geringeren Abschreibung bei selbständigem Vorgehen. **Je länger der vereinbarte Zeitraum, umso günstiger ist das Geschäft im Vergleich zur Miete**. Auch die Vorteile gegenüber dem Kauf auf eigene Faust liegen auf der Hand: nicht nur **Kauf-, Zulassungs- und Versicherungsproblematik entfallen**, sondern vor allem das Verkaufsrisiko. Die Gesamtkosten sind (bis auf eventuelle Reparaturen) kalkulierbar.

2.4 Canada per Bus oder Bahn

2.4.1 Greyhound-Busse

Nicht nur in den USA, sondern auch in Canada ist Busfahren eng mit dem Namen ***Greyhound*** verbunden. Die »Windhundlinie« verfügt als einzige Busgesellschaft über ein überregionales Streckennetz im ganzen Süden von Canada.

Kennzeichnung

Seit der Hochzeit des Busverkehrs bis Ende der 1960er-Jahre hat *Greyhound* viele seiner Passagiere verloren. Im Zeitalter von *Super-Saver*-Flugtickets beurteilt man Geschwindigkeit und Bequemlichkeit – Faktoren, die sich bei *Greyhound* kaum veränderten – anders als damals. Zumindest **für Alleinreisende** ist die Windhundlinie aber nach wie vor **die billigste Möglichkeit, durch Nordamerika zu reisen**, und die Busse sind auf den Hauptrouten sogar relativ schnell. Beispielsweise benötigt *Greyhound* für die 4.484 km lange Strecke Toronto–Vancouver mit Stopp in Winnipeg 70 Stunden (knapp 3 Tage und Nächte); das entspricht einer Durchschnittsgeschwindigkeit von 64 km/h, Ticketpreis: $255.

Routennetz

Während die USA fast flächendeckend mit Busverbindungen bedient werden, beschränkt sich das ***Greyhound*-Angebot in Canada** überwiegend auf **Routen über Hauptstraßen im Süden** des Landes. Interessante Ausnahmen sind die Strecken nach Prince Rupert und Whitehorse in der Provinz Yukon. Eine ***Greyhound*-Verbindung von Canada nach Alaska gibt es nicht**. Für grenzüberschreitende Anschlüsse müssen *Greyhound*-Passagiere in Whitehorse umsteigen und ein teures Extra-Ticket lösen, ➪ Seite 436.

Fahrplaninfo für beide Länder unter www.greyhound.com.

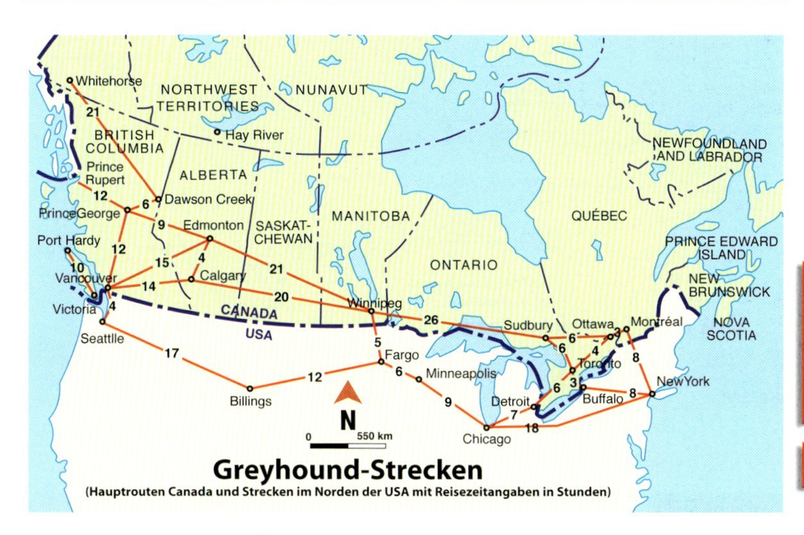

2.4.2 VIA Rail

Situation der Schiene

Von 1886 bis zur Fertigstellung des *Trans Canada Highway* bildete die Schiene für fast 80 Jahre die einzige durchgehende transkontinentale Ost-West-Verbindung, ➪ Seite 213. In den Folgejahren geriet die Eisenbahn beim Personenverkehr aber gegenüber Straße und Luft rasch ins Hintertreffen – beim Güterverkehr spielt sie aber nach wie vor eine starke Rolle.

Netz

Das Streckennetz, auf dem kanadische Eisenbahnen unter der Verbundbezeichnung **VIA Rail** Personen befördern, beträgt heute nur noch **10.300 km**. Dabei bezieht sich weit über die Hälfte dieser Gesamtdistanz auf die Transkontinentalverbindung **Halifax–Montréal–Toronto–Vancouver**. Auf den rund 6.300 km braucht man nur zwei Mal umzusteigen!

Hauptstrecken

Ab Toronto fährt Canadas berühmtester Zug, der ***Canadian***, **dreimal wöchentlich** über Winnipeg, Saskatoon, Edmonton und Jasper nach Vancouver. Für die 4.466 km benötigt der ***Canadian*** 86 Stunden. Im Westen bieten einige Streckenabschnitte immerhin viel fürs Auge, speziell gilt das auf der Fahrt durch die Rocky Mountains und weitere Bergketten in British Columbia. Wer die Zugreise für einen Zwischenstopp unterbricht, wartet mindestens zwei Tage auf den nächsten Zug.

Im Zug

Ein Highlight ist die ***Skyline Dome Car***, ein verglaster Aussichtswagen in den Transkontinentalzügen, der für jeden Fahrgast unabhängig von der Ticketklasse zugänglich ist. Reserviert werden müssen Einzel- und Doppelabteile mit Nasszelle, die nachts zu privaten Schlafzimmern umgebaut werden können, Liegeabteile (*Berth*) und die ***Coach*-Klasse** (abteillose Großraumwagen).

VIA Rail Streckennetz

Kosten

Hier einige Beispiele für die Kosten:

Tickets für einfache Fahrt in kanadischen Dollars (Hauptsaison, Buchung mindestens 3 Tage im Voraus):

Strecke und Fahrtzeit in	Std	*Escape Fare*	*Upper Berth Disc.*	*Cabin for 1 Discounted*
Toronto–Vancouver	86	$434	$ 955	$1.440
Winnipeg–Churchill	44	$194	$ 293	$ 442
Prince George – Prince Rupert	12	$73		

Schnell lohnt sich der ***CANRAILPASS* – 21 Tage gültig auf dem gesamten Streckennetz in der *Coach Class*** (Plätze in Liege- oder Schlafabteilen sind in den *CANRAIL*-Tarifen nicht enthalten).

	Erwachsene	ermäßigter Tarif
Hauptsaison (1.Juni-15.Okt)	can$1.159	can$1.008
Nebensaison	can$ 725	can$630

Auskunft

VIA Rail Auskünfte und Buchungen in Deutschland bei:
Canada Reise Dienst International
Stadthausbrücke 1-3
20355 Hamburg
© (040) 3006160
Internet: www.crd.de, www.viarail.ca

Luxuszug

Eine Sonderstellung nimmt der ***Rocky Mountaineer*** ein. Dieser Luxuszug fährt in zwei Tagen von **Vancouver** über die Nationalparks *Glacier*, *Yoho* und *Banff* **nach Calgary**. Der Preis für die 2x wöchentlich stattfindende Tour schließt Verpflegung und Übernachtung in Kamloops ein (in der Hochsaison für 2 Personen im Doppelzimmer $2.160). Die Streckenführung durch die ***Canadian Rockies*** ist attraktiver als die **VIA Rail**-Route von Kamloops nach Edmonton über Jasper.

2.5 Vorbuchung und Reservierung von Hotels

Über-kapazität

Grundsätzlich sind knappe Kapazitäten **im Beherbergungsgewerbe** in Canada (und auch in den USA) relativ selten, siehe die nachstehende Auflistung der Ausnahmen. Vielmehr kann man insbesondere in den Touristengebieten und in vielen Städten eher von **Überkapazitäten** sprechen. Deshalb ist eine Vorab-Festlegung der Tagesetappen, die einen Großteil der an sich mit dem Auto verbundenen Flexibilität wieder zunichte macht, nachteilig.

Vorbuchung

Aber: Die vergleichsweise **günstigen Übernachtungstarife** heimischer Veranstalter auch bei Einzelbuchung, also unabhängig von pauschalen Mietwagen+Hotel-Reisen, für die überwiegend angebotenen Häuser der gehobenen Mittel- bis Luxusklasse lassen sich vor Ort oft nicht realisieren. Wer also feste Daten im Rahmen eines sonst flexiblen Reiseplans im voraus festlegt, kann in vielen Hotels und Motels **bei Vorbuchung oft billiger** übernachten als bei Reservierung und Zahlung in Canada oder in den USA. Dies gilt aber erst ab einem relativ hohen Niveau, bezogen auf Canada etwa bei Quartieren ab can$140 für eine Nacht.

Festbuchungen bereits vor Reisebeginn sind vor allem in folgenden Fällen zu empfehlen:

Erste Nächte nach Ankunft

- für die erste Nacht oder auch mehrere in der Ankunftscity. Mieter von Campmobilen müssen ohnehin in aller Regel (Ausnahme ➪ Seite 78 oben) mindestens eine Übernachtung zwischen der Ankunft nach dem Transatlantikflug und Übernahme des Fahrzeugs legen.

National-parks

- in den oder im nahen Umfeld der Nationalparks im Hochsommer, allen voran in den Orten Banff, Jasper und Lake Louise. Wer Wert auf Übernachtungen in besonders beliebten Hotels wie dem *Fairmont Banff Springs*, dem *Chateau Lake Louise* oder dem *Prince of Wales* (Waterton Lakes NP) legt, sollte – nicht nur für die Hochsaison – bereits Monate im voraus reservieren.

Veran-staltungen

- bei speziellen Großveranstaltungen, in Canada in erster Linie also während der *Stampede* in Calgary oder Edmontons *K-Days* im Anschluss daran.

Verlängerte Wochenenden

- an mit Feiertagen verbundenen Wochenenden (***Labor Day, Canada Day***, ➪ Seite 135) und **Juli-/August *Weekends*** im Einzugsbereich aller populären touristischen Ziele. Neben den National- und Provinzparks sind das ganz Vancouver Island, das **Okanagan Valley** und weitere Gebiete im Süden von British Columbia. In den großen Städten sind mit Ausnahme von Vancouver und Victoria die Hotels am Wochenende eher weniger belegt als an den Werktagen.

Spezielles

- für spezielle Vorhaben im Sommer wie Übernachtung auf einer Ranch oder Blockhauseinsamkeit mit *Fly-in-Fishing*.

Letzte Nacht in Canada

- für die letzte Nacht, denn es beruhigt, wenn von vornherein die **Nacht vor dem Abflug** gebucht ist. Selten geht es von Flughäfen im Westen Canadas bereits am Vormittag nach Europa. Man benötigt also kein Hotel in unmittelbarer Airportnähe. Sollte der Rückflugtermin auf Samstag oder Sonntag fallen, übernachtet man andererseits gerade dort – bei Buchung vor Ort – relativ preiswert.

Konzern-hotels und -motels

Mehr und mehr früher unabhängige Hotel-/Motelketten gehören mittlerweile zu Konzernverbänden mit einer gemeinsamen Reservierung im Internet. Gleichzeitig verfügen die kooperierenden Ketten großenteils noch über eigene Internetauftritte. Zur Reservierung landet man aber auf dem gemeinsamen Portal. Die meisten Hotels gehören zu folgenden Gruppen:

- ***Choice Hotels***: *Comfort & Quality Inn, Sleep Inn, Econolodge, Clarion, Rodeway* oder *Main Stay* – www.choicehotels.com.
- ***Hilton Hotels***, www.hiltonworldwide.com, mit den eigenen Häusern der 4-/5-Stern-Kategorie und den Ketten der gehobenen Mittelklasse *Doubletree, Hampton und Hilton Garden Inn* sowie den Suite Hotels *Homewood* und *Embassy*.
- ***Holiday Inns***, www.ihg.com, mit der Hotelkette *Holiday Inn* und den gehobenen Motels *HI-Express* sowie weiteren Ketten: u.a. *Intercontinental, Crown Plaza, Candlewood, Staybridge Suites* und *Indigo*.
- ***Marriott Hotels***, www.marriott.com, mit den 4-/5-Stern-Ketten *Marriott* und *Renaissance*, der gehobenen Motelkette *Marriott Courtyard* und der Motel-Mittelklasse-*Fairfield Inn* sowie einiger weitere Marken im gehobenen Hotelsegment.
- ***Starwood Hotels***, www.starwoodhotels.com, mit den Spitzenmarken *Sheraton, Westin* und *Meridien* sowie der gehobenen Mittelklasse-Kette *Four Points by Sheraton* u.a.m.
- ***Wyndham Hotels***, www.wyndhamworldwide.com, mit bekannten Ketten der Mittelklasse wie z. B. *Days Inn, Trave - lodge, Howard Johnson, Knights Inn, Ramada* oder *Super 8* neben Hotels und Resorts der Dachmarke.

Weltbekanntes Hotel Chateau Lake Louise mit Tarifen zum Staunen: das gilt vor allem für Zimmer mit Seeblick

Voraus - buchung im Internet

Alle diese Hotels können statt direkt unter den angegebenen Internetadressen auch über die zahlreichen Hotelbuchungsplattformen wie www.hrs.de, www.booking.com oder www.orbitz.com reserviert werden, teilweise zu Tarifen, die günstiger als bei Direktkontakt sind. Der Vorteil der Buchungsportale ist aber vor allem die unmittelbare Vergleichbarkeit von Tarifen, ohne dass man mehrere Einzelportale öffnen muss, mit einer beachtlichen Liste von am Zielort verfügbaren Häusern.

Alle weiteren Informationen zu Preisen, Buchung und Reservierung von Hotels und Motels während der Reise liefert Kapitel 3.2 im Unterwegs-Teil (ab Seite 107)

Reservierung per Telefon (gebührenfrei)

Viele nordamerikanische Hotel-/Motelketten sind in Deutschland vertreten. Reservierungen bei Ihnen sind außer im Internet direkt (➪ links) oder über Portale wie www.booking.com auch bei uns über gebührenfreie 800er-Telefonnummer möglich:

Best Western ✆ 0800 212 5888
Choice Hotels (➪ links) ✆ 0800 185 5522
Country Inn & Suites ✆ 0800 1825435
Hilton etc (➪ links) ✆ 00800 88844888
Holiday Inn etc. ✆ 00800 80800800
Hyatt ✆ 0800 973 1234
Marriott (➪ links) ✆ 0800 185 4422
Radisson ✆ 0800 181 4442
Ramada (➪ links *Wyndham*) ✆ 0800 181 9098
Sheraton(➪ links) ✆ 0800 325 35353
Westin (➪ links *Starwood*) ✆ 0800 325 95959

2.6 Was muss mit, was nicht?

Vor jeder Reise stellt sich die Frage, was eingepackt werden muss, was ggf. noch zu Hause beschafft werden sollte und was günstiger im Urlaubslandland zu erstehen ist.

Die folgende Aufstellung soll Anregungen geben bzw. wichtige Posten in Erinnerung rufen:

- **Speicherkarten** für Digitalkameras sollte man ausreichend dabei haben, denn sie sind drüben selbst in den Fotoabteilungen der an sich preiswerten Kaufhäuser wie *K-Mart, Walmart* oder *Target* oft erheblich teurer als bei uns. Erhältlich, aber ebenfalls nicht billig, sind sie auch bei *Canadian Tire*, www.canadiantire.ca, ➪ Foto auf Seite 95. Zur Frage der Akkuaufladung siehe ebenfalls Seite 95.
- **Adapter**: Häufig gehören mehrere Elektrogeräte (Fön, Radio etc.) zum Urlaubsgepäck. Adapter für die nordamerikanische Steckdose kauft man am besten bei uns; es gibt sie in Kaufhäusern und Elektrogeschäften. In Canada muss man mühsam suchen.

- **Lampe** für den Zigarettenanzünder: Bei Fahrten während der Dunkelheit ist eine (Kabel- oder Gelenkarm-) Lampe hilfreich, die direkt auf den Sitz des Beifahrers strahlt und den Fahrer im Gegensatz zu den meisten Innenbeleuchtungen nicht blendet.
- **Taschenlampe**: Ebenfalls mitgebracht oder drüben preiswert zu erstehen ist eine Taschenlampe für Autofahrer bei einer Panne in Dunkelheit **unverzichtbar**; ebenso beim **Camping**.
- **Erste-Hilfe-Kasten**: Einen Verbandskasten wird man in den Leihwagen oder Wohnmobilen meistens vergeblich suchen.

  Erste-Hilfe-Päckchen, wie man sie im ***Drugstore*** für $10-$20 findet, sind im allgemeinen dürftig ausgestattet und mit unserer vorgeschriebenen Ausrüstung nicht vergleichbar. Wer seinen Verbandskasten bzw. das darin enthaltene Material im Fluggepäck unterbringen kann, sollte darauf nicht verzichten.

  In diesen Zusammenhang passt auch der Hinweis auf die kleine **Reiseapotheke**: Rezeptpflichtige **Medikamente** kauft man vor Reiseantritt zu Hause. Große Supermärkte und *Drugstores* halten ein umfangreiches und preiswertes Sortiment an rezeptfreien Arzneimitteln, darunter auch manches Präparat, das es bei uns nur auf Rezept gibt.

  Brillenträger sollten **Reservebrille** und Brillenpass dabei haben.
- Fast alle Campmobile und Leihwagen verfügen heute über ein **Radio mit CD-Player**. Da in vielen Regionen der Radioempfang schlecht ist, sorgen ein paar CDs für Abwechslung.
- **Werkzeug**: In der Regel findet sich in Mietfahrzeugen kein Werkzeug. Automieter, besonders wenn sie campen, sind daher gut beraten, ein wenig »Notwerkzeug« mitzubringen. **Vielzwecktaschenmesser** (mit Dosenöffner) erweisen sich in mancher Situation schon als außerordentlich hilfreich. Arbeitshandschuhe können auch nicht schaden.

  Ein aus der heimischen Werkzeugkiste zusammengestellter **Schraubenzieher- und Schlüsselset** plus einer **Zange** für eventuelle kleine Reparaturen ersparen vielleicht lange Stunden Wartezeit auf den Notdienst am Straßenrand.
- **Reserveschlüssel**: Viele Vermieter geben ihren Kunden nur einen Fahrzeugschlüssel. Besonders bei längeren Mietzeiten sollte man sich bei erster Gelegenheit versuchen, sich **Ersatzschlüssel** zu besorgen. Es gibt sie bei speziellen Schlüsseldiensten (oft in *Shopping Centres*), in Eisenwarengeschäften (*Hardware Stores*) oder bei *Canadian Tire*. Allerdings ist das Kopieren bei neuen Pkw schwieriger bis unmöglich geworden.
- **Sicherheitskopien**: Kopien der wichtigsten Papiere auf USB-Stick (Führerschein, Reisepass, Flugscheine, Kreditkarte) sind bei Verlust der Originale mehr als nur hilfreich.
- **Schlafsäcke**: Vor allem in der Vor- und Nachsaison ist mit kalten Nächten zu rechnen, in Höhenlagen mit Nachtfrösten. Je nach Region (*Rocky Mountains*) und Wetterlage auch im Sommer.

Camper sollten das einkalkulieren und frostsichere Schlafsäcke mitbringen. Sie sind preiswert auch noch in Canada zu beschaffen. Mieter von mit Decken ausgestatteten und heizbaren Campmobilen plagt dieses Problem weniger.

- Ein **Laptop** ermöglicht nicht nur die Nutzung von mehr und mehr verbreiteten *Hotspots* mit ***Wifi*** (***Wi****reless* ***Fi****delity* = WLAN) zum Abrufen und Schreiben von E-Mails und für Internetabfragen wie -reservierungen, sondern ist naturgemäß auch wunderbar geeignet zum Speichern, Sortieren und Bearbeiten der digitalen Reisefotos bereits unterwegs. Nebenbei hat man seinen DVD-Player dabei zur abendlichen Zerstreuung, wenn das kanadisch-amerikanische Fernsehprogramm wieder nervt. Und das heimische Fernsehen ist damit auch erreichbar, wenngleich das Laden von Sendungen aus den Mediatheken wie auch *Live Streaming* in Nordamerika oft nervtötend langsam funktioniert, es sei denn man zahlt für *higher speed*, was in manchen Hotels angeboten wird.
- Wer ***Laptop*, digitale Kamera** und mehr dabei hat, was per **Akku** versorgt wird, könnte sich vor der Reise einen **Spannungsumwandler** beschaffen (ab ca. 30 Euro bei uns), der 12 V aus der Autosteckdose in 110 V oder 230 V umwandelt und während der Fahrt die Geräte wieder auflädt. Das ist ein wesentlicher Aspekt für Zelturlauber, die sonst ab und zu teurere Campingplätze mit Stromanschluss oder ein Motel buchen müssten.
- Mitnehmen könnte man ggf. auch ein ohnehin vorhandenes tragbares **Navigerät**, das man mit einem Chip für Canada/USA aufrüstet bzw. die entsprechende Datei per Intenet herunterlädt und auf eine leere Speicherkarte überträgt. Das ist für viele international vertriebene Geräte w.z.B. *TomTom* (SD-Karte USA/Canada ca. $40) bei einer längeren Reise oft billiger als ein Navi vor Ort mitzumieten (ca. $40/Woche). Und es lässt sich natürlich auch noch bei der nächsten Amerikatour verwenden. In Frage kommt natürlich auch ein Kauf vor Ort; man fügt dann zu Hause die Europakarte ein.

Bei Canadian Tire gibt's mehr als Reifen: Autozubehör, Werkzeug, Haushaltsartikel u.v.m.

Museumsschiff SS Sicamous (1914) am Strand des Okanagan Lake in Penticton/BC

Unterwegs
in Canadas
Westen
SICAMOUS
SICAMOUS
SICAMOUS

3. UNTERWEGS IN CANADAS WESTEN

3.1 Autofahren

Europäer kommen im Straßenverkehr Nordamerikas gut zurecht. Man gewöhnt sich schnell an die ruhige und gelassene kanadische Fahrweise und die Tempolimits.

3.1.1 Verkehrsregeln und Polizei

Abweichende Regeln

Verkehrsregeln und -zeichen entsprechen weitgehend den europäischen. Folgende **Unterschiede** zu kennen, ist wichtig:

- Das kanadische **Stoppschild** hat zwar dieselbe Bedeutung wie in Europa. Aber es gibt viele Kreuzungen, an denen alle Straßen ein Stoppschild aufweisen (3- oder *4-Way-Stop*); dort muss jeder Verkehrsteilnehmer anhalten. Die Kreuzung wird in Reihenfolge der Ankunft überquert.
- **Ampeln** befinden sich in Nordamerika meist **hinter** oder über der Kreuzung; natürlich muss an der (nicht immer klar erkennbaren) Stopplinie **vor** der Kreuzung gewartet werden. Bei Freigabe wechselt **Rot direkt auf Grün**; Gelb wird nur in der Übergangsphase von Grün nach Rot angezeigt.
- **Rechtsabbiegen** an Ampelkreuzungen ist – nach kurzem Stopp – auch bei **Rot grundsätzlich erlaubt**. Ausnahmen werden durch ein Schild ***No Turn on Red*** angezeigt. Beim Wechsel von einer Einbahnstraße in eine andere ist auch das Linksabbiegen bei Rot gestattet.
- Eine der wichtigsten bei uns nicht bekannten Regelungen betrifft **die gelben Schulbusse**: Wenn Kinder ein- und aussteigen, dürfen Schulbusse weder überholt noch in Gegenrichtung passiert werden. Man darf – in beiden Richtungen! – erst weiterfahren, wenn das blinkende rote Stopplicht des Busses erloschen ist. Das Verbot besitzt die Schärfe der Stoppregel bei roten Ampeln. Die Nichtbeachtung ist ein schwerwiegendes Verkehrsdelikt.

Für Begegnungen mit den knallgelben Schulbussen gelten Sonderregeln mit der Schärfe des Verhaltens bei Ampelrot und Stoppschild

- Der **Blutalkoholgrenzwert** beträgt in Canada und Alaska 0,8 Promille. »*Open Container*« (nicht originalverpackte alkoholische Getränke, selbst ungeöffnete Einzelflaschen) müssen im Kofferraum transportiert werden.
- Die zulässige **Höchstgeschwindigkeit** liegt auf kanadischen Autobahnen meist bei 110 km/h, teilweise bei 100 km/h. Auf anderen Straßen sind 80 km/h, gelegentlich bis zu 100 km/h, und innerorts 50 km/h das Limit. Die Einhaltung des Tempos wird selten durch stationäre Radargeräte, sondern überwiegend durch in den Polizeifahrzeugen befindliche »Radarpistolen« kontrolliert. Das Gegenmittel des kanadischen Autofahrers sind Radardetektoren. Ihre Benutzung ist in Alberta, BC, Saskatchewan und Alaska legal; www.drivinglaws.aaa.com.
- Auf vierspurigen Straßen wird gerne **rechts überholt**. Theoretisch ist das nur erlaubt bei höherem Tempo des gesamten Verkehrs auf der rechten Spur, wird aber nicht so eng ausgelegt. Im Stadtbereich zweigen überdies Autobahnausfahrten manchmal von der linken Spur ab. **Die rechte Fahrbahn verdient daher generell mehr Beachtung als bei uns**.
- Innerstädtische **Parkverbote** sind durch farbig (meist gelb) markierte Bordsteine und/oder ein Schild *No parking any time* gekennzeichnet. Vor **Hydranten** darf niemals geparkt werden. Als ***Tow Away Zone*** (Abschleppzone) sind Straßenabschnitte markiert, auf denen abgestellte Fahrzeuge ohne »Vorwarnung« abgeschleppt werden.

Polizei

Polizeiliche Verfolgungen – z.B. wegen einer **Geschwindigkeitsübertretung** – laufen in Canada und in den USA so ab, wie wir es aus Fernsehserien und Filmen kennen. Der Streifenwagen schaltet seine ***Bubblegum Lights*** ein, rotierende rot-blaue Leuchten, und setzt sich hinter den Übeltäter. Ein kurzes Aufheulen der Sirene macht unmissverständlich klar, wer gemeint ist. Nach dem Anhalten bleibt die Polizei weiter hinter dem gestoppten Fahrzeug. Der Autofahrer steigt nicht aus, sondern wartet mit den **Händen am Steuer** (!), bis der ***Officer*** kommt. Auf keinen Fall darf man bereits vor dessen Eintreffen hektisch nach Papieren suchen; es könnte als Griff zur Schusswaffe missdeutet werden!

Gewöhnlich ist die Polizei bei Kontrollen zuvorkommend und höflich. Von einem Strafmandat (***Ticket***) für geringfügige Übertretungen wird bei ausländischen Touristen schon mal abgesehen. Aber zu arg darf man es nicht getrieben haben. Polizisten in Touristengebieten kennen »ihre« deutschen Raser und verpassen gelegentlich knallharte Denkzettel.

Führerschein

Alte deutsche Führerscheine (graue »Lappen«, wer die noch hat) irritieren nordamerikanische ***Officer***, die an eine scheckkartengroße ***Driving License*** gewöhnt sind. In solchen Fällen ist ein zusätzlicher **Internationaler Führerschein** immer hilfreich – ansonsten benötigt man ihn nicht.

3.1.2 Straßen in Canada und Alaska

Kennzeichnung

In West-Canada sind alle Straßen gebührenfrei. Eine Autostraße, welcher Qualität auch immer, ist in Canada wie auch in den USA grundsätzlich ein ***Highway***. Ein begrifflicher Unterschied zum Wort ***Road*** existiert nicht. Lediglich Autobahnen bezeichnet man nicht als *Road*. Für autobahnartig ausgebaute Straßen wird der englische Sammelbegriff *Motorway* verstanden, aber nur selten benutzt. **Autobahnen** oder Teilstücke davon tragen in der Regel einen Namen, an den meistens die Bezeichnung ***Expressway*** oder ***Freeway*** (*Free* im Sinne von Freie Fahrt/keine Kreuzungen) angehängt wird.

Rest Areas

An allen wichtigen Verkehrsachsen, aber auch entlang anderer Straßen gibt es **Rastplätze** (***Picnic/Rest Areas***). Viele davon sind liebevoll angelegt und ähnlich wie Campingplätze mit **Picknicktischen** und **Grillrosten** ausgestattet. An Gelegenheit, unterwegs Mahlzeiten bequem im Freien zu bereiten, fehlt es damit nicht.

Straßenqualität

Das im Süden Canadas insgesamt dichte Netz asphaltierter Straßen (***Paved Roads***) befindet sich in guter Verfassung. Man kann davon ausgehen, dass auch kleinste, in den Karten als befestigt ausgewiesene Nebenstrecken ohne Vorbehalt befahrbar sind.

Erstaunlich **weitmaschig** ist das **Straßennetz** in **British Columbia**. Bedingt durch Topographie und extrem dünne Besiedelung großer Gebiete selbst im Süden hat BC weit weniger befestigte Straßenkilometer als die weiter östlichen Nachbarprovinzen.

Autobahnen

In BC gibt es nur **nur wenige Autobahnen;** vor allem sind dies der ***Coquihalla Highway,*** eine Entlastungsroute des *Trans Canada Highway* zwischen Hope und Kamloops, einige Teilabschnitte des ***Trans Canada Highway*** sowie Umgehungsstraßen und Zubringer in das *Okanagan Valley*.

Schotterstraßen

Der **Norden Canadas** ist dank der mittlerweile voll asphaltierten *Alaska* und *Klondike Highways* heute auch mit Wohnmobilen gut erreichbar. Zahlreiche für den öffentlichen Verkehr zugelassenen Straßen in den nördlichen Gebieten der Provinzen, in der Provinz Yukon und in den Northwest Territories sind aber nur geschottert. Doch auch in den südlichen Landesteilen gibt es in verkehrsarmen Gebieten viele ***Gravel Roads***. Von ihnen sind für Touristen vor allem Zufahrten zu Campingplätzen und sonstige Straßen in Provinz- und Nationalparks bedeutsam. Eine ganz besondere, überwiegend geschotterte Straße (teilweise Asphalt, teilweise *Dirt Road*, ➪ Seite 102) ist die ***Forestry Trunk Road*** durch die Ostausläufer der Rocky Mountains in Alberta, ➪ Seite 306.

Schotter tritt auch schon mal ganz unerwartet auf, nämlich an **Baustellen**. Dort geht es mangels alternativer Strecken bisweilen kilometerlang auf notdürftig planierten Pisten durch Dreck und Staub. Das gilt insbesondere für die heute an sich ebenfalls durchgehend befestigten ***Alaska*** und ***Klondike Highways***, an denen immer irgendwo gearbeitet wird.

Fahren auf Schotterstraßen

Da wir das **Fahren auf Schotterstraßen** über längere Strecken nicht kennen, erscheinen **einige Hinweise** dazu angebracht:

Hinsichtlich ihrer Befahrbarkeit stellen ***Gravel Roads*** im Prinzip kein Problem dar. Frequentiertere Strecken werden in der Regel durch sog. ***Grading*** »gepflegt«, d. h., von Zeit zu Zeit mit schneeschieberartigen Fahrzeugen geglättet. Frisch planierte *Gravel Roads* in gutem Zustand erlauben **Geschwindigkeiten von 80-90 km/h**. Sie sind sogar geringeren Tempi vorzuziehen, da das Fahrzeug dann über Unebenheiten sozusagen »hinwegfliegt«.

Am besten lassen sich Schotterstraßen ein paar Tage **nach Regenfällen** befahren, wenn der Staub noch gut gebunden, aber Matsch schon abgetrocknet ist. Mit zunehmendem zeitlichen Abstand zur letzten Pflege wandeln sich *Gravel Roads* aber häufig zur Stoßdämpfer mordenden »Wellblechpiste« voller Schlaglöcher und Querrillen.

Auf einer trockenen *Gravel Road* entwickeln Fahrzeuge kolossale **Staubwolken**. Der Staub dringt durch alle Ritzen auch in den Innenraum. Unangenehm und gefährlich sind die dichten Staubschleier, die entgegenkommende *Trucks* hinter sich herziehen. Bisweilen versucht man, den Staub durch Versprühen von Kalziumchlorid unter Kontrolle zu halten (***Dust Control***).

Bei starkem **Regen** sammelt sich Wasser in den Spurrillen, die Straße weicht auf und wird **extrem rutschig**. Die dann ohne Gefahr mögliche Geschwindigkeit ist sehr niedrig. Der Wagen »schlammt« in kurzer Zeit völlig zu.

Aufgewirbelter Schotter kann insbesondere für Scheinwerfer und Windschutzscheiben gefährlich sein. Die beste Vorsichtsmaßnahme dagegen ist ein angemessener Abstand zum Vordermann. Auch bei schnell fahrendem Gegenverkehr vermindern seitlicher Abstand und geringeres eigenes Tempo das Risiko, ungünstig »getroffen« zu werden.

Vorsicht ist auch bei voranfahrenden Wagen geboten, die gerade von einer *Gravel Road* auf eine asphaltierte Straße gewechselt sind und daher auf den ersten paar hundert Metern Steinchen aus ihren Reifenprofilen nach hinten herausschleudern. Treffer auf der Windschutzscheibe zerstören sie indessen selten irreparabel. In Canada sind **Auto-Glaser** darauf spezialisiert, kleine Schäden so zu behandeln, dass sich die Reparaturstellen kaum erkennen lassen.

Weitere Hinweise zu *Gravel Roads* auf Seiten 378 und 382.

Ein »Grader« im Einsatz: vorne wird die Straße geglättet und durch die hinteren profillosen Schwerreifen gewalzt

Typische Beschilderung an Straßenabzweigungen in British Columbia (B.C.)

Dirt Roads

Der niedrigsten Stufe der Straßenqualität entspricht die ***Dirt Road***, auch – etwas feiner – ***Unimproved Road*** genannt. Diese »Drecksstraße« ist häufig ein besserer Feldweg, der sich bei Trockenheit bisweilen angenehmer befahren lässt als eine *Gravel Road*, jedoch bei längerem Regen ohne Vierradantrieb meist **unpassierbar** wird.

Die Benutzung von *Dirt Roads* muss nicht sein, lässt sich aber mitunter nicht ganz vermeiden, etwa im Falle von **Zufahrten zu *Campgrounds* in National oder Provincial Parks oder zu *Trailheads***. Die bereits erwähnte *Forestry Trunk Road* ist streckenweise eine *Unimproved Road*. Darüberhinaus gibt es zahlreiche weitere Forststraßen (*Logging* oder *Forestry Roads*), die nur den Namen *Dirt Road* verdienen.

Logging Roads

Logging Roads sind im Regelfall Privatstraßen der Holzindustrie, man benutzt sie auf eigenes Risiko; d.h., der Betreiber ist nicht haftbar zu machen, wenn etwa am Hang die Straße abrutscht. ***Logging Trucks*** haben übrigens immer Vorfahrt. Größere *Logging Roads* sind gut befahrbare Schotterstraßen, kleinere oft nur mit Vierradantrieb zu bewältigen.

Restriktionen

Das Befahren von *Gravel* und *Dirt Roads* wird von den meisten Verleihfirmen untersagt bzw. mit Zuschlägen belegt. Wer mit einem Mietfahrzeug trotz eventueller Restriktionen Schotterstraßen (außer unvermeidlichen Umleitungen) fährt, braucht ein bisschen Glück. Passiert ausgerechnet dort etwas (Unfall/technische Probleme), hat man »schlechte Karten«.

3.1.3 Orientierung

Staßen-nummern

In Nordamerika orientiert sich der Autofahrer in erster Linie an **Straßennummern** und **Himmelsrichtungen**. Bei einer Fahrt etwa auf dem *Trans Canada Highway* von Vancouver in Richtung Osten nach Calgary folgt man der Ausschilderung ***#1 East***, in diesem Fall noch mit einem **Ahornblatt** unterlegt, und braucht auf die Ortsnamen im Prinzip nicht mehr zu achten.

Im Fall des *Trans Canada*, wie auch des *Yellowhead* und *Crowsnest Highway* (➪ Reiseteil), läuft die Straße unter identischer Nummer durch mehrere Provinzen. An sich jedoch besitzt **jede Provinz ihr eigenes Straßennummer-System**. Grenzüberschreitende Straßen wechseln deshalb normalerweise von Provinz zu Provinz die Nummerierung.

Straßen-system in Städten

Innerstädtisch erleichtert das meistens dem Straßenplan zugrundeliegende **Schachbrettmuster** die Orientierung. In **Calgary** etwa heißen die Straßen in Nord-Süd-Richtung ***Street***, in Ost-West-Richtung ***Avenue***. ***Centre Street*** und ***Memorial Drive*** als Längs- und Querachse durch die City unterteilen die Stadt in vier **Quadranten**. Alle Adressen, die z.B. südlich des *Memorial Drive* und östlich der *Centre Street* liegen, erhalten den Zusatz Südost bzw. *Southeast* (**SE**). Die Straßennummern beginnen an den beiden Achsen. Dabei ist die ***1st Street SE*** die erste Straße östlich der Centre Street, die ***1st Street SW*** die erste Straße westlich der Centre Street. Beide liegen südlich des Memorial Drive, der die Querachse darstellt. Die Nummerierung aller weiteren *Streets* und *Avenues* erfolgt mit aufsteigenden Ziffern bis zu den Stadtgrenzen.

Dieses Grundschema wird in den meisten Städten angewandt, aber mitunter geringfügig variiert. In Edmonton z.B. läuft die Nummerierung durchgehend von Stadtrand zu Stadtrand und fängt nicht – wie in Calgary – in *Downtown* an.

Adressen

Die **Hausnummern** sind analog zum Straßensystem aufgebaut. An erster Stelle steht die Nummer der vorangegangenen Querstraße, dann erst folgt die eigentliche zweistellige Hausnummer. Die Adresse »**2566, 7th Street SW**« kennzeichnet die Adresse des Hauses mit der Nummer 66 auf der 7. Straße, südlich der 25. Avenue bzw. zwischen 25. und 26. Avenue. Man kann mit Hilfe dieser Logik ohne Stadtplan und ohne zu fragen jede Adresse finden.

Zum System

Vor allem wichtig ist dabei, dem **Buchstaben hinter den Straßennamen** Beachtung zu schenken. **N, S, E** und **W** kennzeichnenhierbei die Grobrichtungen, **NE, NW, SE** und **SW** sind genauere Unterteilungen nach der erläuterten »**Quadrantenmethode**«. Wer von West nach Ost etwa entlang der 9th Ave **SW** fährt, findet bis zur Längsachse kleiner werdende Hausnummern. Jenseits der Centre Street, dann also auf der 9th Ave **SE**, steigen die Nummern wieder an. Daher gibt es bei diesem System auf derselben Avenue bzw. Street zwei Gebäude mit der gleichen Hausnummer, die sich nur am Zusatz der Himmelsrichtung unterscheiden.

3.1.4 Tankstellen und Wartung

Benzinarten

Tankstellen führen nur noch ***Unleaded*** (unverbleites Benzin) meist in drei von der Oktanzahl abhängigen Qualitätsstufen: ***Regular***, ***Super*** und ***Premium Unleaded***. Leihwagen kommen meist mit *Regular* aus. **Diesel** (der auch in Nordamerika so heißt) gibt es – außer im hohen Norden – flächendeckend.

Benzinpreis

Benzin wird nach Litern berechnet, nicht in Gallonen, wie in den USA üblich. Der Benzinpreis ist in Canada unabhängig von der **Zahlungsweise**. In den USA samt **Alaska** hingegen unterscheiden einige – meist unabhängige – Tankstellen ggf. zwischen *Cash* und *Credit*: Bezahlt man bar, ist das Benzin manchmal ein paar *Cents* billiger als bei Zahlung mit Kreditkarte.

Preise für *Regular Unleaded* im Süden Canadas

in can$ und €/Liter (Kurs: 1 can$ = € 0,68)

Preise im hohen Norden ➪ Tabelle Seite 384:

Victoria/BC:	$1,10	entspricht € 0,75/l
Vancouver/BC:	$1,08	entspricht € 0,73/l
Calgary/AB:	$0,90	entspricht € 0,61/l
Edmonton/AB:	$0,88	entspricht € 0,60/l
Regina/SK:	$0,90	entspricht € 0,61/l
Winnipeg/MB:	$0,95	entspricht € 0,65/l
Toronto/ON:	$1,00	entspricht € 0,68/l

Durchschnitt (nur BC/Alberta): **€ 0,74**

Aktuelle Preise bei www.gasticker.com & www.gasbuddy.com

Nachts tanken

Tankstellen nehmen nachts oft keine größeren Scheine an als $20 oder maximal $50, da – aus Furcht vor Überfällen – nur kleine Mengen Wechselgeld gehalten werden. Das kassierte Geld verschwindet sofort in einem unzugänglichen Tresor.

Reifendruck

Wo ein **Druckluftservice** vorhanden ist, findet man entweder einen Schlauch, dessen Ventil unter Druckbelastung die Messskala freigibt oder einen Münzkompressor, der für einen Quarter ein paar Minuten anspringt.

Messung

Besonders exakt sind beide Methoden nicht. Die Reifendruckempfehlung des Herstellers findet man bei amerikanischen Fahrzeugen meistens an Türrahmen oder Tür der Fahrerseite, gelegentlich auch im Deckel des Handschuhfachs.

Ölwechsel

Mit einem langfristig gemieteten Pkw der großen Vermieter sind zu den **Wartungsintervallen** Filialen der Firma anzulaufen. Die eigenständige Wartung (insbesondere Ölwechsel) wird vom Kunden nur beim Camper verlangt. Ist die entsprechende Kilometerzahl erreicht, kann oft eine beliebige **Tankstelle** in Anspruch genommen werden. Perfekter und schneller arbeiten spezialisierte **Service-Stationen** mit Bezeichnungen wie ***Quick Lube*** o.ä. (*to lube* = abschmieren/ölen), die neben Öl- und Filterwechsel auch gleich alle anderen wichtigen Checkpunkte abprüfen und ggf. erledigen (Bremsflüssigkeit, Getriebeöl etc. auffüllen). Die dafür anfallenden Kosten werden von den Vermietern bei Rückgabe verrechnet. ***Midas***, eine der größten Kfz-Werkstatt-Ketten in Nordamerika, ist z.B. ein guter Anlaufpunkt bei einem anstehenden Ölwechsel; ✆ 1-800-621-8545, www.midas.com.

Panne

Alle Auto- und Campervermieter geben ihren Kunden eine Telefonnummer mit auf den Weg, die bei Pannen oder Unfall angerufen werden muss. Bei den großen Firmen ist das Telefon in der Regel Tag und Nacht besetzt, ➪ Seite 79.

3.1.5 Die Automobilclubs

Status

Die nordamerikanischen Automobilclubs **CAA** (***Canadian Automobile Association***) www.caa.ca und **AAA** (***American Automobile Association***) www.aaa.com, kurz ***Triple A***, akzeptieren Mitgliedskarten europäischer Clubs auf Gegenrechtsbasis.

Broschüren

Für alle Provinzen Canadas und die Bundesstaaten der USA gibt es in deren Geschäftsstellen Straßenkarten (***Road Maps***) und Reisehandbücher (***Tour Books***).

Vergünstigungen

Zudem gibt es bei Vorlage der Mitgliedskarte und im Internet zahlreiche Vergünstigungen bei Hotelbuchungen, Restaurants und Attraktionen. Vor Ort einfach auf den ***Show your card & save***-Aufkleber achten.

AAA/ADAC

Auch **ADAC**-Mitglieder kommen in diesen Genuss; hierfür ist online noch eine ***AAA Discount Card*** auszudrucken. Alle Informationen hierzu unter: www.adac.de/mitgliedschaft/mitgliedervorteilsprogramm/international/amerika.aspx.

In den klubeigenen Shops (Großstädte) ist **Reiseliteratur** zudem preiswerter als in Buchläden. Geschäftsstellen von CAA bzw. AAA findet man in allen Orten ab mittlerer Größe.

Der Club unterhält außerdem einen **Notfall-Service**:

✆ 1-800-CAA-HELP (= 222-4357)

➪ auch Seite 136

3

Straßenatlanten

Der ***Rand McNally Road Atlas*** (US$15, www.randmcnally.com), Marktführer in der 90. Auflage, wie auch der ***AAA North American Road Atlas*** (US$13, www.aaa.com) jeweils mit 144 Seiten im ca. DIN-A3-Format sind zwar als Straßenatlanten für die **USA** unschlagbar. Beide enthalten – gegliedert nach Provinzen – auch das südliche kanadische Straßennetz, aber keine wirklich brauchbaren Karten für **Canada**. Für die **Grobplanung** der eigenen Reise genügen die Karten in diesem Buch.

Wer es ganz genau wissen will, besorgt sich den ausgezeichneten ***British Columbia Road & Recreational Atlas*** von ***Heritage House Publishing*** (184 Seiten, $25) Darin sind u.a. **über 1.000 *Forestry Campgrounds*** und alle weiteren staatlichen Plätze eingezeichnet. Die Karten – Maßstab 1:600.000 – reichen bis Whitehorse (Yukon) und Calgary (Alberta). Noch detaillierter zeigt der ***Southwestern BC Road & Recreational Atlas*** (112 Seiten, $23) vom selben Verlag Vancouver Island, Großraum Vancouver bis Lillooet und den *Manning Park* im Maßstab 1:200.000.

Straßenkarten

Für unterwegs sehr gut geeignet sind die in der Vergangenheit lange gratis verteilten Provinz- bzw. Territorial-Karten (***Official Highway Maps***) der jeweiligen Tourismusbehörde, die aber seit einigen Jahren z.B. für BC mit can$3 bezahlt werden müssen.

In ähnlicher Qualität gibt es ***Provincial Maps*** beim AAA/CAA (kostenlos für Automobilclub-Mitglieder) oder von *Rand McNally* für wenige Dollar. Wer sich abseits der touristischen Hauptpfade begeben möchte, benötigt – so im Süden von British Columbia – genauere **Regionalkarten** als die oben erwähnten. Sich bereits in der Heimat weitergehendes, in der Regel teures Kartenmaterial zu beschaffen, ist nicht nötig. Das lohnt nur, wenn man Wert auf eine deutschsprachige Legende legt.

Warten auf den Gegenverkehr vor einer Straßenbaustelle in BC. Oft fährt dann ein »Pilot Car« der Schlange voran und bestimmt Tempo und Spur

3.2 Hotels, Motels und andere Unterkünfte

3.2.1 Hotels und Motels

Situation

Canadas Touristen wird die Suche nach einer geeigneten Unterkunft leichtgemacht. Hotels und Motels konzentrieren sich unübersehbar an den Ausfallstraßen von Städten und Ortschaften, an typischen Ferienrouten, in der Nähe der Flughäfen und in bestimmten Bereichen der großen Cities. Vor allem die *Motels* und *Motor Inns* zeigen mit

Vacancy/**No Vacancy** oder

Welcome/**Sorry** oder ganz einfach **Yes**/**No**

meist klar an, ob die Nachfrage nach einem freien Zimmer lohnt.

Suche

Während man in Europa im Sommer besser schon zur Mittagszeit mit der Quartiersuche beginnt, genügt es in Canada in der Regel, **ab dem späten Nachmittag** Ausschau zu halten (**Ausnahmen** sind besonders populäre Regionen/Orte, Veranstaltungstage, typische Wochenendziele). Nur in bestimmten Fällen ist es nötig, Unterkünfte bereits langfristig vor der Reise zu buchen (➪ Seite 91). Wer sichergehen möchte, ruft einige Tage vorher bis spätestens vormittags des Übernachtungstages das Motel/Hotel seiner Wahl an bzw. reserviert per Internet, ➪ weiter unten.

Abgrenzung der Begriffe

Die Begriffe **Hotel, Motel** und **Motor Inn** werden in Canada genau wie in den USA ohne klare Abgrenzung verwendet. Für die Qualitätseinstufung spielen sie eine nachrangige Rolle:

Motel

- Man darf davon ausgehen, dass im **Motel** der Wagen nahe am gemieteten Zimmer oder Appartement abgestellt werden kann, und damit die Be- und Entladung des Autos auf kürzestem Wege möglich ist. Ein Motel verfügt typischerweise über ebenerdige und häufig auch doppelstöckige Zimmertrakte (ohne weiteres von außen unkontrolliert zugänglich!) und eine Rezeption, **nicht aber über eine eigene Gastronomie**. Der Gästeservice beschränkt sich dort auf Cola- und Snacktütenautomaten sowie Eiswürfelmaschinen.

  Bei Ankunft erhält der Gast an der Rezeption gegen **Vorauszahlung** bzw. Kreditkartenunterschrift den Zimmerschlüssel bzw. den kreditkartengroßen Türöffner. Wenn die Rechnung morgens unter der Tür ins Zimmer geschoben wird, sollte man nicht vergessen, sie auf ggf. unkorrekt abgerechnete Nebenkosten (Telefon- und/oder Gebühren für *Pay-TV)* zu überprüfen.

Cabins

- Auf dem Lande besteht manches Motel aus einer Ansammlung sogenannter ***Cabins*** oder ***Cottages***, zimmergroßer Holzhäuschen, oft in Blockhausbauweise. *Cottages* können aber auch komplett ausgestattete Ferienhäuser sein. Man findet sie u.a. auf *Guest Ranches* oder *Lodges* in der Wildnis, wo die Gäste nicht nur wenige Tage, sondern auch schon mal mehrere Urlaubswochen verbringen.

3

Motor Inn

- ***Motor Inns*** unterscheiden sich meist durch nichts außer ihrer Bezeichnung vom Motel, sind aber vom **Standard** her im Schnitt **höher** angesiedelt. In etwas besseren *Inns* erfolgt der Zutritt zu den Zimmern wie im Hotel über die Rezeption oder Nicht-Gästen verschlossene Eingänge und Korridore, d.h., nicht über ungeschützt außenliegende Türen. Das ist zwar unpraktischer, kommt aber dem Sicherheitsbedürfnis der Gäste entgegen. Parkraum steht grundsätzlich reichlich zur Verfügung. *Motor Inns* der gehobenen Klasse haben oft auch Restaurant und Bar.

Hotel

- Eine allgemein zutreffende Kennzeichnung wie im Fall der *Inns* und Motels lässt sich für die **Hotels** nicht formulieren. Zwischen »Absteigen« in Randbezirken der Stadtzentren und den oft nur wenige Blocks entfernten Luxusherbergen aus Glas und Beton liegen Welten.

  Gemeinsames Merkmal fast aller Hotels ist die zum Haus gehörende **Gastronomie** und die Erhältlichkeit von **Alkoholika** (nie in Motels, bedingt in *Motor Inns*). Bei innerstädtischen Hotels fehlt oft Parkraum. Gehören bewachte Parkgaragen zum Haus (ab obere Mittelklasse), werden dafür meist auch den Gästen Gebühren abverlangt.

Lodge

- Vor allem in landschaftlich reizvollen Gebieten und Nationalparks nennen sich Hotels gerne ***Lodges*** und signalisieren damit, dass neben dem Hotelkomfort **Aktivitäten** wie Reiten, Fischen, Kanufahren, *Whitewater Rafting* etc. geboten werden oder im Umfeld möglich sind. *Lodges* gibt es in Preisklassen von $80-$200 und mehr pro Nacht und Zimmer.

Komfort und Ausstattung

Die **Innenausstattung** kanadischer wie amerikanischer Hotel- und Motelzimmer zeichnet sich durch **weitgehende Uniformität** aus: Je nach Größe des Raums ein großes Bett oder auch zwei davon, gegenüber ein Schränkchen mit Fernseheraufsatz, ggf. in der Verlängerung eine Schreibplatte, in einer Ecke Sessel/Stühle plus Tischchen. Man schläft zwischen zwei Laken unter einer Wolldecke, deren Zustand in billigen Unterkünften auch schon mal zu wünschen übrig lässt.

Im Gegensatz zu Europa gehören ein **eigenes Bad** und **Farbfernseher** noch zum preiswertesten Raum, in sommerheißen Gebieten überall und in besseren Hotels immer auch eine **Klimaanlage**.

Unterschiede im Preis drücken sich weniger in Mobiliar und Zimmergröße als durch Qualität der Ausstattung, Grad der Abnutzung und Größe der Betten aus (*Double:* 1,35 x 1,91 m, *Queen Size:* 1,52 x 2,03 m, *King Size:* 1,93 x 2,03 m; Einzelbetten kleiner als *Double* gibt es so gut wie nicht). Neuere Häuser der Mittelklasse bieten für $100-$150 einen Raumkomfort, der denen in viel teureren Hotels kaum nachsteht.

Kosten

Die Preise für die Übernachtung unterliegen erheblichen regionalen und saisonalen **Schwankungen.** Sieht man ab von den Zentren der großen Cities (vor allem Vancouver, Calgary und Victoria), bestimmten Brennpunkten des Tourismus zur jeweiligen Saison (*Banff* und *Jasper National Parks*, *Okanagan Valley*) und dem hohen Norden (Yukon/Northwest Territories und Alaska) kommt man **im allgemeinen preiswerter als bei uns** unter. Es gibt immer noch eine relativ große Zahl einfacher Motels, die bei Belegung mit zwei Personen auch in der Hochsaison nur bis zu $70 pro Nacht und Zimmer fordern – vor allem an Wochentagen auf dem Land und in kleinen Ortschaften. Die Mehrheit der Unterkünfte in der (durchaus akzeptablen) Mittelklasse liegt im Preisbereich um $70-120. Nur selten berechnen Motels/Motor Inns der Mittelklasse ohne Sonderfaktoren wie Airportnähe, Wochenende, Großveranstaltung etc. über $120 fürs Zimmer.

Belegung

In nordamerikanischen Hotels/Motels gibt es keine Einzelzimmer, mindestens steht ein Doppelbett im Raum. Der Preis für Einzelbelegung (*single occupancy*) liegt deshalb nur um wenige Dollar unter dem Doppelzimmerpreis oder ist meist sogar identisch. In ***Twin Bedrooms*** (mit 2 Doppelbetten) können bis zu vier Personen übernachten, ohne dass dafür immer ein Aufgeld verlangt wird. **Kinder** – oft bis zum Alter von 16/18 Jahren – sind in einem Zimmer mit ihren Eltern normalerweise »frei«.

Sales Tax

Alle Preisangaben sind netto. Neben der *Goods & Services Tax* GST in Höhe von 5% wird noch eine regional unterschiedliche Übernachtungssteuer erhoben, z.B. in Alberta die ***Tourism Levy Tax*** von 4%, in BC die ***MRDT*** (*Municipal and Regional District Tax*) von 2%.

Frühstück

Ein **Frühstück** ist grundsätzlich **nicht im Zimmerpreis enthalten**, wird aber in Form eines einfachen sog. ***Continental Breakfast*** mehr und mehr als kostenlose »Sonderleistung« gewährt. Sogar ein richtiges ***Canadian/American Breakfast*** gibt's neuerdings bei einigen Kettenhotels als Zugabe.

Falls kein Restaurant zum Quartier gehört, geht der Motelgast zum Frühstück ins nächste ***Tim Horton's*** o.ä., ⇨ Seite 127.

Typisches »Hot Breakfast Buffet« in Mittelklasse-Motels mit einem Waffeleisen (links), ein paar Muffins, Orangensaft, Milch und Cerealien (rechts).

»Zugaben«

Mit Extras wird kräftig geworben: Außer ***Free Coffee*** oder ***Free Breakfast*** vor allem mit ***Free Movies***. Gratisfilme am laufenden Band (fast) ohne werbliche Unterbrechung gibt es auf Spielfilmsendern wie HBO, die viele Motels zur Beglückung ihrer Gäste abonniert haben. Bessere Unterkünfte bieten eine Exklusivauswahl neuester Produktionen als ***Pay-TV***. Nach ein paar Freiminuten zum »Reinschauen« wird eine kräftige Gebühr fällig, die der Abrechnungscomputer automatisch dem Zimmer belastet.

Kaffee

Gratiskaffee bezieht sich meistens auf eine in Gang gehaltene Haushaltskaffeemaschine in der Rezeption oder ein kleines Heißwassergerät im Zimmer plus einige Tütchen Pulverkaffee. Beim »kontinentalen« **Frühstück** handelt es sich überwiegend um Kaffee oder Tee aus dem Automaten, Toast und ein Tablett voll süßen Gebäcks zur Selbstbedienung. Bisweilen gibt's auch noch *Cereals* mit Milch, Obst und *Cheese*.

Hotelverzeichnisse/ Discount Coupons

Wie gesagt, enthalten die ***Tourbooks*** des Automobilklubs CAA ein Verzeichnis mit aktuellen Preisen und Daten für H/Motels ab unterer Mittelklasse. Sie nennen darüberhinaus **Sondertarife für Mitglieder**. Die Gewährung des Discounts hängt von seiner Erwähnung ab; man muss nach der ***Special CAA/ AAA-Rate*** fragen.

Günstige Tarife gibt's auch gegen Vorlage von sog. ***Hotelcoupons***, auszuschneiden aus **gratis** verteilten Heften im DINA4-Format voller Rabattgutscheine (vorrätig in den Büros der ***Visitor Information***, aber gelegentlich auch in *Fast Food Restaurants*). Man kann dieselben Tarife auch im Internet aufrufen und die Coupons einfach ausdrucken: www.hotelcoupons.com.

Ebenfalls **gratis** erhält man in Canada für sämtliche Provinzen einen *up-to-date* ***Accommodation Guide***, der viele Hotels und Motels auflistet – gelegentlich inklusive *Hostels* und Campingplätzen. Darin findet man neben genauen Beschreibungen und Preisen für die Reservierung auch die **Internetadresse** und **Telefonnummer**. Die Unterkunftsführer gibt es allerorten in den Informationsbüros; siehe dazu im Detail den Vorspann zu den einzelnen Provinzen im Reiseteil dieses Buches.

Hotel »Three Valley Gap« am gleichnamigen See westlich von Revelstoke/BC am TCH

In Canadas Westen und in Alaska sind folgende Hotel-/Motelketten vertreten:

	Kettenbezeichnung	*toll-free Number*
Obere Preisklasse	**Crown Plaza**	1-800-227-6963
	Delta	1-888-890-3222
	Fairmont	1-800-257-7544
	Hilton	1-800-445-8667
	Hyatt	1-800-233-1234
	Marriott	1-888-236-2427
	Radisson	1-800-333-3333
	Sheraton/Four Points	1-800-325-3535
	Westin	1-800-937-8461
	Westmark	1-800-544-0970
Mittlere Preisklasse	**Best Western**	1-800-780-7234
	Choice*)	1-800-424-6423
	Clarion*	1-800-424-6423
	Coast Hotels	1-800-716-6199
	Comfort Inn*	1-800-424-6423
	Country Inns	1-888-201-1746
	Courtyard (Marriott)	1-888-236-2427
	Days Inn	1-800-329-7466
	Embassy Suites	1-800-362-2779
	Econolodge*	1-800-424-6423
	Fairfield (Marriott)	1-888-236-2427
	Hampton	1-800-426-7866
	Holiday Inn/Express	1-800-465-4329
	Howard Johnson	1-800-446-4656
	Knights Inn	1-800-843-5644
	Mainstay*	1-800-424-6423
	Quality Inn*	1-800-424-6423
	Ramada Inn	1-800-272-6232
	Rodeway Inn*	1-800-424-6423
	Sandman Inn	1-800-726-3626
	Sleep Inn*	1-800-424-6423
	Travelodge	1-800-578-7878
	Wyndham	1-800-996-3426
Untere Preisklasse	**Budget Host**	1-800-283-4678
	Motel 6	1-800-466-8356
	Super 8	1-800-800-8000

*) Zur *Choice*-Gruppe gehören *Clarion, Comfort Inn, Econolodge, Mainstay, Quality Inn, Rodeway, Sleep Inn,* daher die identische zentrale Reservierungsnummer

Internet

Im Internet findet man die Ketten wie folgt (⇨ auch Seite 92f)

Best Western	www.bestwestern.de
Budget Host	www.budgethost.com
Choice Hotels	www.choicehotels.de
Coast Hotels	www.coasthotels.com
Country Inns	www.countryinns.de

3

Internet (Fortsetzung)	**Crowne Plaza**	www.crowneplaza.de
	Days Inn	www.daysinn.com
	Delta	www.deltahotels.com; auch .de
	Embassy Suites	www.embassysuites.com
	Fairmont Hotels	www.fairmont.de
	Hampton Inn	www.hamptoninn.com
	Hilton Hotels	www.hilton.de
	Holiday Inn	www.holidayinn.de
	Howard Johnson	www.hojo.com
	Hyatt	www.hyatt.de
	Knights Inn	www.knightsinn.com
	Marriott	www.marriott.de
	(mit Courtyard, Fairfield, Residence)	
	Motel 6	www.motel6.com
	Radisson	www.radisson.com; auch .de
	Ramada	www.ramada.de
	Sandman	www.sandman.ca
	Sheraton/Four Points	www.sheraton.de
	Super 8	www.super8.com
	TraveLodge	www.travelodge.com
	Westin	www.westin.de
	Westmark	www.westmarkhotels.com
	Wyndham	www.wyndham.com

Zimmerreservierung im Internet

Wer sein **Laptop/Tablet** dabei hat oder unterwegs anderweitig Zugang zu einem Computer sucht (z.B. im Internetcafé), kann auch kurzfristig noch Zimmer für die nächste Nacht reservieren. Der Vorteil der Internetbuchung liegt nicht zuletzt in der detaillierten Information samt Fotos der in Frage kommenden Häuser. Totale »Fehlgriffe« lassen sich damit meist ganz gut vermeiden.

Buchungsportale

Um sich zunächst einmal mit der gesamten H/Motelauswahl in den jeweiligen Tageszielen vertraut zu machen, besucht man am besten Buchungsportale wie www.all-hotels.com, www.hotels.com oder www.orbitz.com.

Apps fürs Smartphone

Smartphone-Apps für Unterkünfte gibt es sowohl im *iTunes App Store* als auch im *Android Market* zu kaufen (zusätzliche Infos unter www.allstays.com). Kostenfrei sind u.a. die Apps für einzelne oder miteinander verbundene Ketten wie z.B. *Choice Hotels* (www.choicehotels.com) oder auch von ***Hotels.com***, ***Booking.com***, ***Expedia*** und ***Tripadvisor*** (www.tripadvisor.com).

Reservierung per Telefon toll-free

Dank der in ganz Nordamerika geltenden gebührenfreien **800-Nummern** (auch Vorwahlen 888/877/866/855 sind gebührenfrei) fallen bei Reservierungsanrufen von öffentlichen oder den meisten Hoteltelefonen wie im Internet ebenfalls keine Kosten an.

Unter den auf der vorstehenden Seite gelisteten *toll-free numbers* erreicht man die Reservierungszentralen der Hotelketten und muss exakt mitteilen können, wo reserviert werden soll. Mit nur mäßigen Englischkenntnissen hat man's leichter im Internet.

Waschsalons

Wer hat schon Lust, seine Kleidung unterwegs mit der Hand zu waschen? Münzwaschsalons heißen in Nordamerika ***Laundromats*** oder kurz ***Laundries***. Man findet sie noch in kleinsten Ortschaften und zwar meistens an der Hauptdurchgangsstraße. Sie funktionieren über Münzeinwurf. Münzwaschmaschinen gibt es außerdem auf kommerziell betriebenen Campingplätzen, in Nationalparks, in Hostels und vielen Motels und Hotels.

Legt man die große Zahl öffentlicher Waschsalons und oft zahlreicher Benutzer zugrunde, muss es viele Kanadier und Amerikaner ohne eigene Waschmaschine geben. Aber vielleicht ist auch nur die häusliche Ausfallquote der – aus europäischer Sicht – technisch ungewöhnlich schlechten amerikanischen Geräte hoch.

In der Laundry benötigt man außer Waschpulver (***Detergent***), das mitzubringen ist oder in kleinen Packungen aus einem Automaten gezogen werden kann, vor allem ausreichend Münzgeld. Denn Waschmaschinen und Trockner verschlingen bereits bei mittleren Wäschemengen eine Menge ***Loonies***, ***Toonies*** und ***Quarters*** (in den USA nur letztere). Zwar gibt es hier und dort Wechselautomaten, sie sind aber meist gerade dann außer Betrieb (*out-of-order*), wenn das eigene Kleingeld knapp wird. Vor der großen Wäsche muss also ein ausreichender Münzvorrat gesammelt oder in der Bank gleich eine ganze Rolle geholt worden sein.

Obwohl es auch (meist teurere) Trommelwaschmaschinen gibt, überwiegt in Nordamerikas Waschsalons ein aufrecht stehender, einer Rührschüssel ähnlicher Waschbottich, in dem ein »Quirl« die Wäsche bewegt.

Die Wassertemperatur lässt sich auf *hot*, *warm* und *cold* einstellen. Die höchste Stufe steht nicht etwa für Kochwäsche, sondern entspricht der Einstellung des Wasserboilers, also etwa maximal 60°C. Ein Auf- oder Nachheizen in der Maschine erfolgt nicht. Je nach Betrieb fällt »heiß« gelegentlich auch nur lauwarm aus. Gleich, ob nun der Waschgang auf normal, *heavy duty* oder *permanent press* (bügelfrei) eingestellt wird, das meist schon nach 20 min. erreichte Ergebnis ist selten befriedigend. Bei »normaler« oder »starker« Einstellung liegt die Wäsche leicht geschleudert bereit, bei »bügelfrei« klitschenass.

Den Inhalt der Trommel bugsiert man in einen **Trockner**, der meist Quarters schluckt. Mit einem Trockengang ist es oft nicht getan. Dadurch zieht sich jede Waschaktion meist länger hin als erwartet, zumal in vielen *Laundries* die Trockner einen Engpass darstellen.

Auch wenn sich beim Warten Langeweile einstellt, eine *Laundry* sollte man nicht für längere Zeit verlassen. Sonst findet man unter Umständen fremde Wäsche in der Maschine und die eigene fertig gewaschen irgendwo in einer Ecke, womöglich vermischt mit gänzlich unbekannten Socken, Handtüchern und T-Shirts. Die Zeit vor der Waschmaschine eignet sich im übrigen gut dazu, Postkarten zu schreiben, Reiseführer zu lesen, Kaffee zu trinken und – bisweilen auch – Leute kennenzulernen.

Vorgehen am Telefon

Auch wenn die telefonische Variante kein Problem darstellt, ist diese Art der Reservierung nicht ganz ohne Tücken. Damit alles klappt, sollte man systematisch wie folgt vorgehen:

- Bei einem **Direktanruf** im Hotel/Motel Art des Zimmers (*Single /Double Bedroom, Non-Smoker, 1 or 2 Beds etc.*) und die Daten nennen. Im Fall einer Kette nennt man natürlich zunächst Provinz und Stadt, ggf. Stadtteil. Sind Zimmer frei, wird der Preis genannt, dem man zustimmen muss.
- Nächster Punkt ist die Frage der **Ankunft**. Wer voraussichtlich nicht vor 18 Uhr (also 6 pm, gelegentlich auch früher), eintrifft, muss die Reservierung mit einer Kreditkarte »garantieren«, d.h. die **Kreditkartennummer** samt Verfallsdatum (*Expiration Date*) mitteilen. Man erhält nun eine ***Confirmation Number*** (Buchungsbestätigung). Die Karte wird dann auf jeden Fall mit dem Übernachtungspreis belastet. Wer rechtzeitig weiß, dass er ein vorbestelltes Zimmer doch nicht benötigt, kann die Lastschrift nur vermeiden, wenn er vor der *Deadline* storniert. Die dabei ebenfalls übliche (ggf. nachhaken) *Cancellation Number* (Stornierungsbestätigung) sollte man sorgfältig notieren.

H/Motel ausgebucht?

Bei Absagen wegen kompletter Belegung kann man es mit guten Chancen auf Buchung am Tag selber **kurz nach 12 Uhr** (!) noch einmal probieren. Abreisende Gäste müssen ihre Zimmer spätestens bis *Noon* geräumt haben. Oft werden dann unerwartet Zimmer frei, die ursprünglich länger gebucht waren.

Trinkgeld/ Tip

Ein kleines Problem ist für europäische Touristen die Frage der »richtigen« **Trinkgeldbemessung**. Da nordamerikanische Hotel- und Restaurantangestellte in höherem Maße vom Trinkgeld (*tip*) abhängig sind als ihre europäischen Kollegen (➪ Seite 132 oben), wird bei allen Dienstleistungen im Hotel ein Trinkgeld erwartet. Überlässt man es in großen Hotels einem ***Attendant***, den Wagen in die Tiefgarage zu fahren (***Valet Parking***, üblich in der »Oberklasse«), bekommt dieser dafür $3-$5. Der ***Bellhop*** (Hotelpage) erhält fürs Koffertragen nicht unter $1 pro Gepäckstück, der ***Doorman*** (Portier) $2 fürs Taxiholen und die ***Room Maid*** (Zimmermädchen) $2-$3 täglich, im Zimmer zu hinterlassen.

3.2.2 Bed & Breakfast

Verbreitung

Eine attraktive Übernachtungsmöglichkeit ist ***Bed & Breakfast*** in Pensionen und Privathäusern. In ländlichen Regionen wird man ***B&B*-Schilder** häufiger entdecken, obwohl bei weitem nicht alle B&B-Häuser ihre Funktion öffentlich machen – speziell nicht in größeren Städten. Oft sind regionale **Listen mit allen *Bed & Breakfast Places*** einer Gegend oder Stadt in den Büros der *Visitor* bzw. *Tourist Information* erhältlich.

Kosten

Bed & Breakfast liegt in Canada und in den USA preislich eher im Bereich der Mittelklasse, wobei ein englisches bzw. kanadischer Frühstück mit dazugehört. Für manchen reizvoll an *B & B* mag auch der »Familienanschluss« sein.

Internet

Informationen und Buchungsmöglichkeit zu *B&B* in Canada und in den USA findet man u.a. auf den Internetportalen: www.bedandbreakfast.com, www.bbexpo.com oder www.bbcanada.com (ca. 14.000 Adressen)

Regionale Websites sind: www.bbalberta.com; www.bbsask.ca; www.yukonbandb.org; www.alaskabba.com; www.fobba.com, www.bedandbreakfast.mb.ca;

Privatzimmer

In den letzten Jahren konnten sich auch Privatzimmer-Vermittler im Internet wie www.airbnb.com oder www.9flats.com erfolgreich etablieren. Neben Schnäppchen für Sparfüchse findet sich dort viel Originelles wie Wohnwagen auf einem Seegrundstück, Kabinen auf Segelyachten oder gleich ein ganzes Hausboot. Speziell dabei ist der Kontakt zu Kanadiern oft inklusive.

Bed and Breakfast Angebot vor einem Privathaus

3.2.3 HI-Hostels und andere

Jugendherbergen/ Hostelling International (HI-Hostels)

Das Jugendherbergswesen ist in Nordamerika im Vergleich zu Europa zwar unterentwickelt. Immerhin befinden sich in BC 15 und in Alberta 16 *HI-Hostels* in Brennpunkten der Cities und in oder in der Nähe von *National-* und *Provincial Parks*.

Die Kosten in Häusern von ***Hostelling International Canada*** (*HI-Hostels*) variieren zwischen $16 und $38 pro Nacht, in der Regel inkl. Küchenbenutzung. Das Heft ***Hostels in Canada*** enthält Infos zu den 60 kanadischen HI-Herbergen. Wer in *Hostels* übernachtet, kennt deren Vor- und Nachteile: www.djh.de.

Internet

Zu den HI-Hostels findet man alle Informationen im Internet unter www.hiusa.org für die USA (in Alaska gibt es kein *HI-Hostel*) und unter www.hihostels.ca für Canada. Dort kann auch gleich zentral reserviert werden.

Für alle in diesem Buch genannten *Hostels* entlang der Routen finden sich auch die Telefonnummern im Reiseteil.

YMCA/YWCA

Der Christliche Verein Junger Männer/Frauen – in Amerika **YMCA** beziehungsweise **YWCA** – bietet nur noch vereinzelt Wohnmöglichkeiten für Touristen, z. B. in Vancouver und Edmonton.

YMCA, 1867 Yonge Street, Toronto/Ontario; © (416) 967-9622; www.ymca.ca oder www.ywca.ca

Reservierung

Hostels wie ***Ys*** **müssen** insbesondere in den Cities und in der Nähe touristisch bedeutsamer Ziele (Nationalparks/Küstenorte) Wochen **im voraus reserviert werden**.

Alternative Hostels

Eine **Alternative** zu den Hostels von *Hostelling International*, den traditionellen Jugendherbergen also, bieten viele unabhängige Unterkünfte – ebenfalls Hostels, jedoch unter freier Trägerschaft. Auch im Westen Canadas befinden sich eine ganze Reihe. Sie verfügen durchweg über Mehrbettzimmer (Bett ab $14) und oft auch private Zimmer ab ca. $40. Bei ihnen geht es tendenziell (noch) etwas lockerer zu als in den *Hostels* der Herbergsorganisation. Im Internet findet man solche *Hostels* mit allen Details unter den Reservierungsportalen www.hostels.com; www.hostelsclub.com und www.hostelworld.com.

Backpackers Hostels Canada, www.backpackers.ca, steht für die Kooperation von Herbergen in 85 kanadischen Städten. Sie ist in Canada der einzige Hostelverbund neben *Hostels International*.

Apps

Smartphone-Nutzer finden Apps für HI-Hostels wie auch für die Unabhängigen im ***iTunes App Store*** und im ***Android Market***.

Studentenwohnheime

Eine Übernachtungsalternative sind in den Sommermonaten (Mai bis einschließlich August) die dann teilweise leerstehenden Studentenwohnheime, die ***University Residences*** oder ***College Dormitories***. Fast jede Mittelstadt verfügt über mindestens ein *College*. Die Bedingungen variieren etwas. Während in manchen Fällen Einzelübernachtungen bis zu $60 kosten, liegen die Preise auch schon mal um $30 pro Nacht.

Abgesehen vom preiswerten Unterkommen bieten *Dormitories* **Kontakte und Mitbenutzung** von Einrichtungen wie z.B. Sportanlagen und Cafeterias.

Camperfrühstück am Meer auf Vancouver Island (Beachcomber RV Park bei Saanichton zwischen Sidney und Victoria)

3.3 Camping in Canada

In National- und Provinzparks und der unendlichen Weite ihres Landes genießen Kanadier »Natur pur«. Campen bildet dort eine der besten Erfahrungen jeder Canada-Reise und kann gar nicht genug empfohlen werden. Bei uns gibt es nichts Vergleichbares.

3.3.1 Übersicht

Kennzeichnung

Canada bietet dem Camper alles, was sein Herz begehrt, sei es komfortabel im Wohnmobil oder im Zelt weitab der Zivilisation. Platz ist genug, und so sind auch die meisten Campingplätze angelegt. Ein **Stellplatz** für Campmobil oder Zelt beschränkt sich nicht auf wenige Quadratmeter Wiese oder Heidelandschaft, sondern umfasst durchweg ein eigenes **Areal mit Picknicktisch, Feuerstelle und separatem Grillrost**. Auf staatlichen ***Campgrounds*** ist so ein Platz bisweilen mehrere hundert Quadratmeter groß, und die »Nachbarn« geraten schon mal aus dem Blickfeld. Dann künden nur noch abendlicher Feuerschein und appetitanregende Grilldüfte von der Anwesenheit anderer. Zwar sind nicht alle Plätze so großzügig angelegt, aber **Lagerfeuer und *Barbecue*** gehören zur kanadischen Campingtradition. Gelegentlich liegt schon grobes **Feuerholz** geschlagen und gratis bereit, in Nationalparks ggf. nur mit ***Fire Permit*** (bis $9 Zusatzgebühr), in den *Rocky Mountain Parks* obligatorisch auf allen Plätzen mit Feuerstellen.

Campingplatzverzeichnisse

Für eine mehrwöchige Camping-Tour in Canada muss man sich keinen **Campingführer** kaufen. Besitzer dieses Buches haben mit dem beiliegenden Verzeichnis und den Zusatzhinweisen im Reiseteil für alle öffentlichen Straßen in BC und West Alberta bereits fast komplette, für den hohen Norden mehr als ausreichende Informationen. In den Besucherinformationen der Provinzen gibt es zudem jährlich aktualisierte **Verzeichnisse** aller auf öffentlichen Straßen erreichbaren Campingplätze gratis (sieht man ab von den *Forest Campgrounds*, auf die weiter unten noch näher eingegangen wird). Auch die ***Woodall's Good Sam RV Travel Guides*** ($10) leisten gute Dienste (vor allem fürs Komfortcamping), sind aber vollgestopft mit Werbung.

Internet/ Camping Apps

Wie so oft sind das Internet und mittlerweile verfügbare ***Camping Apps*** den gedruckten Listungen im Prinzip überlegen. Im ***iTunes App Store*** und ***Android Market*** gibt's solche **Apps für Canada** und alle US-Staaten. Neben dem Blick auf »*All Campgrounds*« kann man selektiv auch Plätze nur für Zeltcamper, nur für RVs, nur in Nationalparks etc. aufrufen. Hinter den Kurzinformationen der App-Liste steht damit auf dem Monitor jeweils das ganze Paket mit allen Detailinformationen einschließlich Anfahrtskarten zur Verfügung; ➤ www.allstays.com.

Gebühren

Auf staatlichen Plätzen gilt eine **pauschale Einheitsgebühr (*Fee*) pro Stellplatz** unabhängig von der Personenzahl (in der Regel bis zu 6 Personen mit 2 Zelten und einem Fahrzeug). Die Gebühren werden auf ***Public Campgrounds*** überwiegend im ***Self-Registration***-Verfahren erhoben. Die Camper schieben das Geld in einen bereitliegenden (auszufüllenden) Umschlag und werfen ihn in eine Metallbox. Ehrlichkeit wird groß geschrieben. **Auf privaten Plätzen** überwiegt die **Basisgebühr für 2 Personen** plus Aufschlag für jeden zusätzlichen Gast.

Viele Besitzer von Campfahrzeugen glauben, ihren eingebauten Komfort nur dann voll nutzen zu können, wenn auf dem Campingplatz Wasseranschluss, Abflussrohr und Steckdose vorhanden sind. Die meisten Privatplätze und einige Plätze in National- und Provinzparks verfügen über den sogenannten ***Full Hook-Up***, einen Dreifach-Anschluss. Häufig trifft man ebenso auf ***Semi-serviced Campsites*** (nicht mit allen Anschlüssen versehene Stellplätze) meist mit Elektrizität und/oder Wasser, aber ohne Abfluss. Bei einiger Aufmerksamkeit kommen Campmobilfahrer aber ganz gut ohne *Full Hook-up* aus. Denn auf vielen *Campgrounds* ohne Anschlüsse an den Stellplätzen befinden sich ***Dump-, Sani-* oder *Sewage-Stations***, wo gegen moderate Gebühr oder auch gratis Schmutzwasser abgelassen und Trinkwasser aufgefüllt werden kann.

Hier wird der Abwasserschlauch mit Frischwasser gereinigt

3.3.2 Zu den Campingplätzen

Public Campgrounds

Die Campingplätze in National- und Provinzparks liegen überwiegend in reizvoller Umgebung und zeichnen sich durch großzügige Aufteilung aus, wie oben beschrieben.

Nationalparks

Die Mehrheit der *National Park Campgrounds* verfügt nur über **einfache sanitäre Einrichtungen**. Teilweise sind Duschen bzw. Wasser- und Stromanschlüsse an den Stellplätzen vorhanden. Nur Großanlagen (etwa in Jasper und Banff) bieten mehr Komfort. Die Kosten betragen **$16-$39**/Nacht. Lediglich sog. ***Walk-in-Sites***, wo das Auto weitab vom Zelt parken muss, sind preiswerter.

Parks Canada besitzt eine *Campground*-Reservierungsagentur. Unter ✆ **1-877-737-3783** bzw. unter www.reservation.pc.gc.ca kann man vorbuchen. Dafür wird je Platz eine fixe Zusatzgebühr ($11) erhoben, egal ob eine oder mehrere Nächte reserviert aerden.

Campingplätze des *Park Service* gibt es in den Nationalparks des Westens in *Banff, Elk Island, Jasper, Waterton* (jeweils Alberta), *Gulf Islands, Kootenay, Pacific Rim* (jeweils BC), *Riding Mountain* (Manitoba) sowie *Bruce Peninsula* (Ontario).

Gratis oder mit geringen Gebühren ($10) belegt sind ***Backcountry Campgrounds*** abseits der Straßen. Für sie benötigt man ein *Camping-Permit*, ➪ Seite 32, das in den Besucherzentren und *Ranger Stations* ausgestellt wird.

Camping in Provincial- und Territorial Parks

Alle Provinzen unterhalten ***Provincial***, die Northwest Territories und Yukon ***Territorial Parks.*** In den USA/Alaska entsprechen ihnen die ***State Parks*** (➪ Seite 608). Zwar gibt es auch Provinzparks mit reinem *Day-use*-Charakter (Spielplatz, Badestrand, Natur- und Joggingpfade etc.), aber zu den meisten gehören Campingplätze.

Die ***Campgrounds*** weisen unterschiedlichste Komfortmerkmale auf. Manche verfügen über Duschen, einige über Wasser- und Stromanschluss an den Stellplätzen, die meisten sind sanitär einfach ausgestattet. Die Übernachtungskosten variieren und liegen in derselben Größenordnung wie in den Nationalparks.

Diese Kennzeichnung gilt auch für die ***State Parks* in Alaska**.

Aufs Camping in den Parks weiterer Provinzen und dort geltender Besonderheiten wird an entsprechender Stelle in den Reisekapiteln und im Anhang ab Seite 576 eingegangen

Detaillierte **Informationen zum Camping** in den *Provincial*, *Territorial* und *State Parks* wie folgt:

Alberta	Seite 576+	www.albertaparks.ca
Brit. Columbia	Seite 582+	www.bcparks.ca
Manitoba	Seite 586+	www.manitobaparks.com
Ontario	Seite 589+	www.ontarioparks.com
Saskatchewan	Seite 593+	www.saskparks.net
NWT	Seite 597+	www.nwtparks.ca
Yukon	Seite 395+	www.env.gov.yk.ca
Alaska USA	Seite 608+	www.alaskastateparks.org
Washington State USA		www.parks.wa.gov

Walk-in Campground nur für Zeltcamper im Yoho Nat'l Park

Bärensicherer Abfall-container auf einem Provincial Park Camp-ground in BC

Forest Service

In den riesigen Wäldern insbesondere in BC haben der *Forest Service* und teils auch die *Logging Companies* (Holzkonzerne) unzählige Campingplätze der Einfachkategorie angelegt. Unter ihnen befinden sich **traumhafte Anlagen** inmitten sonst unberührter Natur. Kartenmaterial mit den eingezeichneten Plätzen gibt es in den lokalen Büros des *Forest Service*, aber ➪ auch die Kartenempfehlung auf Seite 106.

Die meisten dieser Plätze sind nicht in Verzeichnissen kommerzieller Campingplatz-Führer (*Woodalls Good Sam*) zu finden. Für British Columbia listet das Portal www.sitesandtrailsbc.ca selbst noch den kleinsten Campingplatz. Genaue Karten erhält man in den regionalen Büros des *Forest Service*.

Die **Übernachtungskosten** richten sich weniger nach der Ausstattung, die über Wasserpumpe und Plumpsklos/Chemietoiletten (*Pit/Chemical Toilets*) selten hinausgeht, als nach der Lage. Am teuersten sind die leicht erreichbaren Plätze.

Städtische Plätze

Manche Städte und Landkreise unterhalten auch in eigener Regie Plätze (*Municipal/County Campground*) recht unterschiedlicher Güte. Auch Organisationen wie der *Lions Club* gehören gelegentlich zu den Trägern.

Vergaberegeln

Für die Plätze unter staatlicher oder städtischer Trägerschaft gilt im allgemeinen die Regel ***first-come-first-served*** (wer zuerst kommt, mahlt zuerst!), d.h., jeder offensichtlich noch nicht besetzte Stellplatz auf *Campgrounds* von National- und Provinzparks, *National Forests* etc. kann als frei betrachtet und vom Ankömmling belegt werden. Einige populäre Plätze lassen sich auch reservieren. Sie sind in den Campverzeichnissen markiert und speziell an Wochenenden oft ausgebucht.

Overflow Areas

Bei Andrang öffnet die Parkverwaltung z.B. in den *Alberta Rocky Mountain Parks* Reserveplätze, sogenannte ***Overflow Areas***. Sind auch sie voll, bleibt nur, den Park zu verlassen.

Ein Campen/Übernacht-Parken außerhalb offizieller Plätze ist in National- und Provinzparks streng untersagt.

Privat betriebene Plätze

Ausstattung und Preise

Bei den kommerziell betriebenen Campingplätzen überwiegen solche mit ***Full Hook-up*** (➪ oben) und knapperem Zuschnitt der Stellplätze als bei den *Public Campgrounds*. Die Preisgestaltung orientiert sich an der sanitären Ausstattung und der Nähe zu touristischen Reiserouten und -zielen. Die **preisliche Untergrenze** für simple und/oder abgelegene Privatplätze liegt bei etwa **$15** (ohne *Hook-ups*). Im Umfeld touristischer Attraktionen und im Einzugsbereich der Cities kostet die Nacht **bis zu $65** und darüber. Grundsätzlich dürfen die Camper dafür aber mit Duschen, Waschautomaten, Pool, Minishop, Fernsehraum etc. rechnen.

Lage

Zur Sicherstellung hoher Auslastung liegen viele Privatplätze in verkehrstechnisch günstiger Position, also **an vielbefahrenen Straßen**. Ist der Lärmpegel auf solchen Plätzen selbst im Camper noch hoch, überschreitet er im Zelt oft das erträgliche Maß. Die Kunden der Privaten sind auch deshalb mehrheitlich Wohnwagen- und Wohnmobilbesitzer, für die es in erster Linie auf den Vollanschluss ankommt. Von den großartigen Möglichkeiten des Campens in Canada lassen solche Anlagen, speziell RV-Parks, nichts ahnen.

KOA

Ähnlich wie in der Hotel- und Restaurantbranche existieren **Campingplatz-Ketten** (*KOA*, www.koa.com, ✆ 1-888-562-0000; *Good Sam*, www.goodsamclub.com). Während etwa *Good Sam Campgrounds* nur als loser Verbund privater Betreiber zusammenarbeiten und die Einhaltung bestimmter Richtlinien garantieren, sind die über 400 Plätze von ***K****ampgrounds* ***o****f* ***A****merica* eine Franchise-Kette. Sie bieten ihren Kunden auf dem ganzen Kontinent einen relativ hohen Komfort und Sanitär-Standard. In **Canada** gibt es **30 KOA-Plätze** entlang der touristischen Hauptpfade. KOA lockt in Kooperation mit Campmobilvermietern deren Kunden mit der gratis ***KOA-Value Card,*** die einen **10%-igen Discount** verspricht. Aber KOA-Plätze sind auch damit nicht eben billig.

Reservierung generell

Fast alle kommerziell organisierten Plätze können per Anruf bzw. Internet (➪ Reisekapitel und Campingbeileger) unter Angabe der Kreditkartennummer reserviert werden. Auch bei Nichterscheinen wird diese belastet, sofern man nicht storniert hat.

Salmon Point Camping Resort bei Comox/Vancouver Island mit Stellplätzen und Feuerringen am Ufer der Strait of Georgia

3

Feuermachen auf einem Campground des Forest Service. Hier gibt's sogar frisch zersägte Baumstämme als Sitzgelegenheit am Grillrost

3.3.3 Camping ohne Campground

In der Einsamkeit

Wer auf *Schotterstraßen* (*Gravel Roads*) in die Einsamkeit von ***Provincial Forests*** vordringt, findet dort mit ein bisschen Glück ein Fleckchen Erde am Gebirgsbach oder an einem einsamen See, wo man wunderbar die Nacht oder sogar einige Tage verbringen kann. Auf öffentlichem Land (*National Forest* in Alaska, *Provincial Crown Land* in BC) darf man auch abseits offizieller *Campgrounds* (*»dispersed« camping*) übernachten.

Privateigentum

Wichtig ist die Respektierung von Privatbesitz, denn in ganz Nordamerika besitzt das ***Private Property*** einen hohen Stellenwert. Scheinbar kaum benutzte Wege führen bisweilen wohl an den erhofften See, aber dort entpuppt sich der angepeilte Übernachtungsplatz als private Wochenendparzelle.

Rastplatz

»Wildes« Camping ist (mit Campmobilen) oft auf ***Rest Areas*** möglich. In einigen Regionen ist das ***Overnight Parking*** auf Rastplätzen sogar gestattet, aber in anderen verboten. Parken zu später Stunde noch Autos, speziell Campmobile auf *Rest Areas*, spricht einiges dafür, dass sie als inoffizielle Übernachtungsplätze genutzt und geduldet werden.

Städte

In Großstädten sollte man **nicht auf die Idee kommen, außerhalb offizieller Plätze** zu campen, auch wenn stadtnahe *Campgrounds* voll oder arg teuer sind. In städtischen **Parks** oder auf **Parkplätzen** gratis zu übernachten ist nicht nur gefährlich, sondern illegal. Sollte es gar nicht anders gehen, steht man auf belebten *Truck Stops*, in vollgeparkten Wohnstraßen besserer Viertel oder auf einigermaßen besetzten Parkplätzen (bei Yachthäfen, Hotels etc.) sicherer. Dort sollte aber besser niemandem die nächtliche Nutzung des Fahrzeugs auffallen.

Sicherheit

Zwar ist Gefährdung durch Kriminalität in Canada (und auch in den USA) außerhalb von Ballungsgebieten gering, aber dennoch bleibt ein Restrisiko für alle, die – wo auch immer – isoliert von anderen übernachten. Wer Bedenken hat, sollte diesen nachgeben und auf »wildes« Campen verzichten.

3.4 Essen und Trinken

3.4.1 Selbstverpflegung

Lebensmittel

Supermärkte

Die Selbstversorgung unterwegs bereitet in Canada keinerlei Schwierigkeiten. Supermärkte *(Food Marts)* von oft kolossalen Ausmaßen findet man bis hinunter in kleine Ortschaften. Gesetzlich geregelte Ladenschlusszeiten gibt es weder in den USA noch in Canada. Supermärkte sind werktags meist **bis 22 Uhr geöffnet,** sonntags bis 20 Uhr. Manche Supermärkte – speziell in Großstädten – bleiben 24 Stunden geöffnet.

Bestens präsent sind die beiden größten kanadischen Supermarktketten ***Loblaw*** (www.loblaw.ca) u.a. mit ***Real Canadian Superstore*** (riesige Auswahl; www.superstore.ca) und ***Extra Foods*** sowie ***Sobeys*** (www.sobeys.com) u.a. mit ***IGA Supermarket*** (www.iga.net) und ***Safeway*** (www.safeway.ca). Die regionale ***Overwaitea Food Group*** (www.owfg.ca) mit *Save-on-Foods* (www.saveonfoods.com) besitzt über 100 Filialen in BC und Alberta.

Sonstige Läden

Lebensmittel, aber kaum Obst, Gemüse und Frischfleisch gibt es in – nicht selten rund um die Uhr betriebenen – ***Mini-Marts***, die oft mit **Tankstellen** kombiniert sind. In manchen Dörfern stößt man auch noch auf den ***General Store***, den klassischen ländlichen Gemischtwarenladen, der von der Milch bis zum Angelhaken alles führt, was die Kunden im Einzugsbereich so brauchen.

Preisniveau

Lebensmittel sind in Canada (bei einem Kursniveau von hier angenommenen 1can$ = €0,68) teurer als **in Deutschland**. Viel höher sind die Preise insbesondere für **Gemüse** und **Obst**, sieht man von Erntezeiten im Anbaugebiet ab. Auf Vancouver Island und generell mit wachsender Entfernung von den Bevölkerungszentren steigen die Kosten für Frischprodukte.

Im Westen Canadas und in Alaska weit verbreitet ist die Supermarktkette »Safeway«

Preiswert einkaufen mit Kundenkarte

Mit Kundenkarten können auch Touristen ihre Ausgaben im Supermarkt substanziell reduzieren und die oft beachtlichen Preisermäßigungen ebenso wie Einheimische nutzen. Denn viele Sonderangebote gelten nur für »gute« Kunden, die als solche durch Kundenkarten definiert sind. Die erhält jeder. Man geht nur vor dem Einkauf bei *Safeway* und anderen Ketten zum *Service Desk* und lässt sich registrieren.

Anmerkungen zu Lebensmitteln im einzelnen

Fleisch

Das Angebot an Fleisch (***Meat***) ist in den Supermärkten groß. Spezielle **Schlachterläden gibt es aber nicht**. Die vielfältigen Bezeichnungen für Rindfleisch sind uns nur teilweise geläufig. Fürs **Grillen** eignen sich besonders *Prime Rib, Sirloin* (Rumpsteak), *New York Strip* und *Porterhouse Steaks. Tenderloin* (Filetsteak) ist noch besser und teuer. Die **Qualität** des Fleisches ist meist gut.

Fisch

Die Kühlregale für Fisch stehen üblicherweise gleich neben den Fleischtheken. Die Auswahl variiert regional. Besonders groß und fangfrisch ist das Angebot im Bereich der Pazifikküste. Lachs und Forellen gibt es überall zu günstigen Preisen.

Milch und Käse

Die Kühlregale für Milcherzeugnisse werden von vielfältigen Joghurt- und Milchsorten beherrscht. **Milch** gibt es von ***Skim*** oder ***Non Fat*** (fettfrei) über 1% oder 2% ***Low Fat*** bis zu 3,5%iger ***Homo (-genized) Milk*** (= Vollmilch) fast immer mit Vitamin A und D.

Der kanadische ***Cheddar Cheese*** in verschiedenen Abstufungen von *mild* bis *extra sharp* schmeckt ausgezeichnet. In »*Deli*(katessen)«-Abteilungen gibt es auch importierte Käsesorten. Bemerkenswert sind ***Cheese Substitute*** (Käseersatz aus Getreide und Öl) bzw. ***Imitation Cheese*** (nährstoffarmes Käseimitat). Man findet letzteren statt *Real Cheese* oft als Pizzabelag.

Obst und Gemüse

Das Angebot an Obst und Gemüse variiert regio- und saisonal. Meist ist die Auswahl reichhaltig. Preiswertes ***Produce*** gibt's an Verkaufsständen in Obstanbaugebieten (z.B. Okanagan Valley).

Brot

In Canada ist pappiges **Weißbrot** weit verbreitet, aber oft gibt es deutschen Brotsorten nahekommende Produkte. Wem nichts zusagt, sollte mal das ***Bannock*-Rezept** auf Seite 418 ausprobieren.

Salattheken

Eine vielfach im Supermarkt zu findende Spezialität sind ***Salad Bars*** mit oft verlockender Salatauswahl zur Selbstbedienung. An der Kasse wird nach Gewicht abgerechnet. Auch **Suppentöpfe** und anderes mehr stehen häufig bereit.

Bulk Food

Ebenfalls lose gibt es **Müslis** als ***Bulk Food***. In offenen Behältern werden nicht nur Haferflocken, Nüsse etc. lose angeboten, sondern oft auch Süßigkeiten, Gewürze, Teigwaren und Hundefutter. Man füllt die benötigte Menge ab und notiert die Kennziffer der Ware auf der Tüte; gewogen und gerechnet wird an der Kasse.

Tiefkühlkost Besonders gut gefüllt sind Tiefkühltruhen und -schränke. Wer im Wohnmobil über Backherd oder Mikrowelle verfügt, kann seine Speisekarte durch tiefgefrorene **Fertigmahlzeiten** »bereichern«.

Kuchen Kekse (***Cookies***) erfreuen sich großer Beliebtheit. Gut schmecken meist ***Donuts***, wenn sie frisch aus der supermarkteigenen ***Bakery*** kommen, aber z.B. auch bei *Tim Horton's* (➪ Seite 127).

Getränke Beeindruckend ist die **Getränkevielfalt**. Es gibt jede Menge preiswerter Limonadengetränke, Cola-Marken, Nektare mit geringem Fruchtgehalt, teuer dagegen 100%-Fruchtsäfte.

Alkoholika

Liquor Store In kanadischen Supermärkten werden mit der Ausnahme von Québec **keine Alkoholika** verkauft. Lediglich alkoholfreie Bier- und Weinsorten (!) sind erhältlich. Für »richtiges« Bier, Wein und Hochprozentiges muss man ***Liquor Stores*** aufsuchen, staatliche Monopolläden. Aus der einstigen Alkoholkontrolle ist für den Staat ein großes Geschäft geworden. Nicht nur schöpft er enorme Umsatzsteuer und Alkoholsteuern ab, er verdient zudem am Handel.

Unter www.bcliquorstores.com und www.ylc.yk.ca kann man das komplette Sortiment (inkl. aktueller Preise) der **staatlichen Alkoholläden** abrufen.

Liquor Stores gibt es hinunter bis ins kleinste Dorf.*) Sie sind bestens sortiert und führen alles, was auf dem Weltmarkt alkoholisch Rang und Namen hat, wiewohl zu extrem hohen Preisen.

Kosten Ein ***Sixpack*** mit 0,33l-Flaschen ***Becks*** kostete 2014 in BC $14, in der Provinz Yukon sogar $17,50. Für gängige kanadische Marken zahlt man ein paar Dollar per *Sixpack* weniger.

Lage Die **Öffnungszeiten** variieren mit den lokalen Gegebenheiten. Besonders in kleinen Ortschaften muss man davon ausgehen, dass ***Liquor Stores*** **nach 18 Uhr geschlossen** sind, an **Sonn- und**

Das Hotel Victoria in Lillooet/BC dient zugleich offiziell als Liquor Store

*) Nicht indessen im hohen Norden. Im Yukon etwa existieren *Government Liquor Stores* nur in Dawson City, Faro, Haines Junction, Mayo, Watson Lake und Whitehorse. In anderen Orten dürfen eigens dafür zu hohen Preisen lizensierte Restaurants Bier und Wein verkaufen.

3

Feiertagen ohnehin. Eine Ausnahme machen lediglich die bereits seit 1993 privatisierten ***Liquor Stores*** in **Alberta**. Ihre Anzahl ist seither sprunghaft gestiegen, und die Läden liegen bei weitgehend identischen Öffnungszeiten oft strategisch günstig neben Supermärkten. In der gesamten Provinz British Columbia bleiben dagegen nur zehn Alkoholläden auch sonntags geöffnet.

Alkoholika kaufem dürfen (und konsumieren) darf man in Canada generell ab **19, in Alberta und Manitoba ab 18 Jahren**. Jünger aussehende Kunden werden nach dem Ausweis gefragt.

Konsum von Alkohol

Alkoholgenuss ist in ganz Canada offiziell nur in geschlossenen Räumen oder auf Privatgrundstücken erlaubt. Zum Privatbereich zählt auch der Stellplatz auf dem *Campground*. Man darf also ungestraft sein Bier am Lagerfeuer trinken. Außerhalb von Veranstaltungen mit offiziellem Ausschank ist **Alkoholkonsum unter freiem Himmel** – in der Öffentlichkeit also – **gesetzwidrig**. Vorbeugend wird gelegentlich darauf hingewiesen: ***No Alcoholic Beverages in the Park, on the Beach*** etc. Angebrochene Spirituosen dürfen sich auch nicht im Innenraum eines Fahrzeugs befinden. Strenggenommen gilt das sogar für Wohnmobile.

Alkoholische Getränke im einzelnen

Bier

Canadas Biermarkt wird von zwei Konzernen dominiert. Das sind die bereits 1786 in Montréal von *John Molson* gegründete ***Molson-Gruppe***; (www.molsoncoors.com) und der auf *John K. Labatt* zurückgehende *Labatt*-Konzern (Gründung 1847 in London/Ontario; www. labatt.ca). *Labatts* Premiummarke in West-Canada ist ***Kokanee*** aus der *Columbia Brewery* in Creston/BC.

Kanadische Marken weisen mehr Würze auf als geschmacklich indifferentere US-Sorten. Bier darf künstliche und natürliche Zusatzstoffe enthalten. Es gibt aber durchaus entsprechend des deutschen Reinheitsgebots gebrautes Bier. Unter den teuren Importbieren besitzen ***Heineken*** und ***Beck's*** hohe Anteile.

Pfand

In Canada ist die Einwegverpackung für Bier – im Gegensatz zum Nachbarn USA – seit langem abgeschafft. Man zahlt immer **Pfand** (*Deposit*) auf Flaschen wie Dosen. Die Rückgabe erfolgt in der Regel in gesonderten, oft schwer zu findenden Sammelstellen.

Wein

Wie erwähnt, ist das Weinangebot enorm. Neben Weinsorten aus aller Herren Länder gibt es auch gute **kanadische Weine**. Sie stammen vorwiegend aus den Weinanbaugebieten des südlichen Okanagan Valley und der Niagara Halbinsel im klimatisch begünstigten Süd-Ontario. Die geschmacklich akzeptablen Sorten sind ebenso wie die besseren **kalifornischen Weine** ziemlich teuer.

Spirituosen

Die Angabe der Prozente (***proof***) in Nordamerika bei den Spirituosen entspricht dem doppelten der in Deutschland üblichen Kennzeichnung; *84 proof* sind also 42 Volumenprozente.

Den nordamerikanischen ***Whiskey*** (US-Schreibweise, in Canada ohne »e«) gibt es in drei Spezifikationen. Aus Canada stammt der ***Canadian Rye***, der aus Roggen, Mais und Gerste unterschiedlicher Zusammensetzung gebrannt wird. Aus den USA kommen der aus mindestens 50% Mais gebrannte ***Bourbon*** (stammt fast immer aus den Bundesstaaten Kentucky und Tennessee) sowie der aus wenigstens 51% Roggen gebrannte ***American Rye***.

Tim Hortons ist immer gut für einen Stopp, nicht nur für Kaffee und Donuts, sondern z.B. auch für »Quick Lunch Specials«

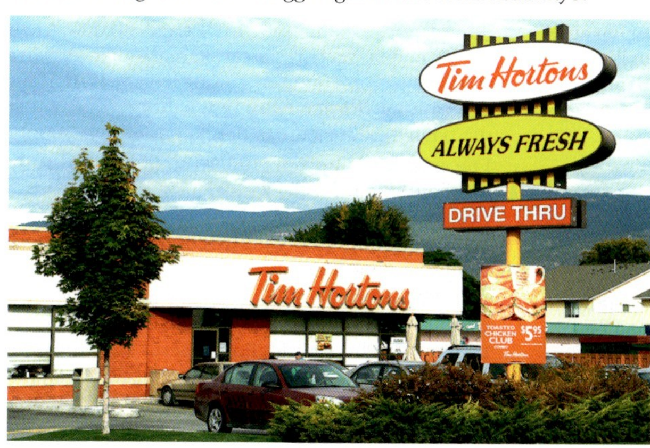

3.4.2 Fast Food Lokale

Situation

Nicht nur im letzten Winkel der USA, sondern auch noch im abgelegenen kanadischen Dorf findet man die Filialen der amerikanischen *Fast-Food-Industrie*.

Tim Horton

1964 gründete der zehn Jahre später bei einem Autounfall verstorbene Eishockeystar ***Tim Horton*** in Hamilton (Ontario) sein erstes *Donut-Café* und startete damit eine kanadische Erfolgsgeschichte. An den ersten Spezialitäten von damals – stets frisch gebrühter Kaffee, *Apple Fritters* (Hefeteilchen mit Apfelstückchen/Zimt) und *Dutchies* (Hefeteile mit Rosinen) – hat sich bis heute nichts verändert. Im Café der *Fast-Food-Kultur* werden außerdem rund um die Uhr frisch gebackene *Donuts, Muffins, Bagels, Timbits* (Donutstückchen), dazu als eine ungesüßte Alternative Chili, Suppe und Sandwiches serviert; www.timhortons.com.

Donuts gibt es in über 20 Varianten und im Dutzend billiger. Die gefüllten oder ungefüllten, mit Schokolade oder Karamel glasierten Teigkringel sind für den Nachmittagskaffee eine gute Wahl.

Das Unternehmen erwirtschaftete bereits kurz nach der Gründung spektakuläre Umsatzsprünge und löste 2002 ***McDonald's*** (➪ Seite 128) als größte *Fast-Food*-Kette des Landes ab. Mittlerweile gibt es allein in Canada knapp 3.500 *Tim-Hortons*-Restaurants. Sie stehen beim Kaffeeausschank für einen Marktanteil von 80%. Ende des vorigen Jahrhunderts begann man mit der Expansion in die USA –

wo es mittlerweile über 800 Filialen gibt. Allerdings tut man sich dort etwas schwerer – vor allem auch wegen der starken Konkurrenz von *Dunkin' Donuts* – und musste zuletzt im Nordosten der USA sogar 36 Läden wieder schließen.

Getränke

Grundsätzlich erfolgt in *Fast Food Places* kein **Alkoholausschank,** es gibt nur ***Soda Pop,*** also Cola, Fanta etc. aus großen Bechern mit Unmengen von Eis. Mineralwasser ist fast nie erhältlich.

McDonald`s und weitere Hamburger-Ketten

Allerorten präsent und mit knapp 80.000 Angestellten in über 1.400 Läden sechstgrößter kanadischer Arbeitgeber ist ***McDonald's*** (www.mcdonalds.ca mit freiem ***Wifi***). ***Wendy's*** (www.wendys.ca) und ***Burger King*** (www.burgerking.ca) sind mit Abstand die nächstgrößten unter den kanadischen Hamburger-Ketten.

Die größte Konkurrenz liefern sich die Marktführer bei den hauseigenen **Spielplätzen.** Kinder und Eltern lieben die sauberen, oft überdachten oder sogar als *Indoor Playground* konzipierten Anlagen der Hamburger-Konkurrenten mit Styroporballbecken, Kletternetzen und Rutschen.

Hamburger und Eis bei der Dairy Queen

Auf ***Dairy Queen***-Lokale (www.dairyqueen.com) stößt man in Canada allerorten. Ursprünglich spezialisiert auf Milch-Mixgetränke, Softeis und Joghurt, bietet die selbsternannte »Königin der Milchprodukte« obendrein die üblichen Hamburger-Varianten. *Dairy Queen* ist weniger einheitlich aufgemacht als die Ketten-Konkurrenz. Es gibt sowohl die simple Dorf-Cafeteria wie den modern gestylten Plastikschuppen. Immer schmeckt ***Banana Split*** und das mit Früchten gemixte Softeis unter der Bezeichnung ***Blizzard*** oder ***Brownie Earthquake***, Softeis mit heißer Schokoladen-Karamel- und Erdbeersoße auf einem Brownie (typischer amerikanischer Schokoladenkuchen).

Die Konkurrenz um die Familien - kundschaft ließ die hauseigenen Spielplätze teilweise erstaunliche Dimensionen annehmen

Eisdielen

Oft in *Shopping Malls* vertretene reine **Eisdielen** sind die Ableger der Franchise-Kette ***Baskin Robbins*** (www.baskinrobbins.ca) mit hervorragendem, aber sehr teurem Eis.

Mexikanische Spezialitäten

Ausgehend vom Südwesten der USA haben sich die Lokale mit mexikanischen Spezialitäten wie ***Taco Bell*** (www.tacobell.ca) auch nach Canada ausgedehnt. Basis ihrer Gerichte sind *Tortillas,* Mais- oder Weizenfladen, die mit Hackfleisch, Püree aus roten Bohnen, Salat, Sauerrahm und Käse gefüllt werden. Man rollt die weichen *Tortillas* zu ***Burritos, Enchiladas*** oder ***Soft Tacos***.

Kross fritierte *Tortillas* belegt man mit den oben genannten Zutaten zu ***Tostadas*** oder klappt sie zu Tacos zusammen. Die *Tortilla*-Variationen sind ausgesprochen preiswert. Kaum irgendwo sonst lässt sich für so wenig Geld der Magen füllen.

KFC

Taco Bell gehört zum Konzernverbund ***Yum!*** (www.yum.com), Eigentümer der auch bei uns bekannten Kette ***Kentucky Fried Chicken*** (www.kfc.ca). Dort werden in erster Linie als Spezialität Hähnchenteile mit »geheimen« Gewürzen frittiert.

Pizza Hut

Dritter im Bunde des Yum-Konzerns ist die ebenfalls in einigen Großstädten bei uns vertretene ***Pizza Hut*** (www.pizzahut.ca). Deren Lokale bieten ***Pizza, Pasta*** und ***Salads*** zu moderaten Preisen. An der Qualität gibt es wenig auszusetzen, und die Größe der Pizzen steht in einem vernünftigen Verhältnis zum Preis.

Subway

In den Filialen von ***Subway*** (ebenfalls bei uns in Großstädten und Einkaufszentren) gibt's 15 cm oder 30 cm lange, frisch zubereitete ***Sandwiches*** in 100 Varianten (www.subway.ca). Die Nachfrage reicht allein in Canada für über 3.000 Filialen.

Combi(nation) Platters

Alle Ketten werben nahezu kontinuierlich mit **Sonderpreisen** für bestimmte Gerichte wie ***Tacos $0,79*** oder Kombinationen von Items, etwa ***»Large Coke + Cheeseburger + French Fries«*** (Pommes Frites) für **$4,79**. Wer auf derartige Angebote achtet und es darauf anlegt, kann in *Fast Food Places* unter Umständen preiswerter essen als bei Selbstverpflegung.

Spartipps

- ***Lunch*** **statt** ***Dinner***: Mittags ist dasselbe Menü oft preiswerter als abends.
- ***Early Bird Special***: Man zahlt weniger fürs frühe Dinner.
- ***Happy Hour Drinks***: Drinks zum halben Normalpreis am späten Nachmittag (meist 17-19 Uhr) für Frühstarter
- ***Rabattcoupons***: oft **2 : 1** (zwei Mahlzeiten zum Preis von einer), 20% Rabatt oder $5 off ($5 Preisnachlass). Die Coupons gibt's bei *Visitor Infos* oder in Werbebroschüren.
- ***All you can eat***: Büfett mit beliebig häufigem Nachschlag für den ganz großen Appetit.
- ***Truck Stops***: Zahlreiche parkende Laster deuten auf herzhafte Portionen zu günstigen Preisen hin.
- ***Pitcher***: Die Karaffe mit mehreren Gläsern zum Selbsteinschenken ist preiswerter als Einzelbestellung.

3

Populäres Pub und Restaurant Barley Mill im Eau Claire Bezirk von Calgary

3.4.3 Restaurants und Kneipen

Übersicht

In den Großstädten ist die **Vielfalt an Restaurants** enorm, während sich in Kleinstädten und auf dem Lande das Angebot nicht selten auf die typischen Hamburger- (auch im Restaurant!) und Steakgerichte beschränkt, eventuell noch erweitert um Pizza, Spaghetti, *Mexican Food* und die verbreitete chinesische Küche. An den Küsten und auf *Vancouver Island* gibt es zahlreiche ***Seafood-Restaurants***. Der *Catch of the Day* bezeichnet das fangfrische, wechselnde Tagesangebot und ist oft eine gute Option. Da der Pazifische Lachs mit fünf Gattungen an Canadas Westküste vertreten ist, werden ***Chinook (King) Salmon, Chum (Dog), Coho, Pink (Humpback)*** und ***Sockeye Salmon,*** dazu der ***Kokanee Salmon*** (kleinerer, nicht wandernder Süßwasservertreter des ***Sockeye***) in vielen Restaurants relativ preiswert serviert.

Ebenfalls eine Spezialität West-Canadas sind – frisch von den Weiden auf den Tisch – saftige **Rindersteaks**. Sie stehen meist in guter Qualität und noch zu akzeptablen Preisen auf der Speisekarte. Die Ende des 19. Jahrhunderts fast ausgerotteten Bisons grasen nun wieder zahlreich auf Zuchtfarmen. Bisonfleisch schmeckt ähnlich wie Rindfleisch und man kann es durchaus 'mal probieren.

Restaurantketten

Wie bei Fast Food gibt es für »richtige« Restaurants Ketten; die meisten sind amerikanisch, kanadische Ketten sind:

The Old Spaghetti Factory (www.oldspaghettifactory.ca) serviert Pasta im nostalgischem Ambiente früherer Lagerhäuser. Die erste »Spaghettifabrik« steht in Vancouvers *Gastown.*

Gute Menüs zu – für kanadische Verhältnisse – moderaten Preisen bieten die ***White Spot Restaurants*** (www.whitespot.ca). Diese Kette der gastronomischen Mittelklasse hat ihren Schwerpunkt im Großraum Vancouver.

Lage und Qualität

In kleineren Orten findet man Restaurants ebenso wie die *Fast Food*-Filialen an den Hauptausfallstraßen.

In Restaurants gelten einige uns nicht vertraute Regelungen, an die man sich gewöhnen muss:

Platzierung

- Üblicherweise werden in ganz Nordamerika Restaurantbesucher »plaziert«. Ein Schild ***Wait to be seated*** weist meist explizit darauf hin. Wenn er nicht ausdrücklich zum ***Seat yourself*** aufgefordert wird, wartet der Gast, bis sich ein ***Waiter/Host*** oder eine ***Waitress/Hostess*** seiner »*Party*« annimmt und einen Tisch zuweist. Einzelne freie Plätze an besetzten Tischen werden nicht vergeben. Ist im Moment kein Tisch frei, werden die **Namen** der ankommenden Gäste **notiert** und der Reihe nach aufgerufen: »*Meyer, party of three*!« soll heißen, für den Gast Meyer mit insgesamt 3 Personen steht ein Tisch bereit. Wartezeiten überbrückt man an der Bar, so vorhanden.

Seafood Restaurant »Canadian Princess« in Ucluelet auf Vancouver Island – attraktiv, wiewohl dann und wann flaues Leser-Feedback

Salattheke

- Vor allem Steak-Restaurants verfügen oft über eine ***Salad Bar,*** an der unbegrenzt nachgefasst werden darf: ***All you can eat***! Meistens sogar **ohne ein Hauptgericht** zu bestellen, wiewohl das selten so ausdrücklich auf der Karte steht. Das kostet nur wenige Dollar und ersetzt eine ganze Mahlzeit.

Nachtisch

- Nach dem Hauptgericht fragt man den Gast, ob er ***Sweets*** oder ***Dessert*** wünscht. In Canada und in den USA sind Kuchen und Kaffee nach dem Essen üblich.

Kaffee

- Der Kaffee ist eher ziemlich schwach gebrüht, dafür wird meist **beliebig nachgeschenkt** (*free refill*), aber nur einmal berechnet. Kännchen gibt es nicht.

Steuern und Trinkgeld

- Die Preise in Canada sind netto ausgezeichnet. Erst die Rechnung (amerikanisch: ***Check***, britisch: ***Bill***) weist neben Nettopreisen zusätzlich die ***Provincial Sales Tax*** und die ***Goods &***

Services Tax, ➪ Seite 142. Da auch der Service nie im Preis enthalten ist und das Personal auch nur ein niedriges Fixum erhält, wird ein für europäische Verhältnisse **üppiges Trinkgeld** erwartet. Üblich sind 12-15%, bei guter Bedienung sind auch 20% nicht ungewöhnlich. In BC etwa muss man also zu den Preisen der Karte 7% PST, 5% GST und mindestens 12% Trinkgeld **addieren,** möchte man die **Effektivkosten des Essengehens** richtig abschätzen. Restaurants sind daher ein teures Vergnügen.

Zahlen

Gezahlt wird nicht selten an einer Kasse. Auch dann hinterlässt man den **Tip** besser bar am Tisch. Bei Zahlung per Kreditkarte vermerkt man das Trinkgeld auf dem Beleg.

Truck Stops

Empfehlenswert sind im allgemeinen auch die *Restaurants* der ***Truck Stops*** an großen *Highways,* die oft rund um die Uhr *Hamburger, Steaks* und andere Standardgrichte servieren. Für moderate Preise gibt es ordentliche Portionen bei gutem Service. Ein ***Canadian Breakfast*** schmeckt dort meistens besser und ist reichlicher als in *Fast-Food-Lokalen,* aber kaum teurer. Dasselbe gilt auch für die kleinen *Delis, Bistros* und *Coffee Shops.*

Das *Canadian Breakfast* besteht aus zwei Eiern (nach Wunsch: *scrambled* = Rührei, *fried, sunny side up* = Spiegelei einseitig gebraten, over = beidseitig gebraten), gebratenen Schinkenspeckstreifen *(Bacon), ham* (warmer dicker Kochschinken) und/oder Bratwürstchen *(Sausage)* und den *Hash Browns* (kleine Kartoffelrösties). Dazu gibt's Toast und Marmelade oder ***Pancakes*** mit süßem Sirup, selten mit dem teuren Ahornsirup *(Maple Syrup),* sowie Kaffee oder Tee.

WLAN bzw. Wifi-Cafés

Vancouver hat eine lebhafte **Café-Szene**, zu der auch die Filialen bekannter Ketten im weltweiten Einheitsdesign zählen. Reizvoller schlürfen sich frischgebrühter Kaffee und ein Espresso in den kettenunabhängigen Cafés, die ihre Kunden heute ebenso wie *Starbucks* oder *McDonald's* mit kostenlosem **Wifi** locken.

Alkoholausschank

In Canada dürfen lediglich ***Licensed Restaurants*** alkoholische Getränke ausschenken, und das auch nur in Verbindung mit einer Mahlzeit. Dazu reicht zwar oft die Bestellung eines preiswerten *Appetizer* oder die *Intention of Order,* die Absicht, eine Mahlzeit zu ordern. Wer aber den Abend längere Zeit in gemütlicher Runde verbringen möchte, sucht ***Pubs*** auf, wo Drinks auch ohne Mahlzeit serviert werden dürfen. Bessere Restaurants und Hotels haben ***Cocktail Lounges*** genannte Hausbars.

Auf dem Lande findet man nur selten gemütliche Lokale für den Abend, aber in kleinen Städten gibt es hier und dort prima *Pubs.* Auch die vielfältige Bar- und Clubszene in **Großstädten** lässt kaum Wünsche offen. Insbesondere in **British Columbia** haben sich ***Microbreweries*** mit eigenem Bier, Restaurant und *Live Music* zu Anziehungspunkten entwickelt.

Leider sind Hausbrauereien im übrigen Westkanada nur in Calgary, Canmore, Edmonton, Jasper und Regina vertreten.

3.5 Alles Weitere von A bis Z

Apotheken

Apotheken sind in Canada keine selbständigen Geschäfte. Man findet ***Pharmacies*** als Abteilungen in ***Drugstores,*** Kaufhäusern und großen Supermärkten. Nicht verschreibungspflichtige Medikamente gibt es dort in Selbstbedienung, rezeptpflichtige an einer Sondertheke für ***Prescriptions.***

Ärzte und Zahnärzte

Trotz einer insgesamt hohen Dichte bei der ärztlichen und zahnärztlichen Versorgung ist es in Canada nicht einfach, einen kurzfristigen Termin bei einem **Arzt** (***Physician***, auch »*Medical Doctor*«) oder **Zahnarzt** (***Dentist***) zu finden. Das gilt nicht für **Ambulatorien**, die man in großen und auch kleineren Städten als Gemeinschaftspraxis verschiedener Spezialisten findet.

Mit **akuten Beschwerden** und Verletzungen kann man sich direkt zum ***Emergency Room*** (der Notfallaufnahme) im nächsten Hospital begeben.

In **National- und Provinzparks** sind ***Ranger*** natürliche Ansprechpartner. Vor (!) Behandlungsbeginn wird immer die Vorlage einer Kreditkarte verlangt (⇨ Seite 46).

Für **medizinische Notfälle** gilt in Kanada die allgemeine Notrufnummer 911. Mehr dazu auf Seite 161.

Banken

Eine Bankfiliale gibt's in Canada noch im kleinsten Ort. Die Schalter sind überwiegend Mo-Fr ab 9 Uhr durchgehend geöffnet. Geschlossen wird manchmal bereits um 14 Uhr, selten später als 16 Uhr. Zur Bargeldbeschaffung braucht man keine Bankfilialen betreten (⇨ Seite 47ff. und 53).

Filiale der landesweit operierenden Bank of Montreal im historischen Bankgebäude in Banff/ Alberta

Botschaften und Konsulate

➪ Adressenanhang Seite 611

Datum

Daten werden in der Reihenfolge Monat/Tag/Jahr geschrieben (üblicherweise mit Schrägstrich).

Der Termin **09/30/2014** entspricht also dem **30.09.2014** in deutschsprachiger Schreibweise.

DVDs

DVDs aus Nordamerika (Regionalcode 1) lassen sich auf DVD-Playern in Europa (Regionalcode 2) nur abspielen, wenn zuvor der Regionalcode angepasst worden ist.

Elektrizität

Spannung

Canada und die USA verfügen über ein **120 Volt-Wechselstromnetz** von 60 Hertz. Geräte, deren Netzteil damit klar kommt – wie die meisten Mobiltelefone, Laptops und Kameras (siehe Etikett: *100-240 V/AC*) und Geräte, die sich auf 120 Volt umschalten lassen, kann man problemlos verwenden. Alle anderen benötigen einen Spannungswandler (ab €20) – möglichst gleich mit eingebautem Adapter.

Adapter

Europäische Stecker passen nicht in nordamerikanische Steckdosen (die auch in Wohnmobilen eingebaut sind). Es empfiehlt sich, für jedes Gerät einen eigenen Adapter mitzunehmen. Die »Nordamerikastecker« gibt es bei uns für wenig Geld in größeren Elektroläden und in Elektroabteilungen der Kaufhäuser. Adapter in Canada oder den USA aufzutreiben, ist schwierig.

Polizeiparade mit traditionellen »Rotröcken« am Canada Day

Feiertage

An Feiertagen sind Postämter, Banken und die öffentliche Verwaltung geschlossen. Supermärkte und Einkaufszentren bleiben bei kaum reduzierten Öffnungszeiten geöffnet.

- **Nationale kanadische Feiertage**

New Year's Day	1. Januar
Good Friday	Karfreitag
Easter Monday	Ostermontag
Victoria Day	vorletzter Montag im Mai
Canada Day	1. Juli (Nationalfeiertag)
Labour Day	1. Montag im September
Thanksgiving	2. Montag im Oktober
Remembrance Day	11. November (Volkstrauertag)
Christmas/Boxing Day	25./26. Dezember

- **Zusätzliche Feiertage der einzelnen Provinzen**

Alberta:	*Heritage Day*, 1. Mo im August
British Columbia:	*BC Day*, 1. Mo im August
Manitoba, Ontario, Northwest Territories:	*Civic Holiday*, 1. Mo im August
Saskatchewan:	*Saskatchewan Day*, 1. Mo im August
Yukon:	*Discovery Day*, 3. Mo im August

- **Feiertage in Alaska** (auf Sonntag fallende Feiertage werden am folgenden Montag »nachgeholt«)

New Year's Day	1. Januar
Martin Luther King Jr. Day	dritter Montag im Januar
President's Day	3. Montag im Februar
Seward's Day	letzter Montag im März
Memorial Day	letzter Montag im Mai
Independence Day	4. Juli
Labor Day	1. Montag im September
Alaska Day	18. Oktober
Veterans Day	11. November
Thanksgiving	4. Donnerstag im November
Christmas Day	25. Dezember

Maße & Gewichte

Metrisches System

Bereits in den 1970er-Jahren führte Canada offiziell das metrische System ein. Nach einer eher halbherzig erfolgten viele Jahre dauernden Umstellung zeigen Wegweiser und Karten heute alle Entfernungen in Kilometern an, ebenso werden Geschwindigkeiten in km/Stunde gemessen. Benzinuhren sind auf Liter geeicht, und auch Getränkebehälter definiert man in Litern. Getränkedosen

Pounds

indessen beinhalten nach wie vor 12 Unzen (*Fluid Ounces* = 355 ml), und die Preise bei Fleisch, Obst und Gemüse beziehen sich im Supermarkt noch immer auf das *Pound* (1 lb = 454 g). An der Kasse wird dann in Kilogramm ausgewogen und umgerechnet; dazu multipliziert man den *Pound*-Preis mit dem Faktor 2,2.

3

Werkzeuge

Auch bei Werkzeugen oder Ersatzteilen hat sich das metrische System nicht durchgesetzt, denn in den USA gefertigte Autos dominieren den kanadischen Markt. Deren »Innenleben« wird in *Inches* (Zoll) gemessen. Die passenden Schraubenschlüssel sind mit Bruchteilen eines Zolls abgestuft, z.B. 5/16 inch (entspricht 10/32 inch), 11/32 inch etc., die selten mit glatten Millimetern übereinstimmen. Mit metrischem Werkzeug reißt man Muttern und Schraubenköpfe leicht kaputt.

In Alaska gilt natürlich das amerikanische Maßsystem. Der Vollständigkeit halber hier die Maßeinheiten der USA:

1 inch		2,54 cm
1 foot	12 inches	30,48 cm
1 yard	3 feet	91,44 cm
1 mile	1760 yards	1,61 km
1 acre	4840 square yards	0,45 ha
1 square mile	640 acres	2,59 km^2
1 fluid ounce		29,57 ml
1 pint	16 fluid ounces	0,47 l
1 quart	2 pints	0,95 l
1 gallon	4 quarts	3,79 l
1 barrel	42 gallons	158,97 l
1 ounce		28,35 g
1 pound (lb)	16 ounces	453,59 g
1 ton	2000 pounds	907,18 kg

Notfälle

- **Krankheit/Unfall**

In dringenden Notfällen, gleich ob man in erster Linie einen Arzt, den Unfallwagen oder die Polizei benötigt, ruft man die **Nummer 911** an. Sollte die ***Emergency Number*** ausgefallen sein, wählt man die »Amtsleitung« Null. Der *Operator* verbindet weiter.

Vor jedem Notfall-Anruf sollte man sich über den eigenen **Standort** vergewissern und für Rückrufe die Nummer des Apparates, von dem aus man telefoniert, parat haben. In Canada und den USA besitzen auch Münzfernsprecher eine Nummer und können angerufen werden.

Notfall-Service des kanadischen Automobilklubs
✆ 1-800-CAA-HELP (= 222-4357)

Dort kann man Tag und Nacht gebührenfrei die Telefonnummer des lokal zuständigen Straßendienstes erfahren.

An den Autobahnen stehen kaum **Notrufsäulen** *(Motorist Aid Call Boxes)*. Fahrer liegengebliebener Fahrzeuge signalisieren durch die **geöffnete Motorhaube**, dass sie Hilfe benötigen.

- **Pass-/Geldverlust**

Pass

Bei Passverlust helfen die nächstgelegenen diplomatischen Vertretungen (Kopien aller Dokumente sind hilfreich) und die Notfallzentralen der Kreditkartenunternehmen.

Kreditkarte/ Reiseschecks

Verlust Kreditkarte ➪ Seite 51

Falls Reiseschecks verlorengehen/gestohlen werden, ➪ Seite 48.

Geldtransfer

Bargeldüberweisungen laufen am schnellsten mit ***Western Union*** (Büros in vielen Städten Canadas und der USA). WU kooperiert in Deutschland mit der **Reise Bank** (Filialen in den Bahnhöfen der wichtigsten deutschen Großstädte, in Flughäfen und an einigen Grenzübergängen) und der **Deutschen Postbank**.

Wer sich von zu Hause Geld schicken lässt, kann wenige Minuten nach Einzahlung in einer Reise Bank-Filiale oder bei der Post in einem *Western Union Office* seiner Wahl über das Geld verfügen. Details samt Kosten erfährt man unter ✆ 0800/1811797. Die gebührenfreie Nummer von *Western Union* in Nordamerika ist ✆ 1-800-325-6000, www.westernunion.de.

Mobiles Postamt in Canada

Post

Tarife

Postkarten und Briefe von Canada nach Übersee kosten can$1,85 (von den USA aus US$1,05). Für Briefmarken aus **Automaten** muss ein Aufpreis gezahlt werden, d.h., der bezahlte Betrag ist höher als der Nennwert der Marken. Postämter gibt es auch noch im kleinsten Dorf.

Laufzeit

Postkarten und Briefe aus dem Westen Canadas **nach Europa** sind **6-10 Tage** *(Airmail)* unterwegs. Ein Paket braucht auf dem Land- und Seeweg *(Surface Mail)* mindestens 6 Wochen. Wer ein Paket schicken möchte, muss beachten, dass die Zollfreigrenzen (➪ Seite 143) dafür nicht gelten.

Internet Post

USA www.usps.com ✆ 1-800-275-8777
Canada www.canadapost.ca ✆ 1-866-607-6301

Postlagernd

Briefe von zu Hause kann man sich postlagernd schicken lassen. Sie müssen dann wie folgt adressiert werden:

Name des Empfängers
c/o General Delivery
Name der Stadt und der Provinz sowie *Zip Code*
Canada

US-Post Office in Alaska

Der Zusatz ***General Delivery*** nach dem Adressaten bewirkt, dass der Brief im Hauptpostamt (***Main/General Post Office***, sofern mehrere Postämter vorhanden sind) einer Stadt aufbewahrt wird. Der ***Zip Code*** (Postleitzahl), der in Canada hinter die Provinz geschrieben wird, besteht wie in Großbritannien aus einer sechsstelligen Buchstaben- und Ziffernkombination.

Aber Achtung: nach 15 Tagen Aufbewahrung erfolgt prompt die Rücksendung

Sommerzeit

In Canada (außer Saskatchewan) beginnt die Sommerzeit (*Daylight Saving Time*, kurz DST) jeweils am **zweiten Sonntag im März**. Die Uhren werden dann um eine Stunde vorgestellt. Sie endet am **ersten Sonntag im November**.

Saskatchewan hält sich nicht an die DST. Ebenso stellen in BC die nördlichen *Mountain-Time*-Regionen um **Dawson Creek** und **Fort St. John** sowie das Gebiet um **Creston am *Crowsnest Highway* nicht auf Sommerzeit um**.

Telefon

System

Canada und die USA bilden telefonisch eine Einheit. Jede Provinz bzw. jeder US-Staat besitzt eine ***dreistellige Vorwahl***, den ***Area Code***, einige dicht besiedelte Staaten der USA und die Provinzen Alberta, British Columbia, Ontario mehrere davon. Dieser Vorwahl folgt die siebenstellige Rufnummer.

Auf der Telefontastatur sind bekanntlich den Ziffern von 2-9 jeweils drei Buchstaben zugeordnet. Damit prägen sich geschickt ausgesuchte Zahlenkombinationen besser ein, wie etwa die Nummer 1-800-CAR-RENT (entspricht 227-7368) des Autovermieters *National*.

Ferngespräche

Bei Ferngesprächen muss eine »1« vorweggewählt werden. Statt des Ortsgesprächtaktes gilt für die Gebühren dann der **Minutentakt** (die Kosten ergeben sich aus angebrochenen Minuten multipliziert mit einem entfernungsabhängigen Satz).

Internationale Gespräche

Über die Vorwahl **011** öffnet man den **Zugang zum internationalen Netz.** Mit:

49 für Deutschland,
41 für die Schweiz und **43** für Österreich

und die reduzierte Ortsvorwahl (ohne 0) sind Verbindungen in die Heimat von Privatanschlüssen aus leicht hergestellt.

Münztelefone

In nordamerikanischen Münzfernsprechern ***(Pay-Phones)*** ist die direkte internationale Durchwahl nicht ohne weiteres möglich. Internationale **Ferngespräche** lassen sich **nur mit Hilfe eines *Operator*** führen, so keine *Calling Card* zur Hand ist. Für Ferngespräche über *Pay Phones* muss man jede Menge Kleingeld haben.

Calling oder Phone Cards

Solche **Komplikationen** sind aber im Grunde **Schnee von gestern** dank überall zu kaufender ***Prepaid Calling Cards***. Diese Telefonkarten gibt es von zahlreichen Anbietern mit genausovielen Tarifen und oft kostentreibenden Zuschlägen wie Verbindungsgebühren pro Gespräch, Aufpreis bei Gesprächen aus öffentlichen Telefonzellen, monat-/wöchentliche Grundgebühr, *Peak Time*-Gebühren, kostenpflichtigen Wahlversuchen, niedrigen Takteinheiten, Verfallsdatum u.a.m. Man muss also aufpassen.

The Source (www.thesource.ca, kanadaweit 650 Filialen) verkauft Telefonkarten von ***Bell*** (www.prepaid.bell.ca) mit nebenkostenfreien Minutenpreisen von $0,05 innerhalb Canadas und $0,06 nach Deutschland, Schweiz bzw. nach Österreich.

Karten aus dem Internet

Beim Kauf von ***Calling Cards*** (auch mit Aufladefunktion) aus dem Internet (z.B. von ***ZapTel,*** www.zaptel.com) erhält man keine Karte mehr. Vielmehr werden *Pin Code* und Einwahlnummer (*toll-free*) per E-Mail übermittelt, bei Erstkunden oft erst nach Rückruf innerhalb USA/Canada.

So geht`s

Telefonkarten funktionieren in Apparaten ohne Einsteckschlitz (das sind immer noch viele) wie folgt: 800-Nummer für die gewünschte Sprache (selten deutsch) wählen, dann die Codenummer der Karte eintasten, die Rufnummer wählen und fertig. Eine Ansage nennt meist die Restminuten. Außer niedrigen Kosten ist ein Vorzug des Systems die Sicherheit: mehr als der Restwert der Karte kann nicht verlorengehen.

Kreditkarte

Dort, wo Karten eingeschoben werden können (auch in mehr und mehr öffentlichen Telefonen), lässt sich direkt ohne die lästige Zahlentipperei **per normaler Kreditkarte** telefonieren. Die dafür erhobenen Gebühren sind aber in aller Regel **mehrfach höher als bei Anrufen mit einer *Prepaid Phone Card.***

Pay-Phone-Reihe am Airport: früher immer stark genutzt, heute kaum Interessenten

Im Hotel

Wie bei uns ist das Telefonieren in Hotels und Motels mit hauseigenen Aufschlägen belegt. Sie sind aber durchweg niedriger als in Europa, bisweilen werben Motels sogar mit Netto-Telefongebühren. **Ferngespräche** lassen sich daher vielfach **bequemer vom Hotelzimmer aus** führen als von *Pay Phones* aus. Ebenso Anrufe zum Nulltarif bei einer der **800-Nummern,** etwa zur Reservierung eines Mietwagens oder Hotelzimmers für die nächsten Nächte oder in die Heimat per *Calling Card.*

Für **gebührenfreie** und **Kreditkartengespräche** vom Zimmertelefon aus berechnen Hotels und Motels manchmal nichts oder einen Fixbetrag von $0,50-$1 pro Anruf.

1-800, 1-855 1-866 1-877, 1-888

Bei den **Vorwahlen 1-800, 1-855, 1-866, 1-877** oder **1-888** schaltet sich auch von ***Pay Phones*** aus kein *Operator* ein; die Kosten gehen zu Lasten des Angerufenen. **Auch von Europa aus sind diese Nummern zu erreichen – über die ganz normale Durchwahl 001.** Sie kosten aber den normalen Überseetarif. Auskunft zu gebührenfreien Nummern: © 1-800-555-1212, www.tollfreeda.com.

1-900

Das Gegenteil der 800-Nummern sind **900-Nummern**, für die neben den üblichen Kosten eine **Honorierung für den Angerufenen** fällig wird; z.B. für kommerzielle Ratgeber, Partnervermittlung etc. wie bei unseren 0900-Nummern.

Auskunft

Kanadische Telefonauskunft unter www.canada411.ca.

Handy

Auf dem amerikanischen 1900-MHz Netz funktionieren **nur *Triple und Quad Band Handys***. Hat man das und nutzt es in Nordamerika, kommen zu den Gebühren des heimischen Providers (für alle ankommenden und ausgehenden Gespräche sowie Mailboxabfragen) noch die des nordamerikanischen Partners hinzu. Und sowieso **sind Mobilfunkgespräche in Nordamerika ohne Flatrate viel teurer als bei uns**; in vielen Regionen ist zudem die Netzabdeckung schlecht.

Mobilfunk Canada

Preiswerter geht es mit einer **Mobilfunk-Prepaid-Karte** von kanadischen GSM-Netzbetreibern. Man kann sie bereits in Europa kaufen, z. B. bei ***Travel SIM Shop*** (www.travelsimshop.com) für €60 mit €50 Startguthaben.

Rogers Wireless (www.rogers.ca), der **größte Mobilfunkanbieter Canadas**, betreibt das einzige nationale GSM-Digitalnetz. Es soll 94% der kanadischen Bevölkerung erreichen, aber außerhalb der Orte im Süden des Landes gibt es riesige Funklöcher.

Die nächstgrößeren Mobilfunker, ***Bell Mobility*** (www.bellmobilty.ca) und ***Telus Mobility*** (www.telusmobility.com), sind (noch) nicht landesweit vertreten.

Kosten - minimierung

Wer auf sein eigenes Handy (mit der heimischen Nummer) wegen der leichteren Erreichbarkeit nicht verzichten möchte, führt ausgehende Gespräche billiger mit Festnetztelefonkarten (➪ Seite 139 unten) vom Hotel oder von öffentlichen Telefonen aus.

Skype

Am günstigsten telefoniert, wer *Laptop* und *Headset* dabei hat, unterwegs mit *Skype*, wo immer **Wifi** verfügbar ist, ➤ Seite 142.

Weinanbau im sonnenreichen Okanagan Valley, das sich durch trockene Sommer mit Temperaturen wie am Mittelmeer und milde Winter auszeichnet

Temperaturen

In Canada werden Temperaturen in °Celsius gemessen, in den USA in °Fahrenheit. Die Formel für die Umrechnung von Celsius in Fahrenheit und umgekehrt lautet:

°Fahrenheit = 32° + 1,8 mal °Celsius

Celsius	–15°	–10°	–5°	0°	5°	10°	15°	20°	25°	30°	35°	40°
Fahrenheit	5°	14°	23°	32°	41°	50°	59°	68°	77°	86°	95°	104°

Uhrzeit

In Canada/in den USA steht »**am**« (*ante meridiem*, vormittags) oder »**pm**« (*post meridiem*, nachmittags) hinter einer Zeitangabe:

9 Uhr = 9 am   21 Uhr = 9 pm

Besonders zu beachten ist:

12.00 Uhr = 12:00 pm oder ***noon***
12.20 Uhr = 12:20 pm
24.00 Uhr = 12:00 am oder ***midnight***
0.20 Uhr = 12:20 am

In **Fahrplänen** stehen »am-Zeiten« häufig in Normalschrift, »pm-Zeiten« in Fettschrift.

W(ireless)-LAN bzw. Wifi

Internetzugang

Die meisten Motels und viele Campingplätze werben mit ***free Wifi*** (***wi****reless* ***fi****delity* = WLAN). Kostenlosen Zugang zum Netz gewähren auch viele Cafés und Restaurants, darunter *Starbucks, McDonald's* u.a.

Umsatzsteuer/Sales Tax

Bis auf wenige Ausnahmen (z.B. Benzin) sind alle in Canada ausgezeichneten Preise Nettopreise. Erst an der Kasse wird im ganzen Land einheitlich die nationale Mehrwertsteuer in Höhe (**GST: *Goods & Services Tax***) von zur Zeit 5% addiert. Hinzu kommt die Umsatzsteuer der jeweiligen Provinz (**PST: *Provincial Sales Tax***), z.B. in BC 7%, in Alberta und Yukon aber 0%, ➪ die Steckbriefe zu den einzelnen Provinzen auf den Seiten 573ff. Die meisten **Lebensmittel** sind *tax exempted*, umsatzsteuerbefreit. In Ontario und den maritimen Provinzen gilt eine sog. ***Harmonized Sales Tax*** (HST statt PST plus GST) mit 13% Steuersatz.

Auf Übernachtungskosten fallen oft gesonderte Zusatzsteuern in Höhe von 4%-10 % an, ➪ Seite 109, und an Flughäfen werden auf Leihwagenkosten bis zu 29% Nebenkosten erhoben, ➪ Seite 63.

Zeitzonen

In **Canada** gelten **6 Zeitzonen**:

- *Newfoundland Standard Time* (nur auf Newfoundland) — MEZ minus 4,5 Stunden;
- *Atlantic Standard Time* (New Brunswick, Nova Scotia und Prince Edward Island) — MEZ minus 5 Stunden;
- *Eastern Standard Time* (Québec, fast ganz Ontario und östliches Nunavut) — MEZ minus 6 Stunden;
- *Central Standard Time* (Manitoba, Saskatchewan und zentrales Nunavat) — MEZ minus 7 Stunden;
- *Mountain Standard Time* (Alberta, NWT und westl. Nunavut) — MEZ minus 8 Stunden;
- *Pacific Standard Time*: (Yukon Territory und BC) — MEZ minus 9 Stunden;

Für **Alaska** gilt die

- *Alaska Standard Time* — MEZ minus 10 Stunden

Beim Übergang von einer Zeitzone zur anderen gibt es nicht immer Hinweisschilder. Auch wenn aus der Karte ein Zeitzonenwechsel klar hervorgeht, muss das nicht heißen, dass die Uhrzeit sich wirklich ändert, ➪ unter »Sommerzeit«.

Zoll

Zum Zoll bei der **Einreise nach Canada** ⇨ Seite 44.

Wer aus Nordamerika **nach Deutschland** zurückkehrt, braucht bis zu folgenden Grenzwerten weder Zoll noch Umsatzsteuer zu entrichten; www.zoll.de:

Mitbringsel im Wert bis zu **€430** (für Reisende unter 15 Jahren nur **€175)**, zusätzlich noch maximal

200 Zigaretten oder **50 Zigarrillos** oder **50 Zigarren** oder **250 g Rauchtabak** (auch ein rechnerisch anteilger Mix aus allen)

1 l Spirituosen (2 l bei unter 22% Alkohol) und **4 l Wein** und **16 l Bier** (Einfuhr nur von Personen ab einem Alter von 17 Jahren)

Bei **Warenwerten bis €700** zahlt man eine **Pauschalabgabe** von 17,5%. Erst darüber kommen die vollen Sätze Zoll (überwiegend gering) zum Tragen, die mit der Warenart etwas variieren, immer aber sind dann 19% Einfuhrumsatzsteuer auf den (nachzuweisenden, sonst wird geschätzt!) Warenwert plus Zoll fällig.

Wer mitgebrachte Waren im Wert über **€430** nicht deklariert und erwischt wird, zahlt neben Zoll und Umsatzsteuern eine deftige Geldbuße, die als Vorstrafe aktenkundig wird. Also Vorsicht!

Abgabenfrei ist nur persönliches Reisegepäck, das der Reisende bei der Ankunft in Europa mit sich führt. Nachgesandtes Reisegepäck ist nicht abgabenfrei.

Waterton Lakes mit dem Nostalgiehotel Prince of Wales in der Morgensonne (Grenze Alberta/USA, *➪ Seiten 303f)*

Reisen durch Canadas Westen und Alaska

Zur Konzeption des Reiseteils

Start in Vancouver, Calgary oder Seattle

British Columbia und die **Nationalparks der Rocky Mountains** in **Alberta** bilden den **touristischen Zentralbereich** des kanadischen Westens. Die meisten Reisenden starten aus diesem Grund in **Vancouver** oder **Calgary**. Wie bereits im Flugkapitel (➪ Seite 55) ausgeführt, kommt auch **Seattle** in den USA als Ausgangs- und/ oder Endpunkt einer Canadareise in Frage, zumal dort die Tarife der Autovermieter (inkl. Steuern) günstiger sind als in Canada. Bei den Campmobiltarifen ist wegen unterschiedlicher saisonaler Abgrenzungen und vieler nicht vergleichbarer Fahrzeugtypen eine generelle Aussage schwerer. Im Einzelfall sind aber auch im Fall der Campermiete in/bei Seattle (*Cruise America/El Monte RV/ Camping World*) durchaus Kostenvorteile gegenüber einer Miete in Canada möglich.

Wer sich für einen **Start ab Seattle** entscheidet, findet auf den folgenden Seiten neben einem Stadtkapitel die Erläuterung der möglichen Anfahrten ab Seattle zu den im Reiseteil beschriebenen Routen durch British Columbia.

Routen durch BC und Alberta

Da **Vancouver** und **Calgary**, die **Nationalparks *Banff*** und ***Jasper*** und einige weitere benachbarte Ziele auf der »Besucher-Wunschliste« ganz oben stehen, konzentriert sich eine Mehrheit der Ur - lauber auf wenige verbindende »Rennstrecken«. Zwar ist das Netz asphaltierter Allwetterstraßen im Westen Canadas und selbst im relativ dicht besiedelten Süden von British Columbia erstaunlich weitmaschig und begrenzt damit die Anzahl reizvoller Alternativen, aber dennoch gibt es sie.

Für den Bereich zwischen Alberta und Vancouver einschließlich Vancouver Island werden in diesem Buch a l l e unter touristischem Aspekt sinnvollen Routen ausführlich beschrieben, darunter auch und besonders Strecken abseits bekannter Hauptpfade.

Canadas Norden und Alaska

Weitere große **Kapitel** beziehen sich auf den **Norden von British Columbia, Yukon** und **Alaska,** ergänzt um einen intensiven Abstecher in die **Northwest Territories**. Da Reisen im »Hohen Norden« sich auch heute noch ein wenig von Fahrten durch die Zivilisation südlich des 60. Breitengrades unterscheiden, wurde den allgemeinen Informationen in den entsprechenden Kapiteln viel Raum eingeräumt.

Trans Canada von Toronto bis Calgary

Für Leser, die ihre Reise durch den Westen Canadas weiter östlich beginnen möchten, wird **eine Ost-West-Route ab Toronto** durch Westontario, Manitoba, Saskatchewan und Alberta bis Calgary vorgeschlagen. Sie ist großenteils identisch mit dem Verlauf des berühmten ***Trans Canada Highway***, beschreibt aber für dessen auch vorhandenen langweiligen Abschnitte bessere Alternativen.

Bewertung von Zielen und Routen

In Anbetracht der vielen reizvollen Ziele und Strecken sowie der – speziell im Norden – großen Entfernungen fällt die Bestimmung der individuell optimalen Reiseroute oft nicht leicht. **Bewertende**

Aussagen erleichtern Ziel- und Routenwahl. Daher beschränkt sich dieser Reiseführer nicht auf die reine Beschreibung, sondern liefert, wo nötig und sinnvoll, auch Beurteilungen. Auch wenn Leser nicht in allen Fällen mit der Einschätzung der Autoren voll übereinstimmen werden, kennen sie nach kurzer Benutzung dieses Buches deren Position und besitzen damit ein brauchbares Entscheidungskriterium.

Spiegelglatter Lake O'Hara im Yoho National Park/ British Columbia

Karten

Alle Karten wurden **eigens für dieses Buch** angefertigt. Sie sind geographisch so korrekt wie möglich, erheben jedoch keinen Anspruch auf Vollständigkeit. Sie enthalten aber mindestens alle wichtigen Straßen, Orte, ***National- & Provincial Parks,*** Gewässer, Sehenswürdigkeiten und Wanderwege, wie sie auch im Text erwähnt werden.

Die **Regionenkarten** sind in erster Linie gedacht zur Orientierung bei der Lektüre dieses Buches. Darüber hinaus leisten sie in **Ergänzung zur separaten Gesamtübersicht** gute Dienste bei der Reiseplanung. Rot gekennzeichnete Straßen entsprechen weitgehend den beschriebenen Routen und möglichen Alternativen.

Die Stadt- und Nationalparkpläne vermitteln ein ausreichend klares Bild von den Gegebenheiten vor Ort; dort bezieht sich die rote Kennzeichnung auf Hauptstraßen. Genaue Ortskarten ersetzen sie nicht. Die gibt es überall gratis in der *Tourist Information*.

Bedeutung der Piktogramme

Auf durchaus subjektiver persönlicher Beurteilung beruhen die **Camping- und Wanderempfehlungen:**

Camping & Wandern

- Die **3 Campingsymbole** im Buchtext weisen auf Campmöglichkeiten hin, welche die Autoren positiv bewerten. Ihre Bedeutung ist klar. Die meisten der durch ein Piktogramm hervorgehobenen Plätze eignen sich sowohl für Campmobile als auch für Zelte.
- Die positive Einschätzung bezieht sich überwiegend auf **landschaftliche Einbettung** und **Großzügigkeit der Anlage,** berücksichtigt aber auch die **Übernachtungskosten**. Die Piktogramme besagen daher, dass der entsprechende Platz die Gebühren unbedingt wert ist oder – bei niedrigen Kosten bzw. Nulltarif – zumindest als akzeptabel eingestuft werden kann. Häufig trifft beides zu: Nicht wenige der schönsten Plätze kosten unter/bis $20 pro Nacht und Fahrzeug.

  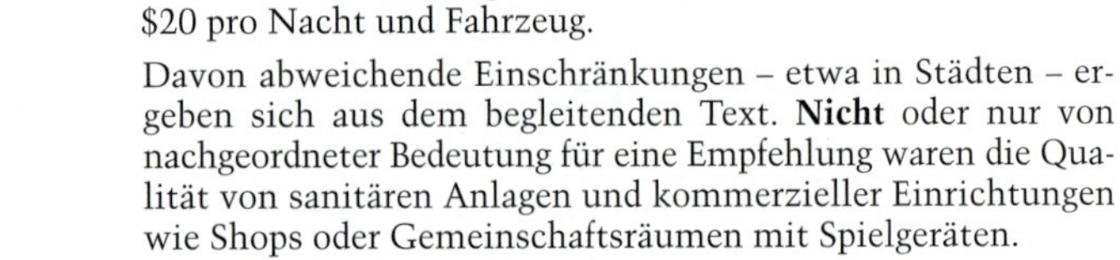

  Davon abweichende Einschränkungen – etwa in Städten – ergeben sich aus dem begleitenden Text. **Nicht** oder nur von nachgeordneter Bedeutung für eine Empfehlung waren die Qualität von sanitären Anlagen und kommerzieller Einrichtungen wie Shops oder Gemeinschaftsräumen mit Spielgeräten.

- Das Wanderpiktogramm findet sich in erster Linie bei empfehlenswerten **Tageswanderungen** von kurzer bis mehrstündiger Dauer. Für weitergehende Empfehlungen ➪ Seite 31.

Unterkunft

Übernachtungsempfehlungen beziehen sich auf außergewöhnliche Unterkünfte, solche mit gutem Preis-Leistungsverhältnis und auf preiswerte Einfachquartiere.

Ein Piktogramm findet sich in einigen Fällen auch dort, wo die Unterkunftssituation nur allgemein beschrieben wird, z.B. durch den Hinweis auf eine Ausfallstraße mit Motelballung. Auf den Seiten 107ff wurde bereits erläutert, was von kanadischen ***Hotels, Motels***, ***Motor Inns*** und ***Bed & Breakfast Places*** zu halten und worauf bei der Reservierung bzw. Buchung zu achten ist.

Fast Food/ Restaurants und Kneipen

Die weiteren Piktogramme sind leicht zu deuten:

Die oberen kennzeichnen die Aussicht auf eine **Kaffeepause**, einen **Drink** oder eine **Kneipe**. Darunter geht's um einen guten Snack oder ***Fast Food*** bzw. um ein empfehlenswertes **Restaurant**. Da die Versorgung auf Reisen in Canada das geringste Problem darstellt, wenn man einmal die grundsätzlichen Gegebenheiten kennt (➪ ab Seite 123), bilden konkrete Hinweise in diesem Buch keinen Schwerpunkt. Die Piktogramme unterstreichen einzelne gute Erfahrungen.

Das Schwimmerpikto bezieht sich auf **Badegelegenheiten** in Seen und Flüssen wie im Ozean. Die Kamera weist auf besondere Standpunkte für ein **optimales Foto** hin.

Nach Canada über Seattle

1. START DER CANADAREISE IN SEATTLE

1.1 Seattle

1.1.1 Ankunft

SeaTac Airport und Start

Der ***SeaTac Int'l Airport*** liegt südlich weit außerhalb von Seattle an der Westküsten-***Interstate #5*** auf etwa halbem Weg zur nächsten Stadt Tacoma – daher die Bezeichnung. Die I-5 durch Seattle in Richtung Norden bietet zugleich die kürzeste **Verbindung nach Vancouver** (ab *SeaTac* ca. 240 km). Die Strecke ist bei normalen Verkehrsverhältnissen inkl. Grenzformalitäten günstigenfalls in guten drei Stunden zu schaffen. Man könnte für die Anfahrt nach Canada auch eine Route durchs Kaskaden-Gebirge wählen und zunächst das Okanagan Valley ansteuern, ➪ Seiten 340ff.

In Frage für alle, die auch Vancouver Island im Programm haben, käme auch eine Fahrt via Tacoma und die *Olympic Peninsula* (dazu mehr ab Seite 170) – mit oder ohne Seattle-Besuch. Man muss also bei Start ab Seattle nicht unbedingt erst einmal nach Vancouver, um die Canadareise zu beginnen.

Besuch von Seattle »einbauen«

Wer aber ohnehin nach Seattle fliegt, wird meist einen Besuch der nordwestlichsten Großstadt der USA nicht auslassen wollen. Der Besuch lohnt sich; zwei Tage sollte man dafür schon einplanen.

Erste Übernachtung in der City

Bei Flug aus Europa in einem Rutsch oder bereits von den USA aus und Ankunft bis zum frühen Nachmittag macht es Sinn, für die **erste Übernachtung ein Hotel in Citylage** zu buchen (➪ Seite 91), um von dort erste Eindrücke zu gewinnen, solange man am ersten (um den jeweiligen Zeitgewinn verlängerten) Tag durchhält.

Von SeaTac nach Downtown Seattle

Mit der ***Link Light Rail*** (Zugang zur Station über die *Skybridge* bzw. die Parkgarage in der 4. Etage; $2,75; www.soundtransit.org) geht es rasch und preiswert ab dem *SeaTac Airport* in ca. 40 min zur ***Westlake Station*** in *Downtown* Seattle. Mit dem **Auto** benötigt man ab der ***Rental Car Station*** in einer der Parkgaragen des Flughafens auf der I-5 rund 30 min, wenn kein Stau besteht.

Erste Übernachtung im Bereich SeaTac

Bei späterer Ankunft wird es voll auf den *Highways* in Richtung *Downtown* Seattle; die verfügbare Restzeit des Tages reduziert sich schnell. Da ist es besser (und oft sogar preiswerter), zunächst im Airportbereich zu übernachten. Wem nach Ankunft noch der Sinn nach ersten Aktivitäten steht, findet in Flughafennähe das hochinteressante ***Museum of Flight*** (➪ Seite 164), das man vom *SeaTac Airport* aber nur als Selbstfahrer mit dem schon bei Ankunft übernommenen Mietwagen oder per Taxi erreicht.

H/Motels Flughafenbereich

Der am Airport vorbeiführende International Blvd (Straße #99) und Nebenstraßen sind dicht besetzt mit Hotels und Motels: vor allem mit Häusern der Mittelklasse. Mit *Discount Coupons* (➪ Seite 110) gibt es dort bisweilen gute Quartiere wie das ***Marriott Courtyard*** oder ***Best Western Plus*** bereits ab $90. Noch näher am Flughafen liegt das ordentliche, auch über deutsche Veranstalter

ab €92 buchbare ***Coast Gateway Hotel***, 18415 Int'l Blvd; © 1-800-716-6199; www.coasthotels.com.

Preiswerter sind generell:

- **Red Roof Inn**, © (206) 248-0901, 16838 Int'l Blvd, ab $80
- **Rodeway Inn**, © 1-800-424-6423, 2930 S 176th St, ab $55
- **Econolodge**, © (206) 824-1350, 19225 Int'l Blvd, ab $65
- **Sleep Inn**, © (206) 878-3600, 20406 Int'l Blvd, ab $75

Gastronomie SeaTac

Ein passendes Restaurant oder eine Kneipe zum Durstlöschen findet sich zum Tagesabschluss ohne Mühe ebenfalls entlang des Int'l Blvd; empfehlenswert ist gegenüber dem ***Coast Gateway Hotel*** das ***Sharp's Roaster & Ale House*** mit 26 Biersorten.

Alaska Airlines bedient via Seattle nicht nur den Heimatstaat, sondern auch weitere Flughäfen im Westen der USA

1.1.2 Orientierung, Information und öffentlicher Transport

Freeways durch Seattle

Drei Autobahnen führen in Nord-Süd Richtung durch *Metropolitan Seattle*. Während die **I-405** als östliche Stadtumgehung für den Durchgangsverkehr konzipiert wurde, tangiert die **I-5** auf über einer Meile unmittelbar das Zentrum. Parallel zur I-5 wurde der ***Highway #99*** ausgebaut und verläuft im Citybereich auf Pylonen doppelstöckig zwischen Elliot Bay und Innenstadt. Nach Osten verbinden die ***Interstate*** **#90** (Seattle-Boston) und **Straße #520** (beide über den Lake Washington) Seattle mit der I-405.

Anfahrt ab SeaTac

Bei Anfahrt mit dem Auto vom *SeaTac Airport* aus sollte man erwägen, das Zentrum von Seattle über die I-405 und #520 anzusteuern (statt auf direktem Weg auf der I-5). Die Fahrt über den Lake Washington auf der ***Evergreen Point Bridge*** und der aus dieser Richtung besonders eindrucksvolle Blick auf die ***Skyline*** der Stadt sind allein schon den Umweg wert. Gleichzeitig bieten sich nach Passieren der Brücke bereits mehrere erste Besuchspunkte an, nämlich ***Washington*** und ***Volunteer Park*** und einige Museen. Die Mehrzahl der weiteren Sehenswürdigkeiten Seattles liegt relativ nah beieinander in ***Downtown*** (zwischen den *Freeways* #99 und I-5 sowie Jackson und Pine Street) oder im ***Seattle Center***, eine gute Meile entfernt vom Geschäftszentrum.

Parken

Wie in den meisten Großstädten gibt es während der üblichen Bürozeiten erhebliche **Parkprobleme**. Für kurzfristige Besuche hat man an der ***Waterfront*/Alaskan Way** und südlich/östlich des ***Pioneer Square*** bzw. nördlich von *Downtown* noch die besten Aussichten auf eine **Parkuhr**. Pkw-Fahrer finden in *Downtown* viele (teure) Parkgaragen. Dank des gut ausgebauten öffentlichen Transportsystems (nächster Absatz) könnte man sein Fahrzeug weiträumig abstellen, etwa auf den großen Parkplätzen rund ums *Seattle Center*. Die beste Übersicht mit aktuellen Tagespreisen gibt es im Web unter www.seattle.bestparking.com (oft abends Sondertarife: z.B. Parken von 17 Uhr bis nach Mitternacht für $5 in unmittelbarer Nähe des *Pike Place Market*).

Mit **Wohnmobilen** sollte man wegen der starken Steigung einiger Ost-West-Straßen mit *Stop-and-go*-Situationen die Innenstadt besser meiden bzw. nur die Nord-Süd-Achsen befahren.

Öffentliche Verkehrsmittel

Vom *Seattle Center* verkehrt eine ***Monorail*** ins Zentrum (Pine Street/5th Ave/*Westlake Center*; *Ticket one-way* $2,25, Kinder 5-12 Jahre $1), ➪ Foto rechts; www.seattlemonorail.com.

Die **City-Busse** (***Metro Transit***) kosten $2,50-$3,00 je nach Entfernung und Tageszeit (2 Zonen 6-9 Uhr und 15-18 Uhr). Außerhalb der genannten Zeiten gilt ein Einheitstarif von $2,25. Abgeschafft wurde leider die lange bestehende Gratisbeförderung im Downtownbereich. Auch verbilligte Tagespässe gibt es nicht mehr. Ohne Monatskarten und sonstige Pässe muss beim Einstieg der exakte Fahrpreis zur Hand sein. Gewechselt wird nicht. Detailinfo unter http://metro.kingcounty.gov.

Eine **Straßenbahn**, die ***South Lake Union Streetcar***, verkehrt zwischen Lake Union und dem *Westlake Center* in *Downtown* mit Anschluss an das Bussystem und *Monorail*. Eine weitere Route, die ***First Hill Streetcar***, soll zwischen *Pioneer Square* und *Capitol Hill* ca. Mitte 2014 in Betrieb gehen; www.seattlestreetcar.org.

Die Distanzen zwischen den wichtigsten Sehenswürdigkeiten der Innenstadt lassen sich aber auch ganz **gut zu Fuß** bewältigen.

Sightseeing einmal anders

Viel Klamauk ist angesagt, wenn es im Amphibienfahrzeug durch Seattles Straßen und über den *Lake Union* geht (***Ride the Ducks***, 90-min-Touren ($28/$17, mit dem nervtötenden »*Quacker*«, einer Plastikente, plus $2) ab der Ecke 5th/Broad Street bei der *Space Needle* oder ab *Westlake Center*. Im Sommer (April-September) täglich 10-17 Uhr mehrere Abfahrten, im Winterhalbjahr nur ab Broad Street; Touren 10-15 Uhr; Reservierung unter ✆ 1-800-817-1116 oder www.rideheducksofseattle.com.

Tourist Information

Das zentrale ***Seattle Visitor Center*** befindet sich im Erdgeschoss des *Convention Center*, 7th Ave/Pike Street, im Sommer täglich 9-17 Uhr, im Winter nur Mo-Fr 9-17 Uhr, ✆ (206) 461-5840 und ✆ 1-866-732-2695; www.visitseattle.org. Hilfreich sind die mit Karten ausgestattete Gratisbroschüre ***Where*** (monatlich mit Veranstaltungskalender) und das ***Seattle Premier Attractions***-Heft mit Rabatt-Coupons.

Parken am Seattle Center und Weiterfahrt per Monorail ins Zentrum erspart Parkplatzsuche in der City. Hier die Bahn bei Ausfahrt aus dem Experimental Music Project

1.1.3 Unterkunft, Camping, Essengehen

Die Tarife von Hotels und Motels variieren in Seattle stark.

Downtown

Preiswerte Unterkünfte gibt es in der Innenstadt fast nicht. Erst in der **Aurora Avenue** nördlich des *Seattle Center* beidseitig des Washington Channel findet man einfache **Motels mit regulären Preisen ab ca. $50-$70**. Je näher man *Seattle Center* und *Downtown* kommt, umso teurer werden die Hotels:

- **Executive Hotel Pacific**, ✆ 1-888-388-3932, 400 Spring Street, ab ca. $120; www.executivehotels.net/seattle
- **Ace Hotel**, ✆ (206) 448-4721, 2423 1st Ave, ab $109, recht einfach, aber durchgestylt: www.acehotel.com
- **Quality Inn Downtown**, ✆ 1-877-424-6423, ab $90
- **Moore Hotel**, ✆ (206) 448-4852, ✆ 1-800-421-5508, 1926 2nd Ave in der Nähe des *Pike Place Market*. Nostalgisches Haus; EZ ab $72; DZ ab $92; www.moorehotel.com
- **Best Western Loyal Inn**, ✆ (206) 682-0200, 2301 8th Ave, gut & zentrale Lage; mit *Coupon* (➪ Seite 110) auch schon ab $79

Hotel Hotline: ✆ 1-800-252-6304; www.seattle.com

Hostels

- **International Hostel (HI)**, ✆ 1-888-622-5443, 84 Union Street, ab $29; unbedingt langfristig reservieren; www.hiseattle.org
- **City Hostel Seattle**, ✆ 1-877-8HOSTEL, 2327 2nd Ave, ab $28 inkl. Wifi; www.hostelseattle.com
- **Green Tortoise Backpackers Hostel,** ✆ (206) 340-1222, 105 Pike Street; $31-$36/Bett inkl. Frühstück/Wifi, EZ/DZ $78; www.greentortoise.net

Bed & Breakfast

Seattle verfügt über eine beachtliche Zahl an ***B&B*-Quartieren**, u.a. als ***House Boat*** auf dem *Lake Union*. Übersicht und Reservierung beim ***Pacific Reservation Service***: www.seattlebedandbreakfast.com bzw. ✆ 1-800-684-2932. Etwas preiswertere Zimmer und sogar Unterkünfte auf Yachten und Hausbooten findet man im Web auch unter www.airbnb.com.

Camping

Einigermaßen citynah lässt sich in Seattle nur auf Privatplätzen campen. Vergleichsweise preiswert (ab $28) und schön gelegen, aber sanitär mäßig, ist der ***Vasa Park*** am Lake Sammamish (mit Strand) unweit der I-90, *Exit* 13 zur West Lake Road, © (425) 746-3260; www.vasaparkresort.com. Unbedingt reservieren, da nur geringe Kapazität; die Tore schließen bei Einbruch der Dunkelheit.

Beide stadtnahen ***State Parks*** verfügen über (graue) **Strände** und **Campingplätze**. Der attraktivere ist ***Saltwater*** südlich von Des Moines, Straße #509 mit dem kleinen Nachteil, dass er unter einer der Einflugschneisen des *SeaTac Airport* liegt. Aber auch nicht schlecht ist ***Dash Point*** an der Straße #509 unweit Tacoma.

Der ***KOA*** **Seattle/Tacoma** ***Campground*** liegt in der Nähe des *International Airport* an der 5801 South 212th Street in Kent, 15 mi südlich vom Zentrum: I-5, *Exit* 152, ca. 2 mi nach Osten auf Orillia Rd; © 1-800-562-1892; ab $48 für *hook-up-sites,* Zelt ab $36; www.seattlekoa.com.

An der Straße #2, schon recht weit entfernt von der City, liegt der ***Wallace Falls State Park***, ca. 20 mi östlich von Monroe.

Restaurants

Das leibliche Wohl kommt in Seattle garantiert nicht zu kurz. In *Downtown* sind (nicht nur) aus touristischer Sicht vor allem folgende Adressen eine gute Wahl:

Der ***Pike Place Market*** mit einer unüberschaubaren Palette von Lokalen jeden Stils und jeder Küche, ➪ folgende Seiten bzw. im Internet: www.pikeplacemarket.org. Im Herzen des Marktes (1517 Pike Place/*Main Arcade*, © 206-624-7166) hat man im Restaurant ***Athenian Inn*** einen tollen Blick über die Elliott Bay.

Auch an der ***Waterfront*** steht ein ***Seafood Restaurant*** am anderen, darunter ***The Crab Pot*** am Pier 57 mit dem legendären *Seafeast*, bei dem die Meeresfrüchte einfach auf den Tisch gekippt werden (Video unter: www.thecrabpotseattle.com). Eine große Auswahl bei zum Teil gehobenerem Niveau findet man im ***Pioneer Square District***. Und nach dem Diner sind es dort nur ein paar Schritte bis zur nächsten **Kneipe** mit *Live Music*.

Seattle Center

Im ***Food Court*** des ***Center House*** (im ***Seattle Center***) findet sich ein vielfältiges Angebot. Feiner und teurer ist das **Drehrestaurant** in der benachbarten ***Space Needle*** samt fantastischer Aussicht über Stadt und Puget Sound; Reservierung empfehlenswert: © (206) 905-2100; www.spaceneedle.com.

Alki Beach

Eine tolle Sicht auf die *Skyline* bietet auch der ***Salty's Seafood Grill*** an der Alki Beach (Sa+So guter, üppiger *Brunch*; © (206) 937-1600; 1936 Harbor Ave SW oder mit Wassertaxi ab Pier 50).

Tillicum Village

Teuren **Lachs** in der authentischen Umgebung eines Indianerdorfes speist man im ***Tillicum Village*** auf Blake Island, ➪ Seite 162. Lachs (und anderes) ohne Folklore und nicht so kostspielig, aber auch in indianisch gestylten Räumen oder auf einer Terrasse am See gibt's in ***Ivars Salmon House*** am Nordostufer des Lake Union, 401 NE Northlake Way unweit der I-5; www.ivars.com.

Im Botanic Garden auf Foster Island im Frühjahr

1

1.1.4 Stadtbesichtigung

Vom Washington Park zum Seattle Center

Anfahrt

Bei Einfahrt nach Seattle auf der Pontonbrücke über den Lake Washington (Straße #520) erreicht man bereits ein Stadtgebiet (*University, Mont Lake* und *Capitol Hill*) mit Sehenswürdigkeiten, deren Besuch empfehlens- oder doch erwägenswert ist.

Burke Museum

Noch auf der Brückenrampe geht es auf der Westseite des Sees rechts ab auf den Montlake Boulevard, der eine gute Meile nördlich auf die 45th Street stößt, an der sich – auf dem Universitätsgelände, Ecke 17th Street – das ***Thomas Burke Memorial Museum*** befindet (10-17 Uhr, $10, Kinder 5-12 Jahre $7,50). Wichtigster Trakt ist die **anthropologische Abteilung**. Sie thematisiert die Völker des pazifischen Raums mit Schwerpunkt auf der nordamerikanischen Westküste. Die **Cafeteria** hat eine schöne Terrasse und Vollwertsnacks; www.burkemuseum.org.

Universitäts - campus und Mount Rainier-Weitblick

Abgesehen davon, dass der beeindruckende Campus der ***University of Washington*** (östlich 15th Ave und südlich 45th St; www.washington.edu, eigenes *Visitor Center*) für viele ohnehin einen Besuch wert sein dürfte, bietet sich vom Brunnen der Hauptplaza bei klarer Sicht ein phänomenaler **Blick auf den** scheinbar nahen, tatsächlich 110 km Luftlinie entfernten, immer **schneebedeckten *Mount Rainier*** südlich der Stadt (= tolles **Fotomotiv** ab Red Square/ *Drumheller Fountain*). Die viel gelobte ***Henry Art Gallery*** an der 15th Ave enttäuscht ein wenig ($10/$6 Eintritt (www.henryart.org).

Foster Island/ Botanic Garden

Geographisch näherliegender als der Abstecher zum Universitäts - gelände wäre, die *Evergreen Bridge* bereits eine Abfahrt unmit - telbar vorher in Richtung Washington Lake Blvd East zu verlassen. Wendet man sich bei Erreichen dieses Boulevards nach rechts (Norden), gelangt man nach ca. 0,4 mi an die 24th Ave, die zum Parkplatz des ***East Montlake Park*** führt. Von dort geht es auf

Tipp: Der Seattle ***CITY PASS*** gilt 9 Tage und beinhaltet den Eintritt in das ***Pacific Science Center***, ***Space Needle***, ***Seattle Aquarium***, ***Experience Music/SciFi Museum***, **Hafenrundfahrt (*Argosy Cruises*)** und ***Museum of Flight*** oder ***Woodland Park Zoo***; Erwachsene $74, Kinder 4-12 $49; www.citypass.com/seattle.

dem wunderbaren ***Foster Island Trail*** (*one-way* etwa 600 m) über Seerosenfelder, Marsh Island und Schilfinseln zum ***Botanic Garden*** auf Foster Island, einem Anhängsel des ***Washington Park***, der sich entlang des Lake Washington Blvd zwischen *Freeway* #520 (*Evergreen Bridge*) und Madison Street erstreckt.

Washington Park

Foster Island, der ***Japanese Garden*** (Eintritt) und ein sehenswertes ***Arboretum*** in Hügellandschaft machen den ***Washington Park*** zum attraktivsten der Stadt. Ohne den beschriebenen Umweg zum Montlake Park/*Foster Island Trail* führt der Lake Washington Blvd East in Richtung Süden direkt in diesen Park zu **Ausgangspunkten für Spaziergänge** durch eine üppige Baum- und Pflanzenwelt; http://depts.washington.edu/uwbg/gardens/wpa.shtml.

Direkt nach Downtown

Vom W*ashington Park* geht es auf der **Madison Street** vorbei am einst alternativen Stadtteil *Capitol Hill* **nach *Downtown*** **Seattle**.

Interlaken Blvd/ Volunteer Park

Man könnte aber auch noch einen kleinen Umweg über den **Interlaken Blvd** anschließen, eine kurvenreiche Parkstraße durch verwunschenen Regenwald mit nostalgischen Anwesen, und ggf. noch einen Abstecher zum ***Volunteer Park*** (15th Ave/Galer Street) einlegen. Im Park stehen das tempelartige ***Seattle Asian Art Museum*** (Ableger des ***Art Museum*** in der 2nd Ave; $7, Kinder 13-17 Jahre $5; Mi-So 10-17 Uhr, Do bis 21 Uhr; sehenswerte Ausstellungen; www.seattleartmuseum.org) und das ***Conservatory*** (einheimische und tropische Pflanzen, Kakteen etc.; Eintritt frei; Di-So 10-16 Uhr). Toller Blick vom alten Wasserturm.

Lake Union/ Bootsmiete

Eine Flotte von **Hausbooten** säumt entlang der Fairview Ave East den Uferbereich des nahen Lake Union nördlich der City. An der Südspitze des Sees liegt der ***Lake Union Park*** (Anfahrt über Fairview Ave North und Valley Street) mit dem ***Center for Wooden Boats***, wo man Kanus, Kayaks, Segel- und Motorboote mieten kann.

Geschichtsmuseum

In der Nordostecke desselben Parks steht das ***Seattle Museum of History & Industry*** (24th Ave/East Park Drive, täglich 10-17 Uhr, Do bis 20 Uhr; $14/$12; bis 14 frei), in dem die Geschichte der Stadt interessant aufbereitet wurde; www.mohai.org.

Fremont Troll

Nordwestlich des Lake Union »residiert« unterhalb der Aurora Bridge (Kreuzung Aurora Ave/North 36th Street) der ***Fremont Troll***, ein 5 m hoher Zementkobold mit VW-Käfer in der »Hand«. Weitere Skulpturen stehen an der Fremont Ave/N 34th Street.

Seattle Center

Von dort wie auch bei der Anfahrt über die Ostseite des Lake Union liegt es nahe, zunächst dem ***Seattle Cente*r** einen Besuch abzustatten, bevor man sich *Downtown*, der *Waterfront* und der Altstadt zuwendet (Übersichtskarte auf www.seattlecenter.com/downloads/sc_map_color_gates.pdf. Dieser einstige Weltausstellungskomplex zwischen Mercer und Broad Street wurde über die Jahre zu einem ***Entertainment Center*** umgestaltet, wo neben ständigen Attraktionen viele wechselnde Veranstaltungen stattfinden. Eines der größten Ereignisse ist am ersten Wochenende im September das ***Bumbershoot Arts Festival***, www.bumbershoot.org. Drei Tage lang (Sa-Mo) läuft dann ein Musik- und Theaterprogramm.

Seattle
0 500 m
N
45th St.
Burke Museum (Indianerkultur)
University of Washington
Henry Art Gallery
Campus
15th Ave.
Montlake Blvd.
Pacific St.
Fremont Ave.
Aurora Ave.
36th St.
34th St.
Fremont Troll
Aurora Bridge
Ivars Salmon House
GAS WORKS PARK
Union Bay
East Montlake Park
Marsh Island
Botanic Garden
Foster Island
Evergreen Bridge
520
WASHINGTON PARK
Hausboot Siedlung
Lake Union
Fairview Ave. East
10th Ave. East
Interlaken Blvd.
24th Ave. East
Lake Washington Blvd.
ARBORETUM
Parkside Dr.
SEATTLE CENTER
1 Space Needle
2 Science Center
3 Monorail Station
4 Armory Center House
5 Key Arena
6 Exhibition Hall / McCaw Hall
7 Stadium
8 EMP Museum
9 Chihuly Gardens
Kerry Park
Museum of History and Industry
Lake Union Park
Bootsverleih
Fairview Ave. North
Conservatory
E Galer Street
VOLUNTEER PARK
Asian Art Museum
Japanese Garden
Aloha St.
Valley St.
Highland Dr.
Mercer St.
CAPITOL HILL
Queen Anne Ave.
Broad St.
Broadway
15th Ave.
23rd Ave. East
Madison Street
Denny Way
DOWNTOWN SEATTLE
10 Monorail Station (Westlake Center)
11 US Bank Centre
12 One/Two Union Square
13 Convention Center und Visitor Information
14 1201 Third.com
15 Wells Fargo Center
16 Pike Place Market
17 Seattle Aquarium
18 Klondike Museum
19 Smith Tower
20 Rainier Tower
21 Columbia Center Skyview Observatory
22 Seattle Municipal Tower
23 Seattle Art Museum
Stewart St.
5th Ave.
Battery St.
Monorail
2nd. Ave.
Alaskan Way / Waterfront
Pine St.
Pike St.
Madison Street
Seattle University
FREEWAY PARK
Pier 69 (Victoria Clipper)
WATERFRONT PARK
Boren Ave.
Fähre nach Bremerton/ Brainbridge Island (Winslow)
Pier 52
Pier 48
Jackson St.
Pioneer Square Historical District
CHINATOWN
CenturyLink Field Stadion
Rainier Ave.
99
5
90
Seatac Airport

Space Nedle

Als Wahrzeichen der Stadt gilt die 184 m hohe ***Space Needle***, eine elegante Stahlkonstruktion mit Aussichtsplattform und -restaurant (beim Haupteingang Broad Street und der Station der *Monorail* zur Innenstadt). Vom ***Observation Deck*** (Auffahrt $11-$24, Kinder 4-12 Jahre $9-$15; www.spaceneedle.com, eine sehr attraktive Homepage) genießt man einen fantastischen Blick über Seattle und den *Puget Sound*, bei guter Sicht auch auf die *Olympic Mountains* und die Kaskadengipfel *Mount Rainier* und *Baker*.

EMP Museum

Genial wirkt der futuristische Komplex gleich nebenan. Das ***EMP*** (***Experience Music Project***) mitsamt ***Science Fiction Museum*** und *Hall of Fame*, einst gedacht als *Jimi Hendrix Museum*, wurde zu einem interaktiven musikalischen (*Rock'n Roll-*) Abenteuer der Extraklasse umfunktioniert (täglich 10-19 Uhr, Winter 10-17 Uhr; $17, Kinder 5-17 $14, *online* $15/$12; www.empmuseum.org).

Chihuly Garden

Der erst 2012 eröffnete ***Chihuly Garden of Glass*** birgt eine Sammlung gigantischer Glaskunstwerke, sehr beeindruckend in Szene gesetzt in dunklen Räumen sowie in Form von Riesenblüten und Gewächsen im Garten unterhalb der *Space Needle*. Unbedingt sehenswert, auch wenn nicht eben billig: $19/$17/$12 (als Kombiticket mit der *Space Needle* etwas günstiger) So-Do 11-19 Uhr, Fr+Sa bis 20 Uhr; www.chihulygardenandglass.com.

Science Center

Sehenswert ist für manchen sicher auch das ***Pacific Science Center*** (10-17/18 Uhr; $18/$16, 6-15 Jahre $13; www.pacificsciencecenter.org). Es beherbergt ein eher auf Jugendliche zugeschnittenes Wissenschaftsmuseum experimentellen Typs inkl. technischem Kinderspielplatz. IMAX-Kino, Schmetterlingshaus und das *Willard Smith Planetarium* mit *Lasershows* ergänzen das Angebot.

Fototipp!

Die **klassische Aussicht** auf die *Space Needle* mit Seattles *Skyline* und dem schneebedeckten *Mount Rainier* im Hintergrund hat man vom sonst nicht weiter aufregenden ***Kerry Park*** (211 West Highland Drive) nordwestlich des Zentrums. Am schönsten ist der Blick von dort bei Dunkelheit.

Seattle Waterfront mit »Great Wheel« und Space Nedle im Hintergrund

Downtown Seattle, Pike Place und Waterfront

Downtown: Rundfahrt oder Rundgang

Um sich zunächst einen **Überblick** vom zentralen Seattle zu verschaffen, wäre eine Fahrt an den Piers entlang, verbunden mit einer »Runde« durch *Downtown* ein guter Einstieg. Vom *Seattle Center* führt die Broad Street hinunter zum *Alaskan Way*. Zurück ginge es dann z.B. über Yesler Way (ab Pier 48)/James Street und die 4th oder 6th Ave. Wer per ***Monorail*** ins Zentrum fährt, hat auch von der Endstation ***Westlake Center*** einen guten Start.

Hochhäuser

Architektonisch auffällige Hochhäuser sind u.a.:

- ***Columbia Center*** (Columbia St/5th Ave) das höchste Gebäude von Seattle (295 m) mit *Observation Deck* in der 73. Etage ($9); www.skyviewobservatory.com
- ***1201 Third Avenue Tower*** (Seneca Street/3rd Ave) 235 m; www.1201third.com
- ***Two Union Square*** (Union St/6th Ave) 226 m; www.unionsquareseattle.com
- ***Seattle Municipal Tower*** (Cherry Street/6th Ave), 220 m; www.seattlemunicipaltower.com

Ein echter »Hingucker« ist auch der »windschiefe« Glaspalast der ***Seattle Central Library*** an der 1000 4th Avenue.

Convention Center

Zwischen Seneca und Pike Street wurde die I-5 komplett überbaut vom ***Freeway Park***, einer grünen Betonkreation mit Wasserspielen (dort gratis Wifi; www.seattle.gov/parks/parkspaces/freewaypark.htm), und dem Glaspalast des ***Convention Center*** mit vielen beachtlichen **Kunstwerken** (www.wscc.com). Im Parterre (Zugang Pike Street) befindet sich die ***Visitor Information***, ➪ Seite 152.

Shopping/ Malls

Ebenfalls viel Glas, Licht und Grün zeichnet das mehrstöckige Einkaufsparadies ***Westlake Center*** aus (Pine Street/5th Ave; www.westlakecenter.com); dort auch ***Thomas Kinkade Gallery*** (www.thomaskinkadegallery.com) mit Werken eben dieses Künstlers. Benachbart sind die Kaufhäuser ***Macy's*** und ***Nordstrom***. Neben letzterem befindet sich die ***Pacific Place Mall*** (www.pacificplaceseattle.com) mit einem riesigen ***Barnes & Noble Bookshop***. Ein weiteres *Shopping Center* ist ***Century Square*** (Pike St/4th Ave).

Kunstmuseum

An der Ecke First Ave/University Street steht der klotzige Bau des ***Seattle Art Museum***. Die Kollektion – u.a. indianische, afrikanische Kunst, moderne Amerikaner – ist nicht hochklassig, aber gut präsentiert. Geöffnet Mi-So 10-17 Uhr, Do und Fr bis 21 Uhr; Eintritt $19,50, Kinder 13-17 Jahre $12,50; www.seattleartmuseum.org.

Auffällig ist der 15 m hohe *Hammering Man* vorm Eingang des Museums; die gleiche Skulptur ziert den Vorplatz der Messe Frankfurt. Zum Kunstmuseum gehören auch die zahlreichen Skulpturen im ***Olympic Sculpture Park*** an der Elliot Bay nördlich des Pier 70.

Hinter dem *Art Museum* an der Ecke 2nd Ave/University steht die beachtliche ***Benaroya Concert Hall*** (www.seattlesymphony.org/benaroya).

Unübersehbar hoch über der Waterfront befindet sich der Pike Place Market

Ein absoluter Publikumsmagnet ist in *Downtown* der ***Pike Place Market***, einer der besten Dauermärkte der USA, Haupteingang am Ende Pike Steet oberhalb des Alaskan Way (*Hwy #99*); Mo-Sa 9-18 Uhr, So 9-17 Uhr, www.pikeplacemarket.org.

Im Kern handelt es sich um einen belebten Obst-, Gemüse- und Fischmarkt (www.pikeplacefish.com), insgesamt um einen Riesenkomplex mit mehreren Stockwerken, Innenhöfen und Arkaden voller Shops, Galerien, Restaurants und Kneipen, der einen großen Block besetzt. Am 1912 Pike Place befindet sich der im April 1971 eröffnete, weltweit erste *Starbucks Coffee Shop*.

Waterfront

Unterhalb der hochgelegenen Innenstadt gilt ein Abschnitt des Alaskan Way von etwa 2 km Länge zwischen Pier 50 und Pier 70 als *Waterfront*. Ausrangierte Piers wurden mit Restaurants, *Fast Food Eateries*, Boutiquen, Giftshops etc. bestückt. Besuchenswert ist in erster Linie das ***Seattle Aquarium*** (www.seattleaquarium.org) am Pier 59, das die Unterwasserwelt des Pazifiks thematisiert; 9:30-17 Uhr, $22, 4-12 Jahre $14.

Neueste Attraktion ist das erst 2012 eröffnete, 53 m hohe ***Great Wheel*** am Pier 57. Die Fahrt (12 min) in der klimatisierten Riesenradgondel kostet $13/$11 bzw. $8,50 für Kinder unter 11 Jahren; http://seattlegreatwheel.com.

Fähr - terminal

Gleich südlich der *Waterfront*-Kommerzkonzentration legen vom **Fährterminal am Pier 52** mehrfach täglich die Autofähren in Richtung nach **Bremerton** (60 min) und **Bainbridge Island** (35 min) ab, die sich für Fahrten in Richtung *Olympic National Park* als Abkürzung zur Straße über Tacoma anbieten (➪ Seite 170); www.wsdot.wa.gov/ferries.

Die Fähren zu den ***San Juan Islands*** sowie der ***Victoria Clipper*** nach Vancouver Island (➪ Kasten Seite 166) starten vom **Pier 69**.

Seattles Geschichte und Klima

Die **Ursprünge** des heutigen Seattle liegen nur 125 Jahre zurück: 1889 brannte die damals 30 Jahre junge 20.000-Seelen Stadt bis auf die Grundmauern nieder und wurde beim Wiederaufbau um rund 10 m »geliftet« (➪ *Underground Tours, Seite 162*). Die große Stunde Seattles schlug im letzten Jahrzehnt des 19. Jahrhunderts. Die Fertigstellung (1893) des nördlichsten transkontinentalen Schienenstrangs durch die USA kam gerade recht, um den Hafen an der Elliott Bay ab 1896 für ungezählte Abenteurer zum Hauptausgangspunkt der Reise in die Goldrauschgebiete am Klondike River und in Alaska zu machen und gleichzeitig in die weitere Versorgung des hohen Nordens einzusteigen. Der Schiffbau florierte und Seattle wurde zur maritimen Drehscheibe für den nördlichen Pazifik, später das **Luftkreuz** der Region. Der größte Teil der dort startenden und landenden Flugzeuge wird in der Stadt selbst und im nahen Everett gebaut.

Boeing ist bedeutendster Arbeitgeber nicht nur in Seattle, sondern aller Nordweststaaten (geführte Besichtigung von *Boeing*, ➪ Seite 164). Eine seinerzeit international noch größere Beachtung findende **Weltausstellung** brachte der Stadt 1962 wichtige ökonomische und infrastrukturelle Impulse, die ihr Erscheinungsbild stark veränderten. Das *Seattle Center* und großangelegte Maßnahmen der Innenstadtsanierung gehen darauf zurück.

Wer mehr zur Geschichte von Seattle wissen möchte, kann sich ausführlich unter www.historylink.org informieren.

Die ca. 640.000 Einwohner (Großraum ca. 3,4 Mio) der nordwestlichsten City der USA leben auf einer im zentralen Bereich gerade mal 4 km breiten, hügeligen Landenge zwischen einem tief nach Süden reichenden Meeresarm, dem ***Puget Sound***, und dem fast 30 km langen Binnensee ***Lake Washington***. Die **Kaskaden** im Osten mit über 3000 m hohen Gipfeln und die ***Olympic Peninsula*** mit dem gleichnamigen Gebirge und Nationalpark im Westen bewahren die Stadt vor extremen klimatischen Ausschlägen. Warmes Wetter mit Tagestemperaturen über 20°C bis 25°C und selten darüber kennzeichnet die Monate Mai bis September. Im Juli und August zählt Seattle im Schnitt nur gerade je vier Regentage mit Gesamtniederschlägen von ganzen 20-30 mm im Monat. Im milden nahezu frostfreien Winter, in dem es kaum schneit, regnet es dagegen von November bis März jeden 2. Tag.

Keine andere US-Großstadt bietet ihren Bewohnern mit Salz- und Süßwasserrevieren samt Inselwelt ringsum und Berglandschaften unterschiedlichster Charakteristik ähnlich viele Möglichkeiten für Sommer - aktivitäten und Wintersport.

Indian Village

Zum ***Tillicum Indian Village***, einem Museumsdorf auf **Blake Island**, geht es **per Boot ab Pier 55**; $79/Person inkl. Lachsessen und Tanz-Vorführung (bis 12 Jahre nur $25; ohne Folklore und Buffet $40/$15), © 1-888-623-1445; www.tillicumvillage.com.

Pioneer Square Historical District

Pioneer Square

Gleich hinter Pier 50 erstreckt sich bis zur 5th Ave und zwischen Yesler Way und King Street der ***Pioneer District*** mit vielen Backsteinfassaden. Die einstige Altstadt von Seattle wurde 1889 durch einen Großbrand vernichtet und später herausgeputzt, begrünt und mit Restaurants, Bars, Antiquitätenläden, Galerien und vielen Shops wiederbelebt; www.pioneersquare.org.

An der Ecke 1st Ave/Main Street findet man ***Elliott Bay Book & Café***, fast schon eine Bibliothek mit einem überwältigenden Sortiment an Büchern, speziell zur Region Seattle.

Einen Block weiter, Ecke Main Street/2nd Ave rauscht Wasser über Felsen im ***Waterfall Garden Park***, ein Kleinod des Viertels.

Klondike Gold Rush Historic Park

Unbedingt besuchen muss man das ***Visitor Center & Museum*** des ***Klondike Gold Rush National Historical Park*** an der 319 2nd Ave (täglich 9-17 Uhr, Eintritt frei, © (206) 220-4240; www.nps.gov/klse). Laufend zeigt man dort Filme zum Goldrausch der Jahrhundertwende, für den Seattle für die Einschiffung der Prospektoren gen Norden eine Hauptrolle spielte. Die Dokumentation samt Exponaten im Kellergeschoss ist aufschlussreich.

Glasbläser

Von dort sind es nur ein paar Schritte bis zum ***Glasshouse Studio*** (311 Occidental Ave; http://www.pioneersquare.org/go/glasshouse-studio), wo man Glasbläsern bei der Arbeit zuschauen kann.

City unter der City

Wer sich für die Geheimnisse der »City unter der City« interessiert, kann an einer ***Underground Tour*** teilnehmen, die am *Pio - neer Square Park* startet (608 1st Ave; 4-10x täglich, $17, 13-17 $14, 7-12 $9; © (206) 682-4646; www.undergroundtour.com). Sie führt durch Bereiche der Stadt, die 1889 abbrannten, aber unter dem darüber aufgebauten neuen Seattle teilweise erhalten blieben.

Smith Tower (100-Jahr-Feier am 4. Juli 2014)

Gleich nebenan an der Ecke 2nd Ave/Yesler Way steht der ***Smith Tower*** in nostalgischem Kontrast zu den nahen Hochhäusern. Das neoklassizistische »Türmchen« war bei Fertigstellung 1914 ***Tallest Building West of the Mississippi*** und besitzt heute ein öffentlich zugängliches *Oberservation Deck* im 35. Stockwerk; $7,50; http://smithtower.com.

Kneipenviertel

Während tagsüber die Altstadt den Touristen gehört, überwiegen abends die Einheimischen. Nirgendwo sonst in Seattle findet man vergleichbar viele **Kneipen mit *Flair* und *Live Music***.

Safeco Field

Südlich des *Pioneer District* steht die riesige Mehrzweckarena ***Safeco Baseball Field*** mit »Schiebedach« für Schlechtwettertage. Dieser selbst für amerikanische Verhältnisse enorme Komplex kann 2-3x täglich besichtigt werden, $10/$9, Kinder 3-12 Jahre $8; http://seattle.mariners.mlb.com/sea/ballpark.

International District

Südöstlich hinter dem *Pioneer Square* befindet sich der *International District*, manchmal auch als ***Chinatown*** bezeichnet, Zufahrt über Jackson oder Main Street. Aber die verstreuten asiatischen Fassaden, Restaurants und Spezialitätenshops vermitteln keine exotische Atmosphäre wie z.B. Vancouvers *Chinatown*. Aber vielleicht sieht man das anders nach einer ***Chinatown Discovery Tour***, außer So täglich 2-3x, Dauer 90 min, $18/$16, bis 11 Jahre $11, © (206) 623-5124; www.seattlechinatowntour.com.

Parks rund um die City

Uferparks und Strände

Sehenswürdig- und Annehmlichkeit zugleich sind Seattles **Uferparks** an **Puget Sound** und **Lake Washington**. Eine Fahrt etwa auf dem Washington Blvd vom inselartigen ***Seward Park*** im Süden bis zur Union Bay führt – vorbei an Badestränden, Picknick- und Spielplätzen und Marinas – durch beneidenswerte Wohnviertel. Unterhalb der Brücke über den See (I-90: *Sunset Highway*) passiert man den **Wasserflughafen**.

Von den **Salzwasserparks** beeindrucken ***Seahurst*** und vor allem ***Alki Park***, beide mit beliebten Stränden. Eine **schöne seeseitige Rundfahrt** in West-Seattle führt über den Fauntleroy Way hinunter zum attraktiven ***Lincoln Park*** (Jogging und Fitness Parcours, Steilufer, darunter Strand) und folgt von dort dem Beach Drive SW und der Alki Ave. Besonders empfiehlt sich die Fahrt dorthin zum **Sonnenuntergang**.

Northwest Seattle

Den riesigen, weitgehend naturbelassenen ***Discovery Park*** im nordwestlichen Stadtteil Magnolia unterhalb der *Shilshole Bay* durchziehen **Wildnis-Wanderwege**. Das ***Daybreak Star Indian Cultural Center*** in der Nordecke des Parks dient im Wesentlichen kulturellen Veranstaltungen, präsentiert aber auch indianische Kunstobjekte; www.unitedindians.org/daybreak.html.

West Point Lighthouse am Strand des Discovery Parks. Im Hintergrund erkennt man schemenhaft die Olympic Mountains

Ein Abstecher dorthin lohnt nur in Verbindung mit einem Besuch des Parks oder der ***Chittenden Locks***: Zufahrt diesseits des ***Lake Washington Ship Canal***, der den *Puget Sound* und die Binnenseen verbindet, über den Commodore Way zum *Commodore Park*. Die Schleusenanlage liegt am nördlichen Ufer des Kanals, kann aber auch von Süden her besichtigt werden. Über eine vielstufige **Fischleiter mit Sichtfenstern** (interessant speziell beim Lachsauftrieb im Juli/August) und eine Staumauer führt ein Fußweg auf die andere Seite; www.seattle.gov/tour/locks.htm.

Golden Gardens Park

Mit Fahrzeug gelangt man über die *Ballard Bridge* und die Market Street zu den *Locks*. Bei Fortsetzung der Fahrt in Richtung Küste passiert man an der **Seaview Ave** die größten Marinas der Stadt und erreicht dahinter die eher unattraktiven Strände des ***Golden Gardens Park***. In diesem Teil der City ist der **Green Lake** mit seinen Stränden und Parks rundum einladender. Zum angrenzenden ***Woodlands Park*** gehören der ***Zoo*** und Rosengarten.

Hinweis

Von **Edmonds**, noch etwas weiter nördlich, kann man per Autofähre nach **Kingston** übersetzen und auch auf diesem Weg über die Olympic Peninsula Vancouver Island ansteuern (➪ Seite 164); www.wsdot.wa.gov/ferries.

Flugzeugmuseen und Boeing-Werke

Flugzeug Museum

Eine wichtige, bereits eingangs erwähnte Sehenswürdigkeit gerade in Seattle liegt unweit des *SeaTac Airport*. Das ***Museum of Flight*** (tägl. 10-17 Uhr; \$19/\$16, Kinder 5-17 \$11; www.museum of flight.org). Sowohl vom Flughafenbereich wie auch von Seattle aus geht es über die I-5 zum *Exit* #158. Von dort ist die Weiterfahrt zum Museum ausgeschildert.

In der lichten Glashalle und draußen im ***Airpark*** fanden über 150 Flugzeugtypen vom Doppeldecker der Frühzeit bis zum modernen Abfangjäger Platz, darunter eine ***Blackbird SR71***, eine ältere ***Air Force One*** sowie eine ***Concorde*** (Sonderführungen). Zu den neueren Errungenschaften zählt eine ***Fieseler Fi 103*** aus dem letzten Weltkrieg; 9404 East Marginal Way South, © 1-800-833-6384.

Boeing-Werke in Everett

»No cameras please!«

Die ***Boeing Typen*** *747*, *767*, *777* und der neue **Dreamliner** werden in **Everett**, 25 mi nördlich von Seattle, montiert (4 mi westlich der I-5, *Exits* 186 oder 189; www.boeing.com). Wer ohnehin auf der I-5 in Richtung Vancouver unterwegs ist, kann den kleinen Umweg von der *Interstate* leicht einbauen.

Die ***Boeing Tour*** startet vom ***Future of Flight Aviation Center***, einem brillanten Museum der zivilen Luftfahrt, durch riesige frei - tragende Montagehallen. Im Sommer täglich 8:30-16 Uhr zu jeder halben Stunde; Dauer 90 min. **\$20/\$18 inkl.** ***Aviation Center***, Kinder unter 1,22 m sind nicht zugelassen; \$14/\$10. Reservierung sinnvoll (zudem noch \$2 billiger) unter © 1-800-464-1476 oder unter www.futureofflight.org. Die ***Flight Aviation Center Gallery*** ohne Tour kostet \$10 Eintritt.

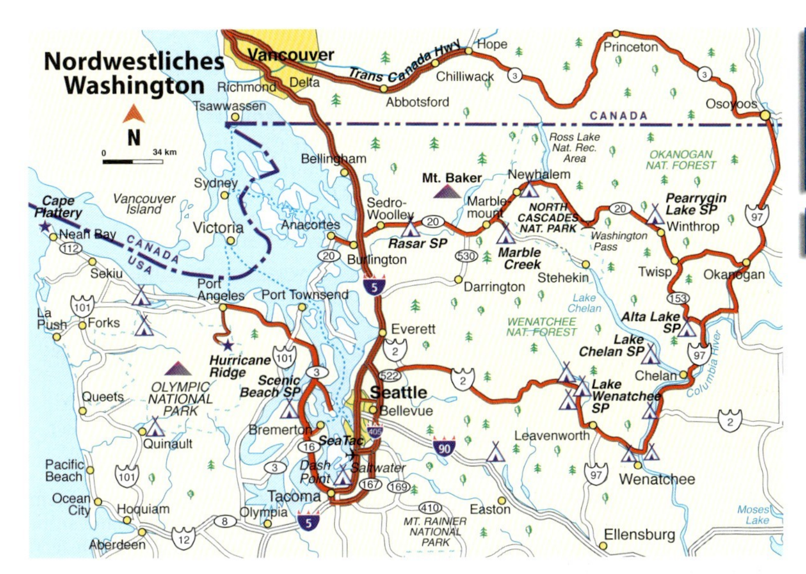

1.2 Routen von Seattle nach Canada

1.2.1 Auf dem Landweg

Auf der I-5 direkt nach Vancouver

Ein Blick auf die Karte zeigt: Nach Canada ist es nicht weit. Die kanadische Grenze (White Rock) liegt nur ca. 175 km von Seattles Innenstadt und 200 km von *SeaTac* entfernt. Ins Zentrum von Vancouver sind es dann noch ca. 40 km. Wie bereits eingangs erwähnt, sind die 240 km inklusive Grenzformalitäten unter günstigen Bedingungen in gut drei Stunden zu schaffen (bei *Speed Limit* 65 mph bzw.104 kmh, streckenweise weniger). Ab *Downtown* Seattle sogar noch darunter. Aber die Warte- und Einreise-Prozedurzeiten an der Grenze sind manchmal lang.

An der Strecke liegt Everett mit dem ***Boeing Flight Aviation Center*** (➪ links unten). Der kleine Abstecher dorthin lohnt sich.

Über die Kaskaden ins Okanagan Valley

Alternative Routen

Zwei pittoreske Routen von Seattle nach Canada führen durch die Kaskaden und jenseits des Gebirges durch eine völlig andere Klimazone. Bis zur kanadischen Grenze bei ***Osoyoos*** (➪ Seiten 344f) sollte man dafür wegen langer Fahrtzeiten (kaum unter 8 Stunden, in beiden Fällen rund 300 mi/480 km) unbedingt zwei Tage einplanen. In Anbetracht der schönen Strecken mit vielen Anlässen für kurze und längere Zwischenstopps sind drei Tage nicht zu viel.

Seattle-Vancouver mit öffentlichen Verkehrsmitteln

Man kann für den Transport von Seattle nach Vancouver oder Victoria auf Vancouver Island natürlich auch öffentliche Verkehrsmittel nutzen:

Relativ zahlreich sind die täglichen **Flüge** von ***Air Canada*** und diversen ***US-Airlines*** **nach Vancouver.** Von Seattle **nach Victoria** fliegt mehrmals täglich ***Horizon Air***. Wer fliegen möchte, sollte das Ticket für den Weiterflug zusammen mit dem Transatlantikflug buchen, denn der separat gekaufte grenzüberschreitende Flug ist unverhältnismäßig teuer für die kurze Strecke.

Gleich mehrere **Buslinien** (www.quickcoach.com; www.gotobus.com, www.amtrak.com) verkehren von *SeaTac* und *Downtown* Seattle nach Vancouver. Die einfache Strecke kostet ab $43, Fahrtzeit 3-4,5 Stunden.

Wer die Eisenbahn bevorzugt, braucht exakt 4 Stunden und zahlt dafür $40 bei zwei Abfahrten täglich; mehr unter www.amtrak.com.

Für Leute ohne Auto gibt's den Catamaran ***Victoria Clipper***, der von Seattle im Sommerhalbjahr 2x-3x täglich nach Vancouver Island und zurück düst. Fahrtzeit ca. 3 Stunden, Ticketkosten $91-$96; www.clippervacations.com.

Alternative 1: Straße #2

Von Everett aus durchquert die **Straße #2** die Kaskaden in einem weniger hochgelegenen Bereich (*Stevens Pass* 1230 m) und stößt bei Wenatchee auf die langgestreckten Stauseen des mächtigen Columbia River. Von Seattle steuert man die #2 am besten über Bellevue auf der I-405 North an: *Exit* 23, dann Straße #522 bis Monroe. Ab dort geht es am Skykomish River entlang durch eine herrliche Gebirgslandschaft. Camper finden an dieser Strecke mehrere schön gelegene Übernachtungsplätze.

Bayern in den USA

Am Ostabhang der Berge passiert man **Leavenworth**, das sich zum ***Bavarian Village*** erklärt hat: ***Just like Bavaria, but so close***. Die Fassaden in diesem Städtchen sind bayrischer Architektur nachempfunden, und die Hotels tragen Bezeichnungen wie ***Enzian Inn*** und ***Ritterhof***. Das Preisniveau beginnt dort bei ca. $80 fürs DZ; www.leavenworth.org. Auch die Gastronomie orientiert sich am bayrischen Vorbild, was Restaurantnamen, Einrichtung und Speisekarte betrifft (Sauerkraut, Knodel, Wurst und Leberkas).

Östlich der Kaskaden

Da das flache bis hügelige Land östlich der Kaskaden nur geringe Niederschläge verzeichnet, unterscheidet sich der Charakter des zentralen Washington klimatisch erheblich von der Westregion. Wärme und reichlich Sonnenschein warten von Mai bis Oktober.

Beidseitig des Lake Entiat (Stausee des Columbia River) führen die **Straßen #97** oder **#97A** weiter in Richtung Canada.

Lake Chelan

Touristischer Zentralort der Region mit allen Einrichtungen für kommerzielle Ferienfreude (zahlreiche Hotels/Motels) ist **Chelan**, 35 mi nördlich von Wenatchee am Südende des gleichnamigen Sees, der 80 km in die Kaskaden hineinragt. Der von Hochgebirge eingerahmte See mit seinen vielen Meilen einsamer Ufer, ungezählten Buchten und Anlegestellen gilt als eines der schönsten Bootsreviere des Nordwestens; www.lakechelan.com.

Zum **Baden** und **Campen** eignet sich gut der ***Lake Chelan State Park***, ca. 8 mi westlich; www.stateparks.com/lake_chelan.html.

Per Boot in den Kaskaden Park

Am Nordende des Sees liegt die Siedlung **Stehekin**, Ausgangspunkt für Wanderungen ins Hochgebirge. Die ***Lady Express*** fährt ganzjährig nach Stehekin (retour 6 Std.), in der Hauptsaison zusätzlich die ***Lady of the Lake*** (retour 9,5 Stunden). Mit welchem Boot auch immer, ein toller Trip: www.ladyofthelake.com.

Weiter auf der #97 nach Canada

Auf der Straße #97 geht's auch wieder weiter, zunächst 30 mi am Columbia River und dann die letzten 75 mi bis zur kanadischen Grenze am Okanogan River entlang durch eine nun nicht mehr besonders attraktive Landschaft und nur noch kleine Ortschaften. Knappe 5 mi nördlich der Grenze erreicht man **Osoyoos** und damit die südlichste Route durch British Columbia, ➪ Seite 344.

Der immer schneebeckte Mount Baker überragt den äußersten Nordwesten Washingtons und den Puget Sound

Alternative 2: Straße #20

Die **Straße #20** durchschneidet weiter nördlich das Hochgebirge des ***North Cascades National Park***. Die Anfahrt von Seattle läuft für die ersten 65 mi (100 km) über die I-5. In Burlington, *Exit* 229, geht es dann auf die #20 nach Osten. Ein erstes ***Visitor Center*** für den Nationalpark passiert man bereits in Sedro Woolley an der #20; www.nps.gov/noca. Von dort und auch schon von der I-5 liegt sehr eindrucksvoll der **Mount Baker** im Blickfeld, nördlichster der ganzjährig schneebedeckten Kaskadenvulkane.

Von **Marblemount** am Westrand des Gebirges führt die *Cascade River Road* (geteert) in den Nationalpark hinein. 8 mi östlich der #20 erreicht man den ***Campground Marble Creek***. Er liegt im dichten Regenwald und gehört zur Einfachkategorie, bietet aber ganz am Ende des Platzes am Wildbach absolutes Naturerlebnis.

North Cascades National Park

Die hier *North Cascades Highway* genannte Straße #20 führt durch die ***Ross Lake National Recreation Area***, die den Nationalpark in ein Nord- und Südareal teilt. Ein ***Visitor Center*** befindet sich bei Newhalem, außerdem ein *Info Center* von *Seattle City Lights*, dem Betreiber der Wasserkraftwerke des hier dreifach gestauten Skagit River.

Etwas weiter östlich passiert man die Dämme des **Diablo** und **Ross Lake**. Letzterer ist – abgesehen von Zufahrten zu Marinas – nur per Boot oder auf Wanderwegen zugänglich.

In Newhalem und am Lake Diablo gibt es diverse ***Campgrounds***; der beste ist ***Colonial Creek*** am *Thunder Creek Arm* des Sees.

Washington Pass

Durch grandiose Gebirgslandschaft geht es über den ***Washington Pass*** (ca. 1600 m) auf etwa halber Strecke zwischen Diablo und Winthrop am Fuß der Berge. Die Auffahrt zum ***Pass Overlook***, einem grandiosen Aussichtspunkt, sollte man nicht auslassen.

Winthrop

In Winthrop warten einige originelle **Fotomotive**, denn der Ort – obwohl ohne Wildwest-Vergangenheit – hat sich einen typischen ***Western Town-Look*** zugelegt. Am Abend ist dort dank einer Handvoll Restaurants, *Saloon* und *Dance Hall* mehr los, als man bei nur 400 Einwohnern erwarten würde; www.winthropwashington.com. Tagsüber verdient das ***Shafer Museum*** einen Besuch, ein kleiner Komplex von Blockhäusern mit einem Sammelsurium von Objekten, *Memorial* bis *Labor Day* 10-17 Uhr.

Quartiere sind in/bei Winthrop reichlich vorhanden, aber relativ teuer. Der ***Pearrygin Lake State Park*** ca. 5 mi nordöstlich von Winthrop verfügt über einen gut angelegten und komfortablen ***Campground***; www.stateparks.com/pearrygin_lake.html. Südlich campt man ortsnäher bei ***KOA***.

In Okanogan, 42 mi östlich von Winthrop, stößt die #20 auf die oben bereits beschriebene #97 nach Osoyoos. Von dort sind es noch ca. 55 mi bis zur kanadischen Grenze. Wer genügend Zeit hat, könnte auch einen Abstecher nach Süden zum Lake Chelan einbauen (➪ oben, ab ca. 70 Mehrmeilen für den Umweg plus einen Zusatztag für Aktivitäten dort).

Fähre nach Vancouver Island am Anleger in Anacortes

San Juan Islands und Whale Watching

Zwischen Olympischer Halbinsel, Vancouver Island und dem Festland bilden der Puget Sound und die Strait of Georgia ein ausgedehntes über die Strait of Juan de Fuca mit dem Pazifik verbundenes Binnengewässer. Mittendrin liegen die **San Juan Islands**, ein Archipel einiger großer und zahlloser kleiner, größtenteils unbewohnter Inseln. Dieses Gebiet ist ausgesprochen ergiebig fürs ***Whale Watching***, entsprechend groß auch die Anzahl der Tourenanbieter, die von Anacortes, Bellingham, Port Townsend, Friday Harbor (auf San Juan Island) und Victoria in See stechen.

Gute Chancen, einige der Meeressäuger zu Gesicht zu bekommen, hat man ab März den Sommer hindurch bis in den Spätherbst hinein: Schwertwale (*Orcas*) von Mai bis September, Grauwale im März/April und Buckel- sowie Zwergwale im Oktober/November. Weißkopfseeadler, Otter, Seehunde und -löwen gibt es meist noch als Zugabe. Gute Tourveranstalter ab Anacortes sind u.a. ***Island Adventures*** (✆ 1-800-465-4604, www.island-adventures.com) und ***Mystic Sea Charters*** (✆ 1-800-308-9387, http://mysticseacharters.com). Dreistündige Trips kosten ab ca. $90. Übersicht unter www.pacificwhalewatch.org.

1.2.2 Per Fähre von den USA nach Vancouver Island

Wer ohnehin eine Route unter Einschluss von Vancover Island plant und zunächst nach Seattle fliegt, sollte einen Einstieg in die Canadareise via Vancouver-Island-Fähre erwägen, könnte diese Möglichkeit aber auch gut für den Abschluss der Reise vorsehen.

Autofähren nach Vancouver Island verkehren ab Anacortes auf der vom Festland nur durch den Swinomish Channel getrennten Fidalgo Island zwischen Seattle und Canada sowie von Port Angeles auf der Olympic Peninsula.

Von Anacortes durch die San Juan Islands nach Sidney

Zum Fährhafen Anacortes

Anacortes, Ausgangspunkt für *Whale Watching Trips* (➪ Kasten oben) und Hafen der Autofähre nach/von Vancouver Island, liegt rund 80 mi nördlich von Seattle. Auf der I-5 geht es zunächst bis Mount Vernon (62 mi, *Exit* 226) und von dort über die Straßen #536 und #20 nach Westen bzw. Norden bis Anacortes (+18 mi).

Details zur Fähre

Die Anacortes-Sidney-Fährrroute durch das San Juan Archipel ist die mit Abstand beste zwischen Festland und Vancouver Island. Das Schiff verkehrt 1-2 x täglich und benötigt 2,5 Stunden (Pkw plus 2 Personen kosten zur Hochsaison $69; RVs 22-30 Fuß $116). Sidney ist ein Städtchen ca. 16 mi/25 km nördlich von Victoria. Aktuelle Zeiten, Tarife und Reservierung unter ✆ 1-888-808-7977; www.wsdot.wa.gov/ferries. Mit etwas Glück kann man auf dieser Route vom **Fährschiff** aus Wale beobachten, ➪ Kasten.

Washington Park

Abgesehen von der Fähre ist Anacortes auch wegen des ***Washington Park*** in der westlichsten Ecke von Fidalgo Island einen Abstecher wert. Gleich hinter dem Fährhafen an der *Sunset Beach* beginnt eine schmale Rundstraße (RVs max. 23 Fuß) durch Regenwald und vorbei an herrlichen Stränden und ganz privaten Picknickplätzchen. Der Sonnenuntergang ist dort kaum zu übertreffen. Mittendrin versteckt sich der komfortable ***Campground*** der City of Anacortes mit *full hook-up*; www.anacortes.org.

Über die Olympic Peninsula zur Fähre Port Angeles-Victoria

Vorab zu bedenken

Eher bei Schönwetterlagen, wenn man einen Abstecher auf die Höhe des ***Olympic National Park*** nicht nur machen, sondern auch genießen kann, ist die Fähre von Port Angeles nach Victoria eine gute Option. Bei dichter Bewölkung oder gar Regen bringt die Auffahrt nicht viel. Die stark befahrene Route ab Seattle über die Inseln im Puget Sound bietet als solche nur wenig Reize, sieht man von Umwegen – etwa nach Port Townsend oder den Stränden und *Campgrounds* einiger *State Parks* – einmal ab.

Fähren ab Seattle

Von Seattle aus führt der schnellste Weg auf die Olympic Halbinsel über die **Fähre nach Winslow** (Bainbridge Island, 35 min), ggf. auch nach **Bremerton** (60 min). Das Fährterminal befindet sich in Seattle am Pier 52, mehr als 20 Abfahrten täglich; die Überfahrt für einen Pkw mit zwei Personen kostet in beiden Fällen im Sommer ca. $25; für 2 Personen im Campmobil 20-30 Fuß zahlt man $43. Aktuelle Information unter ✆ 1-800-843-3779 oder www.wsdot.wa.gov/ferries/fares. Bei **Umweg über Tacoma** kommt man im Bereich des Puget Sound auch ohne Fähre aus.

Strecke nach Port Angeles

Von Winslow geht es auf der Straße #305, von Bremerton auf den Straßen #304 und #310 zunächst auf die Straße #3 und ab der *Hood Canal Floating Bridge* auf der #104 zur Straße #101, die die *Olympic Peninsula* komplett umrundet. Die Route ist streckenweise ganz hübsch, aber nicht besonders aufregend. Spätestens ab **Sequim** geht es im Sommer wegen des dann dichten Verkehrs oft nur langsam voran.

Port Angeles

Der mit über 18.000 Einwohnern größte Ort auf der Olympic Peninsula ist Port Angeles (www.portangeles.org), touristisch bedeutsam wegen des nahen Nationalparks und als **Fährhafen** für die Verbindung mit **Vancouver Island**.

Fähre nach Victoria

Im Sommer verkehrt die ***Black Ball Ferry*** 4x täglich, im Frühjahr/Herbst 2x. Die Überfahrt nach Victoria/BC (➪ Seite 202) dauert 90 min. Ein Fahrzeug bis 18 Fuß inkl. Fahrer und Beifahrer kostet $78 *one-way*, ein Campmobil 24 Fuß $97. Reservierung unter ✆ (360) 457-4491 (+$16) bzw. www.cohoferry.com (+$11).

Zeitbedarf

Die ganze Strecke von Seattle (einschließlich Fähre nach Winslow oder Bremerton) über die Inseln im Puget Sound bis Port Angeles (ca. 100 mi/160 km) ist samt der Fähre nach Victoria bei entsprechender Reservierung locker an einem Tag zu bewältigen. Wer früh genug losfährt und die letzte Abfahrt des Tages reserviert hat, kann auch noch den Abstecher in den Nationalpark einbauen. Leicht zwei Tage braucht man mit Zwischenstopps und vor allem einem intensiveren Verweilen (Wandern!) im *Olympic National Park*.

Exkurs: Zur Hurricane Ridge des Olympic National Park

Zum Olympic Nat'l Park

Eintritt $15/Auto $5/Person oder Interagency Jahrespass

An der in Port Angeles von der #101 durch die Stadt unübersehbar ausgeschilderten Zufahrt zum *Olympic Nat'l Park* lässt sich das **Besucherzentrum** mitsamt *Wilderness Information Center* sowie kleinem Museum an der Ecke Race/Olympus Street nicht verfehlen. Das als UNESCO-Biosphärenreservat und Weltnaturerbe ausgewiesene Gebiet vereint Regenwald, ewiges Gletschereis, heiße Quellen, malerische Steilküsten und Strände auf engstem Raum. Details auch **auf Deutsch** unter www.nps.gov/olym/planyourvisit/brochures.htm.

Hurricane Ridge

Die Höhenstraße ab Port Angeles hinauf zur ***Hurricane Ridge*** eröffnet den Zugang in die Gebirgsregion des Nationalparks. Sie endet nach 17 mi auf ca. 1600 m Höhe. Von der Straße hat man bereits wunderbare Aussichten über die Juan de Fuca Strait zwischen den USA und Vancouver Island und auf schneebedeckte über 2000 m hohe Gipfel. Oben ab *Hurricane Ridge Visitor Center* (mit Cafeteria) führen kurze Rundwege zu weiteren Aussichtspunkten. In der »*Area A*« am Ende der Straße wartet ein **Picknickplatz** mit Panoramablick über die Olympic Mountains.

Quartiere

Übernachtungsmöglichkeiten gibt es weder entlang der Auffahrt noch im Bereich *Hurricane Ridge*. Aber zahllose **Hotels und Motels** säumen in Port Angeles die Hauptstraßen und das Meeresufer: www.portangeles.org. Dort unterzukommen ist – außer an Wochenenden – kein besonderes Problem.

Einsame Spirit Island mitten im Maligne Lake im Jasper National Park/Alberta

Durch
British
Columbia
und Alberta

2. VANCOUVER

Vancouver ist die attraktivste Großstadt Canadas, ihre Lage zwischen Küstengebirge, Fraser River und Meer unübertroffen. Strände und zahlreiche grüne Parks prägen das Stadtbild.

2.1 Klima und Geschichte

Klima

Da ein Großteil der vom Pazifik kommenden Wolken schon an den vorgelagerten Bergen von Vancouver Island abregnet, bleibt Vancouver von den ärgsten Niederschlägen verschont – zumindest im Sommer. Im Juli/August hält sich die Anzahl der Regentage (7) in Grenzen. Eine durchschnittliche Tageshöchsttemperatur von 22°C sorgt dann für ein recht warmes Klima. Auch Juni und September sind im allgemeinen angenehme Monate, wenn auch mit ein wenig mehr Regen und kühleren Abenden. Dabei differieren die Witterungsbedingungen innerhalb des Stadtgebietes oft erheblich: während etwa an der Wreck Beach im Südwesten Sonnenschein und Wärme vorherrschen, kann North Vancouver am Fuße der Küstenberge wolkenverhangen und ungemütlich kühl sein. Bis zu 21 Tage mit Niederschlägen zählt man in den Monaten November bis Januar. Aber im ganzen Winter gibt's nur rund 25 Tage Schneefall. Deshalb fanden die Ski- und Rodeldisziplinen der Olympischen Winterspiele 2010 nicht etwa im Skigebiet oberhalb von North Vancouver statt, sondern im meistens schneesicheren Whistler, gut 100 km nördlich der City.

Geschichte

Bereits **1792** steuerte der britische Kapitän **George Vancouver** auf der Suche nach der legendären Nordwestpassage sein Schiff in das Burrard Inlet, eine tief ins Land reichende Bucht zwischen dem heutigen Downtown und North Vancouver. 1808 erforschte der Pelzhändler ***Simon Fraser*** den Fluss, der heute seinen Namen trägt, und gelangte dabei auch an sein Mündungsdelta im Süden der Metropole.

Stadtgründung

Die erste Siedlung gründeten erfolglose Goldsucher 1858 am Ufer des ***Burrard Inlet***. Offiziell als Gründer gilt *John Deighton*, ***Gassy Jack*** (*gassy* = geschwätzig), der bei seinem Eintreffen 1867 ein Fass Whisky im Reisegepäck hatte und sogleich einen *Saloon* eröffnete. Folgerichtig wurde die Siedlung zunächst als *Gastown* bekannt. Sie erhielt aber schon drei Jahre später die offizielle Bezeichnung **Granville**. An *Gassy Jack* erinnert bis heute ein Denkmal in *Gastown*, das den »Stadtgründer« auf einem Whiskyfass darstellt.

Brand 1886

Im Jahre 1886 wurden dem mittlerweile 1.000 Einwohner zählenden Granville die Stadtrechte und der ehrenvollere Name des ***Captain Vancouver*** verliehen. Nur wenige Wochen später zerstörte ein Feuer die Kleinstadt, ein zur damaligen Zeit, als noch alle Gebäude überwiegend aus Holz bestanden, keineswegs seltenes Unglück. Die Siedlung erholte sich jedoch rasch und besaß bald mehr Einwohner als vor der Brandkatastrophe.

Entwicklung

Als im folgenden Jahr der erste Zug aus den Ostprovinzen in Vancouver einlief, waren wortwörtlich die Weichen für den wirtschaftlichen Aufschwung der jungen Stadt gestellt. Viele Chinesen, die beim **Bau der Eisenbahn** mitgewirkt hatten, wurden in Vancouver sesshaft und begannen erste Handelsbeziehungen mit Asien. Bereits 1891 segelten drei Schiffe der *Canadian Pacific Line* regelmäßig von Vancouver zu fernöstlichen Märkten. Gleichzeitig entwickelte sich die rasch wachsende Stadt zum wichtigsten Verkehrsknotenpunkt im westlichen Canada. Für Tausende von Goldsuchern war Vancouver in den Jahren 1897/98 neben Seattle Ausgangspunkt und Hauptversorgungsbasis für die Schiffsreise zu den Goldfeldern am Klondike River. Zur Jahrhundertwende besaß Vancouver bereits knapp 40.000 Einwohner.

Altstadt

Gastown, der ursprüngliche ***Ortskern***, verkam im Laufe der ersten Hälfte des 20. Jahrhunderts allmählich zu einem slumartigen Stadtteil am Rande des Geschäftszentrums. Nur knapp entging er Ende der 1960er-Jahre einer »Totalsanierung«, und man erklärte ihn zur ***denkmalgeschützten Heritage Site.*** Nach seiner – mittlerweile abgeschlossenen – Restaurierung gehört er zu den touristischen Hauptanziehungspunkten.

Expo 1986 und Stadtentwicklung

Vancouver war 1986 Schauplatz einer Weltausstellung/*EXPO*. Sie bescherte der Stadt eine Reihe architektonischer Glanzstücke wie das Kongresszentrum ***Canada Place*** und den ***Sky Train,*** ein modernes U- und S-Bahn-System.

Nach der Expo entstand dort ***Concord Pacific Place*** (➪ Kasten Seite 176) mit 50 türkisfarbenen gläsernen Hochhäusern am Ufer des False Creek (Yaletown), ein Glanzpunkt der Stadtsilhouette.

Metropolitan Vancouver

Das Wachstum der Stadt hält unvermindert an. Die Hälfte der Provinzbevölkerung konzentriert sich im Großraum von *Metropolitan Vancouver* (2,5 Mio. Einwohner), der die *City of Vancouver* und über 20 Vorstädte umfasst. Davon lebt knapp ein Viertel (ca. 667.000) im eigentlichen Citybereich.

Blick auf Concord Pacific Place vor den schneebedeckten Coast Mountains

Bevölkerungsentwicklung

Diese Entwicklung ging einher mit einer **Umstrukturierung der Bevölkerung**. Während der letzten 20 Jahre, besonders nach der Wiedereingliederung Hongkongs in China, wuchs die Zahl der chinesischen Einwohner massiv. Ein gutes Drittel der Bewohner ist heute bereits asiatischer Herkunft.

Vancouver auf dem Weg zur chinesischen Stadt?

Die ersten Chinesen kamen 1858 mit dem ***Fraser Gold Rush*** (⇨ Seite 233) und 1862 zum ***Cariboo Gold Rush*** (⇨ Seite 252) nach Britisch-Kolumbien und ab 1880 als Arbeiter der ***Canadian Pacific Railway*** (⇨ Seite 334) zum Bau der ersten Ost-West-Verbindung in Canada. Bis zu 16.000 Chinesen lebten dabei unter miserablen Bedingungen in Zeltstädten und mussten beim Bau der Transkontinentalbahn die gefährlichsten Arbeiten für einen Bruchteil der Löhne für Weiße verrichten. Viele von ihnen kamen dabei um.

Als das letzte Gleis verlegt war, gab es für die verbliebenen Chinesen keine Arbeit mehr. Um zu überleben, nahmen Chinesen jeden Job zu Minimallöhnen an. Wegen dieses Lohndumping entstanden immer wieder Unruhen mit der Folge des ***Chinese Exclusion Act***, der 1923-1947 jede Einwanderung von Chinesen nach Canada untersagte. Die Bevölkerung in Vancouvers ***Chinatown*** halbierte sich dadurch auf 6.000 Einwohner bis zum Ende des 2. Weltkrieges.

Mit der Lockerung der Einwanderungsgesetze in den Nachkriegsjahren, als man dringend Arbeitskräfte benötigte, und der im Zeitablauf immer weiteren Spezifizierung der Voraussetzungen für eine Einwanderung nach Canada änderte sich die Struktur der chinesischen Immigranten, die nun vor allem aus Taiwan und Hongkong kamen und kommen. Sie brachten berufliche Qualifikation und/oder genug finanzielle Mittel zum Aufbau einer selbständigen Existenz mit. Die neue Generation der betuchten und qualifizierten Immigranten sucht nicht mehr preiswerten Wohnraum in der engen Chinatown Vancouvers, sondern – wie die weiße Bevölkerung – Apartments und Eigenheime in den Vororten. U. a. entstanden so in **Richmond** und **Burnaby** ganz **neue *Chinatowns***.

Die tagsüber lebhafte, aber nachts eher verlassen wirkende **alte *Chinatown*** hat nur noch nostalgischen Charakter. Pompöse Festivitäten, wie die Einweihung des neuen Stadtbogens (***Millennium Gate***) widersprechen gelegentlich diesem Anschein, aber die Entwicklung der Bewohnerstruktur und der Zustand der Bausubstanz oberhalb der Farbenpracht und Wohlgerüche der Läden im Erdgeschoss spricht eine andere Sprache. Selbst Chinesen machen heute eher einen Bogen um *Chinatown* wie etwa der Hongkonger Multi-Milliardär *Li Ka-Shing*. Er investierte Ende des 20. Jahrhunderts das Kapital seines Immobilienfonds *Concord Pacific* lieber in ein riesiges seit der Weltausstellung 1986 ungenutztes Areal am False Creek (in Yaletown) nur einen Kilometer von Chinatown entfernt. Inzwischen hat er dort über 10.000 Wohnungen gebaut.

Chinesen stellen heute ca. 20% der Bevölkerung im Großraum Vancouver und sind damit die zahlenstärkste Minderheit; im Vorort Richmond sind es sogar 44%. Dort erlebt man – eine Querstraße von der *Richmond-Brighouse Station* entfernt – auf dem ***Richmond Public Market*** richtiges chinesisches Einkaufsflair.

Und die Zahlen dürften weiter steigen: Derzeit stammt rund ein Drittel aller Einwanderer nach BC aus China, Hongkong oder Taiwan.

2.2 Information, Orientierung und Verkehrsmittel

Information

Kartenmaterial und Broschüren zu den Sehenswürdigkeiten der Stadt und der Provinz BC gibt es hier:

Vancouver Touristinfo Centre
Plaza Level, 200 Burrard Street schräg gegenüber *Canada Place*, ✆ (604) 683-2000; www.tourismvancouver.com

North Vancouver Chamber of Commerce
102-124 West First Street, North Vancouver,
✆ (604) 987-4488, www.nvchamber.ca

Lonsdale Quay Market Visitor Centre,
123 Carrie Cates Court, ✆ (604) 980-5331

Günstige Tickets

Tickets Tonight im ***Touristinfo Centre*** ist die einzige offizielle Verkaufsagentur von **Halbpreistickets** für Kunst- und Kulturveranstaltungen im Großraum Vancouver am Aufführungstag. Erhältlich sind dort auch sämtliche Showtickets, die aber meist zum Normalpreis, ✆ (604) 684-2787; www.ticketstonight.ca.

Verkehr und Straßen

Zur hohen Lebensqualität von Vancouver trägt insbesondere der autobahnlose Innenstadtbereich bei. Während in anderen Städten die *Downtown* zwischen Bürotürmen und Freewayschluchten abends und am Wochenende häufig verödet, kennt Vancouver diese Problematik nicht. Von Südosten und von Norden her ist Vancouver bequem über den **TCH** zu erreichen. Er läuft über die ***Second Narrows Bridge,*** eine der beiden Brücken, die nach North Vancouver hinüberführen. Mit den südwestlichen Vororten ist *Downtown* durch die ***Burrard Bridge*** und die ***Granville Bridge*** verbunden. Zur ***Rush Hour*** ist in den Brückenbereichen oft alles »dicht«. Man sollte Autofahrten in die City 7-9 Uhr und 15-18 Uhr daher möglichst vermeiden. Die wichtigste ***Nord-Süd-Achse*** ist die Straße #99, eine Fortsetzung der US-amerikanischen *Interstate* #5, die von der mexikanischen bis zur kanadischen Grenze läuft. Der Autobahnausbau endet in der Vorstadt Richmond. Danach führt die #99 als Granville Street in die Innenstadt und weiter über die ***Lions Gate Bridge***, ***North Vancouver*** und West Vancouver (verlaufsidentisch mit dem TCH) bis Horseshoe Bay und weiter nach Nordosten.

Orientierung

Die im Schachbrettmuster angeordneten Straßen von ***Downtown*** tragen Namen. Sie heiße alle *Street*. Die meisten sind Einbahnstraßen. **Außerhalb der Innenstadt** sind Straßen im Ost-West-Verlauf ***Avenues***, Straßen im Nord-Süd-Verlauf ***Streets***. Letztere führen wiederum Namen; die *Avenues* dagegen sind nummeriert; die Nummerierung beginnt mit der *1st Avenue* südlich der City.

Flughafen

Der ***Vancouver International Airport*** (YVR), www.yvr.ca, ✆ (604) 207-7077, liegt im Vorort Richmond, ca. 12 km südwestlich der Innenstadt, Flughafenzufahrt von *Downtown* (26 min) mit der ***Canada Line*** des ***Sky Train*** (➪ unten). Die *Canada Line* erhebt in Fahrtrichtung *Stadtmitte* einen Ticketzuschlag (*YVR AddFare*) von $5 auf den Normalpreis, Tagespässe sind zuschlagsfrei.

Öffentlicher Nahverkehr

Das öffentliche Nahverkehrssystem ***TransLink*** ist gut ausgebaut. Innerhalb des Stadtgebiets (Tarifzone Vancouver) gilt ein **Einheitstarif** von $2,75 (10 Tickets $21), egal, ob Bus, Bahn oder Schiff. Das Fahrgeld muss immer abgezählt zur Hand sein! ***TransLink*** bedient neben *Downtown* diverse Vororte wie North Vancouver, Horseshoe Bay und Burnaby mit weiteren Tarifzonen ($4,00 bzw. $5,50).

DayPass

Ein ***DayPass* für $9,75** berechtigt zu beliebig vielen Fahrten mit allen Verkehrsmitteln (Bus, *SkyTrain, SeaBus*). Man bekommt den Pass u.a. in den Filialen der Supermarktkette ***Safeway,*** in den Mini-Märkten ***7-Eleven*** (blaues Schild ***FareDealer*** im Fenster!) und an den ***SeaBus-*** bzw. ***SkyTrain-Ticket Machines***.

SkyTrain

Die ***Expo Line*** sowie die ***Millennium Line*** des *SkyTrain*-Systems verkehren im 6-min-Takt (zu den *Rush Hours* alle 2-4 min) ab der ***Waterfront Station*** (in der Nähe des *Canada Place*) über Burnaby und New Westminster bis zur **Endstation *King George*** in Surrey südlich des Fraser River. Zwischen den ersten vier Haltestellen in *Downtown* läuft der *SkyTrain* – Name hin, Name her – unterirdisch, dann aber oberirdisch *(elevated)*. Die ***Canada Line*** zwischen *Airport* und *Downtown* (*Waterfront Station*) fährt tagsüber im 7-min-Takt.

Der ***SkyTrain*** lohnt sich **auch für Touristen** allein schon wegen der während der Fahrt oft tollen Aussicht auf Meer, Berge und die *Skyline*, z.B. von der *Suspension Bridge* über den Fraser River (östlich *Columbia Station*), westlich der *Namaimo Station* oder östlich der *Stadium Station*. **Unbedingt einplanen!**

Parken in der City

Automieter können ihr Fahrzeug gut außerhalb von *Downtown* bei einer ***SkyTrain Station*** parken und per Bahn ins Zentrum fahren. Das spart Zeit und Geld, denn die Parkgebühren für einen ganzen Tag übersteigen in der Innenstadt leicht die Kosten fürs Ticket oder sogar des eines *DayPass* selbst für mehrere Personen.

Per Boot nach Downtown

Relativ citynah liegt u.a. der **Parkplatz** des *Vancouver Museum* an der **English Bay**. Von dort gelangt man per Bus oder Boot (vom Anleger am ***Maritime Museum*** mit ***False Creek Ferries***, ⇨ Granville Island und Foto ***Aquabus*** Seite 187) rasch nach *Downtown*.

Preiswerte Mini-Kreuzfahrt

Auch **North Vancouver** ist ein guter Ausgangspunkt für die Stadtbesichtigung: Der ***SeaBus*** pendelt tagsüber alle 15 min vom ***Lonsdale Quay*** (Restaurant-/Markt-/Shoppingkomplex, *Visitor Info* und Parkplätze, www.lonsdalequay.com) über das Burrard Inlet nach *Downtown* zur ***SeaBus Station*** (Cordova/Ecke Granville). Bei gutem Wetter gehört dieser 12-min-Trip mit Blick auf die *Skyline* der City zu den Höhepunkten eines Besuchs.

Blick vom Queen Elizabeth Park über die Stadt

Seaside Bicycle Route: 29 km rund um die City

Vom *Canada Place* läuft die Uferpromenade – vorbei an *Coal Harbour* und großen Marinas – bis zum *Stanley Park*. Gegen den Uhrzeigersinn wird der Park auf der *Seawall* umrundet. Weiter geht es an der *English Bay* und *Sunset Beach* entlang zunächst bis Yaletown. Dort sind ehemalige Lagerhallen integriert in Wohnbereiche mit Kneipen/Restaurants und schicken Boutiquen, eine Art kleineres Soho (in New York City). Weiter geht es am *False Creek* entlang über die *Plaza of Nations* zur *Science World* und – auf dem südlichen Ufer des False Creek am olympischen Dorf der Winterspiele 2010 vorbei – bis nach *Granville Island*. Dort schließen sich die schon älteren Wege am südlichen Ufer der English Bay bis zu ihrem Endpunkt (*Spanish Banks Beach*) an.

Westlich der *Burrard Bridge* (➪ Karte Seite 184) passiert man den *Vanier Park* mit seinen Museen, *Kitsilano Beach* und weitere populäre Strände (➪ ab Seite 191). **Radfahrer** und ***Skater*** schaffen die Runde ohne weiteres an einem Tag. Von vielen Punkten entlang der Strecke hat man die – wie es oft heißt – **schönste *Skyline* Nordamerikas** im Blick; www.translink.ca/en/getting-around/cycling.aspx.

2.3 Unterkunft und Camping

Situation

In Vancouver ist es wie in vielen Großstädten: vor allem in der Touristensaison im Sommer sind freie Zimmer zu halbwegs erschwinglichen Preisen häufig ausgebucht. Wer im Juli/August reist, muss langfristig reservieren, aber auch vorher/nachher ist das ratsam. Camping in Citynähe ist ziemlich teuer. Die besseren Plätze liegen relativ weit außerhalb.

Preiswerte Unterkünfte

Das toll gelegene **Hostel** am Jericho Beach Park, geöffnet Mai-September, bietet ein gutes Preis-/Leistungsverhältnis (bei Massenbetrieb). Mit Bus #4 sind es von Downtown (Granville Mall) nur gute 15 min Fahrt bis zur Ecke 4th Ave/Northwest Marine Drive:

• ***International Hostel (HI) Vancouver Jericho Beach***
1515 Discovery Street, ✆ (604) 224-3208; Bett $33, DZ $80, 252 Betten, www.hihostels.ca/vancouverjericho

In der City gibt es u.a. folgende **Hostel-Unterkünfte:**

• ***International Hostel (HI) Vancouver Downtown***
1114 Burnaby Street, ✆ (604) 684-4565; Bett $38, DZ $98, 222 Betten (auch abends gut, da die Kneipengegend Davie Street ganz in der Nähe liegt!), www.hihostels.ca/vancouverdowntown

• ***International Hostel (HI) Vancouver Central***
1025 Granville Street, ✆ (604) 685-5335, ✆ 1-877-203-4461. Moderne Herberge mit Pub im Herzen von Downtown, EZ $36, DZ $94, 189 Betten, www.hihostels.ca/vancouvercentral

• ***The Cambie Hostel Gastown***
300 Cambie St, ✆ 1-877-395-5335, ✆ (604) 684-6466; Bett $26, DZ $63, 172 Betten. Herberge in einem 100 Jahre alten Bau in Gastown mit *Saloon*; www.cambiehostelsgastown.com

YWCA Vancouver

Eine **Sonderrolle** spielt das renovierte und zum fast normalen Hotel umgestaltete **YWCA,** das in Vancouver – im Gegensatz zu anderen Städten – nicht nur Frauen offensteht:

- ***YWCA Hotel*** (gute City-Randlage)
  733 Beatty Street, © (604) 895-5830, © 1-800-663-1424; www.ywcahotel.com; EZ $73, DZ ab $90, 155 Zimmer.

Universities

Ebenfalls preiswert sind die Quartiere in der (weit von *Downtown* entfernten) ***University of British Columbia*** mit dem ***Pacific Spirit Hostel*** (nur EZ/DZ), ganzjährig; www.ubcconferences.com/accommodations/pacific-spirit. Während des Sommers sind auch die Zimmer in den Wohnheimen (*Dormitories*) zu haben:

- ***UBC Conferences & Accomodation***, 5969 Student Union Blvd, © (604) 822-1000, © 1-888-822-1030; 3.097 Betten, www.ubcconferences.com/acco, EZ $35, DZ ab $70.
- Dasselbe gibt es auch in **Burnaby** bei der ***Simon Fraser University***, 8888 University Drive; 800 Betten; © (778) 782-4503, www.sfua.ca/stayhere, EZ ab $40 und DZ/Bad $99.

Hotels/ Motels

Im zentralen Bereich der City findet man hauptsächlich Hotels der gehobenen Preisklasse. Die **Übernachtungspreise** beginnen in der Hauptsaison bei etwa $120 (*Days Inn, Quality Hotel*):

- ***Days Inn Downtown***, 921 W Pender St, © (604) 681-4335 und © 1-877-681-4335, Zimmer ab $129, 85 Zimmer in der Nähe des Fährterminals; www.daysinnvancouver.com
- ***Inn at False Creek Quality Hotel***, 1335 Howe St, © (604) 682-0229 und © 1-800-663-8474; EZ/DZ $90-$210, 157 Zimmer am Nordende der Granville Bridge; www.innatfalsecreek.com
- ***City Centre Motor Hotel***, 2111 Main Street, © (604) 876-7166, © 1-800-707-2489, DZ $85-$95, guter und solider Standard, sauber, mit vielen Parkplätzen, in Gehdistanz zum *Centre,* Lesertipp!; www.citycentermotorhotel.com

Vororte

In den Vororten selber gibt es nicht viele Hotels und Motels der Mittelklasse. Die meisten liegen entlang der **südlichen Einfallstraßen:**

- Straße #99, in Flughafennähe
- Straße #1A/99A/Kingsway (im Bereich Victoria Drive befinden sich eher preiswerte Motels);

Relativ citynah, aber ein wenig preiswerter als in *Downtown* kommt man in **North Vancouver** (Marine Drive) unter – viele Hotels gibt es in den nördlichen Stadtteilen aber nicht.

Zu den »besseren« Möglichkeiten zählen das

- ***North Vancouver Hotel***, 1800 Capilano Road, © 1-800-663-4055, © (604) 987-4461, EZ/DZ ab $100, 72 Zimmer, www.northvancouverhotel.ca, und das
- ***Lonsdale Quay Hotel***, 123 Carrie Cates Court, © (604) 986-6111, ab $150, 70 Zimmer; www.lonsdalequayhotel.com.

Eine Alternative zu Hotels, Motels sind auch in Vancouver ***Bed & Breakfast***-Quartiere. Zu empfehlen ist u.a. das

- ***Windsor Guest House***, 325 W 11th Avenue, viktorianisches B&B in einer ruhigen Nachbarschaft, rund 2 km südlich von Downtown, 11 Zimmer, DZ ab $95, ✆ (604) 872-3060, ✆ 1-888-872-3060; www.dougwin.com

Camping

An der Nordwestzufahrt zur tagsüber oft verstopften ***Lions Gate Bridge*** liegt der teure ($45-$69) und oft sehr volle ***Capilano River RV Park***; 295 Tomahawk Avenue, 205 Stellplätze (*Full Hook-up*); ✆ (604) 987-4722; www.capilanorvpark.com.

In Surrey, rund 30 km südöstlich der Innenstadt, gibt es mehrere private Campingplätze zu erträglichen Tarifen:

- Ein guter Platz ist der kleine ***Plaza RV Park,*** 8266 King George Highway 99A in Surrey, ✆ (604) 594-4440, akzeptable Entfernung zur *Downtown*, aber laut; Tarife $23-$38; 54 Stellplätze; www.plazarvpark.ca.

- Ebenfalls in Surrey, aber noch etwas weiter von Vancouver entfernt, 10 km vor der Grenze zu den USA, liegt der ***Peace Arch RV Park,*** 14601 40th Ave, Abfahrt #10 von der Autobahn #99; ✆ (604) 594-7009, auch Zeltcamper; 260 Stellplätze; $36-$50 (*Full Hook-up*); www.peacearchrvpark.ca.

Ein komfortabler Platz in relativer Citynähe ist der

- ***Burnaby Cariboo RV Park*** am 8765 Cariboo Place in Burnaby (*Exit* #37 vom TCH); ✆ (604) 420-1722; Allerdings sind viele der 240 Stellplätze recht eng; $40-$68 (*Full Hook-up*), nächtliche Störung durch die nahe Eisenbahnlinie; www.bcrv.com

Über 40 km von Vancouver entfernt ist der sehr schön am Howe Sound nördlich Horseshoe Bay (Straße #99) gelegene

- **Provinzpark *Porteau Cove***, $30 (Duschen). Die 44 Stellplätze (überwiegend am Wasser; 16 *Walk-in*-Zeltplätze auf einer Landzunge $16) sind im Sommer meist früh belegt. Nur zeitige Anreise am Vormittag bzw. Reservierung (➪ Seite 118f), sichert ein Unterkommen. Auch dort stören Güterzüge – bisweilen auch nachts – gleich hinter dem Platz; ✆ 1-800-689-9025..

Sunset Beach mitten in der City

Totempfähle im Stanley Park

2.4 Stadtbesichtigung

2.4.1 Citybereich

Stanley Park

In Vancouver kann man großstädtischer Hektik rasch entfliehen. Nur wenige Gehminuten westlich von Downtown liegt der über 4 km² große ***Stanley Park***. Die von dichter Regenwaldvegetation bedeckte Landzunge zwischen English Bay und Burrard Inlet wurde bereits 1889, wenige Jahre nach Stadtgründung, als Erholungsraum reserviert und nach dem damaligen britischen Gouverneur, ***Lord Stanley***, benannt.

Wegesystem

Im östlichen Teil wirkt der Park heute wie ein gepflegter Stadtwald, im Westteil dagegen blieb der Urwald weitgehend erhalten. Das Wegesystem des Parks besitzt eine Länge von 81 km und wird von Joggern, Skatern und Bikern stark genutzt. **Skate- und Bike-Verleih** bei ***Bayshore Rentals***, 745 Denman St, © (604) 688-2453, Fahrrad ab $24/Tag ($17 für 4 Std.); www.bayshorebikerentals.ca – auch gut zur Stadterkundung. Weitere Mietstationen findet man im Bereich Denman Street und Robson Street.

Auf der ***Seawall Promenade***, einem ausgebauten Rad- und Wanderweg von 9 km Länge am Wasser entlang, genießt man wunderbare Ausblicke auf City und Hafen, auf die Coast Mountains und über die English Bay. Schöne **Strände** befinden sich an der Westseite des Parks; besonders beliebt ist die ***Third Beach***.

Auto-Rundkurs

Der Stanley Park lässt sich auch per Auto befahren: ein Einbahn-Rundkurs (Anfahrt auf der Georgia Street/Straße #99, am *Vancouver Rowing Club* rechts ab; Fahrtrichtung gegen den Uhrzeiger; ebenso für Biker und Skater auf der *Seawall Promenade*) verläuft überwiegend als Uferstraße. Auf ihr passiert man neben vielen Aussichtspunkten gleich eingangs eine Gruppe hoher **Totempfähle**; die meisten davon Replicas alter Totems der *Haida*-Indianer aus dem Nordwesten von British Columbia. Sie gehören zu den unverzichtbaren Fotostopps sämtlicher Stadtrundfahrt-Busse, ➪ Foto oben

Nur wenig hinter den Totems liegt ***Brockton Point***, wo der kleine Leuchtturm als attraktiver Vordergrund für zahlreiche Panoramafotos dient. Nach dem Überqueren der *Lions Gate Bridge* lohnt sich noch der kurze Fußweg zum ***Prospect Point***. Von diesem Aussichtspunkt gelingen die besten Brückenbilder.

An der Parkwestspitze beim ***Ferguson Point*** serviert das ***The Teahouse***, 7501 Stanley Park Dr, ✆ (604) 669-3281, gutes Essen in einem schönen Ambiente; www.vancouverdine.com/teahouse.

Aquarium

Im Park befindet sich auch das ***Vancouver Aquarium*** (Juli-August täglich 9.30-19 Uhr, sonst täglich 9.30-17 Uhr, Eintritt $24/$14, 845 Avison Way, www.vanaqua.org). Die Stars dort sind Seelöwen, Seeottern, Belugawale und Delphine; ein Haifischbecken fehlt ebenfalls nicht. Als weiterer Höhepunkt prasselt im üppigen Amazon-Regenwald stündlich ein Gewitter auf Fische, Pflanzen und Schmetterlinge herab. Infos auch unter ✆ (604) 659-3474.

City of Vancouver

Downtown Vancouver ist begrenzt durch den *Stanley Park*, das Burrard Inlet, die English Bay und – östlich – den False Creek. In den letzten Jahren wurde die City völlig umstrukturiert. Nicht so sehr Museen oder einzelne herausragende Bauten machen den Reiz der Stadt aus, als vielmehr das **Arrangement neuerer Glashochhäuser** (vornehmlich für Wohnzwecke), die mit dem Tageslicht ihre Farbe wechseln, ➪ Foto Seite 175. Die Investoren mussten sich verpflichten, Grünanlagen, breite Gehwege und **Spazier-/Skate/ Rad-Wege in den Uferzonen** am False Creek und am Burrard Inlet zu schaffen. Die 9 km rund um den Stanley Park eingeschlossen ist jetzt auf ca. 29 km die gesamte *Downton* verkehrsfrei zu Fuß oder per Bike zu umrunden, ➪ Kasten Seite 179. Am Wege liegen zahlreiche Cafés und Restaurants mit *Open-air*-Terrassen.

Canada Place

Am Nordrand der City fällt vor allem der an ein riesiges Segel - schiff erinnernde Komplex ***Canada Place*** (www.canadaplace.ca) an der *Waterfront* auf (Nordende Howe Street). Dieses Wahrzeichen der Stadt, als kanadischer Pavillon zur Expo 1986 eingeweiht, beherbergt das ***Convention Centre*** mit dem luxuriösen ***Pan Pacific Hotel*** – unbedingt hineingehen! Längsseits machen die Kreuzfahrtschiffe fest; www.panpacific.com/vancouver.

Seawall Promenade um den Stanley Park herum; im Hintergrund das Kreuzfahrer-Terminal.

2

Shopping/ Nightlife

Zahlreiche Läden und Shoppingzentren konzentrieren sich vor allem auf die Robson Street und den Bereich zwischen Burrard und Seymour Street von der *Waterfront* bis hinauf zur Nelson Street. Weiter südlich bis zur Brücke über den False Creek rühmt sich der ***Granville Street Entertainment District*** zu Recht als **Vancouvers bester Nightspot.** In den Außenbezirken sind insbesondere das edle ***Metrotown*** in Burnaby (größte Mall) und der ***Richmond Public Market*** tolle Shopping-Ziele. Die größten ***Farmers Markets*** der Region findet man in Trout Lake und Kitsilano; www.eatlocal.org.

Robson Square

Ein populärer Treffpunkt ist der großenteils unter Straßenniveau angelegte Robson Square zwischen Hornby und Howe Street. Blumenbeete, Kaskaden und Springbrunnen schmücken diesen Platz, der sich über zwei City-Blocks erstreckt.

Kunst-museum

An seinem nördlichen Ende steht die ***Vancouver Art Gallery*** (750 Hornby Street; täglich 10-17 Uhr, Di bis 21 Uhr, $17/$6; www.vanartgallery.bc.ca). Die permanente Gemälde-Kollektion konzentriert sich auf Kunst aus BC, insbesondere auf die aus Victoria stammende *Emily Carr*, und nordamerikanische Maler der Gegenwart. Wechselnde Programme ergänzen die Ausstellung. Am Museum speist man stilvoll mit klassischer Musik auf der Terrasse des *Gallery Café*, www.the gallerycafe.ca.

Auf der anderen Seite des Platzes haben die ***Law Courts*** (Gerichte) ihren Sitz in einer Konstruktion aus Stahl und Glas.

Robson Street

Die Robson Street westlich des Robson Square etwa bis hinunter zum ***Empire Landmark Hotel*** ist mit Boutiquen und Restaurants eine Art »**Flaniermeile**« für einen Schaufensterbummel, den Nachmittagskaffee und einen Drink zur Abendstunde in einem der zahlreichen Straßencafés.

Ebenfalls östlich des Robson Square im *Theater Distric*t steht die architektonisch interessante, dem *Kolosseum* von Rom nachempfundene *Central Library* der Stadt, 350 W Georgia Street, die ***Moshe Safdie***, einer der bedeutendsten Architekten Canadas entworfen hat; www.vpl.ca.

Unterirdische Einkaufs-zentren

Mehrere ***Underground Shopping Malls*** bieten Einkaufsvergnügen bei jedem Wetter. Die mit Abstand größte von ihnen ist die ***Pacific Centre Mall*** mit über 90 Geschäften (701 W Georgia Street, www.pacificcentre.ca). Sie erstreckt sich zwischen Granville, Howe, Robson und Pender Street mit dem Kaufhaus ***Holt Renfrew*** über drei Blocks. Als Gegenpart steht auf der gegenüberliegenden Seite der Kreuzung Granville/ Georgia Street das Kaufhaus ***The Bay***, 675 Granville Street.

2

»Weitblick«

Eine vergleichsweise kleine zweistöckige *Mall* ist das ***Harbour Centre*** (555 West Hastings; www.harbourcentre.com); es befindet sich gegenüber dem *SeaBus*-Anleger. Zum Gebäudekomplex gehört der 167 m hohe ***Harbour Tower*** mit Aussichtsplattform (***Vancouver Lookout***) im 40. Stockwerk (Mai-Mitte Oktober täglich 8.30-22.30 Uhr, sonst 9-21 Uhr; $16/$8 inkl. Multimedia-Show; www.vancouverlookout.com.

Den Eintritt spart, wer die Aussicht vom Restauranttisch des ***Top of Vancouver***, ✆ (604) 669-2220; www.topofvancouver.com, aus genießt (eine Runde pro Stunde). **Tipp:** An Wochentagen nach der üblichen Lunchtime so ab ca. 13.30 Uhr ist es nicht mehr voll. Die Küche dort oben ist ausgezeichnet; dafür nicht zu teuer!

Hoch hinauf geht's auch im Hotel ***Empire Landmark***. Oben dreht sich das **Restaurant *Cloud 9*** (www.cloud9restaurant.ca) um die eigene Achse (1400 Robson Street, ✆ (604) 687-0511), schlägt aber Blick, Küche und Ambiente des ***Top of Vancouver*** nicht.

West End

Die Robson Street endet in ***West End***. Das Herz dieses Wohnviertels schlägt in der **Denman Street**, einer Flaniermeile mit vielen Restaurants auf acht Straßenblocks zwischen English Bay und Burrard Inlet. Ebenfalls ein **West-End-Szenetreff** sind die Kneipen und Restaurants an der Davie Street, Bereich der Thurlow Street.

Boots-fahrten

Von der *Harbour Cruises Marina* am Nordende der Denman Street starten **Hafenrundfahrtboote** (60 min) durch das Burrard Inlet, ✆ 1-800-663-1500, ✆ (604) 688-7246, $30/$11, April-September täglich 11.00, 12.15, 13.30 und 14.45 Uhr, www.boatcruises.com.

Gastown

Im ältesten Bezirk Vancouvers, der ***Gastown*** (Bereich **Water Street östlich des *Harbour Centre*** etwa bis Columbia Street; www.gastown.org), gelang die Restaurierung eines einst heruntergekommenen Stadtteils. Heute besitzt *Gastown* hinter den auf nostalgisch

getrimmten neuen Fassaden jede Menge Shops für Krimskrams und Souvenirs und eine attraktive gastronomische wie Nachtclub-Szene.

Gastown besitzt gleich zwei **»Wahrzeichen«:** die Statue des berühmt-berüchtigten Stadtgründers ***Gassy Jack*** auf einem Whiskyfass (Maple Tree Square) und die ***Steam Clock*** (Water & Cambie Street), die viertelstündlich pfeift und stündlich Dampf ablässt. Sie wird vom zentralen Dampfheizungssystem der *Gastown* angetrieben.

Ein paar Schritte neben der *Steam Clock* befindet sich der Laden ***Hill's Native Art*** (165 Water Street; www.hills.ca), mit einer Ausstellung indianischen Kunsthandwerks der Spitzenklasse. Leider gilt das auch für die Preise. Aber gucken ist kostenlos.

Dampfbetriebene Standuhr in der Gastown

Chinatown

An *Gastown* grenzt südöstlich die ***Chinatown*** (Hauptbereich: Pender Street zwischen Carrall und Gore; www.vancouver-chinatown.com). Sie ist nicht mehr das Zentrum der Chinesen, die heute überall in der Stadt (hauptsächlich in Richmond) ihre Einkaufszentren und Supermärkte besitzen, ⇨ Kasten Seite 176. Die **Atmosphäre** des Viertels ist dennoch (und trotz des Tourismus) relativ **authentisch**. Tagsüber kann man dort in den verwinkelten chinesischen Läden stöbern und in vielen **Restaurants** unverfälschte fernöstliche Küche probieren. Der Handel spielt sich großenteils auf der Straße ab; die Auslagen vieler Lebensmittelshops sind ein Fest für die Augen. Nach Ladenschluss indessen ist *Chinatown* reizlos. Denn die Restaurants schließen früh.

Chinese Garden

Der kleine ***Dr. Sun Yat-Sen Classical Chinese Garden***, 578 Carrall Street (Mitte Juni-August täglich 9.30-19 Uhr, sonst 10-18 Uhr, Eintritt $12 (Familie $25); www.vancouverchinesegarden.com) ist eine Idylle inmitten von Geschäftigkeit und bildet einen Kontrast zu den Beton- und Glasstrukturen der City, ist aber reichlich teuer.

Nebenan befindet sich das ***Chinese Cultural Centre Museum***, www.cccvan.com, (555 Columbia Street), in dem oft Kunstausstellungen laufen, und ein freier ***Chinese Garden***, der es auch tut. Die Problemviertel östlich von Chinatown entlang der Hastings Street (Straße #7A) sollte man besser meiden.

Granville Island

Südlich der City mitten in der Bucht ***False Creek*** unter der Granville Bridge, liegt Granville Island. Die 1913 aufgeschüttete künstliche (Halb-)Insel diente bis in die 1970er-Jahre hinein als Industriestandort. Auf diesem Areal eröffnete 1979 in alten Lagerhallen der ***Granville Island Public Market*** (täglich 9-19 Uhr)

zunächst für landwirtschaftliche BC-Produkte. Später erweiterte sich *Granville Island* langsam zu einem Komplex mit Restaurants, Kunstgalerien und der *Emily Carr University of Art*, www.eciad.ca, einer Kunsthochschule.

Mit Yachthafen, Park samt Abenteuerspielplatz, Wohnquartieren an und auf dem Wasser sowie dem ***Granville Island Hotel*** mit eigener Hausbrauerei (***Dockside Brewery***, ✆ (604) 685-7070; DZ ab $160; www.granvilleislandhotel.com und www.docksidebrewing.com) bietet die Insel heute ein facettenreiches Ambiente. Auf den **Restaurantterrassen** und an ***Food Stands*** gibt's Genüsse aus aller Welt mit Blick auf die *Vancouver Skyline*.

Im ***Granville Island Information Centre*** (www.granvilleisland.com) beim *Waterfront Theatre* erhält man Lageplan und viel Werbung zu Shopping, Restaurants, Kneipen und Aktivitäten.

Aquabus nach Granville Island

Von einer Anfahrt mit dem eigenen Auto (unterhalb der Granville Bridge über die W 2nd Ave auf die Anderson Street) ist abzuraten, da die Parkplätze auf Granville Island und in der Umgebung immer überfüllt sind. Von der City nimmt man am besten den ***Aquabus*** (Anleger Hornby Street am Nordende Burrard Bridge oder Davie Street in Yaletown; www.theaquabus.com) oder ***Falls Creek Ferries*** (ab *Aquatic Centre*; www.granvilleislandferries.bc.ca) hinüber zur Anlegestelle am *Public Market* (jeweils Pendelverkehr alle 5 min Mitte Mai bis *Labour Day* täglich 7-22.30 Uhr, sonst kürzer, $3,25-$5,50 *one-way*; $10/$15 Tagespass.

Tipp: *Aquabus* von Yaletown bis English Bay kurz vor Sonnenuntergang, wenn die »***City of Glass***« diamanten funkelt.

Anleger auf Granville Island für die diversen Aquabusse vor der Kulisse der City of Glass

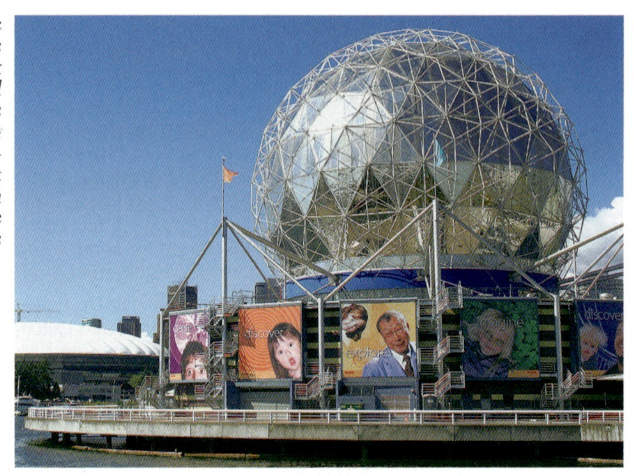

Geodesic Dome des Omnimax Kinos als Teil der Telus Science World; im Hintergrund sieht man das Dach des BC Place Stadions

Vanier Park

Ebenfalls am Ufer des False Creek eingangs der English Bay liegt der *Vanier Park*, der drei Museen beherbergt. Zu Fuß sind es vom *Aquatic Centre* über die *Burrard Bridge* dorthin 15 min. Der große **Parkplatz** vor dem Museum ist gebührenfrei.

Geschichtsmuseum

Mit sehenswerten Ausstellungen informiert das ***Museum of Vancouver*** (www.museumofvancouver.ca; 1100 Chestnut Street; Juli-August täglich 10-17, sonst Di-So 10-17 Uhr, Do bis 20 Uhr, $12/$8) lebendig über die Geschichte Britisch Kolumbiens mit Schwerpunkt Vancouver. Dazu thematisieren vier großartige Galerien die Gründungsgeschichte, den Blick nach Asien sowie die 1950er- und 1970er-Jahre. Im benachbarten ***Space Centre*** befinden sich ein Museum, das *Ground Station Canada Theatre* und ein supermodernes ***Planetarium***; Juli und August täglich 10-17 Uhr, sonst Di-So 10-17 Uhr, $18/$15; www.spacecentre.ca.

Maritimes Museum

Im Mittelpunkt des benachbarten ***Vancouver Maritime Museum*** (1905 Ogden Ave), steht das originalgetreu restaurierte RCMP-Patrouillenboot ***St. Roch*** (Ende Mai bis Anfang September täglich 10-17, sonst Di-Sa 10-17 Uhr, So ab 12 Uhr, $11/$9). Das kleine Holzschiff schrieb Seefahrtsgeschichte. Mit ihm wurde Anfang der 1940er-Jahre erstmalig die Nordwestpassage in beiden Richtungen bezwungen; www.vancouvermaritimemuseum.com.

Als das Boot nach Halifax/Nova Scotia verlegt wurde, führte die Reise durch den Panamakanal. Die *St. Roch* hatte damit als erstes Schiff ganz Nordamerika voll umrundet. Darüberhinaus bietet das betagte Museum indessen wenig.

False Creek/ Science World

Am südöstlichen Rand von Downtown Vancouver liegt das ehemalige Expo-Gelände (1986) am ***False Creek*** zwischen Granville Bridge und Main Street, heute ein attraktives Wohnviertel mit zahlreichen Hochhäusern und Stadtparks.

Neben *Sky Train* und *BC Place Stadium* blieb nur das *Expo Center* von den Gebäuden der Weltausstellung übrig (1455 Quebec Street). Es beherbergt das sehr anschauliche naturwissenschaftliche Museum ***Telus World of Science***; www.scienceworld.ca; täglich 10-17 Uhr, Sa/So bis 18 Uhr; \$23/\$16. Kombiticket zusammen mit ***Omnimax Theatre*** \$29/\$22.

Omnimax

Zum Gebäudekomplex gehört der auffällige ***Geodesic Dome***, eine kreisrunde Konstruktion nach Art des Brüsseler Atomiums. Das Innere der Kugel dient als riesige Projektionsfläche für die Filme im *Omnimax*. Programminformation/Zeiten der Vorstellungen unter ✆ (604) 443-7440 und www.scienceworld.ca/omnimax.

BC Place Stadium

Im *BC Place Stadium*, www.bcplacestadium.com, einem knapp 55.000 Zuschauer fassenden geschlossenen Stadion mit einer **Zeltkonstruktion als Dach**, fanden die eindrucksvollen Eröffnungs- und Schlusszeremonien der olympischen Winterspiele 2010 statt. Zum Komplex gehört die ***BC Sports Hall of Fame and Museum*** (Eingang Gate A), täglich 10-17 Uhr, Eintritt \$15/\$12; www.bcsportshalloffame.com.

Das Sportmuseum ist aber nur etwas für absolute Sportfans, die sich auch für kanadische bzw. nordamerikanische und regionale Besonderheiten interessieren.

Vancouver im Kollektivjubel: Olympische Winterspiele von 2010

(auch 2014 noch aktiv ist das damalige offizielle Webportal www.vancouver2010.com)

Die kanadische Olympiabegeisterung begann mit dem längsten Fackellauf der olympischen Geschichte innerhalb eines Gastlandes. Bei eisigen Temperaturen trugen rund 12.000 Läufer die Fackel in 106 Tagen über 26.000 km durch 1.000 Ortschaften nach Vancouver. Und sie erreichte nach zweiwöchigem olympischen »Aufwärmprogramm« mit dem Eishockeytraumfinale USA-Canada für die Kanadier ihren absoluten Höhepunkt. Als am Ende der erst 22-jährige kanadische Superstar *Sidney »The Kid« Crosby* den Puck zum 3:2 für Canada ins gegnerische Netz schoss, kann der Jubel keine Grenzen. Es war das i-Tüpfelchen auf die gelungenen Winterspiele, ➪ Kasten Seite 320.

Tatsächlich hat Canada mit Hilfe von über 50.000 Helfern eine perfekte Show für die Rekordzahl von 2.632 Athleten aus 82 Nationen und ungezählte Zuschauer vor Ort und weltweit an den Fernsehern inszeniert.

Stand noch bei den Sommerspielen in Montréal 1976 und den Winterspielen in Calgary 1988 kein einziger Kanadier ganz oben auf dem Siegertreppchen, so gewann Canada dieses Mal mit 14 Goldmedaillen zum ersten Male in der Geschichte und noch dazu mit weitem Abstand vor dem Dauerrivalen USA sogar die Nationenwertung.

So gesehen hat sich der für Winterspiele bis dato beispiellose Aufwand vielleicht sogar finanziell gelohnt. Bei Addition aller olympiarelevanten Kosten, darunter ein \$900-Mio-Budget allein für die Sicherheitsvorkehrungen und immense Ausgaben für die Abwicklung, verschlang die Ausrichtung der Spiele in Vancouver/Whistler eine Gesamtsumme zwischen \$5 und \$6 Mrd:

Ohne den vierspurigen Ausbau der Straße #99 von West Vancouver nach Whistler (***Sea to Sky Highway***) wäre eine Olympiabewerbung von vornherein chancenlos gewesen. Die Kosten allein dafür schlugen mit rund $600 Mio zu Buche, www.seatoskyimprovements.ca. Der Bau der neuen U-Bahnlinie »***Canada Line***« vom Flughafen nach Vancouver *Downtown* verschlang sogar über $2 Mrd, ➪ Seite 178.

$580 Mio wurden für den Neu- oder Umbau von Sportstätten ausgegeben, so für das ***Hillcrest Community Centre*** neben dem *Queen Elizabeth Park*, in dem die Kanadier die Herrengoldmedaille im *Curling* erkämpften. Im ebenfalls neu erbauten ***Richmond Olympic Oval*** (www.richmondoval.ca) am Ufer des Fraser River, erliefen sich die kanadischen Eisschnellläufer zwei Goldmedaillen.

In der modernen ***Rogers Arena*** (www.rogersarena.ca) siegte Canada nicht nur im Eishockey der Herren gegen die USA, sondern ebenso mit dem Damenteam. Es ist nun Heimstatt der Eishockeymannschaft ***Vancouver Canucks***.

Im *Pacific Coliseum* auf dem Areal der *Pacific National Exhibition* siegten die kanadischen Eistänzer und *Charles Hamelin* als einziger kanadischer Doppelolympiasieger im *Short Track*. Auf diesem Areal findet im Sommer alljährlich auch der traditionsreiche Jahrmarkt ***Fair at the PNE*** statt, der seit über 100 Jahren mit Konzerten, Shows und Fahrgeschäften die Massen begeistert.

Die Weltelite des ***Freestyle Skiing*** und ***Snowboarding*** traf sich im Bereich des *Cypress Mountain* (www.cypressmountain.com) am nordwestlichen Stadtrand über dem Vorort West Vancouver. Auf den vom Dauerregen stark in Mitleidenschaft gezogenen Kunstschneepisten verbesserte Canada seine Erfolgsbilanz um vier Goldmedaillen.

Über die Hälfte der olympischen Entscheidungen fanden in bzw. bei **Whistler** (www.whistler2010.com) statt. Die **alpinen Skiläufe** endeten in **Whistler Creekside** (www.whistlerblackcomb.com) unterhalb des *Whistler Mountain*.

Im ***Whistler Sliding Centre*** (www.whistlerslidingcentre.com) am Südosthang des *Blackcomb Mountain* trugen Rodler, Bob- und Skeletonfahrer ihre Wettbewerbe aus. Die bewusst als Hochgeschwindigkeitspiste konzipierte Bahn erntete durch den tragischen Tod eines georgischen Rodlers traurigen Ruhm. Canada gewann dort Gold im Herren-Skeleton und Damenbob.

Im ***Whistler Olympic Park*** (www.whistlerolympicpark.com) kämpften die Athleten um Medaillen in Nordischer Kombination, Langlauf, Biathlon und Skispringen. Nach den Spielen werden die beiden 18 km westlich von Whistler im Callaghan Valley hübsch in die Landschaft gesetzten Sprungschanzen ebenso wie die von Calgary ein Aschenputteldasein fristen. Sprungwettbewerbe ziehen wegen der chronisch erfolglosen kanadischen Springer kaum Zuschauer an.

Auch für die nacholympische Nutzung der olympischen Dörfer wurde gesorgt: An der Cheakamus Lake Road, ca. 8 km südwestlich von Whistler, sind im ***Olympic Village Whistler*** kostengünstige Wohnungen entstanden. Für das ***Olympic Village Vancouver*** am südöstlichen Falls Creek konzipierten die Planer einen neuen familienfreundlichen Vorort mit heute 5.000 preiswerten Wohnungen.

Replicas originaler Totem Poles der Haida Indianer im Museum of Anthropology, ➪ *unten*

2.4.2 Südwestliche Vororte

Kitsilano Beach

Vom *Vanier Park* und seinen Museen an der English Bay war bereits die Rede. Nur wenige hundert Meter weiter westlich erstreckt sich im Anschluss an den kleinen ***Hadden Park*** die ***Kitsilano Beach,*** der populärste Strand der Stadt. Dort findet man alle erdenklichen Einrichtungen für aktive Freizeitgestaltung: geheiztes Salzwasser-Schwimmbad (***Kits Pool,*** 2305 Cornwall St.) für alle, denen es im Meer zu kalt ist (Mitte Mai bis Mitte September, $4/$6), eine Surfschule, Tenniscourts, Basket- und Volleyballplätze, Duschen und Picknicktische.

Die Umgebung der ***Kits Beach*** gehört zu den besseren Vierteln der Stadt. Shops, Restaurants und Kneipen, sog. in Wohngebieten anderswo selten vorhandene *Neighbourhood Pubs,* sind zahlreich. Man findet sie vor allem in der 4th Ave, der Hauptstraße der *Kits Region,* zwischen Burrard und Highbury.

West Marine Drive

Westlich der *Kits Beach* stößt man am Ufer des ***Jericho Beach Park*** auf Yachthäfen und eine der drei offiziellen *HI-Hostels* (➪ Seite 179). Ab der ***Locarno Beach*** rund um die ***University Peninsula*** läuft der Marine Drive. Die Küstenstraße passiert zunächst die langgestreckte ***Spanish Banks Beach***, bevor sie zum höhergelegenen Campus der ***University of British Columbia*** (UBC; www.ubc.ca) hinaufführt. Oben versperrt dichter Regenwald den Blick über die Strait of Georgia, die Meeresstraße zwischen Festland und Vancouver Island.

Museum of Anthropology

An der Spitze der Halbinsel liegt das ***Museum of Anthropology*** (6393 NW Marine Drive), eine Konstruktion aus Glas und Beton über den Klippen des *Point Grey*. Glanzstücke des Museums sind einige der ältesten und schönsten **Totempfähle** Canadas. Sie als solche und ihre eindrucksvolle Präsentation in der hohen lichten Halle lohnen allein schon den Besuch.

Indianische Kunst

Besonderes Gewicht liegt auf den Arbeiten von *Bill Reid*, einem bekannten *Haida*-Künstler. Ein ganzer Raum (Rotunda) ist der Arbeit »*The Raven and the First Men*« gewidmet. Den Schwerpunkt der Ausstellung bildet die umfangreiche Kollektion von Kunst- und Gebrauchsgegenständen der Nordwestküsten-Indianer. Mit begrenzteren Sammlungen sind auch Zivilisationen anderer Kontinente vertreten. Geöffnet Mitte Februar-Mitte Oktober, täglich 10-17 Uhr, Dienstag bis 21 Uhr, sonstige Zeit Mo geschlossen; Eintritt $17, Familie $45; www.moa.ubc.ca.

Gärten

Ebenfalls direkt am Marine Drive liegt in der Nähe des anthropologischen Museums der hübsche japanische ***Nitobe Memorial Garden***, Mitte März bis Mitte November tägl. 9.30-17 Uhr; Eintritt $6, Adresse: 1895 Lower Mall; www.nitobe.org.

Wreck Beach

Vom steilen Südwestufer der *University Peninsula* führen Pfade vom Marine Drive durch die üppige Vegetation hinab zur 8 km langen *Wreck Beach*, dem inoffiziellen **Nacktbadestrand** von Vancouver, wo sich zwischen angeschwemmten Holzstämmen Badeleben, Grillpartys und ein bisschen Kommerz abspielen (www.wreckbeach.org). Der ***Beach Trail No.6*** (Start schräg gegenüber der Einmündung des University Boulevard in den Marine Drive) führt in den belebteren Strandbereich; die *Trails* No.3 und No.4 beiderseits des *Museum of Anthropology* enden in ruhigeren Bereichen.

Universitätsparks

Die *University of British Columbia*, der diese Halbinsel ihren Namen verdankt, ist nicht nur Eigentümer von Grund und Boden des Campus`, der mitsamt ausgedehnten Wohnanlagen für Studenten und Einfamilienhaus-Siedlungen für den Lehrkörper über 400 ha bedeckt. Ihr gehören darüberhinaus ausgedehnte unbebaute ***University Endowment Lands*** weiter südlich und östlich der genutzten Fläche.

Ein Teil davon ist ein durch ***Trails*** und (wenige) Straßen erschlossenes **Parkgelände** größer als der citynahe *Stanley Park* (➪ Seite 182), der Rest bildet eine Art »ökologische Nische«. Am südwestlichen Rand der *Endowments Lands* passiert man beidseitig des Marine Drive den **Botanischen Garten der *UBC***, 6804 SW Marine Drive, www.botanicalgarden.ubc.ca. Beide Areale sind durch eine Unterführung (nur für Fußgänger) miteinander verbunden.

Speziell der ***Asian Garden*** lohnt dort einen Spaziergang; er ist weit mehr als die Bezeichnung vermuten lässt: nämlich eher ein **Arboretum** voller im Regenwald heimischer Bäume und Sträucher; geöffnet täglich 9.30-17 Uhr, Eintritt $8.

Van Dusen Garden

Größer und insgesamt noch attraktiver ist der ***Van Dusen Botanical Garden***, einige Kilometer östlich der UBC, 5251 Oak St, Juni-Aug. täglich 9-21 Uhr, sonst bis zur Dämmerung; Eintritt $11/$8; www.vandusengarden.org. Auf dem Weg von der UBC zum unverzichtbaren ***Queen Elizabeth Park*** kann man im *Van Dusen Garden* einen Stopp einlegen; das schöne ***Shaughnessy Restaurant*** im Grünen lädt auch zur Pause ein; www.shaughnessyrestaurant.com.

Queen Elizabeth Park

Der (kostenlose) Besuch des ***Queen Elizabeth Park*** ist Programmpunkt aller geführten Stadtrundfahrten. Fein und mit herrlichem Weitblick über Vancouver (dafür gar nicht mal übermäßig teuer) speist man dort im exzellenten ***Seasons in the Park Restaurant***, 33rd Avenue, mit kreativer Westküstenküche drinnen oder draußen auf der Terrasse. Reservierung ist dort selbst zur *Lunchtime* zu empfehlen: ✆ (604) 874-8008; www.vancouverdine.com.

Oben auf dem ***Little Mountain***, der mit 150 m höchsten Erhebung der Stadt, steht mit dem ***Bloedel Conservatory***, ein architektonisch reizvolles Gewächshaus mit vielen tropischen Pflanzen; Mai-August Mo-Fr 9-20, Sa+So 10-20 Uhr, sonstige Zeit täglich 10-17 Uhr, Eintritt $7/$5.

Olympic Centre

Gleich neben dem *Queen Elizabeth Park* fanden während der Olympischen Winterspiele im eigens dafür erbauten ***Hillcrest Community Centre*** die Curlingwettbewerbe statt. ➪ Seite 190

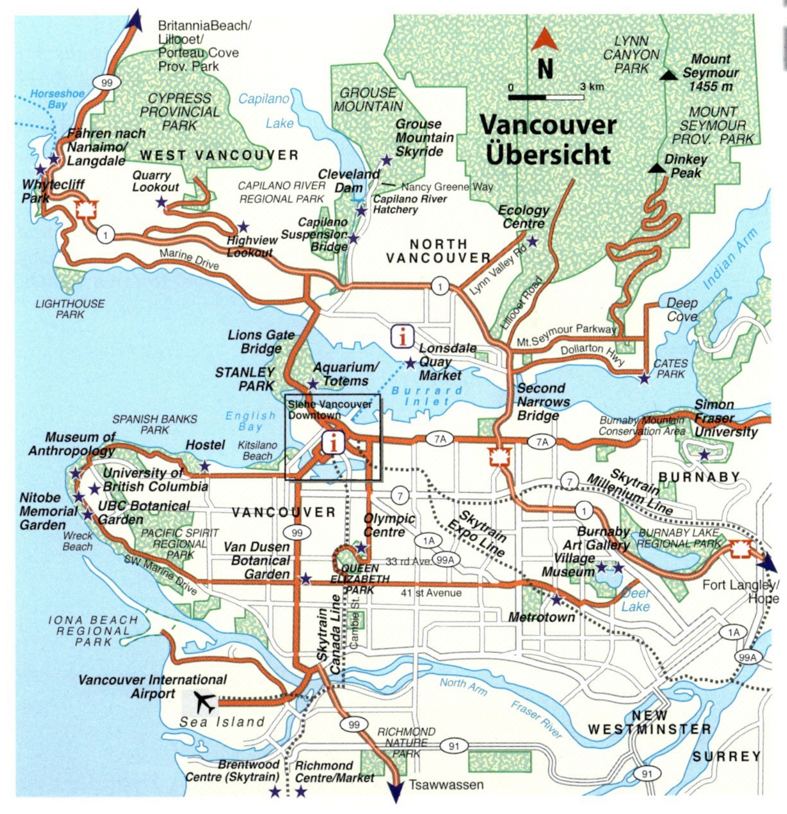

2.4.3 Sehenswertes östlich der City

Burnaby

Von der ***Burnaby Mountain Conservation Area,*** rund 15 km östlich von *Downtown* (erreichbar auf der Hastings St/Straße #7A in Richtung Coquitlam), fällt der Blick aus größerer Entfernung über ganz Vancouver und die *Strait of Georgia* nach Westen. An schönen Tagen belohnt ein herrlicher Sonnenuntergang die weite Anfahrt. Mitten im Park liegt das Gelände der ***Simon Fraser University.*** Von Lage und Großzügigkeit auch dieses Campus' können deutsche Studenten und Professoren nur träumen.

Village Museum

Vom Mountain Park ist es nicht sehr weit zum ***Burnaby Village Museum***; www.burnabyvillagemuseum.ca. Es liegt unweit des TCH durch Burnaby (*Exit* 33/Kensington Ave South) an der 6501 Deer Lake Ave. Das regionaltypische Dorf im Stil der Jahrhundertwende ist im Vergleich zu anderen »lebenden Museen« zwar recht klein, vermittelt aber ein stimmiges Bild der Zeit. Geöffnet Mai bis Anfang September Di-So 11-16.30 Uhr, Eintritt frei.

Deer Lake Park

Ebenfalls im Stadtpark am Deer Lake präsentiert die ***Burnaby Art Gallery at Ceperley House***, www.burnabyartgallery.ca (6344 Deer Lake Ave unweit des *Village* am See) Werke des 20. Jahrhunderts unter Berücksichtigung der lokalen Kunstszene; Di-Fr 10-16.30 Uhr, Sa+So 12-17 Uhr, Spende. Gleich nebenan lohnt sich im ***Century Gardens*** ein Spaziergang durch Rhododendron.

Metrotown

Und wenn man ohnehin schon mal in Burnaby weilt, oder vielleicht nur deshalb dorthin fährt: ***BC s größter Shopping- und Entertainment-Komplex*** mit fast 400 Läden liegt in Burnaby *Downtown* am Kingsway 1A/99A. Die sog. ***Metrotown*** besteht

Die Lions Gate Bridge verbindet Downtown und Stanley Park mit North Vancouver

aus drei mehrstöckigen, durch Fußgängerbrücken verbundene ***Malls*** und bietet neben dem totalen Konsumtrip auch noch Vorstellungen in 10 Kinosälen (*Silver City Metropolis Cinemas*). Zudem warten zahlreiche Restaurants und automatisierte Zerstreuung auf Besucher. Jede Menge Parkraum und eine eigene *SkyTrain Station* erleichtern die Anfahrt; www.metropolisatmetrotown.com.

Rodeo in Surrey

Ende Mai *(Victoria Day Weekend)* findet das viertägige ***Cloverdale Rodeo*** (www.cloverdalerodeo.com) in **Surrey** statt, einem südöstlichen Vorort. Es handelt sich um das größte Rodeo in BC. Wer zu dieser Zeit gerade in Vancouver weilt, sollte es nicht verpassen. Zu Ablauf und typischen Rodeo-Ereignissen in Stadt und Stadion ➪ Beschreibung *Calgary Stampede,* Seite 287.

2.4.4 North Vancouver und Umgebung

Lions Gate Bridge

In die nördlichen Vororte Vancouvers jenseits der tief ins Land reichenden Bucht, die je nach Standort Burrard Inlet, Second Narrows Inlet oder Indian Arm heißt, geht es von ***Downtown*** durch den *Stanley Park* über die ***Lions Gate Bridge***. Die von der *Guinness*-Familie einst als »Privatunternehmung« errichtete, heute **gebührenfreie *Lions Gate Bridge*** sorgt erst seit 1938 für die verkehrstechnische Anbindung des nunmehr dicht besiedelten Stadtnordens an die City. Bis dahin war er nur per Boot erreichbar. Die mit nur drei Fahrspuren relativ schmale und daher häufig verstopfte Brücke führt in North Vancouver direkt auf den *Marine Drive,* der schönste Küstenstraße der Stadt.

Second Narrows Bridge/ Deep Cove

Die zweite Brücke nach North Vancouver, die ***Second Narrows Bridge***, nimmt 9 km weiter östlich die Autobahn des bis Horseshoe Bay laufenden Trans Canada Highway auf. Von ihrer Nordseite (*Exit* 23) führt der ***Dollarton Highway*** am *Cates Park* vorbei nach **Deep Cove** am Indian Arm. Der Ort am Südwestzipfel des 18 km langen, tief eingeschnittenen Fjords eignet sich bestens für einen Bummel und ein Picknick am Strand. Im bunten Hafen dümpeln Fischerboote neben vielen eleganten Yachten.

Trip im Faltboot

Eine reizvolle, wenn auch nicht ganz billige **Paddeltour** per Klepperboot in den *Indian Arm* (zur »Halbzeit« zum *Lunch* Lachsgrillen auf einer Insel) kann man bei ***Lotus Land Tours*** buchen ($199) ✆ (604) 684-4922, ✆ 1-800-528-3531; www.lotuslandtours.com. Bei schönem Wetter bietet dieser Ausflug unter deutscher Führung einen prima Einstieg in das Canada-Reiseerlebnis unweit der Großstadt. Leser dieses Buches erhalten 10% Rabatt.

Baden Powell-Trail

In Deep Cove beginnt bzw. endet der sehr schöne ***Baden-Powell Höhenwanderweg*** (42 km) durch die *North Shore Mountains*. Er steigt zunächst auf in den ***Mt. Seymour Provincial Park*** und läuft über dem ***Lynn Canyon***, ***Capilano River*** und ***Cypress Park*** bis **Horseshoe Bay**. Da man diese Parks alle per Auto ansteuern kann (➪ folgende Seiten), lassen sich auch überschaubare **Teilabschnitte** ablaufen.

Mit Faltbooten auf dem Fjord Indian Arm, Start nur ca. 30 Autominuten von Downtown Vancouver entfernt (➪ Seite 195)

Mount Seymour Provincial Park

Der ***Mt. Seymour Provincial Park*** (www.bcparks.ca/kein Eintritt) liegt hoch über dem Indian Arm nordöstlich der Wohngebiete von North Vancouver. Vom TCH (*Exit* 22) geht es zunächst auf dem ***Mount Seymour Parkway*** zur Parkeinfahrt. Die Zufahrt (13 km) windet sich über zahlreiche Serpentinen zum großen Parkplatz des Winterskigebiets (www.mountseymour.com) in ca. 1000 m Höhe. Mehrere **Picknickplätze** laden an der Auffahrt zur Rast ein; am schönsten liegt der Patz ***Highview***.

Visitor Centre und ***Cafeteria*** am Straßenende sind gleichzeitig Ausgangspunkt für eine ganze Reihe schöner ***Trails***. Unbedingt sollte die 20-minütige Kurzwanderung zum besten Aussichtspunkt am ***Dinkey Peak*** auf dem Programm stehen und – bei mehr Zeit – der ***Loop Trail*** rund um den Goldie Lake (ca. 4 km). Zum Gipfel des Mount Seymour (1455 m) sind es ebenfalls 4 km.

Lynn Canyon Park/Bridge

Vom *Exit* 19 des TCH führt die *Lynn Valley Road* zum ***Lynn Canyon Park***. Dort führt eine 50 m hohe **Hängebrücke** eindrucksvoll über die Schlucht und das ***Ecology Centre*** informiert über den Stand des Umweltschutzes in Canada; Juni bis September täglich 10-17 Uhr, Rest des Jahres nur Mo-Fr 10-17 Uhr und Sa+So 12-16 Uhr, **frei**; www.dnv.org/ecology. Die *Lynn Canyon Bridge* ist keine schlechte, dazu kostenlose Alternative zur »Touristenfalle« *Capilano Bridge*.

Capilano Bridge

Vom *Exit* 14 des TCH bzw. vom Marine Drive östlich der *Lions Gate Bridge* gelangt man auf die **Capilano Road** und zum gleichnamigen ***Canyon***. Eine 137 m lange **Hängebrücke** (www.capbridge.com) spannt sich dort über die 70 m tiefe Schlucht. Eine neuere Attraktion ist dort das ***Treetop Adventure***: ein »schwebender« Pfad von ca. 200 m verbindet die Baumkronen großer Zedern. Das Vergnügen, den *Canyon* auf schwankenden Planken zu queren, durch die Wipfel zu balancieren, indianische Holzschnitzer bei der Arbeit und 25 Totempfähle bewundern zu dürfen, kostet beachtliche $32, für Kinder bis zu 12 Jahren $12. Ende Mai-Anfang September täglich 8.30-20 Uhr; sonst 9 Uhr bis zur Dämmerung.

Fish Hatchery/ Wanderung

Bei Weiterfahrt auf der Capilano Road gelangt man weiter oben kurz vor dem Übergang der Straße in den Nancy Greene Way ans Nordende des ***Capilano River Regional Park*** (ohne Eintritt). Eine kurze Stichstraße (300 m) führt dort zum *Cleveland Dam*, der den Capilano River zum Trinkwasserreservoir für Vancouver aufstaut. Ein schöner **Rundwanderweg** (ab 2 km) läuft zunächst über die Dammkrone und folgt der pittoresken Schlucht flussabwärts. Über eine Brücke gelangt man wieder auf die Ostseite des Canyon und zur ***Capilano River Hatchery***, wo jährlich mehr als 2 Mio. Lachse aufgezogen und in der Wildnis ausgesetzt werden. Hinter Glasfenstern am Fluss lassen sich die ausgewachsenen Fische beobachten. Täglich ab 8 Uhr, Juni-August bis 20 Uhr, sonst bis Dämmerung, Eintritt frei. **Autozufahrt** über Capilano Park Road, die oberhalb der Capilano Bridge von der Capilano Road abzweigt.

Hängebrücke über den Capilano Canyon, Zwischenziel aller Stadtrund - fahrten. Statt dort stolze $30 Eintritt zu bezahlen, kann man ebensogut zum Lynn Canyon fahren und eine ganz ähnliche Brücke zum Nulltarif ausprobieren.

Grouse Mountain Seilbahngondel

Grouse Mountain

Am Ende der verlängerten Capilano Road (6400 Nancy Greene Way) liegt die Talstation des ***Grouse Mountain Skyride*** (täglich 9-22 Uhr, alle 15 min; www.grousemountain.com). Wer den Blick über die Umgebung aus 1.100 m Höhe genießen möchte, muss tief ins Portemonnaie fassen: $40, bis 12 Jahre $14/Person. Neben der Aussicht warten dort oben das **Restaurant *The Observatory***, (Reservierung unter © 604-980-9311; gar nicht mal sehr teuer; meist Menuangebot inkl. Auffahrt), ein Sessellift zum Gipfel (1.231 m), der populärste Höhenweg in Vancouver – ***Grouse Grind*** (2,9 km, 850 Höhenmeter, alljährliches Gipfelrennen im September) – und eine Holzfäller-Show.

Cypress Park

Über den *Exit* 8 des TCH, der dort hoch über der Küste verläuft, und die ***Cypress Bowl Road***, einer serpentinenreichen Zufahrt, erreicht man den obersten Parkplatz im ***Cypress Provincial Park*** (www.bcparks.ca, kein Eintritt) in rund 1.000 m Höhe über dem Meer. Dort (www.cypressmountain.com) fanden die *Freestyle*- und *Snowboard*-Wettbewerbe der Olympischen Spiele statt.

Ein Besuch lohnt bei klarem Wetter auch im Sommer wegen des weiten Blicks über Vancouver und die Strait of Georgia bis nach Vancouver Island. Im Südosten erkennt man die immer schneebedeckte Spitze des Vulkans *Mount Baker* im US-Staat Washington. Am Straßenende beginnen mehrere **Wanderwege**. Der kurze *Trail* zum *Bowen Outlook* (1,5 km) eignet sich gut für 30 min Fahrtunterbrechung und Genuss der Aussicht.

Lighthouse Park

Ebenfalls ab Exit 8 des TCH erreicht man auf dem Marine Drive in Richtung Westen den urwüchsigen ***Lighthouse Park*** auf einer Landzunge in der südwestlichsten Ecke von West Vancouver. Eine Rundwanderung durch unberührten Regenwald führt zum alten, malerisch gelegenen Leuchtturm (ca. 3 km).

nach Horseshoe Bay

Durch traumhafte Wohngebiete mit vielen kleinen und großen Yachthäfen kann man von dort – statt dazu wieder auf den TCH zurückzukehren – die Fahrt bis **Horseshoe Bay** fortsetzen. Einmal auf dieser Straße sollte man kurz vor deren Ende am Fährhafen

den Abstecher zum ***Whytecliff Park*** nicht auslassen. Unter den vielen schönen Parks im Bereich Vancouver ist diese Anlage hoch über dem Meer einer der reizvollsten. Bereits die (ausgeschilderte) Anfahrt lohnt den kleinen Umweg.

Britannia Beach

Ein beliebter Ausflug führt über Horseshoe Bay hinaus nach **Britannia Beach/Squamish** am Ende des Howe Sound. Die Straße nördlich von Horseshoe Bay (#99) verläuft streckenweise spektakulär zwischen Meer und Coast Mountains. In Britannia Beach wartet das interessante ***Britannia Mine Museum*** in der einstmals größten Kupfermine Canadas auf Besucher:

Hauptattraktionen des Museums sind die alte Minenbahn, mit der es in die Bergwerkstollen geht, ein im Übertagebau (Open Pit Mining) eingesetzter ***Super Truck*** und **Goldwaschen**, Erfolg garantiert. Bei 12°C vermittelt die Untertagefahrt hautnah das Bild harter Bergwerksarbeit, eindrucksvoll ist die tösende Demo klassischer und moderner Abbautechniken.

Geöffnet von Mai bis Mitte Oktober täglich 9-17.30 Uhr, Eintritt $22/$14; www.britanniaminemuseum.ca.

Exkursion nach Squamish

Bis 2010 fuhr die **mächtige, 1939 erbaute Dampflok *Royal Hudson*** mit alten Waggons ab North Vancouver nach Squamish. Seitdem steht sie in Squamish im ***West Coast Railway Heritage Park***. Das in Westkanada größte Museum dieser Art zeigt darüber hinaus 65 alte Lokomotiven und Waggons, darunter zwei weitere Dampfloks aus den Jahren 1910 und 1929, täglich 10-16 Uhr, $15/$10; www.wcra.org.

Britannia Beach und **Squamish** liegen am Weg für alle, die auf einer späteren Rundreise Vancouver entweder über die Straße #99, den *Sea to Sky Highway*, verlassen oder auf ihr nach Vancouver zurückkehren, ➪ ab Seite 229.

335 m stürzt das Wasser die spektakulären Shannon Falls hinunter (ca. 2 km südlich von Squamish)

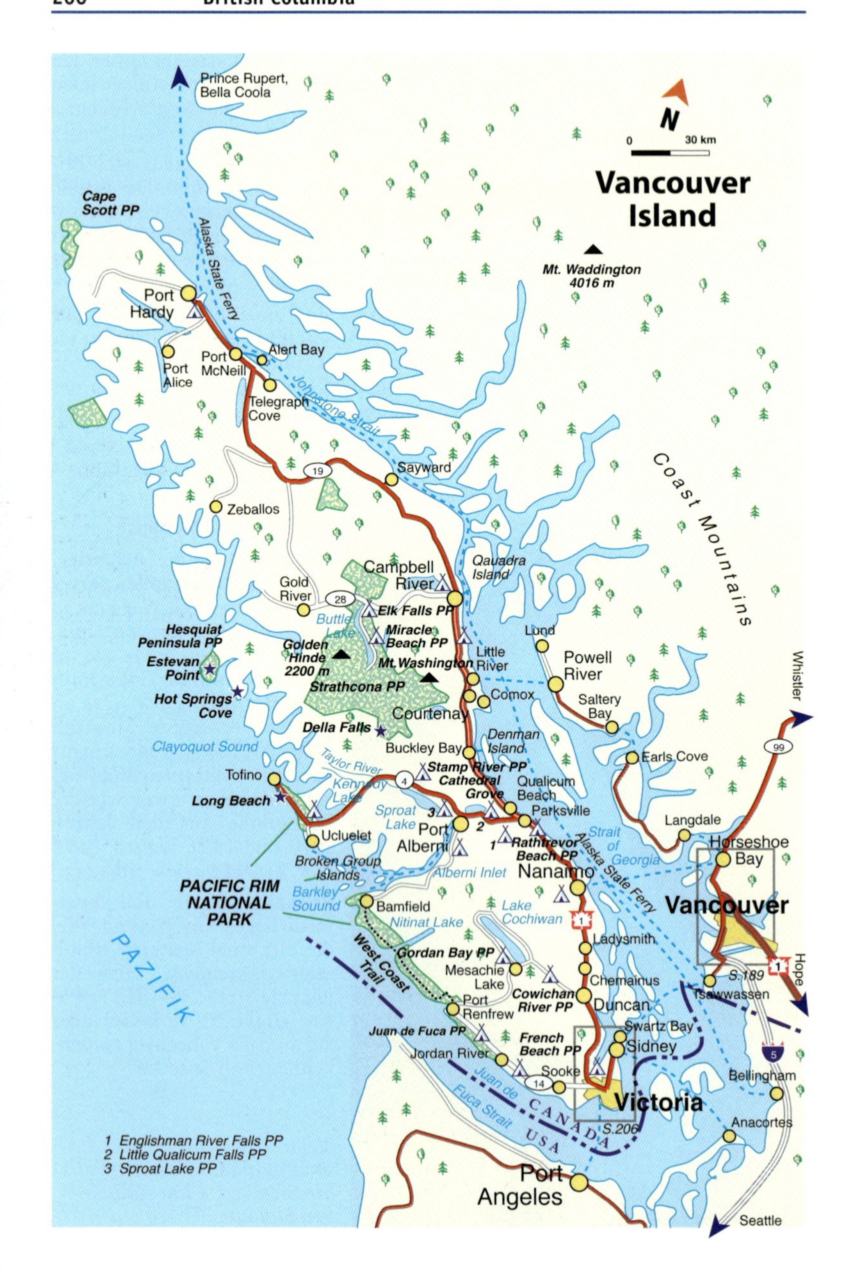

Vancouver Island
N
0 30 km
Prince Rupert, Bella Coola
Cape Scott PP
Alaska State Ferry
Port Hardy
Port Alice
Port McNeill
Alert Bay
Telegraph Cove
Johnstone Strait
Sayward
19
Zeballos
Mt. Waddington 4016 m
Coast Mountains
Campbell River
Quadra Island
Gold River
28
Elk Falls PP
Buttle Lake
Miracle Beach PP
Hesquiat Peninsula PP
Estevan Point
Golden Hinde 2200 m
Mt. Washington
Little River
Lund
Powell River
Hot Springs Cove
Strathcona PP
Comox
Saltery Bay
Courtenay
Della Falls
Clayoquot Sound
Denman Island
Buckley Bay
Earls Cove
Taylor River
Stamp River PP
Tofino
Kennedy Lake
4
Cathedral Grove
Qualicum Beach
Long Beach
Sproat Lake
Parksville
Port Alberni
Rathtrevor Beach PP
Strait of Georgia
Langdale
Horseshoe Bay
Ucluelet
Broken Group Islands
Alberni Inlet
Nanaimo
PACIFIC RIM NATIONAL PARK
Barkley Sound
Bamfield
Lake Cochiwan
Vancouver
Nitinat Lake
1
Ladysmith
West Coast Trail
Gordan Bay PP
Mesachie Lake
Chemainus
S.189
Tsawwassen
Cowichan River PP
Duncan
Port Renfrew
Swartz Bay
Juan de Fuca PP
French Beach PP
Sidney
Jordan River
Sooke
14
Bellingham
5
Juan de Fuca Strait
CANADA
USA
Victoria
S.206
Anacortes
PAZIFIK
Whistler
99
Hope
1 Englishman River Falls PP
2 Little Qualicum Falls PP
3 Sproat Lake PP
Port Angeles
Seattle

3. ROUTEN DURCH BRITISH COLUMBIA UND ALBERTA

Das Kapitel 3 umfasst alle in diesem Buch beschriebenen Routen durch die touristisch wichtigste Region in Canadas Westen. Da die Top-Sehenswürdigkeiten ***Banff*** und ***Jasper National Park*** mit dem ***Icefields Parkway*** zu Alberta gehören und gleichzeitig unmittelbar an British Columbia grenzen, unternehmen die meisten Canada-Besucher Fahrten durch beide Provinzen. Dem wird hier Rechnung getragen, ➪ Routenübersicht im Umschlag vorne.

Alle Strecken schließen aneinander an und können auch anders kombiniert werden, oft durch Überspringen weniger Seiten.

3.1 Vancouver Island

Lage und Klima

Mit einer **Fläche von 31.285 km²** ist Vancouver Island die größte Pazifikinsel Nordamerikas. Der vor der Küste nordwestwärts fließende Alaskastrom sorgt für ein gemäßigteres Klima, als es auf gleicher Höhe auf dem Festland herrscht. Im Winter gibt es in den Hafenstädten nur selten Dauerfrost, aber die sommerlichen Höchsttemperaturen liegen im Schnitt bei nicht einmal 20°C. Lediglich die Region um Nanaimo verzeichnet angenehme 24°C. Während an dieser südöstlichen Trockenseite der Insel lange Sandstrände Sommerurlauber anlocken, versperrt an der Westküste dichter Regenwald jeglichen Zugang. Dort ist – 60 km nördlich von Tofino – *Estevan Point* im *Hesquiat Peninsula Provincial Park* **der regenreichste Punkt Canadas**.

Zeitbedarf für einen Besuch

Ein Besuch von Vancouver Island lohnt sich eigentlich erst dann, wenn er sich nicht nur auf eine Stippvisite – etwa in Victoria – beschränkt. Zumindest für eine kleine Rundfahrt sollte die Zeit reichen. ***Wenigstens fünf volle Tage*** sind notwendig für eine 610 km lange Tour von Vancouver nach Victoria und zum ***Pacific Rim National Park*** – Anreise über das **Tsawwassen Fährterminal** und Rückfahrt von **Departure Bay** (Nanaimo) nach **Horseshoe Bay** oder umgekehrt.

Bedeutung der Fähren

Wer nicht nur Vancouver Island sehen möchte, sondern weitergehende Reisepläne für den Norden von British Columbia hat, kann ggf. mit der Fähre Port Hardy–Prince Rupert beides gut miteinander verbinden. Überhaupt kommt man nicht an den Fähren vorbei. Die wichtigsten Verbindungen vom Festland nach Vancouver Island, aber auch zu anderen Inseln in der **Strait of Georgia** zwischen Vancouver und Island sind auf der folgenden Doppelseite gelistet und näher erläutert. Die schönsten Fährstrecken führen über die Routen Tsawwassen–Swartz Bay durch die *Gulf Islands* sowie Anacortes–Sidney durch die *San Juan Islands.*

Internet

Zur raschen und aktuellen Information im Internet eignet sich sehr gut die offizielle Website von *Tourism BC*:
www.seevancouverisland.com

3

Autofährverbindungen rund um Vancouver Island

Die Angaben in der Übersicht beziehen sich mit nur einer Ausnahme (3.) auf **Autofähren in der Hauptsaison** von etwa Juni bis Mitte September. Die Tarife gelten für die einfache Überfahrt. Außerhalb dieser Zeiten sinken die Schiffsfrequenzen und zuweilen auch die Preise.

Fähren vom US-Staat Washington nach Vancouver Island

(Preise in **US$** einfache Fahrt)	Wagen ohne Fahrer	pro Person	Anzahl der Abfahrten pro Tag	Dauer Überfahrt/Std
1. Anacortes–Sidney	31	19	1x	2:50
2. Port Angeles–Victoria	44	17	4x	1:30
3. Seattle–Victoria (keine Fahrzeuge)		88	3x	2:45

Die wichtigsten Küstenfähren in British Columbia

(Preise in **can$** einfache Fahrt, aber #7, #8, #10 bis #12 retour)	Wagen ohne Fahrer	pro Person	Anzahl der Abfahrten pro Tag	Dauer Überfahrt
4. Tsawwassen–Swartz Bay	52	16	15x	1:35
5. Tsawwassen–Nanaimo	52	16	8x	2:00
6. Horseshoe Bay–Nanaimo	52	16	10x	1:40
7. Horseshoe Bay–Langdale	50	15	10x	0:40
8. Earls Cove–Saltery Bay	48	15	8x	1:00
9. Powell River–Comox	45	15	4x	1:20
10. Buckley Bay–Denman Island	23	10	17x	0:10
11. Campbell River–Quadra Island	23	10	17x	0:10
12. Port McNeill–Alert Bay	26	12	6x	0:45
13. Port Hardy–Prince Rupert	445	195	jeden 2.Tag	15 Std.
14. Port Hardy–Bella Coola (Stopps in Ocean Falls und weiteren Siedlungen)	386	193	3x/Woche	13-33 Std.
15. Prince Rupert-Skidegate	160	45	6x/Woche	6:30-8Std

Erläuterungen zu den Fähren

1. Reederei sind die ***Washington State Ferries***, Reservierung empfehlenswert. ✆ 1-888-808-7977; ✆ (206) 464-6400, www.wsdot.wa.gov/ferries (Passkontrolle/*Immigration* bereits vor Einstieg)
Wohnmobile bis 22 Fuß Länge kosten $41, ab 22 Fuß $50.
Die Route durch die *San Juan Islands* ist »unschlagbar«; nicht im Winter.

2. Die private Reederei ***Black Ball Transport*** nimmt Reservierungen über Telefon und Internet an. Ohne sind die Wartezeiten im Sommer manchmal sehr lang. Informationen unter ✆ (360) 457-4491 (Port Angeles) oder (250) 386-2202 (Victoria), ganzjährig; www.cohoferry.com (Passkontrolle/*Immigration* bereits vor Einstieg).

3. Nur Personen-Katamaran-Schnellfähre *Victoria Clipper* ab Seattle Pier 69 Ende Juni-August täglich 7.30, 8.30 und 15 Uhr, ab Victoria 11.20, 17.30 und 18.45 Uhr. Sonst 1-2 Abfahrten täglich. $122-$155 retour Hochsaison. ✆ (206) 448-5000, ✆ (250) 382-8100, ✆ 1-800-888-2535; www.clippervacations.com.

4-15. Alle Überfahrten mit der kanadischen Staatsfähre ***BC Ferries***. Aufpreise für Fahrzeuge über 7 Fuß Höhe (nur #13 und #14) bzw. über 20 Fuß Länge.

Für die Fähren **#13 und #14 ist stets eine Reservierung erforderlich**. Für die **Hauptsaison sollten Autofahrer** mehrere Monate vor der Reise buchen.

BC Ferry Corporation, Victoria, BC; ✆ (250) 386-3431 und ✆ 1-888-223-3779; www.bcferries.com.

Die Fähren #4 bis #7 und #9 lassen sich per Internet oder unter der Telefonnummer oben reservieren (Gebühr $15 bis 7 Tage vor Abfahrt, sonst $17,50.

Die schönste Fährstrecke vom Festland nach Vancouver Island ist die **#4**; sie führt mitten durch die Gulf Islands; #5 und #6 umgehen die Inseln.

Der **Anleger der Fähre #5** auf Vancouver Island ist ***Duke Point*** südlich von Nanaimo, der ***#6 Departure Bay*** nördlich von Nanaimo.

Eine interessante **Kombination** sind die Strecken unter **#7** und **#8**. Sie bilden die 4. Alternative zwischen Vancouver und Vancouver Island (neben #4-#6). Diese Route ist zwar ab Parksville (Abzweig *Pacific Rim NP*) rund 130 km länger als die Direktfahrt über Nanaimo und dann mit der Fähre #6 direkt nach Horsshoe Bay bzw. Vancouver, ermöglicht aber mit zwei zusätzlichen Fährpassagen eine attraktive Rundtour.

Die **Fähre #13** verkehrt Mitte Mai bis Ende September im 2-Tage-Rhythmus und legt in beiden Häfen um dieselbe Zeit ab (morgens um 7.30 Uhr, Ankunft abends 22.30 Uhr). Nachts liegt die Fähre am Kai. Die nördlichen zwei Drittel der ***Inside Passage*** ab Bella Coola durch das enge Fahrwasser von Princess Royal Channel and Grenville Channel sind am schönsten: **Steilküs - ten** beiderseits, zahlreiche **Fjorde**, Inseln und Wasserfälle vor dem Hintergrund **gletscherbedeckter Berge.** Bei einer Fahrt in Nord-Süd-Richtung sieht man diesen Teil definitiv bei Tageslicht. Wer ein **Wohnmobil** höher als 7 Fuß und bis 20 Fuß Länge transportieren möchte, zahlt für den einfachen Weg **$760**; jeder zusätzliche Fuß Länge kostet $38.

Das 507 km lange Teilstück **Port-Hardy–Prince Rupert** der *Inside Passage* ist weniger spektakulär als ihr nördlicher Abschnitt von Prince Rupert nach Skagway, ermöglicht aber die Routenkombination Vancouver Island–Y*ellow - head Highway*. Die Strecke Vancouver–Victoria–Abstecher *Pacific Rim NP*–Prince Rupert–Kitwanga spart rund 250 km Straße gegenüber dem kürzesten Landweg über Prince George inkl. Abstecher nach Barkerville. Den extrem hohen Fährkosten stehen gesparte Benzinkosten, bei Campermiete und dabei begrenzten Freikilometern auch geringere Zusatzkilometer gegenüber.

Fähre #14 verbindet Bella Coola am Ende des ***Chilcotin Highway*** (➪ Seite 250) mit Port Hardy. Sie verkehrt von Mitte Juni bis Anfang September entlang der ***Discovery Coast***; Abfahrt Di, Do 10.15 Uhr, Sa 9.30 Uhr ab Port Hardy bzw. Mo, Mi, Fr 8.00 Uhr ab Bella Coola.

Fähre #15 verbindet das BC-Festland mit den **Queen Charlotte Islands**. Skidegate ist ein Dorf der *Haida*-Indianer mit gerade 800 Einwohnern

3

3.1.1 Victoria

Kennzeichnung

Charakter der Stadt

Am südlichen Zipfel von Vancouver Island liegt Victoria, die attraktive Hauptstadt der Provinz. Ihre **britische Tradition** hat sich bis in unsere Zeit »gerettet«. Sie ist präsent in der Architektur zahlreicher Gebäude und den roten Doppeldeckerbussen für Stadtrundfahrten. Der ***Afternoon Tea*** wird heute nicht einmal mehr in England so pedantisch zelebriert wie in Victoria.

Geschichte **(➪ Seite 578)**

Die Eroberung der von Indianern besiedelten Insel durch Weiße begann erst Mitte des 19. Jahrhunderts: Ein *James Douglas* erkundete 1842 ihre Südspitze für die Pelzhandelsgesellschaft *Hudson's Bay Company*. Im Folgejahr entstand ***Fort Victoria***, und 1849 ernannte die britische Krone Vancouver Island zur Kolonie. Ein florierender Pelzhandel, Holzfällerei, Kohleabbau, Fischerei und Landwirtschaft sorgten für hohe Erträge. Als einzige damals existierende »richtige« Stadt übernahm Victoria 1868 Hauptstadtfunktion für die zusammengelegten Kolonien Vancouver Island und British Columbia. Dabei blieb es auch nach dem Anschluss von BC als Provinz an das *Dominion of Canada* 1871, wiewohl Vancouver – nach Fertigstellung der transkanadischen Eisenbahn – Victoria wirtschaftlich schnell den Rang ablief.

Einwohner

Der Großraum Victoria, zu dem die 30 km lange *Saanich Peninsula* bis Swartz Bay und Sidney gehört, zählt heute rund 370.000 Einwohner; im Stadtgebiet leben rund 85.000 Menschen.

Klima

Kein Landstrich in Canada, so heißt es, wird vom Wetter so verwöhnt wie Victoria. Während es an der Westküste der Insel oft in Strömen gießt, bleibt die »unter« den Inselgebirgen liegende Stadt von Regenfällen weitgehend verschont. Strenge Winter sind unbekannt, denn die Kaltluft des kanadischen Festlands wird dank pazifischer Einflüsse abgehalten. Mit jährlich ganzen 29 cm verzeichnet Victoria den geringsten Schneefall Canadas. Wenn weite Bereiche des Landes im Frühjahr noch unter Schnee liegen, sprießen in Vancouver Islands Süden bereits Blüten und Blumen.

Transport und Information

Verkehrsanbindung

Der ***Victoria International Airport*** (YYJ, www.victoriaairport.com), ✆ (250) 953-7500, liegt 30 km nördlich der Innenstadt. Der kleine Flughafen zählt knapp 1,6 Mio Passagiere jährlich. Zufahrt von *Downtown* (35 min) mit der Buslinie #70 (Swartz Bay-*Downtown Express*; Zustieg *McTavish*) des *Victoria Regional Transit System*. Mit dem *Akal Airporter Shuttle*, kostet die Fahrt nach *Downtown* $21; www.victoriaairportshuttle.com.

Im ***Inner Harbour*** herrscht reger Fährbetrieb, ➪ oben. **VIA *Rail*** unterhält eine tägliche Verbindung nach Courtenay. **Wasserflugzeuge** fliegen vom *Inner Harbour* nach Vancouver und Seattle.

Außerdem befindet sich in Victoria der **westliche Endpunkt** des ***Trans Canada Highway***, ➪ Seite 213.

Orientierung

Die Orientierung in Victoria ist einfach. *Trans Canada Highway* und die Straße #17 von Swartz Bay/Sidney leiten Besucher automatisch bis zur Innenstadt. Die meisten Sehenswürdigkeiten befinden sich in einem überschaubaren Bereich zwischen der Douglas Street *(Trans Canada Highway)* und dem Hafen (*Inner Harbour*) und lassen sich an einem Tag zu Fuß »abklappern«.

Nahverkehr

Victoria hat mit dem ***Regional Transit System*** (✆ (250) 382-6161, www.bc transit.com/regions/vic) ein dichtes öffentliches Nahverkehrsnetz; Einzelfahrten $2,50, 10 Tickets $22,50, Tagespass $5.

Besucherzentrum

Ein großes ***Info Centre*** liegt direkt am Hafen oberhalb der Promenade. Es verfügt über jede Menge Material zu Victoria und Vancouver Island und unterhält Buchungsschalter für Hotels, Mietwagen und touristische Unternehmungen:

Tourism Victoria Information Centre:
812 Wharf Street, ✆ 1-800-663-3883; www.tourismvictoria.com

Unterkunft und Camping

Hotels/ Motels

Für die Übernachtung in einem passablen Motel in Downtown Victoria müssen fürs DZ mindestens $70 gezahlt werden; Hotels der gehobenen Kategorie kosten ab $120.

- Wer im noblen ***The Fairmont Empress*** (➪ Seite 210) am *Inner Harbour* unterkommen möchte, muss fürs Zimmer im Sommer ab $249 anlegen, ➪ Foto unten.

Viele **Motels** der mittleren Kategorie findet man nördlich des Innenhafens an der Gorge Rd (#1A). Noch erschwinglich in Fußgängerdistanz zum Zentrum und *Inner Harbour* sind das

- ***Surf Motel***, www.surfmotel.net, ✆ (250) 386-3305, ✆ 1-888-738-3399, 290 Dallas Road (Seeseite), DZ ab $155, 14 Zimmer,
- ***Embassy Inn***, www.embassyinn.ca, ✆ (250) 382-8161, ✆ 1-800-268-8161, 520 Menzies Street, DZ ab $154, 70 Zimmer.

Zudem verfügt Victoria über zahlreiche ***B & B*-Quartiere**, DZ ab $90; www.bestbnbvictoria.com.

The Fairmont Empress, Nobelhotel wie aus Merry Old England, direkt am Hafenbecken; www.fairmont.com/empress.

3

Preiswerte Unterkünfte

- Im *Downtown*-Bereich, 516 Yates Street, liegt das ***HI-Hostel***, © (250) 385-4511, © 1-866-762-4122, www.hihostels.ca/victoria; $30/Bett, DZ $80, 110 Betten.
- Von Lesern häufig empfohlen wird das ***Ocean Island Backpackers Inn***, 791 Pandora Ave, © 1-888-888-4180, © (250) 385-1788; 163 Betten, $26/Bett, DZ $56; www.oceanisland.com.
- Etwa 6 km sind es von den Unterkünften der ***University of Victoria*** per Bus bis *Downtown*; © (250) 721-8395, Übernachtung Mai-August $51/$63 (EZ/DZ); www.housing.uvic.ca.

Camping

- Der schönste Campingplatz weit und breit befindet sich im ***Goldstream Provincial Park*** am *TCH* (ca. 20 km bis *Downtown*); 167 Stellplätze, **$30**, ➪ Seite 211.

- Ist der Platz im *Goldstream PP* besetzt, kann man es im weniger frequentierten ***Bamberton Provincial Park*** mit Sandstrand und Bergblick versuchen; 53 Stellplätze, $16, 12 km weiter nördlich zwischen TCH und *Saanich Inlet*.
- Erheblich stadtnäher als die Provinzparks liegt der (dafür enge und ziemlich laute) ***Thetis Lake Campground,*** 1938 West Park Lane, ca. 11 km westlich von *Downtown*, © (250) 478-3845. Die Stellplätze ($23-$27, 147 Stellplätze) befinden sich in einem Waldstück direkt am TCH. Ein Fußweg führt zum Badestrand im benachbarten ***Regional Park***.

- Einen sehr guten *Komfortplatz* für Wohnmobile bietet das ***Westbay Marine Village*** gegenüber von *Downtown*, wohin die *Harbour Ferries* verkehren. Mit Glück erwischt man einen der (teuren) Stellplätze am Ufer, 453 Head Street, 61 Stellplätze (*Full Hook-up*), $35-$48, © 1-866-937-8229; www.westbay.bc.ca.

- 25 km südwestlich liegt ***Weir`s Beach RV-Resort*** am Ozean – zwischen Strand und Lagune –, 5191 William Head Road, © 1-866-478-6888, © (250) 478-3323; 60 Stellplätze, $45-$55; www.weirsbeachrvresort.bc.ca.

Stadtbesichtigung

Rundgang in der City

Zur Erkundung der Innenstadt von Victoria ist das ***Information Centre*** ein guter Ausgangspunkt. Auf einem 4 km langen Rundgang lassen sich alle interessanten Ziele miteinander verbinden.

The Fairmont Empress

Dem Hafen gegenüber erhebt sich das efeuumrankte Gebäude des 1908 errichteten Nobelhotels ***The Fairmont Empress***, 721 Government Street (Foto Seite 205), © 1-800-257-7544, DZ $249, www.fairmont.com/empress.

Das Interieur ist sehenswert. Beim ***Afternoon Tea*** – täglich 12-17 Uhr – geht es »*very british*« zu. Wer es *Winston Churchill* oder *King George VI.* gleichtun und sich *Biscuits* oder *Cucumber Sandwiches* bis zum Abwinken reichen lassen möchte (mit $50 fast »unbezahlbar«), muss »seinen« Tisch trotz dieser Preise reservieren, 477 Zimmer, © (250) 389-2727.

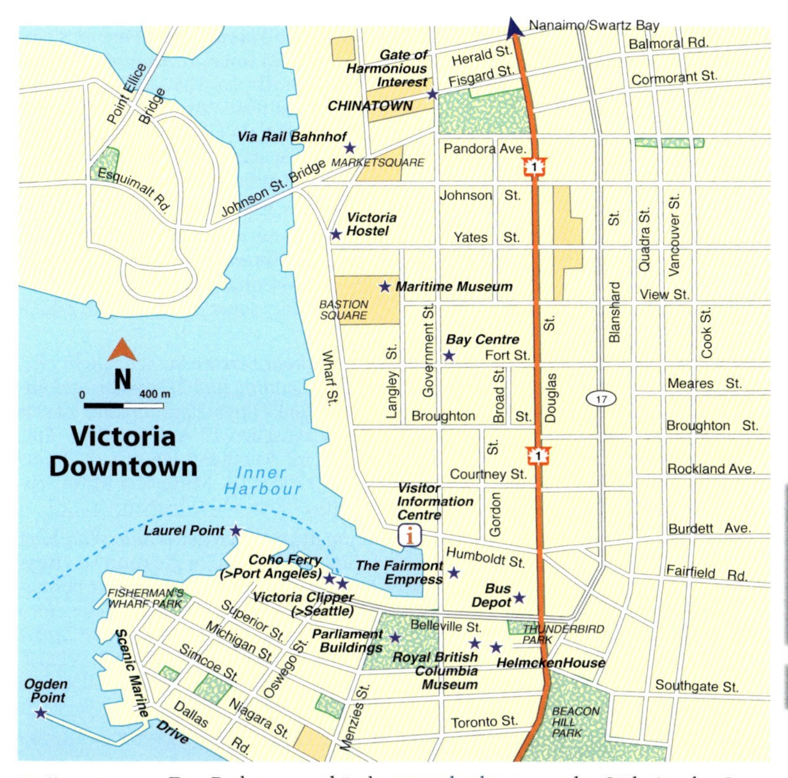

Parliament Building

Das Parlamentsgebäude, www.leg.bc.ca, an der Südseite des *Inner Harbour* ist mit einer vergoldeten ***George Vancouver* Statue** auf der Kuppel schon tagsüber ein Blickfang. Abends werden seine Fassaden durch zahllose Glühbirnen markiert. Mit/ohne Führung, Mitte Mai-Anf. September, tägl. 9-17 Uhr, sonst Mo-Fr. 9-17 Uhr, Eintritt frei.

Parken

Große **RVs** parken am besten auf dem **Parkplatz Menzies Street**.

Museum

Das ***Royal British Columbia Museum***, 675 Belleville Street, sollten sich auch Museumsmuffel ansehen. Natur- und Kulturhistorie der Provinz wurden dort vorbildlich aufbereitet. Glanzpunkte sind ein **kompletter Straßenzug aus dem frühen 20. Jahrhundert** sowie die beste Totempfahlpräsentation in BC. Dioramen wie lebensecht wirkender Tiere der nordischen Fauna im dazugehörigen Habitat sowie Szenen aus dem Leben der Westküstenindianer sind beeindruckend. Auch ein IMAX-Kino ist vorhanden.

Minimaler Zeitbedarf: 3 Stunden. Museum täglich 10-17 Uhr. Eintritt $16/$11; IMAX-Kino $12/$10, Kombiticket $26/$20; www.royalbcmuseum.bc.ca.

Totempfähle

Gleich neben dem Museum liegt der ***Thunderbird Park*** mit Totempfählen der Nordwestküste. Im Sommer arbeiten oft indianische Schnitzer an neuen Pfählen. Auch das 1852 erbaute ***Helmcken House*** (10 Elliot Square), das älteste, am Originalstandort verbliebene Gebäude der Provinz steht als ein Teil des *Royal BC Museum* im Park. Zu besichtigen ist darin u.a. eine Sammlung furchteinflößender chirurgischer Instrumente aus der Zeit, als *Dr. Helmcken* hier noch praktizierte; www.bcheritage.ca/helmcken.

»Touristenfallen«

Rund um Hafen werben diverse kommerzielle *Tourist Attractions* um Aufmerksamkeit: U.a. die ***Miniature World*** im *Empress Hotel*, wo es Schlachtszenen und Eisenbahnen in Miniaturform zu sehen gibt; Mai-August 9-21 Uhr, sonst 9-17 Uhr, $12/$10; www.miniatureworld.com.

Hafenfähre

Ein Highlight sind die ***Victoria Harbour Ferries***: Sie schaukeln zwischen *West Bay Marina, Tillicum Landing* und *Empress Hotel* unentwegt durch den *Inner, Upper* und *Outer Harbour* und eignen sich nicht nur für den Transport zwischen 17 Anlegestellen (Einzelfahrt ab $5), sondern auch für eine Rundfahrt (45 min, $22, nur *Inner* und *Outer Harbour*); © (250) 708-0201, Mitte Mai-Mitte September täglich 9-21 Uhr, sonst 10-17 Uhr; www.harbourferry.ca.

Whale Watching

Im ***Inner Harbour*** starten heute die meisten der *Whale Watching Trips* auf Vancouver Island. Ziel sind vor allem die rund 80 **Orcas** (Schwertwale), die sich von Ende Mai bis Mitte Oktober permanent am Südzipfel der Insel aufhalten, etwa im Bereich der *Haro Strait* (kurze 15 km-Anfahrt ab Victoria), z.B. mit ***Orca Spirit Adventure***, Mai-Oktober täglich Abfahrten © (250)-383-8411, © 1-888-672-6722 (3 Stunden $99 im kleinen wendigen Zodiac, im Ausflugsschiff ebenfalls $99; www.orcaspirit.com).

Das von Lichterketten abendlich beleuchtete BC-Parliament Building der Provinz BC.

Shopping

Das Geschäftsviertel von Victoria ist heute überwiegend **Fußgängerzone** und/oder verkehrsberuhigt. Es befindet sich östlich des *Inner Harbour* (Government Street und Nebenstraßen) mit vielen bunten Läden und dem großen *Bay Centre,* www.thebaycentre.ca.

Rund um den ***Bastion Square*** gibt es hübsche **Restaurants und Kneipen** mit abendlicher Live-Musik.

Schiffahrtsmuseum

Am Rande der Shoppingzone befindet sich – ebenfalls #28 *Bastion Square* – das kleine ***Maritime Museum of British Columbia*** mit einer nur für Schiffsfans interessanten Ausstellung; täglich 10-17 Uhr, $12; www.mmbc.bc.ca.

Chinatown

Victorias kleines Chinesenviertel besaß 1911 an die 3.500 Einwohner, die für Eisenbahnbau und die Arbeit in Kohlenminen (➪ Seite 215) und Goldbergwerken in die damals größte Chinatown Canadas emigriert waren. Hinter dem bombastischen, anlässlich der Altstadtsanierung 1981 errichteten ***Gate of Harmonious Interest*** (Ecke Government/Fisgard Streets) erinnert aber nicht ganz viel an eine »echte« *Chinatown,* wie etwa die in Vancouver.

Scenic Marine Drive

Bei schönem Wetter sollte man den ausgeschilderten *Scenic Marine Drive* bis zur Cadboro Bay abfahren. Am besten beginnt man am *Inner Harbor* auf der Belleville Street. Zunächst passiert man den *Laurel Point* und den *Fisherman s Wharf Park.* Danach führt die Dallas Road über den ***Ogden Point Breakwater*** (bester Aussichtspunkt an der Spitze einer 750 m langen Mole) am Hafenausgang zum *Beacon Hill Park.*

Im Beacon Hill Park beginnt und endet der Trans Canada Highway

TCH-Beginn

In der Südwestecke dieses Parks steht der **Kilometerstein »0«** des *Trans Canada Highway.*

Verlauf des Scenic Marine Drive

Der Rundkurs führt an alten Herrenhäusern und herrlichen Gärten vorbei und verläuft dann durch Victorias ältesten Golfplatz, von dem man einen fantastischen Blick auf die Olympic Mountains jenseits der *Juan de Fuca Strait* hat.

Cadboro Bay

Im ***Uplands Park*** zwischen Oak und Cadboro Bay lässt sich gut ein Zwischenstopp für einen Spaziergang am felsigen Ufer einlegen. Der eindrucksvolle Campus der ***University of Victoria*** (www.uvic.ca) liegt oberhalb dieser Bucht. Als Alternativstrecke für den Rückweg eignet sich die Cadboro Bay Road/Fort Street.

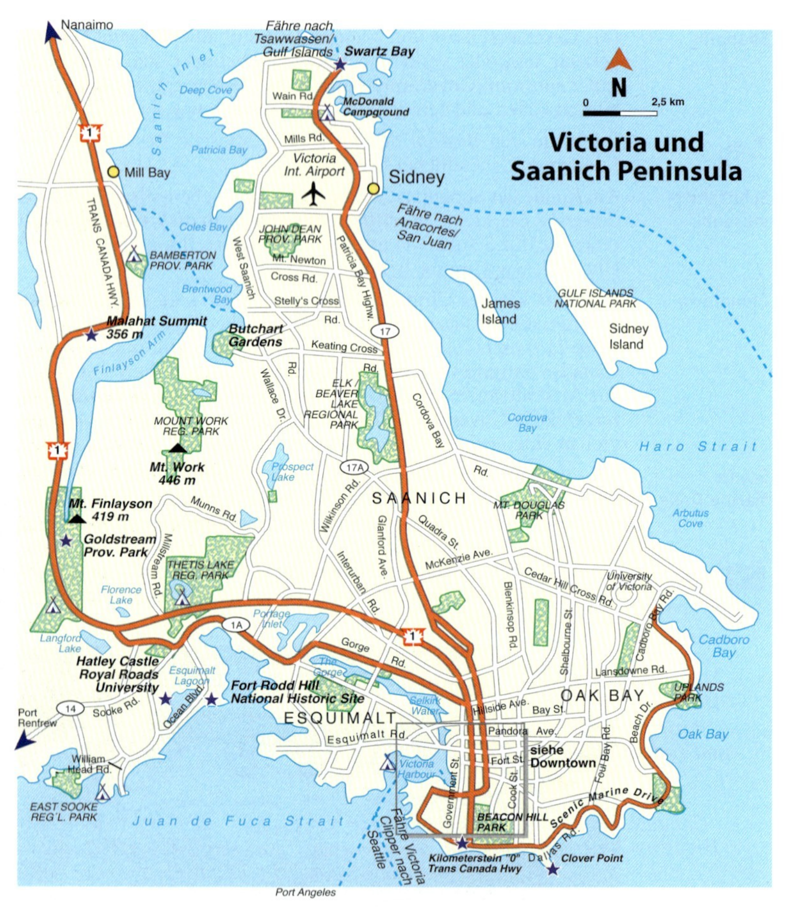

Fort Rodd Hill

Ein schönes Ziel im Westen Victorias ist *Fort Rodd Hill*, Zufahrt über den Highway #1A und Ocean Blvd, geöffnet tägl. 10-17.30 Uhr, Eintritt $4. Diese Sperrfestung am Meer wurde von 1878 bis 1956 militärisch genutzt. Nach Abzug der britischenTruppen 1906 kam ***Fort Rodd Hill National Historic Site*** unter das Kommando der kanadischen Streitkräfte; www.pc.gc.ca/rodd.

Wer für Festungsanlagen und alte Kriegsgerätschaften kein Interesse hat, läuft in demselben Komplex besser direkt zum malerischen weißen Leuchtturm auf dem vorgelagerten Felsen, ➪ Foto rechts. Das ***Fisgard Lighthouse*** von 1860 war das erste ununterbrochen betriebene Leuchtfeuer an Canadas Westküste und ist bis heute in Betrieb; www.pc.gc.ca/fisgard.

Royal Roads Garden

Folgt man vom *Fort Rodd Hill* dem **Ocean Blvd** auf einer 2 km langen Landzunge zwischen *Esquimalt Lagoon* und Meer (dort **Picknicktische** am treibholzübersäten Strand, Baden im Meer), erkennt man jenseits der Lagune die Anlagen der ***Royal Roads University*** (www.royalroads.ca) mit dem ***Hatley Park National Historic Site,*** tägl. 10-16 Uhr an der Straße #14 (= Sooke Road 2005); www.hatleycastle.com. Der Komplex ($10 Eintritt) besteht aus dem ***Hatley Castle*** im Stil eines englischen Schlosses aus dem 15. Jh. (Sa/So um 11.45 und 14.45 Uhr Führung, $18 extra) und ***Hatley Gardens***, einem botanischen Garten.

Butchart Gardens

Auf der ***Saanich Peninsula*** nördlich von Victoria liegen die vielgerühmten ***Butchart Gardens*** (tägl. ab 9 Uhr, Mitte Juni-Anfang Sept. bis 22 Uhr) in Brentwood Bay. Im milden Klima blüht und gedeiht dort alles prächtig. Der größte botanische Garten Westcanadas zieht alljährlich knapp eine Million Besucher in seinen Bann und stößt damit im Sommer fast an seine Kapazitätsgrenzen *Gift Shop*, Cafeterias und Restaurant setzen starke Akzente. Wer bunte Illumination und *Entertainment* mag, kommt erst am Nachmittag und bleibt bis zur Dunkelheit. Samstagabend ist ein Feuerwerk im **Eintritt** ($31/$16) inbegriffen; www.butchartgardens.com.

Goldstream Park

Auch ohne Campabsicht könnte man dem ***Goldstream Provincial Park*** (am TCH, 20 km nordwestlich *Downtown*; www.bcparks.ca; Camping $30; 167 Stellplätze, zur Hochsaison oft schon mittags belegt) einen Besuch abstatten. Die Bezeichnung verdankt er Goldspuren im Fluss. Schautafeln informieren über das Wanderverhalten der Lachse im Spätherbst.

Trails

Schön ist der 1 km lange Wanderweg am Fluss entlang (unmittelbar südlich des *Campground*) zwischen alten Douglasien und Zedern zu den ***Goldstream Falls***. Auch der einstündige **Aufstieg** auf den ***Mount Finlayson*** lohnt. 419 m über dem Meer bietet sich ein großartiger Blick über Victoria, den Südteil von Vancouver Island und die vorgelagerten Inseln. Bei klarer Sicht erkennt man Vancouver und in den USA den schneebedeckten Vulkan *Mount Baker*.

Ein Wanderweg (2,5 km *one-way*) führt im ***Mount Work Regional Park*** auf den höchsten Berg (446 m) der Halbinsel, mit Aussichts-Klippen unterhalb des bewaldeten Gipfels; www.crd.bc.ca/parks.

Fisgard Lighthouse vor der alten Festung Fort Rodd Hill

Abstecher nach Port Renfrew

Wer nach dem Besuch von Victoria keine Gelegenheit für einen längeren Trip über Vanvouver Island hat, gewinnt auf einer Fahrt nach Port Renfrew – ggf. mit Fortsetzung über Lake Cowichan und Duncan – zumindest einen Eindruck vom Charakter der Westküste und vom Inneren der Insel. Die Entfernung von Victoria nach Port Renfrew beträgt 112 km.

Die kurvenreiche ***West Coast Road*** **#14** (zwar voll asphaltiert, aber auf den letzten 20 km mehr schlecht als recht) in die Ausläufer des Regenwaldes ist nicht durchgehend reizvoll, aber sie besitzt schöne Abschnitte und zwei populäre **Campingplätze**: im ***French Beach Provincial Park***, $21, und den ***China Beach Campground***, $16, im *Juan de Fuca PP*, beide ✆ 1-800-689-9025. An die Küste gelangt man über wenige, meist kurze ***Beach Trails*** durch üppige Küstenvegetation, ➪ Kasten Seite 219.

Hinter Sooke (www.sookeregionmuseum.com, 2070 Phillips Road, Stadtinfo im Museum, täglich 9-17 Uhr, ✆ 1-866-888-4748, 12.000 Einwohner) wird der Verlauf ziemlich einsam; einziger Ort vor Port Renfrew ist das Nest **Jordan River** (dort existiert ein direkter Zugang an den Strand). Die ***China Beach***, wenige Kilometer westlich davon, liegt bereits im dichten Regenwald, ➪ ***Juan de Fuca PP*** im Kasten Seite 219.

Port Renfrew (www.portrenfrewcommunity.com) galt zu Hippie-Zeiten als **Aussteigerparadies**. Heute wirkt der Ort (knapp 250 Einwohner) stellenweise heruntergekommen, wenngleich seine geschützte Lage an der tief ins Land reichenden Bucht *Port San Juan* eigentlich exquisit ist. Zwischen Küste und Port Renfrew liegt die ***Botanical Beach***, erreichbar auf einer oft in miserablem Zustand befindlichen Zufahrt. Speziell bei Ebbe lohnt sich aber die Mühe. Unterhalb der Küstenklippen kann man herrlich herumwaten und in *Tidal Pools* (Gezeiten - tümpeln) die Meeresflora und -fauna untersuchen.

Der breite Strand der *Port San Juan Bay* liegt voller Holzstämme. Wer möchte, kann dort unorganisiert campen. Das Westufer gehört schon zum ***Pacific Rim National Park***. Dort beginnt bzw. endet der berühmte ***West Coast Trail***, ➪ Kasten Seite 219.

Einige Kilometer westlich von Honeymoon Bay bietet der populäre ***Gordon Bay Provincial Park***, $28, ✆ 1-800-689-9025, einen komfor - tablen, aber im Sommer häufig ausgebuchten Campingplatz am warmen See. Der 32 km lange **Lake Cowichan** lässt sich (überwiegend auf Schotterstraße) komplett umrunden. Am Wege passiert man einfache *Forest Campgrounds* und auch Plätzchen fürs »private« Übernachten.

Gutes Camping bietet der schöne Platz am *Stoltz Pool* mit Badestrand im ***Cowichan River Provincial Park*** an der Straße #18 10 km westlich von Duncan, dann Zufahrt weitere 7 km; ✆ 1-800-689-9025, $16.

In **Duncan**, einem Städtchen voller Totempfähle im Zentrum (➪ nächste Seite oben), erreicht man den TCH; zurück nach Victoria sind es von dort 60 km.

3.1.2 Von Victoria nach Port Hardy

Trans Canada Highway: Victoria bis Nanaimo

Verlauf

Der Trans Canada Highway von Victoria nach Nanaimo (110 km) ist vierspurig ausgebaut. Bereits seit 1862 gab es hier einen Cattle Trail, auf dem das Vieh von den Ranches an der Küste nach Victoria getrieben wurde. Höchster Punkt der Strecke ist der ***Malahat Summit*** (356 m). Von dort überblickt man Saanich Inlet und Peninsula und die vorgelagerte Inselwelt. Anschließend verliert die Strecke schnell an Höhe und gleichzeitig an Reiz.

Totempfähle

Duncan (www.duncancc.bc.ca, *Visitor Centre*: 361 Hwy #1, ✆ 1-888-303-3337, 5.000 Einwohner) macht viel Werbung für seine 80 ***Totempoles***; die meisten davon stehen im Ortskern westlich des TCH. Eine Markierungslinie in Form gelber Fußabdrücke führt auf einem »Rundkurs« zu den geschnitzten Pfählen.

Trans Canada Highway - TCH

In Canada kam eine durchgehende Ost-West-Verbindung recht spät zustande. Erst 1885 wurde der Gleisbau für die ***Canadian Pacific Railway*** beendet. Die Schiene blieb über Jahrzehnte der einzige transkontinentale Verkehrsweg.

Ein weiträumiger Ausbau des Straßennetzes begann praktisch nicht vor Mitte der 1920er-Jahre und beschränkte sich zunächst auf dichter besiedelte Gebiete. Bis in die 1960er-Jahre hinein konnte man Canada nicht auf einer durchgehenden asphaltierten Straße queren. Die Barrieren des Lake Superior und der Rocky Mountains verhinderten eine Vernetzung der Straßensysteme im kanadischen Osten und Westen mit dem der Prärieprovinzen. Der Autoverkehr zwischen den Regionen war über die USA dennoch möglich. Dabei fielen – je nach Start- und Zielpunkt – nicht einmal unbedingt große Umwege an. Auch dieser Umstand verzögerte wohl den Bau der lückenlosen Ost-West-Trasse.

Der ***Trans-Canada Highway Act***, der 1949 schließlich offiziell den Plan zur Schaffung einer Transkontinentalstraße verkündete, war zugleich eine Demonstration der Einheit Canadas und der wirtschaftlichen Unabhängigkeit des Landes (von den damals noch übermächtigen USA). Ein kompletter Neubau war nicht erforderlich. Bereits vorhandene Strecken mussten nur um einzelne Abschnitte (zwischen Sault Ste. Marie und Winnipeg sowie durch die Rocky Mountains) ergänzt werden. Die **Einweihung** des *Trans Canada Highway*, der von St. John's auf Newfoundland bis Victoria (***Beacon Hill Park*** ⇨ Seite 209) auf Vancouver Island reicht, erfolgte **1962**. Aber erst drei Jahre später war auch der letzte Kilometer asphaltiert und die Strecke damit ganzjährig witterungsunabhängig befahrbar.

Heute besitzt der TCH in Nova Scotia, Québec und Ontario mehrere parallel verlaufende Äste, die alle die Bezeichnung TCH tragen. Die **kürzeste TCH-Route** durch alle zehn kanadischen Provinzen ist knapp **7.400 km** lang und schließt drei Fährstrecken ein (Newfoundland–Nova Scotia, Nova Scotia–Prince Edward Island und Vancouver–Nanaimo). Nur im Westen (Manitoba, Saskatchewan, Alberta, BC) sowie in Newfoundland und Prince Edward Island trägt der TCH die #1.

Informationen zur Kultur der Indianer gibt`'s im ***Quw'utsun' Cultural and Conference Centre*** am Cowichan River, 200 Cowichan Way, Mo-Sa 10-16 Uhr, $13/$10; www.quwutsun.ca.

Forest Museum

Bedingt sehenswert ist das ***British Columbia Forest Discovery Centre,*** 2892 Drinkwater Rd, am TCH, ca. 2 km nördlich der Ortsdurchfahrt. Es ist dem Thema »Mensch und Waldnutzung« gewidmet und schlägt einen Bogen von den Indianern bis zur Gegenwart. Eine Schmalspurdampflok von 1920 transportiert die Besucher halbstündlich durch die »Zeit« zu den Ausstellungsbereichen. Juni bis Anf. September täglich 10-16.30 Uhr, sonst Do-Mo 10-16 Uhr; Eintritt $16/$14; www.discoveryforest.com.

Chemainus/ Murals

Im etwas abseits des TCH-Hauptverkehrs gelegenen, recht hübschen Städtchen **Chemainus** (3.000 Einwohner, 13 km nördlich von Duncan) begann man schon vor Jahren, freie Fassadenflächen mit großflächigen Wandbildern zu bemalen. Der erhoffte Effekt trat ein: der Ort ist seit langem eine Touristenattraktion. Im ***Info Centre*** am Hauptparkplatz (9796 Willow St) gibt's den Stadtplan und eine Liste der **42 *Murals*** (www.muraltown.com). Wer den Fußabdrücken auf Straßen und Gehwegen des Ortes folgt, verpasst keines der Gemälde. Eine Reihe von Open-air-Terrassen von Cafés und Restaurants laden ein. Im ***Chemainus Theatre*** (9737 Chemainus Road; www.chemainustheatrefestival.ca) gibt's Musicals und Theateraufführungen, Feb-Nov Mi-So, $25 bis $65 (inkl. Buffet).

Nicht nur eine Hauswand wurde hier bemalt, sondern das ganze Haus wurde zum Gesamt - kunstwerk umgestaltet. Originellere Murals als in Chemainus gibt es nicht

Der 49. Breitengrad

Ladysmith liegt exakt auf dem **49. Breitengrad,** der auf dem Festland die Grenze zwischen den USA und Canada bildet. Aber im »*Oregon Treaty*« 1846 wurde die Insel nicht zweigeteilt, sondern ganz Canada zugeschlagen, ➪ Seite 578.

Nanaimo

Nanaimo ist mit rund 88.000 Einwohnern die größte Stadt auf Vancouver Island. Arbeit in den ab 1852 fördernden Kohlen - gruben hatte schon bald nach Erschließung der Insel zahlreiche Immigranten nach Nanaimo angezogen. Bereits 1874 erhielt die Siedlung Stadtrechte. Aber die letzten Zechen wurden Anfang der

Nanaimo Geschichte

1950er-Jahre geschlossen. Heute erinnert fast nichts mehr an diese Vergangenheit bis auf das ***Nanaimo Museum***, das die Stadtgeschichte und die rauen Umstände des Kohleabbaus beschreibt; 100 Museum Way; Mitte Mai bis Anfang September täglich 10-17 Uhr, sonst Mo-Sa, Eintritt $2; www.nanaimomuseum.ca.

Downtown/ Newcastle Island

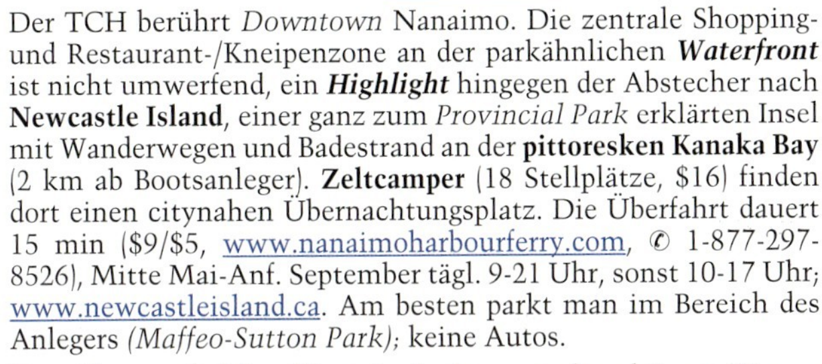

Der TCH berührt *Downtown* Nanaimo. Die zentrale Shopping- und Restaurant-/Kneipenzone an der parkähnlichen ***Waterfront*** ist nicht umwerfend, ein ***Highlight*** hingegen der Abstecher nach **Newcastle Island**, einer ganz zum *Provincial Park* erklärten Insel mit Wanderwegen und Badestrand an der **pittoresken Kanaka Bay** (2 km ab Bootsanleger). **Zeltcamper** (18 Stellplätze, $16) finden dort einen citynahen Übernachtungsplatz. Die Überfahrt dauert 15 min ($9/$5, www.nanaimoharbourferry.com, ✆ 1-877-297-8526), Mitte Mai-Anf. September tägl. 9-21 Uhr, sonst 10-17 Uhr; www.newcastleisland.ca. Am besten parkt man im Bereich des Anlegers *(Maffeo-Sutton Park)*; keine Autos.

Vom *Newcastle Island Terminal* geht man sehr schön am Wasser entlang über die *Swy-A-Lana Lagoon* und den *Georgia Park* zum ***Seaplane Terminal*** (Wasserflugzeuge nach Vancouver) am Rande der kleinen Innenstadt.

Fort The Bastion

Nebenan am ***Boat Basin,*** dem Yachthafen, steht das 1853 zum Schutz der Neusiedler gegen Indianerüberfälle errichtete ***Fort The Bastion*** (98 Front Street, Mitte Mai-Anfang September täglich 10-15 Uhr, Spende). In zeitgenössischer Bekleidung treten täglich die *Bastion Guards* an und geben um 12 Uhr unter Dudelsackklängen einen Kanonenschuss ab.

Badewannenrennen

Ein großes Spektakel ist das seit 1967 alljährlich am 4. Sonntag im Juli zum Abschluss des 3-tägigen ***Nanaimo Marine Festival*** stattfindende ***World Championship Bathtub Race***, bei dem Hunderte motorisierter Badewannen im *Inner Harbour* starten. Ein überrraschend hoher Anteil kommt nach 58 km Seefahrt tatsächlich bis zur Departure Bay; www.bathtubbing.com.

Tourist Info Centre: 2450 Northfield Road, ✆ 1-800-663-7337, ✆ (250)-751-1556, www.tourismnanaimo.com.

Unterkunft

Zahlreiche Hotels und Motels säumen vor allem den durch die Stadt laufenden TCH. In der Nähe der Fährterminals liegt das

- ***Buccaneer Inn***, 1577 Stewart Ave, ✆ 1-877-282-6337, ✆ (250) 753-1246, 14 Zimmer, DZ ab $80; www.buccaneerinn.com

Preiswert

- ***The Painted Turtle Guesthouse (HI-Hostel)***, 121 Bastion Street, ✆ (250) 753-4432, ✆ 1-866-309-4432, Herberge von 1875 in Waterfrontnähe, 47 Betten, $25/Bett, DZ $77; www.paintedturtle.ca.
- ***The Cambie Hostels Nanaimo***, 63 Victoria Crescent, ✆ 1-877-754-5323. Herberge in zentraler Lage *Downtown* mit Bar und Grill, 32 Betten, $22/Bett, DZ $44; www.cambiehostelsnanaimo.com.
- ***Nanaimo International Nicol Street Hostel,*** 65 Nicol St knapp südlich von *Downtown*, ✆ 1-800-861-1366, ✆ (250) 753-1188, $20, DZ $50; 45 Betten, www.nanaimohostel.com.

Täglicher Kanonenschuss von Nanaimo am Fort Bastion

Erste Wahl fürs **Campen** sind der ***Living Forest Oceanside Campground***, 300 Stellplätze, $26 (Zelt) bis $48 (*Full Hook-up*), an der Maki Road, 4 km südlich des Zentrums unweit des TCH am Wasser, © (250) 755-1755, www.livingforest.com, und ***Westwood Lake RV-Camping***, 380 Westwood Road, 57 Stellplätze, $24/$36, 6 km westlich von Nanaimo. Der klare warme See verfügt über Badestrand und Picknickplatz; Anfahrt über Nanaimo Pkwy und Jingle Pot Rd; © (250) 753-3922; www.westwoodlakecampgrounds.com.

Fähren zum Festland

Nur wenig nördlich von Nanaimo endet der Verlauf des TCH auf Vancouver Island. Im 2-Stunden-Takt legen von ***Duke Point*** bzw. ***Departure Bay*** Fähren nach Horseshoe Bay und Tsawwassen ab, ➪ Übersicht eingangs dieses Kapitels.

Bei ausreichend Zeit vor der Fährabfahrt lohnt sich ein Besuch des ***Pipers Lagoon Park*** unmittelbar nördlich der Departure Bay. Ein Kurzwanderweg führt hier zu einer Landspitze mit herrlichem Blick aufs Meer.

Von Nanaimo zum Pacific Rim National Park

Kennzeichnung Straße #19

In Nanaimo beginnt die fast 400 km lange Küstenstraße #19 nach Port Hardy. Ab Parksville ist sie eine Schnellstraße, zu der – bis Campbell River – die alte Küstenstraße noch als #19A parallel läuft. Im Gegensatz zur Westküste existiert dort bis Campbell River eine (streckenweise extrem) **ausgebaute touristische Infrastruktur** mit zahllosen Hotels/Motels, Restaurants und Campingplätzen. Viele Kanadier, vor allem Familien mit Kindern, verbringen daher an den langen Stränden (insbesondere in Qualicum Beach und Parksville) Urlaub und Wochenenden.

Beach Park

Mit 2 km langen Sandstränden und seichtem warmen Wasser erfreut sich der ***Rathtrevor Beach Provincial Park***, 199 Stellplätze, $30, © 1-800-689-9025, östlich Parksville besonderer Beliebtheit. Enorme Campingareale, große *Day-use*-Anlagen und Joggingpfade entlang teils sandiger, teils felsiger Küste warten dort.

Straße #4

Der **Highway #4/4A** nach Port Alberni und weiter zum ***Pacific Rim National Park*** zweigt 3 km südlich von Parksville von der Straße #19 ab. In seinem auf der Insel von keiner anderen Route übertroffenen Verlauf durchquert er zunächst dichten Nadelwald, passiert glasklare Seen und Flüsse und windet sich dann durch die *Mackenzie Range* hinunter zur Küste.

Englishman River Falls

Eine ca. 8 km lange Stichstraße zweigt bei Errington von der #4A ab zum ***Englishman River Falls Provincial Park***, 103 Stellplätze, $21, ✆ 1-800-689-9025. Wer die Zeit für den Abstecher erübrigen kann, sollte die Fälle des Englishman River in wildromantischer Umgebung unbedingt besuchen. Ein schöner ***Trail*** führt vom Parkplatz zu zwei Fallstufen und zurück. Unterhalb der *Lower Falls* gibt es Badestellen. Ein wenig zurückgesetzt liegt der ***Campground*** des Parks.

Little Qualicum Park

Auf halbem Weg nach Port Alberni liegt der Cameron Lake mit Badestrand an seiner Südseite, östlich davon der ***Little Qualicum Falls PP***, dessen Hauptmerkmal der *Canyon* des Little Qualicum River mit Stromschnellen und kleinen Fällen ähnlich wie am Englishman River ist. Ein Zwischenstopp hier muss sein! Der ***Campground*** des Parks, 93 Stellplätze, ✆ 1-800-689-9025, $21, ist allerdings nur Provinzparkdurchschnitt.

Im Rain Forest bei Regen (im Canyon des Little Qualicum River)

Mac Millan Park

Ein erneuter Zwischenstopp liegt im ***MacMillan Provincial Park*** an, am Westende des Cameron Lake. Der Spaziergang durch den ***Cathedral Grove*** des Parks zwischen einst umgestürzten Baumriesen ist ein weiteres »Muss«:

Ein kleines Waldgebiet mit bis zu 800 Jahre alten und 75 m hohen Douglastannen wurde dort in seinem ursprünglichen Zustand belassen. Früher einmal dominierten solche Bestände die Insel, fallen aber immer noch Axt und Säge zum Opfer (➪ Kasten Seite 226).

Port Alberni

Port Alberni (18.000 Einwohner), umrahmt von Bergen am Ende eines 50 km langen Meeresarms, lebt überwiegend von **Holzverarbeitung** und **Fischfang.** Am Geruch der Paper Mills über der Stadt lässt sich das Hauptgewerbe identifizieren. Zudem ist der Tourismus eine wichtige Einnahmequelle.

Unterkunft und Camping

Das ***Alberni Valley Visitor Centre*** liegt am Nordosteingang der Stadt (2533 Port Alberni Hwy,© (250) 724-6535, www.albernivalleytourism.com. Port Alberni dient vielen als relativ preiswerter Ausgangspunkt für Besuche im nahen ***Pacific Rim National Park***. An **Motels** und ***Bed & Breakfast Places*** herrscht kein Mangel.

Eine gute Wahl ist das ***A1 Alberni Inn***, 26 Zi, 3805 Redford Street, © (250) 723-9405, © 1-800-815-8007; $80; www.alberni-inn.com.

Einige Kilometer westlich Port Alberni quert die Straße #4 den ***Sproat Lake Provincial Park***, $21, *Campground* im Sommer meist vollbesetzt, enge Stellplätze am See, großzügiger abseits). Exzellent dagegen liegen die Plätzchen im weitläufigen ***Stamp River Provincial Park*** zur Hälfte am Flussufer ($16, beide © 1-800-689-9025). Ein großer Campingplatz (Duschen und *Hook-up*) mit vielen Stellplätzen unmittelbar am Wasser befindet sich am ***Alberni Inlet***, gute 15 km südlich der Stadt (breite, aber teils schlechte Schotterstraße Richtung Bamfield) in Verbindung mit der ***China Creek Marina***, 250 Stellplätze, © (250) 723-9812; $25-$37; www.portalberniportauthority.ca/en/china-creek.

Harbour Quay

Port Alberni bietet als **Treffpunkt** den *Harbour Quay*, ein kleines Shopping- und Restaurant-Center am Wasser (Argyle Street).

MV Frances Barkley

Neben dem *Harbour Quay* hat das ***MV Frances Barkley***, ein 1958 erbautes kombiniertes **Fracht- und Passagierschiff**, ihren Anlegeplatz (5425 Argyle Street). Das nostalgische *Motor Vessel* startet morgens um 8 Uhr in täglichem Wechsel nach Ucluelet (Mo, Mi, Fr) bzw. Bamfield (Di, Do, Sa, im Sommer auch So). Im Sommer wird's voll – man sollte dann vorab reservieren. Ein Retourticket – bei Fahrt nach Ucluelet durch die *Broken Islands Group* im *Pacific Rim National Park* – kostet $78, einfach $39, nach Bamfield $74, einfach $37 (Startpunkt für den ***West Coast Trail***).

Abfahrt Bamfield 13.30 Uhr (So 15 Uhr), Abfahrt Ucluelet 14 Uhr; Reservierung unter © (250) 723-8313, © 1-800-663-7192 (April bis Septtember); www.ladyrosemarine.com.

Treibholz am Strand der Long Beach

West Coast Trail und Juan de Fuca Marine Trail www.pc.gc.ca/pacrim

Der ***West Coast Trail*** gehört zu Canadas populärsten Fernwanderrouten. Anfang des 20. Jahrhunderts diente er als **Rettungspfad** für schiffbrüchige Seeleute. Mit Einführung moderner Navigationshilfen verlor er diese Funktion weitgehend und galt lange als **Geheimtipp für Wildnisenthusiasten**. Heute ist der Küstenstreifen zwischen der Pachena Bay bei Bamfield und dem Gordon River bei Port Renfrew Teil des *Pacific Rim National Park*.

Mit Hilfe eines ***Permit*-Systems** ($128!) hat man die Anzahl der täglichen Abmärsche quotiert. Wer den *Trail* in der Hochsaison laufen möchte, kann sich seine Daten im voraus unter © (250) 726-4453 und © 1-877-737-3783 reservieren lassen (**+$25**). Für ein ***Standby-Permit*** muss man in der Hochsaison 1-2 Tage warten.

Info Centre Pachena Bay: © (250) 728-3234

Info Centre Gordon River: © (250) 647-5434

Backpacker dürfen sich nur zwischen dem 1. Mai und dem 30. September auf den Weg machen. Bis auf einige Hilfen zu **Flussüberquerungen** ist der 75 km lange Küstenpfad durch eine urtümliche, von Menschen kaum angetastete Landschaft nicht ausgebaut, sondern lediglich gekennzeichnet. Am Ende/Anfang bei Port Renfrew (Gordon River) und über die Nitinat Narrows gibt es **Fährboote** (**zusätzlich 2 x $16**). Die Strecke lässt sich je nach Kondition und Wetter in **5 bis 7 Tagen** bewältigen. Da es außer an den Nitinat Narrows keine weitere Ausweichmöglichkeit gibt, lässt sich die Wanderung dann nicht einfach abbrechen.

Die **topographische Karte** zum *Trail* gibt es bei den kleinen ***Information Stations*** an den Startpunkten, den ***Trailheads***. Eine nützliche Lektüre ist das Buch ***Hiking The West Coast Trail*** von *Tim Leadem, Greystone Books* 2006, 88 Seiten, €9,40, zu finden u.a. bei www.amazon.de.

In Bamfield besteht die Möglichkeit, mit der ***Frances Barkley*** nach Port Alberni in die Zivilisation zurückzukehren, Fahrplan ⇨ nebenstehend. Von dort nach Victoria/Nanaimo verkehren *Greyhound Busse.*

Wer die Wanderung in **Port Renfrew** beendet oder den ***Juan de Fuca Marine Trail*** wählt, ruft für den Weitertransport den ***West Coast Trail Express*** an, der Nanaimo, Bamfield/Pachena Bay, Port Renfrew/Gordon River und Victoria miteinander verbindet, Bamfield–Victoria $95: © (250) 477-8700, © 1-888-999-2288; www.trailbus.com.

Der ***Juan de Fuca Provincial Park*** ist eine Verlängerung des *Pacific Rim National Park* in Richtung Victoria. Er reicht von der *Botanical* bis zur *China Beach.* Der ***Juan de Fuca Marine Trail*** (47 km) verbindet beide. Dieser anspruchsvolle Küstenpfad führt oft durch dichten Regenwald ohne Strandzugang; bei Flut können die Strandpassagen unpassierbar sein. Nur die ersten ca. 2 km (*China Beach* bis *Mystic Beach*) sind ausgebaut.

En Route gibt es **4 *Wilderness Camps***; die Teilstrecken zwischen ihnen können separat als Tagesetappen gewandert werden.

Eisenbahnausflug

Die ***Alberni Pacific Railway*** startet an der Kingsway Avenue (#3100 neben der *Frances Barkley*) zu einem schönen Trip; Ende Juni-Anfang Sept; Do-So 10 Uhr (Do und Sa auch 14 Uhr), $20/ $13, © (250) 723-2118; www.alberniheritage.com. Die Dampflokomotive von 1929 schnauft zum ***McLean Mill National Historic Site*** mit 2 Stunden. Aufenthalt bei der einzigen noch dampfbetriebenen Sägemühle Canadas; im Sommer täglich 10.30-17 Uhr. Kombiticket *Mill & Train* $30/$19.

Straße nach Bamfield

Bamfield ist auch auf einer breiten, aber streckenweise rauhen Schotterstraße zu erreichen. Im Sommer existiert dorthin ein spärlicher **Busservice** *(West Coast Trail Express)*; ➪ Seite 219.

Della Falls

Von der #4 zweigt westlich von Port Alberni am ***Sproat Lake Provincial Park*** eine Stichstraße zum Great Central Lake ab. Wer sein Kanu/Kajak dorthin transportiert (Miete in Port Alberni ab $45/Tag, *Alberni Outpost*, © 1-866-760-0011, © (250)-723-2212; www.albernioutpost.com), kann zum westlichen Ende des Sees paddeln und von dort den ***Della Falls Trail*** in Angriff nehmen – 16 km auf einer ehemaligen Eisenbahntrasse im *Strathcona Provincial Park* zu den höchsten Wasserfällen Canadas (440 m) ➪ Seite 225.

Zum Pacific Rim National Park

Die Straße über die Berge der Mackenzie Range bildet den Höhepunkt der Anfahrt zum ***Long Beach*** Bereich des ***Pacific Rim National Park***. Zunächst geht es an Sproat Lake und Taylor River entlang zur Passhöhe und dann auf kurvenreicher Strecke parallel zu Kennedy River und Lake an die Küste. Die Fahrt ist schön, aber zeitraubend. Für rund 100 km bis *Long Beach* benötigt man ohne Pausen leicht 2 Stunden und mehr.

Ucluelet

Kurz vor der Küste teilt sich die Straße, dort auch das ***Pacific Rim Visitors Centre***, © (250) 726-4600, www.pacificrimvisitor.ca. Ein kurzer südlicher Arm (ca. 8 km) führt nach **Ucluelet** (sprich: Juclú-let; 1.700 Einwohner), ein altes Fischerdorf, das heute überwiegend vom Tourismus lebt und ruhiger als Tofino ist. Besonders in Herbst und Frühjahr zieht die Möglichkeit zur Walbeobachtung Besucher an, aber auch im Sommer kann man im *Barkley Sound* **Wale** sehen (➪ auch Tofino).

Einsamkeitsfanatiker lassen sich auf einer der 100 Inseln der ***Broken Islands Group*** im Nationalpark absetzen – acht von ihnen haben einen *Campground* mit Plumpsklo ohne Trinkwasser. Der Roundtrip mit der *Frances Barkley* ab Ucluelet kostet $52.

Für Nationalparkbesucher bietet Ucluelet vor allem **Quartiere und Campingplätze**.

- Der ***Ucluelet Campground*** (260 Seaplane Base Road am nördlichen Ortseingang; © (250) 726-4355) liegt beim *Small Boat Harbour*, 100 Plätze, $37-$42; www.ucluele tcampground.com.
- Die Inhaber der Restaurants wissen, was die Touristen erwarten, nämlich in erster Linie *Seafood*. Zwar stilvoll, aber nicht

überragend z.B. im nostalgischen Restaurantschiff ***Canadian Princess***, 1943 Peninsula Road; ab $90 (mit/ohne Bad); © (250) 726-7771, © 1-800-663-7090, www.canadianprincess.com.

Hervorragende Menüs serviert das familiäre ***Matterson House*** am Ortseingang, © (250) 726-2200, 1682 Peninsula Road.

Für eine kurze Wanderung bietet sich der 2,6 km lange *Lighthouse Loop* des ***Wild Pacific Trail*** an. Er umrundet die Halbinsel entlang wilder Felsenküste und durchquert dichten Regenwald.

Long Beach

Bleibt man nach dem Straßendreieck auf der #4, erreicht man hinter der Park-Info bald *Long Beach,* das »Kernstück« des ***Pacific Rim National Park.*** Dieser von Felsen unterbrochene und eingerahmte Strand voller Treibholz gehört zum Schönsten, was British Columbias Küsten zu bieten haben. Bei gutem Wetter lassen sich dort herrliche **Wanderungen** unternehmen. Abseits der Parkplätze, *Picnic Areas* und des *Campground* verlieren sich die Menschen selbst in der Hochsaison rasch. Wandern kann man auf **neun gut ausgebauten kurzen *Trails*** durch Regenwald und hinunter zum Strand. Das ***Visitor Centre*** hat dazu einen ausführlichen ***Trail Guide.***

Der schönste Wanderweg beginnt am Nordrand der Long Beach: Der ***Schooner Trail*** führt durch üppige Vegetation zum Strand.

Wunderbar sitzt man auf der Restaurantterrasse des ***Wickaninnish Centre*** mit Blick über die *Long Beach*, © (250) 726-7706.

Neben dem populären ***Beachcombing*** (etwa: Strandwandern und durchkämmen) ist – dank der langen Wellen aus der Weite des Pazifik – **Surfen** (im Neoprenanzug) eine beliebte Aktivität. Dort weiht *frau* in der ***Surf Sister Surf School***, Canadas einzige rein weibliche **Surfschule**, zur Not auch Männer in die Kunst des Wellenreitens ein; 2 Stunden $79; www.surfsister.com.

Zum **Schwimmen** laden Wasser und Wogen nicht eben ein, obwohl Unentwegte trotz des kalten Wassers baden.

Leider liegt *Long Beach* oft selbst dann unter **Seenebel**, wenn jenseits der Berge die Sonne scheint. Auch plötzliche Wetterumschwünge sind nicht selten.

Kajakstation in Tofino

3

Schneller Transport zu den Hot Springs oder zwecks Whale Watching findet ab Tofino mit solchen sog. Zodiacs statt

Camping

Das einzige Quartier im Nationalpark ist der gute ***Green Point Campground***, $24, der in der Hauptsaison meist schon früh am Tage belegt ist. Aber wer nur mit Zelt kommt, darf auf den ***Walk-in Campground***, $18,und hat bessere Chancen unterzukommen als Campmobileigner. **Reservierungen** (außer *Walk-in*): © 1-877-737-3783; www.pccamping.ca.

Tofino

Am Ende der Straße liegt – außerhalb des Nationalparks am *Clayoquot Sound* – das nicht sonderlich attraktive, oft dennoch überlaufene **Touristenstädtchen Tofino** (2.000 Einwohner).

Visitor Centre: 1426 Pacific Rim Hwy; www.tourismtofino.com.

Unterkunft

Tofino verfügt über zahlreiche Touristenquartiere, Restaurants und Campingplätze. Von den Unterkünften empfehlenswert ist

- ***Best Western Tin Wis Resort***, 1119 Pacific Rim Hwy, © 1-800-661-9995, © (250) 725-4445, www.tinwis.com, ca. 3 km südlich des Ortes; DZ ab $269; 85 Zimmer.
- Sogar ein *HI-Hostel* ist vorhanden: ***Whalers on the Point Guesthouse***, 81 West St, © (250) 725-3443, 56 Betten, $35, DZ $90; www.tofinohostel.com.

Camping

- Das ***Crystal Cove Beach Resort,*** © (250) 725-4213, ist ein Komfortplatz für RVs ca. 3 km südlich von Tofino am Pacific Rim Hwy, 1165 Cedarwood Place; $60, www.crystalcove.ca.
- Akzeptabel ist auch der ***Bella Pacifica Campground***, ebenfalls am Strand, MacKenzie Beach Road, © (250) 725-3400, $42-$52; www.bellapacifica.com.

Wale

In Tofino gehören Hochsee Fishing Trips und Whale Watching mehr noch als in Ucluelet zum touristischen Standardangebot. Grauwale, die von März bis Mai von Mexico nach Alaska ziehen und ab September den Weg zurück nehmen, legen in den verzweigten Buchten dieser Küste eine Rast ein; einige bleiben den ganzen Sommer, ***Orca-Whale-Watchin***g, ➪ Telegraph Cove.

Whale Watching

Whale Watching Trips dauern 2-3 Stunden. Bei ***Jamie's*** (606 Campbell St am Ortseingang, © 1-800-667-9913 und © 250-725-3919, auch Abfahrten ab Ucluelet; www.jamies.com) betreut ein *Guide* maximal 12 Personen im wendigen Zodiac (Schlauchboot mit *Outborder; $89;* alternativ geht es auch auf bequemen Schiffen aufs Meer; $99). Nach der Tour wird gratis Kaffee serviert. ***Jamie's*** organisiert auch Kajaktouren ab $59.

Hot Springs

Eine besondere Spezialität ist die Fahrt zu heißen Badepools in der Einsamkeit des ***Maquinna Marine Provincial Park:*** per Boot 75 min oder einen kurzen Sprung per Wasserflugzeug entfernt liegt nördlich von Tofino ***Hot Springs Cove***. Vom Anlegeplatz geht es auf einem Plankenweg 2 km durch Regenwald zu einer schönen Schlucht mit natürlichen übereinanderliegenden Felspools, die durch einen Wasserfall gefüllt werden. Der obere Pool hat 50°C, die unteren bei Flut teilweise überspülten sind sukzessive kühler; tolle Sache!

Transport $119, gut 6 Std. (*Jamie`s*, ⇨ oben). Eine Alternative ist das *Tofino Water Taxi*: $119, 6 Stunden retour, Abfahrt täglich um 9 und 12 Uhr; www.tofinowatertaxi.com.

Von Parksville/Qualicum Beach nach Port Hardy

An der Straße #19/ Parksville

Bei einer Fahrt an der Ostküste auf der #19 (ohne Abstecher in Richtung Westküste auf der #4) verdichtet sich bald die touristische Infrastruktur. **Parksville** (13.000 Einw.) bildet nach dem erwähnten ***Rathtrevor Park*** (⇨ Seite 216) den ersten nahezu städtischen Ferienschwerpunkt mit hohem Verkehrsaufkommen entlang seiner Hotel-, *Fast Food-* und Beachmeile. Die Strände in diesem Bereich sind zwar lang, und das Meerwasser ist dort einigermaßen warm, aber besonders schön sind sie nicht. Zudem befindet sich der Küstenstreifen überwiegend in Privatbesitz. Aber immerhin gibt es in ***Downtown Parksville*** den ausgedehnten *Community Park* mit wassernahem Park-/Picknickplatz, Badestränden und einem tollen »nassen« **Kinderspielplatz** (frei).

Von Port Alberni an die Ostküste

Wer von Port Alberni die Reise in Richtung Norden fortsetzen möchte, nimmt die Abkürzung #4 und stößt westlich von Qualicum Beach auf die **Küstenautobahn (#19)** von Parksville über Courtenay-Comox nach Campbell River.

Denman Island

Auf der parallelen Küstenstraße #19A passiert man südlich Courtenay den Anleger der Fähre nach Denman Island, einem ruhigen, wenig erschlossenen **Sommerferienziel**. Die Überfahrt (stündlich) von Buckley Bay dauert nur 10 min.

Courtenay & Comox Valley

Das Comox Valley um die Doppelstadt Courtenay-Comox (zusammen 39.000 Einwohner) geht auf Kohlebergwerke zurück, von denen erst 1966 das letzte die Förderung einstellte. Heute ist das Gebiet um den *Comox Harbour* eine weitere Hochburg des Fremdenverkehrs. Wegen der Skigebiete im *Mount Washington Alpine Resort* am Rande des ***Strathcona Provincial Park*** lebt diese

3

Mount Washington

nicht nur vom Sommertourismus. Das ***Comox Valley Infocentre*** – 3607 Small Road in Cumberland, © 1-855-400-2882 – liegt südlich Courtenay an der Hauptstraße #19 (*Exit* 117), noch vor Erreichen des kompakten Zentrums.

Der attraktivste Ausflug im zentralen Vancouver Island führt zum ***Mount Washington Alpine Resort,*** © (250) 338-1386, © 1-888-231-1499, , 25 km nordwestlich der Stadt. Das Winterskigebiet am *Mount Washington* hat auch im Sommer einiges zu bieten: Per Seilbahn ($17) oder zu Fuß auf dem ***Linton's Trail*** (2 km einfacher Wanderweg) geht's zum Gipfel (1.588 m). Die Mühe wird belohnt mit einer Fernsicht wie nirgendwo sonst auf der Insel!

Neben der Talstation befindet sich der ***Trailhead*** für Wege durch das schönste Wandergebiet der Insel (das relativ ebene Plateau ***Paradise Meadows*** im ***Strathcona Provincial Park***); www.mountwashington.ca.

Boardwalk über die Paradise Meadow

Unterkunft

Zahlreiche Unterkünfte säumen die Hauptstraße vor allem südlich von und in Courtenay. Eine gute Wahl sind:

- ***Kingfisher Oceanside Resort & Spa*** am Strand in Royston, eine Art Kurhotel unter deutscher Leitung: 4300 Island Hwy, © 1-800-663-7929, DZ $170, www.kingfisherspa.com.
- Das ***Lake Trail Guesthouse***, 4787 Lake Trail Road (bei den *Nymph Falls*), ist die preiswerte Alternative: © (250) 338-1914, 20 Betten, $28/Bett, $60 DZ; www.laketrailguesthouse.com.
- ***HI-Cumberland***, 2705 Dunsmuir Ave in Cumberland, © 1-888-313-3665, 30 Betten, $23, DZ $54. Fazit: Das 1895 erbaute Eisenwarengeschäft in der Altstadt von Cumberland ist heute eine schmucke Herberge.

Fähre nach Powell River

Die nördlichste Fähre hinüber zur ***Sunshine Coast*** des Festlands legt in Little River ab, ein paar Kilometer nordwestlich Comox. Über die ***Comox-Powell River Ferry*** kann eine mehrtägige Rundfahrt über Vancouver Island abgeschlossen werden, ➪ Seite 203.

Campbell River

Campbell River, mit 32.000 Einwohnern drittgrößte Stadt auf der Insel, ist ein Mekka für Sportfischer – das Gros der Besucher ist vor allem am Lachsfang interessiert. Von morgens früh bis abends spät stehen Angler am ***Discovery Pier***, der 200 m in die *Discovery Passage* hineinragt (Zufahrt von der Hauptstraße Hwy 19A südlich des Zentrums).

Visitor Centre: Tyee Plaza, 1235 Shoppers Row.

Eine luxuriös-rustikale Unterkunft und zugleich ein prima **Restaurant** unmittelbar am Wasser bietet die ***Painter's Lodge***, 1625 MacDonald Rd, © (250) 286-1102, © 1-800-663-7090, DZ $148; www.painterslodge.com.

Quadra Island

Ein populärer Ausflug führt nach Quadra Island (10 min Überfahrt, Fähre stündlich ab *Tyee Plaza*), auf der sich eine hübsche Rundfahrt zu einer Landspitze im ***Rebecca Spit Marine Provincial Park*** machen lässt. Die Insel sperrt mit anderen die *Strait of Georgia*. Enge Meeresarme gewähren den Durchlass nach Norden.

Strathcona Provincial Park

Nur von Campbell River aus erreicht man den *Strathcona Provincial Park*, eine über 2500 km^2 große Gebirgswildnis, auf befestigter Straße (#28): Knapp 50 km westlich der Stadt geht es auf einer Parkstraße herrlich am Buttle Lake entlang bis zu den ***Myra Falls*** am Südende des Sees (ca. 35 km). An der Strecke starten mehrere ***Trails*** in die Einsamkeit. Die höchsten Wasserfälle Nordamerikas, die ***Della Falls*** (440 m) im Süden des Parks, sind allerdings nur über die oben bereits beschriebene Route zu erreichen, ➪ Seite 220. Der höchste Berg auf Vancouver Island, der ***Golden Hinde*** (2.200 m), liegt im unerschlossen Hinterland.

Wunderschön zwischen alten Baumriesen liegt ca. 30 km südlich des Parkeingangs der

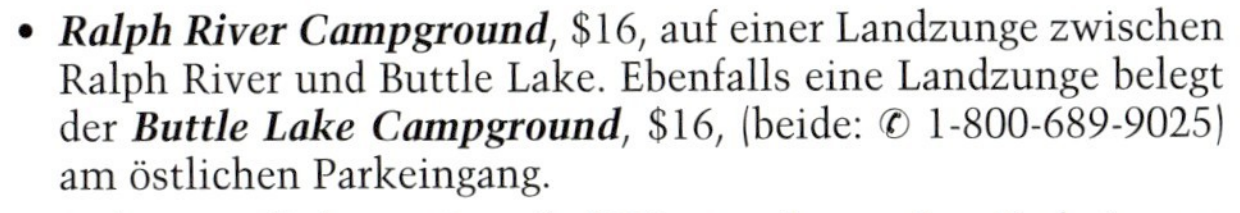

- ***Ralph River Campground***, $16, auf einer Landzunge zwischen Ralph River und Buttle Lake. Ebenfalls eine Landzunge belegt der ***Buttle Lake Campground***, $16, (beide: © 1-800-689-9025) am östlichen Parkeingang.

- 45 km westlich von Campbell River steht vor dem Parkeingang die ***Strathcona Park Lodge***, © (250) 286-3122, DZ $139; www.strathcona.bc.ca, am Ufer des Upper Campbell Lake.

Lohnt eine Fahrt bis Port Hardy?

Ohne die Absicht, im 240 km entfernten Port Hardy die Fähre nach Prince Rupert zu besteigen, lohnt eine Weiterfahrt in die Einsamkeit des Inselnordens kaum, zumal retour noch einmal dieselbe Strecke anfällt.

Bei begrenzter Zeit, die Abstecher ins Hinterland und/oder an die Küsten nicht erlauben, hat man mehr von sonst vielleicht nicht mehr »machbaren« Festlandszielen, ➪ ab Seite 229.

Regenwald und Logging

Von der Bedrohung der tropischen Regenwälder ist weltweit die Rede, dass es aber auch auf Vancouver Island, an den Küsten und im Inneren von British Columbia (noch) ausgedehnte temperierte (außertropische) Regenwälder gibt, die in ihrer Existenz gefährdet sind, ist nur wenigen bekannt. Mächtige Holzkonzerne, die bereits über 50 % des kanadischen Regenwalds abgeholzt haben, rücken den jahrhundertealten Baumbeständen der Westküste zu Leibe.

Die größten kanadischen Unternehmen der Forstindustrie (*Logging Companies*) sind *West Fraser* (www.westfraser.com), *Canfor Corporation* (www.canfor.com), *Tolko* (www.tolko.com) sowie *Resolute Forests Products* (www.resolutefp.com).

Am einfachsten und billigsten für die Unternehmen ist das *Clear Cutting*, der Kahlschlag ganzer Landstriche mit verheerender ökologischer Auswirkung: Durch Erosion wird der Boden seiner Nährstoffe beraubt, und nicht selten sind Erdrutsche die Folge der radikalen Eingriffe in die Natur.

Die Verantwortlichen räumen durchaus ein, dass *Clear Cuts* die Umwelt verändern, betreiben aber gleichzeitig eine Verschleierungs- und Verharmlosungspolitik. Damit die kahlen Hänge nicht so »auffallen«, wurden von Hubschraubern Grassamen zur Begrünung der Berge abgeworfen. Stolz weist die Forstindustrie auf die Hirsche hin, die sich aufgrund besserer Bewegungsfreiheit (!) nun stark vermehren. Tatsächlich breitet sich dieses Wild, das im Nadelwald der Westküste und auf Vancouver Island zuvor kaum vertreten war, in den lichten »Baumplantagen« der aufgeforsteten Gebiete rasch aus. Tiere, die sicheren Unterschlupf im dichten und feuchten Unterholz der Naturwälder fanden – zumeist seltene oder gefährdete Arten – bleiben aber auf der Strecke.

Dass die Provinzregierung die Holzindustrie nahezu ungestört schalten und walten lässt und den Firmen mit einer *Tree Farm License* großzügig Landnutzungsrechte für 25 Jahre erteilte, erklärt sich aus der enormen Bedeutung der Holzwirtschaft auch für die Staatseinnahmen (32% aller Exporte beziehen sich auf Holzprodukte; die Holzindustrie beschäftigt 112.000 Menschen; www.cofi.org).

Umwelt- und Naturschützer haben es in einer solchen Situation schwer. Aber obwohl ihnen Geld und Personal fehlen und massive Imagewerbung der Holzgiganten ihre Argumente zu konterkarieren versucht, haben Öffentlichkeit und Provinzregierung das Problem in den letzten Jahren stärker zur Kenntnis genommen. Und so zeigten weltweite Aktionen von Umweltschutzgruppen und Boykottaufrufe gegen kanadische Produkte Wirkung. Der boomenden Tourismusindustrie drohten mit dem Imageschaden Geschäftseinbußen. Angesichts einer gleichzeitig rückläufigen Beschäftigung in der Holz- und Papierwirtschaft lenkte die Politik ein. Im *Great Bear Rainforest Agreement* vereinbarten Holzindustrie, *Native Americans* und die Umweltschutzgruppen *Forest Ethics, Sierra Club* und *Greenpeace* im Jahre 2001 den vollständigen Erhalt von 20 Regenwaldtälern im gleichnamigen Waldgebiet (www.savethegreatbear.org).

In letzter Zeit sorgte eine verminderte Holznachfrage aus den USA (wegen Zusammenbruch des Immobilienmarktes weniger Hausbau, Finanzkrise 2008-2013) für einen Absatzrückgang. Der Wald als schützenswerte touristische und damit auch gewinnbringende Attraktion gewann dadurch an Bedeutung.

Weitere Strecke

Auch der Rest der Straße **nach Port Hardy** ist gut ausgebaut und rasch zu durchfahren. Die #19 verlässt bald hinter Campbell River den Küstenbereich und läuft durch eine überwiegend gleichförmige Waldlandschaft. Viele Kahlschläge nehmen ihr allerdings über weite Strecken den Reiz.

Port McNeill

Erst bei **Port McNeill** (2.600 Einwohner) stößt die #19 wieder kurz an die Küste; www.portmcneill.net.

Telegraph Cove

Das Nest Telegraph Cove am Ende einer geteerten Stichstraße (11 km) besitzt höchstens ein Dutzend ständige Bewohner, füllt sich aber im Sommer mächtig. Vor allem die rund **200 *Orcas***, die sich von Ende Juni bis Mitte Oktober permanent in der *Johnstone Strait* aufhalten, locken Besucher hierher.

Orca Watching

Die Boote ***Lukwa*** und ***Kuluta*** schippern von Mitte Mai bis Anfang Oktober täglich (9+13 Uhr, Mitte Juli-Mitte August auch 17.30 Uhr) Touristen zur Beobachtung der Killerwale. Die Touren kosten $94/$84 für 3,5 Std. und sind populär. Reservierung bei ***Stubbs Island Whale Watching***, die schon 1980 die ersten Walbeobachtungstouren in BC organisierten; © (250) 928-3185, © 1-800-665-3066; www.stubbs-island.com.

Grizzly Watching

In Telegraph Cove starten auch ***Tide Rip Grizzly Tours*** ins Knight Inlet zur Bärenbeobachtung. Tagestouren inkl. *Lunch* Mitte Mai-September $299, © 1-888-643-9319; www.tiderip.com.

Einen pittoresken Eindruck machen die auf Stelzen ins Wasser gebauten Häuser mit den verbindenden Holzstegen (*Boardwalks*). Einige davon sind zu vermieten: *Telegraph Cove Resorts*, © (250) 928-3131, © 1-800-200-4665, $125; www.telegraphcove resort.com. Sehr schön angelegt ist ein **Campingplatz** zwischen zwei Bächen mitten im Wald, 500 m vom Ort entfernt; $30-$34.

3

Orca Watching vor Vancouver Island in der Johnstone Strait

Informationen zu Touren und Unterkommen findet man auch im ***Killer Whale Cafe***, dem Treffpunkt des Ortes.

Während des Sommers gibt es zwei kommerzielle ***Campgrounds***.

Alert Bay

Von Port McNeill setzt eine Fähre nach **Alert Bay** (***Home of the Killer Whale***, © 250-974-5024, 116 Fir Street; www.alertbay.ca; 500 Einwohner) auf Cormorant Island über. Zwischen Mitte Juni und Mitte Oktober halten sich in den umgebenden Meeresstraßen viele Killerwale (Schwertwale) auf. Unter den 1.800 Inselbewohnern überwiegen Indianer vom Stamm der *Kwakwaka' wakw*. Die Kultur manifestiert sich u.a. in Totempfählen auf den ***Namgis Burial Grounds*** im Dorf und ***World's Tallest Totempole*** (53 m), ca. 1,5 km vom Anleger entfernt. Im ***U'mista Cultural Centre*** (täglich 9-17 Uhr, $12/$6; www.umista.org) sind lokale Tradition und Geschichte aufbereitet.

Port Hardy

Kurz vor Port Hardy (3.800 Einw.; © (250) 949-7622 oder © 1-866-427-3901, 7250 Market Street, www.ph-chamber.bc.ca) zweigt eine 5 km lange Stichstraße zum ***Terminal Bear Cove*** der Fähre nach Prince Rupert bzw. Bella Coola ab. Zum Ort sind es auf der **Straße #19** rund um die Bucht noch einmal 5 km. Zu sehen gibt es dort außer einer hübschen Lage am Wasser nicht viel. Port Hardy erfüllt Versorgungsfunktion für den Inselnorden und profitiert vom Tourismus, den die Fähren mit sich bringen.

Fähren

Die Fähre nach Prince Rupert legt im Wechsel jeden zweiten Tag in Prince Rupert bzw. Port Hardy ab und trifft jeweils 15 Stunden später am Zielort ein. Die Fähre nach Bella Coola fährt durch die sog. *Discovery Coast Passage*; leider sind beide Fähren mit Fahrzeug extrem teuer. Weitere Details ➪ Seite 202f.

Fähre in der Abenddämmerung vor Horseshoe Bay

Unterkunft

Der Fahrplan der Prince Rupert-Fähre bedingt im allgemeinen eine Ankunft am Vorabend und **Übernachtung in Port Hardy**. Das gilt auch nach Ankunft per Fähre aus Prince Rupert.

- Relativ preiswert ist das ***Pioneer Inn*** (mit *RV Camground*; 8405 Byng Road; www.vancouverisland.com/pioneerinn), © (250) 949-7271 und © 1-800-663-8744, DZ $95. Etwas teurer ist das
- ***Glen Lyon Inn***, 6435 Hardy Bay Rd; Buchtblickzimmer $110, © (250) 949-7115, © 1-877-949-7115; www.glenlyoninn.com.

Camping

- Von mehreren Plätzen ist der ***Quatse River Regional Park Campground*** 5 km südlich der Stadt bei der *Fish Hatchery* erste Wahl (8400 Byng Road, © 1-866-949-2395 oder © (250) 949-2395, ab $24; www.quatsecampground.com).
- Alternativ bietet sich flussaufwärts das komfortable ***Port Hardy RV Resort*** an, 8080 Good Speed Rd, © 1-855-949-8118, $20-$37 (*Full Hook-up*); www.sunnysanctuary.com.

3.2 Von Vancouver nach Prince George und Jasper

3.2.1 Die Nordroute über Lillooet nach Cache Creek

Schönste Strecke

Die schönste Route ab Vancouver in Richtung Rocky Mountains oder in den Norden entspricht zunächst dem Verlauf der **Straße #99**. Bis Whistler/Pemberton trägt sie die Bezeichnung ***Sea to Sky Highway*** und im Anschluss daran bis Lillooet ***Duffey Lake Road***.

Routenbeginn

Die #99 schlängelt sich teils spektakulär zwischen *Howe Sound* und steilen, bewaldeten *Coast Mountains* nach Norden. Sie passiert dabei den oben bereits fürs Camping empfohlenen **Provinzpark *Porteau Cove*** (➪ Seite 181) und **Britannia Beach** mit dem *Mine Museum* (➪ Seite 199).

Shannon Falls/ Stawamus Chief

Das Wasser der ***Shannon Falls*** stürzt über mehrere Stufen 335 m in die Tiefe, ➪ Foto Seite 199. Diese Fälle befinden sich ganz in Straßennähe im ***Shannon Falls Park*** unmittelbar neben dem ***Stawamus Chief Provincial Park***. An den Wänden des **Granitmonolithen *Stawamus Chief*** (702 m), ca. 2 km südlich von Squamish sind oft **Kletterer** in atemberaubender Position zu beobachten. Leichter erreichen **Wanderer** den **Bergrücken mit 3 Spitzen** auf steilen Wegen (1,8 km, 630 Höhenmeter), über Treppen und Leitern und genießen dort einen tollen Blick, bei Morgennebel über den Wolken.

Squamish

44 km nördlich von Horseshoe Bay liegt **Squamish** (20.000 Einw). Der Ort macht seinem Namen alle Ehre: in der Sprache der *Coast Salish*-Indianer bedeutet *Squamish* »Mutter des Windes« – die Region zählt zu den besten kanadischen Windsurfing-Revieren. Anfang August findet während der *Squamish Days* zudem das fünftägige ***Loggers Sports Festival*** statt (www.squamishdays.org). Die Teilnehmer sägen um die Wette, balancieren auf schwimmenden Baumstämmen, werfen mit Äxten und klettern auf Bäume. Details: ***Squamish Info Centre***; www.squamishchamber.com.

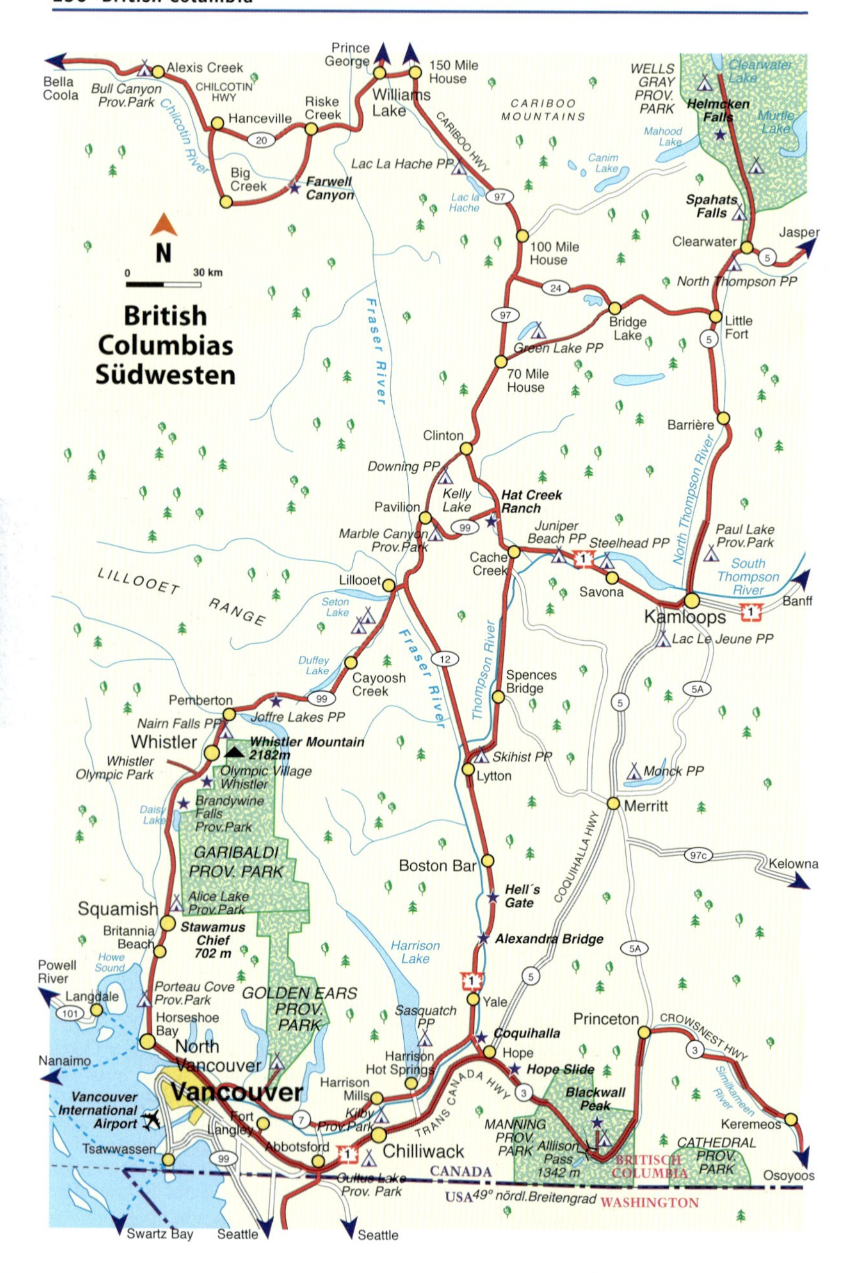

British Columbias Südwesten
N
0 30 km
Bella Coola
Alexis Creek
Bull Canyon Prov.Park
CHILCOTIN HWY
Chilcotin River
Hanceville
Riske Creek
Big Creek
Farwell Canyon
Prince George
Williams Lake
150 Mile House
CARIBOO HWY
Lac La Hache PP
Lac la Hache
CARIBOO MOUNTAINS
WELLS GRAY PROV. PARK
Clearwater Lake
Helmcken Falls
Murtle Lake
Mahood Lake
Canim Lake
Spahats Falls
Clearwater
Jasper
North Thompson PP
100 Mile House
Bridge Lake
Little Fort
Green Lake PP
70 Mile House
Fraser River
Barrière
North Thompson River
Clinton
Downing PP
Kelly Lake
Hat Creek Ranch
Pavilion
Marble Canyon Prov.Park
Juniper Beach PP
Steelhead PP
Paul Lake Prov.Park
South Thompson River
Cache Creek
Savona
Kamloops
Banff
Lac Le Jeune PP
LILLOOET RANGE
Lillooet
Seton Lake
Duffey Lake
Cayoosh Creek
Thompson River
Spences Bridge
Pemberton
Joffre Lakes PP
Nairn Falls PP
Whistler
Whistler Mountain 2182m
Whistler Olympic Park
Olympic Village Whistler
Skihist PP
Lytton
Monck PP
Merritt
Daisy Lake
Brandywine Falls Prov.Park
GARIBALDI PROV. PARK
Boston Bar
COQUIHALLA HWY
Kelowna
Hell´s Gate
Alice Lake Prov.Park
Squamish
Britannia Beach
Stawamus Chief 702 m
Harrison Lake
Alexandra Bridge
Powell River
Howe Sound
Porteau Cove Prov.Park
Langdale
GOLDEN EARS PROV. PARK
Sasquatch PP
Yale
Princeton
CROWSNEST HWY
Horseshoe Bay
North Vancouver
Coquihalla
Hope
Nanaimo
Harrison Hot Springs
Hope Slide
Similkameen River
Vancouver
Harrison Mills
TRANS CANADA HWY
Blackwall Peak
Vancouver International Airport
Fort Langley
Kilby Prov.Park
MANNING PROV. PARK
Allison Pass 1342 m
Keremeos
Chilliwack
Abbotsford
Tsawwassen
CATHEDRAL PROV. PARK
BRITISCH COLUMBIA
CANADA
Cultus Lake Prov. Park
Osoyoos
USA 49° nördl.Breitengrad
WASHINGTON
Swartz Bay
Seattle
Seattle

Quartier im Ort für $30, DZ $70 bietet das moderne ***Squamish Int'l Hostel Inn on the Water***, © (604) 892-9240, 1-800-449-8614, 23 Zimmer; www.squamishhostel.com.

Alice Lake Park

Etwa 13 km nördlich von Squamish passiert man die Zufahrt zum ***Alice Lake Provincial Park***, $30, 96 Plätze © 1-800-689-9025, einer perfekten Anlage rund um einen schönen warmen Badesee mit Sandstränden, Spielplätzen und großem Campingareal. Der Park liegt gut 1,5 Fahrstunden von Vancouver entfernt und wäre bei Reisestart/-ende ein geeigneter erster/letzter Übernachtungsort. Aber die Plätze sind oft früh belegt.

Dort gibt`s auch den schönen ***Four Lakes Trail*** vorbei an vier Seen durch »Märchenwald« (6 km).

Trails

Ebenso an der Westseite des weitgehend unerschlossenen *Garibaldi PP* liegt der **Brandywine Falls Provincial Park**. Dort stürzt – am Nordende des Daisy Lake – der *Brandywine Creek* 70 m in die Tiefe. Ein kurzer Fußweg führt vom Parkplatz zum *View Point*.

Whistler

Die **Whistler Region**, touristisches Boomgebiet mit knapp 11.000 Einwohnern, ist das bekannteste Skigebiet Canadas und wurde spätestens als Austragungsort der **Olympischen Ski- und Rodelwettbewerbe 2010** weltweit bekannt.

Hausberge

Die Hausberge ***Whistler*** und ***Blackcomb Mountain*** sind auch für Sommerbesucher interessant. Die ***Whistler Village Gondola*** endet am ***Roundhouse Lodge Restaurant*** weit unterhalb des Gipfels. Wer will, kann mit dem ***Peak Express*** auch den *Whistler Mountain* (2.182 m) ganz bezwingen, muss aber dafür zunächst ein bisschen bergwandern. Auf dem ***Horstman Glacier*** unterhalb des *Blackcomb Peak* (2436 m) kann man **im einzigen Sommerskigebiet Nordamerikas** Ende Juni bis Ende Juli skilaufen und snowboarden.

Über die hintereinandergeschalteten **Sessellifte** ***Wizard*** und ***Solar Coaster Express*** erreicht man die ***Rendezvous Lodge***. Zwischen dieser und der ***Roundhouse Lodge*** pendelt die Seilbahn ***Peak to Peak Gondola***.

Mountain Biking

Ab der Mittelstation ***»Olympic Station«*** tummeln sich *Mountain Biker* im ***»Whistler Mountain Bike Park«*** (Lift-Tageskarte $53; Mietpreis Mountain Bike: $85 für 1/2 Tag); www.whistlerbike.com.

Der schönste **Wanderweg** im Gipfelbereich ist ***High Note Trail*** (ca. 5 km) durch den unerschlossenen ***Garibaldi Provincial Park***. Er folgt einem langgestreckten Bergrücken mit tollem Blick auf den im angrenzenden Tal parallel verlaufenden Lake Cheakamus.

Liftzeiten und -kosten

Der **Sommerbetrieb** der Seilbahnen und Lifte beginnt Ende Mai und endet Mitte Oktober. Sie sind täglich ca. 10-17 Uhr in Betrieb und nicht ganz billig. Ticket für die ***Peak-to-Peak Experience***: $49 pro Person (online $2 günstiger); www.whistlerblackcomb.com.

Aktivitäten, Touren

Im **autofreien** ***Whistler Village*** gibt es mehrere Firmen, die Bikes vermieten und organisierte Ausritte, Wildwassertrips, Drachenflüge und *Backcountry*-Expeditionen anbieten.

Radwege

Whistlers Umgebung lässt sich sehr gut per Fahrrad erkunden, da im Tal ein gutes Radwegenetz über 40 km auf dem *Valley Trail* existiert. Bei der ***Bike Company Whistler*** kann man Fahrräder leihen: ✆ (604) 938-9511 (ab $40/Tag); www.bikeco.ca.

Information

✆ 1-800-944-7853, ✆ (604)-935-3357; www.whistler.com.

Restaurants und Kneipen sind für Canada recht zahlreich:

Große Portionen und maßkrugweise Bier serviert man – wie vielenorts – zu noch einigermaßen moderaten Preisen in der ***Old Spaghetti Factory*** am 4154 Village Green in der Crystal Lodge, ✆ (604) 938-1081, www.oldspaghettifactory.ca.

Unterkunft

Quartiere gibt es sommers wie winters en masse, neuerdings auch noch das *Hostel* im olympischen Dorf; www.hihostels.ca:

- ***Whistler Hostel (HI)***, 7 km westlich von Whistler, 188 Betten, $35, DZ $95, ✆ 1-866-762-4122; www.hihostels.ca/whistler.

Halbwegs preiswerte Motels hingegen mit DZ-Preisen unter $100 sind praktisch nicht vorhanden, ***Bed & Breakfast Inns*** wie das

- ***Chalet Luise***, 7461 Ambassador Crescent, DZ ab $89, ✆ 1-800-665-1998; www.chaletluise.com, sind dagegen zahlreich.
- Erstes Hotel am Platz ist das ***Fairmont Chateau Whistler***, ✆ 1-800-606-8244, DZ ab $279; www.fairmont.com/whistler

Camping

Einziger Campingplatz in (nördlicher) Ortsnähe am Fluss ist das komfortable ***Riverside Resort*** (8018 Mons Road), ✆ (604) 905-5533, ab $51; www.whistlercamping.com.

Als schöne Alternative bietet sich 17 mi weiter nördlich der ***Nairn Falls Provincial Park*** (94 Plätze, $18, ✆ 1-800-689-9025) an. Der *Campground* liegt in einem Bogen des Green River; flussaufwärts führt ein **Wanderweg** (1,5 km) zu den 60 m hohen Wasserfällen.

Upper Joffre Lake

Die Cariboo Wagon Road

Lillooet kam als ***Mile 0*** der ***Cariboo Wagon Route*** während des ***Fraser Goldrush*** (1858) und des ***Cariboo Goldrush*** (1862) zu Berühmtheit und war damals eine der größten Städte nördlich von San Francisco. Von dort ging es ab 1859 über Pavilion nach *47 Mile House* (heute Clinton), in eben dieser Entfernung von Lillooet. Die neuen Ansiedlungen bestanden nur aus Mautstation und *Roadhouse* (Raststätte), in denen die Goldsucher auf dem Weg nach Barkerville (➪ Seite 253) Schlafplatz und Verpflegung fanden.

Viele Orte entstanden aus den ***Roadhouses*** entlang der ***Cariboo Wagon Road.*** Einige davon – von 70 Mile House über 100 Mile House bis 150 Mile House (➪ Seite 249f) – haben ihre ursprüngliche Bezeichnung als Entfernungsangabe ab Lillooet bis heute behalten. **Lillooet** erging es wie vielen *Boomtowns* aus der Goldrauschzeit. Dem Aufstieg folgte – nach Erschöpfung der Erzlagerstätten – ein rascher Niedergang. Zudem verlor die Stadt ihre Rolle als Verkehrsknotenpunkt an Yale (➪ Seite 240). Fortan musste sich die ***Cariboo Wagon Road*** nicht mehr über den *Pavilion Mountain* von Lillooet nach Clinton quälen, sondern eine Neuroute umging Lillooet durch das Thompson-River-Tal und lief ab 1863 über Cache Creek. Von Clinton bis Soda Creek, rund 30 km nördlich von Williams Lake, verkehrten Postkutschen. Bis Quesnel, von wo es auf dem Landweg nach Barkerville weiterging, übernahmen ***Paddlewheeler*** auf dem Fraser River den Transport. 1865 wurde auch die *Wagon Road* zwischen Quesnel und Barkerville fertiggestellt.

Pemberton

Die Ortschaft Pemberton besitzt alle Serviceeinrichtungen und vergleichsweise preisgünstige Unterkünfte (ebenso im benachbarten Mt Currie). Ein ***Visitor Centre*** liegt an der Ecke Portage Rd/Hwy 99.

Ein heißer Tipp ist die ***Blackbird Bakery*** (1436 Portage Rd). Hier ist man beim Backen hautnah dabei – und schmecken tut's auch noch!

Duffey Lake Road

Östlich von Pemberton beginnt die heute durchgehend asphaltierte ***Duffey Lake Road***, die »Glanznummer« der Route. Der beste Abschnitt beginnt am ***Joffre Lakes PP*** am *Cayoosh Pass* (1275 m). Dort startet auch ein toller, aber schwieriger 5 km langer **Wanderweg** (one-way, plus 400 Höhenmeter) über den Lower zu Middle und Upper Joffre Lakes. Die türkisblauen Seen liegen sehr pittoresk vor der Kulisse steiler, gletscherbedeckter Berge.

Weiter folgt die Straße dem ***Cayoosh Creek*** und windet sich später durch die Berge der Lillooet Range. Vier kleine ***Forest Campgrounds*** (*»Recreation Areas«*; www.sitesandtrailsbc.ca) am Wildbach laden (auf kurzer Distanz hintereinander etwa auf halber Strecke zwischen Duffey Lake und Lillooet) zum Campen ein. Ein besonderer Reiz der *Duffey Lake Road* ist der dramatische Klimawechsel innerhalb geringer Entfernung. Aus dem Grün der mit Niederschlägen reich bedachten Berge geht es hinab in die karge Salbeibuschprärie im Tal des Fraser River. Im Sommer überwiegen dort heiße Tage mit Spitzenwerten über 30°C. Kurz vor Lillooet passiert man den **Seton Lake** mit Badestrand und *Picnic Area* (am

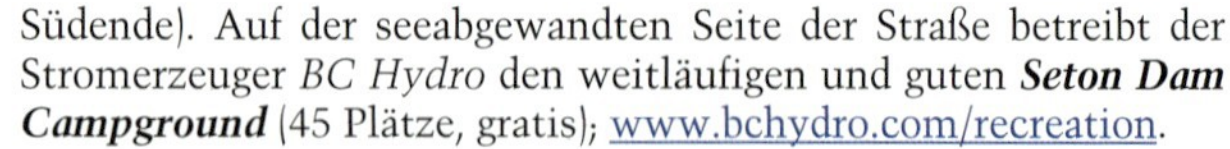

Südende). Auf der seeabgewandten Seite der Straße betreibt der Stromerzeuger *BC Hydro* den weitläufigen und guten ***Seton Dam Campground*** (45 Plätze, gratis); www.bchydro.com/recreation.

Lillooet

Lillooet ist ein kleines Städtchen (2.500 Einwohner) über dem Fraser River, an dem vor allem die imposante Gebirgskulisse beeindruckt. Eine Fahrt einmal die ***Main Street*** hinauf kann nicht schaden. Wenn **Einkäufe** anstehen: Ein größerer Supermarkt liegt hinter dem nördlichen Ortsende (155 Main Street) – er kommt erst ins Blickfeld, wenn der Ort scheinbar schon »durch« ist. Sollte das winzige **Museum** (samt ***Tourist Information***, 790 Main Street) in einer ehemaligen Kirche mit viel Sammelsurium aus alten Tagen geöffnet sein, kann man sich dort gut ein wenig umschauen. Juli/August täglich 9-17 Uhr, sonst Di-Sa 10-16 Uhr; frei.

Einige **Hotels/Motels** befinden sich an der Ortsdurchfahrt; der städtische ***Cayoosh Creek Campground*** liegt zwischen Bachmündung in den Fraser River und Brücke über den Fluss, © (250) 256-4180; $20-$30, www.cayooshcampground.com.

Pavilion Mountain Road

Wer der alten ***Cariboo Wagon Road*** folgen und 40 km Fahrt sparen möchte, verlässt in Pavilion die Straße #99 und nimmt die ***Pavilion Mountain Road*** direkt nach Clinton. Die auf den ersten (knapp 20) Kilometern holprige Schotterstraße ist trotz einiger steilerer Teilabschnitte bei trockenem Wetter unproblematisch, wenngleich Wohnmobilen über 21 Fuß Länge nicht zu empfehlen. Wegen der Anfahrt bis zur Passhöhe mit Panoramablicken ist diese Route eine attraktive Alternative zur #99.

Im Tal nördlich des Passes passiert sie den ***Downing Provincial Park*** am Kelly Lake mit ***Swimming Beach*** (der kleine Campplatz dort wurde 2013 geschlossen; Wiedereröffnung unklar).

Etwa 1 km östlich des Kelly Lake zweigt die **Jesmond Road** nach Norden ab. An ihr liegt – umgeben von Bergen, Canyons, Wäldern und Weiden – die ***Echo Valley Ranch***, ein dort kaum erwartetes Luxusresort für Stressgeplagte. Das kostet natürlich einige Dollar extra; © 1-800 253-8831; www.evranch.com (➪ auch Seite 236).

Marble Canyon

Von ***Pavilion*** weiter östlich passiert die Straße #99 einige kleine, idyllisch gelegene **türkisfarbene Seen**; meist ziemlich kühles Wasser, aber bei Hitze zum Baden gut geeignet. Dort liegt zwischen ***Crown*** und ***Turquoise Lake*** in der Kalksteinschlucht des ***Marble Canyon Provincial Park*** ein einfacher ***Campground***, 30 Stellplätze, $16.

Hat Creek Ranch

Am östlichen Ende der #99 – an deren Einmündung in die Hauptstraße #97 – liegt die museal ausgebaute ***Historic Hat Creek Ranch,*** © 1-800-782-0922 und (250) 457-9722, www.hatcreekranch.com. Sie diente ab 1863 als Roadhouse auf der neuen Route der ***Cariboo Wagon Road,*** die Lillooet (➪ Seite 233) entlang des Thompson River umging, und war Postkutschenstation der *British Columbia Express Company*.

Man kann dort das historische Gelände besichtigen und einen Blick in Küche, Salon, Haus und Schmiede werfen, wo zeitgenössisch gewerkelt wird, auch Postkutschenfahrten unternehmen oder übernachten (***Campground*** $20-$25, ***Cabins*** DZ $195). Täglich Mai bis September 9-17, Juli/August 9-18 Uhr; Eintritt $12/$8.

Für die Weiterfahrt nach Norden, ➪ Cache Creek, Seite 242.

3.2.2 Trans Canada Highway von Vancouver nach Cache Creek

Trans Canada Highway

Während der Hwy #99 abwechslungsreich, aber zeitraubend durch Hochgebirge führt, geht es auf dem **Trans Canada Highway** rasch voran. Er läuft zunächst bis Hope als Autobahn im breiten Tal des Fraser River durch weitläufiges Farmland. Nördlich von Hope folgt die Straße dem enger werdenden, streckenweise schluchtartigen Flusstal, bleibt aber gut ausgebaut. Bei Lytton wechselt sie den Fluss und begleitet nun den Thompson River bis Cache Creek.

Straße #7

Statt der Autobahn könnte man auch die Straße #7 nördlich des Fraser River nehmen. Das kostet nicht besonders viel Extrazeit, bietet aber weit mehr »fürs Auge« und weniger Verkehr. Im Juli/August gibt es an dieser Route Verkaufsstände mit frisch geerntetem Obst und Gemüse (***Fresh Produce***).

Eine gute Tagesetappe könnte schon in **Harrison Hot Springs** (➪ Seite 238), aber ebenso in Hope enden. Sinnvoll wäre es ggf. auch, zunächst auf dem TCH zu bleiben und ab Abbotsford via Straße #11 bei Mission auf die #7 zu wechseln und erst von da an dem nördlichen Ufer des Fraser River zu folgen.

Fort Langley

Etwa 45 km östlich von Vancouver passiert man die Abfahrt zur ***Fort Langley National Historic Site***, www.pc.gc.ca/langley. 1827 als Handelsposten der ***Hudson's Bay Company*** (➪ Kasten nächste Seite) gegründet, entwickelte sich das Fort bald zu einem wichtigen Stützpunkt. Als 1858 der Goldrausch am oberen Fraser River ausbrach, war es Ausgangspunkt und Versorgungsetappe für das Gros der 30.000 nach Norden ziehenden Goldsucher.

Im selben Jahr wurde dort der zum Festland gehörende Teil der heutigen Provinz BC offiziell zur britischen Kronkolonie erklärt. Im rekonstruierten **Palisadenfort** steht heute nur noch eine Handvoll mäßig interessanter Gebäude (23433 Mavis Ave, täglich 10-17; $8). Ein Abstecher lohnt sich am ehesten, wenn man nach dem Besuch auf der Flussinsel campt:

- ***Fort Camping***, 6451 Glover Road, 156 Stellplätze, ✆ 1-866-267-3678, $34-$47; guter Privatplatz mit Pool in Ortsnähe (zu Fuß in den Ort und zu Restaurants); www.fortcamping.com.

Flugschau

In **Abbotsford** findet am 2. Wochenende im August eine der größten Flugschauen ganz Nordamerikas statt, die dreitägige *Abbotsford Int'l Airshow*. Alljährlich pilgern über 125.000 Zuschauer dorthin, um die Vorführungen der Kunstflugstaffeln zu sehen; www.abbotsfordairshow.com.

Die Hudson's Bay Company

Die Geschicke des kanadischen Pelzhandels lagen lange Zeit allein in den Händen der 1670 in London gegründeten ***Hudson's Bay Company*** (***HBC***). Von *König Charles II* mit den exklusiven Handelsrechten für den gesamten Zuflussbereich der Hudson Bay ausgestattet, kontrollierte sie ein riesiges Territorium, das seinerzeit – zu Ehren des Firmengründers Prince Rupert – *Rupert's Land* genannt wurde. ***York Factory*** war die erste Handelsstation an der Hudson Bay, weitere Stützpunkte entstanden entlang der Küste unweit der ertragreichsten Pelzjagdgebiete. Das Leben der Besatzungen in diesen Handelsposten bot wenig Annehmlichkeiten; Exkursionen in die Umgebung galten als gefährlich – und so wartete man lieber in den geschützten Forts die Ankunft der Indianer ab, die mit pelzbeladenen Kanus aus den unendlichen Weiten des Hinterlandes anreisten.

Knapp ein Jahrhundert arbeitete *The Bay* mit erheblichem Erfolg und ohne ernstliche Konkurrenz, bis Pelzhändler aus Montréal 1783 mit der ***North West Company*** (***NWC***) eine neue Gesellschaft ins Leben riefen. Die *NWC* schickte *Voyageure* mit großen Transportkanus zu monatelangen Trips direkt in die Indianerdörfer und schnappte der in den Forts wartenden Konkurrenz die besten Felle weg. Zügig dehnte die *NWC* ihr Handelsgebiet aus und initiierte damit sogar neue Entdeckungen. Forscher wie ***Alexander Mackenzie***, ***David Thompson*** und ***Simon Fraser***, deren Namen heute die Landkarten des kanadischen Westens zieren, wurden von der *NWC* entsandt, um das Gebiet jenseits der Rockies zu erkunden.

Die Reaktion der um Einfluss und Gewinn besorgten *HBC* ließ nicht lange auf sich warten. Sie begann nun ebenfalls, Transportkanus zu bauen und Inlandsposten an strategisch wichtigen Orten zu errichten. Da die *»Nor'Westers«* auf ihrem Rückweg von ergiebigen Pelzgebieten am Mackenzie und Yukon River nach Montréal stets auch das Land der *HBC* durchqueren mussten, blieben Konfrontationen nicht aus. Die Auseinandersetzungen führten letztlich zu einer Schwächung beider Gesellschaften, die ohnehin schon wegen einer zurückgehenden Nachfrage aus dem krisengeschüttelten Europa in finanzielle Schwierigkeiten geraten waren. Auf Druck aus London wurde die Konkurrenz schließlich 1821 durch eine Fusion beendet, die *North West* ging in der *Hudson's Bay Company* auf.

Im Jahr 1869 forderte das junge, auf Erweiterung und Sicherung seines Territoriums bedachte *Dominion of Canada* die *HBC* auf, *Rupert's Land* an den Staat abzutreten. Der Gesellschaft, die weiterhin nicht sehr profitabel wirtschaftete, blieb nichts anderes übrig, als dem für 300.000 britische Pfund zuzustimmen. Ihre Handelsposten blieben allerdings auch nach dem Verkauf des alten Stammlandes bestehen. Sie versorgten nun die stetig steigende Zahl von Siedlern mit Gütern.

In der Folgezeit wandelte sich die *HBC* (www.hbc.com) zu einem in vielen Sparten tätigen Unternehmen, das heute einer der größten Arbeitgeber des Landes ist. Mit 99 Filialen der **Kaufhauskette *The Bay*** (www.thebay.com) setzt *HBC* die alte Handelstradition fort und sorgte 2014 für die Ausstattung des kanadischen Teams bei den olympischen Winterspielen in Sotchi.

Provincial Parks

Die Campingplätze der meisten *Provincial Parks* im Großraum Vancouver sind an allen Wochenenden und im Sommer auch an Wochentagen spätestens ab Nachmittag voll besetzt. Besonderer Beliebtheit erfreuen sich die vier Plätze im ***Cultus Lake Provincial Park***, © 1-800-689-9025, $30, 301 Stellplätze, mit seinem warmen Badesee (11 km südlich des TCH, Ausfahrt #119).

Der kleine ***Kilby Provincial Park*** (bei Harrison Mills ca. 2 km vom *Hwy* #7 entfernt, vom TCH #135 Ausfahrt über die #9; sanitäre Einfachstkategorie; 22 Stellplätze, $25) hat schmale Stellplätze direkt am Strand des Harrison River. Neben dem Campingplatz befindet sich ***Kilby Historic Site***, mit Haustieren, Postamt und Restaurant (Hausmannskost); www.kilby.ca. Das **Museum** präsentiert ein Sammelsurium von Objekten aus der »guten alten Zeit« – das sind in Canada die 1920er- und 1930er-Jahre (Mitte Mai-Anfang September, täglich 11-17 Uhr geöffnet, sonst Do-Mo 11-16 Uhr, $9/$7).

Harrison Hot Springs

16 km vom TCH entfernt liegt am Ende der Straße #9 Harrison Hot Springs. Der kleine Ferienort am Südufer des Harrison Lake wird wegen seiner 39°C warmen, schwefelhaltigen Quellen gern besucht. Sie speisen am Strand die Pools (nur für Hotelgäste) des edlen ***Harrison Hot Springs Resort***, 100 Esplanade Ave, © 1-866-638-5075, $139; www.harrisonresort.com. Frei zugänglich ist das benachbarte Hallenbad ***Public Pool*** (Mo-Fr 10-20, Sa+So 9-20 Uhr; $9).

Tourism Harrison Hot Springs, 499 Hot Springs Road, © (604) 796-5581; www.tourismharrison.com

Gutes Tagesziel

Harrison Hot Springs eignet sich gut als Übernachtungsplatz am Ende des ersten Tages nach Übernahme eines Campers, die oft erst am frühen Nachmittag erledigt ist. Mehrere kommerziell betriebene Campingplätze befinden sich in Fußgängerdistanz zu Schwimmhalle und Strand an der Hauptstraße, darunter erfreuliche Anlagen, ➪ separates Campingverzeichnis.

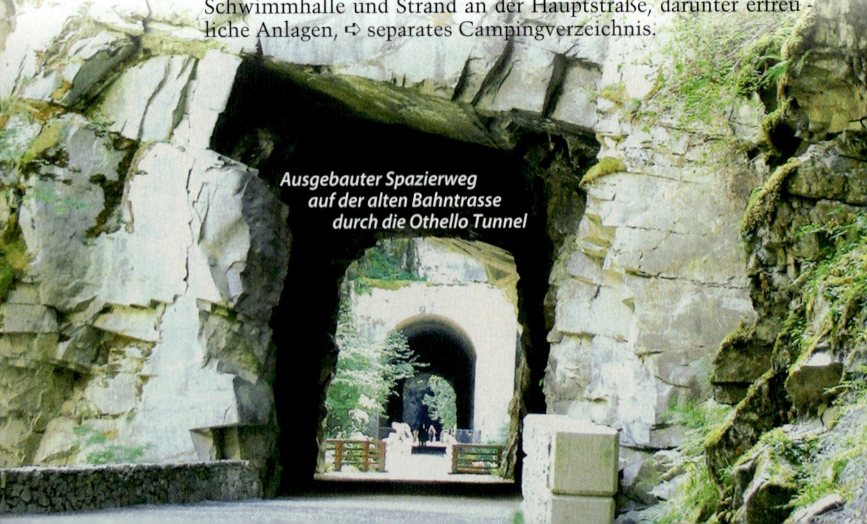

Ausgebauter Spazierweg auf der alten Bahntrasse durch die Othello Tunnel

Sasquatch Provincial Park

Zu den ***Sasquatch Provincial Park Campgrounds*** mit drei Campingplätzen (insgesamt 178 Stellplätze), © 1-800-689-9025, $18-$21, geht es von Harrison Hot Springs 6 km am Ostufer des Harrison Lake entlang. Belohnt wird die Anfahrt vor allem durch die Lage des besten der Plätze, des ***Hicks Lake Campground*** an und über dem glasklaren See: Canada, wie es im Buche steht. Ein 4 km langer ***Loop Trail*** umrundet den See, sehr empfehlenswert! Kurz vor dem *Campground* beginnt der ***Beaver Pond Interpretive Trail*** um einen Teich mit Biberdämmen und -burgen (500 m).

Weiterfahrt

Für die Weiterfahrt in Richtung Hope bleibt man auf der verkehrsarmen und sehr schön geführten **Straße #7** diesseits des Fraser River. Sie mündet nördlich von Hope auf den TCH. Durch die Vermeidung des TCH auf dem Teilstück bis Hope verpasst man zwar die ***Bridal Veil Falls*** (3 km östlich der Abfahrt Straße #9), doch die im Sommer eher dünnen »Brautschleier-Fälle« (immerhin aber 122 m Höhe), muss man nicht gesehen haben. Im weiteren Verlauf der Reise liegen auf nahezu allen Routen spektakulärere Wasserfälle am Wege.

Hope

Beim hübsch gelegenen, verschlafen wirkenden Hope (6.200 Einwohner) endet der als Autobahn ausgebaute Abschnitt des TCH. In der Südostecke der von hohen Bergen umgebenen Kleinstadt zwischen Fraser und Coquihalla River mündet der ***Crowsnest Highway #3,*** hier auch gerne ***Hope-Princeton Highway*** genannt, in den TCH. Ab Hope läuft auch der ***Coquihalla Highway #5*** über Merritt nach Kamloops als Entlastungsstrecke und Abkürzung des TCH. Abgesehen von den ersten Kilometern durch den *Coquihalla Canyon* ist die Fahrt auf dieser Autobahn touristisch eher unergiebig.

Othello Tunnel

Entlang des Flusses verliefen auch die ersten Kilometer der *Kettle Valley Railway*-Trasse von Hope über Penticton nach Midway. Wegen ständiger Probleme mit Gesteins- und Schneelawinen wurde dieser Abschnitt der Strecke 1961 stillgelegt und die Schienen samt Brücken entfernt. Verblieben ist als größte Attraktion Hopes der ***Coquihalla Canyon Provincial Park*** mit den ***Othello Quintette Tunnels***, fünf in kurzen Abständen hintereinander angelegte Tunnel durch nackten Granit direkt am tosenden Fluss. Heute führt vom Park- und Picknickplatz am Ende der Zufahrt ein Fußweg über neue Brücken durch die Tunnel. Dank der pittoresken Umgebung ist der Abstecher dorthin lohnenswert – Umweg und Spaziergang kosten nicht mehr als eine Stunde. Man erreicht die Tunnel durch Hope auf der *Kawkawa Lake Road* (Stadtpark und schöner **Badesee** mit **Campingplatz**, ➪ umseitig), dann Othello Road.

Schneller fährt man über den *Coquihalla Highway* an, Ausfahrt #183 (Kawkawa Lake).

Information

Den Ortsplan gibt es beim ***Hope Visitor Information Centre***, 919 Water Ave, © 1-866-467-3842, www.hope.ca.

Auch Hope eignet sich für eine erste oder letzte **Übernachtung** nach/vor Vancouver. Die meisten **Hotels und Motels** findet man an TCH und *Old Hope-Princeton Way.* Mehrere gute **Campingplätze** (***Coquihalla Campground***, 800 Kawkawa Lake Rd, © 1-888-869-7118, $31-$43, www.coquihallacampground.ca und ***Kawkawa Lake Resort***, 66427 Kawkawa Lake Rd, © (604) 869-9930, $30-$46; www.kawkawalake.net) befinden sich in der Umgebung.

Zusammenfluss von Fraser (sedimentbeladen) und Thompson River (klares Wasser) bei Lytton

Fraser River Canyon

Der TCH verlässt in Hope die Ebene und folgt dem Lauf des Fraser River, der sich in diesem Bereich tief ins Gebirge eingegraben hat, stromaufwärts bis Lytton. Eindrucksvollster Abschnitt sind die 40 km zwischen Yale und Boston Bar. Ab dem Ort Yale (kleines historisches Museum; 31187 Douglas St, täglich 10-17 Uhr; Mai-Mitte September $5 Eintritt; www.historicyale.ca, zu Fraser- und Cariboo-Goldrauschzeiten eine der größten Städte Westcanadas und Ausgangspunkt der *Cariboo Wagon Road*; ➪ auch Lillooet Seite 233) »klebt« der TCH förmlich an den Berghängen hoch über dem Fluss, während die Schienen der *Canadian Pacific Railway* und der *Canadian Nat'l Railway* unten an den Ufern entlangführen. Auf der ***Alexandra Bridge*** (1962) überquert der TCH den *Fraser River Canyon.* Nur wenig nördlich der Brücke befindet sich ein Parkplatz, von dem aus man auf der alten Straße (gesperrt für Fahrzeuge) über die *Alexandra Bridge* von 1926 gelangt. Die nostalgische Brücke ist ein gutes Fotomotiv.

Hell's Gate

Zwischen Alexandra Bridge und Boston Bar passiert man das ***Hell's Gate***, eine Verengung des Fraser Canyon. Im Frühjahr donnern dort bis zu 15 Mio. Liter Wasser pro Sekunde durch den 34 m breiten Engpass. Eine **Seilbahn** transportiert Besucher zum 153 m tiefer gelegenen jenseitigen Flussufer; täglich Mitte April-Mitte Okt. 10-16 Uhr, Mitte Mai bis Anf. Sept. 10-17 Uhr, mit $21/$15 recht teuer und kein »muss«; www.hellsgateairtram.com.

Die **Stromschnellen** des *Hell's Gate* lassen sich hautnah auf **Wildwasserfahrten** mit Schlauchbooten bezwingen; ➪ unten.

Über das – im Sommer nicht mehr ganz so – wilde Wasser spannt sich zum Blick in die Tiefe eine Hängebrücke. Vom südlichen Parkplatzende führt ein Wanderweg hinunter (ca. 1,5 km, kein Eintritt). Heute passieren bis zu 350.000 Lachse täglich die an beiden Ufern angelegten Fischleitern, nachdem sich die Flussrinne wegen Sprengungen für den Bau der zweiten Eisenbahnlinie 1914 so sehr verengt hatte, dass viele Lachse nicht gegen die starke Strömung zu ihren Laichgründen ziehen konnten.

Straße #12

Bei Lytton, 400 Fraser Street, © (250) 455-2523; www.lyttonchamber.com, mündet der Thompson in den Fraser River. Auch wer nicht vorhat, die Straße #12 über Lillooet zum *Cariboo Highway* nördlich von Cache Creek zu nehmen (➪ Seite 249), sollte zumindest den ersten Kilometer bis zur Brücke über den Thompson River fahren. Dort lässt sich der **Zusammenfluss** der grün-blauen (Thompson River) und meist sedimentbeladen braunen (Fraser River) Wasserströme sehr gut beobachten.

Wildwasser-Kurztrips

Neben dem Fraser ist der Thompson River zwischen Spences Bridge und dem 40 km entfernten Lytton ein beliebtes Revier fürs ***Whitewater Rafting***. Dort starten auch die meisten Mehrtages-, Tages- und Halbtagestrips.

Oft gibt es kurzfristig noch Platz in einem der Schlauchboote:

Durch das berühmte *Hell's Gate* auf dem Fraser zum Beispiel mit ***Fraser River Raft Expeditions*** (© 1-800-363-7238, © (604)-863-2336; 6,5 Std; $145; www.fraserraft.com);

Kumsheen Rafting Resort (© 1-800-663-6667, © (250) 455-2296; 7,5 Std; $179; www.kumsheen.com).

Rafting auf dem Thompson River

3

3.2.3 Von Cache Creek zum Wells Gray Park und weiter in Richtung Jasper National Park

Alternative Routen

Da hier – im Rahmen einer Rundtour durch BC und die Alberta Rocky Mountains – zunächst die Fahrt in nördliche Richtung auf *Yellowhead Highway* #5/#16 bzw. *Cariboo Highway* #97 beschrieben wird, ergeben sich für die Weiterfahrt ab Cache Creek drei Varianten (zur Wahl alternativer Ost-West-Strecken siehe Einleitung der Kapitel 3.7.1 und 3.7.4.):

- Die Streckenführung **Cache Creek/*Trans Canada Highway* #1 bis Kamloops und dann die #5 bis Tête Jaune Cache** besitzt nur mit dem 70 km-Abstecher in den ***Wells Gray Provincial Park*** ein attraktives Zwischenziel. Leider lässt man auf dieser Route (560 km inkl. *Wells Gray*), Barkerville und Bowron Lake aus.
- Die Strecke **Cache Creek/*Cariboo Highway* #97 nach Prince George mit 80 km langen Abstecher nach Barkerville und weiter auf dem Yellowhead Highway #16 nach Tête Jaune Cache** (insgesamt 880 km) kostet gegenüber der Route über den *Wells Gray Park* einen zusätzlichen Tag, wobei weder der *Cariboo Highway* noch Prince George noch die #16 am Oberlauf des Fraser River nach Tête Jaune Cache sonderlich aufregend sind. Nur **Barkerville** ist den Extra-Reisetag wert, ➪ Seite 253.
- Mit insgesamt 1.260 km von Cache Creek bis Tête Jaune Cache lassen sich die Abstecher ***Wells Gray*** und **Barkerville** sogar miteinander verbinden. Nach dem Besuch im *Wells Gray Park* geht es zunächst auf identischer Route zurück bis Little Fort am *Yellowhead Hwy #5*. Von dort fährt man auf der Straße #24 durch ein Seengebiet (➪ S. 249) hinüber nach 100 Mile House am *Cariboo Hwy #97* und dann weiter über das Zwischenziel Barkerville.

Zunächst zur Route über Kamloops und den *Wells Gray Park*; die Beschreibung *Cariboo Highway* etc. findet sich ab Seite 249:

Cache Creek

Von Cache Creek, dem einst bedeutenden, aber seit Eröffnung des ***Coquihalla Highway*** heruntergekommenen Kreuzungspunkt von TCH und ***Cariboo Highway*** sind es noch ca. 80 km bis Kamloops durch eine im Sommer von Trockenheit und Hitze gekennzeichnete Landschaft. Schön zum Picknick bietet sich unterwegs der erstaunlich grüne ***Juniper Beach Provincial Park*** (auch Camping, $21-$25, Eisenbahn/laut) an. Der ***Steelhead Provincial Park*** ($21-$25, überwiegend eng, schattenlos, aber Sandstrand) liegt direk hinter Brücke über den Thompson River. Ab hier folgt der TCH einem zum Kamloops Lake parallel verlaufenden Höhenrücken mit immer wieder schönen Aussichten (➪ Foto rechts).

Kamloops

Mit 88.000 Einwohnern ist Kamloops wichtiger Industriestand - ort und **Verkehrsknoten**. Hier stoßen TCH, *Yellowhead Hwy #5* und *Coquihalla Hwy* aufeinander. Die beiden großen Eisenbahn - linien trennen sich: der Schienenweg von *Canadian Pacific* läuft über den *Kicking Horse Pass* nach *Calgary, Canadian National* nimmt die Route über den *Yellowhead Pass* nach Edmonton.

Information ***Visitor Information Centre***, 1290 Trans Canada Highway West, ✆ (250) 372-8000, ✆ 1-866-372-8081; www.tourismkamloops.com

Kennzeichnung und Lage Der Name der im Sommer mit durchschnittlichen Höchsttemperaturen von 28°C wärmsten Stadt Canadas ist indianischen Ursprungs – ***Cumcloups*** bedeutet »Zusammentreffen der Wasser«. Er bezieht sich auf die Lage an der Einmündung des ***North Thompson River***, der östlich des ***Wells Gray Park*** entspringt, in den aus dem Shuswap Lake fließenden ***South Thompson River***.

Auf der westlichen Stadtzufahrt passiert die hochgelegene TCH-Trasse den *Hillside Main Entrance* zum ***Kenna Cartwright Park***. Nach kurzem Anstieg auf das breite Gipfelplateau mit weitläufigem Wegenetz genießen Wanderer vom besten Aussichtspunkt der Region einen schönen Blick auf die Stadt am Flussdreieck.

Einkauf

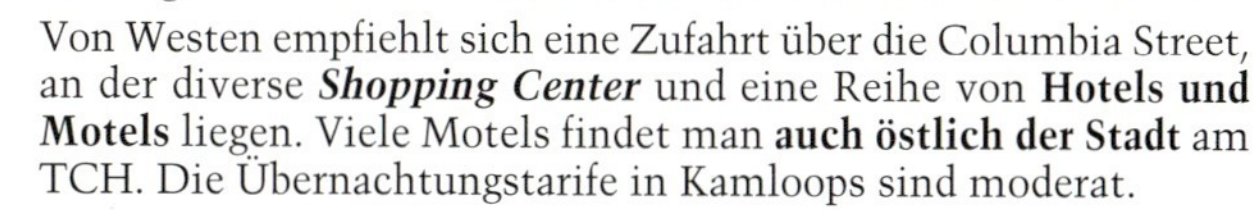

Von Westen empfiehlt sich eine Zufahrt über die Columbia Street, an der diverse ***Shopping Center*** und eine Reihe von **Hotels und Motels** liegen. Viele Motels findet man **auch östlich der Stadt** am TCH. Die Übernachtungstarife in Kamloops sind moderat.

Camping Wem an heißen Sommertagen nach Abkühlung zumute ist, der findet einen besseren Badestrand im gepflegten ***Paul Lake Provincial Park*** nordöstlich der Stadt (erst 5 km Yellowhead #5, dann Pinantan Road 19 km). Der ***Campground*** (90 Plätze, $16), des Provinzparks liegt etwa 500 m abseits des Sees.

Downtown Einmal in der Stadt, könnte man in das ***Kamloops Museum and Archives*** hineinschauen (207 Seymour St, Di-Sa 9.30-16.30, Do bis 19 Uhr, Eintritt frei; www.kamloops.ca/museum). Die Geschichte der Stadt wurde dort recht interessant aufbereitet.

Der ***Riverside Park*** am **Thompson River** am Rande der recht überschaubaren Innenstadt wurde mit **Badestellen,** einem Kinderspielplatz, Picknick- und Sportplätzen gut angelegt, ist aber für die meisten Canada-Touristen eher zweite Wahl.

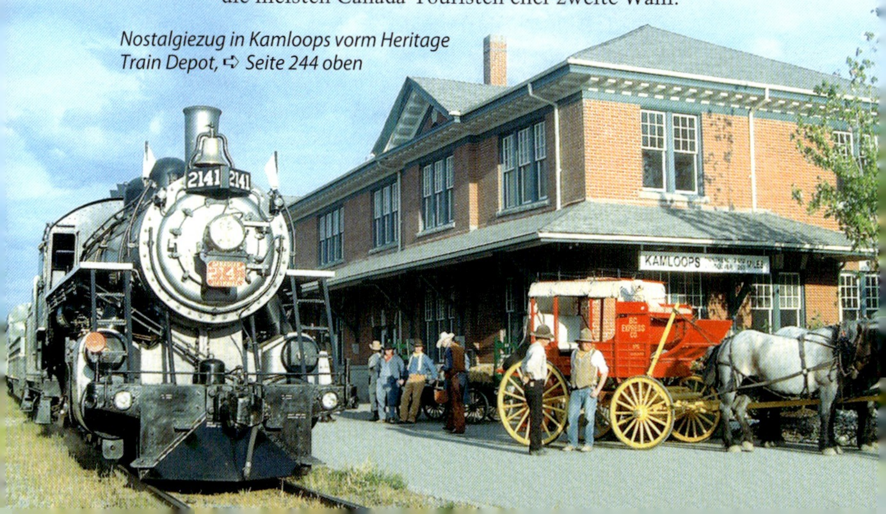

Nostalgiezug in Kamloops vorm Heritage Train Depot, *➪ Seite 244 oben*

Historische Eisenbahn

In der Nähe (510 Lorne Street) qualmt die Lokomotive der ***Kamloops Heritage Railway*** (Baujahr 1912, Juli-August, 11 km Rundfahrt, Stopp auf der Brücke über den *South Thompson River;* Mo, Di, Fr 19 Uhr, Sa 11 Uhr; $18; www.kamrail.com).

Wildlife Park

Am TCH, 20 km östlich der Stadt beherbergt der ***BC Wildlife Park***, www.bczoo.org, die einheimische Flora; 9077 Dallas Drive, täglich 9.30-17 Uhr, $15/$11; Fütterungen und Raubvögelshows.

Alternativer Yellowhead Highway

Von Kamloops in Richtung Jasper geht es auf dem Yellowhead ***Hwy #5***, der Verbindung zwischen TCH und dem »originalen« *Yellowhead Hwy #16* (➪ Seite 247), auf den die #5 in Tête Jaune Cache stößt. Auf fast ganzer Länge (rund 340 km) folgt diese Straße dem Tal des North Thompson River. Zunächst führt sie durch sommertrockene Gebiete vorbei an kargen, oft nur mit Salbeibüschen *(Sagebrush)* bewachsenen Berghängen, bevor die Vegetation weiter nördlich grüner wird.

Verbindung zur #97

In Little Fort zweigt die **Straße #24** nach Westen ab. Sie ist eine ideale Verbindungstrecke durch ein Seengebiet zwischen der #5 und dem *Cariboo Highway #97,* ➪ Seite 249.

Clearwater

Der einzig nennenswerte Ort auf der Strecke, **Clearwater**, liegt mit separaten Ortsteilen im Wesentlichen abseits der Hauptstraße. Am Nordende von Clearwater zweigt die Zufahrt zum ***Wells Gray Provincial Park*** ab. Dort, direkt an der Straße #5, befindet sich das ***Clearwater Visitor Information Centre***. Aktivitäten im *Wells Gray Park* wie z.B. Kanutouren oder Reitausflüge lassen sich im Vorwege von dort aus buchen.

Auch auf dem Clearwater River, der seine Namen zu Recht trägt, gibt es ***Rafting Trips: Interior Whitewater Expeditions,*** ✆ 1-800-661-7238; www.interiorwhitewater.bc.ca.

Gute Quartiere befinden sich am kleinen Dutch Lake in zentraler Lage direkt westlich der Abzweigung Clearwater Valley Road (= *Wells Gray*-Zufahrt) von der Straße #5 (auch Bootsverleih):

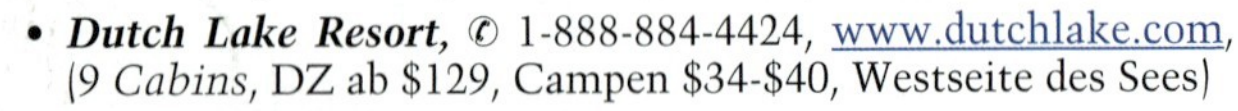

- ***Dutch Lake Resort,*** ✆ 1-888-884-4424, www.dutchlake.com, (9 *Cabins*, DZ ab $129, Campen $34-$40, Westseite des Sees)
- ***Dutch Lake Motel & RV Park***, 333 Roy Road ✆ (250) 674-3325, ✆ 1-877-674-3325, www.dutchlakemotel.com, DZ ab $98, Camping (teils am Ufer): $32-$35, Südostseite des Sees.

Deutscher Bäcker

Wer gutes Brot und deutschen Kuchen vermisst, sollte in der ***Flour Meadow Bakery*** in der Clearwater Valley Road 444 vorbeischauen. Dort backen deutsche Auswanderer wie in der Heimat (im Winter geschlossen); www.flourmeadowbakery.com.

Zum Wells Gray Park

Der ***Wells Gray Provincial Park*** ist 5.400 km^2 groß und weitgehend unerschlossene Wildnis. Er ist für seine Wasserfälle und verbundene Seen zwischen den **Hochgebirgsgipfeln** der *Cariboo Mountains* bekannt. Nur die Straße ab Clearwater führt tiefer in den Park hinein. (Aus Richtung Osten gibt es ab Blue River eine Schotterstraße zum Murtle Lake, ab 100 Mile House eine Stichstraße bis zum Mahood Lake am südwestlichen Zipfel des Parks).

Spahats Creek

Kurz hinter dem Parkeingang passiert die ***Clearwater Valley Road*** (10 km ab *Visitor Centre*) den Spahats Creek. Zu den ***Spahats Falls*** sind es nur wenige hundert Meter Fußweg. Das Wasser des Baches stürzt dort in einen tiefen *Canyon*. Von der Aussichtsplattform am Ende eines Kurztrails fällt der Blick in die Tiefe und über die unendliche Waldlandschaft dieses Gebietes.

Helmcken Falls

Aussichtsturm

Weitere 28 km nördlich führt die erste Schotterstraße links in Serpentinen (etwas eng für Wohnmobile!) hinauf zum ***Green Mountain Viewing Tower*** mit Rundumsicht auf die Wälder.

Dawson Falls

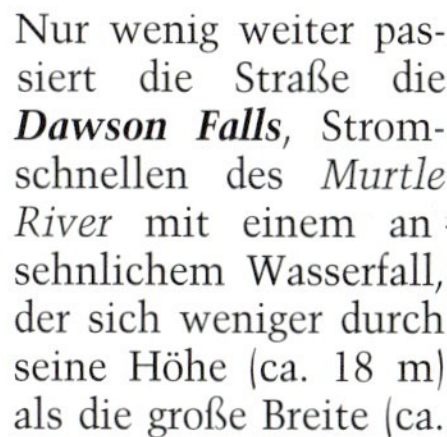

Nur wenig weiter passiert die Straße die ***Dawson Falls***, Stromschnellen des *Murtle River* mit einem ansehnlichem Wasserfall, der sich weniger durch seine Höhe (ca. 18 m) als die große Breite (ca. 90 m) auszeichnet. Auf der gegenüberliegenden Seite des Flusses befindet sich der ***Pyramid Campground*** (50 Plätze, $16) oberhalb der Fälle. Ein Pfad führt von dort zu den Katarakten.

Helmcken Falls

Spektakulärer Anziehungspunkt des *Wells Gray Park* sind die ***Helmcken Falls***, die aus einem schmalen Durchlass über 137 m in die Tiefe donnern. Ein **Weg führt nordseitig** am Wasserfall vorbei an den Rand der steilen Schlucht. Vor allem nachmittags, wenn die Sonne im Westen steht, gelingen von dort die besten Fotos mit Regenbogen. Wer sich die Zeit nehmen möchte, erreicht die fünfthöchsten Wasserfälle Canadas auch zu Fuß auf einem schönen ***Trail***: ab *Dawson Falls* läuft man ca. 4 km am Südufer entlang bis zu einem herrlichen Aussichtspunkt direkt am oberen Rand der Falls. Leider führt kein Weg zur Nordseite.

Lachsauftrieb

Bald hinter der *Murtle River Bridge* geht es auf Schotter noch knapp 30 km weiter bis zum Straßenende am Clearwater Lake.

Ab Ende August wandern riesige Lachse zum Laichen in den Oberlauf des Clearwater River – die starken Stromschnellen ***Bailey's Chute*** können sie dabei nur mit Hilfe weiter Sprünge überwinden. Dieses Schauspiel sollte man sich nicht entgehen lassen. Ein kurzer Weg führt bei km 17 zur ***Salmon Viewing Platform.***

Wanderwege

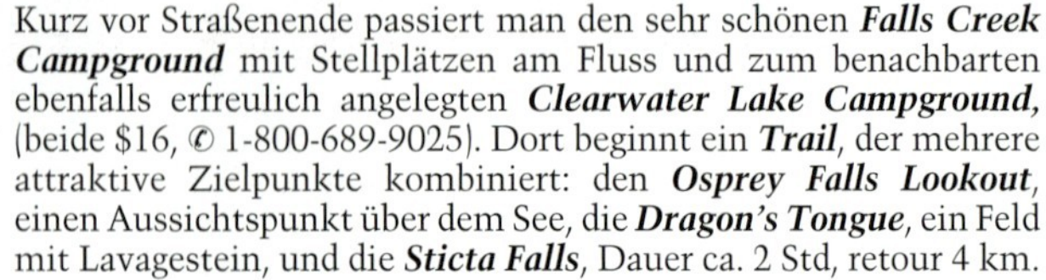

Kurz vor Straßenende passiert man den sehr schönen ***Falls Creek Campground*** mit Stellplätzen am Fluss und zum benachbarten ebenfalls erfreulich angelegten ***Clearwater Lake Campground,*** (beide $16, © 1-800-689-9025). Dort beginnt ein ***Trail***, der mehrere attraktive Zielpunkte kombiniert: den ***Osprey Falls Lookout***, einen Aussichtspunkt über dem See, die ***Dragon's Tongue***, ein Feld mit Lavagestein, und die ***Sticta Falls***, Dauer ca. 2 Std, retour 4 km.

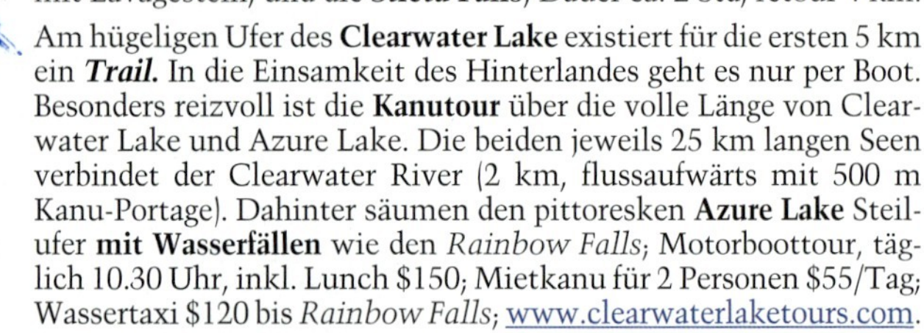

Am hügeligen Ufer des **Clearwater Lake** existiert für die ersten 5 km ein ***Trail.*** In die Einsamkeit des Hinterlandes geht es nur per Boot. Besonders reizvoll ist die **Kanutour** über die volle Länge von Clearwater Lake und Azure Lake. Die beiden jeweils 25 km langen Seen verbindet der Clearwater River (2 km, flussaufwärts mit 500 m Kanu-Portage). Dahinter säumen den pittoresken **Azure Lake** Steilufer **mit Wasserfällen** wie den *Rainbow Falls*; Motorboottour, täglich 10.30 Uhr, inkl. Lunch $150; Mietkanu für 2 Personen $55/Tag; Wassertaxi $120 bis *Rainbow Falls*; www.clearwaterlaketours.com.

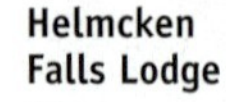

Helmcken Falls Lodge

Camper finden auf dem Platz der ***Helmcken Falls Lodge*** zwar sanitären Komfort, aber enge Stellflächen und wenig Naturnähe, 6664 Clearwater Valley Rd, $21-$26. Der Standard der *Lodge* ist »rustikal«, und die Zimmer sind relativ klein. Bei der Lage nur 10 km vor den Wasserfällen kostet das ein bisschen mehr: DZ ab $159. Reservierung: © (250) 674-3657; www.helmckenfalls.com.

Wells Gray Inn

Eine preiswerte Alternative ist das ***Wells Gray Inn***, 228 E Yellowhead Hwy in Clearwater, 1 km südwestlich der Parkzufahrt; DZ $79; © (250) 674-2214, © 1-800-567-4088; www.wellsgrayinn.ca.

Murtle Lake

Auch die Weiterfahrt in Richtung Tête Jaune Cache bleibt landschaftlich reizvoll. Wer Zeit hat, könnte von Blue River auf einer holprigen Stichstraße am gleichnamigen Fluss entlang noch einmal in den *Wells Gray Park* zum hochgelobten **Murtle Lake** fahren. Der mit über 100 km Uferlänge der größte nur für Kanus freigegebene See Nordamerikas erfreut sich großer Beliebtheit als Ausgangspunkt für Ein- oder Mehrtagestouren in die Einsamkeit.

Valemount

Die letzte Ortschaft vor Erreichen des *Yellowhead Highway #16* ist Valemount. Eine ganze Reihe von **Motels, Hotels** und **Restaurants** sind dort bereits auf den Nationalparktourismus eingestellt, aber noch deutlich preiswerter als im 120 km entfernten Jasper. Neben der Bahnlinie in *Downtown* liegt die ***Valemount Swiss Bakery***, 1020 Main Street; www.valemountswissbakery.com. Unmittelbar nördlich des Valemount ***Visitor Centre***, 785 Cranberry Lake Rd, lohnt ein Abstecher in den ***George Hicks Regional Park*** – hier kann man Lachse im flachen Wasser beim Laichen beobachten.

Yellowhead Highway

Die Bezeichnung *Yellowhead Highway* für die Straße #16 geht auf ***Pierre Bostonais*** zurück. Der Méti irokesischer Abstammung (➪ Seite 584) wurde wegen seiner Haarfarbe von den französischen Trappern *Tête Jaune* (= *Yellowhead* bzw. Gelbkopf) genannt. Als Scout für die *Hudson's Bay Company* erkundete *Bostonais* 1820 den *Robson Pass* und 1825 den *Yellowhead Pass* über die Rocky Mountains.

Auf solchen Touren pflegte er unterwegs zur Zwischenlagerung von Pelzen Verstecke (französisch: *Caches*) anzulegen – der Ort **Tête Jaune Cache** (»Versteck des Gelbkopfes«) liegt in der Nähe eines derartigen Lagers. 1827 wurden *Bostonais* und seine Familie hier in den Bergen von Indianern ermordet.

Mit einer Gesamtlänge von 2.853 km ist der ***Yellowhead Highway*** nach dem ***Trans Canada Highway*** die **zweitwichtigste kanadische Ost-West-Route**, wiewohl keine Transkontinentalverbindung. Er beginnt offiziell am *Explore Manitoba Centre* in Winnipeg und führt über Saskatoon (dabei auf den ersten 100 km identisch mit dem TCH), Edmonton, den *Jasper National Park*, Prince George nach Prince Rupert und über das Festland hinaus – auf Graham Island – weiter von Skidgate nach Masset.

Der ***BC-Highway #5*** zwischen Kamloops und Tête Jaune Cache wurde als wichtiger Zubringer ebenfalls mit dem Gelbkopfsymbol versehen.

Yellowhead #16

Von **Tête Jaune Cache,** dem namensgebenden Ort des *Yellowhead Highway* am Straßendreieck #5/#16, geht es über den *Mount Robson Provincial Park* zum ***Jasper National Park.*** In Tête Jaune Cache kann man bei ***Mount Robson Whitewater Rafting*** Trips auf dem *Fraser River* knapp außerhalb des Provinzparks buchen, ✆ 1-888-566-7238, ✆ (250) 566-4879, 3 Stunden $89, täglich 10, 13, 16.30 Uhr; www.mountrobsonwhitewater.com.

Mount Robson Provincial Park

Der ***Mount Robson*** (3.954 m) ist der höchste Berg in den kanadischen Rocky Mountains. Sein schneebedeckter Gipfel bietet ein imposantes Bild. Den ***Mount Robson Viewpoint*** fürs optimale Foto passiert man am westlichen Parkeingang, ➪ nächste Seite.

Ebensogut ist der Blick vom ***Visitor Centre*** und von der Terrasse des benachbarten *Café Mount Robson.*

In der Nähe besitzen die Stellplätze des ***Robson River*** (19 Plätze) am Fluss bzw. des straßenferneren ***Robson Meadows Campground*** (✆ 1-800-689-9025, 125 Plätze, beide $21) guten Provinzparkstandard, wobei die Umgebung des Platzes in Wassernähe erheblich attraktiver ist. Alternativ campt man 5 km südwestlich des Parks im

Robson Shadows Campground, ✆1-888-566-4821, mit 25 Stellplätzen am Fraser River; $22-$25; Cabins ab $89; (nur) von der Lage her ist dieser Platz kaum zu schlagen; www.mountrobsonlodge.com.

Blick auf den Mount Robson

Einer der schönsten Wege in den kanadischen Rockies ist der ***Berg Lake Trail*** (21 km, fast 800 Höhenmeter), der entlang des Robson River durch das »Tal der 1.000 Wasserfälle« meist sachte ansteigt. Vom Berg Lake genießt man einen brillanten Panoramablick auf die bis in den See hinunterreichenden, nachmittags von der Sonne illuminierten Gletscher.

Tageswanderer benötigen zwar kein *Permit*, können aber die volle Strecke an einem Tag retour kaum schaffen. Doch schon die ersten 5 km bis zum Kinney Lake lohnen. Wer auf einem der Campingplätze entlang des *Trail* übernachten möchte, muss reservieren: www.env.gov.bc.ca/bcparks/explore/parkpgs/mt_robson/berg.html

Zum Jasper Park

Yellowhead Highway und die Schienen der *Canadian National Railway* passieren den langestreckten *Moose Lake* und folgen weiter dem Lauf des *Fraser*, jenseits des ***Yellowhead Pass*** dem des *Miette River*. Mit der Passhöhe (1.131 m) erreicht man die **Provinz Alberta** und nach weiteren 24 km Jasper Town, touristisches Zentrum des ***Jasper National Park***. Zum bereits an der Einfahrt zu entrichtenden Eintritt ➪ Seite 29.

Fortsetzung im Kapitel 3.3 »Durch die Rocky Mountains«, ➪ S. 261.

3.2.4 Der Cariboo Highway von Cache Creek/100 Mile House bis Prince George (mit Barkerville und Bowron Lake Park)

Zur Route

Wie auf Seite 242 erläutert, ist der ***Cariboo Highway* #97** die Alternative zum *Yellowhead #5*, wenn Abstecher nach Barkerville bzw. zum Kanuparadies *Bowron Lake Park* geplant sind. Wer von Vancouver ohne Fährenbenutzung auf schnellstem Weg in den hohen Norden möchte, kommt ebenfalls am *Cariboo Highway* nach Prince George nicht vorbei.

Der Verlauf dieser Strecke ist von Cache Creek bis Williams Lake nicht sonderlich attraktiv. Erst im ***Fraser River Valley*** gewinnt die Straße abschnittsweise an Reiz. Schöne Campingmöglichkeiten (besonders schön der *Emerald Bay Campground*) bietet unterwegs der ***Green Lake Provincial Park*** östlich der Straße.

Seengebiet zwischen Cariboo und Yellowhead Highways

Ab 70 Mile House könnte man bei Zielsetzung ***Wells Gray Park*** und Jasper zur Straße #24 hinüberfahren – und einige Meilen einsparen. Die Abkürzung nach Bridge Lake bedeutet aber: Schotterpiste! 5 km südwestlich von Bridge Lake passiert man den *Crystal Lake* und die gepflegte ***Crystal Waters Guest Ranch***, 7806 N Bonaparte Road, 7 ***Cabins*** am Wasser; $110; www.crystalwatersranch.com.

Das Gebiet zwischen den Straßen #97 und #5 ist mit seiner **Seenplatte** beliebtes Revier für Angler, Wassersportler und Urlauber, die es ursprünglicher lieben. Auf mehreren ***Campgrounds*** finden sich Plätzchen unmittelbar am Wasser, wie z.B. am Sheridan Lake im ***Loon Bay Resort,*** ✆ (250) 593-4431, Straße #24, 32 km östlich der #97, $25-$33, 6 *Cabins* $98; mit allem, was zu einem aktiven Kanadaurlaub dazugehört: Motorboot-, Kanu-, Fahrradverleih, Pferde und ein kleiner Badestrand; www.loonbayresort.com.

Ein Lesertipp ist das ***Seawood Bed & Breakfast***, Shertenlib Road beim Roe Lake, ✆ (250) 593-0370, 5 Cabins ab $ 60, deutsche Gastgeber; www.seawood-bb.com.

Weiter westlich am Horse Lake liegt das toll geführte ***Cariboo Bonanza Resort***, 6384 Watson Road, Lone Butte, ✆ (250) 395-3766, 13 Chalets: DZ $66-$94, 61 Stellplätze $24-$31 (*Full Hookup*). Das Resort unter schweizer Leitung am Südufer des Sees lässt hinsichtlich Freizeitaktivitäten ebenfalls keine Wünsche offen; www.cariboobonanza.com.

Über die #24 erreicht man den *Yellowhead Highway* #5 in Little Fort, ca. 90 km nördlich Kamloops.

100 Mile House

100 Mile House (2.000 Einwohner, ***Visitor Centre***: 155 Airport Rd; www.southcaribootourism.com) ist die Versorgungszentrale für das gesamte Gebiet östlich des *Cariboo Highway*. Auch dort ist eine Bäckerei wieder besonders zu empfehlen. Und zwar die von Schweizern betriebene ***Paninos Bakery & Cafe***, #5 Highway 97 North; www.paninosbakeryandcafe.ca.

Bäckerei

Canim/ Mahood Lakes

Auch auf dieser Route ist eine Stippvisite im *Wells Gray Park* möglich: ab 100 Mile House führt eine Stichstraße (ohne Verbindung zum erschlossenen Hauptbereich des Parks) zum **Canim Lake** (knapp außerhalb des Parks) und in dessen Südwestecke zum **Mahood Lake**, dem einzigen nicht gletschergespeisten See des *Wells Gray* (dort *Campground* direkt am Strand, $16). Zwei ***Kurztrails*** verlaufen zwischen den Seen zu den ***Canim Falls*** (1,5 km) bzw. ab Mahood Lake zu den ***Deception Falls*** (1 km). Am Canim Lake wartet das ***Canim Lake Resort***, 4454 Newall Road, ✆ 1-877-512-6660 (unter deutscher Leitung) mit einem großen Abenteuer-Angebot auf Gäste; tolle Anlage am See, $24-$40, *Cabins* ab $130.

3

Chuckwagon Racer im Anmarsch zum Start auf der Williams Lake Stampede,

150 Mile House

In 150 Mile House, der nächsten Etappe des *Cariboo Highway,* könnte man einen Abstecher nach Likely einplanen. Dort erinnert am Ortseingang ein 3 km langer, 300 m breiter und 100 m tiefer von Maschinen gegrabener Canyon an die Aktivitäten der ***Bullion Pit Mine.*** 1938 wurde in der Goldwaschanlage dieser riesigen Grube mehr Wasser verbraucht als in ganz Vancouver. Von Likely führt eine ungepflegte Schotterpiste weiter nach Barkerville, so dass man besser zurück auf den *Cariboo Highway* fährt.

Williams Lake

Im Herzen des ***Cattle Country,*** der größten Viehzuchtregion der Provinz liegt Williams Lake (11.000 Einwohner, ✆ 1-877-967-5253 und ✆ (250) 392-5025; 1660 South Broadway, www.williamslakechamber.com). Die ansonsten kaum interessante kleine Stadt ist bekannt für eine **4-Tage-*Stampede*** Anfang Juli, die nach dem *Cloverdale Rodeo* (in Surrey bei Vancouver, ⇨ Seite 195) bedeutendste Rodeoveranstaltung in BC.

Rodeo

Sie findet in der Woche des Monatswechsels Juni/Juli statt. Weitere Infos unter www.williamslakestampede.com.

Der Chilcotin Highway

Nach **Bella Coola** am *North Bentinck Arm,* einem tief ins Land eingeschnittenen Fjord, geht es von *Williams Lake* auf dem *Chilcotin Highway #20.* Diese Straße (456 km) ist mittlerweile bis auf ein letztes 40 km langes Teilstück zwischen *Anahim Lake* und *Bella Coola River* asphaltiert und ohne Einschränkung befahrbar. Abgesehen von Anahim Lake gibt es in den winzigen Ortschaften selten mehr als Tankstelle, Postamt und *General Store.* Am Wege oder am Ende von Stichstraßen liegen zahlreiche ***Guest Ranches*** und ***Lodges***, die ihren Gästen Abenteuerurlaub in allen Varianten und Komfortklassen bieten. Angeln, Kanutrips und Ausritte sind die wichtigsten Aktivitäten.

Die Frage ist, ob sich ein Abfahren des gesamten *Chilcotin Highway* überhaupt lohnt. Grundsätzlich kann man sagen: Wer die Top-Ziele Canadas bereits gesehen hat, nicht über ein zu großes Campmobil verfügt, die kanadische Einsamkeit schätzt und mit ausreichend Zeit ausgestattet ist, wird sicherlich mit viel Vergnügen auf dieser Straße unterwegs sein.

Immerhin ist der *Chilcotin Highway* keine Sackgasse. Ab Bella Coola geht eine – wiewohl nicht ganz billige – Fähre nach Port Hardy auf Vancouver Island, die ggf. auch als Alternative zur *Inside Passage* in Frage kommt (➪ Seite 202f.).

Ein Abweichen von der Hauptstraße empfiehlt sich bei **Riske Creek.** Die qualitativ gute Schotterstraße ist bei nur 50 km Zusatzstrecke (zur Direktroute über den Hwy #20) wesentlich interessanter. Sie führt zunächst in Richtung Süden und kreuzt nach knapp 20 km den *Farwell Canyon* des Chilcotin River. In der Schlucht erinnern Sandsteinformationen und Vegetation an die Halbwüsten des amerikanischen Südwestens. Über Big Creek geht es bei Hanceville zurück auf die #20, wo 6 km westlich von **Alexis Creek** der kleine ***Bull Canyon Provincial Park*** mit ***Campground*** ($16, 20 Stellplätze) malerisch am Chilcotin River liegt. Danach folgt der *Chilcotin Highway* dem Verlauf von Chilcotin und Chilanko River durch das menschenleere *Interior Plateau*. Ab Tatla Lake sieht man dann die *Coast Mountains* mit ihren Gletschern am Horizont.

Mit der Überquerung des *Heckman Pass* (1.524 m) im ***Tweedsmuir South Park*** verlässt man das *Plateau*. »***The Hill***« – der leitplankenlose, einspurige Straßenabschnitt mit bis 18% Gefälle – hat Ausweichstellen und bereitet selbst Wohnmobilen mittlerer Größe bei trockenem Wetter keine besonderen Probleme. Von den beiden Campingplätzen im Park (je $16) liegt ***Atnarko River*** (24 Stellplätze) schöner als ***Fisheries Pool*** (12 Stellplätze).

Wanderer könnten einen Marsch (12 km, 800 Höhenmeter) zu den ***Hunlen Falls*** (253 m) in Erwägung ziehen. Der *Trailhead* zu den dritthöchsten kanadischen Wasserfällen liegt am Atnarko River nicht weit entfernt von den *Campgrounds*.

Westlich des Parks führt die Straße bald hinunter in den Regenwald der Küstenregion und schließlich nach **Bella Coola** (800 Einwohner), einem verschlafenen typischer Küstenort, der von den Fährverbindungen lebt; www.bellacoola.ca.

Der Chilcotin River fließt im Farwell Canyon durch bizarre Sandsteinformationen im niederschlagsarmen Windschatten der Coast Mountains

In vielen kleineren Orten gibt es von Mai bis September auch lokale Rodeos. Dort kann man das Geschehen noch hautnäher erleben als bei einer Großveranstaltung (➪ Seite 286).

Quesnel

Das Städtchen **Quesnel** (sprich: Kwanéll, 10.000 Einwohner), am Zusammenfluss von Fraser und Quesnel River entstand während des *Cariboo Goldrush* 1862. An diesem wichtigen Etappenpunkt auf der *Cariboo Wagon Road* (➪ Seite 233) mussten die Prospektoren den Raddampfer verlassen und weitere 80 km bis Barkerville auf dem Landweg zurücklegen. Aus der alten Boomperiode existiert nur noch der ***Hudson's Bay Store*** von **1881** (102 Carson Ave), in dem heute lokale Handwerkskunst verkauft wird.

Bei Einfahrt in die Stadt von Süden passiert man unverfehlbar rechterhand das ***Quesnel Museum*** (Eintritt: $4, 705 Carson Ave, ✆ (250) 992-8718, www.quesnelmuseum.ca) und das benachbarte *Visitor Centre*; www.tourismquesnel.com. Beides liegt am Rande des *Le Bourdais Park*, der u.a. einen »nassen« **Kinderspielplatz** für heiße Tage beherbergt.

Nach Barkerville

Auf der Straße #26 geht es zu ***Bowron Lake Park*** und Goldgräberstadt **Barkerville**. Benannt ist der Ort nach *Billy Barker*, der dort 1862 auf eine ergiebige Goldader stieß. Im daraufhin einsetzenden ***Cariboo Goldrush*** wurde aus Barkerville für kurze Zeit die größte Stadt im Westen Canadas. Als die Vorkommen erschöpft waren, verwandelte sich der kleine Ort in eine *Versorgungsbasis für umliegende Minen.* 1958 übernahm die Provinz British Columbia Barkerville und machte daraus eine ***Historic Western Town***, heute eines der besten lebenden Museen Canadas.

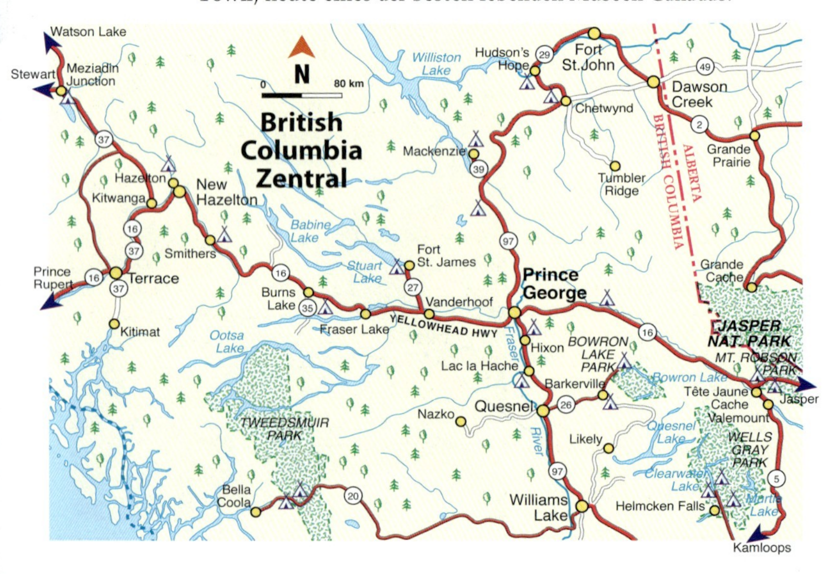

Im Goldgräber-Museumsdorf Barkerville

Living Museum Barkerville

Nirgendwo sonst in Canada findet man einen besser erhaltenen Ort aus der Goldrauschzeit, noch dazu an der originalen Stelle. Barkerville, dessen Bevölkerung zur Hälfte aus Ostasien stammte, besitzt am Ortsausgang eines der schönsten historischen Chinesenviertel Nordamerikas. Rund 130 Gebäude, darunter 40 aus dem 19. Jahrhundert, wurden im engen Tal des Williams Creek authentisch restauriert und teils mit zeitgenössisch gekleideten »Bewohnern« besetzt. Die haben im Gegensatz zu ihren Vorbildern geregelte Arbeitszeiten – und so finden alle Programme und Vorführungen von Mitte Juni bis Anfang September täglich ab 10 Uhr statt. Das Dorf kann von Mitte Mai bis Ende September besucht werden; $14.50/$5 Eintritt; www.barkerville.ca.

Durch Barkerville zu bummeln, ist interessant: im ***Visitor Centre*** gibt es viele Fotos aus den wilden Jahren und Filme zum Thema »Goldrausch«. Das fürs Goldwaschen konstruierte Wasserrad funktioniert wie eh und je und im ***Theatre Royal*** lebt die alte Zeit wieder auf ($13, Mitte Mai bis Ende September 11, 13, 16 und – nur Sa/So – 19 Uhr, Do keine Aufführungen; www.theatreroyal.ca).

Wer Lust hat, kann selbst Gold waschen ($8 mit Erfolgsgarantie) oder mit der Postkutsche fahren ($7).

Von der sonst großen Detailliebe ausgespart blieb bedauerlicherweise die Getränkekarte im *Saloon:* wer sich stilecht einen Whisky genehmigen möchte, wird enttäuscht. Nur *Non-alcoholic Beverages* kommen zum Ausschank. Auch beim Nachtleben ist es nichts mit der Authentizität. Ab 20 Uhr bleiben die Tore dicht außer für Hotelgäste und Theaterbesucher.

Unterkunft/ Camping

Quartiere im *Historic Park* bieten nur das

- ***St. George Hotel***, 4 Main Street, 7 Zimmer, ein historisches Haus aus dem Jahr 1898, ✆ 1-888-246-7690, DZ ab $120; www.stgeorgehotel.bc.ca
- ***Kelly House B & B***, 2nd Street, ✆ 1-866-994-0004 und ✆ (250) 994-3328, 3 Zimmer ab $98; www.kellyhouse.ca

Drei **Mini-Motels** mit insgesamt knapp 70 Zimmern befinden sich im nahen **Wells** (www.wells.ca), außerdem ***Beckers*** und ***Bowron Lake Lodge*** am 28 km entfernten gleichnamigen See (⇨ rechts und separates Hotelverzeichnis).

Von drei ***Barkerville Campgrounds*** ($20-$30) liegt

- ***Forest Rose*** über die Brücke Richtung Bowron Lake am besten;
- Schöner campt man aber auf dem ***Bowron Lake Lodge Campground*** mit vielen Stellplätzen am Seeufer; $28.
- Auch nebenan bei ***Beckers*** campt es sich gut, $10-$40.
- Der hübsch angelegte, aber seeferne Platz des ***Bowron Lake Provincial Park*** am ***Registration Centre*** ist in Anbetracht der Möglichkeiten direkt am Ufer 2. Wahl ($16).

Die Anfahrt zum Bowron Lake (28 km ab Straße #26)) erfolgt über eine breite und im Allgemeinen gut gepflegte Schotterstraße.

Kanuparadies Bowron Lake Park

Die direkt oder über Wasserläufe weitgehend miteinander verbundenen 10 Seen des ***Bowron Lake Provincial Park*** sind ein Paradies für Kanufahrer. Wer 6-10 Tage Zeit und obendrein Glück mit dem Wetter hat, kann einen traumhaften Kanutrip unternehmen. Der Rundkurs auf der fast strömungslosen Seenplatte ist auch für Anfänger geeignet. Doch muss man eine gute Kondition mitbringen – es wollen schließlich 105 km gepaddelt und 11 km auf ***7 Portages*** (Tragen des Kanus zwischen zwei Gewässern oder Umgehung von Stromschnellen und Wasserfällen) geschafft sein! Der Trip beginnt auch gleich mit der längsten Portage (2,4 km). Davon erholt man sich am besten an den Sandstränden der wärmeren nicht von Schmelzwasser gespeisten Seen im Westen. Übernachtet wird auf ***Wilderness Campgrounds.***

Gebühren

Für alle Mehrtagestrips ist eine Anmeldung im ***Registration Centre*** erforderlich. Die Gebühr für die volle Runde beträgt für zwei Personen $120, für die *West Side Route* $60/Kanu. Letztere führt 24 km vom Bowron Lake (einziger See mit Motorbootverkehr) zu

Gelegentlich müssen Kanus über seichte Stellen gezogen werden. Für den Transport über Land (Portage) gibt es eine Radachse

Miettarife/

Unterkunft

den Spectacle Lakes und besitzt den Vorzug, ohne *Portage* auszukommen. Reservierung der Route: ✆ 1-800-689-9025 ($18 Gebühr). Kanus können ab ca. $40/Tag oder $170 pro »*Lake Circuit*« (8 Tage) gemietet werden (Ausrüstung extra) bei ***Beckers Lodge***: ✆ 1-800-808-4761, *Cabins* ab $80; www.beckerslodge.com, oder bei der ***Bowron Lake Lodge,*** ✆ 1-800-519-3399 bzw. ✆ (250) 992-2733, DZ ab $50; www.bowronlakelodge.com.

Hixon Canyon Creek

Nördlich Quesnel läuft die Straße #97 ereignislos durch Wald- und Hügellandschaft und stößt nach 118 km in Prince George auf den *Yellowhead Highway.* Wer in diesem Bereich einen Campingplatz sucht, könnte den prima ***Canyon Creek Campground in Hixon*** (etwa auf halber Strecke nach Prince George) ansteuern, ✆ (250) 998-4384, $24-$32; www.canyoncreekcamp ground.com. Er hat besonders schöne Plätzchen für Zelte und *Van Camper* auf einer Waldwiese in Bachnähe, 39035 Highway 97 South.

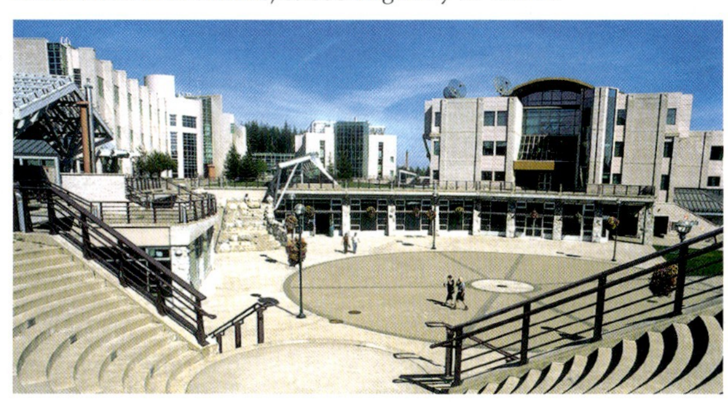

Moderne Architektur des Campus der University of Northern British Columbia bei Prince George

Prince George

Prince George, 77.000 Einwohner, spielt als Knotenpunkt der Ost-West- und Nord-Süd-Achse von Schiene und Straße und als Versorgungszentrum ***(Hub of the North)*** eines weiten Umlandes eine wichtige wirtschaftliche Rolle. Für Fahrten in den hohen Norden ist Prince George ein guter Ausgangspunkt.

Sägemühlen und Papierfabriken *(Pulp Mills)* unterstreichen die Bedeutung der Holzindustrie. Die 1994 gegründete ***University of Northern British Columbia*** residiert auf einer Anhöhe über der Stadt (www.unbc.ca, 3333 University Way). Sie verfügt über einen Campus, von dem die meisten Studenten in Deutschland nur träumen können. Zufahrt über *Yellowhead* #16 Richtung Prince Rupert, von dort Tyner Blvd folgen.

Kennzeichnung

Da die letzte größere Stadt auf dem Weg nach Norden keine besonderen Sehenswürdigkeiten besitzt, ist sie für die meisten Touristen im wesentlichen Durchgangsstation. An **Hotels/Motels** und ***Shopping Centers*** entlang der Ausfallstraßen (speziell der #97, aber auch #16 West) fehlt es nicht. Beste Adresse fürs Campen bei Prince George ist der ***Hartway RV Park,*** 7729 South Kelly Road, 10 km nördlich über Hwy # 97, ✆ 1-866-962-8848, $25-$35.

Information

Ein sehr gut sortiertes **BC-Besucherzentrum** befindet sich an der Kreuzung der beiden Hauptstraßen #97/#16 südwestlich der Innenstadt. *Downtown* residiert das

Prince George Visitor Information Centre
1300 1st Ave, © (250) 562-3700,
© 1-800-668-7646; www.tourismpg.com

Parks und Museen

Prince George rühmt sich seiner vielen ***City Parks***, von denen im Zentrum der ***Connaught Hill Park*** einen Panoramablick über die Stadt bietet. Im ***Cottonwood Island Park*** an der River Rd (»jenseits« der Gleise nördlich *Downtown*) liegt das bescheidene ***Central BC Railway & Forestry Museum***; Mitte Mai-Anf. Sept. täglich 10-17 Uhr, sonst Di-Sa 11-16 Uhr; $6; www.pgrfm.bc.ca.

Der ***Exploration Place*** (333 Becott Place) im ***Fort George Park*** erhellt die Historie von Stadt und Region. Geöffnet täglich 9-17 Uhr, $10/$8, www.theexplorationplace.com). Die letzten beiden Parks sind durch den ***Heritage River Trail*** an Nechako und Fraser River entlang miteinander verbunden.

3.2.5 Routen ab Prince George

In British Columbia führen alle Routen in den Norden zwangsläufig über Prince George.

Rundfahrt durch den Norden von BC

Dank des ***Cassiar Highway*** zwischen Watson Lake und Kitwanga/Stewart durch die Einsamkeit des BC-Nordwestens kann man in Prince George eine attraktive Nord-Rundfahrt starten: Prince George–Fort St. John–Watson Lake (beide *Alaska Highway*) –Stewart–Prince Rupert (2.500 km, Fähre nach Port Hardy) oder zurück nach Prince George (2.700 km). Egal, welche der beiden Varianten man wählt, in mindestens 8 Tagen ist diese Strecke zu machen – indessen bei relativ hoher täglicher Fahrleistung.

Von Prince George nach Prince Rupert?

Das letzte Stück des ***Yellowhead Highway* zwischen Prince George und Prince Rupert** wird als Fortsetzung einer Fährpassage von Port Hardy nach Prince Rupert **im Anschluss an das Kapitel Vancouver Island in West-Ost-Richtung** behandelt. Eine Fahrt in umgekehrter Richtung von Ost nach West macht nur Sinn, wenn man entweder in Prince Rupert die Fähre nehmen möchte oder eine Fahrt über Stewart nach Watson Lake plant, ➪ ***Cassiar Highway*** ab Seite 370.

nach Stewart/ Hyder?

Für eine Fahrt von Prince George nach Prince Rupert mit Abstecher nach Stewart/Hyder und Rückfahrt auf identischer Route wären 1.900 km zu bewältigen. Das lohnt sich kaum, ein kürzeres »Hineinfahren« in den *Yellowhead Highway* noch weniger, da die Straße erst westlich von Houston, strenggenommen sogar nicht vor New Hazelton, den besten Abschnitt ihres gesamten Verlaufs erreicht. Die Strecke bis Houston bietet dagegen nichts, was den – schon bis Prince George gelangten – Canada-Urlauber noch »vom Hocker reißt« (➪ dazu im einzelnen ab Seite 368).

Weiter nach Jasper

Der ***Yellowhead Highway*** besitzt **zwischen Prince George** und **Tête Jaune Cache** trotz des an sich schönen Verlaufs im Fraser River Valley zwischen Rocky Mountains und Cariboo Mountains keine nennenswerten Höhepunkte. Zur Übernachtung bietet sich der ***Purden Lake Provincial Park*** an (78 Stellplätze, Camping $16, Badestrand). Alternativ zum *Yellowhead Hwy* könnte man Tête Jaune Cache auch via die schönen Ziele **Barkerville** und den ***Wells Gray Provincial Park*** anfahren. Der Umweg zu den beiden Topattraktionen erfordert 700 km Zusatzfahrt im Vergleich zur direkten Yellowhead-Route (➪ Seite 242).

John Hart Highway

In Prince George beginnt als **nördliche Fortsetzung des *Cariboo Highway*** der ***John Hart Peace River Highway***. Außer Mackenzie (30 km abseits der Hauptstraße) und Chetwynd gibt es bis Dawson Creek hinauf auf 400 km Gesamtdistanz keine wesentlichen Ortschaften mehr. In größeren Abständen passiert man **Tankstellen,** meist verbunden mit einer kleinen *Lodge* und einem *General Store.* Auf langen Abschnitten erinnern nur die Schienen der parallel verlaufenden *BC Railway* an die Zivilisation.

Wasserscheide

Knapp 50 km nördlich von Prince George passiert man die ***Continental Divide***, die Wasserscheide zwischen Pazifik und Atlantik. Nördlich fließen aus dem *Summit Lake* alle Gewässer über den *Peace River* und *Mackenzie River* ins Nordpolarmeer, südlich über den *Fraser River* in den Pazifik.

Schöne **Campingplätze** findet man unterwegs im ***Crooked River*** (65 Plätze, $16), im ***Whiskers Point*** (65 Plätze, $16) und im ***Tudyah Lake Provincial Park*** (36 Plätze, $11).

Mackenzie

Das erst 1966 im Zusammenhang mit dem Staudammprojekt am Peace River (➪ Seite 259) gegründete Mackenzie (3.600 Einwohner) liegt am Williston Lake. Der bei den Arbeiten eingesetzte ***World s Largest Tree Crusher,*** die weltgrößte Rodungsmaschine,

Peace River Valley nördlich von Hudson's Hope, ➪ Seite 259

3

steht unübersehbar im Ortszentrum (Hwy #39/Skeena Drive). Das ***Mackenzie Visitor Info Centre*** liegt am Hwy #97 direkt am Abzweig der Stichstraße (29 km) nach Mackenzie, Info: www.mackenziechamber.bc.ca, © (250) 750-4497. Mackenzie verfügt über ein ***Recreation Centre*** (400 Skeena Drive, $4) mit Hallenbad, Kraftraum und Sauna, www.district.mackenzie.bc.ca.

Viel schöner mit Sandstrand am Williston Lake liegt ***Alexander Mackenzies s Landing***. Die Zufahrt zu diesem einfachen, kostenlosen ***BC Hydro Campground*** erfolgt 3 km südlich von Mackenzie ab Straße #39, www.bchydro.com/recreation.

Pine Pass

Im weiteren Verlauf beginnt ein reizvoller Abschnitt des *John Hart Highway*. Aus dem Tal des *Misinchinka River* führt die Straße über den ***Pine Pass*** (933 m), den einzigen Übergang über die Rocky Mountains auf rund 750 km Luftlinie zwischen ***Jasper Park*** (*Yellowhead Pass*) und *Alaska Highway* (*Summit Pass*).

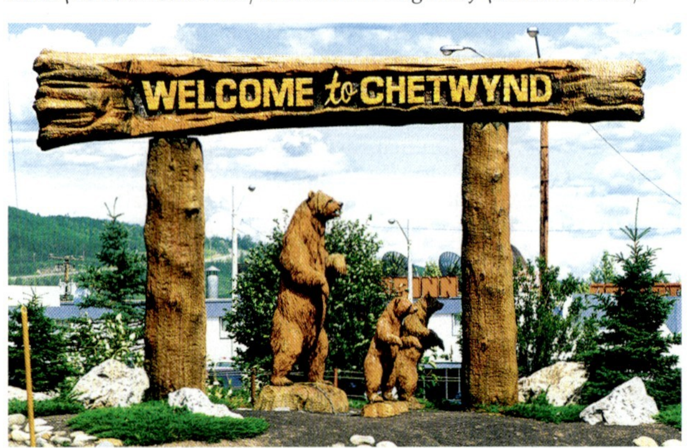

Kettensäge - skulptur in Chetwynd, am John Hart Highway, Abzweigung nach Hudson`s Hope

Skulpturen

Das einstige Bergbaustädtchen **Chetwynd** (2.700 Einwohner) an der Kreuzung #29/#97 macht mit Kettensägen geschnitzten Holzskulpturen auf sich aufmerksam. Den Lageplan mit einigen der ***122 Chainsaw Sculptures*** gibt es bei der *Visitor Info* (#5217 North Access Road, © (250) 788-1943, www.gochetwynd.com) am westlichen Ortseingang.

Anfahrt Alaska Highway

Ab Chetwynd gibt es **zwei Routen** zum *Alaska Highway*. Die reizvollere Alternative von beiden ist der ***Highway #29*** nach Fort St. John (ca. 140 km). Wer sich dafür entscheidet, verpasst weder in Dawson Creek noch auf den ersten Kilometern des *Alaska Highway* bis Fort St. John Wesentliches. Die #97 bis Dawson Creek sollte nur fahren, wer unbedingt ***Milepost 0*** des *Alaska Highway* sehen und fotografieren möchte.

Auf der ersten Hälfte der ***#29*** passiert man eine Reihe schöner Campingplätze. Der ***Moberly Lake Provincial Park*** © 1-800-689-9025, verfügt über 107 Stellplätze am Sandstrand des Sees; $16.

Hudson`s Hope

Der Ort **Hudson's Hope**, Visitor Centre 9555 Beattie Dr, © (250) 783-9154; www.hudsonshope.ca; 1.000 Einwohner) ist eine der ältesten »weißen« Siedlungen in British Columbia und – als Fort der *Northwest Company* gegründet – seit 1805 ununterbrochen bewohnt. Ein neues Kapitel in der Geschichte von Hudson`s Hope begann in den 1960er-Jahren mit dem Bau von Staudämmen und Kraftwerken eingangs und ausgangs des ***Peace River Canyon***. Beide zusammen produzieren fast 30% des von *BC Hydro* in BC erzeugten Stroms.

Energie aus Wasserkraft

6 km südwestlich des Ortes liegt an der Brücke über den Peace River unweit der Straße der kleinere ***Peace Canyon Dam*** (50 m hoch und 534 m lang).

Ein ***Visitor Centre*** (www.bchydro.com/recreation) am Ende einer kurzen Zufahrt informiert über Dammbau und Energieerzeugung, außerdem über die Geschichte der Region; geöffnet Ende Mai bis Anfang September täglich 8-16 Uhr; Eintritt frei.

Williston Lake

Flussaufwärts (24 km lange Stichstraße ab Hudson's Hope) staut der 186 m hohe und 2.068 m lange ***W.A.C. Bennett Dam*** den Peace River zum Williston Lake. Am Ende der Straße über den gewaltigen Damm wartet ein **Aussichtspunkt** mit Blick in den Canyon und über den mit 1.733 km^2 Fläche größten Stausee in BC.

Das ***Visitor Centre*** (Ende Mai-Anfang September täglich 10-18 Uhr, Eintritt $6; www.bchydro.com/recreation) hat ähnliche Präsentationen wie das *Visitor Centre* beim *Peace Canyon Dam*; **Führungen** zum Damm und durch das **Kraftwerk** mehrmals täglich.

Alaska Highway

Hinter Hudson`s Hope läuft die Straße bei schöner Routenführung zunächst am ***Peace River*** entlang. Nach 60 km verlässt die #29 das Tal, führt steil in Serpentinen bergauf und stößt 13 km nördlich Fort St. John auf den *Alaska Highway*.

Fortsetzung der Strecke auf dem ***Alaska Highway***, ➪ Seite 388f.

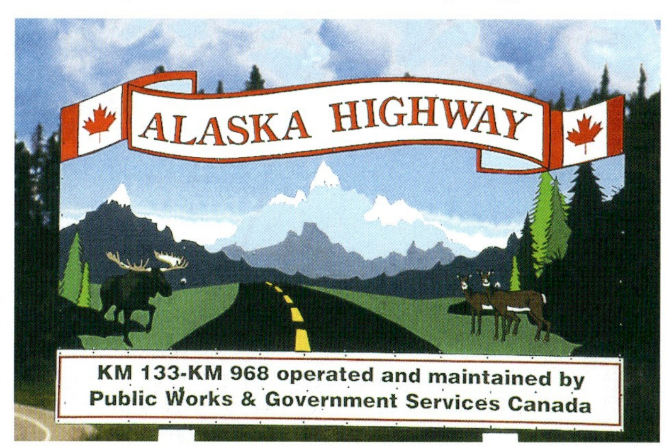

Am Alaska Highway nördlich von Fort St. John

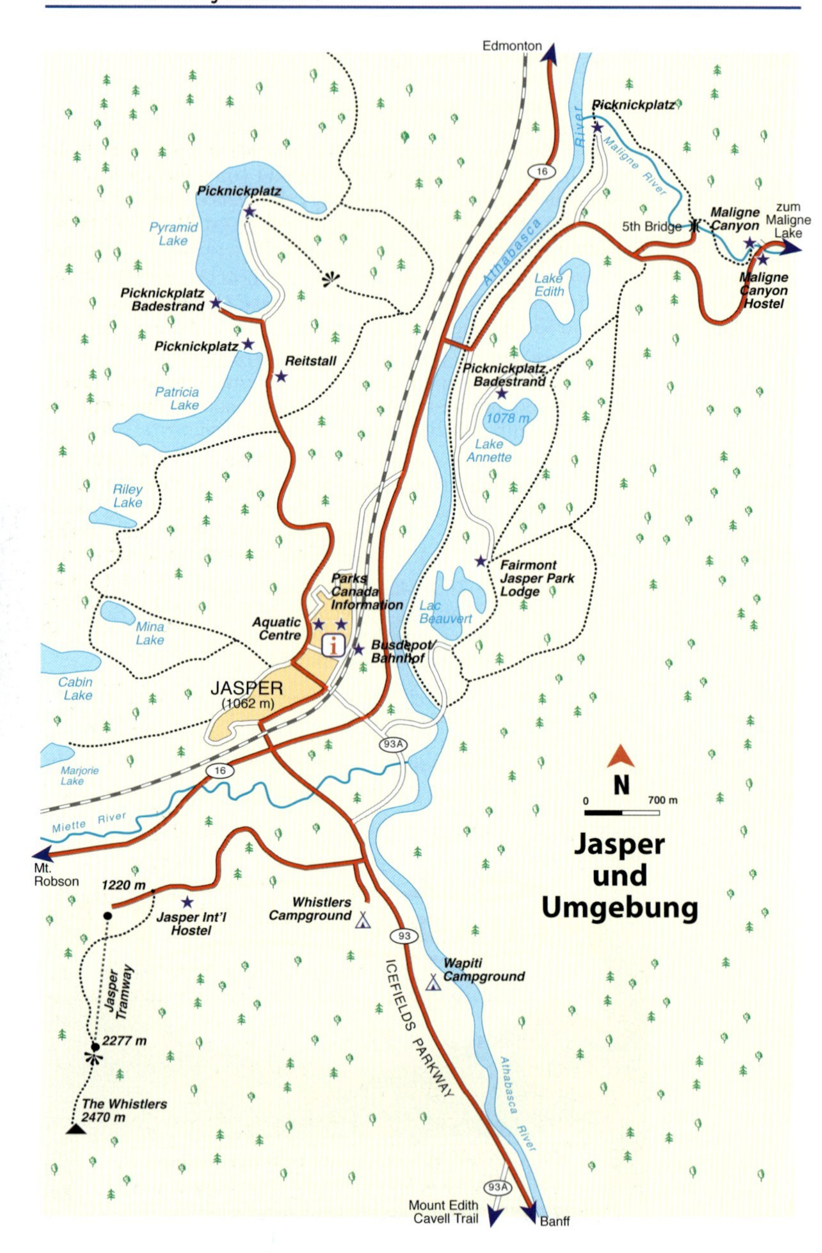

Edmonton
Picknickplatz
River
Maligne River
Picknickplatz
Pyramid Lake
16
Athabasca
5th Bridge
Maligne Canyon
zum Maligne Lake
Maligne Canyon Hostel
Lake Edith
Picknickplatz Badestrand
Picknickplatz
Reitstall
Picknickplatz Badestrand
1078 m
Patricia Lake
Lake Annette
Riley Lake
Fairmont Jasper Park Lodge
Parks Canada Information
Lac Beauvert
Mina Lake
Aquatic Centre
Busdepot/ Bahnhof
Cabin Lake
JASPER (1062 m)
93A
Marjorie Lake
16
N
0
700 m
Miette River
Jasper und Umgebung
Mt. Robson
1220 m
Whistlers Campground
Jasper Int'l Hostel
93
Jasper Tramway
Wapiti Campground
ICEFIELDS PARKWAY
2277 m
Athabasca River
The Whistlers 2470 m
93A
Mount Edith Cavell Trail
Banff

3.3 Durch die Alberta Rocky Mountains

3.3.1 Jasper National Park

Jasper Stadt

Mit jährlich fast 2 Mio Besuchern ist *Jasper* (nach *Banff*) der zweitpopulärste kanadische Nationalpark. Die Parkzufahrt von Osten und Westen ist der *Yellowhead Highway* #16. Als breit ausgebaute Umgehungsstraße führt er um den Ort Jasper herum.

Erster Anlaufpunkt sollte das in einem Park an der Hauptstraße (500 Connaught Drive) liegende ***Nat'l Park Jasper Townsite Info Centre*** sein; © (780) 852-6176, www.pc.gc.ca/jasper.

Das ***Besucherbüro*** der Stadt Jasper befindet sich ebenfalls dort, 411 Patricia Street; © (780) 852-3858, www.jasper.travel.

Schräg gegenüber liegt der Bahnhof. Dort und auf beiden Straßenseiten gibt es genug Parkraum auch für größere Campmobile. Dennoch wird es zur Hauptsaison und an Wochenenden oft eng.

Information Jasper Nationalpark

Neben der ausgezeichneten Zeitung »*Mountain Guide*« mit Details zu vier zusammenhängenden *Rocky Mountain* Nationalparks (*Banff, Jasper, Kootenay* und *Yoho*) und *Waterton Lakes* sowie den Nationalparks *Glacier* und *Mount Revelstoke* in den *Selkirk Mountains* und der Karte »***The Icefields Parkway***« kann man sich dort noch die Trailbeschreibungen »***Day Hiking Guide Jasper National Park***« für Tageswanderungen besorgen. Die Ein- und Durchfahrt kostet $10/Person; $20/Auto bis zu 7 Insassen und Tag. Ggf. lohnenswert ist ein Dauerpass, ➪ Seite 29.

Unterkunft

Jasper ist zwar kleiner (4.100 Einwohner) als das »benachbarte« Banff und weder so überlaufen noch mondän, aber nicht billiger. Speziell die Kosten für Unterkunft und Verpflegung sind hoch.

Neben den ***Miette Hot Springs Bungalows***, ➪ Seite 264, sind die

- ***Patricia Lake Bungalows*** empfehlenswert; www.patricialakebungalows.com, © 1-888-499-6848, DZ $160. Motel und Bungalows liegen 5 km nördlich von Jasper am gleichnamigen See.
- Für die Holzbungalows von ***Becker's Chalets***, © (780) 852-3779, www.beckerschalets.com, zahlt man ab $170/DZ, für die Ausstattung (Küche, Kamin) und hübsche Lage ein fairer Preis.

***Bed & Breakfast* Agentur** in Jasper: www.stayinjasper.com.

Alles voll?

Klappt eine Quartiersuche im Park selbst mit Hilfe des Reservierungsbüros nicht, ist die am wenigsten zeitaufwendige Lösung eine Fahrt in Richtung Hinton (ca. 70 km auf breiter, weitgehend ebener Strecke). Westlich des Parks kommen zwar auch noch Tête Jaune Cache und Valemount in Frage, aber beide Orte verfügen nur über eine Handvoll Motels.

Hostels

Bei Jasper gibt es gleich 3 Jugendherbergen: ***Jasper*** ($30), ***Mount Edith Cavell*** ($25) und ***Maligne Canyon*** ($25) sowie zwei weitere *Hostels* am *Icefields Parkway:* ***Athabasca Falls*** (ab $25) und ***Beauty Creek*** ($25). Alle sind zu reservieren unter © 1-866-762-4122, © (778) 328-2220; www.hihostels.ca.

Camping

Zwar sind auch Plätze auf den ortsnahen *Campgrounds* im Sommer knapp, aber bei Ankunft bis zum späten Vormittag kommt man meist unter. Der riesige ***Whistlers Campground*** (784 Plätze, $23-$39), 2 km südlich von Jasper, liegt in lichtem Wald, bietet in günstiger Lage teilweise ***Full Hook-up***, Feuerholz und gute sanitäre Anlagen mit Duschen. Ungewöhnlich sind **Wapiti Hirsche**, die das Gelände ungeachtet der Menschen zum Äsen aufsuchen.

Die Alternativen zu ***Whistlers***, die Plätze ***Wapiti,*** $28-$33, und ***Wabasso*** ($22) mit ebenfalls hoher Kapazität (362 bzw. 231 Plätze), liegen mit 4 km bzw. 16 km noch ortsferner an der Straße #93 bzw. #93A. Nur *Wapiti* hat auch Duschen. ***Snaring River***, 16 km nördlich von Jasper mit 66 Stellplätzen in schöner Lage gehört zur Einfach-Kategorie ($16). Reservierung für ***Whistlers***, ***Wapiti***, ***Wabasso*** unter © 1-877-737-3783, www.pccamping.ca.

An der #1 Skytram Road liegt das ***HI Jasper***, ab $30; ein weiteres beim *Maligne Canyon*; www.hihostels.ca/jasper /malignecanyon.

Im Ort

Wiewohl ein hübscher Ort, wuchert Jasper fast nur mit dem Pfund seiner Umgebung und bietet selbst keine besonderen Attraktionen, sieht man ab vom ***Aquatic Centre;*** © (780) 852-3663; variable Badezeiten, www.jasper-alberta.com, $7. Ein Besuch in dieser Poolanlage (305 Bonhomme Street) mit langer Wasserrutsche und heißem *Whirlpool* entspannt nach anstrengenden Wanderungen.

Abends lädt die ***Jasper Brewing Company*** (624 Connaught Drive) zu Bier und mehr ein; Reservierung © (780) 852-4111, www.jasperbrewingco.ca, eine der wenigen Hausbrauereien Albertas.

Umgebung Jasper

Rings um die Stadt findet man kleine, angenehm temperierte und von Wanderwegen gesäumte Seen mit Badestränden (**Patricia** und **Pyramid Lake** oberhalb des Ortes). An der Zufahrt zu den Seen kann man auch geführte Ausritte buchen: ***Jasper Park Stables***, © (780) 852-7433, ab $42 pro Stunde; www.jasperstables.com.

Rafting

Für das Kennenlernen des ***River Rafting*** eignen sich zweistündige Schlauchbootfahrten (z.B. ***Whitewater Rafting Jasper***, ca. $64, www.whitewaterraftingjasper.com) auf dem bei Jasper relativ zahmen Athabasca River. Ausreichend Wasser vorausgesetzt, geht es auf dem Sunwapta River ein wenig härter zur Sache (ca. 4 Std $94).

Cavell Gletscher

Eine relativ leichte Wanderung führt zum *Cavell Glacier.* Von Jasper folgt man zunächst dem *Icefields Parkway* und dann der alten Straße #93 A. Auf der ***Mount Edith Cavell Road*** geht es 14 km bergauf am ***International Hostel*** (www.hihostels.ca/edithcavell) vorbei zum *Mount Cavell Parking Lot* (Camper nur bis 20 Fuß empfohlen). Dort beginnt der 800m lange ***Path of the Glacier Trail***, einer der besten Kurzwanderwege im Jasper Park. Er führt zum *Cavell Pond* (oft noch im Sommer voller Eisschollen) unterhalb des Gletschers und weiter (+ 7 km Rundweg) zu den ***Cavell Meadows***.

Seilbahn

Eine Seilbahn führt auf den Gipfel ***The Whistlers*** (2.470 m) hoch über Jasper – Talstation am Ende der gleichnamigen Straße, die vom *Icefields Parkway* abzweigt. Die Fahrt mit der ***Tramway*** kostet $31/$16, Juli+August 9-20 Uhr, Juni 9.30-18.30 Uhr, sonst 10-17 Uhr von Mitte April-Anfang Oktober, www.jaspertramway.com.

Ab **Aussichtsrestaurant** an der Bergstation (2.277 m) ist es ca. 1 km über 193 Höhenmeter bis zum Gipfel. Von oben ähnelt das 1.400 m tiefer gelegene Jasper kurioserweise einem riesigen »J«.

Fußmarsch

Sportliche Besucher erklimmen den Berg per pedes: Der Ausgangspunkt des ***Trails*** befindet sich ca. 1,5 km vor der Station. Der Aufstieg (ca. 8 km) ist in 4 Stunden zu schaffen. Wer auf den Rückmarsch auf identischem Weg verzichtet, kann zum halben Preis der Auffahrt mit der Seilbahn abfahren; ✆ 1-866-850-8726.

Maligne Canyon

Als schönstes Ausflugsziel des Parks gilt der **Maligne Lake** am Ende der *Maligne Road* (42 km), die nördlich Jasper vom *Yellowhead* abzweigt. Gleich am Anfang passiert die Straße den tief eingeschnittenen ***Maligne Canyon***. Der Zwischenstopp dort ist ein »Muss«. Vom Parkplatz (mit Cafeteria und *Gift Shop*) geht es in eine pittoreske Kalksteinschlucht. Mehrfach überquert der holpriger werdende Pfad den engen *Canyon*. Tief unten tost der Maligne River.

Wer bis zur 5. Brücke (2 km) geht, braucht nicht unbedingt wieder nach oben zu kraxeln, sondern kann sich über die ***5th Bridge Road*** mit dem Auto abholen lassen. Noch reizvoller ist die Wanderung von der 5. Brücke nach oben.

Maligne & Medicine Lakes

Ein Phänomen ist der **Maligne River**, der vom Maligne Lake in den scheinbar abflusslosen Medicine Lake fließt. Das Wasser versickert in Karsthöhlen und taucht erst nach Kilometern wieder an der Oberfläche auf.

Spirit Island, das Fotomotiv schlechthin für den Jasper Park ist diese tausendfach publizierte Szenerie mitten im Maligne Lake, 90 Ausflugsbootminuten entfernt vom Anleger am Südende *(➪ auch Foto Seiten 172/3)*

Maligne Lake Trails

Die Schönheit des glasklaren *Maligne Lake* lässt sich von der Bucht an seinem Nordende nur erahnen. Ein rauer Pfad am Westufer entlang führt nach einigen Kilometern zu Stellen, von wo aus der ganze See im Blickfeld liegt. Bequemer ist der ***Mary Schaeffer Loop Trail*** (3 km) am Ostufer, anstrengender (weil relativ steil bergauf) der 8 km lange ***Opal Hills Loop Trail*** zu schönen Aussichtspunkten ebenfalls auf der Ostseite des Sees (ca. 4 Stunden).

Bootsfahrten

Die meisten Besucher haben bereits im voraus bei ***Maligne Tours***, ✆ 1-866-625-4463; www.malignelake.com) den 90-min-Bootstrip über den von schroffen Gipfeln eingerahmten See reserviert und bezahlt. Stündliche Abfahrten Juni-Anfang Oktober täglich 10-16 Uhr, Juli+August bis 17 Uhr; $62/$30. Auf der winzigen **Spirit Island** (➪ Foto Seite 263) nahe der engsten Stelle des Sees, den *Samson Narrows*, dürfen sich die Passagiere ein wenig die Füße vertreten, bevor es wieder zurückgeht.

Kanuverleih

Die individuelle Alternative zum schnellen Ausflugsschiff ist das Leihkanu, obwohl man erst einige Kilometer paddeln muss, um aus der Bucht herauszukommen. Wegen des sehr kalten Wassers ist dabei auch bei gutem Wetter warme Kleidung anzuraten. Wer Zeit für Mehrtagestouren hat, findet am Ufer ***Wilderness Campsites***. Die Mietkosten für ein Kanu betragen $30/Stunde, $90/Tag (!), ✆ wie oben, zu arrangieren am ***Boat House*** in der Nähe der ***Maligne Lodge***, einem Servicekomplex mit Bootsanleger, ziemlich teurer Cafeteria und Sonnenterrasse am See.

Miette Hot Springs

Ein etwas weiterer Abstecher von Jasper könnte heißen Quellen gelten. Sie befinden sich unweit der Osteinfahrt in den Nationalpark. Von Jasper fährt man 44 km bis Pocahontas, und von dort durch das wunderschöne *Fiddle Valley* noch einmal 17 km bis zu den ***Miette Hot Springs***, www.pc.gc.ca/hotsprings. Das schwefelhaltige Wasser der heißen Quellen kann man dort in ***Open-air Pools*** genießen (Mitte Mai bis Mitte Oktober tägl. 10.30-21 Uhr, Ende Juni-Anf. September 8.30-22.30 Uhr, Eintritt $6). Motelzimmer und *Cabins* mit offenem Kamin gibt es im ***Miette Hot Springs Resort***: ✆ (780) 866-3750; DZ ab $89, www.mhresort.com. Ein schöner ***Trail*** führt auf den *Sulphur Mountain* (4 km, 2.070 m); bis zum Gipfel sind knapp 700 Höhenmeter zu überwinden – wunderbares Panorama, nicht überlaufen.

3.3.2 Icefields Parkway

Kennzeichnung

Von Jasper geht es auf dem *Icefields Parkway* durch die ganze Länge der **Nationalparks *Jasper*** und ***Banff*** bis Lake Louise am TCH. Diese 230 km werden gern als die **schönste Gebirgsstrecke Canadas** gelobt. Und tatsächlich sind der südliche Abschnitt im *Jasper* und der Großteil im *Banff National Park* grandios. Bedingt durch die breite, perfekt ausgebaute Straße und die Popularität ging aber die Ursprünglichkeit der Strecke ziemlich verloren. Starker Verkehr, sogar Staus und Parkprobleme an den typischen Haltepunkten sind in den Sommermonaten an der Tagesordnung.

Zeitbedarf

Vom *Parkway* hat am meisten, wer sich drei Tage Zeit lässt und sich – besonders in der Hauptsaison – ein wenig abseits der touristischen Brennpunkte hält.

Klima

Auch mitten im Sommer wird es bei noch angenehmen Temperaturen im Ort Jasper (1.062 m) in der Höhe schnell kühl, wenn die Sonne nicht scheint. Das gilt auch im Schatten der Berge. Nachts muss mit Frost gerechnet werden; im Juni und September herrschen nachts durchweg Minusgrade. Schnee ist weder im Frühsommer noch im Herbst eine Seltenheit.

Camping

Selbst in der Hauptsaison reicht die **Campingkapazität** entlang der Strecke im allgemeinen aus, aber an Wochenenden wird es immer eng. Im Gegensatz zum Umfeld von Jasper, Lake Louise und Banff, wo man oft schon mittags nicht mehr unterkommt, findet sich wochentags auf einem ***Parkway Campground*** oft sogar noch abends ein freies Plätzchen.

Valley of Five Lakes

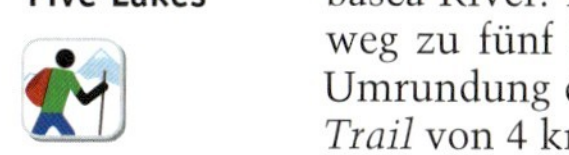

Auf seinen ersten 50 km folgt der *Parkway* dem Lauf des Athabasca River. 10 km südlich von Jasper zweigt ein schöner Rundweg zu fünf kleinen Seen im *Valley of the Five Lakes* ab. Bei Umrundung des größten (First Lake) lässt sich der relativ ebene *Trail* von 4 km auf 7 km verlängern.

Wasserfälle

Ein Abstecher zu den nur 23 m hohen dennoch sehenswerten ***Athabasca Falls*** am Zusammentreffen des alten *Parkway*-Abschnitts #93A (nur für Camper und als Anfahrt zum *Mount Edith Cavell* interessant) und der neuen Trasse gehört zum Pflichtprogramm. Südlich der Fälle liegen das ***Athabasca Falls Hostel*** (ab $25; www.hihostels.ca/athabascafalls), der ***Mount Kerkeslin*** (42 Stellplätze, $16) und der ***Honeymoon Lake Campground*** (35 Stellplätze, $16, schöne Lage am gleichnamigen See). Den nächsten Haltepunkt bilden wiederum Wasserfälle: die (weniger aufregenden) ***Sunwapta Falls***. Vom Parkplatz kann man aber dem Nordufer des Sunwapta River 2 km flussabwärts folgen und das herrliche Gebirgspanorama genießen (Stromschnellen und Wasserfälle).

Die Straße steigt danach rasch höher und erreicht bald die Baumgrenze. Erst ab hier – nach Passieren des ***Jonas Creek Campground*** und des toll gelegenen ***Beauty Creek Hostel*** – lohnt der Stopp an fast jedem ***View Point***.

Aussichtspunkt hoch über dem Peyto Lake am Icefields Parkway

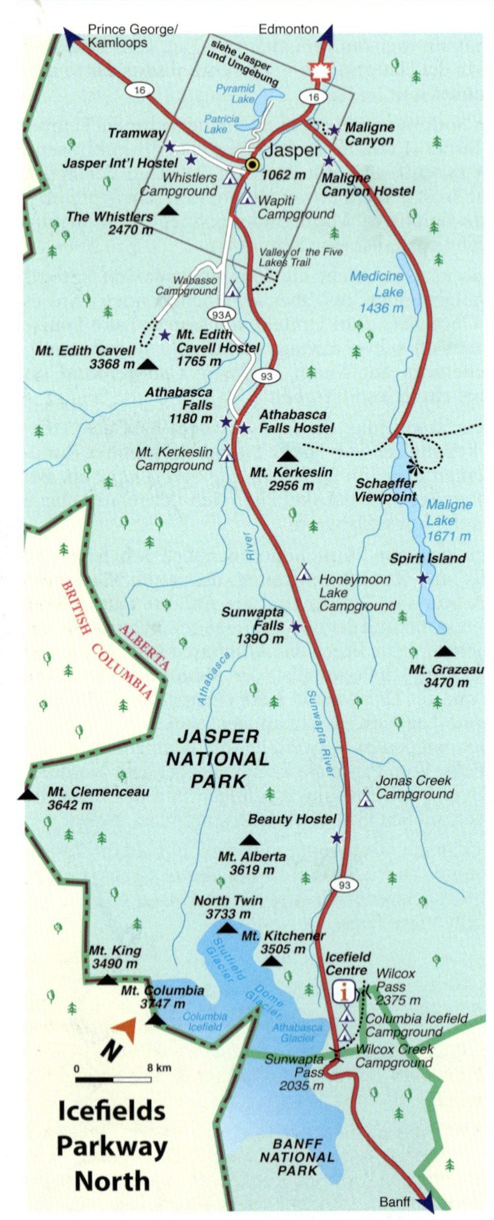

Columbia Icefield

Die bekannteste Attraktion des *Jasper Park*, der *Athabasca Glacier*, gehört zum 325 km² großen *Columbia Icefield*, das gleich 3 bedeutende Flusssysteme speist: Der ***Athabasca River*** ist einer der Quellflüsse des über 4.200 km langen, ins Polarmeer strömenden ***Mackenzie River***. Der ***North Saskatchewan River*** fließt aus dem nördlichen *Banff Park* in den Lake Winnipeg in Manitoba und bahnt sich von dort als ***Nelson River*** nach 2.470 km seinen Weg bis in die Hudson Bay.

An der Westseite des *Icefield* fließen die Gletscherbäche in den ***Columbia River***, der nach 2.000 km bei Portland/USA in den Pazifik mündet.

Die Höhenlage und Kälteausstrahlung der Eismassen wirken sich spürbar auf das lokale Klima aus. Im Juli beträgt die durchschnittliche Höchsttemperatur am *Parkway* in diesem Bereich nur 15°C. Bei schlechtem Wetter kommen mitten im Sommer durchaus Schneeschauer vor.

Athabasca Glacier

Das Eisfeld selbst liegt verborgen in der Höhe. Nur drei seiner Gletscher (*Athabasca, Dome* und *Stutfield)* sind von der Straße aus zu sehen.

Auf jeden Fall sollte man dem ***Icefield Centre*** des *National Park Service* einen Besuch abstatten. Ausstellungen und ein Film erläutern Geschichte und Geologie der Region und des *Parkway*.

Auch allgemeines Informationsmaterial zu den Nationalparks ist dort erhältlich. Im zweiten Stockwerk des ***Icefields Centre*** verwöhnt das ***Glacier View Inn*** seine Gäste mit tollem Gletscherblick: © 1-877-442-2623, DZ in der Hochsaison ab $209 (32 Zimmer); www.columbiaicefield.com.

Per Ice Explorer auf den Athabasca Glacier, ein zweifelhaftes und zudem exorbitant teures Vergnügen

Icefield Glacier Adventure fährt mit großen Spezialbussen mit mannshohen Reifen (➪ Foto) über die südöstliche Gletschermoräne auf die Gletscherzunge. Erstaunlich viele Besucher lassen sich für stolze $50/$25 auf das wenig plausible »Vergnügen« ein, am Wendepunkt (maximal 3 km von der Straße entfernt), etwas im Eis herumzuspazieren (Juni-August täglich 9-18 Uhr, Mai+Sept 9-17 Uhr, sonst 10-16 Uhr; Abfahrten alle 15-30 min; www.explorerockies.com/columbia-icefield.

Zufahrt

Man gelangt auch **mit dem Auto** zum Parkplatz unterhalb des *Athabasca Glacier* und kann individuell das Eis erreichen. Auf der kurzen Zufahrt verdeutlichen Schilder mit Jahreszahlen den sukzessiven – in den letzten Dekaden rapiden – Rückzug des Eises.

Camping/ Wandern

1 bzw. 2 Kilometer südlich des *Icefield Centre* liegt der *Columbia Icefield Campground* ($16, nur für Zelte) und der ***Wilcox Creek Campground*** ($16). Dort – am höchstgelegenen *Campground* im Nationalpark – beginnt der herrliche ***Wilcox Pass Trail***. Dieser Wanderweg diente Ende des 19. Jahrhunderts der Umgehung des *Athabasca Glacier*, der damals noch über die Trasse des heutigen *Parkway* reichte. Auf den ca. 4 km bis zur Passhöhe (2.375 m) lassen sich ***Athabasca*** und ***Dome Glacier*** besser überblicken als vom Besucherzentrum aus. Von der Höhe ist die Aussicht auf die weißen Wände des *Mount Athabasca* immer noch beeindruckend.

Passhöhe

Mit dem ***Sunwapta Pass*** (2.035 m) erreicht die Straße ihren (nach dem *Bow Summit*) zweithöchsten Punkt und gleichzeitig den *Banff National Park*. Südlich der Passhöhe liegt grandios – unterhalb der Gletscher – das recht rustikale ***Hilda Creek Hostel*** ($25).

3.3.3 Banff National Park

Vom Jasper in den Banff Park

Zunächst führt der *Icefields Parkway* vom *Sunwapta Pass* auf einer langen, grandiosen Abfahrt ins Tal des *North Saskatchewan River*. 5 km südlich der Passhöhe passiert man den Ausgangspunkt des großartigen ***Parker Ridge Trail*** (2,5 km zunächst Serpentinen aufwärts, dann eben). Auf diesem Weg hat man zunächst herrliche Ausblicke auf das Tal mit dem *Icefield Parkway*. Auf der Parker-Kammhöhe liegt dann zur anderen Seite der *Saskatchewan Glacier* im Blickfeld.

Panther Falls

Am Aussichtspunkt über die ***Bridal Veil Falls*** passiert der *Icefields Parkway* rund 2 km vor dem North Saskatchewan River die von der Straße kaum einsehbaren ***Panther Falls***. Versteckt vom unteren Parkplatzende führt ein 1 km langer, stellenweise gischtnasser Weg hinab zu dem mit **183 m vierthöchsten kanadischen Wasserfall**.

Weiter unten befindet sich der ***Rampart Creek Campground***, (50 Stellplätze, $18, ruhige, idyllische Waldlage), nebenan das gleichnamige ***Hostel*** (24 Betten, $25/Bett); Reservierung unter *Banff Hostel*, ➪ Seite 275.

Saskatchewan Crossing

Am Straßendreieck *Icefields Parkway/David Thompson Highway* (Straße #11), der *Saskatchewan River Crossing* genannten Abzweigung nach Nordegg/Red Deer, steht das ***Hotel The Crossing***, ✆ (403) 761-7000, DZ ab $159, www.the crossingresort.com, mit der einzigen Tankstelle zwischen Jasper und Lake Louise.

Die 50 km zwischen *Abraham Lake* und dem *Banff Park* können mit dem Panorama des *Parkway* mithalten. Ein weiterer guter Grund für den Abstecher nach Osten sind ggf. die ***Campgrounds*** nördlich und südlich des ***Abraham Lake***, aber auch dieser vom Tourismus so gut wie unberührte See selbst, ➪ auch Seite 309.

Trail

Eine Kurzwanderung beginnt 6 km südlich *Saskatchewan River Crossing*. Der ***Mistaya Canyon Trail*** (300 m) führt zu einer Kalksteinschlucht, die fast so reizvoll ist wie der *Maligne Canyon*.

Wanderweg im Banff Nat'l Park vom Moraine Lake über den Sentinel Pass ins Larch Valley

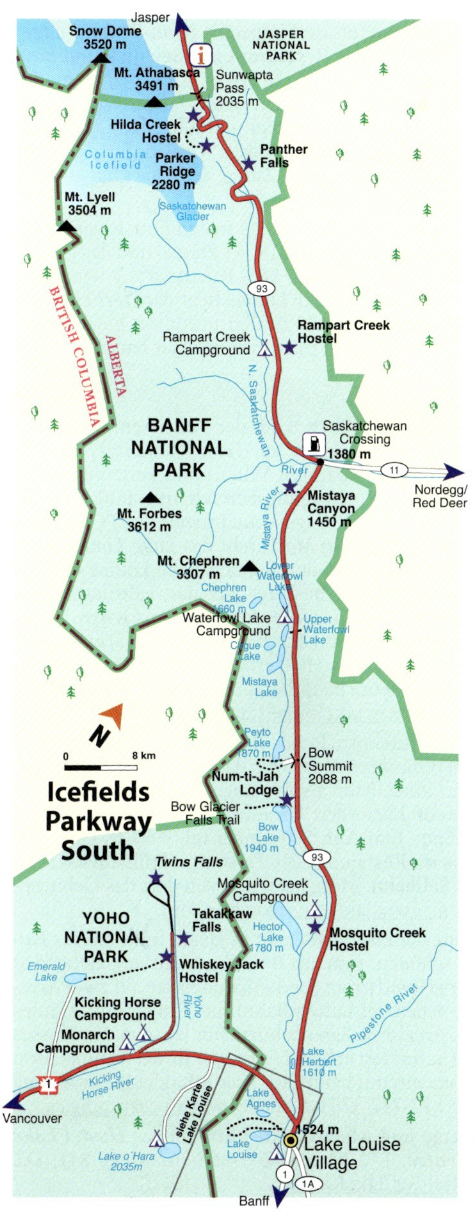

Lower Waterfowl Lake

Hinter dem Westufer des ***Lower Waterfowl Lake*** steigt der ***Mount Chephren*** (3.307 m) majestätisch in die Höhe. Vor dieser eindrucksvollen Kulisse liegt der ***Waterfowl Lake Campground***, besser als *Rampart Creek*, schöne Lage zwischen den Seen, 116 Plätze, $22. Dieser Campingplatz ist gleichzeitig Ausgangspunkt für schöne **Wanderungen** zu den Cirque und Chephren Lakes.

Strecke

Die nächsten 60 km sind neben der Auffahrt/Abfahrt zum/vom *Sunwapta Pass* der **attraktivste Abschnitt** des *Icefields Parkway*. Ein ganze Reihe von Seen begleiten vor der **Gebirgs- und Gletscherkulisse** die Straße. Ungemein reizvoll ist die immer wieder andere türkis-blaue Färbung dieser Seen.

Die Farbnuancen werden durch die Art der aus den Gletschern stammenden Sedimente und die wechselnde Sättigung des Wassers mit Mineralien verursacht.

Passhöhe

Am ***Bow Summit***, dem mit 2.088 m höchsten Punkt des *Parkway*, zweigt eine kurze Stichstraße ab – ein »Muss« für Fotografen. Auf Wanderwegen (1 km ab unterem, kurz ab oberen Parkplatz) kann man dort Ende Juli bis Anfang August durch blühende Wiesen zum ***Peyto Lake Viewpoint*** laufen.

Abwärts folgt die Straße dem unterhalb des *Bow Summit* entspringenden *Bow River* und passiert den ***Bow Lake***.

Bow Glacier Falls Trail

Am Nordende des Sees bietet die ***Simpson`s Num-Ti-Jah Lodge***, © (403) 522-2167, 25 Zimmer, **Restaurant mit Seeblick** und *Bow Glacier* im Hintergrund, DZ ab $200; www.num-ti-jah.com. Ab Parkplatz folgt ein 4,6 km (155 Höhenmeter) langer **Weg zu den *Bow Glacier Falls*** zunächst dem Seeufer und führt dann über eine Schlucht steil aufwärts. Er endet an den Wasserfällen, die aus dem See vor der – nicht sichtbaren – Zunge des *Bow Glacier* über einen 150 m hohen Abbruch stürzen.

Hostel

An der Einmündung des *Mosquito Creek* in den *Bow River* liegen der ***Mosquito Creek Campground*** ($18, 32 Plätze) und das gleichnamige ***Hostel*** (34 Betten, $25, DZ $63) Reservierung wie ***Banff Hostel***, ➪ Seite 275. 6 km vor Lake Louise liegt der ***Herbert Lake*** mit **Picknickplatz**. Im Gegensatz zu den eiskalten gletschergespeisten Seen weiter oben kann man in ihm sogar baden.

Lake Louise

Lake Louise Village

Nördlich von **Lake Louise**, neben Banff der Touristenmagnet des Parks, endet der *Icefields Parkway* am *Trans Canada Hwy*. Der Ort besteht aus mehreren separaten Villen- und Ferienhausvierteln und einem kleinen **Versorgungsbereich** mit Einkaufszentrum am *Lake Louise Drive/Village Road* unweit der TCH-Autobahn. Gleich neben der ***Samson Mall*** steht das ***Lake Louise Visitor Centre***. Zur Übersicht über den Bereich Lake Louise und für Wanderungen gibt es nichts besseres als das Faltblatt ***»Day Hiking Lake Louise, Castle Junction, Icefields Parkway«.*** Westlich der Bahnschienen stößt man auf die ***Lake Louise Station***, 200 Sentinel Road. Der stillgelegte, 1910 erbaute Bahnhof ist das älteste Gebäude der Stadt. Heute beherbergt das eindrucksvolle Holzhaus ein Restaurant; www.lakelouisestation.com.

Seilbahn

Jenseits des TCH (Whitehorn Road, *Bow Valley Parkway* #1A) liegt unterhalb des *Whitehorn Mountain* das bekannteste Skigebiet Albertas, dem eine Gondelbahn als Zubringer dient. Sie ist auch im Sommer in Betrieb und befördert Urlauber für $29/$15 zum Aussichtsrestaurant (Ende Juni-Anf. September tgl. 9.30-16 Uhr). Für **$31** bzw. **$36** gibt's im Restaurant der Talstation **Frühstücks-** bzw. **Lunchbuffet inkl. Seilbahn**. Morgens wirkt von dort das Gebirgspanorama am besten; www.lakelouisegondola.com.

Camping

Nach Unterquerung der Eisenbahn geht es gleich links auf der ***Fairview Road*** zum schönen, sich am Bow River entlang ziehenden ***Lake Louise Campground*** (trotz der 395! Stellplätze auf zwei Arealen), ***leider*** direkt neben der lauten Bahnlinie. Ein separates, ruhigeres und riesiges Areal mit Bärenschutzzaun jenseits des Flusses ist für's Camping reserviert (ohne *Hook-up*). In der Hauptsaison bekommt man trotzdem nur bei früher Ankunft oder Reservierung ein Plätzchen: © 1-877-737-3783, $28-$33, www.pccamping.ca.

Hostel

Eine prima **Herberge und Alpenvereinshütte** ist das ***Hostel Lake Louise Alpine Centre***, 170 Betten; © 1-866-762-4122; $41, DZ $113, www.hihostels.ca/lakelouise.

Vom Ort zum See Lake Louise

Zwei **Wanderwege** verbinden Ort und See *Lake Louise*. Der *Louise Creek Trail* (knapp 3 km) führt am gleichnamigen Bach entlang; der längere *Tramline Trail* (5 km) folgt einer ehemaligen Schmalspurbahn-Trasse. Per Auto sind es zum Ziel auch 5 km.

Der meistbesuchte Bergsee der Welt

Die Zufahrt zum *Lake Louise* endet vor dem Nobelhotel ***The Fairmont Chateau Lake Louise*** (554 Zi, © 1-800-257-7544, DZ ab $280; www.fairmont.com/lakelouise) bzw. auf einem Mammutparkplatz, von dem unerhörte Besuchermassen tagtäglich in die Parkanlage zwischen Hotel und See strömen. Das Gros der Touristen genießt das Panorama und besucht vielleicht noch das architektonisch 1913-25 eher fantasielos gestaltete zehnstöckige *Chateau* mit seinen Terrassen, Restaurants und Souvenirshops. Das Hotel ist auch von innen bei weitem nicht so eindrucksvoll wie das *Banff Springs Hotel*, ➪ Seite 278.

Reiten

Ausritte in Lake Louise beginnen neben dem *Chateau*, z.T. auf eigens ausgewiesenen Reitwegen, teilweise auf belebten Wanderwegen. Immer begleitet ein schönes Panorama die Reiter; der Andrang ist daher groß: ***Brewster Stables***, © 1-800-691-5085; 2 Stunden *Lake Louise* $90, 4 Stunden *Lake Agnes* $150, 5 Stunden *Plain of Six Glaciers* $185; www.brewsterlakelouisestables.com.

Lake Agnes Teahouse hoch über dem Lake Louise. Wie der Name sagt: Hier gibt es diverse Teesorten, Kaffee und Tütensnacks, aber keinen Alkohol

Abseits der Massen

Wer nicht am frühen Vormittag vor Ankunft der Busse oder erst am späten Nachmittag eintrifft, wird den Lake Louise als zu touristisch empfinden. Eine »Flucht« gelingt aber leicht per **Kanu** ($45/Stunde!) oder noch besser per pedes. Mehrere *Trails* beidseitig des Sees laden zu **Wanderungen** ein:

Trails

- Der gut ausgebaute ***Lake Agnes Trail*** (3,4 km) windet sich in langen, aber nicht allzu steilen Kehren hinauf zum 380 m über dem *Lake Louise* gelegenen *Lake Agnes*. Am See wartet ein kleines ***Tea House*** mit Terrasse (Snacks, Tee und Kaffee, aber kein Alkohol; Anfang Juni-Anfang September täglich 9-18, bis Mitte Oktober 10-17.30 Uhr) – ein herrlicher Rastplatz nach dem Aufstieg. Man kann den Weg auch fortsetzen um den *Agnes Lake*

herum zum fantastischen Aussichtspunkt auf dem ***Big Beehive*** (+1,6 km, +150 Höhenmeter) oder entgegengesetzt zum ***Little Beehive*** (+1,0 km, +120 HM) mit einem ebenso guten Weitblick.

- Der ***Plain of Six Glaciers Trail*** zählt zu den besten Wanderwegen im Nationalpark. Er läuft zunächst am Nordwestufer des Sees entlang und endet an einem Aussichtspunkt über der »Ebene der sechs Gletscher«. Bis zum Ziel sind es 6,5 km. Auch an diesem Weg liegt einen guten Kilometer vor dem Ende ein *Tea House* (Öffnungszeiten Anfang Juni-Mitte Oktober täglich 9-18 Uhr). Über ***Highline Trail***, ***Big Beehive*** und Lake Agnes vermeidet man das doppelte Ablaufen der Strecke bei nur geringfügig verlängerter Wegstrecke (insgesamt 17 km) und entgeht unterwegs dem »Volkswandertagsrummel« auf den *Trails* zu den Teehäusern.

- 4,5 km lang ist der schöne, weniger überlaufeneWanderweg auf den ***Fairview Mountain*** (2.745 m). Von dessen Gipfel blickt man 1.000 m hinab zum *Lake Louise* und hinüber zu den Gletschern am *Mount Victoria* mit dem *Plain of Six Glaciers Trail.*

- Der **Lake Annette** liegt direkt unterhalb der steilen, eisbedeckten Nordflanke des *Mount Temple* im *Paradise Valley*. »Paradiesisch« ist im oberen Tal sowohl das Panorama als auch die erstaunliche Einsamkeit, obwohl man – knapp westlich des Lake Annette – die Aussichtskanzel am höchsten Wegpunkt (ca. 2.100 m) von der Moraine Lake Road nach nur 6,5 km und 380 Höhenmetern erreicht.

Idylle am Moraine Lake

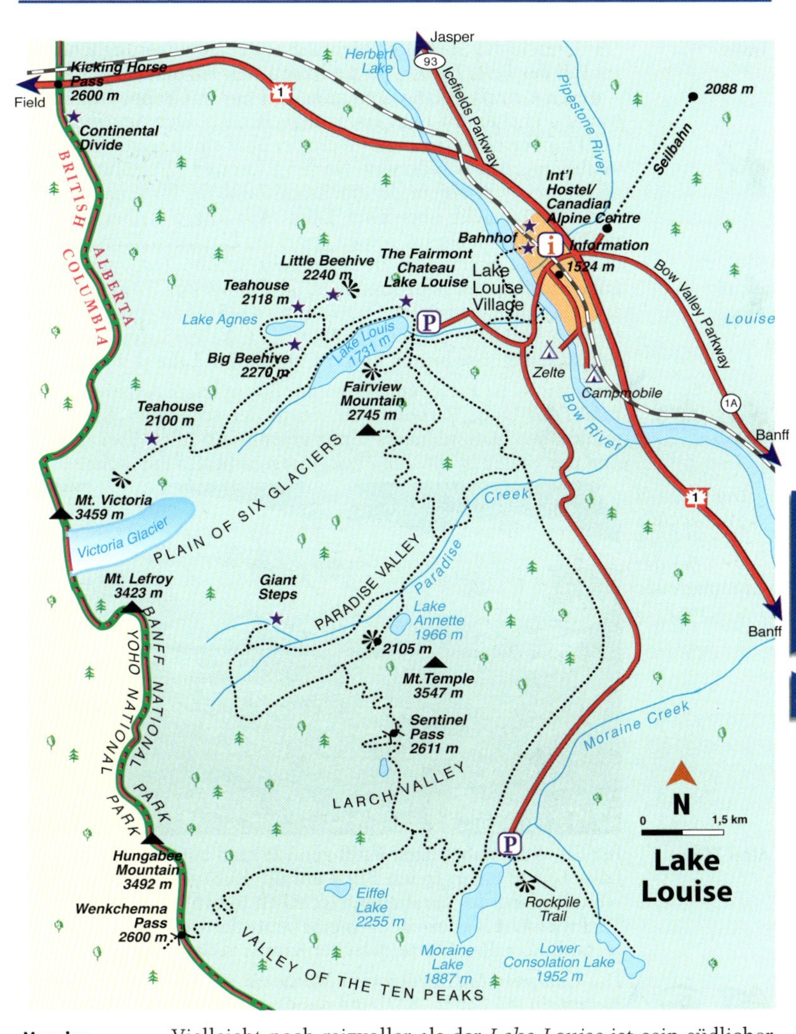

Moraine Lake

Vielleicht noch reizvoller als der *Lake Louise* ist sein südlicher Nachbar, der ***Moraine Lake*** (14 km entfernt und 150 m höher), vor einer ebenfalls prächtigen Kulisse. Dank der sehr gut ausgebauten Zufahrt und der jüngst erweiterten Infrastruktur am Seeufer wird es dort im Sommer ähnlich voll wie am *Lake Louise*. Ab 10 Uhr ist der Parkplatz an der noblen ***Moraine Lake Lodge***, © 1-877-522-2777, DZ ab $449, regelmäßig überfüllt. Kanuverleih ab $40/Stunde!; www.morainelake.com.

Trails

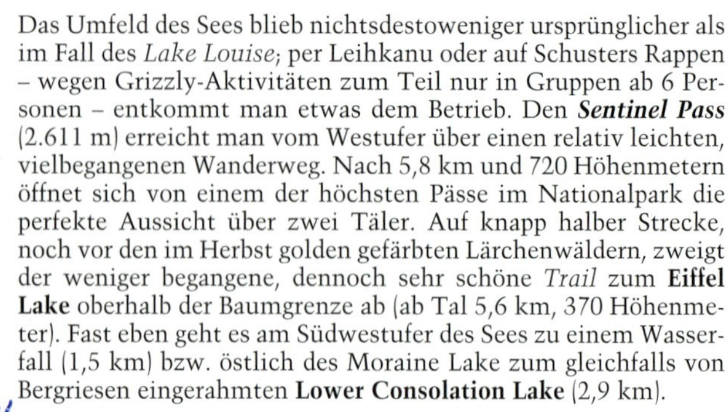

Das Umfeld des Sees blieb nichtsdestoweniger ursprünglicher als im Fall des *Lake Louise*; per Leihkanu oder auf Schusters Rappen – wegen Grizzly-Aktivitäten zum Teil nur in Gruppen ab 6 Personen – entkommt man etwas dem Betrieb. Den ***Sentinel Pass*** (2.611 m) erreicht man vom Westufer über einen relativ leichten, vielbegangenen Wanderweg. Nach 5,8 km und 720 Höhenmetern öffnet sich von einem der höchsten Pässe im Nationalpark die perfekte Aussicht über zwei Täler. Auf knapp halber Strecke, noch vor den im Herbst golden gefärbten Lärchenwäldern, zweigt der weniger begangene, dennoch sehr schöne *Trail* zum **Eiffel Lake** oberhalb der Baumgrenze ab (ab Tal 5,6 km, 370 Höhenmeter). Fast eben geht es am Südwestufer des Sees zu einem Wasserfall (1,5 km) bzw. östlich des Moraine Lake zum gleichfalls von Bergriesen eingerahmten **Lower Consolation Lake** (2,9 km).

Ein »Muss« ist auf jeden Fall der nur 500 m kurze Aufstieg (***Rockpile Trail***) vom Parkplatz zu einem der schönsten Aussichtspunkte des Nationalparks – mit grandiosem Blick über den See und das *Valley of the Ten Peak* (morgens bestes Fotolicht).

Der Plain of Six Glaciers Trail hoch über der Baumgrenze *(⇨ Seite 272)*

Alter TCH

Bei der Weiterfahrt nach Banff genießt man auf der Autobahn ab Lake Louise einen freien Blick auf die Rocky-Mountain-Gipfelwelt. Entlang des parallelen, eigentlich reizvolleren ***Bow Valley Parkway #1A*** (»alter« *TCH*) bleibt heute das weite Bergpanorama meist hinter dem Blätterdach der Bäume verborgen.

Die ***Campgrounds Protection Mountain*** (89 Plätze, $22), ***Castle Mountain*** (43 Plätze, $22) und das ***Castle Mountain Hostel*** ($25, 28 Bettten, Reservierung, ⇨ rechts *Banff*) liegen am Wege.

Johnston Canyon

25 km nordwestlich von Banff passiert der *Bow Valley Parkway* den Eingang zum ***Johnston Canyon***. Ein kurzer Marsch auf dem gleichnamigen ***Trail*** führt zu den ***Lower Falls***. 2 km weiter erreicht man die oberen Wasserfälle und nach insgesamt 6 km die ***Ink Pots***, sieben, teils türkisfarbene Quellen; eine tolle Wanderung. Der populäre ***Johnstone Canyon Campground*** ($28, 132 Plätze) in schöner Lage ist schnell belegt; wegen Bahnnähe auch nachts laut.

Banff

Kennzeichnung

Mit 3,3 Millionen Besuchern im Jahr ist *Banff* der beliebteste der kanadischen Nationalparks. Zur **Ferienzeit** und an **Schönwetter - wochenenden** herrscht vor allem im Ort Banff und dessen Umgebung und im benachbarten Lake Louise **Hochbetrieb**.

Banff, Lage und Geschichte

Das hübsche Städtchen Banff (7.600 Einw.) ist das attraktive, aber überlaufene Zentrum des Nationalparks. Es liegt 130 km westlich von Calgary abseits der TCH-Autobahn mit Zentrum am ***Bow River*** zwischen ***Tunnel*** und ***Sulphur Mountain***. Banffs Entwicklung begann mit der Entdeckung heißer Quellen im späten 19. Jahrhundert.

Um die ***Cave and Basin Hot Springs*** war schon 1885 der erste Nationalpark Canadas eingerichtet worden; später wurden auch noch die ***Upper Hot Springs*** zum wichtigsten Anziehungspunkt. Im Laufe der Jahre traten die Aspekte »Erholung in freier Natur« und »Skisport« mehr in den Vordergrund. Ausschließlich die Nationalpark-Administration sorgte dabei für den Lauf der Dinge in Banff. Das Unikum einer Stadt in Alberta, deren Geschicke weitgehend durch Verwaltungsakte der Bundesregierung im fernen Ottawa bestimmt wurden, endete erst 1990 mit der Wahl eines Bürgermeisters und Etablierung einer Selbstverwaltung.

Information

Alle Besucher, gleich aus welcher Richtung sie kommen, landen unweigerlich auf der ***Banff Ave***. Auf der Flaniermeile südlich der Moose Street befindet sich das gemeinsame ***Information Centre*** des *National Park Service* und der Stadt (224 Banff Ave, täglich Mitte Juni bis Anfang September 8-20 Uhr, sonst ab 9 Uhr; © 403-762-1550; tagsüber Parkprobleme!).

Neben Stadtplan, Nationalparkzeitung (➪ Jasper) und lokaler Werbung erhält man dort auch das Faltblatt ***»Day Hikes in the Banff Area«*** mit Erläuterungen zu den wichtigsten Wanderungen in und um Banff. Abends werden im *Information Centre* während der Hochsaison Filme gezeigt.

Internet

www.pc.gc.ca/banff (Nationalpark) und
www.banfflakelouise.com (*Website* von Banff und Lake Louise).

Unterkunft

Preiswerte Quartiere bieten

- ***Int'l Hostel Banff Alpine Centre***, 801 Hidden Ridge Way, Bett $43, DZ $115, 221 Betten, © 1-866-762-4122; www.hihostels.ca/banff
- ***Banff Mountain Lodge YWCA*** (160 Betten), 102 Spray Ave, © 1-800-813-4138, $33, DZ $71, www.ymountainlodge.com

- ***Alpine Club of Canada***; er besitzt in Canmore, 201 Indian Flats Road, Abzweig vom *Highway* #1A, 20 km südöstlich Banff, in Kooperation mit *Hostelling International* ein *Clubhouse* mit günstigen Übernachtungstarifen: $25, 47 Betten, © (403) 678-3200 oder © 1-866-762-4122. Der Verein betreut auch unbewirtschaftete Berghütten; www.alpineclubofcanada.ca.

- Zu den komfortableren Unterkünften zählen u.a. im (für Banff) mittleren Preisbereich ***The Banff Voyager Inn***, 555 Banff Ave, ✆ 1-800-879-1991, DZ ab $129; www.banffvoyagerinn.com.

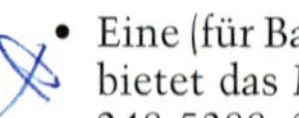

- Eine (für Banff) preiswerte Unterkunft im Ortskern (DZ ab $99) bietet das Motel ***The Driftwood Inn***, 337 Banff Ave, ✆ 1-866-248-5388, 34 Zimmer, www.drifwoodinnbanff.com.

Camping

Über eine enorme Kapazität verfügen die 3 beieinanderliegenden ***Tunnel Mountain Campgrounds*** (*Village I*: 618 Plätze ohne Service, $28; *Village II*: 222 Plätze, *Full Hook-up*, ab $28; *Trailer*: 115 Plätze für lange Camper, *Full Hook-up*, $39) des Nationalparks an der Tunnel Mt Rd 3 km vom Zentrum entfernt; www.pccamping.ca.

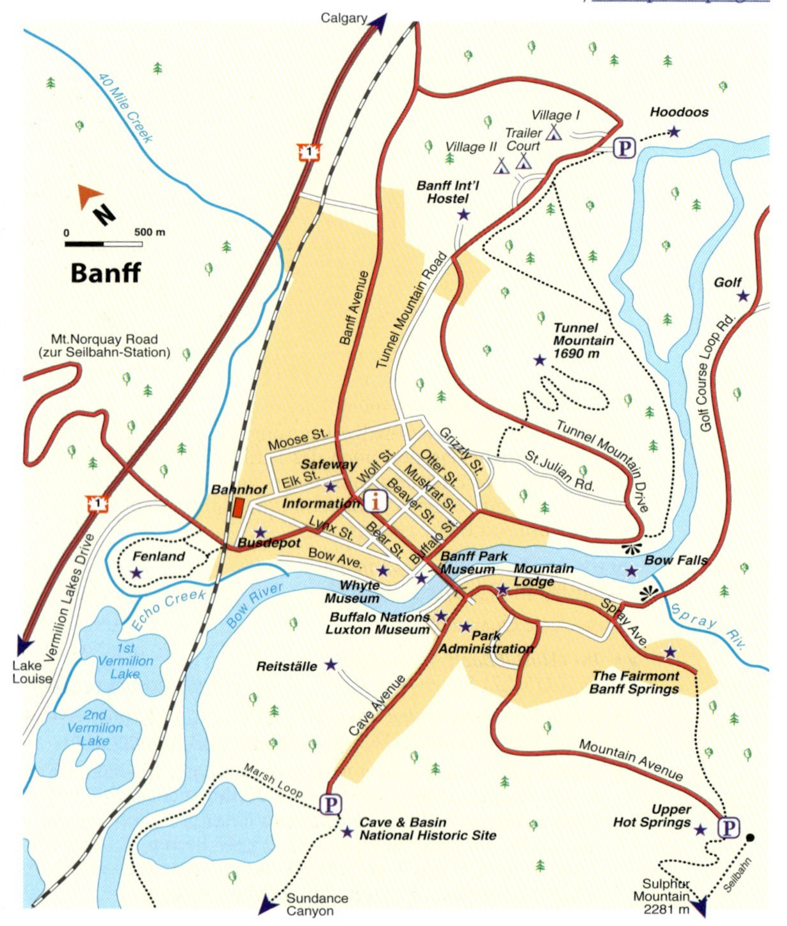

Banff um 1913

Camping außerhalb

Die Anfahrt zum Einchecken zu diesen – trotz ihrer Größe – insgesamt nicht schlechten und sanitär guten Plätzen erfolgt am besten über den östlichen *Banff-Exit* des TCH. Die Alternativen

- ***Two Jack Main*** (74 Plätze, $22) und ***Two Jack Lakesiden*** (64 Plätze $28) befinden sich jenseits des TCH in 12 km Entfernung zur Stadt. Beide liegen ruhig in schöner Umgebung. Insbesondere *Lakeside* ist empfehlenswert. *Elks* (Hirsche) gehören dort zu den häufigen Besuchern. Man könnte auch zum
- ***Johnston Canyon Campground*** (➪ Seite 274 unten) fahren, der sich ebenfalls durch schöne Lage auszeichnet. Alle diese Anlagen verfügen über guten sanitären Standard (bis auf *Two Jack Main* jeweils mit Duschen). Privat betriebene Campingplätze mit *Hook-up* gibt es erst in Canmore außerhalb des Parks.

Preise

Hotelbetten sind in Banff während der Hauptsaison sommers wie winters **extrem teuer**. Das generelle **Preisniveau** dort gehört **zu den höchsten** im ohnehin nicht billigen **Canada**. Selbstversorger halten ihre Ausgaben in Grenzen, wenn sie bei ***Safeway*** in der 318 Marten Street (bei der Elk Street), einkaufen (*Safeway*-Preise in Banff wie in Calgary, Tipp: Kundenkarte, ➪ Seite 124; www.safeway.ca).

Satt werden kann man in der ***Old Spaghetti Factory***, *Cascade Plaza Mall*, 317 Banff Ave, die All-inclusive-Menüs bieten ein gutes Preis-Leistungsverhältnis; www.oldspaghettifactory.ca.

Übersicht

Auch wer nicht zum Zweck des Campens zu den *Tunnel Mountain Campgrounds* fährt, könnte als »Einstieg« noch vor dem Besuch der Stadt Banff die ***Tunnel Mountain Road*** von Osten her abfahren (östliche TCH-Ausfahrt Banff, dann nach 500 m links) und ein wenig Zeit mitbringen. Von dieser Straße und vom anschließenden Tunnel Mountain Drive überblickt man Lage und Umgebung der Stadt und passiert die ***Trailheads*** für zwei lohnenswerte Wanderungen:

Kurztrails

Der erste Ausgangspunkt liegt gegenüber der Einfahrt zum Campingplatz ***Tunnel Mountain Village I***, etwa 3 km vom TCH entfernt. Ein kurzer Weg führt zu ***Hoodoos***, Sandskulpturen im *Bow River Valley*. Ein weiterer Pfad läuft ab *Tunnel Mountain Trailer Court* auf der Ostseite um den *Tunnel Mountain* herum zum ***Bow Falls Overlook*** am *Tunnel Mountain Drive* (ca. 4 km).

Nach Passieren der *Campgrounds* und des *Banff Int`l Hostel* (*HI*) geht es entweder geradeaus direkt hinunter in die Stadt oder nach links in den *Tunnel Mountain Drive*. Nach ca. 1 km wird die Straße vom ***Tunnel Mountain Trail*** gekreuzt, der an der *St. Julien Road* weiter unten seinen Ausgang nimmt. Der beste Abschnitt des *Trail* (2 km insgsamt) beginnt aber am Parkplatz des *Tunnel Mountain Drive*. Vom Gipfel, 260 m über der Stadt, hat man einen tollen Rundumblick. Die Bezeichnung *Tunnel Mountain* für einen Berg, an dem kein Tunnel zu entdecken ist, verwundert. Sie geht auf frühere nicht realisierte Pläne für einen Eisenbahntunnel zurück.

The Fairmont Banff Springs

Vom stets überfüllten Parkplatz am ***Bow Falls Overlook*** an der letzten Kehre der Straße überblickt man außer den wenig spektakulären Wasserfällen des *Bow River* vor allem die »Schokoladenseite« des schloßartigen ***The Fairmont Banff Springs*** sowie dessen beneidenswert gelegenen Golfplatz., ➪ Foto unten.

Museen

Über die Buffalo Street steuert man vor der ***Bow River Bridge*** auf die Banff Ave und damit ins Zentrum der Stadt. Am Ufer diesseits des Flusses liegt (gegenüber dem **Postamt**) das ***Banff Park Museum*** (91 Banff Ave; Mitte Mai bis September, täglich 10-18 Uhr, sonst 13-17 Uhr, $4; www.pc.gc.ca/banffparkmuseum) zu Flora und Fauna des Parks, am anderen Ufer das Palisadenfort des ***Buffalo Nations Luxton Museum*** (1 Birch Ave; Mai bis Sept, täglich 10-18, sonst 11-17 Uhr, $10; www.buffalonationsmuseum.com), das indianische Kunst und Kultur thematisiert. Lebensgroße Szenen demonstrieren das Leben der Indianer vor Ankunft des weißen Mannes.

Jenseits des Bow River

Die *Bow River Bridge* muss auch überqueren, wer zu den Mineralbädern, zum ***The Fairmont Banff Springs*** und auf den ***Sulphur Mountain*** möchte.

Das Banff Springs Hotel vor einer grandiosen Kulisse mit Golfplatz

Upper Hot Springs Pool beim Sulphur Mountain

Cascade Gardens

Von der Brücke fällt der Blick auf das *Park Administration Building* (101 Mountain Avenue). Das eindrucksvolle Mitte der 1930er-Jahre errichtete Gebäude wird umgeben von den ***Cascades of Time Garden***. Von dort hat man einen schönen Blick auf die Banff Ave und den mächtigen Cascade Mountain.

Cave & Basin NHS

Die ***Cave & Basin Hot Springs*** befinden sich am Ende der Cave Ave #311, ca. 2 km von der Brücke entfernt. Im ***Cave & Basin National Historic Site*** lassen sich heiße Quellen besichtigen. Zudem liegt hier der ***Birthplace of Canada's National Parks***, sodass sich einiges zur Geschichte des Nationalpark-Systems lernen lässt, Juli-Anfang September täglich 10-17 Uhr, sonst Mo geschlossen, $4; www.pc.gc.ca/cave.

Marsh Loop

An die alte Anlage grenzt ein Sumpf- und Naturschutzgebiet, das vom ***Marsh Loop Trail*** umrundet wird (2,7 km). Zur Tierbeobachtung (viele Vogelarten) dient eine Plattform unweit des Pools.

Sundance Canyon

Anfangs identisch mit dem *Marsh Loop Trail* folgt der ***Sundance Trail*** zunächst einer für Autos gesperrten Straße und dann einem breiten Weg bis zu einem Picknickplatz (4 km). Er eignet sich daher am besten für eine Radtour – mehrere *Bike-Rentals* befinden sich im Ort. Erst dahinter beginnt der eigentlich reizvolle Teil des Weges: der *Loop Trail* (2 km, keine Fahrräder) durch und um den ***Sundance Canyon***.

Hot Pools

Ganzjährig geöffnet (Mitte Mai-Mitte Oktober täglich 9-23 Uhr, sonst täglich 10-22 Uhr; $8) ist der große *Open-air-Pool* der ***Upper Hot Springs*** (39°C): von der *Bow River Bridge* nach links, dann Mountain Ave bis zum abschließenden Parkplatz zwischen Badeanlage und *Sulphur Mountain* Seilbahn; www.pc.gc.ca/hot springs. Wer seine Badehose vergessen hat, kann ein nostalgisches Bade - kostüm leihen. Besonders **am Abend** bei klarem Himmel, wenn der Betrieb nachgelassen hat, sind diese im Stil der 1930er-Jahre erhaltenen *Hot Springs* empfehlenswert.

Seilbahn

Die ***Banff Gondola*** (Ende April-Anfang September täglich 8-21 Uhr, $35/$17, www.explorerockies.com/banff-gondola) befördert seine Fahrgäste vom Ende der Mountain Ave zur Bergstation des Sulphur Mountain in 2.281 m Höhe. Die sagenhafte Rundumsicht sollte man sich nicht entgehen lassen. Leute mit Kondition machen den Aufstieg über 655 m Höhenunterschied zu Fuß (5,5 km).

Von der Bergstation führt ein weitgehend ebener **Panoramaweg** (ca. 1 km) zum *Sulphur Mountain Weather Observatory* auf dem benachbarten *Sanson`s Peak*.

Banff Springs Hotel

Oft ist der Platz an der Straße vorm ***Fairmont Banff Springs*** knapp und der hauseigene Parkplatz voll. Speziell mit Campmobilen parkt man besser bei den *Bow River Falls*.

Das nostalgische Luxushotel wirkt von der Straße aus bei weitem nicht so eindrucksvoll wie vom gegenüberliegenden Aussichtspunkt (⇨ Foto Seite 278), aber das »Innenleben« muss man gesehen haben. Die Edelherberge wurde 1888 von der *Canadian Pacific Railway Company* errichtet, bis 1928 ausgebaut und war lange Zeit das beste Hotel in Westkanada, DZ ab $299.

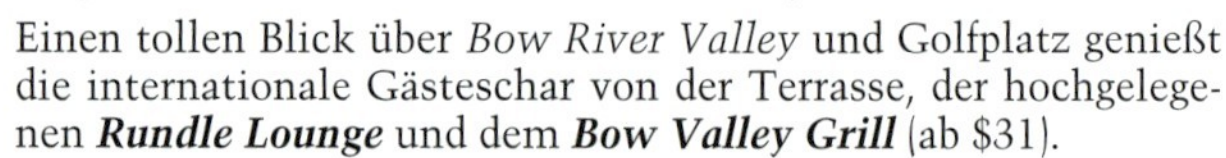

Einen tollen Blick über *Bow River Valley* und Golfplatz genießt die internationale Gästeschar von der Terrasse, der hochgelegenen ***Rundle Lounge*** und dem ***Bow Valley Grill*** (ab $31).

Die Zimmerpreise beginnen in der Hochsaison bei $459 (DZ); www.fairmont.com/banffsprings.

Brücke über den Bow River in Banff Townsite vor dem Panorama des Mount Norquay (Blick vom Cascades of Time Garden)

Nordöstlich von Banff (jenseits des TCH) führt die ***Minnewanka Loop Road*** über Bankhead, den Staudamm des Lake Minnewanka und Two Jack Lake.

Bankhead Trail

Ganz interessant ist dabei unterwegs der Aufstieg zur ehemaligen **Kohlenmine *Bankhead***. *Parks Canada* hat zwar die Mine und damit verbundene Gebäude bis 1928 geschleift, aber ein paar Ruinen und verbarrikadierte Gruben sind noch da. Von der alten Abraumhalde überschaut man die tief unten liegenden Seen.

Wer einigermaßen gut zu Fuß ist, läuft den ***C-Level Cirque Trail*** (3,9 km) bergauf. Bequemer ist der 1,1 km lange ***Bankhead Interpretive Loop Trail*** (vom TCH kommend erster *Trailhead* rechts, *Lower Bankhead*).

Als Haussee von Banff (14 km vom Ort entfernt) gilt der hübsch gelegene, aber nicht sonderlich spektakuläre Lake Minnewanka (24 km lang). Am Staudamm des einzigen Sees im Nationalpark mit Motorbootverkehr (dort auch Motorbootverleih) starten **Ausflugsboote** (*Banff Lake Cruise*) zu einstündigen Touren bis zur Schlucht ***Devil's Gap*** am Übergang der Rocky Mountains ins flache Vorgebirge; Mai-Mitte September täglich 10-18 Uhr, bis Anfang Oktober noch 12-17 Uhr, jeweils zur vollen Stunde, $46/$21; www.explorerockies.com/minnewanka.

Bike Trails/ Reiten

Banff besitzt ein ausgezeichnetes Netz an markierten ***Mountain Bike Trails*** mit einfachen Wegen für Anfänger entlang der Täler und anspruchsvollen Pfaden in die Berge, Radverleih bei *Banff Adventures Unlimited*, 211 Bear Street, ✆ (403) 762-4554, ✆ 1-800-644-8888; Tarife ab $42/Tag; www.banffadventures.com.

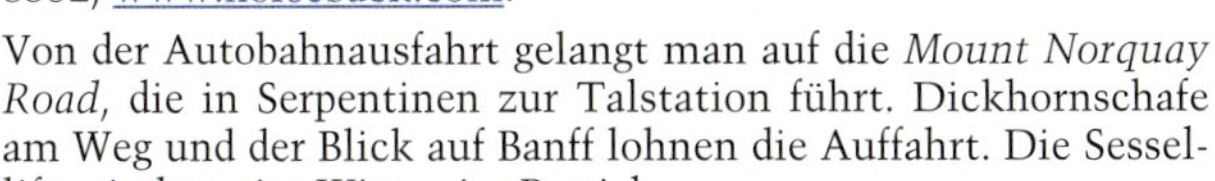

Ausritte in die Umgebung bietet u.a. ***Warner Guiding & Outfitting*** an, Anfahrt auf der Cave Ave; 5 Stunden/$171, ✆ 1-800-661-8352; www.horseback.com.

Norquay Road

Von der Autobahnausfahrt gelangt man auf die *Mount Norquay Road*, die in Serpentinen zur Talstation führt. Dickhornschafe am Weg und der Blick auf Banff lohnen die Auffahrt. Die Sessellifte sind nur im Winter im Betrieb.

Sunshine Valley Meadows

Auch die ***Sunshine Village Gondola*** am Ende der *Sunshine Road* (Abzweigung vom TCH 8 km westlich von Banff) ist während der Sommermonate eingestellt. Ein *Shuttle Bus* ($27 pro Person; Kinder $16; ✆ 403-762-7889, www.sunshinemeadowsbanff.com) fährt dann täglich 6 km hinauf ins »Sonnenscheindorf« in immerhin 2.160 m Höhe. Täglich Mitte Ende Juni-Anfang Oktober ab 8 Uhr im Stundentakt, Rückfahrt 15 min später.

Oben warten Wanderwege in einer wunderschönen, von Blumen und wilden Erdbeeren übersäten alpinen Hochebene. Empfehlenswert und in 3-4 Stunden (ohne Pausen) leicht zu bewältigen ist die 9 km lange Kombination aus ***Rock Isle Trail*** und ***Grizzly Lake-Larix Lake Loop***.

Eine Leserin schrieb begeistert: **»Das Paradies auf Erden!«**

3.4 Calgary

Die Öl- und Gasmetropole Albertas in den westlichen Ausläufern der kanadischen Prärien ist gleichzeitig **touristische Hauptstadt** der Provinz. Wegen ihrer Nähe zu den Rocky Mountains eignet sich Calgary fast ebensogut wie Vancouver als Ausgangspunkt für Reisen durch Alberta und British Columbia. Für Abstecher in die USA (*Yellowstone Park*!) liegt Calgary sogar noch etwas besser. Automieter und eifrige Shopper sparen bei Start in Calgary gegenüber Vancouver 7% *Provincial Sales Tax*, da Alberta (aufgrund des Ölreichtums) keine Umsatzsteuern erhebt.

3.4.1 Klima und Geschichte

Klima

Die Prärien erfreuen sich eines trockenen, sonnig-warmen Sommerwetters. Im Sommer herrschen Westwinde vor, aber Wolken vom Pazifik regnen überwiegend in den *Coast* und *Rocky Mountains* ab. Regenperioden sind daher von Juli bis September in Calgary nicht häufig. Bisweilen kommt es zu kräftigen Gewitterschauern. Der Juni kann dagegen ziemlich wechselhaft ausfallen. Im übrigen gelten die Ausführungen zum Klima der Provinz Alberta auf Seite 575.

Geschichte

Traditionell siedelten ***Blackfoot* Indianer** im Gebiet des südlichen Alberta und des heutigen US-Staates Montana. Erst in der zweiten Hälfte des 19. Jahrhunderts kamen Weiße in nennenswerter Zahl in diesen Teil Canadas (➪ Geschichte Albertas auf Seite 574). Als Whiskyschmuggler aus den USA die »kanadischen« Indianer mit Alkohol versorgten, schickte die Zentralregierung Einheiten der ***North West Mounted Police***.

1875 errichtete diese Polizeitruppe am Zusammenfluss von Bow und Elbow River ein Fort, was eine Art Signalwirkung für den Zustrom weiterer Siedler hatte.

Viehzucht

Aber erst als die Bautrupps der kanadischen transkontinentalen Eisenbahn 1883 Alberta erreichten, begann der eigentliche Aufstieg. ***Fort Calgary***, inmitten reichen Weidelandes gelegen, entwickelte sich zum Zentrum der wichtigsten Viehzuchtregion Canadas, und aus der einstigen reinen ***Cowboy Town*** rund um das Fort wurde rasch eine Stadt.

Stampede

1912, als die Rinderzucht Hauptwirtschaftsfaktor war und das Cowboyleben noch eine wichtige Rolle spielte, fand erstmalig die ***Calgary Stampede*** statt. Das seither alljährlich im Juli abgehaltene Rodeo entwickelte sich zur gerne so genannten ***Greatest Outdoor Show on Earth*** und begründete den Ruf Calgarys als attraktives touristisches Ziel.

Öl

Das moderne Industriezeitalter hielt 1914 in Turner Valley, gut 50 km südwestlich von Calgary, Einzug: die ***Dingman #1 Oil Well***, heute als Nachbau im *Heritage Park* zu besichtigen, förderte damals – vor noch nicht einmal 100 Jahren – das erste Öl.

Ölmetropole

Der Bau einer ersten Raffinerie ließ aber noch bis 1923 auf sich warten, danach war kaum ein Halten mehr: Calgarys Ölindustrie sorgte für einen anhaltenden Boom bis zu den Ölkrisen der 1970er-Jahre. Seither folgt die Wirtschaftsentwicklung der Stadt dem Auf und Ab des internationalen Ölpreises. Aber selbst in sogenannten »schlechten« Jahren bringt das Öl- und Gasgeschäft Calgary weit mehr ein als Weizen und Steaks.

Calgary heute

Die Prosperität der 1980er-Jahre bis heute verhalf Calgary zu einem starken Bevölkerungsanstieg auf heute **1.150.000 Einwohner**, **im Großraum 1.350.000 Einwohner** und – damit einhergehend – einer von Glas und Beton geprägten Hochhaussilhouette. Die **Olympischen Winterspiele von 1988** brachten der Stadt einen weiteren Bauboom. Calgary übertrifft die Provinzhauptstadt Albertas, Edmonton, nicht nur wirtschaftlich, sondern strahlt auch durch das von zahlreichen Hochhäusern geprägte Stadtbild größere Bedeutung aus. 90% der umsatzstärksten Unternehmen Albertas haben ihren Firmensitz in Canadas Ölmetropole.

3.4.2 Information, Orientierung und öffentliche Verkehrsmittel

Touristen Information

Offizielle Touristeninformationen befinden sich

- in der Ankunftshalle des ***Calgary International Airport*** © (403) 735-1372
- im ***Calgary Tower*** © (403) 750-2362

Calgary Convention and Visitors Bureau
Suite 200, 238 11th Ave SE
© (403) 263-8510 und *toll-free* © 1-800-661-1678
Internet: www.visitcalgary.com

Airport

Der ***Calgary International Airport*** (YYC), liegt 17 km nordöstlich der Innenstadt. Flughafenzufahrt mit Calgary Transit (s.u.) ab *Downtown* (40 min) und mit **C-Train-Linie #202** vom *City Centre* zur *McKnight-Westwinds Station*, dort umsteigen auf Buslinie #100 (*Airport/McKnight-Westwinds*). Zudem verkehrt der Schnellbus #300 *Airport/City Centre* zwischen Flughafen und Innenstadt, $8,50; www.calgaryairport.com.

Downtown Calgary vor den schneebedeckten Rockies

Straßensystem

Die Orientierung in Calgary fällt leicht. Das Straßennetz ist im wesentlichen schachbrettartig angelegt. In Nord-Süd-Richtung verlaufende Straßen sind *Streets*, im Ost-West-Verlauf *Avenues*. Die Zählung beginnt jeweils im Stadtzentrum mit dem Zusatz des Himmelsrichtungs-Quadranten, durch den der jeweilige Straßenabschnitt läuft, also z.B. SE (für Südost), NW (für Nordwesten) etc. Größere, überwiegend als Autobahn ausgebaute Durchgangsstraßen tragen die Bezeichnung ***Trail***.

Die wichtigste Nord-Süd-Verbindung ist die Autobahn #2 bzw. der ***Deerfoot Trail***, der von der US-Grenze durch Calgary hindurch bis Edmonton führt. Der **TCH** durchquert die Stadt als 16th Avenue nördlich des Bow River in Ost-West-Richtung.

Parken

In Calgarys Innenstadt südlich des Bow River herrscht **Parkplatzmangel**. Parkhäuser und Großparkplätze rund um die innere City sind teuer und werktags oft schon frühmorgens belegt. Die besten Chancen hat man südlich des *Calgary Tower* (10th Ave) oder im Bereich des *Fort Calgary*. Kostenlose Parkplätze gibt es auch beim *McHugh Bluff Park* nördlich des Bow River. Von einem der schönsten Aussichtspunkte der Stadt steigt man die zahlreichen Treppenstufen hinab, spaziert über den Fluss zur *Prince's Island* und über die nächste Flussbrücke nach *Downtown*, ca. 2 km.

Öffentlicher Nahverkehr

Für Fahrten nach *Downtown* Calgary kann man gut auf öffentliche Transportmittel ausweichen. Busse und elektrische Straßenbahnen (***L****ight Rail* ***R****apid* ***T****ransit*, auch ***C-Train*** genannt, zwei Linien: **201** und **202**) verkehren auf einem recht dichten Netz mit relativ hoher Frequenz. Der ***C-Train* auf der 7th Ave**, eine der Haupteinkaufsstraßen der Innenstadt, kann zwischen *City Hall* (2nd St SE) und *Downtown West/Kerby* (9th St SW) **gratis** benutzt werden. Außerhalb dieses Bereichs kosten **Einzeltickets $3**, **Tagespässe $9** und ***10er-Ticket-Books* $30**; www.calgarytransit.com.

Der zu den Olympischen Spielen 1988 entstandene Saddle Dome mit einem sattelartigen Dach ist heute eine Mehrzweckarena

3.4.3 Unterkunft und Camping

Hotels/ Motels

Dank erheblicher Hotel- und Motelkapazitäten findet man in Calgary und Umgebung meist – auch in den niedrigeren Preisklassen – ein freies Zimmer. Besonders viele **Motels** gibt es am TCH im Bereich der Universität, am ***Macleod Trail***, der Haupteinfahrt in die Stadt von Süden her, und in den Außenbezirken am Flughafen. Nur während der *Stampede*-Tage sind alle Betten häufig ausgebucht.

Das **Preisniveau** für Hotelzimmer in Calgary liegt niedriger als in Vancouve; ***Downtown* Hotels** bieten an Wochenenden zudem attraktive Raten, etwa

- ***The Westin Calgary*** (320 4th Ave SW, © (403) 266-1611, © 1-800-937-8461), 525 Zimmer, DZ $139; www.westincalgary.com

In Flughafennähe, mit kostenlosen Pendelbussen dorthin, befinden sich vor allem Häuser der großen Ketten wie

- ***Hampton Inn & Suites*** (2420 37th Ave NE, © (403) 250-4667, © 1-877-433-4667); $149; www.hamptoninn.com/hi/calgary
- ***Best Western Airport Inn*** (1947 18th Ave NE, © 1-877-499-5015), 76 Zi, $135; www.bestwesternairportinncalgary.com oder
- ***Quality Hotel Airport*** (4804 Edmonton Trail NE, © (403) 276-3391, © 1-800-661-6858), $109; www.choicehotels.ca/cn226.

Hostels u.ä.

Preiswert kommt man in *Downtown* Calgary wie folgt unter:

- **Calgary City Centre Int`l Hostel (HI);** 520 7th Avenue SE; © 1-866-762-4122, $34/Person, DZ $85; recht eng, z.T. 8-Bett-Zimmer, 92 Betten; www.hihostels.ca/calgary.
- ***University of Calgary – Summer Residence Accommodation***; 2500 University Dr, © 1-877-498-3203; gut 1.000 Betten, DZ $112, EZ $55, Sommerunterkunft; www.seasonalresidence.ca.

B & B

Die ***Bed & Breakfast Association of Calgary*** (www.bbcalgary.com) listet rund 30 Pensionen im städtischen Einzugsgebiet.

Camping

Mehrere private Campingplätze liegen relativ citynah:

- Einen recht großen Komfortplatz nur 3 km östlich der Stadt - grenzen am TCH bietet ***Mountain View Camping***, © (403) 293-6640, www.calgarycamping.com, 196 Stellplätze, $31-$49.

Die nächsten ***Provincial Park Campgrounds*** sind über 60 km von Calgarys Innenstadt entfernt:

- Der ***Wyndham-Carseland Park,*** $23, liegt südöstlich an der #24 nahe Carseland westlich Calgary, 178 Plätze, $23; © 1-877-537-2757; www.albertaparks.ca/wyndham-carseland.
- An der Straße #66 gibt es gleich **5 *Provincial Campgrounds*** (10-50 km entfernt von Bragg Creek). Die Zufahrt zur ***Sibbald Lake Provincial Recreation Area*** (134 Plätze, $23) erfolgt über die Ausfahrten 118 bzw. 143 des TCH und den parallel laufenden Hwy 68; © (403) 673-3985; www.albertaparks.ca/sibbald-lake.
- In **Okotoks**, ca. 40 km südlich der Innenstadt, existieren zwei ordentliche, ruhige Plätze am Sheep River: ***Lions Sheep River***

Campground, 99 Woodhaven Dr, © (403) 938-4282, $25-$38, www.okotokslionscampground.com und ***Okotoks Riverbend***, 48033 370 Ave East, $25-$45; www.riverbendcampground.ca.

- Der ***Foothills Lions Park***, eine großzügige Anlage am Ufer des Sheep River in Black Diamond 20 km westlich Okotoks, bietet Komfortcamping, 303 5th Street, © (403) 933-5785, $21-$33.

Pancake Breakfast gibt`s während der Stampede Days an Ständen in der Innenstadt gratis

3.4.4 Calgary Stampede

Kennzeichnung

Die Top-Attraktion Calgarys ist die ***Stampede***, die alljährlich über 1,2 Mio Besucher anzieht. Nachdem sie **1912 erstmalig** veranstaltet worden war, sind die **10 Tage der seit 1922 größten *Rodeo Show* Nordamerikas** Pflicht für Fans, Profi- und Freizeit-Cowboys. Es ist nicht nur das größte Freiluft-Rodeo der Welt, sondern mit über $2 Mio Preisgeld auch das höchstdotierte.

Ein großer Zuschauermagnet ist dabei der größte **Jahrmarkt** Albertas. Er findet gleichzeitig während des Rodeo und eimer klassischen Landwirtschaftsmesse im *Stampede Park* statt.

Ablauf

Traditionell eröffnet die ***Greatest Outdoor Show on Earth*** am Freitagvormittag um 9 Uhr mit einer großen Parade durch *Downtown*. In einem farbenfrohen Spektakel präsentieren sich Musik- und Tanzgruppen, Reiterstaffeln und Indianer, aber auch Bürgermeister und Vereine vor knapp 400.000 Zuschauern. Täglich steht während der ***Stampede*** Calgary Kopf.

»Fressbuden« (Standorte unter www.caravan.calgarystampede.com) servieren allen, die Schlange stehen, gratis ***Flapjacks and Bacon*** (Pfannkuchen mit Speck) und Kaffee. Bier wie andere Alkoholika sind auch bei größter Hitze verpönt, die Stimmung unter den Besuchern ist gleichwohl prächtig.

Ort

Die Rodeo-Veranstaltungen finden im ***Stampede Park*** statt. Anfahrt am besten mit dem *C-Train*.

Disziplinen

Die klassischen Rodeo-Disziplinen auf der ***Greatest Outdoor Show on Earth*** im Nachmittagsprogramm sind:

- ***Bareback*** und ***Saddle Bronc Riding*** (Pferdezureiten mit und ohne Sattel)
- ***Calf Roping*** (Lassowurf und Fesselung eines Kalbes)
- ***Barrel Racing*** (Frauen reiten um einen Tonnen-Parcours)
- ***Steer Wrestling*** (Umwerfen eines Stiers mit bloßen Händen)
- ***Bull Riding*** (Bullenreiten mit nur einem Arm am Haltestrick)

Neben den altbewährten Übungen gibt es beim Rodeo humorige Einlagen wie etwa das ***Wild Cow Milking***, wobei einer ungezähmten Kuh ein paar Tropfen Milch abzuzapfen sind. Faszinierender Farbtupfer beim Nachmittagsrodeo ist der ***Musical Ride*** mit 36 Pferden der *Royal Canadian Mounted Police*, die dazu in ihren roten Uniformen ein prächtiges Reiterspektakel bieten.

Evening Show und Cuckwagon Race

Höhepunkt der Abendvorstellungen sind die ***Chuckwagon Races***, unter großem Lärm und enormer Staubentwicklung absolvierte Rennen von vierspännigen (Renn-) Planwagen. Danach findet auf einer Open-air-Bühne vor der Tribüne eine grandiose ***Evening Show*** statt, eine Mischung aus Operette, Zirkus und modernem ***Entertainment***. Den Abschluss des Tages bildet jeweils ein großes Feuerwerk.

Eintritt

Der Eintritt ins Ausstellungsgelände kostet $16/$8, dazu kommen ggf. die Tickets für die Haupttribüne (***Grandstand***) für:

Nachmittagsrodeo	**$40-$96**
Chuckwagon Races* mit *Evening Show	**$56-$113**

Standing Room Tickets (ab $14) sind Stehplätze, ***Day Reserved Seats*** (ab $20) Sitzplätze abseits der Haupttribüne mit relativ schlechter Sicht. Es gibt sie nur an der Tageskasse.

Chuckwagon Race in vollem Gang

Daten

Die zehntägige ***Stampede*** findet vom ersten Freitag im Juli bis einschließlich Sonntag der Folgewoche statt. Falls der Staatsfeiertag ***Canada Day*** (1. Juli) auf Fr-So fällt, beginnt sie am zweiten Freitag im Juli. Die Daten für die nächsten Jahre sind:

04.07.-13.07.2014 • 03.07.-12.07.2015 • 08.07.-17.07.2016

Tickets

Calgary Exhibition and Stampede © (403) 261-0101, © 1-800-661-1767; www.calgarystampede.com

Weitere Rodeos

Nachfolgend die kanadischen Top-Veranstaltungen der Rodeo-Profis in Alberta (AB) und British Columbia (BC):

- ***Cloverdale Rodeo***, Surrey, BC, 4 Tage Mitte Mai (➪ Seite 194)
- ***Grande Prairie Stompede***, AB, 5 Tage Ende Mai; www.gpstompede.com
- ***Innisfail Professional Rodeo***, AB, 5 Tage Mitte Juni; www.innisfailauctionmarket.com
- ***Wainwright Stampede***, AB, 4 Tage Ende Juni (östlich von Edmonton); www.wainwrightstampede.ca
- ***Ponoka Stampede***, AB, www.ponokastampede.com 7 Tage Ende Juni-Anfang Juli (südlich von Edmonton)
- ***Williams Lake Stampede***, www.williamslakestampede.com BC, 4 Tage Ende Juni (➪ Seite 250)
- ***Medicine Hat Stampede***,AB, 4 Tage Ende Juli; www.mhstampede. com
- ***Strathmore Heritage Days Stampede***, AB, 4 Tage Anfang August (östlich von Calgary); www.strathmorestampede.com
- ***Interior Provincial Exhibition & Stampede***, Armstrong, BC, 5 Tage Ende August; www.armstrongipe.com
- ***Canadian Finals Rodeo*** (kanadische Meisterschaft, $1 Mio Preisgeld) Edmonton, AB, 5 Tage Anfang November; www.cfr.ca

Auch Indianerumzüge durch Calgary gehören zum Programm der Stampede

3.4.5 Stadtbesichtigung

Downtown

Geografie

Downtown Calgary ist überschaubar und lässt sich problemlos zu Fuß erkunden. Insbesondere in der von 6-18 Uhr **autofreien Zone** der zu Geschäftszeiten belebten 8th Ave SW (*Stephen Ave Walk* zwischen 2nd St SE/Olympic Plaza und 3rd Street SW/*TD Square*). Ein Großteil der *City Buildings* ist durch sogenannte ***Elevated Walkways***, Fußgängerwege in 15 Fuß Höhe, miteinander verbunden. Sie führen mitten durch viele Gebäude und über verglaste und offene Straßenbrücken (***Enclosed*** und ***Open Walkways***). In den *Downtown*-Plänen ist dieses Wegesystem eingezeichnet.

Calgary Tower

Als Ausgangspunkt für eine »Downtown-Runde« eignet sich besonders gut der ***Calgary Tower***, 101 9th Ave SW; www.calgarytower.com. Per Schnellaufzug geht es zur ***Observation Terrace***. Der 1968 fertiggestellte Turm (191 m), einst herausragender Punkt in der ***City Skyline***, wird heute umringt von den höchsten Wolkenkratzern West-Canadas (Ausnahme *Shangrila* in Vancouver), u.a. ***East*** und ***West Tower*** der ***Bankers Hall*** (je 197 m). Dennoch hat man von dort aus 160 m Höhe eine herrliche Rundumsicht über die Stadt und kann bei gutem Wetter im Westen die Gipfel der Rocky Mountains erkennen. Auffahrt Juli-August täglich 9-22 Uhr, sonst 9-21 Uhr; Eintritt $16/$7.

Wolkenkratzer

Jüngere Neuzugänge sind ***The Bow*** (5th und 7th Ave zwischen Centre and First Street SE) und ***Eighth Avenue Place*** (8th Ave und 5th Street SW) mit 59 Stockwerken und 236 m Höhe bzw. 49 Stockwerken und 212 m Höhe.

Weiter angetrieben wird der Baumboom in Calgary von den milliardenschweren Energieunternehmen. 2017 soll der 247m hohe ***Brookfield Tower*** fertiggestellt werden als neuer Firmensitz von ***Cenovus Energy***, einer der großen kanadischen Ölfirmen.

Glenbow Museum

Der Straßenblock gegenüber beherbergt das ***Convention Centre***, in dem das brillante ***Glenbow Museum***, 130 9th Ave SE, www. glenbow.org, untergebracht ist. Di-Do, Sa 9-17, Fr 11-19, So 12-17 Uhr; Eintritt $14/$9. Die Ausstellung über **Indianer- und Inuitkultur** zählt zum Besten, was Canada in dieser Beziehung zu bieten hat.

Auch die **mineralogische Kollektion** des Museums ist einen Be - such wert. Eine weitere Abteilung widmet sich der Wirtschaftsgeschichte des westlichen Canada vom Pelzhandel der Gründerzeit bis zur modernen Ölindustrie.

Fußgängerbereich

Verlässt man das Museum in Richtung 8th Ave, gelangt man automatisch auf das östliche Ende des ***Stephen Avenue Walk***, auf die Olympic Plaza. Den Platz umrahmt ein sehenswerter Architekturmix: auf der östlichen Seite steht kontrastreich das alte Backstein-Rathaus unmittelbar vor der gläsernen *City Hall*. Schräg gegenüber hinter den Straßenbahnschienen fällt der Blick auf die 1905 erbaute anglikanische ***Cathedral Church of the Redeemer***.

Devonian Gardens

Zum Bummel durch die Fußgängerzone gehört auch der Besuch der ***Devonian Gardens*** im 4. Stock des Einkaufs- und Bürokomplexes ***Core TD Square Holt Renfrew*** (www.coreshopping.ca), das von der 2nd Street bis 5th Street SW und 7th Ave und 8th Ave SW drei komplette Blöcke einnimmt. In dem über zwei Stockwerke gehenden ***Indoor Park*** scheint – inmitten dichter Vegetation aus kanadischen und tropischen Pflanzen – das Getriebe der Straße weit entfernt zu sein. Bei Sonnenschein sind Blumenbeete und Wasserbasins, in denen sich die umliegenden Hochhäuser spiegeln, hübsche Fotomotive.

Science Calgary

Am Ostende der City (220 St. George's Drive NE) befindet sich das ***Telus Spark – The New Science Centre***. Interaktive Ausstellungen und Demonstrationen erhellen naturwissenschaftliche Phänomene. Zum Komplex gehört das. ***Dome Theatre*** ($8 extra), in dem Multi-Media-Shows stattfinden; So-Fr 10-16, Sa -17 Uhr; Eintritt $20/$16; www.sparkscience.ca.

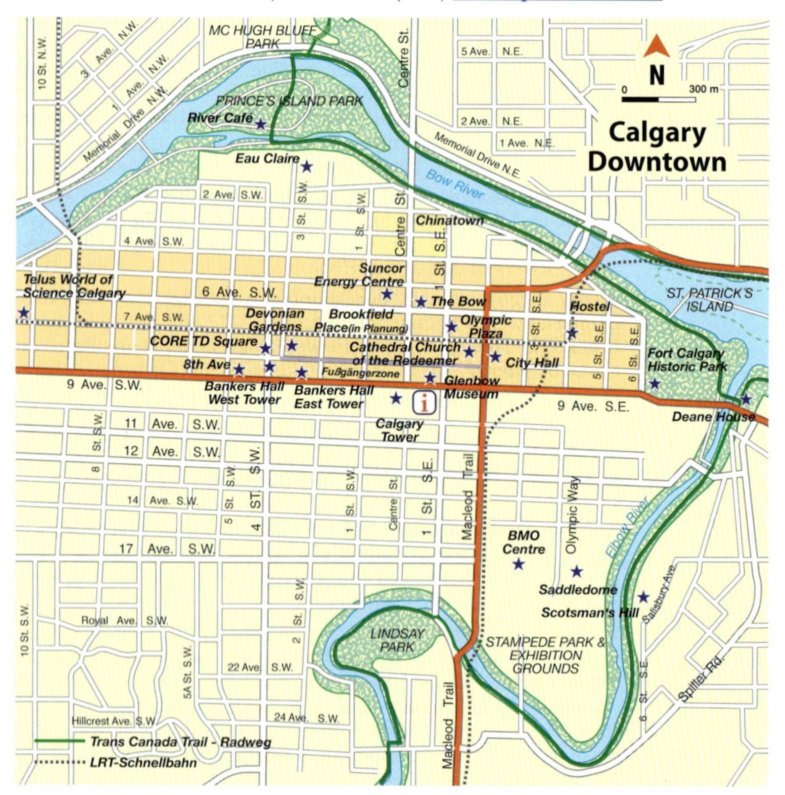

Riverside Biketrails: Fahrradwege rund um die City

Die Ufer von Bow River, Elbow River und Fish Creek sind in Calgary bestens über ***Bike- & Joggingtrails*** miteinander verknüpft. Auf ihnen lernt man die Stadt aus einer ganz anderen Perspektive kennen.

Ein guter Einstieg in dieses Wegesystem ist der ***Eau Claire Market***. Von dort aus schlängelt sich der ***Trans Canada Trail*** über *Fort Calgary*, den Zoo und das *Inglewood Bird Sanctuary* am Bow River entlang bis zum ***Fish Creek Provincial Park*** (19 km). Anschließend durchquert der Weg auf 18 km Länge den Provinzpark, um dann – abseits von Wasserläufen – nach weiteren 7 km das *Glenmore Reservoir* zu erreichen. Im Stausee (man durchquert hier u.a. den ***Heritage Park*** – *Canada's Largest Living History Museum*; www.heritagepark.ca, ➪ Seite 293) mündet der Elbow River, an dessen Ufern es über den *Stampede Park* zurück zum Ausgangspunkt Eau *Claire Market* geht (weitere 20 km).

Fahrradverleih: www.outlawsports.ca; 903 Heritage Drive SW (Nähe *Heritage Park*), ✆ (403) 444-5355, Bike ab $30 pro Tag.

Eau Claire Market

Sechs Blocks nördlich des *TD Square* bietet am Nordende der 3rd St SW der ***Eau Claire Market*** (Mo-Sa 10-18, So 12-16 Uhr) das Kontrastprogramm zum *City Shopping*; www.eauclairemarket.com.

Die *Mall* am Bow River beim ***Prince's Island Park*** (Fußgängerbrücke über den Fluss) beherbergt neben den üblichen Shops und *Fast Food Places* auch ein *Cineplex*-Kino. Auf der Insel »fern« des Großstadttrubels serviert das exquisite ***River Café***, 25 Prince's Island Park, ✆ (403) 261-7670; www.river-cafe.com, kanadische Gerichte mit regionalen Bioprodukten. Sehr empfehlenswert ist auch das populäre Pub-Restaurant ***Barley Mill*** mit großen Terrassen für die Schönwettertage des Sommers, 201 Barclay Parade SW, ✆ (403) 2690-1500, ➪ Foto Seite 130.

Fort Calgary

In einem Stadtpark östlich der Innenstadt steht an der Einmündung Elbow River/Bow River eine **Rekonstruktion des *Fort Calgary***, dessen Errichtung 1875 den Beginn der Stadtgeschichte markierte, www.fortcalgary.com. Großes ***Interpretive Centre*** (750 9th Avenue SE) mit vielen Details, geöffnet täglich 9-17 Uhr, Eintritt $12/$7 (Zutritt zum Park frei).

Restaurant

Das benachbarte 1905 erbaute ***Deane House Restaurant***, 806 9th Ave SE, serviert *Lunch* in einem historischen Ambiente. Bis Ende 2014 allerdings wegen Renovierungsarbeiten geschlossen.

Zoo

Der ***Calgary Zoo*** (größter Zoo Canadas, 1,3 Mio Besucher jährlich; www.calgaryzoo.org) und der mit ihm verbundene ***Botanical Garden*** befinden sich auf St. George's Island im Bow River. Mit Fahrzeug ist die Insel nur von Norden her erreichbar. Im angrenzenden ***Prehistoric Park*** führt ein Rundweg durch ein Modell des prähistorischen Alberta zur Zeit der Dinosaurier. Zwischen *Hoodoos*, Gebirgen und Sümpfen stehen 20 lebensgroße Plastik- und Zementdinos. Öffnungszeiten täglich 9-17 Uhr, im Sommer länger; Eintritt für den Gesamtkomplex $23/15.

Vom Memorial Drive (vom Zoo nach Westen) zeigt sich die ***Calgary Skyline*** von ihrer besten Seite. Beim Zoo/Memorial Drive liegt auch der ***Tom Campbell's Hill Natural Park***. Das Gelände ermöglicht weite Blicke auf die *Skyline* und die Berge.

Inglewood Bird Sanctuary

Etwas weiter flussabwärts liegt das *Inglewood Bird Sanctuary* (2425 9th Ave SE), ein **Vogelschutzgebiet** mit Wanderwegen. Hier rasten Teichrohrsänger im Herbst. Täglich geöffnet ist das *Nature Centre* von Mai-Sept 10-16, sonst Di-So 12-15.30 Uhr; gratis.

Sehenswürdigkeiten außerhalb des Zentrums

Grain Museum

Das Stampede-Gelände bleibt den Rest des Jahres keineswegs ungenutzt. Im oberen Stockwerk des ***BMO Centre*** im ***Stampede Park*** befindet sich das ***Grain Academy Museum***. Im Getreidemuseum erläutern Ausstellungen und Filmvorführungen Anbau und Transportwege des Weizens in Vergangenheit und Gegenwart.

Das Modell eines Getreidespeichers (***Grain Elevator***) zeigt die Funktionsweise der für die kanadischen Prärien typischen Lagerhäuser, Mo-Fr 10-16 Uhr, frei; www.grainacademymuseum.com.

Saddledome

Weltweites Interesse zog Calgary durch die **Olympischen Winterspiele 1988** auf sich. Der damals errichtete ***Pengrowth Saddledome***, eine überdachte Arena in der Form eines Pferdesattels, steht unweit der *Stampede Grounds*. Sie fasst 17.000 Zuschauer. Die Eishockey-Mannschaft *Calgary Flames* absolviert dort ihre Heimspiele. **Fotos** mit dem *Saddledome* im Vorder- und der *CitySkyline* im Hintergrund schießt man am besten vom hochgelegenen ***Scotsman's Hill*** (Zufahrt über 6th St SE zur Salisbury Ave) ➪ Seite 284.

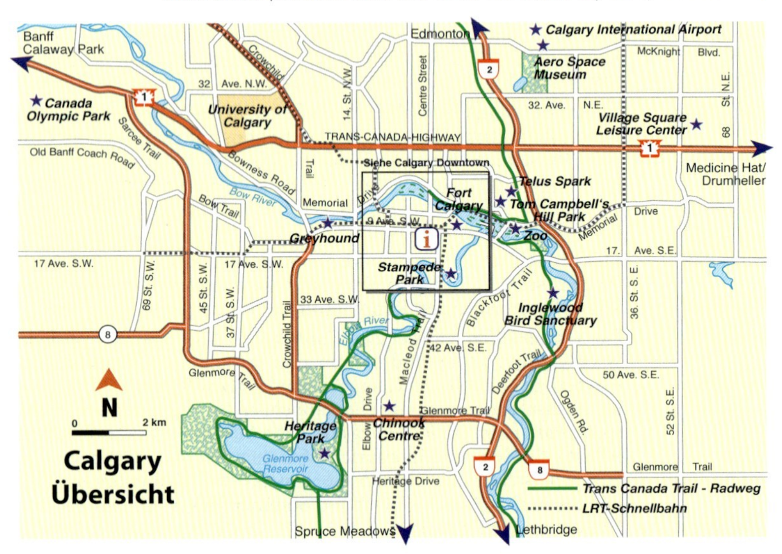

Olympic Park

Ein weiteres Relikt der **Winterspiele 1988** ist der ***Canada Olympic Park*** in Calgarys äußerstem Westen am TCH. Unübersehbar sind die drei heute wenig genutzten Sprungschanzen.

In ***Canada's Sports Hall of Fame*** werden ruhmreiche Sportler gewürdigt ($12). Auch eine Tour auf den höchsten Schanzenturm ($7) und eine Schlittenfahrt auf der Bob-/Rodelbahn *Skyline Luge* ($12) werden angeboten; www.winsport.ca.

Eine tolle Angelegenheit ist die ***Zip-Line*** – mit über 100 m Höhenunterschied auf 500 m Länge die schnellste *Line* dieser Art Canadas. An einem Drahtseil »fliegt« man gut gesichert vom Sprungturm in die Tiefe, $65, täglich 10-17 Uhr.

Desweiteren laden 25 km Biketrails ein: Tageskarte $29, Bikeverleih ab $22 für 2 Stunden, $42/Tag. Mitte Mai bis Ende Sept. Sa+So 9-17, Mo-Fr 9 Uhr bis Dämmerung, ✆ 403-247-5452.

University of Calgary

Die ***University of Calgary*** mit einem großen Campus im Nordwesten der Stadt (31.000 Studenten) beherbergt u.a. die ***Nickle Galleries*** mit Numismatikausstellung; 410 University Court, Mo-Sa 10-17 Uhr, Eintritt frei; www.ucalgary.ca/~nickle.

Die Sportanlagen der Universität – darunter Pool, Squash-, Badminton- und Tennisplätze, Kraftraum – stehen auch Besuchern zur Benutzung offen (Tagespass $11; www.ucalgaryrecreation.ca).

Family Fun

Über ganz ähnliche Sportanlagen samt Wellenbad mit Wasserrutschen und Whirlpool verfügt nordöstlich der Stadt das ***Village Square Leisure Centre***, 2623 56th Street NE, ✆ (403) 366-3900, Mo-Fr 6-22 Uhr, Sa+So 8-18 Uhr, Eintritt $6/$11.

Calaway Park

Ebenfalls am TCH liegt westlich des *Olympic Park* der 28 ha große *Calaway Park*, der größte ***Amusement Park*** im Westen Canadas, 245033 Range Road 33; www.calawaypark.com. Er bietet 32 Fahrattraktionen, darunter Looping-Achterbahn, Riesenrad und Bootsfahrten. Dazu gibt`s *Entertainment*, Souvenirshops und selbstredend jede Menge *Fast Food*. Ende Juni bis Anfang September täglich 10-19 Uhr, ab Ende Mai bzw. bis Mitte Oktober nur Sa+So 11-18 Uhr; Eintritt $36.

Shopping

Das ***Chinook Centre*** (6455 Macleod Trail SW, ist mit über 250 Geschäften und Restaurants die **größte *Shopping Mall*** der Stadt. Sie liegt an der südlichen Ausfallstraße *McLeod Trail* nahe der Kreuzung mit dem *Glenmore Trail*; www.chinookcentre.com.

Heritage Park

Ein lohnendes Ausflugsziel ist der ***Heritage Park*** am Glenmore Reservoir südlich der City (1900 Heritage Drive SW). Für ein im Stil des 19. Jahrhunderts errichtetes **Museumsdorf** sind Gebäude aus ganz Canada Stück für Stück demontiert und dort wieder aufgebaut worden. Wohn- und Geschäftshäuser, Schule, Rathaus und Kirche vermitteln ein der Gründerzeit entsprechendes Stadtbild und außerdem – dank Goldmine, Ölbohrturm und Fort der *Hudson's Bay Company* – **Wildwest-Flair**. Die historische Eisenbahn rund ums Gelände fehlt ebensowenig wie ein **Raddampfer** auf dem Stausee oder eine Postkutschenfahrt; das Personal sorgt in zeitgenössischen Kostümen für authentische Atmosphäre. Mitte Mai bis Anfang Sepember täglich 9.30-17 Uhr, bis Mitte Oktober nur Sa und So; Eintritt $25/$15, www.heritagepark.ca.

Spruce Meadows

An der Straße #22X (Spruce Meadows Drive), ca. 3 km westlich des *MacLeod Trail*) liegt südwestlich von Calgary ***Spruce Meadows***, 18011 Spruce Meadows Way, ein international bekanntes **Springreiterzentrum**. Zur Zeit der *Stampede* misst sich beim ***North American*** die Reiterelite Nordamerikas.

Zum bedeutendsten Reitturnier Nordamerikas, dem mit $1,5 Mio dotierten ***Masters***, reisen Anfang September die weltbesten Springreiter an. Den Nationenpreis verfolgen 60.000 Zuschauer, Tickets ab $5; www.sprucemeadows.com.

Außerhalb von Turnieren sind Besichtigungen auf eigene Faust möglich. Ganzjährig geöffnet, tägl. 9-17 Uhr, frei; Picknickplatz.

Luftfahrtmuseum

In einer 1940er-Jahre-Halle der *Royal Air Force* ist das ***Aero Space Museum of Calgary*** beheimatet (4629 McCall Way NE, Südende des Flughafens im Nordosten der Stadt). Es thematisiert den kanadischen Beitrag zur modernen Luft- und Raumfahrt. Geöffnet täglich 10-16 Uhr; Eintritt $10/$7, www.asmac.ab.ca.

Sägewettbewerb während der Calgary Stampede

3.5 Reiserouten durch Alberta

3.5.1 Albertas Badlands

Badlands Regionen in Alberta

(Karte Seite 298)

Im Süden Albertas liegen im Bereich von **Red Deer** und **Milk River** sogenannte ***Badlands***, karge, durch Erosion entstandene Landschaften zerklüfteter Sandsteinformationen. Ihre Zentren im Tal des Red Deer River sind der ***Dinosaur Provincial Park*** in der Nähe von **Brooks** (TCH) sowie ein Gebiet bei **Drumheller**, etwa 140 km nordöstlich von Calgary, sowie der ***Writing-on-Stone Provincial Park*** unweit der US-Grenze östlich der Straße #4 im Tal des Milk River.

Nach Drumheller

Wer auf einer Reise durch Canadas Westen den *Banff National Park* ansteuert, wird meist erwägen, auch das nur 130 km entfernte Calgary zu besuchen. Von dort entspricht ein **Abstecher** zu den nächstgelegenen ***Badlands*** bei Drumheller einem Tagesausflug. **Auf einer Strecke von nur 270 km (von Banff nach Drumheller) durchfährt man bei dieser Gelegenheit alle in Alberta vorkommenden Landschaftsformen**.

Kohle und Dinosaurier

Ausgangs der Kreidezeit vor rund 70 Mio. Jahren herrschte in Albertas Süden subtropisches Klima. In einem großen, sumpfigen Flussdelta vermoderten riesige Wälder und bildeten die Basis für die Entstehung von Kohlelagerstätten. Etwa zur selben Zeit starben die Dinosaurier aus.

Nach der letzten Eiszeit vor ca. 14.000 Jahren wuschen Wind- und Wassererosion die Canyons der Badlands aus und legten viele Dinosaurierknochen frei.

Red Deer River Valley

Von mehreren möglichen Fahrtrouten ab Calgary folgt man am besten zunächst der Autobahn #2 Richtung Edmonton und dann der Straße #72 bis Beiseker. Dort zweigt die Straße #806 nach Acme ab. An tiefen Senken vorbei geht es weiter auf der Straße #575 bis zum Tal des Red Deer River. Dort geht es nordwärts auf der #837. An dieser Straße bietet der Aussichtspunkt ***Orkney Hill*** einen ersten schönen Blick über den überraschenden Abbruch der Landschaft im *Red Deer River Valley* und Sandsteinhügel mit vielfältigen Farbnuancen.

Fähre/ Camping

Noch auf der Westseite des Flusses liegt in der ***Bleriot Ferry Provincial Recreation Area*** ein kleiner ***Campground*** (28 Stellplätze, $18, ✆403-823-1749) mit vielen schattigen Plätzen unter Bäumen am dicht bewachsenen Ufer. Mit der historischen ***Bleriot Ferry***, einer Kabelfähre, setzt man dort über den ca. 100 m breiten Red Deer River auf die Straße #838. Sie verkehrt kostenlos in kurzen Abständen Mitte Mai bis Anfang September täglich 8-23 Uhr, Rest des Jahres 8-19 Uhr. Am östlichen Flussufer entlang geht es weiter nach Drumheller. En route liegt der ***Horsethief Canyon*** mit dem besten Aussichtspunkt der Region über die *Badlands*.

Dinosaurier Museum

Auf der Straße #838 erreicht man automatisch das ***Royal Tyrrell Museum***, eines der weltweit führenden Museen seiner Art, etwa 6 km nordwestlich von Drumheller, 1500 North Dinosaur Trail. Es ist Mitte Mai-August täglich 9-21 Uhr geöffnet, sonst Di-So 10-17 Uhr, Eintritt $11/$6; www.tyrrellmuseum. com. Thematischer Schwerpunkt ist dort die gut verständlich präsentierte »Erd- und Menschheitsgeschichte«: Dinosaurierskelette, Flora und Fauna aus dem Devon und Exponate zum Anfassen.

Drumheller

In ***Downtown*** Drumheller, 8.100 Einwohner, steht mit 26 m Höhe der weltgrößte künstliche Dinosaurier, so die Eigenwerbung des Ortes. Sein »Inneres« wird doppelt genutzt: das Maul dient als Aussichtsplattform (Juli-August täglich 9-21 Uhr, sonst täglich 10-17.30 Uhr; $3), während die Füße das Büro der Touris - teninformation beherbergen; 60 First Avenue West, ✆ 1-866-823-8100, www.traveldrumheller.com.

Weltgrößter Dinosaurier mit Aussichtsplattform im Maul in Drumheller

Hoodoos

In den *Badlands* bei Drumheller gibt es nur eine Handvoll sog. ***Hoodoos***, eigenwillig geformter durch eine Steinkappe vor Verwitterung geschützter Sandsteintürmchen, die überaus reizvolle Fotomotive abgeben. Die originellsten Hoodoos finden sich nördlich von **East Coulee** (Straße #10, etwa 18 km südöstlich von Drumheller). Zahlreiche Wege führen dort durch die ansteigenden Sandsteinformationen der Badlands zu diesen *Hoodoos* und bis hinauf zur Bergkuppe mit tollem Blick ins Tal.

Nach Brooks

Das nächste Ziel auf dieser Route ist der ***Dinosaur Provincial Park***. Von East Coulee läuft der kürzeste Weg dorthin über die Straßen #570/#36/#544 durch menschenleere Prärie (ca. 150 km).

Fossilien im Dinosaur Park

In diesem Provinzpark, einem ***UNESCO World Heritage Site***, befindet sich eine der weltweit ergiebigsten Fundstellen. Paläontologen haben bereits über **300 vollständig erhaltene Dinoskelette** ausgegraben und dabei über 40 Dinosaurierarten entdeckt.

Die Ausgrabungen organisiert die sog. ***Field Station*** des *Royal Tyrrell Museum*. Neben den Ausstellungen beherbergt diese auch das ***Park Visitor Centre***, © (403) 378-4342; www.albertaparks.ca/dinosaur. Schon am Parkeingang überblickt man von einem der schönsten Aussichtspunkte der *Badlands* die Sandsteinformationen im *Red River Valley*, die hier noch deutlich eindrucksvoller als flussaufwärts sind.

Trails

Der *Dinosaur Park* ist weitgehend Forschungszwecken vorbehalten. Besucher können zwar auf fünf kurzen *Trails* Entdeckungen auf eigene Faust machen, gelangen aber nicht zu den Ausgrabungsstätten. Jeweils von der *Park Loop Road* führen der ***Badlands Trail*** (1,3 km) durch Sandsteinhügel und Trockenareale mit etwas Kakteenbewuchs und der ***Cottonwood Flats Trail*** (1,4 km) durch überraschend vegetationsreiches Gelände am Fluss. Ein schattiger **Campingplatz** (124 Plätze, \$23-\$29, © 1-877-537-2757) lädt zum Bleiben ein.

In **Brooks** (13.700 Einwohner) gibt es einige Motels – aber sonst nicht viel. Die meisten Besucher verschlägt es daher – neben dem *Dinosaur Provincial Park* – in den südlich gelegenen ***Kinbrook Island Provincial Park***. Der Campinplatz (169 Plätze, \$23-\$29, © wie *Dinosaur*) liegt hier auf einer kleinen grünen Insel an der Ostseite des seichten *Lake Newell*. Wasserratten schätzen die hohe Wassertemperatur des großen Stausees.

Writing-on-Stone Provincial Park

Zurück nach **Calgary** sind es auf dem TCH #1 rund 190 km, über die Straßen #36, #4 und #501 rund 220 km zum landschaftlich reizvollen ***Writing-on-Stone Provincial Park***. Er liegt 42 km östlich des Ortes Milk River unmittelbar am gleichnamigen Fluss unweit der Grenze zu den USA. Seine Bezeichnung erhielt er wegen zahlreicher frühindianischer Inschriften und Malereien im weichen Sandstein. ***Petroglyphs*** und ***Pictographs*** bekommen Besucher aber nur auf Führungen in Rangerbegleitung zu Gesicht.

Neben den Felszeichnungen sind – wie auch im R*ed Deer River Valley* – ***Badlands*** (mindestens genauso beeindruckend wie im *Dinosaur Park*), eine Reihe von ***Hoodoos*** und sehr schöne Wanderwege die eigentliche Attraktion dieses Parks.

Hoodoos und Sandsteinformationen in den Badlands bei East Coulee

3

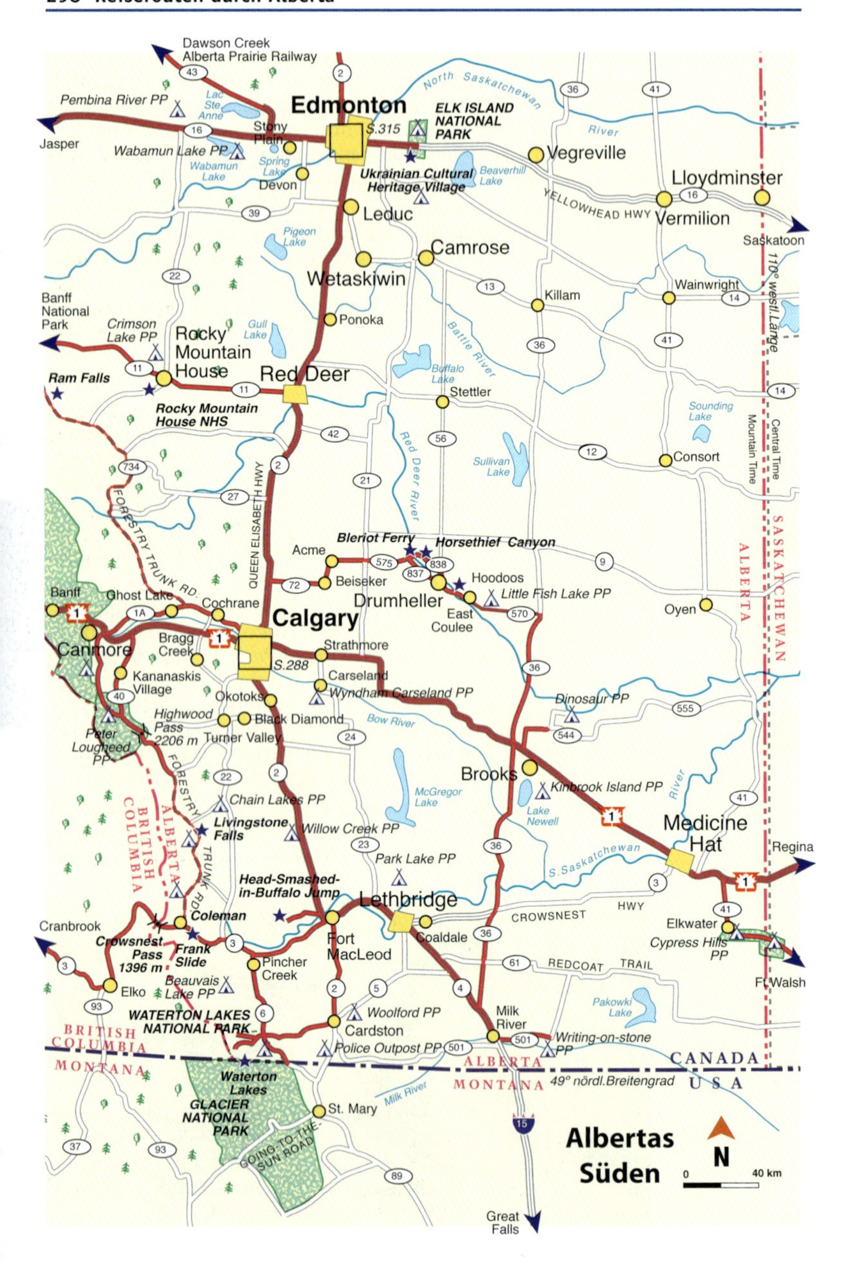

Albertas Süden
Edmonton
Calgary
Red Deer
Lethbridge
Medicine Hat
Lloydminster
Vegreville
Vermilion
Leduc
Camrose
Wetaskiwin
Ponoka
Rocky Mountain House
Drumheller
Brooks
Canmore
Banff
Jasper
Dawson Creek
Alberta Prairie Railway
Saskatoon
Regina
Great Falls
Cranbrook
ELK ISLAND NATIONAL PARK
Ukrainian Cultural Heritage Village
WATERTON LAKES NATIONAL PARK
GLACIER NATIONAL PARK
Head-Smashed-in-Buffalo Jump
Dinosaur PP
Writing-on-stone PP
Cypress Hills PP
CANADA
USA
BRITISH COLUMBIA
ALBERTA
SASKATCHEWAN
MONTANA
49° nördl.Breitengrad
110° westl.Länge
Mountain Time
Central Time
YELLOWHEAD HWY
CROWSNEST HWY
REDCOAT TRAIL
QUEEN ELISABETH HWY
FORESTRY TRUNK RD.
GOING-TO-THE-SUN ROAD
North Saskatchewan River
S. Saskatchewan River
Bow River
Red Deer River
Battle River
Milk River
0 40 km
N

Der sehr gut angelegte ***Campground*** (61 Plätze, ✆ 1-877-537-2757, $21-$27) mit Sandstrand am Milk River) in der dichten Vegetation des Flusstals macht den Park zu einem Übernachtungsziel, für das sich auch einige Kilometer Umweg lohnen.

Trail

Vom Campingplatz folgt der 2,5 km lange ***Hoodoo Interpretive Trail*** dem Milk River flussaufwärts. Er ist einer der besten Pfade überhaupt durch *Badlands*.

Coaldale

Das ***Alberta Birds of Prey Centre*** (2124 16th Ave) in Coaldale (Straße #3, 11 km östlich Lethbridge) versorgt verletzte und kranke Raubvögel und bereitet sie auf die Rückkehr in die Wildnis vor. Auf dem Freigelände kann man Flug- und Trainingsprogramme der Vögel beobachten. Geöffnet Mitte Mai-Mitte September, täglich 9.30-17 Uhr; $10/$7, www.burrowingowl.com.

Lethbridge

Lethbridge, mit 84.000 Einwohnern die viertgrößte Stadt Albertas, liegt beidseitig des tief in die Umgebung eingeschnittenen ***Oldman River Valley***. Am Ostende der 96 m hohen ***High Level Bridge*** steht das lokale ***Visitor Centre*** (1st Avenue, www.chinookcountry.com) in den *Brewery Gardens*.

Indian Battle Park

Im heutigen ***Indian Battle Park*** am Fuß der Brücke errichteten Händler aus Montana 1869 die Palisadenfestung ***Fort Whoop-Up***. Dort tauschten sie mit den Blackfoot-Indianern Whiskey gegen Bisonfelle und Pferde. Aber 1874 besetzten die legendären *Mounties* (➪ Seite 300) den Handelsposten. Im rekonstruierten Fort gibt es historische Inszenierungen mit *Shoot-outs*, zeitgenössisch arbeitende Handwerker und Kutschfahrten; 200 Indian Battle Park Rd, Juni bis September Mi-Mo 10-17 Uhr; Eintritt $7; www.fortwhoopup.com.

Japanischer Garten

Nur per Führung geht es durch den ***Nikka Yuko Japanese Garden*** im ***Henderson Lake Park*** (Straße #5/9th Avenue S) mit originalen Gebäude und Brücken aus Japan. Mitte Mai bis Mitte Oktober, täglich 9-17 Uhr; Eintritt $8/$4; www.nikkayuko.com.

Mennoniten und Hutterer

Wer sich für die Lebensweise der Mennoniten und Hutterer interessiert, findet **südlich von Lethbridge und Fort Macleod** noch intakte Gemeinden dieser ungewöhnlichen Glaubens- und Lebensgemeinschaften (➪ Seite 531).

Fort Macleod

Ebenfalls noch 1874 errichtete die ***North West Mounted Police*** auch in Fort Macleod ein Fort, des 1876-78 sogar als Hauptquartier diente. Von dort aus überwachte sie die Einhaltung von »Recht und Ordnung« bei der Erschließung des heutigen Alberta und versuchte, den illegalen Whiskeyverkauf an die Indianer zu unterbinden. U.a. der rund 1.300 km lange Marsch von Manitoba durch die Wildnis südkanadischer Prärien bis Fort Mcleod begründete den Ruhm dieser Polizeitruppe.

Das ***Fort Museum*** (219 Jerry Potts Blvd, Mai-Juni täglich 9-17, Juli-August bis 18, Sept-Anfang Oktober Mi-So 10-16 Uhr, Eintritt $15) informiert über ihre Geschichte und die der Besiedelung Albertas. Im Juli und August paradieren die »Rotröcke« Mi-Mo im ***Musical Ride*** (10, 11.30, 14 und 15.30 Uhr; www.nwmpmuseum.com).

Die legendäre Royal Canadian Mounted Police (RCMP)

Die Geschichte der *Royal Canadian Mounted Police* geht auf die Übernahme von *Rupert's Land* durch das *Dominium of Canada* zurück, ➪ Seite 594. Zur Einführung und Aufrechterhaltung kanadischen Rechts in den erweiterten Northwest Territories schuf die Regierung 1873 eine paramilitärische Polizeitruppe, die ***North West Mounted Police***.

Der vorgesehene Umfang ihrer Aufgaben ging weit über die gemeinhin von der Polizei wahrgenommenen Pflichten hinaus. Der NWMP wurden neben der Exekutive auch Verwaltung und Rechtsprechung übertragen. Mit derartigen Machtbefugnissen ausgestattet besaß die Polizeitruppe im Westen mit Ausnahme British Columbias viele Jahre die faktische Regierungsgewalt.

Die Präsenz der NWMP begann mit einer kleinen Truppe von ganzen 150 Mann im *Lower Fort Garry*/Manitoba (➪ Seite 529). Verstärkungen sorgten aber rasch für genügend Kräfte für den 1.300 km langen Marsch der *Redcoats* nach Westen 1874 bis *Fort Macleod* zwecks Unterbindung amerikanischer Grenzverletzungen, speziell des Whiskeyschmuggels nach Alberta. Nur zwei Jahre nach ihrer Gründung hatte die NWMP mit **Fort Macleod** ihren ersten Stützpunkt in Westkanada bezogen, den Alkoholschmuggel in *Fort Whoop-up* (➪ Seite 299) sowie in den Cypress Hills (*Fort Walsh*, ➪ Seite 553) beendet, an bestehenden Standorten der *Hudson Bay Company* Polizeiposten installiert (*Fort Edmonton*) und mit *Fort Calgary* sogar den Grundstein zu einer Metropole gelegt.

Von ihren Forts aus kontrollierte die NWMP die Besiedlung des kanadischen Westens vergleichsweise effektiv. Der Colt als die entscheidende Instanz zur Lösung von Problemen spielte nie eine der Situation in den USA vergleichbare Rolle. Mit den Indianern gab es kaum bewaffnete Zusammenstöße. Man versuchte vielmehr, aufkeimende Konflikte zwischen Einwanderern und Indianern friedlich beizulegen, und achtete auf die Einhaltung geschlossener Verträge. Dass dies – abgesehen von der *North West Rebellion* der *Métis* und *Cree* (➪ Seite 591) – gelang, ist in Anbetracht der blutigen Indianerkriege südlich der Grenze eine bedeutende Leistung der NWMP.

Mit dem Abebben der ersten Einwanderungswelle reduzierten sich die Aufgaben der NWMP auf die originäre Polizeifunktion. Lediglich im Norden konnte sie noch einmal eine ähnliche Rolle als ordnende Kraft übernehmen wie in den Gründerjahren. Kaum war 1895 *Fort Constantine* in der Nähe von Dawson City als erstes *NWMP-Fort* im Yukon Territory errichtet, erscholl 1896 der Ruf des Goldes. Die NWMP regelte den Strom der Prospektoren von den Landeplätzen Skagway und Dyea (in der *Alaska Inside Passage* in den USA) nach Atlin und Dawson City, ➪ dazu im Detail die Seiten 405ff. Während in Skagway/Dyea oft der Colt regierte, symbolisierte die NWMP im Moment der Grenzüberschreitung allseits Sicherheit und Gerechtigkeit. In Canada wurden die Pistolen eingepackt und nicht benutzt.

In Anerkennung militärischer Verdienste einer NWMP Truppe im Burenkrieg 1899-1902 verlieh ihr der britische König Edward 1904 das Recht, sich »königlich« zu nennen. Auch nach Erlangung des Provinzstatus` durch Alberta und Saskatchewan 1905 blieb die nunmehr *Royal North West Mounted Police* (RNWMP) dort offizielle Polizeitruppe. Sie vereinigte sich 1920 mit der in anderen Provinzen tätigen *Dominion Police* zur neuen Bundespolizei ***Royal Canadian Mounted Police*** (RCMP, www.rcmp.ca).

Pferde und Hundegespanne wurden zwar endgültig durch Autos und Motorschlitten ersetzt und auch die roten Jacken zumindest bei der Ausübung der täglichen Pflichten abgeschafft, aber der Begriff *mounted* (= beritten) in der Bezeichnung blieb erhalten. Den rotberockten stolzen *Mountie,* inzwischen Teil des touristischen Image Canadas wie Kanus und Bären, sieht man immer noch vor dem Parlamentsgebäude in Ottawa, bei Paraden und anderen besonderen Anlässen, z.B. während der *Calgary Stampede* und natürlich beim »Drill« vor den Museen in Fort Macleod oder Regina.

Red Coat Trail und Crowsnest Highway

Fort Macleod (3.200 Einwohner; www.fortmacleod.com) ist der Endpunkt des in Anlehnung an die roten Jacken der Polizei und deren legendären Marsch 1874 so bezeichneten ***Red Coat Trail***. Dieser wurde später zu einer touristischen Alternative zum TCH umdefiniert. Indessen bietet die Route außer der hübschen Bezeichnung nur wenig Anlass, ihr durch den äußersten Süden der Prärieprovinzen zu folgen.

Dasselbe gilt nebenbei auch für den Verlauf des östlichen ***Crowsnest Highway*** in Alberta (!), während dessen Streckenführung ab den Rocky Mountains durch ganz British Columbia gar nicht genug herausgehoben werden kann, ➪ Seiten 351 und 357.

Nach Calgary und weiter

Von Fort Macleod erreicht man Calgary auf der – wie eine Autobahn ausgebauten – Straße #2 in knappen zwei Stunden. Bei ausreichender Zeit und speziell mit (Zwischen-)Ziel Banff und *Icefields Parkway* etc. könnte man stattdessen der ***Forestry Trunk Road*** den Vorzug geben; diese Route wird im folgenden Abschnitt detailliert beschrieben.

Head-Smashed-in Buffalo Jump

Einmal in der Region ist ein Abstecher zum ***Head-Smashed-in Buffalo Jump*** eigentlich ein »Muss«. Die UNESCO erklärte diesen Ort zum *World Heritage Site* (Weltkulturerbe). Er liegt 18 km nordwestlich von Fort Macleod an der bis dort asphaltierten Straße #785, die 2 km nördlich des *Crowsnest Highway* von der #2 abzweigt. Das westliche Teilstück der Straße, die zwischen Pincher und Brocket auf die #3 stößt, hat lediglich Schotterbelag.

Mehr noch als der 10 m hohe Steilabbruch selbst beeindruckt die Dokumentation im ***Head-Smashed-in Buffalo Jump Interpretive Centre***. Sie demonstriert das Leben der *Plains Indians* und die Entwicklung der Bisonjagd über viele Jahrtausende. Geöffnet von Mitte Mai bis Anfang September täglich 9-18 Uhr, sonst 10-17 Uhr; Eintritt $10/$5; www.head-smashed-in.com.

Prärieindianer und Bisons

Prärieindianer lebten von den Bisons. Sie verarbeiteten die größten Landsäugetiere Nordamerikas mit Haut und Haaren, das Fleisch zu *Pemmikan* (Trockenfleisch), das Fell zu Kleidung und *Teepees*, die Sehnen zu Seilen und Garnen, Knochen und Hufe zu Werkzeug. Den Dung gebrauchten sie als Brennmaterial.

Vor rund 6.000 Jahren entwickelten sie eine besondere Jagdtechnik: Im großen Stammesverband versetzten sie die Bisonherden in Panik und trieben sie auf Abgründe zu, in die sich die Tiere zu Tode stürzten. In der kargen Trockenvegetation der *Porcupine Hills* folgten Wochen des Überflusses.

Am Hang des ***Head-Smashed-in Buffalo Jump*** und anderer Abhänge entdeckte man meterdicke, mit Knochen gefüllte Erdschichten. Meistens starben dort weit mehr Bisons, als die Jäger verarbeiten konnten. Zumindest beim *Buffalo Jump* lebten also Amerikas Ureinwohner durchaus nicht in einem resourcenschonenden Einklang mit der Natur.

Den Schlusspunkt unter die Jagdmethode des *Buffalo Jump* setzten die aus Europa importierten Pferde und Gewehre. Ab Mitte des 18. Jahrhunderts jagten die kanadischen Indianer Bisons in kleinen berittenen Gruppen.

Im Head-Smashed-in Buffalo Jump Interpretive Centre

Kutschenmuseum

Wer auch den *Waterton Lakes National Park* besuchen will, wendet sich ab Fort MacLeod nach Süden. Dabei begleitet einen stets die Silhouette der Rocky Mountains. Nach 60 km erreicht man Cardston (3.600 Einwohner), wo das ***Remington Carriage Museum*** (623 Main Street) die größte Pferdekutschensammlung Nordamerikas präsentiert. Neben den 270 Wagen giebt es dort Restaurateure in der Werkstatt und audiovisuelle Präsentationen zur Geschichte der Kutschfahrt. Auf dem Freigelände weiden mächtige *Clydesdale Horses*. Täglich Juli bis August 9-17 Uhr, sonst 9-16 Uhr; Eintritt $10/$5, Kutschfahrt $5; www.remingtoncarriagemuseum.com.

Gleich hinter dem Kutschenmuseum liegt der gepflegte ***Lee Creek Campground***, 695 2nd Street W, $24-$30 (*Full Hook-up*); © 1-877-471-2267; www.campleecreek.com.

3.5.2 Waterton Lakes National Park und von dort auf der Forestry Trunk Road nach Norden

Waterton Lakes Nat`l Park

Bereits auf der Anfahrt bietet sich dem Reisenden das großartige Panorama der Rocky Mountains mit den Waterton Lakes im Vordergrund. Nirgendwo sonst in Canada sieht man einen derart abrupten Übergang zwischen Prärie und Hochgebirge. Entsprechend verdoppelt sich der Jahresniederschlag vom Parkeingang bis zum 24 km entfernten Cameron Lake auf 1.520 mm (niederschlagsreichster Punkt Albertas).

Information

Direkt an den kanadischen *Waterton Lakes National Park* grenzt der *Glacier National Park* auf US-Seite.

Parkinfos gibt es an der ***Entrance Road*** (✆ (403) 859-5133, www.pc.gc.ca/waterton, nur Mitte Mai-Mitte Oktober) und ganzjährig gemeinsam mit ***Waterton Lakes Chamber of Commerce*** (www.mywaterton.com) im ***Park Administration Building***, #215 Mount View Road, beide ✆ (403) 859-2224.

Auf keinen Fall sollte man den kurzen Aufstieg auf den ***Bear's Hump*** oberhalb des ***Visitor Centre*** auslassen (1,4 km). Von oben hat man einen grandiosen Blick auf das *Hotel Prince of Wales*, über den See und die Berge.

Infrastruktur

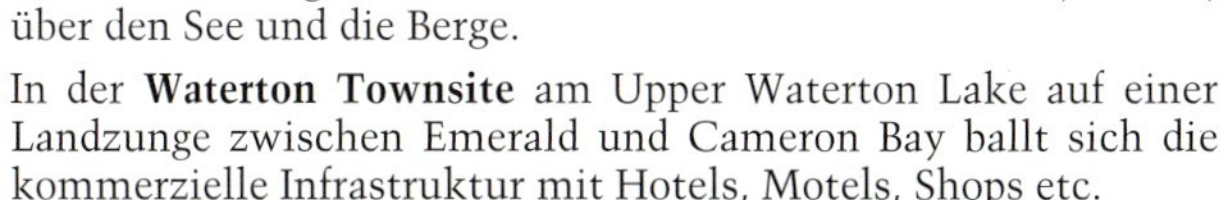

In der **Waterton Townsite** am Upper Waterton Lake auf einer Landzunge zwischen Emerald und Cameron Bay ballt sich die kommerzielle Infrastruktur mit Hotels, Motels, Shops etc.

Der mit 238 Stellplätzen riesige ***Waterton Townsite Campground*** gehört zum Nationalpark und lässt sich reservieren: ✆ 1-877-737-3783, $23-$39, www.pccamping.ca. Direkt von dort startet ein Trail zu den pittoresken ***Lower Bertha Falls*** (ca. 6 km retour).

Wer es sich leisten kann (DZ ab $239), bucht das nostalgische ***Prince of Wales Hotel***, das malerisch auf einer Anhöhe zwischen Upper und Middle Waterton Lake liegt, ✆ (403) 859-2231; www.princeofwaleswaterton.com.

Grenzüberschreitendes Ausflugsboot auf dem Waterton Lake, dahinter das Nostalgiehotel »Prince of Wales«

3

Upper Waterton Lake

Zu den besonders beliebten Attraktionen des Parks gehört eine grenzüberschreitende **Bootstour** über den mit 148 m tiefsten See in den Rocky Mountains (2 Std 15 min inkl. 30 min Stopp an der *Goat Haunt Ranger Station* am Südende des Sees im *Glacier National Park/USA*; © 403-859-2362, täglich Mai-Mitte Oktober um 10, 13 und 16 Uhr, Juli und August auch um 19 Uhr, $40/$13; www.watertoncruise.com). Die USA sind auch über einen **Uferweg** auf Schusters Rappen zu erreichen (6 km).

Parkstraßen/ Kurzwanderwege

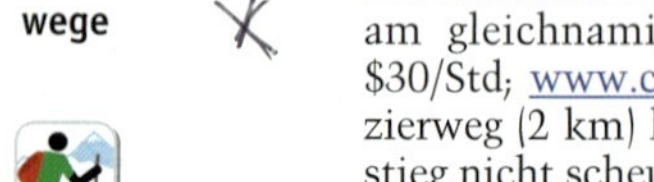

Nur zwei Stichstraßen führen in den Park hinein:

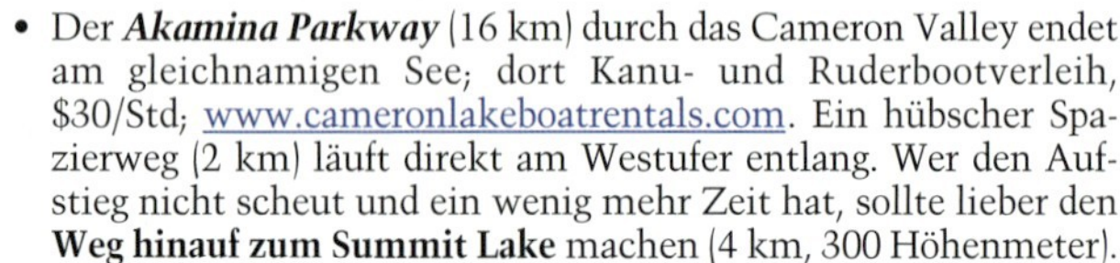

- Der ***Akamina Parkway*** (16 km) durch das Cameron Valley endet am gleichnamigen See; dort Kanu- und Ruderbootverleih, $30/Std; www.cameronlakeboatrentals.com. Ein hübscher Spazierweg (2 km) läuft direkt am Westufer entlang. Wer den Aufstieg nicht scheut und ein wenig mehr Zeit hat, sollte lieber den **Weg hinauf zum Summit Lake** machen (4 km, 300 Höhenmeter).

- Der ***Red Rock Parkway*** (15 km) verläuft parallel zum Blakiston Creek. Ab Parkplatz am Straßenende führt der ***Red Rock Canyon Trail*** (0,7 km) in eine anfangs breite Schlucht mit pittoresk ausgewaschenem Bachbett aus rotem (eisenhaltigem) Gestein. Auf der anderen Parkplatzseite geht es zu den wenig aufregenden ***Blakiston Falls*** (1 km). Der *Parkway* ist zugleich Zufahrt zum besten per Auto zugänglichen *Campground* des Parks: ***Crandell Mountain***, ca. 8 km auf dem *Parkway*; 129 Plätze, $22).

Planschen und klettern im Bett des Baches durch den Red Rock Canyon ist nicht nur bei Kindern beliebt

Längere Trails

Der ***Crypt Lake Trail*** gilt als einer der »originellsten« Wanderwege der kanadischen Rocky Mountains. Den ***Trailhead*** *Crypt Landing* am Ostufer des Upper Waterton Lake erreicht man nur per Boot (Ende Juni-August täglich 9 und 10 Uhr, sonst nur 10 Uhr; $20/$10 retour). Am Hell Roaring Creek entlang geht es hinauf zum *Crypt Lake* (9 km, oft selbst im Hochsommer noch voller Eisschollen) an der Grenze und zu seinem unterirdischen Abfluss, der einen **175 m hohen Wasserfall** bildet. Der Clou der Wanderung ist der 25 m lange ***Crypt Tunnel***, durch den man sich

z.T. auf Knien zwängen muss, um das Ziel zu erreichen. Einschließlich Bootsfahrt und Marsch über 700 m Höhendifferenz bis auf 1.955 m benötigt man für diesen Trip einen vollen Tag.

Zu den schönsten Bergpfaden Albertas zählt der ***Carthew-Alderson Trail*** (19 km, 650 Höhenmeter). Nach dem Aufstieg über den Summit Lake (⇨ oben) zum *Carthew Summit* (2.311 m) hat man oberhalb der Baumgrenze einen herrlichen Weitblick über roten Fels, wie sonst nirgendwo in den kanadischen Rockies. Im Abstieg führt der Weg über Carthew und Alderson Lake nach ***Cameron Falls*/Waterton Townsite**. Ab *Tamarack Village* gibt es einen *Shuttle* zum Cameron Lake, $14, www.hikewaterton.com.

Glacier National Park/USA

Wer seine Reise nach Süden fortsetzt, fährt vom Waterton Townsite knapp 80 km bis St. Mary, dem östlichen Eingangstor zum *Glacier National Park* mit einer der schönsten Hochgebirgsstraßen Nordamerikas, der ***Going-to-the-Sun-Road***.

Crowsnest Pass

Vom Nationalpark nordwärts geht es auf der Straße #6 über Pincher Creek zunächst zum *Crowsnest Highway*. In dieser Region begann 1898, nachdem die Gleise der *Canadian Pacific Railway* verlegt worden waren, die Ausbeutung von Kohlevorkommen. Der Ort **Crowsnest Pass** (www.crowsnestpass.com) besteht aus dem Zusammenschluss einstiger Bergwerkssiedlungen (Bellevue, Hillcrest, Frank, Blairmore, Coleman und Hillcrest Mines).

Bellevue

In Sichtweite des *Turtle Mountain* kann man in der 1962 stillgelegten ***Bellevue Mine*** (21814 28th Ave) mit Helm und Lampe ausgerüstet an einer halbstündigen Führung durch einen dunklen Stollen teilnehmen. Täglich Mai bis Anfang September 10-18 Uhr; Eintritt $14/$10; www.bellevueundergroundmine.org.

Frank Slide
(⇨ Foto nächste Seite)

Bei der Ortschaft Frank führt die Straße durch ein mehrere Quadratkilometer großes Felsgeröllfeld, das 1903 durch den folgenschwersten Bergsturz Canadas entstand. Das ***Frank Slide Interpretive Centre***, ein großes Besucherzentrum etwas abseits der Durchgangsstraße, erläutert Hintergrund und Folgen des Sturzes vom *Turtle Mountain*, der seinerzeit im Dorf Frank (daher *Frank Slide*) 70 Menschen in den Tod riss. Juli-Anfang September täglich 9-18 Uhr, sonst 10-17 Uhr; Eintritt $10/$5; www.frankslide.com.

Auch wer sich für die Einzelheiten des *Frank Slide* und die Geschichte des Kohlebergbaus nicht so sehr interessiert, sollte kurz zum Besucherzentrum hinauffahren. Der Blick von dort oben über die auch nach so langer Zeit immer noch fast vegetationslose Steinwüste ist eindrucksvoll.

Crowsnest Highway

Mit Erreichen der Rocky Mountains wird der Verlauf des *Crowsnest Highway* #3 nun erheblich attraktiver. Im Norden dominiert der für die Route namensgebende *Crowsnest Mountain* (2.785 m) das Panorama. Der ***Crowsnest Pass*** ist mit 1.396 m die niedrigste Passhöhe über die *Rockies* bis zum *Yellowhead Pass* (⇨ Seite 248). Wer dieser Route weiter nach British Columbia folgen will, findet den Anschluss ab Seite 351.

Frank Slide, ein Erdrutsch, der vor über 100 Jahren ein ganzes Dorf unter sich begrub; davor das Visitor Center informiert über die Einzelheiten dieses Unglücks

Forestry Trunk Road

Ab Coleman läuft die *Forestry Trunk Road*, die »Hauptforststraße«, über einige 100 Kilometer entlang der Ostseite der Rocky Mountains. An ihr finden sich zahlreiche, oft wunderschön gelegene, wenn auch meist einfache **Campingplätze**.

Die Straße besitzt im südlichen Teil landschaftlich sehr reizvolle Teilstrecken und ist obendrein die beste Verbindungsroute zwischen *Crowsnest* und *Trans Canada Highway*. Sie führt als gut befahrbare (Schotter-)straße #40/#940 durch bewaldete Landschaft fernab der Zivilisation. Von diversen Plätzen ist der ***Campground*** an den ***Livingstone Falls*** besonders empfehlenswert (23 Plätze, $17; ✆ 403-563-5395; www.albertaparks.ca/livingstone-falls).

Ungefähr dort beginnt auch der attraktivste Teil der Strecke durch das ***Kananaskis Country***. Nach insgesamt 112 km trifft die Straße auf den durchgehend asphaltierten ***Kananaskis Trail*** (#40), der bei Canmore in den TCH mündet.

Nördlich des ***Highwood Pass*** (mit 2.206 m der höchste Straßenpass Canadas (Wintersperre 1. Dez. bis 15. Juni) befindet sich – bereits im *Peter Lougheed Provincial Park* – der Ausgangspunkt für einen schönen ***Nature Trail***. Der ***Ptarmigan Cirque Trail*** (ca. 5 km Rundweg, steil) führt durch einen Kar (kesselförmige Eintiefung am Berghang), oben mit großartigen Ausblicken auf die Gebirgswelt. Weniger Steigung hat etwas weiter südlich der schöne ***Elbow Lake Trail*** (1,3 km one-way).

Peter Lougheed Park

Nach 55 km auf dem *Kananaskis Trail* zweigt der ***Kananaskis Lakes Trail*** zum Kernbereich des ***Peter Lougheed Provincial Park*** ab. Dass dieser sowohl von der Hochgebirgslage her als auch bezüglich seiner Campingplätze zu den schönsten überhaupt gehört, wissen auch die Städter aus Calgary. An den Wochenenden ist der ***Boulton Creek Campground*** (118 Stellplätze) oft schon lange im voraus ausgebucht ($23-$35; www.reserve.albertaparks.ca). Unter fünf weiteren *Campingplätzen* ragt der ***Interlakes Campground***

heraus ($23). Von vielen der ruhigen 48 Stellplätze hat man dort Seezugang und Blick auf das Gebirgspanorama.

Trails

Das ***Visitor Centre*** des ***Peter Lougheed Park*** (✆ 403-591-6322; www.albertaparks.ca/peter-lougheed) präsentiert sehenswerte audiovisuelle Programme zu Gebirgswelt, Flora und Fauna.

Etwas weiter entfernt vom Straßenende am ***Interlakes Campground*** steigt der grandiose ***Mount Indefatigable Trail*** zu einem 500 m höher liegenden Aussichtspunkt (2,5 km). Noch einmal ca. 1,5 km mehr sind es zum Gipfel, einem der besten *View Points* in den kanadischen Rockies mit famoser Rundumsicht.

Smith Dorrien/ Spray Trail

Auch ohne Abfahren der *Forestry Trunk Road* wäre ein Abstecher zu diesem Provinzpark überaus erwägenswert. Er ist über den – landschaftlich selbst vom *Icefields Parkway* kaum zu übertreffenden – ***Smith-Dorrien/Spray Trail*** mit dem TCH in Canmore verbunden (ab Canmore folgt man dem Schild »*Nordic Centre*«).

16 km südlich Canmore passiert man den ***Spray Lakes West Campground*** am *Spray Lakes Reservoir* (50 Plätze, $23). Dieser Platz ist ein idealer Ausgangspunkt für Besuche in Banff und den Nationalparks etwas abseits touristischer Hauptpfade. Kurz danach führt die Schotterstraße in holprigen Serpentinen abwärts.

Canmore

Unmittelbar am Eingang zum ***Banff National Park*** im breiten Tal des milchig-grün dahinfließenden Bow River liegt **Canmore**. Mit seinem großen Angebot an **Hotels, Motels *Bed & Breakfasts, HI-Hostel*** (➪ Seite 275) und Restaurants eignet sich der Ort gut als **Quartieralternative** zum teuren Banff.

Canmore (12.300 Einwohner, *Visitor Centre*: 907 7th Avenue; www.tourismcanmore.com) entstand – ähnlich den Ortschaften von Crowsnest Pass – als Bergwerkssiedlung und Bahnhof der *Canadian Pacific Railway* im späten 19. Jahrhundert.

1988 fanden im ***Nordic Centre*** während der Olympischen Winterspiele die Langlauf- und Biathlonwettbewerbe statt. In der Nähe, ab *Smith-Dorrien/Spray Trail*, beginnt eine schöne **Wanderung** unterhalb des *Chinaman's Peak* zu den ***Grassi Lakes***, einer kleinen Seenkette mit steilen Kletterfelsen rundherum (2 km).

Kananaskis Trail

Als Alternativanfahrt zum *Peter Lougheed Provincial Park* bietet sich von Norden kommend auch die asphaltierte Straße #40 an (*Kananaskis Trail*). Sie folgt dem Tal des Kananaskis River, der die Hauptkette der Rocky Mountains vom Vorgebirge trennt. Auf etwa halber Strecke fanden an der *Nakiska Ski Area* am ***Mount Allan*** die Alpinskiwettbewerbe der Olympischen Spiele 1988 statt. Damals entstand in kurzer Distanz das ***Kananaskis Village***.

In diesem Komplex aus Hotels, Golfplätzen etc. trafen sich 2002 die Regierungschefs der G 8 zu einem **Weltwirtschaftsgipfel**.

Das ***International Hostel Kananaskis*** (HI), 1 Ribbon Creek Road, 37 Betten; $25, DZ $63; www.hihostels.ca/kananaskis, liegt 20 Gehminuten vom Kananaskis Village entfernt.

Forestry Trunk Road, zentraler Abschnitt

Westlich der Linie Calgary/Edmonton endet mit den Prärien auch die Zivilisation. Durch die ausgedehnten Waldgebiete an den Osthängen der Rockies führen **nur wenige Schotterstraßen**, die alle in die *Forestry Trunk Road* einmünden. Auf diesem klassischen Teil der Forststraße (zwischen TCH und *Yellowhead* als Hwy #40/#734 ausgeschildert) mit besonders vielen ***Provincial Recreation Area Campgrounds*** trüben teilweise schlechte Straßenqualität und – bei der langen Fahrt durch dichten Wald – fehlende Aussicht die Freude an der Einsamkeit. Im Gegensatz zum südlichen Arm (⇨ oben) verläuft das Mittelstück der *Forestry Trunk Road* weitab des Hochgebirges.

Zustand

Fürs Befahren dieses Abschnittes mit teilweise mäßiger Straßenqualität gilt Ähnliches, wie auf den Seiten 100f. erläutert. Wohnmobile größer als *Van Camper* 19 Fuß eignen sich nur bei Schönwetterperioden für diese Strecke.

Nordegg

Von der 268 km langen Strecke ab der Straße #1A bis Nordegg (200 Einwohner) am *David Thompson Hwy* #11 sind nur die nördlichen 50-60 km durch die ***Ram Falls PRA*** (*Campground*, $22) reizvoll. Ein kurzer ***Trail*** führt zu den schäumenden Wasserfällen des **South Ram River** rund 60 km südlich der #11. Kurz vor Erreichen von Nordegg überquert man den malerischen **North Saskatchewan River**. Nördlich des Ortes führt die *Shunda Creek Recreational Area Road* zum ***HI-Hostel Shunda Creek***, © (403) 721-2140, 47 Betten, $27, DZ $67; www.hihostels.ca/nordegg.

David Thompson Highway

Der ***David Thompson Hwy*** (#11) gehört auf den 87 km zwischen dem *Banff National Park* und Nordegg zu den schönsten Straßen in Alberta. Auch wer in den Nationalparks (*Icefields Parkway*) unterwegs ist, wird einen kleinen Abstecher nach Osten nicht bereuen – mindestens bis Ende ***Abraham Lake***, noch besser bis an

North Saskatchewan River vor der Kulisse der Rocky Mountains östlich der Banff-Jasper National Parks. Im Hintergrund der Abraham Lake.

den North Saskatchewan River über die *Forestry Trunk Road*. Der türkisfarbene Stausee lädt vor grandioser Kulisse zum Verweilen ein. Aber nur einige holprige Zufahrten führen ans Wasser.

Am Südende des Sees nahe der ***Kootenay Plains PRA*** (***Two O' Clock Creek Campground***, © 403-721-3975, $24, 42 Stellplätze) beginnt die **Wanderung** zu den 15 m hohen ***Siffleur Falls***. Der leichte 4 km lange *Trail* folgt nach der Hängebrücke über den North Saskatchewan River dem Flusscanyon bis zum Wasserfall.

Im Bereich des Abraham Lake stehen die einzigen **Motels** zwischen Nordegg und dem Nationalpark. Das etwas betagte ***David Thompson Resort***, © 1-888-810-2103, www.davidthompsonresort.com, DZ ab $122, ***Camping***: 130 Plätze, $21-$45) sowie die attraktive ***Aurum Lodge***, © (403) 721-2117, www.aurumlodge.com, DZ ab $199, liegen beide nur ca. 40 km vom *Icefields Parkway* entfernt.

Eine ganze Reihe ***Provincial Recreation Areas*** mit einfachen, aber hübschen ***Campgrounds*** im Bereich um Nordegg bieten sich als Ausweichmöglichkeit an, wenn in der Hochsaison am *Icefields Parkway* der Nationalparks alles voll besetzt sein sollte.

Rocky Mountain House

Über die #11 erreicht man etwa 80 km östlich von Nordegg die Ortschaft **Rocky Mountain House** (7.000 Einwohner) und die gleichnamige ***Nat'l Historic Site*** (kurz vor dem Ort rechts auf die #11a abbiegen). Hier gibt es restaurierte Fragmente von fünf Forts aus der Pelzhändlerzeit zusehen, Mitte Mai bis Anfang September täglich 10-17 Uhr, $4; www.pc.gc.ca/rockymountainhouse.

Forestry Trunk Road, Nordteil

Weiter Richtung Norden: Ab Nordegg bis zum 80 km entfernten ***Fairfax Lake PRA*** (*Campground*, 27 Plätze, $11) ist die in diesem Bereich weniger reizvolle Forststraße eine passable ***Dirt Road***. Danach folgen 120 km Schotter bzw. Asphalt guter Qualität (#40) bis zum *Yellowhead Highway*.

Von Hinton nach Grande Prairie
(Karte Seite 323)

Der nördlichste Ast der *Forestry Trunk Road* entspricht zunächst der hier ganz aspaltierten **Straße #40** (*Big Horn Highway*). Etwa 15 km nördlich des *Yellowhead Hwyy* durchquert die Straße den ***William A. Switzer Provincial Park***, der neben Badestränden und Wanderwegen auch Boot- und Mountain-Bike-Verleih hat. Per Leihkanu (inkl. Rücktransport) kann man über fünf durch den ***Jarvis Creek*** miteinander verbundenen Seen paddeln. Vier einfache Campplätze liegen an Jarvis und Gregg Lake, aber allein der ***Gregg Lake Campground*** ($27) hat Strom und Duschen, © (403)-865-5152; www.albertaparks.ca/william-a-switzer.

Gute 100 km nördlich des *Yellowhead Highway* zweigt die hier nur mäßig gepflegte ***Forestry Trunk Road #734*** vom ***Big Horn Hwy*** ab. Beide Strecken verlaufen parallel durch dichtes Waldgebiet. Die Forststraße mündet östlich von Grande Prairie in die Straße #43, der *Big Horn Highway* läuft direkt in die Stadt (➪ Seite 323/324). Bei Reiseplänen von Banff/Jasper in Richtung Norden und Verzicht auf einen Edmonton-Abstecher ist die Route über den Hwy #40 die kürzeste und fahrtechnisch schnellste Option.

3.6 Edmonton

Lage

Edmonton liegt inmitten einer flachen, leicht hügeligen Prärielandschaft knapp 300 km nördlich von Calgary und ebenso weit östlich der Rocky Mountains. Mit 1,25 Mio Einwohnern ist der Großraum Edmonton nach Calgary die zweitbevölkerungsstärkste Region der Provinz Alberta (Stadt 820.000 Einwohner). Überwiegend landwirtschaftlich genutzt, bietet die Umgebung Edmontons keine besonderen Reize. Nichtsdestoweniger ist die Lage von ***Downtown* Edmonton** beidseitig der Ufer des tief eingeschnittenen North Saskatchewan River reizvoll.

Von Edmonton nordwärts

Für Fahrten in den hohen Norden ist Albertas Hauptstadt der beste Ausgangspunkt (knapp 600 km bis Dawson Creek, wo der *Alaska Highway* beginnt; knapp 1.000 km bis hinauf zu den Northwest Territories).

3.6.1 Klima und Geschichte

Klima

Wie auf Seite 575 ausgeführt wird, zeichnet warmes, weitgehend **trockenes Sommerklima** Albertas Prärieregionen aus. Niederschläge sind selten und meist verbunden mit kurzen heftigen Gewittern. Dank seiner Lage relativ hoch im Norden scheint im Bereich Edmonton an schönen Tagen im Juni/Juli bis zu 17 Stunden die Sonne. Wechselhaftes Wetter mit bisweilen recht kühler Witterung zeichnet Frühjahr und Herbst aus.

Geschichte

Wie viele andere Städte des kanadischen Westens ging auch Edmonton aus den Niederlassungen der beiden großen Pelzhandelsgesellschaften hervor. ***Hudson's Bay*** und ***North West Company*** errichteten 1802 Seite an Seite *Fort Edmonton* bzw. *Fort Augustus* am Ufer des Saskatchewan River in Rossdale südlich von *Downtown. Fort Edmonton* wurde an fünf verschiedenenen Orten erbaut, zuletzt 1830 (➪ Seite 318). Aus dem Pelzhandelszentrum entstand bald eine Siedlung.

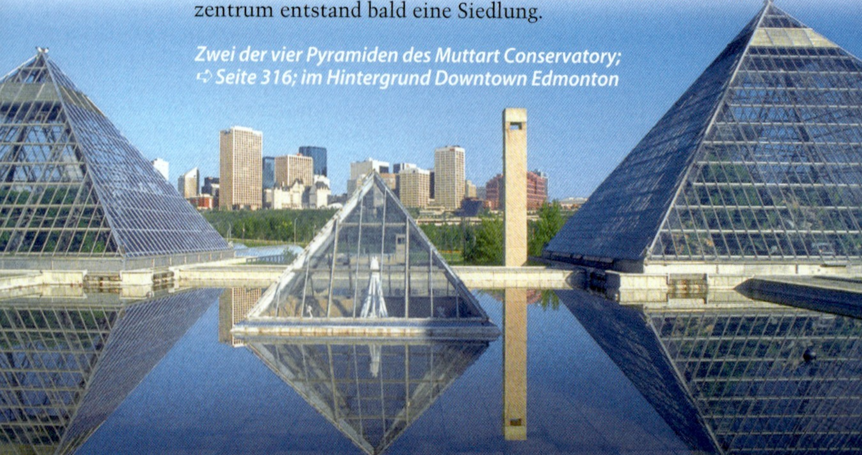

Zwei der vier Pyramiden des Muttart Conservatory; ➪ Seite 316; im Hintergrund Downtown Edmonton

Goldrausch

Der Klondike-Goldrausch 1897/98 verwandelte das entlegene Prärienest in eine ***Boom Town***, als an die 2.000 unerfahrene Prospektoren von dort aus auf dem Landweg (die meisten wählten den Seeweg von San Francisco, Seattle oder Vancouver durch die *Inside Passage* nach Dyea/Skagway, ➪ Seite 407) die Goldfelder am Klondike River erreichen wollten. Keiner von ihnen schaffte es, sich bis zum Frühsommer 1898 durch die unerschlossene Wildnis bis zum fernen Ziel durchzukämpfen.

Auf den *Boom* folgte kein *Bust*, die Talfahrt, den so viele andere Städte nach plötzlichem Wachstum erleben mussten, wenn die Basis der Expansion entfiel. Edmonton behielt Zentralenfunktion für die weitere Entwicklung des Nordwestens und avancierte 1905 zur Hauptstadt der neuen Provinz Alberta. Nach dem Anschluss an das nördliche transkontinentale Eisenbahnnetz im Jahr 1915 wurde Edmonton zu einem der wichtigsten Verkehrsknotenpunkte im westlichen Canada.

Alaska Highway

Als in den 1930er-Jahren die Erschließung bislang unzugänglicher Regionen im hohen Norden per Flugzeug begann, spielte Edmonton eine bedeutende Rolle. Beim Bau des *Alaska Highway* (➪ Seite 385f.) im 2. Weltkrieg war die Stadt eine der wichtigsten Etappen für den Nachschub. Aus dieser Zeit stammt die Bezeichnung Edmontons als ***Gateway to the North***.

Öl

1947 stieß man 30 km südwestlich der Stadt bei Leduc auf Öl, was den zweiten *Boom* auslöste. Edmonton verdoppelte seine Einwohnerzahl in nur einem Jahrzehnt. Heute bilden Erdöl- und Erdgasförderung sowie -verarbeitung das wirtschaftliche Rückgrat der Region. Außerdem wird von Edmonton aus die Ausbeutung der ölhaltigen Sände bei Fort McMurray gelenkt.

3.6.2 Information, Orientierung und öffentliche Verkehrsmittel

Tourist Information

Besucherinformationen befinden sich im ***Gateway Park*** (➪ unten) und mitten in der Innenstadt:

Edmonton Tourism www.edmonton.com
9797 Jasper Ave (Downtown im *West Shaw Building*), ✆ (780) 401-7696, ✆ 1-800-463-4667.

Besondere Erwähnung verdient die *Tourist Information* am #2404 Gateway Boulevard (Autobahn #2 Calgary–Edmonton) am südlichen Stadtrand. Nebenan im ***Gateway Park*** informiert ein *Display* über Ölförderung und -industrie in Alberta.

Dort ist außerdem ***Leduc #1 Oil Derrick***, der Nachbau eines Bohrturms von 1947 zu besichtigen. Seinerzeit setzte *Imperial Oil* südwestlich des ***Gateway Park*** im heutigen Devon (➪ Seite 322) die erste erfolgreiche Öl - bohrung im Raum Edmonton.

Airport

Der ***Edmonton International Airport*** (YEG, 7 Mio Passagiere jährlich), www.flyeia.com, liegt ohne Vorort-Busanschluss 30 km südlich *Downtown* bei Leduc. Die Fahrt per ***Sky Shuttle*** in die Stadt kostet $18; www.edmontonskyshuttle.com.

Straßensystem

Dank der übersichtlichen Straßenführung und -bezeichnung ist es in Edmonton nicht sehr schwer, sich zurechtzufinden. Die ***Avenues*** verlaufen in ost-westlicher Richtung, die ***Streets*** von Norden nach Süden; die fortlaufende Zählung beginnt für die *Avenues* im Süden, für die *Streets* im Osten (Meridian Street).

Orientierung

Der in weiten Bogen quer durch die Stadt fließende **North Saskatchewan River** teilt Edmonton in nördliche und südliche Stadtteile. Die Straßenzählung setzt sich – ungeachtet der Unterbrechung durch den Fluss – auf beiden Seiten fort. Neun Brücken überqueren innerhalb der Stadt den North Saskatchewan River, dessen Ufer auf nahezu ganzer Länge durch die Stadt von Grün- und Sportanlagen gesäumt werden. Das **Zentrum** Edmontons mit der *City Hall* und den Gebäuden der Provinzregierung liegt erhöht über dem Nordufer des Flusses. Hauptgeschäftsstraße ist die **Jasper Ave**. Auf der Südseite befinden sich der eindrucksvolle Campus der ***University of Alberta*** und schöne Wohnviertel.

Öffentlicher Nahverkehr

Edmonton verfügt über ein gut ausgebautes öffentliches Nahverkehrssystem, das Bus und Straßenbahn kombiniert. Die einzige Schnellbahn (LRT, *Light Rapid Trail*) durchquert Edmonton diagonal von Clareview im Norden über Downtown und University nach Süden bis Century Park. Einzelfahrten kosten $3,20 – 10er-Tickets $24. Ein ***Daypass*** ($9) erlaubt die beliebige Nutzung aller Linien; er ist erhältlich in 200 Geschäften und Banken mit dem ***»Edmonton Transit System«-Logo,*** www.takeets.com.

3.6.3 Unterkunft und Camping

Hotels/ Motels

Wer nostalgisch und luxuriös übernachten möchte, findet eine angemessene Unterkunft im 1915 erbauten

- ***Fairmont Hotel Macdonald*** (10065 100th St, © 780-424-5181, © 1-866-540-4468; www.fairmont.com/macdonald); ab $199.
- Dort wie auch im ***Coast Edmonton Plaza Hotel*** (10155 105th Street, © 780-423-4811, 300 Zimmer, ab $109; www.coast hotels.com) gibt es an Wochenenden Sonderangebote unter den üblichen Tarifen.

Außerhalb der Innenstadt findet man viele Hotels und Motels der **Mittelklasse** entlang der südlichen Zufahrtstraße (#2, *Calgary Trail*) im Bereich der Kreuzung mit der Straße #14 – z.B. das

- ***Best Western Cedar Park Inn***, © 1-800-661-9461, 5116 Gateway Blvd; 195 Zimmer, DZ ab $139; www.bestwestern.com.

und entlang der westlichen Zufahrtstraße 101st Ave, speziell an deren Verlängerung Stony Plain Road im Bereich der 170. Straße.

Bed & Breakfast

Bei Vorabuchung von *B&B*-Quartieren (ab $70 fürs DZ) hilft die

- ***Bed & Breakfast Association of Greater Edmonton:***
  www.bbedmonton.com

Auf ihrer Website werden rund 15 Häuser im Großraum Edmonton im Bild vorgestellt. Buchung durch Direktkontakt.

Preiswerte Unterkünfte

Die **Jugendherberge** liegt hervorragend in *Old Strathcona*:

- ***Edmonton International Hostel (HI)***
  10647, 81st Ave, www.hihostels.ca/edmonton,
  ✆ 1-866-762-4122, Bett $30, DZ $67 pro Nacht; 88 Betten

Vorausreservierung empfiehlt sich ebenso wie beim meistens gut belegten **YMCA** mit *Pool* und *Exercise Room* in der Innenstadt:

- **YMCA**
  10030, 102 A Ave, ✆ (780) 421-9622,
  www.edmonton.ymca.ca, Bett $35, DZ $63; 120 Betten

Preiswerte Quartiere bietet (nur Mai bis August)
auch die Universität von Alberta:

- **University of Alberta** (*Lister Centre*)
  87th Ave & 116th Street, www.residence.ualberta.ca,
  ✆ (780) 492-6056; EZ $49, DZ $59

Camping

Camper finden rund um die City mehrere gute Plätze. Besonders zu empfehlen sind folgende *Campgrounds*:

- Im Südwesten der Stadt liegt der städtische ***Rainbow Valley Campground & RV Park*** (13204 45th Ave, 86 Plätze) am Whitemud Creek nicht weit entfernt vom gleichnamigen *Freeway, Exit* 119th Street. Im Sommer muss auf diesem beliebten Platz zeitig am Tage eintreffen, wer noch unterkommen möchte; Reservierung möglich unter ✆ (780) 434-5531 oder ✆ 1-888-434-3991; $32-$36, www.rainbow-valley.com.

- Außerhalb der Stadtgrenzen im östlichen Vorort Sherwood Park verfügen das komfortable ***Half Moon Lake Resort***, 250 Plätze, ✆ (780) 922-3045, www.halfmoonlakeresort.ca, $35-$46, Bootsverleih, Minigolf, sowie der
- ***Kawtikh Retreat & Campground***, 51380 A Range Road 205, in Sherwood Park, ✆ (780) 922-5168, www.kawtikh.com, $35-$46 (Wald am Hastings Lake), über **Sandstrände**.
- Der nächste ***Provincial Park Wabamun Lake*** – mit einem sehr großen *Campground* (275 Plätze, $23-$29) – liegt ca. 60 km westlich von *Downtown* am *Yellowhead Hwy* #16.

- Nicht viel weiter zählt der 63 km südöstlich der Stadt gelegene ***Miquelon Lake PP*** zu den populärsten Parks der Region. Der See ist mit seinem seichten Sandstrand der mit Abstand **beste Badesee** im Großraum Edmonton (Camping $23-$29).
- Rund 50 km von Edmonton entfernt (via Straße #16 in östliche Richtung) liegt der *Campground* im ***Elk Island National Park***, $26; www.pccamping.ca; ➪ Seite 321.

3.6.4 K-Days, Old Strathcona & Theatre Festival

K-Days

Die ***K-Days,*** mit über 750.000 Besuchern größte städtische Veranstaltung, werden kurz nach der *Stampede* am dritten Juli-Donnerstag um 10 Uhr mit einer Eröffnungsparade durch *Downtown* eröffnet. Anschließend findet ein 10-tägiges Volksfest im ***Northlands Park*** statt. Zum riesigen Veranstaltungskomplex gehören eine Pferderennbahn, das Messegelände *Edmonton Expo Center* und die Veranstaltungshalle ***Rexall Place***, wo u.a. die *Edmonton Oilers* ihre Eishockey-Künste demonstrieren und die *Canadian Finals* (Rodeo) stattfinden. Zufahrt nordöstlich von Downtown über den Wayne Gretzky Drive.

Zum Programm der *K-Days* gehören **Goldschürfen** im ***Klondike Park***, Dauer-Entertainment auf mehreren Bühnen, zahlreiche **Fahrattraktionen** u.v.a.m.

Eintritt $14/$10; www-k-days.com.

Goldwaschen während der Edmonton K-Days

Old Strathcona

Bestes Viertel für den Abendbummel ist der ***Old Strathcona Entertainment District*** (www.oldstrathcona.ca) an der Whyte Ave (82nd Ave) zwischen 99th und 109th Street. Dort laden über 100 ***Cafés, Restaurants*** **und** ***Nightclubs*** aller Stilrichtungen zum Verweilen ein. Ganzjährig lockt zudem der *Old Strathcona Farmer's Market* (10310 83rd Ave; www.osfm.ca) mit 130 Ständen (Sa 8-15 Uhr).

Theaterfestival

Während des ***Edmonton International Fringe Theatre Festival*** (www.fringetheatreadventures.ca, © (780) 448-9000), Edmontons zweitgrößter Veranstaltung, platzt *Old Strathcona* an 11 Tagen Ende August mit bis zu 600.000 Besuchern aus allen Nähten. Bei diesem **alternativen Theaterfestival** präsentieren Künstler von über 100 Gruppen ihr Repertoire von Komödie über Drama und Musical bis hin zu Straßenshows.

3.6.5 Stadtbesichtigung

Parks

Edmonton ist mit seinen schönen Parks auf beiden Seiten des teilweise tief in die Landschaft eingeschnittenen North Saskatchewan River alles in allem eine attraktive Stadt.Am Ufer gibt es zahlreiche Freizeiteinrichtungen, kreuzungsfreie **Wander**- und **Fahrradwege** folgen dem Flusslauf oft beidseitig durch die City.

Zentrum/ Churchill Square

Das Stadtzentrum von Edmonton lässt sich leicht zu Fuß erkunden. Bester Ausgangspunkt ist der **Sir Winston Churchill Square**, auf dem sich die Springbrunnen optisch wirkungsvoll vom Hochhaus der *City Hall* am Nordende des belebten Platzes abheben. Im Hintergrund ragt der ***EPCOR Tower*** empor – mit 149 m das höchste Gebäude Edmontons. Es gehört zum enormen Neubaukomplex ***Station Lands***, www.stationlands.com.

Kunstmuseum

Die architektonisch beachtliche ***Art Gallery of Alberta*** am Nordostende des Platzes (#2) zeigt Werke vieler Kunstrichtungen. Di-So 11-17 Uhr, Mi bis 21 Uhr; Eintritt $12,50; www.youraga.ca.

Einkaufszentren

Trotz der enormen Konkurrenz durch die *West Edmonton Mall* hat sich auch die *Shopping Mall* **Edmonton City Centre** mit 150 Geschäften auf vier Stockwerken bestens etabliert; www.edmontoncitycentre.com. ***Pedways***, verglaste Verbindungswege, führen zum ***Manulife Place***, 10180 101st Street NW. Im dem zweithöchsten Gebäude (146 m) Edmontons befindet sich ein weiteres, aber deutlich kleineres Einkaufszentrum.

Neben dem edlen ***Hotel Macdonald*** (1915) führt ein Treppenzug steil hinab zum North Saskatchewan River. Über die ***Low Level Bridge*** geht es nach Südosten zum ***Muttart Conservatory*** (9626 96A Street NW). Man kann dorthin gut zu Fuß laufen (1,5 km).

Das schon äußerlich ungewöhnliche Kunstmuseum ASA in Edmonton hat eine sehenswerte permanente Kollektion und oft temporäre hochrangige Sonderausstellungen, so z.B. Anfang 2014 Werke von Chagall

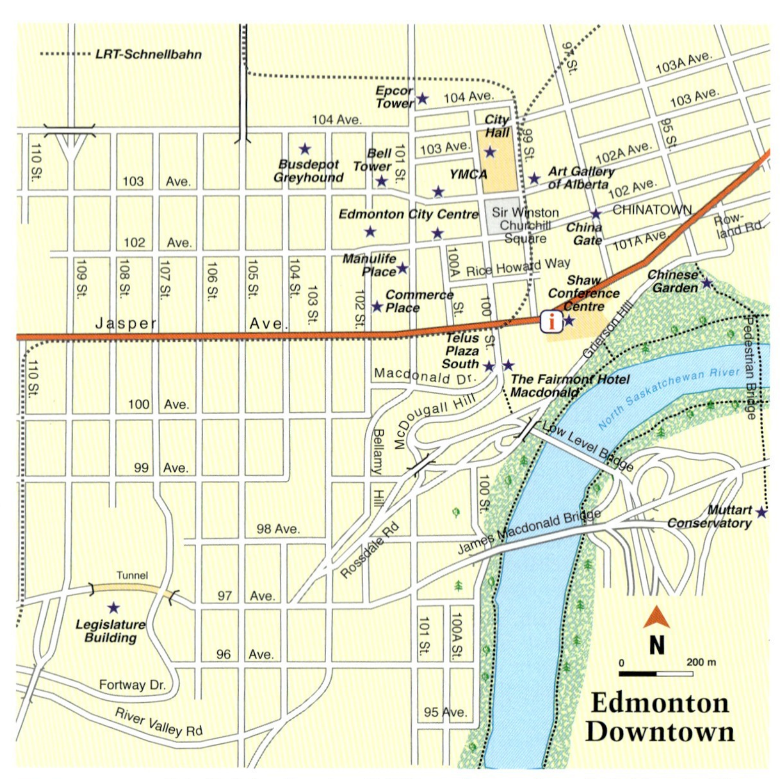

Die Brücke ist eine 8.000 t schwere doppelstöckige Stahlkon - struktion. Von ihr fällt der Blick über den Fluss auf die *Skyline* Edmontons mit den markanten Hochhäusern ***Manulife Place*** (➪ oben), ***Telus Plaza South*** (10020 100th Street NW,134 m) und ***Bell Tower*** (10104 193rd Ave NW, 130 m).

Muttart Conservatory

Drei der vier spitzen **Glaspyramiden** des *Muttart Conservatory* ste hen für Klimazonen der Erde; in der *Temperate, Arid* bzw. *Tropical Pyramid* wachsen Pflanzen aus gemäßigten, trockenen und tropischen Regionen. In der *Feature Pyramid* wechselt die blütenreiche Bepflanzung 6x jährlich. Gartenfreunde werden ihre Freude haben, besonders gilt das für den ***Tropical Garden***. Ein »Muss« sind die Treibhäuser trotzdem nicht. Für die Kamera jedoch bilden sie zusammen mit der *Skyline* Edmontons im Hintergrund ein prima Motiv. Geöffnet täglich 10-17 Uhr, Do bis 21 Uhr, Eintritt $12/$7; www.muttartconservatory.ca.

Ein schöner Weg führt vom *Conservatory* über die *Cloverdale Pedes - trian Bridge* auf die Nordseite des Flusses und weiter ansteigend über den *Chinese Garden* zum *Grierson Hill* (1 km). Dadurch besteht die Möglichkeit, im Bereich des *Muttart Conservatory* im ruhigen Stadtteil Cloverdale zu parken und *Downtown* zu Fuß anzusteuern.

Regierungsgebäude

Das ***Alberta Legislature Building*** (10800 98th Avenue) markiert das Westende von *Downtown*. Wo einstmals das *Fort Edmonton* stand (➪ Seite 318), tagt heute das Parlament von Alberta. Das aus dem Jahr 1912 stammende nostalgische Gebäude besitzt klassizistische, an europäischen Vorbildern orientierte Stilelemente. Eintritt frei. Führungen Mai bis Mitte Oktober stündlich 9-16 Uhr, sonst bis 15 Uhr; www.assembly.ab.ca.

Provinzmuseum

Unbedingt einen Besuch verdient das ***Royal Alberta Museum*** (12845 102nd Ave). Dieses naturkundlich-kulturgeschichtliche Museum unterscheidet sich in seinem klaren Aufbau und der Schwerpunktsetzung wohltuend von manch anderen Provinzmuseen. Sehenswert sind ***Wild Alberta*** mit vielen ausgestopften Tieren des kanadischen Westens in ihrer natürlichen Umgebung, die ***Gallery of Aboriginal Culture***, die einen Überblick über die Kultur der Indianer und die Siedlungsgeschichte der Region gibt, sowie die geologische und biologische Abteilung. Öffnungszeiten: täglich 9-17 Uhr, $11/$5; www.royalalbertamuseum.ca.

Wissenschaftsmuseum

Die moderne ***Telus World of Science Edmonton*** ist in einem futuristisch gestalteten Gebäude im ***Coronation Park*** (11211 142 St) mehrere Kilometer nordwestlich von *Downtown* untergebracht. Ausstellungen und visuelle und akustische Versuche erhellen naturwissenschaftliche Zusammenhänge. Schwerpunkte sind dabei Astronomie, die Eroberung des Weltraums, der menschliche Körper und die Umwelt. Öffnungszeiten: täglich 10-17 Uhr; **Observatory** Fr-So 19-20 Uhr, Sa/So auch 13-16 Uhr; www.telusworldofscienceedmonton.com.

IMAX

Im angeschlossenen ***Margaret Zeidler Theatre*** finden im Kuppelsaal *Sternen-* und *Lasershows* statt, im ***IMAX Theatre*** Filmvorführungen. Täglich ab 11 Uhr.

Museum $17/$11, IMAX $14/$10; Kombitickets beide $25/$17.

Legislature Building, Sitz des Parlaments der Provinz Alberta

3

Universität

Südlich des Flusses zwischen dem Saskatchewan Dr und University Ave (bzw. 100th St und 117th St) liegt der parkartige Campus der ***University of Alberta*** (www.ualberta.ca) für knapp 40.000 Studenten. Im Universitätsbereich befindet sich das ***Rutherford House*** (11153 Saskatchewan Drive; www.culture.alberta.ca/heritage), ein 1911 errichtetes, aufwendig restauriertes Gebäude, das einst dem ersten Premierminister Albertas gehörte. *Tour Guides* in zeitgenössischer Kostümierung führen die Besucher gruppenweise durch die Räume. Geöffnet Mitte Mai bis Anfang September täglich 10-17 Uhr, sonst Di-So 12-17 Uhr; Eintritt $4.

Park Fort Edmonton

Der ***Fort Edmonton Park*** am Südostufer des North Saskatchewan River unweit der *Quesnell Bridge* und der Autobahn Whitemud Drive #2 ist Standort eines beachtlichen Blockbohlenforts.

Altes Fort

Das alte ***Fort Edmonton***, ein im Jahr 1830 im Bereich des heutigen Regierungsviertels erbauter befestigter Handelsposten der *Hudson's Bay Company*, wurde nach seinem Abriss 1915 ab 1969 am Ufer des Flusses originalgetreu wiedererrichtet. Sowohl seine imposanten Palisaden als auch der Komplex innerhalb der Befestigung sind ein ausgiebige Besichtigung unbedingt wert.

Neben *Old Fort William* (➪ Seite 523) und *Fort Walsh* in den Cypress Hills (➪ Seite 553) gehört diese Rekonstruktion zu den sehenswertesten in ganz Canada.

Old Edmonton

Das Fort steht im größten historischen **Museumsdorf** Canadas mit typischen Edmonton-Straßenzügen aus den Jahren 1885, 1905 und 1920. Dazu wurden einige Originalgebäude hierher versetzt und restauriert, aber die Mehrheit der Häuser nachgebaut. Fahrten mit Postkutschen, Dampflokomotive und Straßenbahn komplettieren das nostalgische Bild; 7000 143 Street, Ende Juni-Anf. Sept täglich 10-18 Uhr, Mitte Mai-Ende Juni Mo-Fr 10-16, Sa/So 10-18 Uhr; Eintritt $18/$13; www.fortedmontonpark.ca.

Szenerie wie im 19. Jahrhundert im Fort Edmonton Park

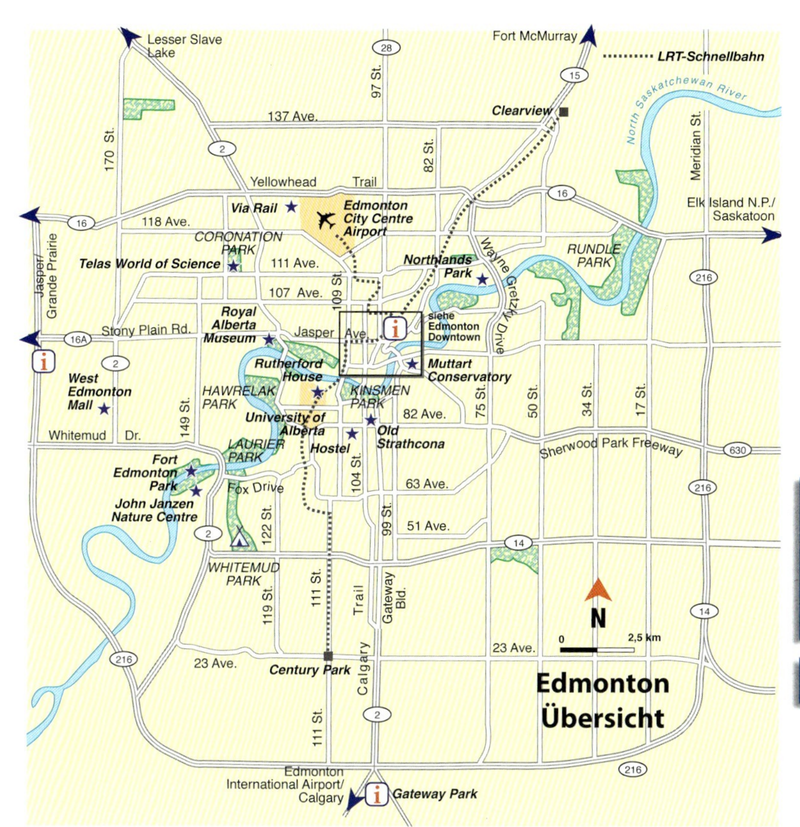

Nature Centre

Das benachbarte ***John Janzen Nature Centre*** eignet sich von seiner Konzeption her weniger für Einzelbesucher als vielmehr für spezifisch interessierte Gruppen wie Schulklassen, die Flora und Fauna der Region kennenlernen wollen; tägl. 10-17 Uhr; $6, Familie $12; www.edmonton.ca/johnjanzen. Interessanter ist da der ***Devonian Botanic Garden*** der Universität. Er liegt 6 km nördlich der Ortschaft Devon am Hwy #60; Mai-Okt täglich 10-17 Uhr, $13/$5; www.devonian.ualberta.ca.

West Edmonton Mall (WEM)

Vom Fort Edmonton Park ist es auf dem Whitemud Drive (Autobahn #2) nicht sonderlich weit zur ***West Edmonton Mall*** (*WEM*), dem immer noch **größten überdachten Shopping- und Entertainmentzentrum** in ganz Amerika. Seit ihrer Eröffnung im Jahr 1981 ist sie eine der Top-Attraktionen von Alberta. Jährlich strömen über 31 Millionen Besucher in die *Mall*, die bis zum Jahre 2004 sogar das größte Einkaufszentrum der Welt war.

Eishockey – der kanadische Nationalsport

Die mit Abstand beliebteste Sportart in Canada ist *Hockey* – natürlich Eishockey. Schon immer! Die Regeln des Spiels wurden in Canada erstmals schriftlich niedergelegt und man kam auch hier auf die Idee, den Ball durch die seither übliche Scheibe zu ersetzen.

Dreißig Mannschaften aus Canada (7) und den USA (23) tragen in der *National Hockey League* (NHL; www.nhl.com) ihre Meisterschaftsspiele aus. Die sieben kanadischen Vertreter sind die ***Calgary Flames, Edmonton Oilers, Montréal Canadiens, Ottawa Senators, Toronto Maple Leafs, Vancouver Canucks*** und neuerdings die ***Winnipeg Jets***, die 2011 aus Atlanta übersiedelten. Im Gegensatz zu europäischen Ligen versteht sich die NHL als exklusiver Zirkel, bei dem es weder Auf- noch Abstieg gibt. Die Vereine gehören millionenschweren Besitzern, die mit dem Eishockey Profite erwirtschaften wollen. Wenn das nicht klappt, ziehen die Mannschaften ggf. mit Sack und Pack um.

Die **Profiliga-Meisterschaft** um den *Stanley Cup*, 1892 vom damaligen britischen Generalgouverneur in Canada, *Lord Stanley*, gestiftet, gilt den Kanadiern als wichtigstes Sportereignis des Jahres. Es ist in seiner Bedeutung vergleichbar mit dem Endspiel der *Champions League* im Fußball.

Bei Gesprächen über Eishockey fällt früher oder später der Name ***Wayne Gretzky*** (www.gretzky.com). »*The Great One*« mit der Trikotnummer 99 wurde vierfacher *Stanley-Cup*-Gewinner mit den *Edmonton Oilers.* Er gilt als bester Eishockeyspieler aller Zeiten und ist bis heute unübertroffener Torschützenkönig der NHL. In der ewigen Scorerwertung (Tore und erfolgreiche Torvorlagen) der NHL hat er mit 2.857 Punkten fast phänomenale 1.000 Punkte Vorsprung vor dem Zweitplazierten, seinem kanadischen Landsmann *Mark Messier* (1.887).

Die überschäumende Eishockey-Begeisterung hat auch einen politischen Hintergrund. Diese Sportart gehört zu den wenigen Bereichen, in denen Canada den Vergleich mit den USA nicht zu scheuen braucht, ➪ auch Kasten Seite 189.

West Edmonton Mall (WEM)

Die Dimensionen der West Edmonton Mall sind überwältigend. Der von außen unansehnlich wirkende Komplex mit 24.000 Beschäftigten besitzt ein »Innenleben« von über 800 Läden, **100 Restaurants**, 6 Kaufhäusern und 13 Kinos samt 3D-IMAX.

Wem Einkaufen und Kinos langweilig werden, kann im ***Galaxy - land*** (Tagespass $33) im weltgrößten ***Indoor-Rollercoaster*** mit **3-fach-Looping** oder in **3D-Bewegungssimulatoren** Nervenkitzel suchen. Es warten außerdem Eislaufarena ($8) und Minigolf ($10). Auch Seelöwen ($6) sind zu bewundern, und im ***Fantasyland Hotel*** kann man nach soviel Aktivität die müden Glieder gleich zur Nacht betten; © 1-800-737-3783, © (780) 444-3000; 355 Zimmer, DZ $249; www.fantasylandhotel.com.

Im ***World Waterpark*** (auch dort Tagespass $33) sorgen ein künstlicher Strand, Brandungsbad und 14 unterschiedlichste Wasserrutschen für Badespaß selbst mitten im Winter, ➪ Foto Seite 33.

WEM/ Santa Maria

Nachbauten von **Columbus'** ***Santa Maria***, der ***Bourbon Street*** in New Orleans, von europäisch aussehenden Straßen und einer chinesischen **Pagode** bemühen sich um internationales Flair.

Die Sonderattraktionen sind indessen nicht billig.

Die *WEM* ist täglich geöffnet: Mo-Sa 10-21, So 11-18 Uhr; 8882 170 Street; www.wem.ca.

Replika der Santa Maria in der WEM

3

3.6.6 Edmontons Umgebung

Die flache Umgebung Edmontons bietet Touristen nicht allzu viel, sieht man vom ***Elk Island National Park*** am *Yellowhead Highway* einmal ab. Er liegt knapp 50 km östlich der Stadt

Elk Island National Park

Dort erheben sich die bewaldeten ***Beaver Hills*** des nur 194 km^2 großen *Elk Island National Park* über die umgebende Prärie. Die Zufahrt erfolgt direkt vom *Yellowhead Hwy* oder über Lamont (Straße #15). Für die Hauptstädter ist der Nationalpark beliebtes Ausflugs- und Wochenendziel.

Insbesondere der Astotin Lake mit der *Sandy Beach* samt ***Campground*** (68 Stellplätze, $26; ✆ 1-877-737-3783, www.pccamping.ca) und die zahlreichen Wanderwege, darunter auch Naturlehrpfade u.a. zu **Biberburgen**, ziehen die Besucher an. Von dem im Park vorhandenen Wild bemerkt man mittags zumeist wenig. Haupt - attraktion sind die ***Bisons*** (*Buffalos*), die – strikt getrennt nach Waldbison südlich und Präriebison nördlich des *Yellowhead* #16 weiden (➪ Seite 498). Man sieht sie direkt von der Hauptstraße aus oder auch entlang der Parkstraße und der kurzen ***Bison Loop Road***. Tagsüber liegen die mächtigen Tiere oft wiederkäuend im Schatten oder baden im Staub, um Insekten zu verjagen. Aktiv sind sie meistens in den Morgen- und Abendstunden. Insbesondere zur Paarungszeit im Hochsommer zeigen sich Bisonbullen von ihrer temperamentvollen Seite, wenn sie versuchen, mit ihren kurzen, spitzen Hörnern Konkurrenten zu vertreiben. Um das Wild im Park zu halten, aber auch, um größere Raubtiere (Bären, Wölfe) bzw. erkrankte Tiere fernzuhalten, wurde *Elk Island* als einziger Nationalpark Canadas rundum eingezäunt, ✆ (780) 922-5790, $8, *Discovery Pass* ➪ Seite 29; www.pc.gc.ca/elk.

Ukrainian Village

Gegenüber der Parkeinfahrt (am *Yellowhead Hwy)* stehen die Zwiebeltürme des ***Ukrainian Cultural Heritage Village***. In den Farmhäusern, in Schmiede, Kirche und Straßen dieses ausgezeichneten Museumsdorfes erzählen »Dorfbewohner« in zeitgenössischen Trachten die Siedlungsgeschichte der Immigranten, die zwischen 1892 und 1930 aus der Ukraine ins östlich zentrale Alberta kamen. Das weitläufige Freilichtmuseum ist Ende Mai bis Anfang September täglich 10-17 Uhr geöffnet; Eintritt $9/$4; www.culture.alberta.ca/uchv.

Reynolds-Alberta Museum

In *Wetaskiwin,* rund 40 km südlich von Edmonton, steht das großartige ***Reynolds-Alberta Museum*** (6426 40 Avenue), Mitte Mai-Anfang Sept. täglich 10-17 Uhr, sonst Di-So 10-17 Uhr, $10; www.history.alberta.ca/reynolds. Es thematisiert die Technisierung Albertas mit Schwerpunkten Fliegerei, Landwirtschaft und Transport. Oldtimer pendeln zwischen Museum und Hangar, wo in der ***Aviation Hall of Fame*** (www.cahf.ca) 27 Flugzeuge ausgestellt sind. An Wochenenden kann man im luftigen **Cockpit** eines Doppeldeckers mitfliegen: 10-15 min kosten $139, ✆ (780) 352-9689, www.centralavion.ca.

Leduc #1

Mit einer erfolgreichen Bohrung in Leduc im Februar 1947 löste *Imperial Oil* den Ölboom im Norden Albertas aus. Im ***Energy Discovery Centre*** zu Technologie und Geschichte der Erdölförderung steht ein Nachbau des #1-Förderturms, 50339 Hwy #60 in Devon, täglich 9-17 Uhr, Sept-Mitte Mai nur Mo-Fr, $9; mit ***Campground***: $15-$25; www.leducnumber1.com.

Exkurs: Von Edmonton nach Dawson Creek (Forts. Seite 324)

Von Südosten zum Ausgangspunkt des Alaska Highway gibt es keine reizvolle Reiseroute. Alle Strecken durchqueren überwiegend langweilige Agrar- und Waldgebiete.

Direkte Route

Der **kürzeste und schnellste Weg nach Dawson Creek** führt über Whitecourt und Grande Prairie. Die knapp 600 km lange, gut ausgebaute Kombination der Straßen #16/#43 in Alberta und #2 in British Columbia läßt sich ohne weiteres als Tagesetappe bewältigen, in Ruhe genügen zwei Tage allemal.

Whitecourt

Erster größerer Ort am Wege ist Whitecourt (9.700 Einwohner, *Visitor Centre*: 4907 52 Ave; www.whitecourtchamber.com). 12 km weiter nordwestlich liegt an Hwy #32 der leicht überwachsene ***Huestis Demonstration Forest***, in dem die Einflüsse holzwirtschaftlicher Aktivitäten (Abholzung/Aufforstung) auf das Ökosystem – im Sinne der Betreiber – positiv dargestellt werden.

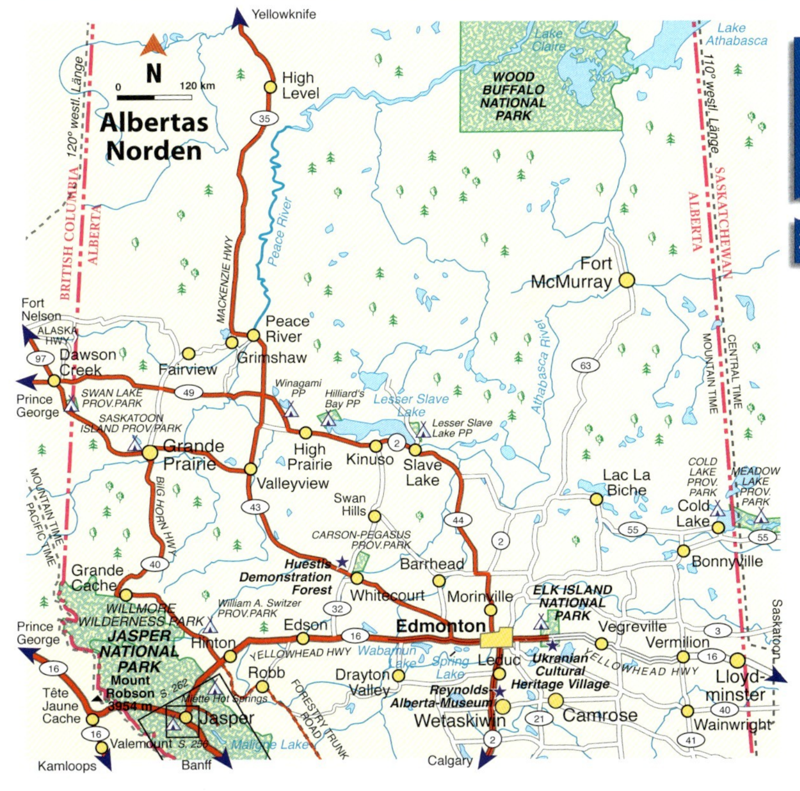

Whitecourt Die 7 km lange Rundfahrt durch verschiedene Ökosysteme und der Naturlehrpfad sind heute veraltet und weniger interessant.

Camping Zum Campen eignet sich in diesem Bereich der ***Carson-Pegasus Provincial Park*** (197 Plätze, $20-$29, © 780-778-2664) ein wenig nördlich des *Huestis*. Er ist schön angelegt und bietet neben dem *Campground* einen kleinen Strand und Kanuvermietung, $10/Std auf verbundenen Seen; www.albertaparks.ca/carson-pegasus.

Grande Prairie **Grande Prairie** ist mit 56.000 Einwohnern größte Stadt der Region. Einen besonderen Grund zum Verweilen gibt es dort indessen nicht; www.gptourism.ca.

Weitere Provinzparks Letzte Station vor Dawson Creek für eine Campingübernachtung könnte der ***Swan Lake Provincial Park*** sein. Der attraktive Park mit Badestrand liegt bereits in BC (44 Plätze, $16).

Route über den Lesser Slave Lake Die nur 50 km längere Straßenkombination #44/#2/#49 über den ***Lesser Slave Lake*** (250 km nördlich Edmonton) ist nur dann eine erwägenswerte Alternative, wenn genügend Zeit für einen Strandspaziergang am 110 km langen und mit 1.168 km² größten See Albertas (außerhalb ***Wood Buffalo National Park***) bleibt.

Einen Zugang zum See gibt es in den **Provinzparks *Lesser Slave Lake*** im Nordosten und ***Hilliards Bay*** im Nordwesten. Beide verfügen über weiße Sandstrände und hervorragend angelegte Campingplätze und kosten $24-$30; www.albertaparks.ca.

Einer der wenigen guten ***Campgrounds*** am Südufer ist der kommerziell betriebene ***Spruce Point Park*** mit Zufahrt westlich von Kinuso: $25-$32, © (780) 775-2117; www.sprucepointpark.ca.

Kaum einen Umweg (auf den Straßen #749/#679) erfordert der ***Winagami Lake Provincial Park*** mit einem ebenfalls sehr schönen *Campground* am See; $24-$30; www.albertaparks.ca.

Exkurs: Von Edmonton nach Jasper

Von Edmonton nach Jasper sind es **360 km** auf dem ***Yellowhead Highway***, der zunächst schnurgerade durch flaches Farmland läuft. Eine halbe Fahrstunde westlich der Stadt laden bei **Stony Plain** und **Spring Lake** warme Seen mit Badestrand, Campground und Bootsverleih zur Erholung vom Stadtbesuch ein.

Erst auf ihrer zweiten Hälfte ab **Edson** (8500 Einwohner) gewinnt die Strecke landschaftlich ganz allmählich an Reiz. Mit den Rocky Mountains erreicht man gleichzeitig die östliche Einfahrt in den ***Jasper National Park***. Die nun folgenden 50 km bis zur **Stadt Jasper** im breiten urstromartigen Tal des **Athabasca River** verlaufen überaus malerisch.

Wer sich für diese Route entscheidet, findet die Ausführungen zu Jasper ab **Seite 261**. Eine kurze Beschreibung des ***Big Horn Highway*** von **Hinton** nach Norden (Grande Prairie) steht auf **Seite 309** unten.

3.7 Von den Rocky Mountains nach Vancouver

3.7.1 Trans Canada Highway von Lake Louise bis Kamloops

Verlauf des TCH

Westlich Lake Louise läuft der TCH durch den unmittelbar an den *Banff Park* anschließenden ***Yoho National Park***, durchquert im weiteren Verlauf den ***Glacier National Park*** und passiert kurz darauf den ***Mount Revelstoke National Park*** (*Kootenay National Park* ➪ Seite 347f).

Diese rund 230 km sind der landschaftlich attraktivste Abschnitt des *Trans Canada Highway*, wenngleich der oft sehr starke Verkehr das Naturerlebnis erheblich beeinträchtigt. Aber schon wenig abseits der Hauptstraße scheinen Lärm und Betrieb des TCH weit weg zu sein. (➪ Weitere Ausführungen hierzu stehen in der Einleitung zu Kapitel 3.7.4.)

Wasserscheide

Die Grenze zwischen *Banff* und *Yoho National Park* markiert gleichzeitig die Provinzgrenze zwischen Alberta und British Columbia und die Wasserscheide (***Continental Divide***) zwischen Pazifik und Atlantik.

Yoho National Park

Das Gebiet des heutigen ***Yoho National Park*** wurde erst Ende des 19. Jahrhunderts im Zusammenhang mit dem Bau der ersten transkanadischen Eisenbahn erforscht. Die damals für die Schiene gewählte Route über den ***Kicking Horse Pass*** (1.647 m) erwies sich Jahrzehnte später auch für die Trassenführung des *Trans Canada Highway* als geeignet.

Information (Karte Seite 269)

Yoho National Park
✆ (250) 343-6783; www.pc.gc.ca/yoho

Lake O`Hara

Die **schönste Wanderregion** im *Yoho Park* ist die Umgebung des **Lake O`Hara** südlich des TCH; Abzweigung der Stichstraße dorthin etwa 3 km westlich der *Continental Divide*. Zum Parkplatz am *Trailhead* ist nur ca. 1 km. Für alle, die den Anmarsch (11 km)

Yoho Nat'l Park: Blick vom Alpine Circuit Trail auf den Lake O'Hara

auf der ***Lake O'Hara Fireroad*** (keine Fahrräder) zum einmalig gelegenen See nicht machen wollen, gibt es einen **Shuttle-Bus** (8.30, 10.30, 15.30 und 17.30 Uhr ab Parkplatz; Rückfahrt $15), der im Sommer – bis zu 3 Monaten im voraus möglich – reserviert ($12 Gebühr) werden muss: ✆ (250) 343-6433. Die identische Telefonnummer und dasselbe Verfahren gelten auch für die **Reservierung des Campingplatzes** ($10; 500 m zum See).

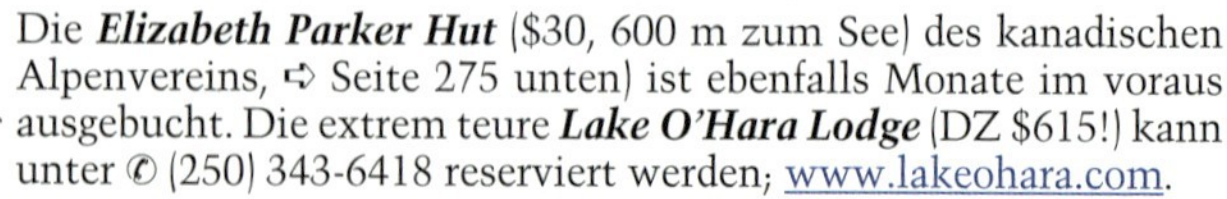

Die ***Elizabeth Parker Hut*** ($30, 600 m zum See) des kanadischen Alpenvereins, ➪ Seite 275 unten) ist ebenfalls Monate im voraus ausgebucht. Die extrem teure ***Lake O'Hara Lodge*** (DZ $615!) kann unter ✆ (250) 343-6418 reserviert werden; www.lakeohara.com.

Alpine Circuit Trail

Glanzpunkt dieser Region ist der ***Alpine Circuit***, ein Höhenweg rund um den **Lake O`Hara** (ca. 12 km, schneefrei ab Juli). Auf ihm genießt man durchgehend einen Panoramablick auf die umliegenden Berge und Seen. Höhepunkt unterwegs ist der Blick vom Aussichtspunkt *Opabin Prospect*, wo tief unten gleich drei Seen mit unterschiedlichen Wasserfarben leuchten: der grüne Mary Lake, der blaue Lake O'Hara und ein türkisfarbener kleiner See. Dieser *Trail* gehört zu den besten der kanadischen Rockies.

Spiral Tunnels

Da sich das 4,5%ige Gefälle der ersten Eisenbahntrasse westlich des ***Kicking Horse Pass*** als zu steil erwies – viele Waggons entgleisten –, wurde es bereits 1909 mit Hilfe von zwei spiralförmig angelegten Tunneln, die einen Bogen von 226° bzw. 288° schlagen, auf 2,2 % verringert. Weil kanadische Güterzüge oft extrem lang sind, sieht man gelegentlich die Loks am unteren Tunnelausgang herauskommen, wenn die letzten Wagen noch oben hineinrollen.

Den ***Lower Spiral Tunnel*** kann man vom TCH einsehen, zum nicht so interessanten ***Upper Spiral Tunnel Viewpoint*** muss man ein Stück der Straße ins *Yoho Valley* hinein folgen. Die Zugfrequenz ist relativ hoch, so dass die Chance, Züge in die Tunnel ein- und ausfahren zu sehen, groß ist. Das durchdringende Pfeifen der Züge signalisiert ihre Tunnelnähe.

Die beiden Campingplätze auf der *Yoho Valley Road* sind nur ca. 1 km voneinander entfernt. Dabei ist der weitläufige Platz ***Kicking Horse*** ($28) klar besser als der ***Monarch Campground*** ($18).

Abstecher zu den Takakkaw Falls

Der Abstecher zu den *Takakkaw Falls* auf der ***Yoho Valley Road*** (nur Ende Juni-Anfang Oktober), die 4 km östlich vom *Field* am ***Monarch Campground*** vom TCH abzweigt, sollte das Minimalprogramm im *Yoho Park* sein. Bis zum Straßenende sind es 13 km. Auf halber Strecke machen enge Serpentinen Campmobilen über 23 Fuß Länge zu schaffen. Größere Campmobile und Busse überwinden das Hindernis durch abwechselndes Vorwärtsfahren und Zurücksetzen, wenn sie die Kurven sonst nicht meistern können.

Vom Parkplatz geht es auf einem kurzen Pfad über den *Yoho River* bis zum Fuß der ***Takakkaw Falls*** (254 m). Gespeist wird der zweithöchste kanadische Wasserfall vom nur wenig oberhalb gelegenen ***Daly Glacier***. Der sehr schöne ***Walk-in Campground*** ($18) am Straßenende ist im Sommer meist schon vormittags belegt.

Trails ins Hinterland des Yoho Valley

Der Parkplatz an den ***Takakkaw Falls*** bildet eine Art Knotenpunkt im Wegenetz des Parks. Ein 4 km langer, ebener *Trail* führt zu den ***Laughing Falls***. Von dort aus erreicht man die (unbewirtschaftete) ***Stanley Mitchell Hut*** (26 Betten, $30), eine Hütte des ***Alpine Club of Canada*** im *Little Yoho Valley* nach 5 km, Reservierung dieser Hütte ➪ Seite 275 unten.

Takakkaw Falls

Der Weg (ca. 4 km) von den *Laughing Falls* zum (Juli/August bewirtschafteten) ***Twin Falls Chalet***, DZ $500 Vollpension, ✆ (403) 228-7079, www.twinfallschalet.ca mit Blick auf die 80 m hohen ***Twin Falls***, **Canadas neunthöchstem Wasserfall**, gehört zu den populärsten Wanderrouten im *Yoho Park*. Zurück folgt man dem kaum längeren ***Marpole Lake Connector*** (am gleichnamigen kleinen See vorbei) oder dem herrlichen ***Whaleback Trail*** (+5 km) mit einem weiteren spektakulären Höhenpanorama.

Ein weiterer schöner Wanderweg überquert, ausgehend vom toll gelegenen ***Whiskey Jack Hostel*** (27 Betten, $25, ✆ 1-866-762-4122; www.hihostels.ca/whiskeyjack) auf der westlichen Talseite den *Yoho Pass* zum Emerald Lake (direkt 11 km, am besten in Verbindung mit ***Burgess Pass Trail***, rund 18 km).

Auf dem ersten Kilometer identisch mit dem *Yoho Pass Trail* verläuft der ***Iceline Trail***, der zunächst eine 6,5 km entfernte Passhöhe (2.210 m) oberhalb der Baumgrenzen anvisiert. Der Aufstieg in die Höhe lohnt sich selbst für 2 km wegen der fantastischen Ausblicke auf die ***Takkakaw Falls***, Berggipfel und Gletscher. Mit dem *Iceline Trail* beginnt auch die mit Abstand attraktivste **Rundwanderung** (26,5 km) über ***Lake Celeste Connector*** in das ***Little Yoho Valley***, dann ***Whaleback Trail*** zum *Twin Falls Chalet*; zurück auf ***Laughing Falls Trail***.

Field

In Field, einer 1885 bei der Konstruktion der *Canadian Pacific Railway* entstandenen Eisenbahnersiedlung 4 km westlich des *Yoho Valley Road* Abzweigs, passiert man das ***Yoho Park Visitor Centre***, zugleich offizielles ***Alberta & BC Welcome Centre*** (täglich 9-17 Uhr, im Sommer 8.30-19 Uhr). Dort gibt es auch den ***Backcountry Guide to Yoho National Park***, eine nützliche Broschüre mit allen *Trails*.

Emerald Lake

Die Zufahrt zum wunderschönen *Emerald Lake* zweigt 3 km westlich Field vom TCH ab. Gleich eingangs der Straße passiert sie die ***Natural Bridge***, eine pittoreske Felsenbrücke über den *Kicking Horse River*. Bis zum glasklaren *Emerald Lake*, dessen türkise Färbung dem Namen (»Smaragd«) Ehre macht, sind es ca. 8 km auf guter Straße. Ein schöner Weg (5 km) führt rund um den See, ein **Kurztrail** zu den ***Hamilton Falls***.

Die ***Emerald Lake Lodge*** mit Kanuverleih ($37/Stunde; ✆ (250) 343-6000) verfügt über rustikale Luxus-Hütten mit Seeblick (DZ ab $200), ✆ 1-800-663-6336, www.emeraldlakelodge.com.

Camping

Nahe der Westgrenze des Parks (noch vor der Brücke über den *Kicking Horse River*) liegt etwas abseits der Hauptstraße der ***Hoodoo Creek Campground*** (30 Plätze, $18), dessen rückwärtiger Teil hübsche Plätzchen bietet. Oberhalb des ***Hoodoo Creek*** führt ein steiler Pfad zu ***Hoodoos*** (1,6 km); diese Sandsteintürmchen sind beeindruckender als die in Banff (➪ Seite 277).

Kicking Horse River

Der Kicking Horse River zählt bis Golden zu den rauesten ***Whitewater-Rafting***-Flüssen in BC. Nur wenig außerhalb der National - parkgrenzen kann man eine Tour auf dem *Middle River* (Grad III-IV) mit dem unbändigen *Lower River* (7 km, Grad IV+) zum 22-km-Tagestrip ausdehnen, ***Alpine Rafting***, ✆ 1-888-599-5299, $129; www.alpinerafting.com.

Golden

Bei **Golden** (knapp 4.000 Einwohner, *Visitor Centre*: 10th Ave N; www.tourismgolden.com), einem Städtchen ohne besonderen Reiz, mündet der Kicking Horse in den Columbia River. Am sehr schön gelegenen und weitläufigen

- ***Municipal Campground***, 1407 9th St S, 72 Stellplätze, $25-$30, ✆ 1-866-538-6625; www.goldenmunicipalcampground.com, stört der Eisenbahnlärm auf der Flussseite gegenüber kaum.
- Am TCH wartet östlich der Stadt der ***Whispering Spruce Campground***, 1403 Golden View Rd, ✆ (250) 344-6680, $30-$40; www.whisperingsprucecampground.com. Er ist wegen der TCH-Nähe laut, verfügt aber über einige gute, straßenabgewandte Stellplätze am Hang.

Forest Service Camping

Zwischen den Parks *Yoho* und *Glacier* führen Forststraßen in das Gebiet am südlichen Ausläufer des ***Kinbasket Lake***. Die Campingplätze sind dort selbst im Sommer nur mäßig belegt – Infos unter www.sitesandtrailsbc.ca.

Glacier National Park

Der *Glacier National Park* (Info ➪ Seite 331) umfasst ein Areal von 1.349 km² mit über 400 Gletschern in den nördlichen Ausläufern der ***Selkirk Mountains*** und ***Purcell Mountains***, beides Bergketten der ***Columbia Mountains***. Über 10% seiner Fläche liegen auch im Sommer unter Schnee und Eis. Vom quer durch den Park führenden TCH ist von den Gletschern aber fast nichts mehr zu sehen. Man muss dazu schon ins Hinterland wandern.

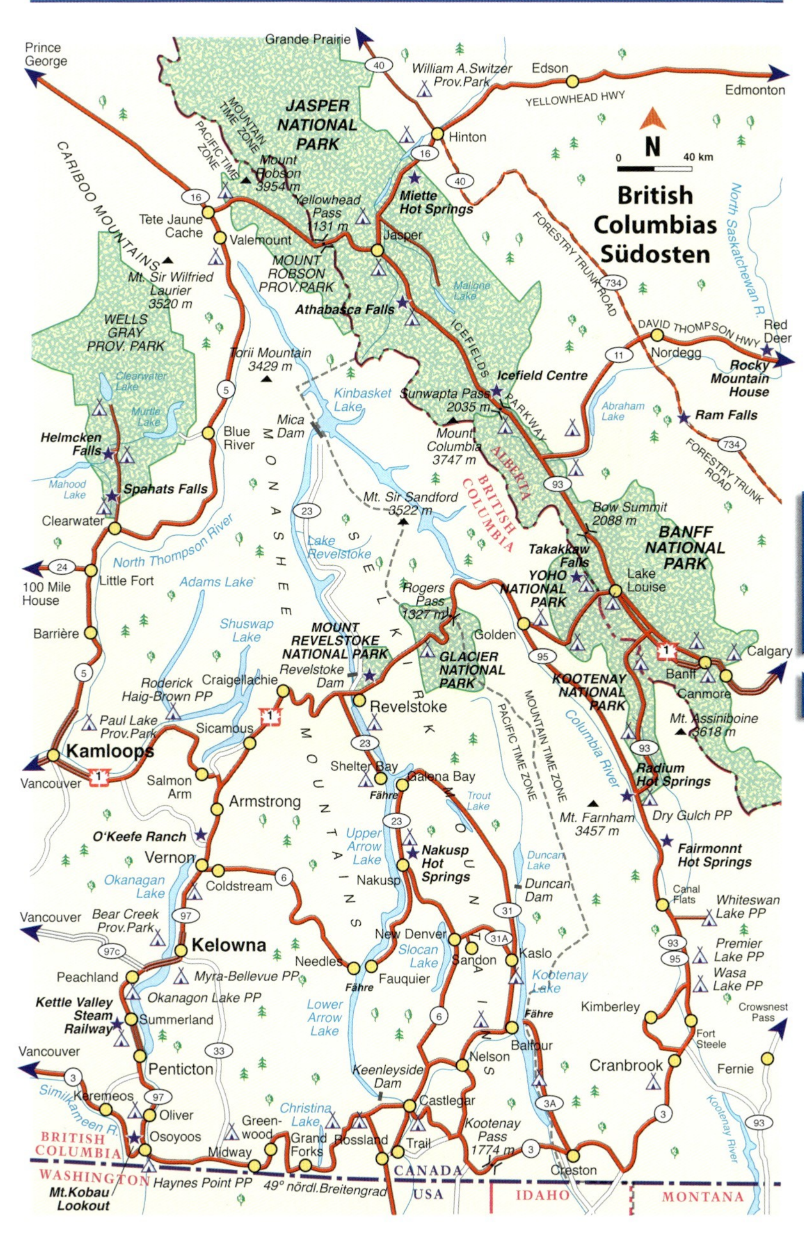
British Columbias Südosten
N
0
40 km
Prince George
Grande Prairie
40
William A.Switzer Prov.Park
Edson
Edmonton
YELLOWHEAD HWY
Hinton
16
40
JASPER NATIONAL PARK
MOUNTAIN TIME ZONE
PACIFIC TIME ZONE
Mount Robson 3954 m
Yellowhead Pass 1131 m
Miette Hot Springs
CARIBOO MOUNTAINS
16
Tete Jaune Cache
Valemount
Jasper
MOUNT ROBSON PROV.PARK
FORESTRY TRUNK ROAD
734
North Saskatchewan R.
Mt. Sir Wilfried Laurier 3520 m
Maligne Lake
Athabasca Falls
ICEFIELDS PARKWAY
WELLS GRAY PROV. PARK
DAVID THOMPSON HWY
Nordegg
Red Deer
11
Rocky Mountain House
Torii Mountain 3429 m
Clearwater Lake
Murtle Lake
5
Kinbasket Lake
Icefield Centre
Sunwapta Pass 2035 m
Abraham Lake
Ram Falls
Mica Dam
Blue River
Mount Columbia 3747 m
734
FORESTRY TRUNK ROAD
Helmcken Falls
ALBERTA
BRITISH COLUMBIA
93
Mahood Lake
Spahats Falls
Mt. Sir Sandford 3522 m
MONASHEE MOUNTAINS
SELKIRK MOUNTAINS
23
Bow Summit 2088 m
BANFF NATIONAL PARK
Clearwater
North Thompson River
Lake Revelstoke
Takakkaw Falls
YOHO NATIONAL PARK
Lake Louise
24
Little Fort
100 Mile House
Adams Lake
Rogers Pass 1327 m
Shuswap Lake
Golden
Barrière
MOUNT REVELSTOKE NATIONAL PARK
GLACIER NATIONAL PARK
1
Calgary
95
Banff
Canmore
5
Revelstoke Dam
Roderick Haig-Brown PP
Craigellachie
KOOTENAY NATIONAL PARK
Revelstoke
1
Paul Lake Prov.Park
Sicamous
PACIFIC TIME ZONE
MOUNTAIN TIME ZONE
Columbia River
Mt. Assiniboine 3618 m
Kamloops
23
93
Vancouver
1
Salmon Arm
Shelter Bay
Galena Bay
Radium Hot Springs
Fähre
Armstrong
Trout Lake
Mt. Farnham 3457 m
Dry Gulch PP
O'Keefe Ranch
23
Upper Arrow Lake
Nakusp Hot Springs
Fairmonnt Hot Springs
Vernon
Duncan Lake
Okanagan Lake
Coldstream
6
Nakusp
Duncan Dam
Canal Flats
Whiteswan Lake PP
Vancouver
Bear Creek Prov.Park
97
31
New Denver
31A
93
Premier Lake PP
97c
Kelowna
Needles
Slocan Lake
Sandon
Kaslo
95
Wasa Lake PP
Peachland
Myra-Bellevue PP
Fauquier
Kootenay Lake
Fähre
Okanagon Lake PP
Kettle Valley Steam Railway
Summerland
Lower Arrow Lake
6
Fähre
Kimberley
Crowsnest Pass
Fort Steele
Vancouver
33
Balfour
Nelson
Penticton
Keenleyside Dam
Cranbrook
Fernie
3
Similkameen R.
Keremeos
97
Castlegar
3A
Kootenay River
Oliver
Christina Lake
Green-wood
Kootenay Pass 1774 m
3
93
BRITISH COLUMBIA
Osoyoos
Midway
Grand Forks
Rossland
Trail
Creston
WASHINGTON
Haynes Point PP
49° nördl.Breitengrad
CANADA
USA
IDAHO
MONTANA
Mt.Kobau Lookout

Lawinengefahr

Auch im ***Glacier Park*** wurde mit der Schienentrasse über den ***Rogers Pass*** kanadische Eisenbahngeschichte geschrieben. Die Witterungsverhältnisse am Pass (statistisch gesehen regnet oder schneit es an 3 von 5 Tagen; im Winter fallen durchschnittlich über 9 m Schnee) und extreme Lawinengefahr behinderten den Betrieb jedoch derart, dass man den Pass 1916 mit dem 8 km langen ***Connaught Tunnel*** umging, der 1988 durch den ***Mount MacDonald Tunnel***, mit 14,7 km längster Eisenbahntunnel Amerikas, ersetzt wurde. Im Prinzip ist der Autoverkehr (erst seit 1962!) über den *Rogers Pass* ebenso lawinengefährdet, wie es einst die Züge waren. Aber dank teilweiser Betonüberdachung der Straße und intensiver Lawinenkontrollmaßnahmen einschließlich gezielter künstlicher Auslösung läuft der Verkehr auch im Winter weitgehend störungsfrei.

Lawinenschutzdemo. Der TCH ist im Verlauf durch die Rockies auf langen Abschnitten in dieser Form »überdacht«

Rogers Pass

Das *Rogers Pass Information Centre* des ***Glacier Park*** liegt zusammen mit einer kleinen Versorgungsinfrastruktur direkt am TCH, rund 1 km östlich der Passhöhe. Eine Ausstellung und Filme erläutern Konstruktion von Straße und Eisenbahn durch die Berge und Methoden der Lawinenbekämpfung gestern und heute. Am Schalter des *National Park Service* gibt's Karte und u.a. den *Trail Guide* ***Footloose in the Columbias*** ($2), in dem alle Wanderwege im ***Glacier*** **und** im ***Mount Revelstoke National Park*** beschrieben sind.

Trails

Ein Monument aus zwei sich kreuzenden Bögen markiert die Passhöhe (1.327 m). Wie erläutert, ist der *Rogers Pass* für die Eisenbahn zwar untertunnelt, die alte Trasse existiert aber noch. Ein guter Kurztrail (***Abandoned Rails***) dorthin zum Beinevertreten beginnt neben dem Besucherzentrum.

Die drei panoramareichsten **Höhenwege** im *Glacier Park* **beginnen am *Illecillewaet Campground*** (etwas abseits des TCH, Zufahrt etwa 2 km westlich der Passhöhe, 60 Plätze, $22); sie führen bis über die Ausläufer der *Illecillewaet* und *Asulkan Glacier*:

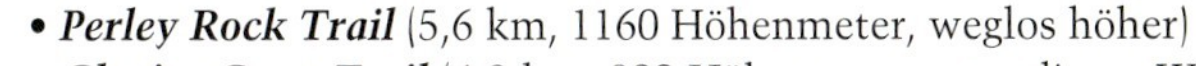

- ***Perley Rock Trail*** (5,6 km, 1160 Höhenmeter, weglos höher)
- ***Glacier Crest Trail*** (4,8 km, 800 Höhenmeter, grandioser Weg mit herrlicher Rundumsicht auf Berge und Gletscher
- ***Asulkan Valley Trail*** (6,5 km, 930 Höhenmeter)

Am ***Loop Brook Campground*** (hübscher, einfacher Platz ca. 5 km westlich des *Rogers Pass, $22*), startet ein weiterer Weg auf der ehemaligen in Schleifen aufsteigenden Bahntrasse. Der ***Loop Brook Trail*** (1,6 km Runde) führt durch dichten Regenwald. 1 km weiter westlich liegt der einfache ***Mount Sir Donald Campground***, $16).

Heiße Quellen

Zwischen ***Glacier*** und ***Mount Revelstoke National Park*** liegen nur wenige Kilometer. Die ***Canyon Hot Springs*** am Ostrand des letzteren besitzen neben Heiß- und Warmwasserpool (40°C bzw. 26°C) auch einen **Campingplatz** (200 Plätze, $32-$47, © (250) 837-2420). Mai-Sept täglich 9-21 Uhr geöffnet, Juli/August 9-22 Uhr; Eintritt *Hot Springs* $10, Familie $27; www.canyonhotsprings.com.

Mount Revelstoke National Park

Am ***Mount Revelstoke National Park*** fahren die meisten Touristen – zu Unrecht – achtlos vorbei, da der TCH dessen Hochgebirgsareal auf relativ uninteressanter Strecke südlich umgeht. Der Park ist mit 260 km² der zweitkleinste Nationalpark in Westkanada und verfügt über keinen Campingplatz.

Seine Gipfel gehören zur ***Clachnacudainn Range*** der Selkirk Mountains, einem Gebirge der Columbia Mountains, die auf der Westseite auch im Sommer von starken Regenfällen heimgesucht werden. Jährliche Niederschläge von durchschnittlich 2.000 mm gibt es sonst nur an der Pazifikküste. Auch ein Abstecher zum Gipfelplateau des ***Mount Revelstoke*** lohnt sich, wenngleich die Höhenwege dort weniger spektakulär verlaufen als im benachbarten ***Glacier Park***. Der ***Meadows-in-the-Sky Parkway*** (26 km) zweigt vom TCH ab (= Revelstoke Stadtumgehung).

Information

Mount Revelstoke & Glacier National Park
301B 3rd St W, Revelstoke, © (250) 837-7500
www.pc.gc.ca/revelstoke & www.pc.gc.ca/glacier

Endpunkt des Perley Rock Trail im Glacier Nat'l Park

Trails

Zunächst aber passiert der TCH kurz nach Erreichen der Parkgrenzen Picknickplatz und Ausgangspunkt des ***Giant Cedars Trail***. Dieser kurze Weg ist den Zwischenstop wert: Auf einem ***Boardwalk*** (500 m) geht es durch einen – selbst bei Sonnenschein – schummrigen Regenurwald mit bis zu 800 Jahre alten Rotzedern.

Etwa 3 km weiter westlich führt der ***Skunk Cabbage Trail*** (ca. 1,2 km Rundweg) ebenfalls als Holzplankenweg durch ein Sumpfgelände am Illecillewaet River. Die Riesenkohlart, die für den Namen des Pfades sorgte, steht im Juli am höchsten. So unerträglich wie das namensgebende Stinktier riecht der Stinkkohl zum Glück aber nicht!

Parkzufahrt

Der kurvenreiche ***Meadows-in-the-Sky Parkway*** zweigt bei Revelstoke vom TCH ab; er ist 8 bis 9 Monate im Jahr verschneit und nur von Juli bis September bis zum Gipfel befahrbar, und zwar Mitte Juni-Anfang Sept von 8 bis 17 Uhr, sonst 9-17 Uhr.

Die Straße steigt durch drei **Vegetationszonen:** Regenwald aus Hemlocktannen und Rotzedern bildet den unteren Bereich; in der mittleren Region, ab ca. 1.300 m, dominieren zunächst Engel - mannfichten; ab etwa 1.900 m gibt es kaum noch Bäume. Vom letzten Parkplatz vor dem Straßenende am *Balsam Lake* verkehrt ein Gratis-Shuttle-Bus zum wenig profilierten Gipfel-Plateau (oder man läuft den einen Kilometer).

Aussichtsplattform im Mount Revelstoke Nat'l Park

Dort hat man vom ***Historic Fire Lookout*** (auf 1.938 m), einem 1927 erbauten Feuerwachtturm, eine großartige Aussicht über das 1.500 m tiefer gelegene *Columbia River Valley*, Revelstoke und hinüber zu den Monashee Mountains auf der jenseitigen Flussseite. Ganz in der Nähe des Turms befindet sich ein **Picknickplatz** in schöner Lage.

Hochalpines Gebiet

Keine besondere Anstrengung erfordert der ***Meadows-in-the-Sky Trail*** über hochalpine Wiesen, die Anfang August voller Blumen stehen. Der 1 km lange Rundweg führt an einer Felsspalte vorbei, aus der selbst mitten im Sommer der Schnee nicht verschwindet. Wanderungen können beliebig ausgedehnt werden; eine Übersichtstafel zeigt das enggeknüpfte Wegenetz.

Trails

Im Nationalpark-Büro in Revelstoke (➪ Seite 331 unten), erhält man einen ***Trail Guide*** bzw. das bereits für den *Glacier Park* empfohlene Büchlein »*Footloose in the Columbias*«.

Stadt Revelstoke

Revelstoke (7.100 Einwohner) am Zusammenfluss von *Illecillewaet* und *Columbia River* ist in weitem Umkreis der einzige größere Ort und hat viele **Motels** besonders im nördlichen Bereich unterhalb des TCH. Positiv bewertet wird die

- ***SameSun Backpacker Lodge***, 400 2nd Street, © 1-877-972-6378, © (250) 837-4050, $30/Bett, DZ $65, www.samesun.com.

Information Revelstoke: 204 Campbell Ave, © (250) 837-5345, © 1-800-487-1493; www.seerevelstoke.com.

Das Zentrum wurde in den letzten Jahren ansprechend renoviert. Die Fußgängerzone *Grizzly Plaza* (man begegnet hier auch lebensgroßen Grizzlys) lädt zum Bummeln ein – und am Samstag findet ein ***Farmers Market*** statt. Für Eisenbahnfans lohnt sich der Besuch des ***Railway Museum*** im wesentlichen wegen der prächtig restaurierten CP 5468, einer der größten Dampfloks in Canada, 719 Track Street (am inneren Stadtring), Mai-Oktober täglich 9-17 Uhr, Juli/August 9-18 Uhr, $10/$5; www.railwaymuseum.com). Fürs Picknick eignen sich die Parks am Fluss.

Wer in Revelstoke einen ***Campground*** sucht, sollte den schön gelegenen Komfortplatz am **Williamson Lake** ins Auge fassen (rund 5 km südlich der Stadt über 4th Street und Airport Way); Bootsverleih, Duschen und Strand, aber eng, wenn voll, 1817 Williamson Lake Road; © (250) 837-5512, 50 Plätze, $25-$35 (*Full Hookup*); www.williamsonlakecampground.com.

Staudämme am Columbia River

Die Straße #23 zweigt zum ***Mica Dam*** ab, der den mächtigen Fluss 140 km weiter nördlich zum riesigen **Kinbasket Lake** staut. Der 175 m hohe ***Revelstoke Dam*** (1984), nur 5 km nördlich des Ortes ist heute eine Besucherattraktion.

Ein ***Visitor Center*** (Juni-Mitte Oktober, täglich 10-17 Uhr, $6) informiert über Details des Staudamms sowie der Stromerzeugung entlang des Columbia River. Bereits 1964 hatten Canada und die USA die mehrfache Aufstauung des Columbia River vereinbart, um nach der Schneeschmelze Überflutungen zu verhindern und die Wassermassen am größten Wasserkraftwerk der USA in Grand Coulee zu regulieren; www.bchydro.com/recreation.

Rund 15 km nördlich des Dammes liegt am Lake Revelstoke der ***Martha Creek Provincial Park*** mit schönem Campingplatz, 46 Plätze, $21, © 1-800-689-9025.

TCH-Verlauf

Der TCH läuft bald durch ein dichtes Waldgebiet und überquert beim **Summit Lake** die Wasserscheide zwischen *Fraser* und *Columbia River Basin*. Am ***Three Valley Lake*** liegt der Komplex des ***Three Valley Lake Chateau*** mit auffällig rotem Dach und originellen Felszimmern, Mini-*Ghosttown*, Restaurant und Kneipe, Sandstrand, ein guter Platz für die Nacht zwischendurch, 6903 TCH, © 1-888-667-2109, DZ $137; www.3valley.com.

Last Spike

Bei **Craigellachie**, ca. 45 km westlich von Revelstoke, wurde am 7.11.1885 der letzte Nagel *(Last Spike)* in die Schwellen der ersten kanadischen transkontinentalen Eisenbahn geschlagen.

Heute befinden sich dort eine ***Rest Area*** mit Denkmal, Eisenbahnwaggon und Andenkenladen.

Gut 11 km weiter passiert man den ***Yard Creek Provincial Park*** (durchschnittlicher *Campground*, 65 Stellplätze, $20). Besseres Campen verspricht der ***Cedars Campground***, © (250) 836-2265, auf der anderen Straßenseite am ***Eagle River*** und gleichnamigen *Nature Park*, 110 Stellplätze, © 1-877-836-3988, $30-$40 (*Full Hook-up*); www.cedarsrvpark.com.

Canadian Pacific Railway

Fast bis Ende des 19. Jahrhunderts war British Columbia faktisch von den östlichen Provinzen des Landes isoliert. Bezeichnend für die Situation ist die Route einer Parlamentsdelegation, die 1870 nach Ontario reiste: Mit dem Schiff ging es zunächst nach San Francisco und von dort mit *Central* und *Union Pacific Railway* über Omaha und Chicago nach Toronto.

Nach US-Vorbild entschied man sich für den Bau einer transkontinentalen Eisenbahn, und am 7.11.1885 wurden in Craigellachie, 45 km westlich von Revelstoke am heutigen *Trans Canada Highway*, die letzten Schwellen der *Canadian Pacific Railway* gelegt (eine *Rest Area* mit Denkmal erinnert daran). Der erste Zug aus Montréal traf am 4.7.1886 nach fast 6-tägiger Fahrt in Port Moody ein, einer kleinen Stadt östlich von Vancouver. Ein Jahr später verlängerte die *CPR* die Schienen und verschaffte damit Vancover einen wichtigen Standortvorteil gegenüber Victoria.

Konkurrenzlos bis zur Ankunft der zweiten Transkontinentallinie (*Canadian Northern Railway*, heute *Canadian National*, www.cn.ca) 1915 fuhr die *CPR* in den ersten Jahrzehnten ihres Bestehens beachtliche Gewinne ein. Sie beeinflusste die Wirtschaftsstruktur ganzer Landstriche. Doch die einst so bedeutende Eisenbahn unterlag im Wettbewerb um die Personenbeförderung der Straße und dem Luftverkehr. Nur auf den Güterstrecken ist das Schienennetz gut ausgelastet. So erfolgt in den Agrarregionen der Getreidetransport überwiegend per Bahn: nach Zwischenlagerung in den *Grain Elevators*, den unübersehbaren Lagertürmen in der Prärie, zu den Häfen am Pazifik (Vancouver und Prince Rupert), am Lake Superior (Thunder Bay) oder an der Hudson Bay (Churchill).

In der *Grain Academy* auf dem *Stampede*-Gelände von Calgary (➪ Seite 292) stehen Modelle der kühnen Konstruktionen, die *CPR*-Ingenieure damals ersonnen hatten, um die Bahn durch die *Rockies* und weiter zu bringen. In British Columbia sorgten vor allem chinesische Bauarbeiter unter miserablen Bedingungen für die Umsetzung dieser Pläne. Die *Chinatowns* von Vancouver und Victoria gehen auch auf diese asiatischen Einwanderer zurück.

Die 1881 gegründete Muttergesellschaft *Canadian Pacific Limited* wurde 2001 in fünf Unternehmen aufgespalten: u.a. in die *Canadian Pacific Railway* (www.cpr.ca), *EnCana* (Erdgas, www.encana.com) sowie *Fairmont Hotels and Resorts* (www.fairmont.com) mit Luxusherbergen wie dem *Banff Springs Hotel*, der *Victoria Empress* und dem *Chateau Lake Louise*.

Hausboot-paradies Shuswap Lake

Sicamous

Über 1.000 km einsame, bewaldete Uferlinie mit ungezählten Buchten haben den **Shuswap Lake** (Info ➪ Seite 34) für **Hausboot-ferien** populär gemacht. Der See zeichnet sich durch eine ungewöhnliche Form aus. Vier lange »Arme« sind über eine einzige Engstelle miteinander verbunden. Der ***Salmon Arm*** gilt als der attraktivste. An seinem östlichen Knie und dem damit verbundenen **Mara Lake** liegt der kleine Ort **Sicamous** (2.500 Einwohner) – ***Houseboat Capital of Canada***. Verleihstationen findet man an der Engstelle zwischen den Seen an der **Riverside Avenue**. Minimumleihe drei Tage, 4-Tage-Wochenmiete ab $696, ✆ 1-800-663-4024; www.bluewaterhouseboats.ca Auskünfte beim ***Sicamous Visitor Information Centre***, 446 Main Street, ✆ (250) 836-3313, www.sicamouschamber.bc.ca.

Houseboat Rental

Durchreisende finden neben der TCH-Brücke Richtung Kamloops einen schönen **Badestrand** im ***Sicamous Beach Park***

Salmon Arm

Der TCH folgt der Uferlinie des ***Salmon Arm*** über den gleichnamigen größten Ort **Salmon Arm** (17.500 Einwohner, *Visitor Centre*: 20 Hudson Avenue, ✆ 1-877-725-6667; www.sachamber.bc.ca) der Region und erreicht in Squilax das Westende des Sees.

Dort bietet das ***Int'l Hostel Shuswap Lake*** (*229 TCH*, 24 Betten, ✆ (250) 675-2977, www.hihostels.ca/shuswap) neben dem ***Squilax General Store*** (Bioladen), Quartiere in alten Eisenbahnwaggons: Betten zu $18, DZ $44.

Lachs-auftrieb

Der ***Adams River*** steht vom ***Adams Lake*** bis zu seiner Mündung in den ***Shuswap Lake*** mit seinen Uferbereichen als ***Roderick Haig-Brown Provincial Park*** unter Naturschutz. Alle 4 Jahre (2014, 2018) steigen dort insbesondere Anfang Oktober Millionen von Lachsen (*Sockeye Salmons*) zu ihren Laichgründen flussaufwärts, in anderen Jahren sind es noch Hunderttausende.

Von mehreren Punkten aus kann man den **Uferpfad** erreichen, in den Sommermonaten im *Swimming Hole* baden und die herrliche Natur und Landschaft genießen.

Camping gibt es in diesem Park nicht, wohl aber in den nahen ***Shuswap Lake Provincial Park***, 274 Plätze, ✆ 1-800-689-9025, $30, (attraktiv und daher populär; frühe Ankunft notwendig) bzw. ***Adams Lake Provincial Park***, $11, einfach, 31 Stellplätze am See.

Verbindung zur Straße #5

Wer über den alternativen ***Yellowhead Highway* #5** nach Norden fahren möchte, könnte erwägen, von hier aus der ***Squam Bay Road*** nach Barriere zu folgen. Diese Schotterstraße besitzt aber »haarige« Teilstücke hoch über dem Adams Lake. Mit Campmobilen ist sie nicht zu empfehlen.

Nach Vancouver

Wenn die Zeit für eine Fahrt durchs *Okanagan Valley* nicht mehr reicht, ist die verbleibende Strecke **von Salmon Arm zurück nach Vancouver** (ca. 460 km) über Kamloops und den *Coquihalla Highway* innerhalb eines Tages gut zu schaffen. Wer bei knapper Zeit einen Eindruck vom Okanagan-Gebiet »mitnehmen« möchte, könnte auch über Vernon/Kelowna und den

Über das Okanagan Valley

den ***Okanagan Connector* #97C** fahren. Diese etwas längere Route (ca. 500 km), beansprucht – je nach Verkehrsaufkommen – nur wenig mehr Fahrzeit.

Salmon Arm und **Sicamous** befinden sich am Nordende des »Gutwetter-Tals« ***Okanagan Valley***. Über die Straßen #97A bzw. #97B gelangt man mitten in den Obst- und Gemüsegarten Canadas, erreicht aber die landschaftlich reizvolle Zone erst am Okanagan Lake. Da die Straße bis Kelowna weit abseits des Sees verläuft und extrem ausgebaut und befahren ist, läge es nahe, die Westuferstraße zu wählen. Sie stößt südwestlich von Kelowna wieder auf die Straße #97 und den besten Abschnitt bis Okanagan Falls. Ohne Absicht, dort im *Fintry PP* (⇨ Seite 341) zu übernachten, lohnt sich das aber nicht.

3.7.2 Alternativroute ab Revelstoke an den Arrow Lakes entlang nach Vernon

Alternative zum TCH ab Revelstoke

Statt dem TCH zu folgen, könnte man ab Revelstoke eine in mancher Beziehung noch **attraktivere Route nach Westen** wählen. Bis **Vernon** eingangs des *Okanagan Valley* benötigt man auf den **Straßen #23 und #6** einschließlich zweier Fähren mindestens einen vollen Tag. Verglichen mit dem stark befahrenen TCH und der Straße #97 ist diese Route eine reine Idylle und bietet mit ***Nakusp Hot Springs*** einen idealen Zwischenstop für eine Nacht.

Arrow Lake

Upper und **Lower Arrow Lake** im Tal zwischen Selkirk und Monashee Mountains sind keine natürlichen Seen, sondern nichts weiter als der durch den *Keenleyside Dam* bei *Castlegar* bis *Revelstoke* über 232 km (!) gestaute Columbia River.

Auf der Strecke liegt mit Nakusp nur ein kleines Städtchen (sehr schön am See) mit Versorgungsmöglichkeit. Die auf den Karten verzeichneten »Orte« **Shelter Bay** und **Galena Bay**, **Fauquier** und **Needles** sind lediglich Fähranleger.

Nach Shelter Bay

Die Straße #23 von Revelstoke nach Shelter Bay verläuft zunächst hoch über dem sich langsam zum Upper Arrow Lake erweiternden Columbia River.

Der nördliche Stausee ist außer am ***Blanket Creek Provincial Park*** (kein Strand am See, schöner ***Campground***, $21, © 1-800-689-9025) kaum zugänglich. Im Park hat der attraktive, künstlich oberhalb des Stausees angelegte Pool mit Sandstrand fast Karibik - flair. Über dem Ufer unweit des Anlegers bietet der kleine ***Shelter Bay Campground***, $16, des *Arrow Lakes PP* einen guten Platz für die Nacht bei später Ankunft (im Sommer oft voll).

Fähre

Die ***Upper Arrow Lakes Ferry*** von **Shelter Bay** nach **Galena Bay** braucht 20 Minuten für die Überfahrt, während der man das Gebirgspanorama genießen kann (ab Shelter Bay 5-24 Uhr, ab Galena Bay 5.30-0.30 Uhr; frei). Sie ist selten voll ausgelastet – was eine Menge über die Verkehrsdichte auf der Straße #23 aussagt. Von Mai bis Oktober kommt zudem tagsüber eine zweite Fähre zum Einsatz.

Halcyon Hot Springs

Bis Nakusp folgt die Straße in schönem Verlauf weitgehend dem Ufer des **Upper Arrow Lake**, aber nur selten ist eine Zufahrt vorhanden. Die ersten Thermalbecken liegen 17 km südlich von Galena Bay im komfortablen ***Halcyon Hot Springs***-Komplex (drei 32°-42°C warme Pools, täglich 8-22 Uhr, Juli-Anfang September bis 23 Uhr, $12), ***Campground***, 38 Plätze, $25-$37, **Chalets** und Restaurant: © 1-888-689-4699, $149; www.halcyon-hotsprings.com.

Nakusp Hot Springs

2 km nördlich Nakusp sollte man unbedingt auf der ***Hot Springs Road*** (12 km) zu einer weiteren schön gelegenen Poolanlage fahren (#8500). Ebenfalls unter freiem Himmel aalt man sich dort im 36°C (großer Pool) bis 40°C (kleiner Pool) warmen Wasser (April-Okt täglich 9.30-21.30 Uhr, sonst 10.30-21 Uhr; Eintritt $10). Übernachtungstipp: ***Nakusp Hot Springs Cedar Chalets***, $75-$199; © (250) 265-4505, www.nakusphotspringschalets.com. Auf dem ***Nakusp Hot Springs Campground***, $20-$30, am wilden Wasser des Kuskanax River sind die Plätze direkt am Ufer oft früh besetzt.

Die weit und breit größte Ortschaft **Nakusp** (1.600 Einwohner) besitzt einen schönen Badestrand, eine Reihe von **Motels**, eine ausreichende Infrastruktur zur Versorgung und einen Campingplatz: ***Nakusp Municipal Campground***, 4th St/10th Ave NW, 40 Plätze, $19-$27; die großzügige Anlage liegt drei Blocks vom Strand entfernt; www.nakuspcampground.com.

Der 14 km weiter südliche ***McDonald Creek Provincial Park***, mit kilometerlangem Strand ist sehr empfehlenswert, $21; ebenso der idyllische ***Summit Lake Provincial Park***, ➪ Seite 339; $21.

Nach Vernon

Von Nakusp folgt man der Straße #6 am Ufer des Arrow Lake entlang bis zum **Fähranleger Fauquier** der ***Needles Cable Ferry*** (Fähre gratis, 5 min Überfahrt bis Needles 5-22 Uhr alle 30 min). Jenseits des Sees geht es auf schön geführter, ruhiger Straße quer durch die **Monashee Mountains** nach Vernon am Nordende des Okanagan Valley.

AutofähreShelter Bay-Galena Bay

Durch die Selkirk Mountains zwischen Kootenay und Arrow Lake

Kootenay Lake und Duncan Lake im Osten, Trout Lake im Norden sowie Upper Arrow Lake im Westen umfassen ein extrem dünn besiedeltes Gebiet. Mittendrin liegen die ***Selkirk Mountains***, eingerahmt von den ***Purcell*** und ***Monashee Mountains*** im Osten bzw. Westen.

Ab Galena Bay gibt es neben der Asphaltstraße #23 in Richtung Nakusp eine alternative – ebenfalls attraktive – Route. Der ***Highway* #31** führt zunächst durch die *Selkirk Mountains* und anschließend über Kaslo bis zur *Balfour Ferry* (➪ Seite 353) eingangs des Westarms des Kootenay Lake. Dabei geht es rund 90 km über Schotter. Mit einem Tag **Extrazeit** könnte man auch ab Kaslo über die Straßen #31A und #6 zurück nach Nakusp fahren (185 Mehrkilometer im Vergleich zur Direktroute auf der #23) und von dort – entsprechend der Beschreibung im fortlaufenden Text – der Straße #6 in das *Okanagan Valley* folgen.

Zur Route: 10 km östlich Galena Bay befindet sich der 3,2 km lange *Hill Creek Spawning Channel.* Schautafeln an der umlaufenden Schotterstraße erläutern den Lebenszyklus der Kokanee-Lachse, die in diesem künstlichen Kanal Ende August bis Ende September laichen.

Wenige Kilometer weiter südlich geht es bergauf, und die Straße führt hoch über dem **Trout Lake** am Hang entlang, aber wegen des dichten Waldes nur mit wenigen Aussichtspunkten. Ab dem Südende des Sees folgt sie dem Lauf des eiskalten, aber malerischen **Lardeau River**. Auf diesem – weiterhin geschotterten – Abschnitt begegnet man außer Holzlastern kaum anderen Fahrzeugen.

An der Flussmündung in den Duncan River zweigt eine Stichstraße zum ***Duncan Dam*** ab. Die kurze Anfahrt zum Südende des Duncan Lake lohnt sich allemal. Am Endpunkt befindet sich ein Picknickplatz mit Aussicht auf die 39 m hohe Dammkrone. Südwestlich des Damms dient der 3,3 km lange *Meadow Creek Spawning Channel* (Straße um den Kanal mit Infotafeln, wie Hill Creek) als künstlicher Ersatz für die seit dem Dammbau 1967 weitgehend verloren gegangenen Kokanee-Laichgründe.

Am attraktiven Nordarm des Kootenay Lake besitzt der ***Kootenay Lake Provincial Park*** zwei ***Campgrounds***: ***Davis Creek*** (18 Plätze, $16) und ***Lost Ledge*** (14 Plätze, $21). Um auf diesen Plätzen einen Stellplatz zu ergattern, muss man insbesondere an Wochenenden früh kommen.

Kaslo, eine Ende des 19. Jahrhunderts blühende Silberminenstadt und heute nur noch 1.100-Seelen-Gemeinde, ist der einzige »echte« Ort im Bereich Oberer Kootenay Lake und *Lardeau Valley*. An der Kaslo Bay steht der ausgemusterte **Raddampfer *SS Moyie***, der einst zwischen Nelson und Siedlungen am Nordarm des Sees verkehrte. Dieser älteste noch erhaltene Passagier-Schaufelraddampfer der Welt beherbergt ein kleines Museum mit Objekten und Fotos aus den aktiven Jahren des Schiffes (1898 bis 1957); geöffnet Mitte Mai-Mitte Oktober täglich 9-16 Uhr; $8, #324 Front Street; dort befindet sich auch das ***Kaslo Visitor Info Centre***, 9-17 Uhr, ✆ (250) 353-2525; www.klhs.bc.ca.

Der ***Highway* #31A** nach New Denver (ca. 50 km) führt in fantastischem Verlauf durch die *Selkirk Mountains*. Ein Stopp könnte der 1900 zunächst durch einen Großbrand und 1955 von Hochwasser zerstörten **Geisterstadt Sandon** gelten, die nur 5 km abseits der Hauptstraße liegt. Von dort führt eine enge *Logging Road* (für Campmobile ungeeignet) zu einem Parkplatz unterhalb des ***Idaho Peak Lookout*** (2.273 m): Zum Gipfel geht es über einen schönen, ab Juli schneefreien Fußweg (1,4 km). Dort hat man eine brillante Sicht auf die umliegende Bergwelt und den langen Slocan Lake 1.700 m tiefer.

In New Denver erreicht man die **Straße #6**. Nordwärts auf dem Weg nach Nakusp (50 km) liegt auf der Passhöhe zwischen Slocan Lake und Upper Arrow Lake der ***Summit Lake Provincial Park*** mit einem wunderbaren, idyllisch von Bäumen eingerahmten ***Campground*** (3 Plätze, $21).

Dieselbe Straße nach Süden ist kaum zu überbieten: Gespickt mit wunderbaren Aussichtspunkten verläuft sie streckenweise bis zu 300 m hoch über dem **Slocan Lake**, berührt aber auch **Badestrände**. In **New Denver** und **Silverton** kann man sie nicht verfehlen, in **Slocan** (Strand neben Holzlager) ist ein Abstecher von der #6 durch den Ort nötig.

Auch **Camping** am glasklaren, aber kalten See ist möglich auf den *Municipal Campgrounds* in New Denver (erstreckt sich am Südwestufer zwischen Bäumen neben dem Stadtpark; 44 Plätze, $23-$30, 1 3rd Ave, © (250) 358-2316, www.newdenver.ca/amenities) und Silverton (erstaunlich hübsche, kleine Uferanlage; 40 Plätze, $18-$25, Westende Leadville St, © (250) 358-2472, www.silverton.ca/rec/Camping.html).

Mit Ziel Castlegar (➪ Seite 354) und Weiterfahrt auf dem ***Crowsnest Highway*** ist diese Route (ab Kaslo) insgesamt noch attraktiver und nur 35 km länger als die Streckenführung der Straßen #31 und #3A über Nelson.

Wilde Strecke Idaho Peak Road in den Selkirk Mountains, siehe oben

3.7.3 Das Okanagan Valley von Vernon bis Osoyoos

Okanagan Valley: Klima

In Vernon stößt die #6 auf die Hauptverkehrsachse #97 durch das ***Okanagan Valley***. Das langgestreckte Tal wird als nördlichster Ausläufer des trockenen intramontanen Beckens definiert, das sich von Mexico zwischen Sierra Nevada und Kaskaden im Westen sowie Rocky Mountains im Osten durch den gesamten Westen der USA zieht. Mit sommerlichen Höchsttemperaturen von tagtäglich knapp 30°C an der US-Grenze passt das trockenheiße Wetter im Okanagan so gar nicht zum sonst vorherrrschenden Canadaklima. Dank der dort geringen Niederschläge und hohen Temperaturen gedeiht eine wüstenähnliche Vegetation (u. a. Salbeibüsche, Feigenkakteen).

Vegetation

Im größten kanadischen Weinanbaugebiet am unteren Arm des langgestreckten Okanagan Lake – auf derselben geographischen Breite wie etwa der Rheinabschnitt zwischen Mainz und Karlsruhe – fühlt man sich wie nach Südeuropa versetzt. **Verkaufsstände** für alle Arten von Obst, Gemüse säumen die Straßen. Zwischen Vernon und Osoyoos laden über **100 *Vineyards***, Weinbauer, zu Weinproben ein; www.bcwine.com.

Ferienhochburg

Obst und Wein würden kaum so gut gedeihen, wäre das Tal nicht auch noch mit unerschöpflichen Wasserreserven gesegnet. Touristische Hauptattraktion des Tales sind daher auch die angenehm warmen Stauseen Kalamalka, Skaha, Vaseux, Osoyoos und besonders der über 110 km lange **Okanagan Lake**. Alle Arten von Wasser- und Angelsport und kommerziell organisierte Aktivitäten sorgen dort für Urlaubsspaß.

Weil das *Okanagan Valley* **Ferienfreuden wie an Italiens Gardasee** bietet, ist es ein sehr populäres Urlaubsziel. Dazu gehören im Sommer früh ausgebuchte Quartiere und volle Campingplätze. Wer nach kühlen, speziell regnerischen Tagen im Gebirge in dieses Tal kommt, wird das Klima genießen.

Picknick auf dem Giant Head Mountain (auf etwa halber Höhe, ➪ Seite 343) mit Blick über den Okanagan Lake

Okanagan Lake bei Vernon

Vernon (39.000 Einwohner), einer der Zentralorte der Region, liegt nicht unmittelbar am *Okanagan Lake*, sondern abseits seines nördlichen Ausläufers und partizipiert daher weniger am Tourismus. Der **Seezugang** ist weit entfernt: 25th Avenue in Richtung *Okanagan Lake*. Auch zum ***Ellison Provincial Park***, © 1-800-689-9025, ca. 16 km südwestlich von Vernon hoch über dem See, folgt man zunächst dieser Straße. Der hier besonders idyllische **Campingplatz** (71 Stellplätze, $30) liegt mitten im Wald. Über Treppen geht es hinunter zum Strand.

Westufer-Straße

Wie auf Seite 336 erwähnt, könnte man von Vernon statt die #97 nach Süden alternativ die ruhige Westside Road am **Westufer** nehmen (nur bei viel Zeit sinnvoll!), müsste dazu aber erst einige Kilometer in nördliche Richtung fahren:

Silver Star Mountain

- Am nördlichen Ortsausgang zweigt die 22 km lange ***Silver Star Road*** zum gleichnamigen *Mountain* ab, einem beliebten Skigebiet. Auch im Sommer ist dort ein Sessellift für Mountainbiker, die ihr Rad im Lift nach oben bringen, in Betrieb (Juli-August täglich 10-17 Uhr (für Wanderer Fr-Sa 12-16 Uhr, $13). Oben warten tolle *Trails*, Seilbahn: $40/Tag, $22 für zwei Fahrten, Mietbike: $57/Tag, 2 Touren $36; www.skisilverstar.com.

Wasserspaß

- Auf der Weiterfahrt (Hwy #97/Pleasant Valley Road) passiert man 1 km südlich Abzweig #97/97A-7921 Greenhow Road ***Atlantis Waterslides***, einen Planschpark mit vielen Rutschen; geöffnet Juni täglich 10-17, Juli bis Anfang Sept. 10-18 Uhr, Eintritt Familie/4 Personen $67; www.atlantiswaterslides.ca.

Ranch

- Ebenfalls an der #97 (#9380, 1 km vor der Westside Road) war die von *Cornelius O Keefe* 1867 gegründete ***O Keefe Ranch*** Ende des 19. Jahrhunderts eine der größten im Okanagan. Mit 12 zeitgenössischen Gebäuden, Kutschfahrten, Tieren, Sattlerei und Töpferei ist es zwar das beste Museum im Okanagan Valley, besitzt aber nicht die Qualität von *Barkerville* oder *Fort Steele*; Mitte Mai bis Oktober täglich 9-17, Juli+Aug bis 18 Uhr, $14; www.okeeferanch.ca.

Camping

Auf etwa halber Strecke am See entlang passiert man den ***Fintry Provincial Park*** mit Sandstrand, Wanderwegen und ***Campground***, © 1-800-689-9025 (mit Duschen), 100 Stellplätze, $30, in schöner Lage am See; wenn auch nur wenige Stellplätze am Wasser vorhanden sind (34 km ab Kelowna).

Ebenfalls am Seeufer liegt der ***Bear Creek Provincial Park***, 7 km nördlich der Straße #97. Er ist hervorragend angelegt in üppiger Vegetation. Unbedingt reservieren: © 1-800-689-9025, $30.

Information

Vernon Visitor Centre, 701 Hwy 97 South, © 1-800-665-0795, www.vernontourism.com

Camping

Nach Süden läuft der *Highway* #97 mit nur wenigen Seezufahrten (Camping: *Kekuli Bay PP*, © 1-800-689-9025, ab $30) oberhalb des **Kalamalka Lake**.

U-Pick Fruit

Zur Erntezeit werben viele Obstplantagen mit ***U-Pick*-Preisen**: Kirschen, Äpfel, Birnen sind selbst gepflückt schön preiswert!

Kelowna

Die Touristenhochburg Kelowna (sprich: Kilóhna), ***Heart of the Okanagan***, ist die größte Stadt im Tal (118.000 Einwohner) und beherbergt auch die größte ***Shopping Mall*** mit über 170 Geschäften in der 2271 Harvey Ave zwischen den Rockies und Vancouver: ***Orchard Park***; www.orchardparkshopping.com.

Information

Kelowna Visitor Information Centre
544 Harvey Ave = Hwy 97; www.tourismkelowna.com

Wer in Kelowna eine **Unterkunft** sucht, findet in der Nähe der Hauptstraße #97 zahlreiche Hotels und Motels. Fürs Campen geht nichts über die Provinzparks ***Bear Creek*** und ***Okanagan Lake***, ➪ vorige Seite und nebenstehend.

Uferparks

Der zentrale Bereich Kelownas liegt nördlich der Durchgangsstraße, im populären ***City Park*** gibt es u.a. eine ***Public Beach***. Markant ragt hier die Skulptur ***The Spirit of Sails*** des Künstlers *Robert Dow Reid* empor. Gegenüber legen die ***Kelowna Dinner Cruises*** zu einer 1,5-stündigen Rundfahrt ab; Dinner $20, Lunch $10; Mitte Mai-Mitte September bis zu 6 Fahrten täglich; ✆ (250) 215-2779, www.kelownadinnercruises.com.

Ogopogo

Eine nach Augenzeugenberichten angefertigte Skulptur zeigt die **Seeschlange *Ogopogo***. Sie wird in den Tiefen des Sees vermutet, ähnlich wie das Ungeheuer von *Loch Ness*. Lebendsichtungen gibt's unter www.ogopogoquest.com.

Aktivitäten

Ein kurzer Abstecher führt (auf der Ellis St einige Kilometer nach Norden) auf den ***Knox Mountain***. Stadt und See sind von mehreren Parkplätzen mit ***Viewpoints*** gut zu überblicken. Wer sportlich zu Fuß hinauf möchte: Auf dem ***Apex Trail*** sind bis zum Gipfel fast 300 Höhenmeter zu überwinden.

Myra Canyon

Südöstlich von Kelowna gehört die Trasse der stillgelegten ***Kettle Valley Railway*** (215 km von Penticton nach Midway, ➪ Seite 343) mit dem bildschönen ***Myra Canyon*** zu den besten kanadischen Bike-Revieren. Nach Wald- und Brückenbränden sind die meisten Routen nun wieder hergerichtet, zuletzt im ***Myra-Bellevue Provincial Park***, dem besten Teil der Originalroute. **Bikeverleih**: ***Myra Canyon Bike Rentals***, $39/4 Std, www.myracanyonrental.com. Ab dem ***Myra Parking Lot*** (Anfahrt 8 km, gute Schotterstraße) kann man den schönsten Teilabschnitt auch gut zu Fuß erkunden.

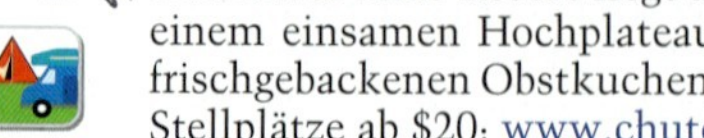

Das ***Chute Lake Resort*** liegt direkt am *KVR* (24 km bis Myra) auf einem einsamen Hochplateau – nicht nur Radler genießen den frischgebackenen Obstkuchen; ***Lodge***: 8 DZ $90, 7 Cabins $90, 32 Stellplätze ab $20; www.chutelakeresort.com.

Weiterfahrt nach Süden

Auch südlich von Kelowna bleibt die #97 ausgebaut und stark befahren. Der Verkehr vermindert sich südlich Peachland, da der ***Okanagan Connector*** (Autobahn) in Richtung Merritt/*Coquihalla Hwy*/Vancouver einen Teil seines Volumens aufnimmt. Von Kelowna sind es auf dieser Route noch knapp **400 km bis Vancouver**.

Ogopogo-Skulptur – gefertigt nach Berichten von Augenzeugen – im City Park von Kelowna

Lachs-wanderung

Ab September, zur Zeit der Lachswanderung, ist ein Stopp im ***Hardy Falls Regional Park*** (4 km südlich von Peachland) ein Muss. Dann wimmelt es dort von ***Kokanee Salmons***, die bachaufwärts zu einem *Pool* unterhalb des Wasserfalls schwimmen. Auch sonst lohnt der 1 km lange schattige Weg dorthin als **Kurzwanderung**.

Der hier einzige **Provinzpark** mit Campingplatz, ***Okanagan Lake***, © 1-800-689-9025, 168 Stellplätze, $30, liegt in mehreren Terrassen über dem See und hat große prima Stellplätze – sämtlich mit Weitblick (Nordbereich/*North Unit*). **Einige besonders schöne Plätzchen am Seeufer** gibt's in der *South Unit.*

Aussicht

Bei Summerland erhebt sich der ***Giant's Head Mountain*** 500 m über den See, der beste **Aussichtsberg** im *Okanagan Valley*. Die Anfahrt erfolgt über ***Prairie Valley Road*** und ***Giant's Head Road*** auf die Gipfelstraße (zum Schluss Serpentinen). Das letzte Stück zum Gipfel geht es nur zu Fuß. An der Straße und oben passiert man mehrere **Picknicktische** mit Superblick.

Summerland

Südlich von Summerland (ca. 5 km) befinden sich die ***Ornamental Gardens***. Der kleine Abstecher von der Hauptstraße (#4200 Hwy 97) lohnt schon fast allein wegen der idyllisch plazierten Picknicktische im grünen Park (täglich 8 Uhr bis Dämmerung, frei); www.summerlandornamentalgardens.org. Proviant könnte man sich vorher in Summerland bei der **Bäckerei *True Grain Bread***, 10108 Main Street, besorgen; www.truegrain.ca.

Kettle Valley Bike Trail

Hinter dem Gelände erhebt sich mit der *Trout Creek Bridge* die höchste Eisenbahnbrücke (73 m) der ***Kettle Valley Steam Railway*** (Abfahrten jeweils um 10.30 und 13.30 Uhr an saisonal unterschiedlichen Tagen, 90 Minuten, $22; www.kettlevalleyrail.org) von **Hope** über **Penticton** nach **Midway** am ***Kettle River*** (➪ Hope, Seite 239; ➪ Midway Seite 356).

Penticton

Zwischen dem Südende des *Okanagan Lake* und *Skaha Lake* liegt Penticton (33.000 Einwohner), eine weitere **Tourismushochburg** des *Okanagan Valley,* aber trotzdem kein besonders reizvoller Anlaufpunkt. Zentraler Bereich ist die Uferstraße am Okanagan Lake mit der ***SS Sicamous*** von 1914. Dieser größte Schaufelraddampfer im Okanagan wurde schon 22 Jahre später außer Dienst gestellt (1099 Lakeshore Drive West, Juli und August täglich 11-19 Uhr, sonst 10-16 Uhr, $6; www.sssicamous.com). Beide Seen verbindet – parallel zur Straße #97 – der 6 km lange ***Okanagan River Channel***. Als Sommervergnügen lässt man sich dort mit Autoschläuchen zwei Stunden lang flussabwärts treiben; $10 für die »***Tube***«-Miete inklusive Schwimmweste und Rücktransport ($5, wenn nur Bustransfer, *Coyote Cruises*, 215 Riverside Drive, ✆ (250) 492-2115, Mitte Juni-Mitte September täglich 10-17.30 Uhr; www.coyotecruises.ca).

Am Endpunkt des *Channel* trifft man auf die Sandstrände des **Skaha Lake**, einem populären Familienziel mit vielen Hotels an der nahen Skaha Lake Road.

Information

Penticton Visitor Information Centre
553 Vees Drive, ✆ 1-800-663-5052; www.tourismpenticton.com

Camping

Zwei kleine ***Campgrounds*** liegen etwas abseits der Straße

- 1 km südlich des Skaha Lake im ***Okanagan Falls PP*** (Green Lake Road, 25 Plätze, $21)

  und nur 7 km weiter im straßennahen (lauten!)

- ***Vaseux Lake Provincial Park*** (Hwy 97, 12 Plätze – einige Plätze am Wasser, $16)

- Für $24/Bett übernachtet man im ***HI-Hostel Penticton***, 464 Ellis Street, 47 Betten, DZ $59; ✆ 1-866-782-9736, www.hihostels.ca/penticton. Das *Hostel* liegt nahe der *Okanagan Lake Beach*.

Südliches Okanagan Valley

Das Gebiet zwischen Oliver und der Grenze zu den USA wird als ***Pocket Desert*** bezeichnet. Bei trockener Sommerhitze von fast täglich 30°C findet sich dort eine karge, wüstenähnliche Vegetation aus Feigenkakteen und Salbeibüschen, nur unterbrochen von üppig grünen Inseln künstlich bewässerter Felder und Plantagen. Abends ist es hier spürbar wärmer als im zentralen Okanagan.

Osoyoos

Die letzte kanadische Ortschaft vor der US-Grenze, **Osoyoos** (4.900 Einwohner), hat sich eine Art spanisch-mexikanisches Aussehen verpasst. Die holländische Windmühle setzt einen weiteren Akzent im ungewöhnlichen Ortsbild. Der **Osoyoos Lake**, einer der wärmsten Badeseen Canadas, ist bis in den Spätherbst hinein populär. Das gilt insbesondere für den ***Haynes Point Provincial Park*** und seinen ***Campground*** (41 Stellplätze) in einmaliger Lage an der Spitze einer sehr schmalen Halbinsel, die etwa 3 km südlich von Osoyoos 1 km weit in den See ragt. Fast alle Stellplätze liegen am Wasser. Dort ist selbst in Vor- und Nachsaison Ankunft am Vormittag oder zeitige Reservierung geboten: ✆ 1-800-689-9025, $30.

Aber auch die privaten Plätze am See liegen nicht schlecht, am besten das – bei voller Belegung indessen enge und sanitär ggf. kritische – ***Nk'mip Resort***, ✆ (250) 495-7279, am Ostufer des Osoyoos Lake: von der #3 bei der Mühle bis zur 8000 45th Street; www.campingosoyoos.com; (326 Plätze, $40-$52).

In Osoyoos finden sich diverse ***Beach Motels*** mit Seezugang.

Desert Centre

Etwa 4 km nördlich der Stadtinfo zweigt von der #97 die 146th Ave zum ***Desert Centre*** (#14580) ab. Vom Besucherzentrum führt ein Rundweg 1,5 km durch ein letztes Areal unverbauter Wüste mit Erläuterungen zu Gewächsen und Ökologie der Region. Mitte Mai-Mitte September täglich 9.30-16.30 Uhr, sonst 10-14 Uhr, $7; www.desert. org. Nur mit Führung interessant.

Information

Osoyoos Visitor Information Centre
8701 Main Street, ✆ (250) 495 5070;
www.destinationosoyoos.com

Aussichtspunkte

Wer Osoyoos besucht, sollte nicht versäumen, die Straße #3 durch die Weinberge noch 9 km hinaufzufahren (nach Osten). Am Ende der Serpentinenstrecke erreicht man am *Anarchist Mountain Lookout* einen schönen Aussichtspunkt.

Für die Weiterfahrt nach Westen oder Osten ➪ Seite 357.

Superlative

Dem Touristen wird sie kurios vorkommen, aber ernst gemeint ist sie allemal (und vielleicht sogar einen eigenen Superlativ wert): die Neigung der Nordamerikaner für Übertreibungen. Jeder Ort rühmt sich seiner Sehenswürdigkeiten, und seien sie noch so bescheiden, möglichst mit der Bezeichnung ***world famous*** und anderen außerordentlichen Attributen.

Aus einem kleinen, eher mittelmäßigen Museum wird so eine ***Major Tourist Attraction***, und eine Ansammlung von Blockhäusern macht aus einem an sich unscheinbaren Dorf eine ***Log Cabin Capital of BC***. Vielleicht ist eines davon auch das größte, älteste oder schönste Blockhaus komplett aus Kiefer-, Fichten- oder anderem Holz in der Region oder auch das höchste, breiteste oder kleinste einräumige Haus der Provinz, des westlichen oder östlichen Canada oder eben der ganzen Welt. Ist an dem Gebäude selbst absolut nichts erwähnenswert, könnte zumindest der legendäre *Trapper Jim* oder *John* hier seinen *first* oder *last* Wohnsitz gehabt haben. Vielleicht besaß er damit sogar die am längsten ununterbrochen bewohnte Blockhütte diesseits der Rockies.

Einige Superlative aus dem ***Okanagan-Similkameen*** sprechen für sich:

Kelowna, *the Largest City in the Okanagan-Similkameen*, bietet Touren durch *the Oldest Vinery in BC* und *Shopping in the Okanagans Largest Mall.*

Keremeos preist sich als *The Fruit Stand Capital of Canada.*

Oliver ist *Wine Capital of Canada.*

Osoyoos rühmt sich, den *Warmest Fresh Water Lake* in Canada zu besitzen. Außerdem gibt es hier *Canadas only true Desert.*

Peachland nennt *The most breathtaking Amusement Park on Earth* sein Eigen und man räkelt sich an *Lake Okanagan's longest uninterrupted Beach.*

Penticton hat natürlich das *Best Climate in Canada*

3.7.4 Vom Kootenay National Park zum Crowsnest Highway

Kootenay und/oder Yoho National Park?

Von den ***Rocky Mountain National Parks*** ist der *Kootenay National Park* am wenigsten besucht. Er liegt abseits des *Trans Canada Highway*, der mit *Banff, Yoho, Glacier* und *Mount Revelstoke* gleich vier Nationalparks hintereinander durchquert.

Eine Antwort auf die mögliche und berechtigte Frage **»Welcher der beiden Parks lohnt sich eher?«** fällt nicht schwer. Wer die *Takakkaw Falls*, Lake O`Hara und Emerald Lake im ***Yoho Park*** besuchen will, findet nichts Vergleichbares im ***Kootenay Park***, der zwar auch über einige schöne Kurzwanderwege verfügt, aber nur die *Radium Hot Springs* als Top-Attraktion besitzt.

Besuche im ***Yoho*** **und** ***Kootenay National Park*** sind nur über eine kleine Rundtour ohne Weiterfahrt nach Westen oder unter Inkaufnahme von doppelt zu fahrenden Strecken möglich. Dabei wäre die zeitlich und kilometermäßig günstigste Variante, von Lake Louise zunächst einen kurzen Abstecher in den ***Yoho Nat'l Park*** zu unternehmen, wo man die entscheidenden *Highlights* auf den ersten östlichen 30 km findet (➪ Seite 325ff). Danach ginge es wieder zurück auf dem TCH Richtung Banff und dann ab Castle Junction auf der Straße #93 in und durch den ***Kootenay National Park***.

Anschließend folgt man der Straße #95 nordwärts nach Golden mit Anschluss an den TCH (➪ Seite 328) oder der im folgenden beschriebenen Route #93/#95 südwärts zum ***Crowsnest Hwy***.

Alternative zum Yellowhead

Bei **Präferenz für den TCH** wird der Abschnitt Kamloops – *Wells Gray Park* – Jasper der Route in Richtung *Yellowhead Highway* (➪ Kapitel 3.2.3) durch den TCH von Kamloops nach Lake Louise (➪ Kapitel 3.7.1) ersetzt. Dabei spart man nebenbei glatt über 100 km, obwohl man den *Icefields Parkway* – zumindest ab *Lake Louise* bis zum 130 km entfernten *Columbia Icefield* – hin und zurück fahren muss.

Straße #93 durch den Kootenay Nat'l Park

⇨ Karte Seite 329

Die belebte TCH-Strecke durch das zentrale BC (Kamloops-Revelstoke-Lake Louise, 700 km inkl. Abstecher bis zum *Icefield Centre* im *Jasper NP*) ist abwechslungsreicher als die ruhigere Nordroute über den *Yellowhead Highway* (Kamloops-Jasper-Lake Louise, 810 km inkl. Abstecher in den *Wells Gray Park*). Außerdem lässt sich der TCH bei Einschluss des *Kootenay NP* besser mit der Südroute über den *Crowsnest Highway* kombinieren.

Kootenay Park: Geschichte

Der ***Kootenay National Park*** verdankt seine Entstehung im wesentlichen der einstigen Finanzschwäche der Provinz British Columbia. Bereits 1911 wurde der Bau des damals sog. ***Banff-Windermere Highway*** in Angriff genommen, auf dem Obst und Gemüse in die Prärieprovinzen transportiert werden sollten. Aber Finanzierungsprobleme behinderten die Fertigstellung. Als die kanadische Regierung einsprang, erhielt sie als Gegenleistung einen Streifen Land von jeweils 8 km beiderseits der Straße, der 1920 noch vor Ende der Bauarbeiten (1922) zum ***Highway National Park*** erklärt wurde.

Seinen endgültigen Namen erhielt der Park nach den ***Ktunaxa-Indianern***, die vor Ankunft der Weißen dort gesiedelt hatten.

Information

Eine Karte des Parks und Informationsmaterial wie den *Kootenay Backcountry Guide* (Verzeichnis aller Wander- und Radwege) erhält man im ***Kootenay National Park Visitor Centre,*** Radium Hot Springs am Westeingang des Parks:

Kootenay National Park Visitor Centre
7556 Main St. East, Radium Hot Springs
✆ (250) 347-9505, www.pc.gc.ca/kootenay

Camping

Der *Highway* #93 ist keine wichtige Hauptstraße wie der TCH und daher verkehrsmäßig viel angenehmer. Der Nationalpark verfügt insgesamt über drei Campingplätze. Empfehlenswert ist in erster Linie der großzügig angelegte ***McLeod Meadows Campground***, 61 Plätze, $22. Ein weiterer, klimatisch nicht so günstiger Platz befindet sich im Osten beim hochgelegenen ***Marble Canyon***, 61 Plätze, $22. Beide sind selbst in der Hauptsaison selten voll. Auf dem ***Redstreak Campground*** sichert im Sommer nur frühe Ankunft ein Unterkommen, obwohl dort 242 Plätze vorhanden sind, $28-$39; ⇨ Seite 349.

Klima

Das Klima im östlichen Bereich des *Kootenay Park* unterscheidet sich stark von dem im Westteil. Die Barriere der Rockies sorgt für hohe Niederschläge in den östlichen Höhenlagen, während die westliche, tiefer gelegene Parkregion – etwa ab *Kootenay Crossing* – relativ trocken und warm bleibt.

Trails

Der ***Vermilion Pass*** (1.651 m), 10 km westlich des TCH, ist der höchstgelegene Straßenpass über die kanadischen Rocky Mountains. Unweit der Passhöhe schlängelt sich der ***Fireweed Nature Trail*** (1 km) durch ein bereits 1968 von einem Waldbrand (*Vermilion Pass Burn*) geschädigtes Areal.

Der Baumbestand erholt sich wegen der in der Höhe nur kurzen jährlichen Wachstumsperiode langsam. Dafür haben sich viele Wildblumen ausgebreitet, vor allem ***Fireweed***, das in prächtigem Rosa blühende Schmalblättrige Weidenröschen.

Gletscher

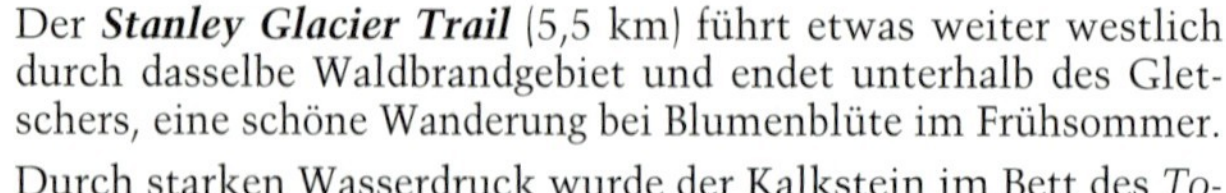

Der ***Stanley Glacier Trail*** (5,5 km) führt etwas weiter westlich durch dasselbe Waldbrandgebiet und endet unterhalb des Gletschers, eine schöne Wanderung bei Blumenblüte im Frühsommer.

Schlucht

Durch starken Wasserdruck wurde der Kalkstein im Bett des *Tokumm Creek* zu Marmor (*Marble*) gepresst. Der schöne ***Marble Canyon Trail*** (1 km) verläuft abwechselnd über sieben Brücken zu beiden Seiten einer bis zu 40 m tiefen Schlucht. Tosende Wasserfälle, Engpassstellen und eine natürliche Steinbrücke sind die Hauptattraktionen dieses Weges, für den man einen knapp einstündigen Zwischenstop einkalkulieren muss.

Quellen

Die ***Paint Pots***, runde, rot-gelbe Erdkuhlen, verdanken ihre Entstehung dem ständig zufließenden eisenhaltigen Wasser aus mineralhaltigen Quellen. Bevor weiße Einwanderer die Ockergruben kommerziell ausbeuteten und den Sand als Grundstoff für Färbemittel nach Calgary transportierten, verwendeten bereits die Indianer die Erde für Körperbemalung und Verschönerung ihrer *Tepees*. Noch heute künden verrostete Maschinenteile von den Aktivitäten der Weißen. Ein ***Trail*** führt zu den Ockerfeldern (1 km).

Cabins

In Vermilion Crossing, wo die #93 den *Vermilion River* quert, liegt die ***Kootenay Park Lodge***. Das einzige Hotel im Nationalpark, ✆ (403) 762-9196, www.kootenayparklodge.com, verfügt über 10 *Cabins* (DZ ab $135) und ein rustikales Restaurant.

Sinclair Pass und Canyon

Im westlichen Teil des Parks entfernt sich die Straße vom Kootenay River und läuft über den ***Sinclair Pass*** (1.486 m). Schautafeln an den ***Viewpoints*** informieren über die Namen der im Blickfeld liegenden Rocky Mountain Gipfel.

Einige Kilometer vor der westlichen Parkeinfahrt passiert man die roten Klippen der ***Redwall Fault*** und den pittoresken ***Sinclair Canyon***. Dazwischen liegen die *Radium Hot Springs*. Die heißen Quellen werden von Regenwasser gespeist, das bis in 3.000 m tiefe Erdschichten vordringt, dort verdampft und sich auf dem Weg nach oben wieder verflüssigt.

Radium Hot Springs

Bei den ursprünglich *Sinclair Hot Springs* genannten Quellen, die wegen der (geringen) Spuren an radioaktivem Radium ihre jetzige Bezeichnung erhielten, wurde schon zu Beginn des letzten Jahrhunderts eine Badeanlage gebaut. Heute besteht sie aus zwei großen ***Outdoor Pools***, Umkleideräumen und Cafeteria. Ein Becken ist mit 29°C zum Schwimmen geeignet, das andere enthält 39°C heißes Wasser. Mitte Mai bis Mitte Oktober täglich 9-23 Uhr, sonst 12-21 Uhr, Eintritt $7; www.pc.gc.ca/hotsprings.

Unmittelbar an den südlichen Parkausgang grenzt der Touristenort ***Radium Hot Springs*** (800 Einwohner, ✆ 1-888-347-9331; 7556 Main Street East; www.radiumhotspings.com).

Mit $26/Bett, DZ $60, bietet das ***Radium Int'l Hostel*** in der ***Misty River Lodge*** an der Straße 93 (#5036) das preiswerteste Quartier im Ort; © (250) 347-9912; www.radiumhostel.bc.ca.

Der sehr schöne ***Redstreak Campground*** (Reservierung: © 1-877-737-3783, www.pccamping.ca) auf einem sonnigen Plateau am Parkeingang – mit Duschen und teilweise *Hook-up* zugleich der komfortabelste Campingplatz des Parks ($28-$39),– ist über einen Fußweg (2,7 km) mit den *Hot Springs* verbunden.

Straße nach Golden

Der *Highway* #95 verbindet Radium Hot Springs und Golden (105 km). Die Straße läuft durch das breite Tal des *Rocky Mountain Trench* am Columbia River entlang. Östlich wird sie begleitet von den Gipfeln der *Rockies* und westlich von der ***Purcell Range*** der Columbia Mountains. Abseits ihres Verlaufs gibt es eine Reihe weiterer ***Campgrounds***, die nicht in Campingführern verzeichnet sind (Auskunft dazu beim *Visitor Centre* oder auf der Seite www.sitesandtrailsbc.ca).

Nach Süden

Auch auf der Weiterfahrt in südliche Richtung verliert man das **Panorama der Rocky Mountains** – bis hinunter nach Fort Steele – nicht aus den Augen. Während die kalten Seen der *Rockies* nicht zum Schwimmen verlocken, findet man in dieser klimatisch begünstigten Region Badeseen.

Der kleine ***Dry Gulch Provincial Park*** (26 Plätze, $21), 5 km südlich von Radium Junction, empfiehlt sich nicht nur, wenn der *Redstreak Campground* im Kootenay Park belegt ist. Trotz des Namens ist die »trockene Schlucht« eine Vegetationsinsel. Nur der kleine Bachlauf quer durch den Park führt im Sommer kein Wasser.

Fairmont Hot Springs

Weiter südlich um die heißen Quellen der ***Fairmont Hot Springs*** hat sich ein kleines touristisches Zentrum mit Hotels etabliert, darunter das Prunkstück ***Fairmont Hot Springs Resort***, © 1-800-663-4979, © (250) 345-6311, DZ ab $99, Golf- und Tennisplätzen und einem ***Campground*** (300 Plätze, $30-$60). Das Wasser in den 4 Freibädern ist zwischen 40°C und 43°C warm. Die Anlage öffnet täglich 8-22 Uhr, Eintritt $12; www.fairmonthotsprings.com.

Auf dem Kootenay River

Hoodoos

Südlich des Ortes an der Mündung des Dutch Creek in den Columbia Lake ragen die grauen, 100 m hohen ***Dutch Creek Hoodoos*** auf. Nachmittags stehen die Klippen im besten Fotolicht.

Canal Flats

Eine kaum merkliche Anhöhe am Südufer des Columbia Lake (Badestrand) bildet die **Wasserscheide** zwischen Kootenay und Columbia River. Ein Kanal mit Schleuse, die 1888-1902 nur kurz in Betrieb war, gab der Siedlung **Canal Flats** ihren Namen. 5 km weiter südlich geht es auf einer Schotterstraße zum ***Whiteswan Lake PP*** (**5** ***Campgrounds***, $16, © 1-800-689-9025). Am Westeingang (18 km) befinden sich die Pools der ***Lussier Hot Springs***, bis 46°C.

Premier Lake Prov'l Park

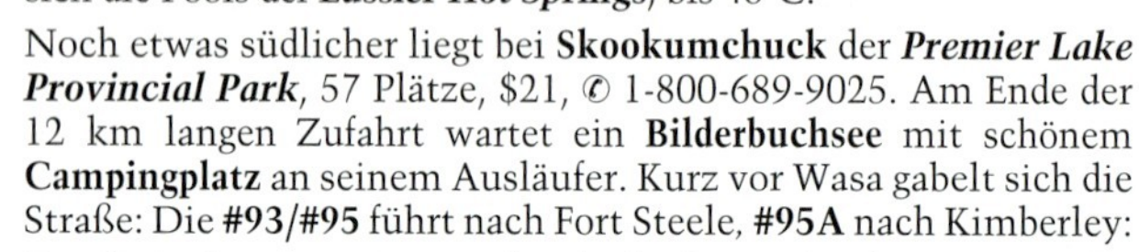

Noch etwas südlicher liegt bei **Skookumchuck** der ***Premier Lake Provincial Park***, 57 Plätze, $21, © 1-800-689-9025. Am Ende der 12 km langen Zufahrt wartet ein **Bilderbuchsee** mit schönem **Campingplatz** an seinem Ausläufer. Kurz vor Wasa gabelt sich die Straße: Die **#93/#95** führt nach Fort Steele, **#95A** nach Kimberley:

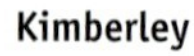

Kimberley

Für die Fußgängerzone im Alpenlook, dem »**Platzl**«, mit Canadas größter **Kuckucksuhr**, lohnt sich der Umweg zur ***Bavarian City*** **Kimberley** (6.700 Einwohner, *Visitor Centre*: 270 Kimberley Ave) für Besucher aus Mitteleuropa kaum. Dorthin sollte aber fahren, wer großen Appetit auf *Sauerkraut & Frankfurters* verspürt.

Minentrip

Bis zu ihrer Schließung 2001 war die ***Sullivan Mine*** von *Teck-Cominco* (➪ Seite 355) bei Kimberley eine der weltgrößten Blei- und Zinkuntertageminen. Heute befördert die Minenbahn nur noch Touristen. Vom Ortskern fährt ***Kimberley's Underground Mining Railway*** durch einen ca. 750 m langen Tunnel zum ***Underground Interpretive Center*** (Juli-Anfang Sept täglich 11, 13 und 15 Uhr, Ende Mai/Juni nur Sa+So, Rückfahrt $20/$8; www.kumr.ca).

Ein **Zimmer** in Kimberley zu finden, ist kein Problem: **Motels** der mittleren/unteren Preisklasse sind zahlreich vorhanden.

Der beste Campingplatz weit und breit ist der ***Kimberley Riverside Campground***, 500 St. Mary Lake Road, © (250) 427-2929, 140 Stellplätze, $26-$38, hoch über dem St. Mary River: ca. 6 km südlich auf der #95A im Vorort Marysville, dann 3 km Zufahrt; www.kimberleycampground.com.

Wasa und Norbury Lake PP

Die **Straße #93** über Wasa/Fort Steele ist wegen des *Fort Steele Park* vorzuziehen. Camper könnten sich bereits 21 km davor im ***Wasa Lake Provincial Park*** (Badestrand), © 1-800-689-9025, $21, einen Platz sichern. Der ***Fort Steele RV Park*** ($29-$45), © (250) 489-4268; www.fortsteele.com, befindet sich bei der Einmündung Wardner-Fort Steele Road in Hwy 95. Ein weiterer guter Platz liegt nach 16 km im ***Norbury Lake Provincial Park***, $16 (Anfahrt über Wardner-Fort Steele Road parallel zur #93).

Fort Steele

Die weiße Besiedlung der Region begann mit dem ***Kootenay Gold Rush*** im Jahre 1864. Ein erster Posten der *North West Mounted Police* entstand 1887 und daraus das Fort Steele. Den *Mounties* gelang es, bewaffnete Auseinandersetzungen zwischen Einwanderern und Indianern weitgehend zu verhindern.

Ende des 19. Jahrhunderts war aus **Fort Steele eine Stadt** geworden. Mit dem Bau einer Eisenbahnlinie, die Fort Steele umging und 1898 einen Bahnhof in Cranbrook erhielt, begann jedoch ihr Niedergang, und bereits 1910 wurde sie zur Geisterstadt.

Heritage Town

An der ***Fort Steele Heritage Town*** beeindruckt zunächst die Lage am *Kootenay River.* Die über 60 Gebäude des weitläufigen Ge - ländes – Wohnhäuser, Werkstätten, Polizeiwache und Läden – wurden mit viel Liebe zum Detail hergerichtet.

Zeitgenössisch kostümierte Bewohner spielen überall im Dorf Episoden vom Aufstieg und Niedergang der Stadt *open-air* nach. In den Häusern kann man traditionelle Handwerkstechniken bewundern und in der Bäckerei Spezialitäten genießen.

Restaurants und **Souvenirshops** fehlen natürlich auch nicht. Im ***Wild Horse Theatre*** werden nostalgische Stücke oder stürmische *Vaudeville Show*s (täglich 15.30 Uhr, $10) aufgeführt. Als Kinderspaß eignen sich die Postkutschenrunden ($5) oder die Bahnfahrt im Dampflok-Zuckeltempo ($10). Alles nur Juli & August.

Die ***Fort Steele Heritage Town*** (9851 Hwy 93/95) ist neben Barkerville das beste ***Living Museum*** in British Columbia; Mitte Juni-Anfang Sept täglich 9.30-18 Uhr, sonst bis 17 Uhr; $12, Kombiticket *Steele of a Deal* für alles $34; www.fortsteele.ca.

Rundfahrten mit Pferdekraft beim Fort Steele

3.7.5 Crowsnest Highway mit Alternativrouten von Cranbrook bis Osoyoos

Straße #3

Kurz vor Cranbrook vereinigt sich für gut 70 km gemeinsamen Verlauf die Straße #95 mit dem ***Crowsnest Highway #3***, der sich nahe der Grenze zu den USA über zahlreiche Gebirgspässe windet: in den Rocky Mountains (Grenze zwischen Alberta und British Columbia) über den ***Crowsnest Pass*** (1.396 m), in den Selkirk Mountains über den ***Kootenay Pass*** (mit 1.774 m höchster Pass im Straßenverlauf), in den Monashee Mountains übern ***Bonanza Pass*** (1.535 m) und schließlich über den ***Allison Pass*** (1.342 m) in den Kaskaden.

Cranbrook

Cranbrook (*Visitor Centre*: 2279 Cranbrook St N; www.cranbrookchamber.com) ist mit 19.400 Einwohnern größte Stadt im südöstlichen British Columbia. Das ***Canadian Museum of Rail Travel*** (57 Van Horne Street/Hwy #3/95) im Zentrum ist der einzige echte Anziehungspunkt der Stadt. Glanzstücke der Ausstellung sind sieben restaurierte Wagen eines Trans-Canada-Luxuszuges von 1929. Mitte Mai-Mitte Okt. täglich 10-18 Uhr, sonst Di-Sa bis 17 Uhr; nur mit Führung ($4 bis $2); www.trainsdeluxe.com.

Übernachtung

Neben den vielen Hotels/Motels an der Hauptstraße bietet sich im *College of the Rockies* auch an das moderne

- ***Cranbrook Purcell House***, 2700 College Way, © 1-877-489-2687, 42 Betten, DZ $42, $17/Bett; www.hihostels.ca/cranbrook.
- Der ***Mount Baker RV Park***, © 1-877-501-2288, liegt im *Baker Park*, 1501 1st Street; $25-$37, www.mountbakerrvpark.com.
- Schöner, aber sanitär einfacher campt man im ***Jimsmith Lake Provincial Park*** (35 Plätze, $21, Sandstrand). Die Zufahrt zweigt am südlichen Ortsausgang ab (4 km).

Creston

Der nächste größere Ort am *Crowsnest Highway* ist **Creston** (5.400 Einwohner, Info: 121 North West Blvd, © 1-866-528-4342; www.crestonvalleychamber.com). Obststände an der Straße verraten, dass hier die Landwirtschaft eine wichtige Rolle spielt.

Brauerei

Im Zentrum (1220 Erickson Street) ist die wichtigste Sehenswürdigkeit der Stadt unübersehbar. Nach der Führung durch die ***Columbia Brewery*** gibt's ***Kokanee***-Bierproben. Mitte Mai bis Mitte Oktober Mo-Fr 9.30-14.30 Uhr, Juli und August bis 15 Uhr; www.columbiabrewery.com.

Vogelschutzgebiet

11 km westlich Creston liegt das ***Creston Valley Wildlife Interpretation Centre***, $4, #1760 West Creston Rd (Mitte Mai-Mitte Okt. Di-Sa 9-16 Uhr). Im Sumpf rund um das Center leben viele Vogelarten, darunter Kolibris und Fischadler. Ein Holzplankenweg (frei) führt hindurch; geführte Kanutrips (4x täglich, 60 min $10); www.crestonwildlife.ca.

Umweg über den Kootenay Lake

Statt ab Creston weiter dem *Crowsnest Highway* durch die **Selkirk Mountains** über den *Kootenay Pass* nach Castlegar zu folgen, wird nun die abwechslungsreichere **Route #3A über Nelson** gewählt, die rund 30 km zusätzliche Fahrt und ein Übersetzen per Fähre über den *Kootenay Lake* nach Balfour erfordert.

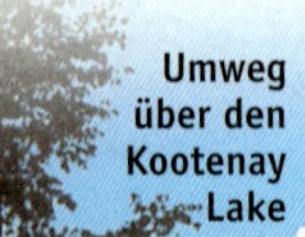

Creston Wildlife Centre im Sumpfgelände

Straße #3A über Nelson

In schönem Verlauf folgt die Straße #3A weitgehend der Uferlinie des ***Kootenay Lake*** mal in Wassernähe, mal hoch über dem See mit herrlichen Ausblicken. Einige hübsche Orte mit kleinen Yachthäfen und Badestränden liegen am Weg. Ein schöner, aber etwas schwierig zugänglicher (Parken abseits) öffentlicher **Sandstrand** liegt an der ***Twin Bays Beach***.

3 km südlich von Boswell passiert man das ***Glass House***. Die spleenige Idee eines Leichenbestatters, mit einer halben Million Balsamflaschen ein Haus zu bauen, wird dort als Touristenattraktion vermarktet (11341 Hwy 3A, $10, Juli/Aug 8-20, sonst 9-17 Uhr).

Ein weiterer Sand-/Kieselstrand befindet sich im ***Lockhart Beach PP*** (***Campground***, $21). 20 km weiter liegt das ***Kokanee Chalets Resort***, 15981 Hwy 3A, Crawford Bay, ✆ 1-800-448-9292, 67 Stellplätze $23-$38, 25 Chalets $145; www.kokaneechalets.com.

Autofähre Balfour

Die Autofahrt unterbricht die ***Kootenay Lake Ferry*** (Abfahrten im Hochsommer 7-22 Uhr alle 50 min). Lokale Werbung versichert: »Längste (ca. 35 min) kostenlose Fahrt per Fähre in ganz Nordamerika«! Östlich des Sees liegt am *Terminal* die Mini-Ortschaft Kootenay Bay, u.a. mit dem ***Pilot Bay Resort***, ✆ (250) 227-9441 (Camping $30, Cabin $100), 16961 Pilot Bay Rd; www.pilotbayresort.com.

Ca. 5 km südlich des Terminal endet die Pilot Bay Road im ***Pilot Bay Provincial Park***, wo ein kurzer Spaziergang zum ***Pilot Bay Lighthouse*** von 1905 (Aussichtsplattform), dem einzigen Inlandsleuchtturm in BC, führt.

weiter von Balfour nach Norden

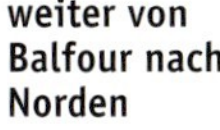

Auf der Westseite des Sees könnte man ab Balfour einen sehr schönen Umweg durch die *Selkirk Mountains* zwischen dem Nordarm des *Kootenay Lake* und *Arrow Lake* einplanen. Diese Möglichkeit ist im **Kasten auf Seite 338** beschrieben.

Die Straßenkombination #31, #31A, #6, #3A von Balfour nach Castlegar über Kaslo und New Denver ist über 100 km länger, aber auch weniger befahren als die direkte Route #3A am Westarm des Kootenay Lake und Kootenay River entlang.

Die #31 führt zunächst am – dicht von Privatbesitz und Campingplätzen besetzten – Westufer des Kootenay Lake entlang und vorbei an den ***Ainsworth Hot Springs***, #3609, ✆ 1-800-668-1171, DZ $154 (besser *Nakusp Hot Springs*, ➪ Seite 337). Wassertemperatur im *Inner Pool* (hufeisenförmige Höhle mit von der Decke hängenden Stalaktiten) bis 42°C, im Außenpool bis 38°C; täglich 10-21.30 Uhr, $12/$10; www.hotnaturally.com.

Ca. 5 km südlich von **Kaslo** ist der ***Mirror Lake Campground*** empfehlenswert, 5777 Arcola Rd, ✆ (250) 353-7102, mit vielen Plätzen am eigenen Badesee; $23-$26; www.mirrorlakecampground.com.

Ab Kaslo ➪ Seite 339.

Kokanee Creek PP

Ohne Umweg geht es von Balfour weiter auf der #3A nach Nelson. Am Wege liegt der ***Kokanee Creek Provincial Park***. Er verfügt über drei gute ***Campgrounds*** (***Redfish***, ***Sandspit*** und ***Friends***, je $28), schöne ***Nature Trails***, **Kinderspielplatz** und Sandstrände.

Der Park ist ein gutes Standquartier für Ruhetage und/oder Ausflüge, etwa zum ***Kokanee Glacier Provincial Park***.

Die Zufahrt (16 km Schotter) endet am Gibson Lake; von dort läuft ein schöner ***Trail*** (7 km, 500 Höhenmeter) über den *Kokanee Pass* zum Kaslo Lake – sehr lohnenswert.

Nelson

Nelson (10.300 Einwohner) erreicht man auf dieser Route aus der »richtigen« Richtung. Der Ort beginnt südlich der ***Nelson Bridge***, die den Westarm des Kootenay Lake überspannt. Westlich der Brücke liegt der ***Lakeside Park*** mit Strand und guter ***Picnic Area***.

Ortsbild

Das Ortsbild unterscheidet sich erfreulich von dem anderer vergleichbar großer Städte. Zahlreiche Gebäude aus guter alter Zeit (faktisch vom Ende des 19. und Anfang des 20. Jahrhunderts, als eine Silber-Boomperiode für Reichtum sorgte), darunter manches architektonische Schmuckstück, sind in bestem Zustand.

Hier sollte man sich nicht aufs *Sightseeing* durchs Autofenster beschränken, sondern einen Spaziergang über die Baker Street in *Downtown* (viele Straßencafés und Läden) machen, am besten nach Besuch des ***Visitor Info Centre*** in der 225 Hall Street, © 1-877-663-5706; www.discovernelson.com.

Von 1899 bis 1949 waren Straßenbahnen in Betrieb. Die alte ***Streetcar #23*** (www.nelsonstreetcar.org) fährt noch Mitte Juni-Anfang September täglich 11-15 Uhr zwischen der *Hall Street Station* und *Lakeside Rotary Park*, $3.

Mit dem städtischen ***Nelson City Campground,*** 90 High Street, © (250) 352-7618, 35 Plätze, $20-$30, besitzt Nelson einen engen ***Campground*** in der Nähe des Stadtkerns. Oberhalb liegt der ***Gyro Park*** mit einem schönen Aussichtspunkt.

In der Altstadt liegt auch das ***HI-Hostel Nelson/Dancing Bear Inn***, 171 Baker Street, © (250) 352-7573, © 1-877-352-7573, 43 Betten, $23/Bett, DZ $52; www.dancingbearinn.com.

Wasserkraft

Der Verlauf der Straße #3A von Nelson nach Castlegar ist nur teilweise attraktiv. Zwischen beiden Orten wird das Gefälle des *Columbia River* durch sieben kurz aufeinanderfolgende Staudämme zur Stromproduktion genutzt. Bereits 1897 errichtete man hier das erste Wasserkraftwerk, u.a. für die Energieversorgung der Goldminen in Rossland.

Castlegar

Castlegar (7.900 Einwohner, © 1-888-365-6313; www.castlegar.com, 1195 6th Ave) liegt an der Mündung des Kootenay in den *Columbia River.* Die Stadt hat nur einen kleinen Kern nordwestlich des Zusammenflusses und der Stadtteile auf den anderen Ufern.

Der ***Zuckerberg Island Park*** liegt auf einer Flussinsel gegenüber der Mündung des Kootenay in den Columbia River (Columbia Ave/9th Street Westufer, Zugang über eine Hängebrücke), Mai-Sept. Mi-Sa 10-17 Uhr; www.stationmuseum.ca/zuckerberg. Den schattigen Rundweg mit Erläuterungen zur Botanik kann man in 20 min ablaufen. Mittendrin steht das *Chapel House* mit russisch-orthodoxem Zwiebelturm. Guter Stop zum Füße vertreten.

Staudamm

Nordwestlich von Castlegar steht die Betonmauer (52 m) des ***Hugh Keenleyside Dam***, der seit 1968 den Columbia River zum *Arrow Lake* aufstaut. Die Straße am Nordufer passiert das etwas tiefer gelegene Kraftwerk; ihre Fortsetzung am Arrow Lake führt zum ***Syringa Provincial Park,*** © 1-800-689-9025, dessen *Campground* (61 Stellplätze, $21) wegen seiner brillanten Lage am See oft schon am Vormittag belegt ist.

Nach Trail

In Castlegar erreicht man wieder den *Crowsnest Highway* #3. Die **attraktivste Route** entspricht hier jedoch zunächst der Straße #22 am Columbia River entlang nach **Trail** und auf der #3B weiter nach **Rossland**, von wo man auf den *Crowsnest Highway* zurückkehrt. Dieser bedenkenswerte Schlenker nach Süden ist nur rund 35 km länger als der direkte Weg nach Westen auf der #3.

Trail

Trail ist eine kleine Industriestadt (7.700 Einwohner) beiderseits des Columbia River mit einer der weltgrößten Blei- und Zinkhütten, aber sonst ohne wesentliche Besonderheiten.

Bei Interesse kann man die ***Teck-Cominco*** **Schmelzerei** – eine der weltgrößten Schmelzereien – besichtigen (2,5 Std unter Führung ehemaliger Arbeiter; Juni-August Mo-Fr 10 Uhr). ***Teck-Cominco Interpretive Centre***, zugleich ***Trail Visitor Info***, 1199 Bay Ave, © (250) 368-3144; www.trailchamber.com.

Camping

Gratis campt man auf dem ***Buckley Campground*** (von BC Hydro, 22 Stellplätze) am Pend d'Oreille Reservoir südöstlich von Trail. Von der #22A auf die Seven-Mile-Dam Road abbiegen. Ein schöner ***Campground*** (95 Stellplätze, $21) liegt zwischen Second und Third Lake im ***Champion Lakes Provincial Park***, © 1-800-689-9025, einem dicht bewaldeten Areal mit drei Seen und zwei Sandstränden am Third Lake. Zufahrt von der #3 über die #3B nach Westen ca. 8 km, dann Stichstraße 12 km.

Tal des hier nicht mehr gestauten Columbia River bei Castlegar; im Hintergrund sieht man die Brücke des Crowsnest Highway #3 über den Fluss (nördlich der Brücke mündet der Kootenay in den Columbia River)

Rossland

Rossland (3.600 Einwohner) liegt nur wenige Kilometer südwestlich von Trail und über 600 m höher. Das von Bergen ganz eingeschlossene einstige **Goldrauschstädtchen** besitzt Reste eines alten Ortskerns entlang der #3B.

Nach der Entdeckung von **Gold in der *Le Roi Mine*** 1890 am *Red Mountain* erfolgte später ein Untertagebau in großem Stil.

Goldmine

Die 1929 stillgelegte Mine kann seit 2013 nicht mehr besichtigt werden. Der Besuch des *Historical Museum* und Ausstellungs - geländes allein lohnt weniger; Mitte Mai-Mitte September täglich 9-17 Uhr, $10/$5; www.rosslandmuseum.ca.

Information

Das Museum befindet sich an der Einmündung der #22 in die #3B, 1100 Hwy 3B; ebenfalls dort das ***Rossland Visitor Info Centre***, © 1-888-448-7444; www.tourismrossland.com.

Mountain Biking

Der ehemalige Goldberg wurde umfunktioniert zum Winterskigebiet *Red Mountain Resort*. Obwohl ohne Sommerliftbetrieb und ohne Seilbahn ist die Region ein populäres Mountainbike-Revier, www.rosslandtrails.ca und www.redresort.com.

Von Rossland zurück auf den *Crowsnest Highway* geht es auf landschaftlich erfreulicher Strecke.

Christina Lake

Der langgestreckte *Christina Lake* unterhalb der Höhe des *Bonanza Pass*, ca. 20 km östlich Grand Forks, zählt zu den wärmsten Badeseen Canadas und ist im Sommer stark besucht. Der öffentliche Zugang ist nur an zwei Stellen möglich: im ***Texas Creek Campground*** ($21, schnell belegt) im ***Gladstone Provincial Park***, © 1-800-689-9025, hoch über dem See (mit schönen Badestellen etwas abseits der Stellplätze des Campingplatzes) und an der ***Picnic Area*** im ***Christina Lake Provincial Park*** am *Crowsnest Hwy*.

Grand Forks

Der historische Ortskern von Grand Forks (4.200 Einwohner), einer früheren Minenstadt, besitzt noch einen Hauch von Wild-West-Romantik. So befindet sich auch das ***Grand Forks Visitor Centre***, 524 Central Ave, im ehemaligen *Court House*.

Der ganz ordentliche städtische ***Municipal Campground***, © (250) 442-8266, befindet sich im *City Park* am Kettle River auf einer schattigen Wiese mit Sandstrand, 7162 5th Street, 37 Plätze, $19-$29; www.grandforks.ca/campground.

In die USA

Westlich von Grand Forks zweigt die **Straße #21** (Nummer im US-Staat Washington) nach Süden ab. Sie führt über Republic hinunter bis zum *Lake Roosevelt* und gehört zu den schönsten, aber dennoch nur wenig befahrenen grenzüberschreitenden Strecken zwischen BC und den USA.

Midway

Midways (700 Einwohner) Namensgebung beruht angeblich auf dem Umstand, dass der Ort in der Mitte zwischen den Rocky Mountains und dem Pazifik liegt. Der Bahnhof von 1909 beherbergt heute das ***Visitor Centre*** mit *Kettle River Museum*.

Der städtische ***Riverfront Park Campground*** liegt unmittelbar am Ufer des Kettle River mit Badestelle ($15-$18, © (250) 449-2467; www. midwaycampsite.bc.ca).

Inner Tubing

Einen ausgesprochen guten und großzügig angelegten ***Campingplatz*** am Fluss hat abseits des *Crowsnest Highway* die ***Kettle River Recreation Area*** (113 Stellplätze, $21), © 1-800-689-9025, ca. 5 km nördlich an der #33. Der *Kettle River* ist speziell populär als ***Inner Tubing*** **Revier**, wo sich jung und alt in Autoschläuchen oder auf Luftmatrazen mit der Strömung treiben lassen (leider gibt es dort keinen Schlauchverleih).

Nach Kelowna

Auf der relativ verkehrsarmen Straße #33 geht es rascher und zügiger in Richtung Kelowna/Okanagan Valley (129 km ab Straße #3) als bei Fahrt auf der überlasteten #97 ab Osoyoos.

Im Bereich Okanagan Valley kann man zur jeweiligen Reifezeit Obst oft zu Niedrigpreisen selber pflücken. Hier Süßkirschen Ende Juni in Osoyoos.

3.7.6 Crowsnest Highway von Osoyoos nach Hope

Mount Kobau

Ab Osoyoos folgt die Route dem ***Crowsnest Highway*** nach Westen. Nach 11 km bietet sich ein toller Abstecher zum ***Mount Kobau*** in der ***South Okanagan Grasslands Protected Area*** an. Über eine 17 km lange, gut befahrbare Schotterstrecke und einen moderat ansteigenden **Wanderweg** (1,5 km) durch Salbeiwiesen und Wald erreicht man den ***Mt. Kobau Lookout Tower*** (1.870 m). Der Aussichtsturm bietet einen tollen Rundumblick über Ort und Lake Osoyoos und das über 1.600 m tiefer gelegene *Okanagan Valley*; www.similkameencoutry.org.

Keremeos

Um Keremeos ballen sich wie nicht einmal im *Okanagan Valley* bunte Obstverkaufsstände an den Straßenrändern, ➪ Seite 340.

Old Grist Mill & Gardens & Campground

In der liebevoll instandgesetzten Wassermühle ***Old Grist Mill*** nordöstlich von Keremeos erläutern zeitgenössisch gekleidete Führer die Wirkungsweise dieser Mühle von 1877 (Mai bis September tägl. 9-16 Uhr, $5; 2691 Upper Bench Road via Straße #3A).

Zum Komplex gehören ein liebevoll angelegter Garten mit ***Tearoom*** und auch ein kleiner **Campingplatz** (11 Stellplätze; $15-$25). www.oldmillgardens.ca.

Cathedral PP

3 km westlich von Keremeos zweigt die ***Ashnola River Road*** (Schotter) zum ***Cathedral Provincial Park*** ab. Die 48 km lange Straße folgt aber nur am nordwestlichen Parkrand dem Fluss.

Weiter in dieses entlegene alpine **Wanderparadies** führen ausschließlich ***Trails*** zu bizarren Gebirgsformationen und tiefblauen Seen. Komfort in der hochalpinen Einsamkeit bietet lediglich die ***Cathedral Lakes Lodge*** am *Quiniscoe Lake*. Das einzige Hotel im Park kostet $460/Person inkl. Vollverpflegung, Kanubenutzung und Jeep-Transport ab/bis Parkzufahrt; © 1-888-255-4453; www.cathedrallakes.ca.

Verlauf #3

Westlich von Keremeos bis *zum* ***Manning Provincial Park*** folgt der *Crowsnest Highway* auf reizvoller Strecke dem Lauf des Similkameen River. Unterwegs bieten die für Provinzparkverhältnisse kleinen ***Stemwinder*** (26 Plätze, $16) und ***Bromley Rock Provincial Parks*** (17 Plätze, $21) einfache Campingplätze.

Princeton

Princeton (*Visitor Centre*: 105 Hwy 3E; www.princeton.ca) war Zentrum eines bis in die 1950er-Jahre bedeutenden Gold-, Kupfer- und Kohlereviers. Der Ort (2.800 Einwohner) büßte nach dem Niedergang des Bergbaus auch noch seine Funktion als Verkehrsknotenpunkt ein: Seit Eröffnung des *Coquihalla Highway* und der Anschlussautobahn *Okanagan Connector* fließt der Hauptverkehr von Vancouver ins *Okanagan Valley* nicht mehr über die Stadt.

Ghost Towns

In der Umgebung Princetons gibt es diverse ***Ghost Towns***, mit denen touristisch geworben wird. Überwiegend handelt es sich aber um wenig sensationelle verfallene Holzhäuser, etwa bei Granite City, aus der Goldrauschzeit von 1885/86.

Similkameen River

Ab Princeton führt der *Crowsnest Highway* nun endgültig hinauf ins Kaskadengebirge und in den *Manning Provincial Park*. Am Wege passiert man die kleinen ***Similkameen Falls*** (Schild an der Straße) des Similkameen River.

Manning PP

Zwar läuft die Straße 60 km lang durch den ***Manning Park***, aber die Schönheit des Parks erschließt sich im wesentlichen abseits des Durchgangsverkehrs und auf Wanderwegen in das Hinterland (www.bcparks.ca). Mindestens ein Tag extra Zeit sollte für diesen Park übrig sein.

National Forest Camping am Granite Creek 20 mi westlich von Princeton bei Coalmont

Ein Bär begrüßt die Besucher an der Osteinfahrt in den Manning Provincial Park

Cascade Lookout

Wer wenig Zeit hat, könnte die Stichstraße *Blackwall Road* hinauf zum ***Cascade Lookout*** fahren (8 km), die westlich der Einfahrt abzweigt. Der Blick fällt von dort auf die z.T. schon zu den USA gehörenden schneebedeckten Gipfel der ***Cascade Range***.

Blackwall Peak

Weitere 8 km (Schotter-) Straße enden an der ***Subalpine Meadow*** neben dem sanften Hügel des ***Blackwall Peak***; die Wiesen sind Ende Juli bis Anfang August mit blühenden Wildblumen übersät. Am ***Paintbrush Nature Trail*** (1,5 km Rundweg) erfährt man alles zur Flora der Region. Von Mitte Oktober bis Ende Juni wird die Straße allerdings gesperrt – Schnee!

Lightning Lake Bereich

Am Fuß der *Blackwall Road* befindet sich das ***Manning Park Resort*** (7500 Hwy 3, DZ ab $99, www.manningpark.com). Vom einzigen Parkhotel führt die ***Gibson Pass Road*** am **Campingplatz *Lightning Lake*** (Kanuverleih, 143 Plätze, $28, ✆ 1-800-689-9025) vorbei zum Ausgangspunkt des ***Three Falls Trail***. Vor allem zur Blüte-/Erntezeit Mitte/Ende Juli lohnt sich der Abstecher.

Die kleineren Plätzedes Parks (***Mule Deer*** und ***Coldspring***) liegen besonders schön an einem Fluss; sie kosten $21/Nacht.

Weitere Trails

Am *Lightning Lake* beginnen mehrere völlig ebene *Trails*. Besonders der ***Lightning Lake Chain Trail*** ist zu empfehlen (maximal 12 km bis zum Endpunkt am *Thunder Lake*). Dabei braucht man nicht auf demselben Weg hin und zurück zu wandern, sondern kann auch Rundwegen um den *Flash Lake* (4 km), den *Lightning Lake* (9 km) und/oder den nördlichen/südlichen Lightning Lake (4 km/6 km) herum folgen. Populär ist der ***Frosty Mountain Trail*** (11 km) zum höchsten Berg des Parks (2.408 m). Der 1.150 m Höhenanstieg auf der Nordseite bleibt lange schneebedeckt.

Bergsturz

Eine letzte Sehenswürdigkeit vor Erreichen von Hope und dem TCH (17 km östlich) sind die Auswirkungen des ***Hope Slide***. Der Bergrutsch von 1965 verschüttete 3 km Straße. Unter 48 Mio. m³ bis 80 m hoch aufgeschüttetem Felsgeröll liegen noch Autos samt Insassen. Auf Schautafeln wird das Unglück erläutert.

Nach Vancouver

Von **Hope nach Vancouver** sind es auf dem TCH noch 150 km, auf der viel attraktiveren Straße #7 am Nordufer des breiten Fraser River entlang nur 10 km mehr, ➪ Seite 235ff.

3

3.8 Yellowhead Highway (➪ auch Kasten Seite 247) von Prince Rupert nach Prince George

Prince Rupert

Prince Rupert (12.600 Einwohner) liegt nur 50 km südlich des äußersten Südzipfels von Alaska und ist neben Vancouver der einzige bedeutende Überseehafen in British Columbia. Neben seinen verkehrstechnischen Vorzügen und der guten Lage zwischen Bergen und Meer bietet vor allem die landschaftlich grandiose Routenführung des *Yellowhead Highway* entlang des Skeena River bis New Hazelton (rund 280 km) das stärkste Motiv für einen Besuch bzw. den Einschluss der Stadt in eine Rundtour durch Canadas Westen.

Geschichte

Das Land an der Mündung des Skeena River wurde und wird bis heute von Ureinwohnern der *Tsimshian First Nation* bewohnt. Erste weiße Siedlung war das 1834 von der *Hudson s Bay Company* erbaute ***Fort Simpson*** (heute **Lax Kw alaams**) an der Nordspitze der Tsimpsean-Halbinsel nördlich von Prince Rupert. Am Südufer des Skeena River östlich der Stadt entstand um 1870 **Port Essington**, das vom Fischereihafen mit Fischfabriken schnell zum kommerziellen Herzen der Region und Heimathafen der Schaufelraddampfer auf dem Fluss aufstieg. Als aber die *Grand Trunk Pacific* (heute *Canadian National Railway*) Schienen am Nordufer des Skeena River entlang verlegte und bis Kaien Island fortführte, übernahm ab 1914 Prince Rupert als nun aufblühender Getreide-,Holz- und Kohleexporthafen die Rolle von Port Essington. Der Ort verkam fast zur *Ghost Town*.

Entwicklung

Obwohl die Stadt im 2. Weltkrieg vorübergehend zur Nachschub - basis der US-Armee wurde, ergaben sich daraus keine weiteren wirtschaftlichen Anstöße. Der Pazifikhafen blieb nach dem Krieg weiterhin im wesentlichen Umschlagsplatz wie gehabt und Heimat einer Fischfangflotte. Erst ab Mitte der 1960er-Jahre begann Prince Rupert, sich zum wichtigsten **Fährhafen** der ***Inside Passage*** zu entwickeln. Seit 1963 verkehren die ***Alaska State Ferries*** nord - wärts bis Skagway/Haines und seit 1966 ***BC Ferry*** südwärts nach Vancouver Island. Mit dem Anschluss an die *Inside Passage* und der Eröffnung des *Cassiar Highway* (1972) nach Watson Lake rückte die Stadt auch ins touristische Blickfeld.

Wetter

Wie für die gesamte *Inside Passage* gilt auch für Prince Rupert die Anmerkung: Die Fahrt dorthin und die Fähre nach/von Port Hardy lohnt sich so recht nur, wenn das Wetter einigermaßen mitspielt. Auch im Sommer ist das **Regenrisiko hoch**.

Prince Rupert ist mit 2.594 mm Jahresniederschlag Canadas regenreichste Stadt – das ist mehr als doppelt soviel wie in Vancouver und das Vierfache des in Victoria gemessenen jährlichen Niederschlags. Auch die durchschnittlich fast 17 Stunden Bewölkung am Tag sind kanadischer Rekord. Wer Fährstrecke und Stadt bei guter Sicht ohne Regen oder gar bei Sonnenschein erlebt, wird indessen begeistert sein, sich für diese Route entschieden zu haben.

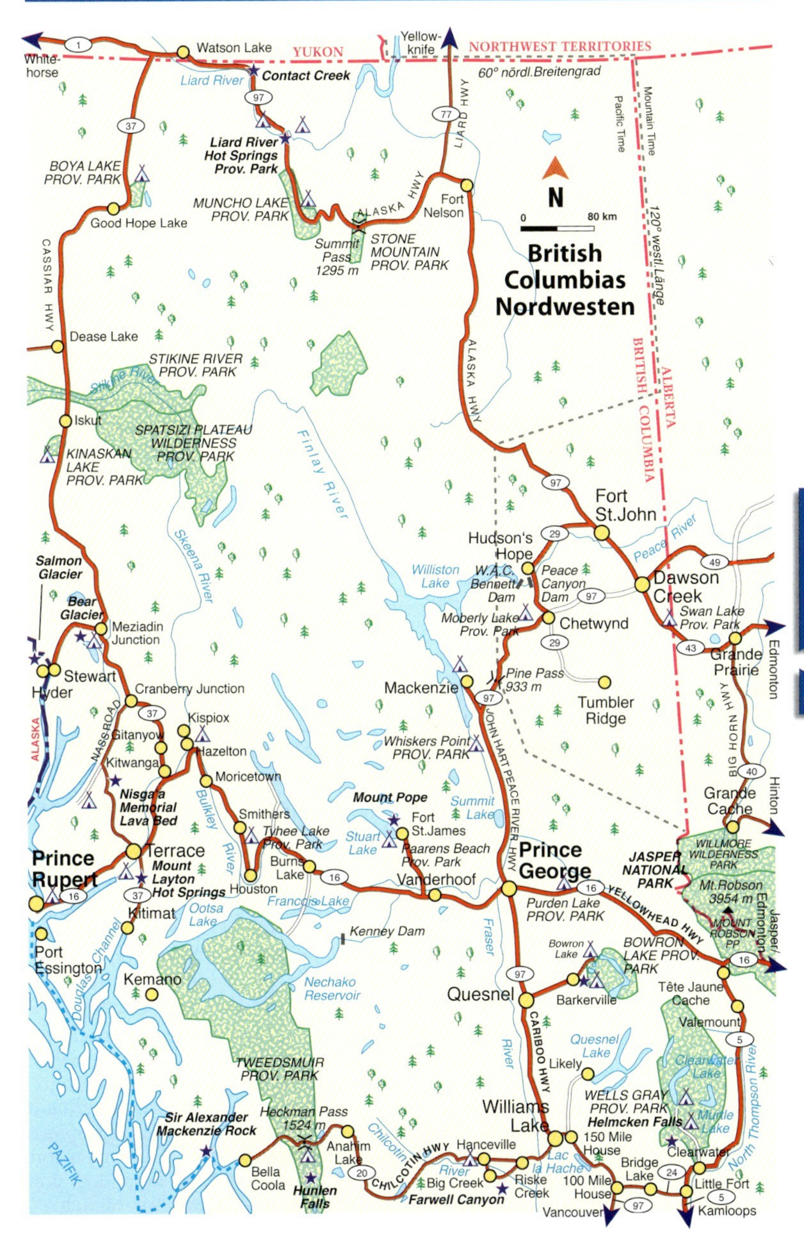
British Columbias Nordwesten
YUKON
NORTHWEST TERRITORIES
60° nördl.Breitengrad
Pacific Time
Mountain Time
120° westl.Länge
BRITISH COLUMBIA
ALBERTA
ALASKA
PAZIFIK
N
0
80 km
Whitehorse
Watson Lake
Contact Creek
Liard River
Yellowknife
Liard River Hot Springs Prov. Park
MUNCHO LAKE PROV. PARK
BOYA LAKE PROV. PARK
Good Hope Lake
LIARD HWY
ALASKA HWY
Fort Nelson
Summit Pass 1295 m
STONE MOUNTAIN PROV. PARK
CASSIAR HWY
Dease Lake
STIKINE RIVER PROV. PARK
Stikine River
Iskut
SPATSIZI PLATEAU WILDERNESS PROV. PARK
KINASKAN LAKE PROV. PARK
Finlay River
Skeena River
Salmon Glacier
Bear Glacier
Meziadin Junction
Stewart
Hyder
Cranberry Junction
NASS ROAD
Gitanyow
Kitwanga
Kispiox
Hazelton
Moricetown
Nisga'a Memorial Lava Bed
Bulkley River
Smithers
Tyhee Lake Prov. Park
Prince Rupert
Terrace
Mount Layton Hot Springs
Houston
Burns Lake
Kitimat
Ootsa Lake
Francois Lake
Port Essington
Douglas Channel
Kemano
Kenney Dam
Nechako Reservoir
TWEEDSMUIR PROV. PARK
Sir Alexander Mackenzie Rock
Heckman Pass 1524 m
Anahim Lake
Bella Coola
Hunlen Falls
CHILCOTIN HWY
Chilcotin River
Hanceville
Big Creek
Farwell Canyon
Riske Creek
Alaska Hwy
Fort St.John
Peace River
Hudson's Hope
W.A.C. Bennett Dam
Peace Canyon Dam
Williston Lake
Dawson Creek
Swan Lake Prov. Park
Moberly Lake Prov. Park
Chetwynd
Grande Prairie
Edmonton
Pine Pass 933 m
Mackenzie
Tumbler Ridge
BIG HORN HWY
JOHN HART PEACE RIVER HWY
Whiskers Point PROV. PARK
Mount Pope
Summit Lake
Fort St.James
Stuart Lake
Paarens Beach Prov. Park
Vanderhoof
Prince George
Grande Cache
Hinton
JASPER NATIONAL PARK
WILLMORE WILDERNESS PARK
Mt.Robson 3954 m
MOUNT ROBSON PP
Jasper/Edmonton
YELLOWHEAD HWY
Purden Lake PROV. PARK
Fraser River
Bowron Lake
BOWRON LAKE PROV. PARK
Barkerville
Quesnel
CARIBOO HWY
Tête Jaune Cache
Valemount
Quesnel Lake
Likely
Clearwater Lake
WELLS GRAY PROV. PARK
Helmcken Falls
Murtle Lake
Williams Lake
150 Mile House
Lac la Hache
Clearwater
North Thompson River
Bridge Lake
100 Mile House
Little Fort
Vancouver
Kamloops
1
37
97
77
29
49
43
40
16
20
24
5
3

Fähren Vancouver Island und Alaska

Das ***Ferry Terminal*** in der *Fairview Bay* liegt 2 km südwestlich Prince Rupert. Für Passagiere ohne eigenes Fahrzeug gibt es die Buslinie #55 in die Stadt; www.bctransit.com/regions/prr. Prince Rupert wird von ***Greyhound*** und von ***VIA-Rail*** bedient. Für Autofahrer ist die frühzeitige **Reservierung der Fähren ein »Muss«**. Detaillierte Ausführungen hierzu auf den Seiten 202ff+489ff.

Queen Charlotte Islands

Neben den Fähren nach Vancouver Island und Alaska legt am *Ferry Terminal* auch die Fähre nach Skidegate auf Graham Island der Queen Charlotte Inselgruppe ab, ➪ Tabelle Seite 202.

Auf Graham Island läuft das letzte Stück des *Yellowhead* von Skidegate nach Masset, Fischereistadt und Militärstützpunkt. Die Queen Charlotte Islands sind so etwas wie Canadas ***Last Frontier***, eine über Straßen kaum erschlossene Westküstenwildnis mit dem ***Gwaii Haanas Nat'l Park***, www.pc.gc.ca/gwaiihaanas, an ihrer Südspitze.

Übernachten in Prince Rupert

In Anbetracht seiner Größe und des im Sommer starken Tourismus, ist die Zahl der Hotel-/Motelzimmer in Prince Rupert erstaunlich niedrig. Die Preise für einfache Motels starten bei etwa $80 fürs Doppelzimmer. Das der Fähre nächstgelegene Motel, die ***Totem Lodge*** (1335 Park Ave, © 1-800-550-0178) hat u.a. Zimmer mit Miniküche; in den Sommermonaten ab $99, www.totemlodge.com. Das Hostel ***HI Prince Rupert – Pioneer Backpackers Inn*** liegt zentral, 167 3rd Avenue E, © 1-888-794-9998, 45 Betten, $27-$63; www.hihostels.ca/princerupert.

Auch für Camper ist die Auswahl nicht üppig. Der ***Prince Rupert RV Campground*** (1750 Park Ave, 88 Stellplätze, $21-$37) auf halbem Weg zwischen Fähre und Stadt ist vor allem wegen seiner Lage für eine Übernachtung vor oder nach einer Fährstrecke ggf. die geeignete Wahl. Wegen der immer späten Ankunft sollten Fährennutzer reservieren: © (250) 627-1000; www.princerupertrv.com.

Eine ganz gute Wahl ist der ***Campground*** im ***Prudhomme Lake Provincial Park*** (24 Plätze, $16) mit einfach angelegten, für Provinzparks verhältnismäßig kleinen Stellplätzen etwa 16 km östlich der Stadt direkt am *Yellowhead Highway*.

Downtown

Trotz seiner schönen Lage bietet der alte Stadtkern von Prince Rupert wenig. Die Küste von Kaien Island wird im westlichen Stadtgebiet ganz von Bahnlinie und Industrie blockiert; das eher unattraktive **Geschäftsviertel** liegt etwas erhöht zwischen First und 3rd Ave. Die 2nd Ave entspricht der Durchgangsstraße #19.

Terminals

Immerhin präsentiert sich jetzt der **Hafenbereich** nordöstlich von *Downtown* renoviert. Im *Cow Bay*-Viertel wurde eine ehemalige Fischfabrik zu einem modernen ***Terminal*** für mittelgroße Kreuzfahrtschiffe umfunktioniert. Und das benachbarte ***Northland Cruise Terminal*** ist sogar für 300 m lange Megaliner konzipiert, die sich aber bislang rar machten. Im ganzen Jahr 2013 legten dort nur ganze vier dieser Riesen an. Zum Vergleich: Ketchikan und Skagway in Alaska sehen im Sommer 2-4 Kreuzfahrer täglich.

Das ***Prince Rupert Visitor Info Centre*** befindet sich im *Museum of Northern BC*, ➪ unten:

✆ 1-800-667-1994; www.visitprincerupert.com

Auffällig sind überall die im Zentrum aufgestellten **Totempfähle**.

Das ganz aufschlussreiche ***Museum of Northern BC*** für indianische Kunst, Kultur und regionale Geschichte (zum Komplex gehört auch der historische Bahnhof) steht an der Zufahrt zu den *Terminals* (100 1st Ave West). Im Sommer kann man im benachbarten *Carvin Shed* Holzschnitzern der lokalen *Tsimshian-*, *Nisga'a-*, *Haida-* und *Gitxsan*-Indianer bei der Arbeit zusehen. Geöffnet Juni-September täglich 9-17 Uhr, Rest des Jahres Di-Sa 9-17 Uhr; Eintritt $6/$3; www.museumofnorthernbc.com.

Aussichts-punkt/Trails

Die Zufahrt Wantage Road zum 704 m hohen ***Mount Hays*** zweigt auf Höhe des unübersehbaren *Lester Centre of the Arts* eingangs der Stadt vom *Yellowhead* (hier = McBride Street) ab. Der 9 km lange Fahrweg nach oben eignet sich nur für 4WD-Fahrzeuge. Ohnedem muss man ihn zu Fuß gehen. Ein fantastischer Blick über Prince Rupert, die Flugplatzinsel *Digby Island* gegenüber der Stadt und über die gesamte Insel- und Buchtenwelt der Umgebung belohnt den Aufstieg.

6 km östlich von *Downtown* führt (ab *Yellowhead Highway*) der reizvolle ***Butze Rapids Interpretive Trail*** (2,2 km weitgehend ebener Weg) durch Regenwald zu kleinen, je nach Gezeitenstand scheinbar aufwärtsfließenden Stromschnellen an der Grassy Bay. Mit dem ***Grassy Bay Trail*** lässt sich der Naturlehrpfad zu einem Rundweg kombinieren.

Bootshafen in Prince Rupert. Im Hintergrund das Breakers Pub, eine populäre Sportsbar ; www.breakerspub.ca

Historic Fishing Village

Südlich der Brücke zwischen Kaien Island und Festland besteht die Möglichkeit zu einem Abstecher nach **Port Edward** (6 km) zur ***North Pacific Cannery***, 1889 Skeena Drive, heute *Historic Site*. Mit unterhaltsamen *Live Shows* wird die Historie der ältesten an der Küste von BC erhaltenen ***Cannery*** erzählt, in der 1889-1958 Lachskonserven produziert wurden. Auf Führungen erläutert man außerdem Fischfangmethoden und das Leben der Fischer-, Bootsbauer- und Arbeiterfamilien in dem nur im Sommer bewohnten, teils auf Holzstelzen errichteten Dorf; Mai-September Di-So 9.30-17 Uhr, Juli und August täglich 9.30-17 Uhr, $12/$8; www.northpacificcannery.ca.

Verlauf des Yellowhead Highway

Der *Yellowhead Highway* stößt 35 km östlich von Prince Rupert auf den dort bereits fjordartig breiten **Skeena River**. Der Straßenverlauf entlang des Flusses ist bis Terrace kaum zu überbieten: das Gebirgspanorama, die Steilhänge mit unzähligen Wasserfällen – eine traumhafte Landschaft am breiten Skeena River; zwar durch Straße und Schiene etwas »gestört«, aber nichtsdestoweniger **eine der schönsten voll ausgebauten Straßen Canadas**.

Nisga'a Highway/ Nass Road

Kurz vor Terrace zweigt der durchgehend asphaltierte ***Nisga'a Highway*** ab, der zum ***Nisga'a Memorial Lava Bed Provincial Park*** und dem ***Nass River Valley*** führt. In Verbindung mit der geschotterten *Nass Road*, die am Cranberry River auf den *Cassiar Highway* (⇨ Seite 370) mündet, bietet sie eine interessante Variante für eine Weiterfahrt nach Stewart/Watson Lake.

Bis dorthin sind es über *Nisga'a Highway* und *Nass Road* zwar ca. 10 km weniger als auf den asphaltierten Straßen #16 und #37, man benötigt jedoch mehr Zeit, denn die *Nass Road* wird nur mäßig instand gehalten.

Lava Beds

Motiv für eine Wahl des *Nisga'a Highway* sind die vor etwa 250 Jahren durch einen Vulkanausbruch entstandenen ***Tseax Lava Beds*** (22 km lang, bis zu 3 km breit) im ***Nisga'a Memorial Lava Bed Provincial Park***, dem ersten von Indianern und Weißen gemeinsam verwalteten BC Provinzpark. Er beginnt ca. 70 km nördlich von Terrace. Leider darf man das Parkinnere nur auf einer 3 km langen geführten Tour zum – weniger aufregenden – Aussichtspunkt am Kraterrand des Vulkans besuchen (Di, Do, Sa, So 10.30 Uhr, Info unter: ✆ (250) 633-2733, $40). Der ***Vetter Creek Campsite*** neben dem *Visitor Centre* im ***Nisga`a Provincial Park*** hat 16 Stellplätze ($16).

Terrace

Die einzige größere Stadt (11.500 Einwohner) zwischen Prince Rupert und Prince George ist Terrace. Der Name geht auf ihre terrassenförmige Anlage über dem Skeena River zurück.

Die Stadt lebt hauptsächlich von der Holzindustrie. Informationsblätter fürs *Sightseeing*, *Fishing Trips* auf dem Fluss und eine ganze Reihe von *Trails* in der Umgebung gibt es im ***Visitor Info Centre*** am *Yellowhead*, 4511 Keith Ave, westlich der Brücke über Ferry Island, ✆ (250) 635-4944, www.visitterrace.com.

An der Johnstone Street/Walsh Avenue (Zufahrt nördlich des Zentrums über Park Ave) beginnt der ***Terrace Mountain Trail***. Der Weg (ca. 2,2 km, 220 HM) läuft nur anfangs am Hang entlang etwas steiler bergauf. Herrliche Aussichten auf dem Bergrücken belohnen die Mühe.

Camping

Der städtische ***Ferry Island Municipal Campground***, 4301 Hwy 16 W, 103 Plätze, © (250) 631-9657, $20-$25, liegt sehr schön, wird aber wenig gepflegt und ist wegen des Verkehrs über die Skeena River-Brücken ziemlich laut. Solche Probleme gibt es am ***Furlong Bay Campground*** (156 Plätze, $25) im ***Lakelse Lake Provincial Park***, © 1-800-689-9025, an der Straße #37 nicht (20 km südlich von Terrace). Er besitzt breite Sandstrände und einen großen Kinderspielplatz. Ein guter Platz befindet sich auch im ***Kleanza Creek PP*** (34 Plätze, $16, © 1-800-689-9025) 16 km östlich von Terrace.

Kitimat

Die Straße #37 endet in Kitimat, einer 4.000 Einwohner zählenden Stadt am *Kitimat Arm* des weit ins Land reichenden ***Douglas Channel***. Sie wurde Anfang der 1950er-Jahre als Standort für eine Aluminiumschmelzerei gegründet.

Typisch für solche Werke ist der hohe Strom- und Wasserverbrauch. Beides ist dank eines Wasserkraftwerks im 75 km entfernten Kemano reichlich vorhanden. ***Kitimat Visitor Centre***: 2109 Forest Ave, © 1-800-664-6554; www.tourismkitimat.ca.

Ansonsten liegt Kitimat inmitten unberührter Natur, schön ist der ***Campground*** (48 Plätze, $20-$24, © 250-632-8955) im ***Radley Park*** am südlichen Ortsausgang Richtung Küste beiderseits des Kitimat River.

Auch **östlich von Terrace** folgt der *Yellowhead Highway* weiter dem Skeena River – wenngleich nicht immer in Ufernähe – durch nach wie vor reizvolle Landschaften.

Yellowhead Brücke über den Bulkley River bei Houston, *➪ Seite 368*

Abstecher Cassiar Hwy

Wer plant, bei Kitwanga auf den ***Cassiar Highway*** abzubiegen, um Stewart/Hyder zu besuchen oder zum *Alaska Highway* zu fahren (Watson Lake), findet die Beschreibung der Strecke in Süd-Nord-Richtung ab Seite 370.

»Die Hazeltons«

Rund 40 km östlich von Kitwanga liegen die drei Ortschaften South, New und Hazelton, ***The Hazeltons***, in einem weiten Tal rund um den Zusammenfluss von Skeena und Bulkley River. Es ist von den *Hazelton Mountains* umgeben, die meist auch im Sommer schneebedeckt sind.

Während **New** und **South Hazelton** erst Anfang des 20. Jahrhunderts mit dem Eisenbahnbau entstanden, war Old Hazelton (wie Hazelton oft genannt wird) bereits 1886 geschäftiger Endpunkt der Schaufelraddampferflotte auf dem Skeena River. Im Kern hat das Dorf sein Ambiente des frühen 20. Jahrhunderts bewahrt.

Indianerdorf

Die kleine Straße dorthin ist ab New Hazelton ausgeschildert. Sie überquert auf einer sehenswerten **Hängebrücke** den *Hagwilget Canyon* des Bulkley River.

Totem Poles

Mit insgesamt nur sieben aneinandergereihten (nachgebauten) Langhäusern in der Ortschaft Gitanmaax der ***Gitxsan Indians*** besitzt das ***Ksan Historical Village*** am Rande von Old Hazelton eher eine bescheidene Größe. Die Anlage des Dorfes wurde 1970 als Touristenattraktion konzipiert und wirkt wegen der Mal- und Schnitzarbeiten – besonders zu bewundern an den Totempfählen – pittoresk.

Nur Museum, **Restaurant** und Holzschnitzer-Werkstatt sind frei zugänglich. Weitere drei Häuser können gegen Eintritt (mit Führer $10) von innen besichtigt werden. Der Eintritt aufs Gelände kostet $2; April bis September täglich 9-17 Uhr, sonst nur Museum Mo-Fr 9.30-16.30 Uhr; www.ksan.org.

Rekon - struktion des 'Ksan Historical Indian Village

Im *'Ksan Campground* gleich hinter dem *'Ksan Village* gibt es schöne Plätze im Grünen in kurzer Distanz zum Fluss, 1450 River Rd, 60 Plätze, $30; © (250) 842-5940; www.gitanmaax.com.

Wer sich für ***Totem Poles*** intensiver interessiert, könnte bis zum *Gitxsan*-Indianerdorf **Kispiox** (www.kispiox.com) fahren (von Hazelton 14 km nördlich), wo am Totem Drive an der Einmündung des Kispiox River in den Skeena River rund 15 weitere dieser aus Rotzedern geschnitzten Pfähle stehen.

Der ***Yellowhead Highway*** folgt von nun an einem Nebenfluss des Skeena River, dem Bulkley River, nach Süden.

Posieren für die Kameras der Touristen in Kispiox

Moricetown Canyon

Rund 35 km südlich von New Hazelton passiert man bei Moricetown den gleichnamigen ***Canyon*** des **Bulkley River**, wo der Fluss sich tosend durch eine wenige Meter breite Verengung seines Bettes zwängen muss. Eine kurze Zufahrt überquert die Schlucht und führt zum ***Moricetown Canyon***.

Die Moricetown-Indianer vom Wet'suwet'en-Stamm, haben sich das Recht erhalten, nach alter Art in den Stromschnellen vor dem Engpass mit hakenbewehrten Stangen Lachse zu stechen. Im Spätsommer sind die Aussichten besonders gut, Indianer bei dieser Fangmethode zu beobachten; www.wetsuweten.com.

Gleich oberhalb des *Canyon* gibt es beiderseits der Brücke Park- und Picknickplätze.

Smithers

Die nächste Brücke überquert den Bulkley River 35 km flussaufwärts in Smithers (6.000 Einwohner). Das ***Visitor Info Centre***, 1411 Court Street, liegt im Central Park und informiert ausführlich über die *Outdoor*-Aktivitäten in der Region; © 1-800-542-6673; www.tourismsmithers.com.

Fossilien

Ca. 15 km nordöstlich von Smithers liegt mit dem ***Driftwood Canyon Provincial Park*** (kein Camping) ein interessantes Ziel. Dort befindet sich ein ***Fossil Bed***, aus dem 50 Mio Jahre alte Versteinerungen ausgegraben wurden.

Camping

Der städtische ***Riverside Municipal RV Campground***, 3843 19th Ave, 40 Plätze, $17-$30, © (250) 847-3494, liegt sehr schön am *Bulkley River*. Als Übernachtungsplatz ebenfalls in Frage kommt der ***Campground*** des ***Tyhee Lake Provincial Park*** (59 Stellplätze, $25) am Sandstrand des Sees, Zufahrt etwa 10 km südlich der Stadt; © 1-800-689-9025.

Houston

Haupterwerbszweig in Houston (3.200 Einwohner) ist die Holzindustrie; ***Houston Visitor Info Centre***, 3289 Hwy 16, © (250) 845-7640; www.houstonchamber.ca.

Seenplatte

In Houston hat der *Yellowhead Highway* die Gebirgslandschaft endgültig hinter sich gelassen und die **Seenplatte des *Interior Plateau*** erreicht. Gleichzeitig wird die Strecke monotoner und bietet bis zum 310 km entfernten Prince George keine nennenswerten Höhepunkte mehr.

35 km nördlich von Topley (10 km südlich von Granisle) überquert die Stichstraße (#118) zum Babine Lake kurz vor dem See den Fulton River, wo sich im von Menschenhand geschaffenen **Laichkanal** alljährlich im September Hunderttausende *Sockeye Salmons* flussaufwärts quälen. Hinter **Topley** verlässt die Straße das Tal des Bulkley River und passiert unmerklich die Wasserscheide zwischen Fraser und Skeena River.

Burns Lake

Von **Burns Lake** (2.000 Einwohner, Info: © (250)-692-3773, www.burnslakechamber.com, 540 Hwy 16) führt eine asphaltierte Straße (#35) nach Francois Lake und – jetzt geschottert – weiter zum Ootsa Lake (ca. 65 km). Die **Fähre** über den Francois Lake ist frei (15 min Überfahrt von 6 bis 22.30 Uhr).

Zum Tweedsmuir Provincial Park

Der **Ootsa Lake** ist beliebter Ausgangspunkt für Bootstouren durch absolute Wildnis auf verbundenen Stauseen im einsamen Nordteil des ***Tweedsmuir Provincial Park***, ➪ Seite 250. Das durch den 1952 erbauten *Kenney Dam* aufgestaute ***Nechako Reservoir*** dient zur Stromversorgung der Aluminiumschmelzerei in Kitimat (➪ Seite 365). Aus dem Staubecken wird das Wasser größtenteils westwärts über Kemano in den Pazifik abgeleitet statt in natürlicher Richtung ostwärts zum Fraser River.

Nach Fort St. James

Am Ostende des Fraser Lake wartet ein Sandstrand im ***Beaumont Provincial Park*** (49 Stellplätze, $16, © 1-800-689-9025) auf Besucher. Im weiteren Verlauf des *Yellowhead* zweigt westlich von Vanderhoof die Straße #27 nach Fort St. James ab (53 km).

Fort St. James (1.700 Einwohner) beherbergt den gleichnamigen ***National Historic Site***; www.pc.gc.ca/james. Einige Original-blockhäuser (1884-89) rufen die Zeit der Erschließung des kanadischen Westens durch die Pelzhandelsgesellschaften wach; Juni bis Ende September täglich 9-17 Uhr, $8.

Bereits 1806 hatte *Simon Fraser* für die *North West Company* die Handelsniederlassung Fort St. James am Südostende des *Stuart Lake* gegründet. Sie entwickelte sich bald nach der Verschmelzung mit der *Hudson s Bay Company* zum kommerziellen Zentrum und Verwaltungssitz der damaligen Provinz ***New Caledonia***, die den Großteil des heutigen Festlandgebietes von British Columbia umfaßte.

Living Museum

Dort wird das Alltagsleben wie im Jahre 1896 durch zeitgenössisch gekleidete »Bewohner« nachgestellt und erläutert.

Im ***Visitor Reception Centre*** gibt es Ausstellungen und eine *Video-Show*. Geöffnet von Ende Mai bis Ende September täglich 9-17 Uhr, $8/$4.

Lohnt der Abstecher?

Wer die wesentlich größeren ***Historical Parks*** **Barkerville** oder **Fort Steele** gesehen hat oder noch besuchen wird, kann auf den Umweg über Fort St. James verzichten. Aber so es gerade passt, lässt sich der Abstecher vielleicht mit einer Übernachtung verbinden. Der ***Paarens Beach Provincial Park***, © 1-800-689-9025, bietet **Camping** (39 Plätze, $16) am Südufer des Stuart Lake. Ein paar Stellplätze befinden sich unmittelbar am Sandstrand, ebenso wie ca. 9 km weiter westlich im ***Sowchea Bay Provincial Park*** (dort aber mit kleineren Campingarealen, 30 Plätze, $16).

Der ***Mount Pope Provincial Park*** wäre ein zusätzliches Motiv für den Abstecher. Nordwestlich des Ortes geht es über knapp 800 Höhenmeter und 6,5 km hinauf zum *Mount Pope*, von dessen Gipfel (1.472 m) man eine herrliche Fernsicht hat.

Von **Vanderhoof** sind es noch fast 100 km bis Prince George. Zur Fortsetzung der Reise von dort ➪ Seite 256.

Einfliegen zum Urlaub am »eigenen« See in der Wildnis; hier in Richtung Tweedsmuir Provincial Park

Camping im Provincial Park am Meziadin Lake

3.9 Auf dem Cassiar Highway nach Stewart/Hyder und Watson Lake

Geschichte und Kennzeichnung

Die Straße von Kitwanga am *Yellowhead Highway* nach Watson Lake am *Alaska Highway* wurde als durchgehender ***Cassiar Highway*** erst 1972 für den öffentlichen Verkehr freigegeben. Während die Straße zunächst noch lange überwiegend von *Trucks* benutzt wurde, zählt der 727 km lange Highway heute zu den populärsten **Touristenrouten** Richtung Yukon. Wer noch den ursprünglichen Zustand des Nordens auf einer schmalen, der Topografie angepassten Straße erleben und mit dem Komfort einer durchgehenden Asphaltroute verbinden möchte, ist hier genau richtig.

***Stewart* Highway #37A** und ***Cassiar Highway* #37** bilden – touristisch gesehen – eine Einheit (*Stewart-Cassiar Tourism Council*: www.stewartcassiar.com). Zur Fahrt auf dem *Cassiar Highway*, gleich aus welcher Richtung, gehört unbedingt auch der **Abstecher nach Stewart. Die Fahrt dorthin und der *Salmon Glacier* bei Hyder in Alaskas Süden zählen zum Besten, was diese Region Besuchern zu bieten hat**.

Orte am Wege/ Tankstellen

Der größte Abstand zwischen Tankstellen beträgt 250 km zwischen *Yellowhead Hwy* und *Bell II Lodge*. Danach folgen Tankstellen in Tatogga (144 km weiter), Iskut (12 km weiter), Dease Lake (84 km weiter) und Good Hope Lake (138 km weiter). Die ***Gas Stations*** sind meist Teil eines Servicekomplexes mit *General Store* für Lebensmittel, Camping- und Angelbedarf; gelegentlich besitzen sie auch Cafeteria, Motel und Autowerkstatt.

Von einer »richtigen« Ortschaft samt Infrastruktur kann nur im Fall von **Stewart** die Rede sein (500 Einwohner). Bei **Dease Lake** und **Iskut** handelt es sich um Versorgungszentren mit nur wenigen hundert Einwohnern und einer auf den Durchgangsverkehr ausgerichteten Infrastruktur. **Good Hope Lake** ist ein kleines Nest ohne Serviceeinrichtungen.

Südlicher Abschnitt

Das erste südliche Teilstück des *Cassiar Highway* zwischen Kitwanga und Meziadin Junction (160 km) bietet, wiewohl nicht unattraktiv, keine besonderen Anlaufpunkte. Zu erwägen wäre – etwa 20 km nördlich von Kitwanga –, auf einer parallel verlaufenden Straße das kleine Indianerdorf ***Gitanyow*** aufzusuchen. Dort steht eine Gruppe schöner ***Totem Poles***, darunter eine Kopie des *»Hole in the Ice«*, der mit 140 Jahren zu den ältesten Totempfählen der Provinz zählt.

Die Abzweigung der ***Nass Road*** in Richtung Terrace auf etwa halber Strecke zum nächsten Straßendreieck *Meziadin Junction* nennt sich ***Cranberry Junction***, ➪ Seite 364.

Meziadin Lake & Junction

An der Nordostecke des ***Meziadin Lake*** liegt – in herrlicher Umgebung – der gleichnamige ***Provincial Park Campground*** (66 Stellplätze, $16) mit vielen Plätzen direkt am Wasser und anderen in erhöhter Position mit Aussicht über Berge und See. Kurz darauf erreicht man ***Meziadin Junction***. Dort beginnt, wie gesagt, die Stichstraße #37A nach Stewart/Hyder.

Bear Glacier

Die ***Straße #37A*** führt durch eine grandiose Landschaft. Gletscher und Wasserfälle begleiten sie. Nach 24 km kommt der eindrucksvolle ***Bear Glacier*** mit Gletschersee Strohn Lake in Sicht. Zu Beginn des 20. Jahrhunderts erreichten die Eismassen noch den gegenüberliegenden Berghang, wo in der Höhe die alte Straße verlief. Von der *Picnic Area* am Ostende des Sees (etwas abseits) oder vom Aussichtspunkt an dessen Westende hat man den besten Blick auf den – bei sonnigem Wetter – blau schimmernden Gletscher in ein paar hundert Metern Entfernung.

Nach Stewart

Weiter geht es am **Bear River** entlang und durch seinen malerischen ***Canyon***. In der Höhe sieht man häufig Dallschafe und Bergziegen. Nach 65 km ist Stewart erreicht.

Lage

Stewart liegt – umringt von hohen Gipfeln – am Ende des 180 km langen ***Portland Canal***, der natürlichen Grenze zwischen dem Südzipfel Alaskas und Canada. Diese Lage und die halboffene Grenze bilden die Attraktion des Ortes, in dem es außer dem lokalen Museum sonst nichts Besonderes zu sehen gibt.

Museum

Das ***Stewart Historical Museum*** ist in einem ehemaligen Verwaltungsgebäude untergebracht. Zahlreiche Fotos und Ausstellungsstücke dokumentieren die kurze, aber bewegte Geschichte der Region. Da im Eis und Schnee der nahen Gletscher diverse Kinofilme entstanden, schmücken auch Fotos von den Dreharbeiten die Wände; 703 Brightwell Street, Mai bis September täglich 9-17 Uhr; www.stewartmuseum.ca.

In Hyder ist der »Hund begraben«. Nur die Sommer-touristen bringen ein bisschen Betrieb.

Unterkunft

In Stewart und in Hyder kann man jeweils unter einem ***Motel***, einer ***Lodge*** mit ***Saloon*** und mehreren ***B&Bs*** wählen.

Offizielle **Campingplätze** sind in Stewart der ***Bear River RV Park***, 2200 Davis St, 68 Plätze, © (250) 636-9205; $20-$43 (*Full Hookup*), www.stewartbc.com/rvpark, und der städtische ***Rainey Creek Campground***, 8th Ave, 98 Plätze, © (250) 636-2537, $12-$21 (im Wald am Ortsrand, bester Platz) und in Hyder das ***Camp Run-A-Muck***, 65 Plätze, © 1-888-393-1199, an der Straße zum *Salmon Glacier*, $18-$34; www.sealaskainn.com.

Hyder

Unmittelbar jenseits von Stewart liegt auf dem Boden Alaskas die Gemeinde Hyder. Die nur durch zwei Schilder und bunte Wimpel kenntlich gemachte internationale Grenze wird heute bei der Einreise nach Canada kontrolliert, in die USA nicht, da jegliche Verbindung zu irgendwelchen anderen Orten in Alaska fehlt. Der weit in den Fjord hineinreichende Anleger für die frühere Autofähre nach Ketchikan liegt verwaist.

Grenze USA/Canada

Auch wenn die Grenze praktisch bedeutungslos ist, teilt sie doch offiziell zwei Nationen. Ob Stewart in Canada oder Hyder/Alaska, in beiden Orten gelten unterschiedliche Regeln und Gesetze, das betrifft sogar die Zeitzonen. In Hyder gilt ***Alaska Time***, theoretisch eine Stunde Zeitgewinn gegenüber ***Pacific Time*** in Stewart. Auch auf Alkoholverkauf und -ausschank wirkt sich die Grenze spürbar aus. Die Bars in Hyder bleiben länger geöffnet und überall im Ort außer im Postamt wird mit kanadischen Dollars bezahlt.

Post aus Alaska

Das Interesse mancher Besucher gilt Hyders **Briefkasten**. Denn die Lieben daheim kann man von dort aus – ohne Reise ins weit entfernte Kernland – mit Post aus Alaska beglücken.

Fish Creek

Sechs Kilometer nördlich des Ortes wartet im ***Tongass National Forest*** an der geschotterten – bis dahin gut befahrbaren – ***Salmon River Road*** ein Naturschauspiel besonderer Art. Zwischen Mitte Juli und Anfang September ziehen im flachen Wasser des **Fish Creek** mächtige Lachse bachaufwärts. Von einer eigenen Aus-sichtsplattform kann man beobachten, wie nur ein paar Meter

tiefer sowohl ***Grizzlies*** als auch **Schwarzbären** mit fast bewegungslosen Lachsen leichtes Spiel haben und genüßlich ihren Fang vertilgen. Morgens und am späten Nachmittag sind die Chancen dafür am besten. Oft herrscht dort ein ziemlicher Andrang. Aber weder von Menschen noch von den Weißkopfadlern, die bisweilen über dem Geschehen kreisen, lassen die Bären sich sonderlich stören; www.fishcreek.org (Bärenfotos und aktuelle Infos).

Salmon Glacier

Hinter der Brücke über den Fish Creek führt die Straße zunächst weiter am Ufer des **Salmon River** entlang und dann kurvenreich und rumpelig hinauf zur inzwischen stillgelegten ***Granduc Copper Mine*** in knapp 50 km Entfernung. Auskunft und Karte im ***Visitor Info Centre*** in Stewart, 222 5th Avenue, © (250) 636-9224; www.districtofstewart.com. Die ca. 18 km ab Fish Creek zu den ersten Aussichtspunkten auf den ***Salmon Glacier*** sollte man auch bei schlechtem Zustand der Rumpelpiste durchhalten. Der Blick über diesen Gletscher ist auf den folgenden Kilometern bis zum ***Summit Viewpoint*** atemberaubend.

Ende Juli, in manchen Jahren auch im August, bietet sich ein ganz besonderes Naturschauspiel: Unter dem Druck des Schmelzwassers bricht die Eiskruste des *Summit Lake* oberhalb des Gletschers auf, und eine Flut aus Eisschollen, Baumstümpfen und Geröll geht im *Salmon River* zu Tal.

Salmon Glacier im äußersten Südzipfel Alaskas, ca. 20 km entfernt vom Grenzort Hyder

Nach Watson Lake

Eingerahmt von ***Coast Mountains*** im Westen und ***Skeena Mountains*** im Osten besitzt die Strecke von Meziadin Junction bis Iskut (vor allem im südlichen Bereich) **landschaftlich fantastische Abschnitte**, die vom *Alaska Highway* kaum mehr in ähnlicher Art erreicht, geschweige denn überboten werden. Man sollte sich daher, wenn möglich, etwas mehr Zeit nehmen, als die unbedingt nötigen Tage für das reine Abfahren.

3

Die ***Bell II Lodge***, © 1-888-499-4354, www.bell2lodge.com, bietet die erste Tankstelle am *Cassiar Highway* nördlich des *Yellowhead Highway*. Der komfortable Servicekomplex (Sauna und Whirlpool für Cabin- wie Campgäste inkl.) und aus kleinem *Campground* (15 Stellplätze, \$20-\$32) und 20 Ferienwohnungen (DZ ab \$130) liegt ca. 95 km nördlich von Meziadin Junction an der Brücke über den Bell Irving River.

Der *Cassiar Highway* verläuft bis Iskut im langgestreckten Flusstal des Iskut River mit zahlreichen Seen, an deren Ufer man weitere *Campgrounds* und *Resorts* findet:

Kinaskan Lake

Auf exakt halber Strecke zwischen *Yellowhead* und *Alaska Highway* liegt der glasklare **Kinaskan Lake**. Der gleichnamige ***Provincial Park Campground*** an seinem Südufer besitzt viele schön angelegte Stellplätze direkt am Wasser (50 Stellplätze, \$16).

Lodges & Camping

Wer keinen Uferplatz mehr erwischt und sich nicht mit der zweiten Reihe zufriedengeben möchte, fährt einfach weiter (+25 km) bis zum ***Tatogga Lake Resort***, © (250) 234-3526, 40 Stellplätze: \$10-\$30; 40 Cabins: \$50-\$130. Das gut geführte Resort 15 km südlich von Iskut verfügt über alle Serviceeinrichtungen; zudem kann man kostenlos mit Kanus im See paddeln; www.tatogga.ca.

Knapp südlich von Iskut bietet auch die ***Red Goat Lodge*** Plätzchen am See (26 Plätze, \$15-\$25), außerdem **Mietkanus** zu \$20/Tag. Wer Zimmer oder nur ein Bett sucht, ist dort ebenfalls richtig. Die *Lodge* hat ***B&B-Rooms*** ab \$85 für 2 Personen, © (250) 234-3261.

Eine gute kommerzielle Campadresse ist auch ***Mountain Shadow***, ca. 6 km weiter nördlich. Der Platz liegt zwar nicht direkt an einem See, aber ruhig abseits der Straße und ist gepflegt, © (250) 234-3333, \$17-\$27; auch *Cabins*; www.mtshadowrvpark.com.

Wildnis-parks

Nördlich von Iskut durchquert die Straße den ***Stikine River Provincial Park***, welcher die ***Mount Edziza*** und ***Spatsizi Plateau Wilderness Provincial Parks*** miteinander verbindet.

Westlich der Flussbrücke beginnt der fast 100 km lange ***Grand Canyon of the Stikine River*** mit Wänden bis zu 300 m Höhe.

Dease Lake

Der Ort *Dease Lake* am Südende des namensgebenden Sees verfügt über Großtankstelle, mehrere Shops, Restaurants und Motels und ist wichtige Etappe für die Versorgung des Durchgangsverkehrs, besitzt aber sonst keinen Reiz.

Nach Telegraph Creek

Von Dease Lake führt die *Telegraph Creek Road* zum Osthang der *Coast Mountains* auf teilweise toller Strecke (bei Nässe RVs besser nicht) zum namensgebenden Nest am Endpunkt des ***Grand Canyon of the Stikine River***. Telegraph Creek ist Startpunkt für Trips in die nur mit Buschflugzeug und über Wander- und Reitpfade zugängliche Wildnis des *Mount Edziza PP*, ➪ Foto rechts.

Boya Lake

Ein wunderschöner ***Campground*** (44 Stellplätze, $16) befindet sich im ***Boya Lake Provincial Park*** am glasklaren, türkisfarbenen See (Kanuverleih). Die Zufahrt (2 km) zweigt 85 km südlich des *Alaska Highway* von der #37 ab. Der Platz ist wegen seiner angenehmen Wassertemperatur auch als **Badesee** sehr beliebt.

Die besten Stellplätze findet separat vom Haupt-*Campground*, wer sich ab der Einfahrt konsequent rechts hält.

Alaska Highway

Nach Erreichen des *Alaska Highway* macht es Sinn, zunächst einmal Watson Lake anzusteuern – mit einem großen Yukon-Besucherzentrum und vor allem dem ***Signpost Forest*** ebendort, den man einfach gesehen haben muss. Das eventuell damit verbundene doppelte Abfahren der 20 km bis Watson Lake, lässt sich verschmerzen.

Alles Weitere zu **Watson Lake** etc. ➪ Seite 394ff.

Der Kraterkegel des Mount Edziza liegt in einer kargen unerschlossenen Lavalandschaft westlich des Cassiar Highway (auf Höhe des Kinaskan Lake)

Durch Canadas
hohen Norden

4. ALASKA HIGHWAY UND NEBENSTRECKEN IN CANADA

4.1 Zum Reisen im hohen Norden

Eine Reise per Auto in die Nordwestregion Canadas und/oder nach Alaska ist heute kein riskantes Abenteuer mehr. Bis Ende der 1970er-Jahre dagegen, als selbst der *Alaska Highway* noch überwiegend aus Schotter bestand, waren solche Touren nicht unproblematisch. Mit der kompletten Asphaltierung der in den hohen Norden führenden Straßen und der wichtigsten Nebenrouten bedarf der Trip in den Norden heute nicht einmal mehr besonderer Vorbereitung. Er stellt auch keine sonderlichen Ansprüche an Fahrer, Fahrzeug und Ausrüstung.

Trotzdem gibt es noch einige Aspekte, die vor jeder Reise in Gebiete jenseits des 60. Breitengrades bedacht werden sollten. Denn Fahrten in den Norden sind lang, und ab Mitte September kann Schneefall Nebenstrecken unpassierbar machen.

Wer ausreichend Zeit, genügend Dollars und mückenfeste Kleidung mitbringt und nicht gerade Ärger mit dem Fahrzeug hat, kann in den nördlichen Breiten unvergessliche Urlaubstage verbringen. Grandiose Landschaften in absoluter Einsamkeit, Goldrauschrelikte und lange Sommertage gefolgt von sternklaren Nächten und Nordlicht garantieren außergewöhnliche Eindrücke und Erlebnisse.

4.1.1 Die Hauptrouten

Straßenzustand

Letzteres gilt allerdings eher auf Neben- als Hauptstrecken. Wo früher etwa der ***Alaska Highway*** dem Auf und Ab der Topografie folgte und unzählige Zufahrtsmöglichkeiten zu Wildwassern und idyllischen Seen bot, erlaubt die hochgelegte, begradigte Trasse heute nur noch selten ein Verlassen der Straße. Ein Teil des alten Reizes ging damit verloren. Die im Sommer erstaunlich zahlreichen ***Motorhomes*** bezeugen, dass zumindest *Alaska, Cassiar* und *Klondike Highway* ohne weiteres von allen Fahrzeugtypen befahren werden können. Speziell diese Straßen sind überwiegend bestens ausgebaut und besitzen eine mehr als ausreichende Dichte an Tankstellen, Motels und Campingplätzen. Der größte Abstand zwischen zwei Tankstellen beträgt am *Alaska Highway* nur noch 120 km (zwischen Whitehorse und *Otter Falls Cutoff* kurz vor Haines Junction; www.otterfallscutoff.com).

Alternative Routen

Zu mehreren Abschnitten des *Alaska Highway* gibt es für Abenteurer aber immer noch reizvolle Alternativstrecken. Yukon kann man z.B. ab Watson Lake auch auf der **Kombination *Klondike Highway*** (voll asphaltiert bis Dawson City)/***Top of the World Highway/Taylor Highway*** (bis nach Tok/Alaska) durchfahren.

Mit Abstand am populärsten ist die **Umgehung des *Alaska Highway* ab Whitehorse** über die oben beschriebene Routenkombination – mit rund 200 Zusatzkilometern, davon 120 km auf Schotter. Aber selbst die größten Wohnmobile können die Schotterpassagen von *Top of the World* und *Taylor Highway* vollkommen problemlos befahren. So begegnet man auf dieser Route auch oft mehr Wohnmobilen als PKWs.

In British Columbia bietet der mittlerweile ebenfalls durchgehend befestigte ***Cassiar Highway*** eine ausgesprochen attraktive Umgehungsmöglichkeit des *Alaska Highway*. Er wurde im letzten Kapitel ausführlich beschrieben.

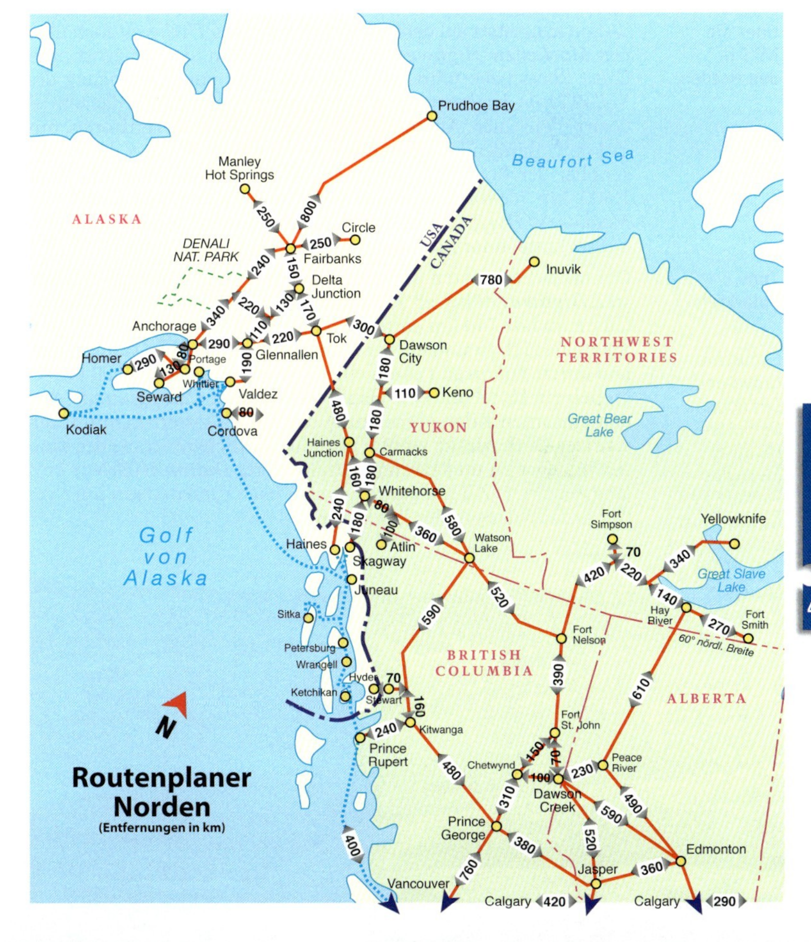

Reiserouten

Bei Kombination dieser Straßen sind heute im Norden sehr schöne **Rundfahrten** unterschiedlichster Streckenlänge und Dauer möglich, ohne dass längere Abschnitte doppelt gefahren werden müssen. Bei knapper Zeit vermittelt bereits **ein einwöchiger Abstecher** ab Prince George über Fort St. John und Watson Lake (*Alaska Highway*) nach Stewart/Kitwanga und zurück nach Prince George oder Prince Rupert (von dort Fähre nach Vancouver Island) einen guten Eindruck vom Reiz des Nordens. Wer mehr Zeit hat, sollte eine **achtförmige Rundreise** erwägen, die u.a. Dawson City, einen »Schlenker« über Tok/Alaska, Haines und Skagway Fähre (➪ Seite 409) einbezieht. Mehrere Varianten der Streckenführung sind dabei denkbar.

Über die NWT in den Norden

Yukon kann statt auf dem *Alaska* oder *Cassiar Highway* auch über den ***Mackenzie Highway*** angesteuert werden, der zunächst zum Great Slave Lake führt. Von Edmonton bis zur Abzweigung des *Yellowknife Highway* ist er durchgehend asphaltiert, danach jedoch – wie auch Abschnitte des die Northwest Territories mit Yukon verbindende ***Liard Highway*** – geschottert. Über diese – gegenüber der Route Edmonton-Dawson Creek-Fort Nelson – um 1.600 km (davon insgesamt 430 km Schotter auf *Liard* und *Mackenzie Hwy*) längere Strecke (einschl. eines Abstechers nach Yellowknife) informiert Kapitel 6, ➪ ab Seite 494.

Zum Polarkreis

Der bis auf die ersten und letzten Kilometer geschotterte ***Dempster Highway*** führt ab *Klondike Highway* östlich von Dawson City zum fast 740 km entfernten Inuvik (NWT), der nördlichsten Stadt, die sich in Canada per Auto erreichen lässt. In seinem Verlauf durch Yukon gibt es auf einer Distanz von nahezu 500 km lediglich ein Hotel und eine Handvoll einfacher *Campgrounds*. Auf den einsamen Kilometern durch die NWT passiert man nur ein einziges Dorf. **Alaska** verfügt über die nördlichste Straße des Kontinents: Der zu ungefähr 25% asphaltierte ***Dalton Highway*** entlang der *Trans-Alaska Pipeline* endet nach rund 670 km kurz vor den Erdölfeldern in der Prudhoe Bay.

Gemischte Gravel und Dirt Road: Dempster Highway (auch das Titelbild dieses Kapitels zeigt auf den Seiten 376/77 den Dempster Highway)

4.1.2 Der Zeitfaktor

Zeitbedarf/ Anfahrt

Gut Ding will Weile! Eine komplette Rundreise durch Canadas Norden **und** das Kernland Alaskas einschließlich einiger Nebenstrecken ist – ohne Fährbenutzung – unter 7.000 km und einer absoluten **Minimalzeit** von **drei Wochen** nur schwer zu machen (gerechnet ab Prince George!). Hinzu kommt ggf. noch die **Anfahrt** (kilometermäßig und zeitlich) von den südlichen Ankunftsflughäfen (**Edmonton, Calgary oder Vancouver**). Eine durchschnittliche Fahrleistung von über 300 km pro Tag ist aber im Grunde nur auf Asphaltstrecken akzeptabel. Bei Einbeziehung von Schotterstraßen in die Reiseroute und dadurch bedingten geringeren Geschwindigkeiten benötigt man für eine lohnende Fahrt, die nicht in endlose Stunden am Steuer ausarten soll, vier und mehr Wochen.

Oder aber man beschränkt sich bei weniger Zeit auf kürzere Teilstrecken, ggf. unter Einschluss der Alaskafähren. Sonst hat man am Ende weniger gesehen und erlebt, als weiter südlich zwischen den Rocky Mountains und Vancouver Island bei weniger Fahrerei möglich gewesen wäre.

Alaska Inside Passage

Wer unbedingt einmal in Alaska gewesen sein möchte:

Vom ***Yellowhead Highway*** (Kitwanga) nach Hyder an der ***Alaska Inside Passage*** (Nachbarort von Stewart/BC) sind es auf einer perfekt ausgebauten Teerstraße nur 230 km, ➪ Seite 373.

Reisezeit

Grundsätzlich können nur **Juni bis Mitte September** als Reisemonate für den Norden wirklich empfohlen werden. Die Aussicht auf sonniges Wetter steigt mit der Entfernung von der Küste. Gleichzeitig sinkt das Regenrisiko.

Im **Hochsommer** ist es – an guten Tagen – tagsüber meist angenehm warm (➪ Seite 601). Selbst 30°C und laue Sommernächte kommen hoch im Norden vor – zur Freude der **Stechmücken**! Auch im **Juni** und **September** gibt es schon/noch schöne Tage und erträgliche Nächte, aber dann gehören Schneefall und Nachtfrost durchaus ins normale Wetterbild. Zahlreiche Campingplätze werden erst Ende Juni geöffnet und im September geschlossen.

4

4.1.3 Ausrüstung und Vorkehrungen

Wer im hohen Norden ausschließlich auf dem *Alaska* oder *Klondike Highway* bleibt, wird in aller Regel mit dem Bordwerkzeug, so vorhanden, und einem brauchbaren*) Reservereifen auskommen. Vorausgesetzt, das Auto ist bei Fahrtantritt ansonsten technisch in Ordnung.

---

*) Die bei vielen Pkw zu findenden Notreifen können bei einer Panne weitab vom nächsten Ort problematisch sein und sollten ersetzt oder durch einen weiteren Ersatzreifen ergänzt werden.

Tanken/Panne

Ein voller **Reservekanister** kann nie schaden. Darüber hinaus sollte man es sich im Norden zur Gewohnheit machen, stets nach dem Straßenzustand zu fragen und ab halbvollem Tank nachzufüllen, wenn sich die Gelegenheit bietet – die nächste Tankstelle könnte geschlossen sein. Bei Pannen helfen sich die Autofahrer im einsamen Norden häufig untereinander – eine schöne Gewissheit.

Ersatzteile und Werkzeug

Ausgedehnte Trips abseits der Hauptstrecken sollten besser nicht ohne eine gewisse Vorbereitung unternommen werden. Die Mitnahme von Ersatzteilen für typische Fehlerquellen und Verschleiß (Zündkerzen, Öl- und Luftfilter, Keilriemen usw.) sowie von etwas mehr Werkzeug als üblich, ist dann dringend anzuraten. Und zwar weniger wegen einer ernstlich höheren Reparaturanfälligkeit auf schlechten Straßen als vielmehr wegen der eventuell sehr großen Entfernung zur nächsten Werkstatt, sollte tatsächlich eine Panne auftreten.

Steinschlag/ Fahrweise

Vor allem durch schnell fahrende Fahrzeuge werden auf Schotterstraßen häufig Steine hochgeschleudert. Zumindest **Scheinwerfer** lassen sich durch Gitter oder Folien gut schützen. Man findet sie im Zubehörhandel (z. B. bei *Canadian Tire*) in allen kanadischen Städten. Die beste Vorsichtsmaßnahme gegen Schäden durch ***Gravel*** ist ein angemessener Abstand zum Vordermann. **Stoßdämpfer** können sich auf längeren Schotterfahrten» losrütteln«; sie sollten ggf. ab und zu kontrolliert werden.

Weitere Hinweise zum Fahren auf Schotterstraßen auf Seite 100ff.

Staub/ Luftfilter

Auf Staubstrecken – dazu werden alle ***Gravel Roads*** nach einigen Tagen ohne Regen – setzen sich **Luftfilter** schnell zu. Da sie sich nicht unendlich oft reinigen lassen, kann ein Extrafilter nützlich sein. **Bremsen** bleiben durch eine gelegentliche Luftdruckreinigung besser in Form. Da starke Verschmutzung der **Windschutzscheiben** (an Regentagen auf Schotterstraßen) zu hoher Abnutzung der **Wischergummis** führt, kann ein Ersatzset nicht schaden.

Gepflegte Gravel Roads (Schotterstraßen) sind bei gutem Wetter kein Problem (hier: Liard Highway zwischen BC und den NWT)

Karten

Was **Kartenmaterial** betrifft, ist man mit den folgenden Wegskizzen und Routenbeschreibungen für die Planung gut gerüstet. Unterwegs benötigt man jedoch genauere Unterlagen. Die wichtigsten gibt es oft gratis (Landkarten und Broschüren) in den Büros der ***Tourist Information*** der Provinzen/Territorien und in den Büros der Automobilclubs **CAA** bzw. **AAA**.

Alaska Highway »Bibel«

Wer sich damit noch nicht ausreichend präpariert fühlt, sollte sich den ***Milepost*** beschaffen, ein jährlich neu aufgelegtes Logbuch für alle Straßen, Versorgungseinrichtungen und *Campgrounds* in Alaska, Yukon, Northwest Territories und British Columbia nördlich des *Yellowhead Highway*. Man findet die »Bibel der Nordlandfahrer« überall in den kanadischen Westprovinzen und den meisten Großstädten der USA. Mit knapp 800 Seiten im DIN-A4-Format ist der *Milepost* dick wie ein Großstadt-Telefonbuch und kostet US$30 (**66. Auflage 2014,** beim Automobilclub CAA/AAA gibt es einen Discount); www.milepost.com.

Den *Milepost* erhält man zum aktuellen Dollarkurs im Internet auch bei www.amazon.de.

4.1.4 Versorgung unterwegs

Lebensmittel

Das **Preisniveau im Norden** ist zwar insgesamt höher als im südlichen Canada, aber man kann die Kosten durch geschickten Einkauf in Grenzen halten. Das betrifft vor allem Lebensmittel, die in Siedlungen abseits der Hauptstrecken ziemlich ins Geld gehen. In den Supermärkten der größeren Orte blieben zumindest Grundnahrungsmittel erschwinglich. Es ist daher nicht notwendig, das Auto schon in Edmonton oder Prince George bis an die Decke mit Vorräten zu beladen.

Nennenswerte Proviantmengen (Konserven) anzulegen, lohnt sich nur vor längeren Fahrten abseits der »großen« Straßen.

Einkaufen am ***Alaska Highway*** kann man am besten in

Dawson Creek	km 0	11.000 Einwohner
Fort St. John	km 70	18.000 Einw.
Fort Nelson	km 460	4.500 Einw.
Watson Lake	km 980	800 Einw.
Whitehorse	km 1.420	24.500 Einw.
Tok/Alaska	km 2.060	1.400 Einw.
Delta Junction	km 2.230	1.050 Einw.

Alaska

Von Tok aus sind es nur noch 510 km bis **Anchorage**. Die Stadt besitzt eine perfekte Infrastruktur. **Alle Waren sind dort preiswerter als irgendwo sonst im hohen Norden**.

Benzinkosten

Benzin ist in **Alaska** relativ billig. In Anchorage und Fairbanks zahlt man weniger als in vielen Bundesstaaten im US-Kernland.

In **Nordwestkanada** zahlt man etwa 60%-70% der deutschen Benzinpreise; in Alaska nicht einmal 50%, ➪ auch Tabelle Seite 104. Genauere Werte liefert die umseitige Tabelle.

Preise für Regular Unleaded (Bleifrei Normal) im Norden

(Umrechnung: 1 US$ = €0,90/1 can$ = €0,68)

Anchorage, AK	2,20 US$/gallon	entspricht €0,52/l
Fairbanks, AK	2,35 US$/g	entspricht €0,56/l
Tok, AK	2,35 US$/g	entspricht €0,56/l
Dawson Creek, BC	0,98 can$/litre	entspricht €0,67/l
Fort Nelson, BC	1,15 can$/l	entspricht €0,78/l
Fort St. John, BC	1,02 can$/l	entspricht €0,69/l
Dawson City, YT	1,17 can$/l	entspricht €0,79/l
Watson Lake, YT	1,12 can$/l	entspricht €0,76/l
Whitehorse, YT	1,02can$/l	entspricht €0,69/l
Yellowknife, NWT	1,10 can$/l	entspricht €0,75/l

Durchschnittspreis nördliches Canada: 1,08 can$/l = €0,73/l
www.energy.gov.yk.ca/fuel.html
Durchschnittspreis Alaska: 2.28 US$/g = €0,54/l
www.gasbuddy.com; www.gasticker.com

4.1.5 »Liegenbleiben« im Norden

Pannen/ Unfall

Sollte im Fall einer Panne oder eines Unfalls der Wagen nicht mehr fahrbereit sein, findet sich entweder ein hilfsbereiter Autofahrer, oder es muss ein ***Towing Truck*** her. Das kann teuer werden! Auf dem *Dalton Highway* entlang der *Trans-Alaska Pipeline* gilt beispielsweise für ein kleines Wohnmobil als Minimaltarif US$ 6/Meile Abschlepp- und Anfahrtstrecke.

Reparaturen

Reparaturen gehen ziemlich ins Geld. Müssen Ersatzteile bestellt werden, wird es nicht nur teuer, sondern dauert. Das gilt besonders für »exotische« Autotypen (alle europäischen und manche japanische Fabrikate). Lieferzeiten von einer Woche und mehr kommen vor! Wichtige ***Spare Parts*** (Ersatzteile) für gängige US-amerikanische Typen sind jedoch meist vorhanden.

Ein ***Check-Up*** des Fahrzeugs vor Reisebeginn und die Beachtung der Hinweise oben können Stress und Geld sparen helfen.

Mile 0 des Alaska Highway in Dawson Creek

4.2 ALASKA HIGHWAY

4.2.1 Geschichte und Situation heute

Der ca. 2.230 km lange ***Alaska Highway*** ist genaugenommen nichts weiter als eine breit ausgebaute Verbindungsstraße zwischen Dawson Creek in British Columbia und Delta Junction in Alaska. Trotz markiger Slogans wie zum Beispiel ***I survived the Alaska Highway*** auf Autoaufklebern und T-Shirts stellt diese Straße – wie gesagt – längst keine Herausforderung mehr dar.

Vorgeschichte

Der Plan, eine durchgehende Straße oder eine Eisenbahn nach Alaska zu bauen, reicht bis in die Zeiten des Goldrausches zurück. Alle Ansätze zur Realisierung scheiterten aber zunächst. Zu stark war die Furcht der Kanadier vor einem unkontrollierten Eindringen des am Landweg nach Alaska interessierten Nachbarn USA. Was in Friedenszeiten unmöglich schien, gelang schließlich während des 2. Weltkriegs. Die japanische Bedrohung nach dem Angriff auf Pearl Harbour im Dezember 1941 lieferte den USA ein Argument, dem sich die Kanadier nicht mehr gut verschließen konnten: Eine **Nachschubstraße** sollte den US-Staat im hohen Norden gegen eine damals tatsächlich befürchtete japanische Invasion sichern helfen.*)

Bau 1942

Die Bauarbeiten kamen trotz schwieriger äußerer Bedingungen rasch voran. Weder Mensch noch Maschine wurden geschont. Bei den knapp 11.000 eingesetzten US-Soldaten waren Unfälle an der Tagesordnung. Eine geschickte Propaganda sorgte dennoch dafür, dass die patriotisch eingestimmte Bevölkerung in den USA wie in Canada die Realisierung des Projekts als »Heldentat« feierte – der alte amerikanische Pioniergeist (*Frontier Spirit*) lebte wieder auf.

Die in Dawson Creek (British Columbia), Whitehorse (Yukon) und Delta Junction (Alaska) gleichzeitig gestarteten Baukolonnen trafen sich nach nur sechs Monaten **am 24. September 1942** am deshalb so benannten ***Contact Creek*** und am 28. Oktober in ***Beaver Creek***. Am **20. November** folgte die offizielle **Einweihung** der neuen Straße am ***Soldier's Summit***.

Als echte Allwetterstraße war der *Alaska-Canada Highway* aber erst ein gutes Jahr später zu benutzen, denn trotz aller Feierlichkeiten konnte der »*Highway*« zunächst nur von Bulldozern befahren werden und bereits 1943 musste die gesamte Trasse saniert und teils sogar verlegt werden.

Effekte

Die wirtschaftlichen und sozialen Auswirkungen waren bereits während der Bauzeit beträchtlich. Orte wie Fort Nelson, Watson Lake und Tok erlebten dank ihrer Lage am *Alaska Highway*

*) Im Nachhinein stellte sich heraus, dass die Landverbindung nur geringe militärische Bedeutung besaß. Die strategisch wichtigsten Regionen (*Inside Passage*, Golf von Alaska und Aleuten) blieben weiterhin nur auf dem See- bzw. Luftweg erreichbar.

4

Nostalgisches Hotel 50 m vor Beginn des Alaska Highway in Dawson Creek

Indianer

einen ungeahnten Aufschwung; die **Ureinwohner** und einstige Fallensteller fanden gut bezahlte Jobs auf Baustellen und in den Militärstationen. Für viele Indianer, die bis dahin nur über Pelzhändler Kontakt zur Welt der Weißen gehabt hatten, brachte das Eindringen der Zivilisation indessen vorher nicht gekannte Probleme. So führten der moderne Arbeitsrhythmus, eingeschleppte Krankheiten und die Verfügbarkeit von Alkohol zu einschneidenden sozialen Veränderungen.

Yukon Hauptstadt

Da der *Alaska Highway* über Whitehorse lief, geriet Dawson City, die alte Hauptstadt von Yukon, am entlegenen Endpunkt des *Klondike Highway* ins Abseits. Whitehorse entwickelte sich zum neuen Zentrum und wurde bald Sitz der Territorialverwaltung. Erst mit Asphaltierung des *Klondike Highway* und der Proklamation von **Dawson City** zum ***National Historic Site*** ging es mit der einstigen Goldrausch-Metropole wieder bergauf.

Verkehr und Zustand

Darüber hinaus hat sich mittlerweile der **Südast des *Klondike Highway*** von Alaskas Hafenstadt Skagway nach Whitehorse (gut 180 km) zum zweiten wichtigen Transportweg nach Yukon hinein entwickelt. Auf dem vollständig asphaltierten ***Alaska Highway*** sind heute in den Sommermonaten weitaus mehr **Campmobile** unterwegs als *Trucks*. Was im übrigen die wachsende touristische Anziehungskraft des Nordens beweist.

Baustellen

Damit das auch in Zukunft so bleibt, wird die Straße in der kurzen Sommersaison auf vielen Passagen repariert und ausgebaut. Auch in Zukunft dürften **Wartezeiten vor Großbaustellen** eher die Regel als Ausnahme sein. Hinter vorwegfahrenden ***Pilot Cars*** geht es dort langsam und nur einspurig über Stock und Stein. Straßenzustandsberichte: Yukon ➪ Seite 392, Alaska ➪ Seite 435, Northwest Territories ➪ Seite 495.

Ausbau-zustand

Die langen begradigten Neubaustrecken und das Anfangsstück von Dawson Creek bis Fort Nelson entsprechen einer perfekt und breit angelegten Bundesstraße mit Randstreifen, z. T. mit Überholspur.

Pässe

Nicht begradigt und deshalb kurvenreicher ist das Teilstück über den ***Summit Lake Pass*** im *Stone Mountain Provincial Park*, den mit 1.295 m höchsten Pass der ganzen Strecke. Schon über den zweithöchsten Punkt, den ***Boutillier Summit*** (1.004 m) geht es – wie auch auf dem ganzen Rest des *Alaska Highway* – ohne nennenswerte Steigungen oder besonders kurvenreiche Abschnitte.

Saison

Touristische Hochsaison herrscht von Mitte Juni bis Mitte August. In der zweiten Augusthälfte ist selbst der populäre ***Liard River Hot Springs Campground*** nicht mehr ausgebucht.

Endpunkt

Der *Alaska Highway* endet offiziell in Delta Junction. Das Teilstück des ***Richardson Highway*** von Delta Junction bis Fairbanks (160 km) wird gleichwohl als »natürliche« Fortsetzung des *Alaska Highway* betrachtet. Bereits 1902 führte der ***Valdez Trail*** von der Hafenstadt am Golf von Alaska zu den Goldfeldern um Fairbanks. Er wurde bis 1907 zur Postkutschenroute verbreitert, und 1919 folgte sein Ausbau als ***Richardson Road*** zur ersten wetterfesten Straße in das Inland Alaskas.

Distanzen

Nach Freigabe des ***Alaska Highway*** betrug die Gesamtdistanz von Dawson Creek (*Milepost* 0) bis Delta Junction (*Milepost* 1.422) **2.288 km**. Im Lauf der Jahre verkürzte sich dank der begradigten, zum Teil quer durch die Wildnis geschlagenen Neubautrassen die tatsächliche Entfernung um 67 km. Trotzdem behielten die alten Meilensteine (***Historical Mileposts***) entlang der Strecke, die zu festen Größen in Adressen und auf Reklameschildern geworden waren, ihren Standort, obwohl sie nicht mehr mit den effektiven Entfernungen übereinstimmen.

Alpha Pool der Liard River Hot Springs mit »Badehaus«, *➪ Seite 391*

4.2.2 Von Dawson Creek bis Watson Lake

Dawson Creek

Dawson Creek, **Ausgangspunkt des *Alaska Highway***, hat vom Bau der Straße besonders profitiert. 1942 lebten dort nur 750 Menschen, heute sind es knapp 12.000. Eine dichte **touristische Infrastruktur** – darunter viele **Motels** (o.k. ist das ***George Dawson Inn***, DZ ab $109; www.georgedawsoninn.bc.ca, 11705 8th St, © 1-800-663-2745 und eine ganze Reihe von Campgingplätzen kennzeichnet den Ort. Besonders empfehlenswert ist der ***Mile 0 RV Park & Campground***, www.mile0rvpark.com, 1901 Alaska Ave, © 250-782-2590, 80 Stellplätze, $25-$45.

Einen besonderen Grund, sich in Dawson Creek länger als nötig aufzuhalten, gibt es nicht. Die Hauptattraktion ist der ***Mile Zero Post***, mitten auf der Kreuzung 102nd Ave/10th St, der die **Meile 0** des *Alaska Highway* markiert. Im ***NAR Park*** beherbergt ein stillgelegter Bahnhof das ***Dawson City Visitor Centre*** mit ***Railway Station Museum*** am Kreisverkehr (900 Alaska Ave, Mitte Mai-August täglich 8-17.30 Uhr, sonst Di-Sa 10-16.30 Uhr, frei, © 1-866-645-3022; www.tourismdawsoncreek.com).

Im **Museum** sind neben Ausstellungsstücken Filme über den Bau des *Alaska Highway* zu sehen. Nebenan steht noch ein ***Grain Elevator***, einer der für die Prärieprovinzen typischen Getreidesilos, sowie der Wegweiser zum Alaska Highway.

Erste Kilometer

Der ***Alaska Highway*** führt zunächst durch Wald und Farmland und entspricht kaum dem Bild, das man von seinem Verlauf erwartet. Wer **aus Richtung Prince George** anfährt, kann die ersten, eher langweiligen 86 km umgehen. ***Highway #29*** von Chetwynd nach Fort St. John (⇨ Seite 258) ist reizvoller und 40 km kürzer als die Strecke über Dawson Creek.

Fort St. John

Schon 1794 entstand in Fort St. John ein Handelsposten der ***North West Company*** und damit die erste von Weißen gegründete Siedlung auf dem Festland des späteren British Columbia. Der Bau des *Alaska Highway* sorgte bereits für wichtige Impulse, aber erst die Entdeckung von Gas und Erdöl machte aus der einstigen Siedlung in den 1950er-Jahren eine Stadt mit heute 18.700 Einwohnern. Info: Im *Pomeroy Sport Centre*, 9324 96 Street; www.fortstjohn.ca.

Deshalb rühmt sich die insgesamt nicht sehenswerte Stadt mit dem Beinamen ***Energetic City***. Neben Öl und Erdgas spielen die früher dominierenden Wirtschaftszweige – Landwirtschaft und Holzfällerei – immer noch eine bedeutende Rolle.

Für Camper eignen sich nördlich von Fort St. John die Provinzparks ***Beatton*** (39 Plätze) und ***Charlie Lake*** (57 Plätze, je $16), © für beide: 1-800-689-9025.

Nach Fort Nelson

Im weiteren Straßenverlauf – weitgehend monotone, aber gut ausgebaute 390 km bis Fort Nelson – sind alle »Orte« außerhalb der kleinen Siedlungen Wonowon und Pink Mountain lediglich einsame Rasthäuser mit Motel und *Campground*.

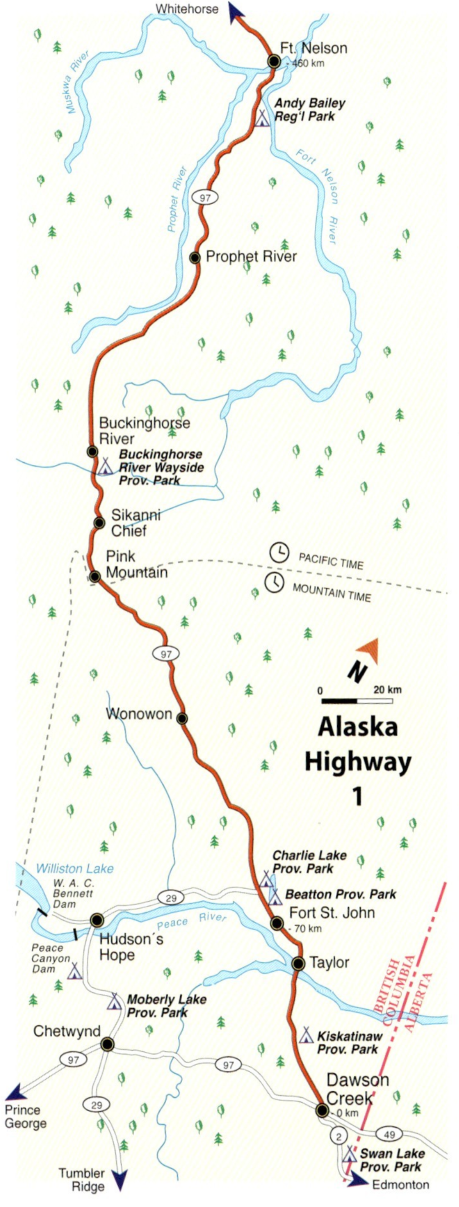

Fort Nelson (4.600 Einwohner)

Haupteinnahmequelle sind in **Fort Nelson**, einem weiteren ehemaligen Pelzhandelsposten der *North West Company* von 1805, Öl und Erdgas, außerdem spielt noch die Holzwirtschaft eine Rolle. Infos: 5319 50th Ave, ✆ (250) 774-2541; www.tourismnorthernrockies.ca.

Westlich der Abzweigung des ***Liard Highway*** nach Fort Simpson, der einzigen Straßenverbindung zwischen Yukon und Northwest Territories (➪ Seite 502), gewinnt der *Alaska Highway* zunehmend an Attraktivität: Es folgen grandiose Strecken - abschnitte besonders durch die Bergwelt der *Rocky Mountains* und die Täler entlang der Flüsse *Mac Donald, Toad* und *Trout*. Neben den Mini-Siedlungen wie Toad River, Muncho Lake und Fireside sind die anderen »Orte« am *Highway* nichts weiter als Rasthäuser mit *Campground* und Motel und Café.

Stone Mountain Park

Die nördlichsten Ausläufer der Rockies umschließen hier ein enges Tal und beherrschen den ***Stone Mountain Provincial Park***. Im Straßenverlauf durch den Park erreicht man den mit 1.295 m höchsten Punkt des *Alaska Highway*, den ***Summit Pass***. Ihm gegenüber liegt der ***Summit Peak*** (2.014 m), auf den hinauf ein 2,5 km langer ***Trail*** gleichen Namens führt. Bei klarer Witterung belohnt herrliche Fernsicht den Aufstieg.

Der ***Campground*** ($16, 28 Pl.) des Parks in etwas windiger Lage am östlichen Seeufer ist ein guter Übernachtungsplatz.

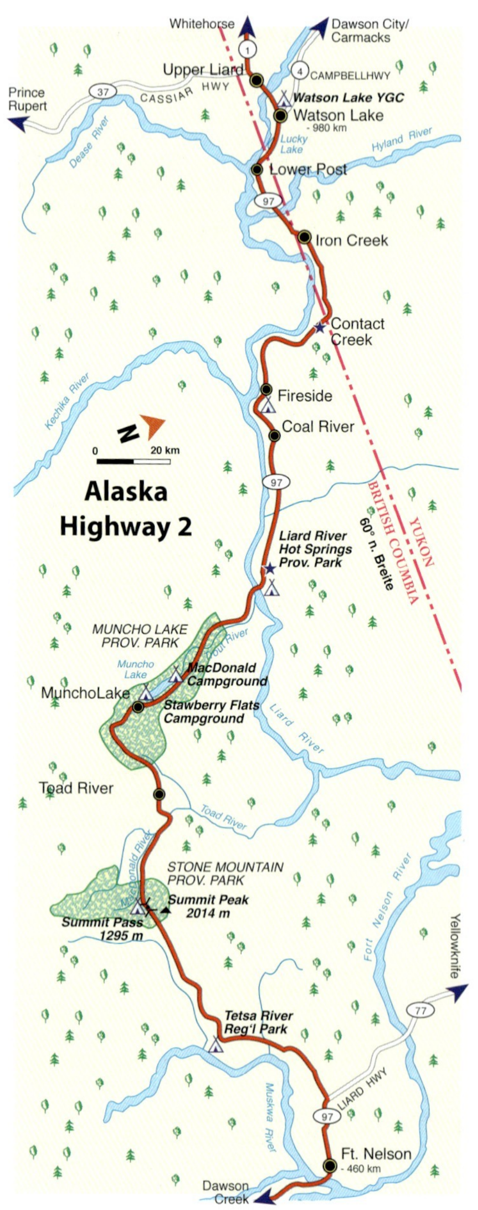

An den Straßenrändern im *Stone Mountain Provincial Park* grasen regelmäßig Dallschafe. Neben immerwährenden Baustellen bilden sie wahrscheinlich den einzigen Anlass für Verkehrsstaus am *Alaska Highway*. Bevor es in das weite ***Mac Donald River Valley*** hinuntergeht, windet sich die Straße in pittoreskem Verlauf durch eine Kalksteinschlucht.

Muncho Lake Park

Die Konstrukteure des Alaska Highway wählten eine Trassenführung entlang des **Muncho Lake**, weil sie mit dieser Route den unzugänglichen *Grand Canyon* des *Liard River* umgehen konnten. Der See ist ein Höhepunkt der Strecke. Die eindrucksvolle jadegrüne Färbung des Wassers wird von Kupferoxiden verursacht.

Im ***Muncho Lake Provincial Park*** gibt es zwei Übernachtungsmöglichkeiten: den sehr schönen ***Strawberry Flats Campground*** (15 Stellplätze, $16) am Südende des Sees und den nicht minder reizvollen ***MacDonald Campground***, (15 Stellplätze, $16) 8 km weiter nördlich.

Die ***Northern Rockies Lodge***, Mile 462 am Muncho Lake, ist ein Blockhaus-Komplex mit 45 Zimmern (© 1-800-663-5269. DZ $164) und **RV-Park**; www.northernrockieslodge.com.

Dort kann man ***Fly-in Fishing Trips*** und Flüge in den ***Nahanni National Park*** buchen.

Neben *Lodge* und *Chalets* existiert ein **Campingplatz** (35 Plätze, $42-$58).

Liard River und Hot Springs

Nördlich des *Muncho Lake PP* erreicht der *Alaska Highway* den Liard River und begleitet ihn bis Watson Lake. Einen Kilometer, nachdem die Straße den mächtigen Fluss auf der einzigen bereits 1944 fertiggestellten Hängebrücke des Alaska Highway überquert hat, passiert man die ***Liard River Hot Springs***, ➪ Seite 387.

Heiße Badepools

Vom Besucherparkplatz des ***Liard River Hot Springs Provincial Park***, Eintritt $5 pro Person, führt ein Holzplankenweg (*Boardwalk*) über warme Sumpfgewässer zum ausgebauten, aber weitgehend naturbelassenen und von üppigem, beinahe subtropischem Grün umgebenen ***Alpha Pool*** im Wald (42°C-52°C, 500 m).

In den langen, hellen Sommernächten herrscht bis spät abends Betrieb. Vor allem die Gäste des zum Provinzpark gehörenden **Campingplatzes** nutzen die Gelegenheit zum Bad. Mitte Juni-Anfang August sichert nur Ankunft am Vormittag einen der begehrten 53 Plätze, ✆ 1-800-689-9025, $21. Man kann aber auch auf der gegenüberliegenden Straßenseite bei der ***Liard Hotsprings Lodge*** campen, ✆ 1-866-939-2522, 33 Stellplätze, $20-$35, DZ ab $130; www.liardhotspringslodge.com.

Contact Creek

Mit der ***Contact Creek Bridge*** erreicht man den Punkt, wo sich im Jahr 1942 die aus Fort Nelson und aus Whitehorse heranrückenden Bautrupps trafen (➪ Seite 385). Informationstafeln erläutern dieses historische Ereignis an der Grenze zwischen British Columbia und Yukon. Von dort bis zum *Morley Lake* vor Teslin wechselt der *Alaska Highway* auf 300 km insgesamt neunmal über die »Grenze«.

Badestelle

Etwa 5 km vor Watson Lake befindet sich südseitig der **Lucky Lake**, ein erstaunlich warmer Badesee mit Sandstrand, Wasserrutsche und Picknickplatz (Parken etwas abseits). Ein guter *Trail* (2 km) führt von dort zum Aussichtspunkt auf den wilden ***Liard River Canyon***.

Rundfahrt

Mit **Watson Lake** wird der erste Ort des **Yukon Territory** erreicht. Über den ***Cassiar Highway***, der 22 km weiter westlich vom *Alaska Highway* abzweigt, ist ein «kleiner« Rundkurs durch den Norden von British Columbia möglich, ➪ Seiten 370-375.

Straßen in Yukon

Übersicht

Die unten stehende Übersicht zeigt alle für den öffentlichen Verkehr freigegebenen Strecken in Yukon. Trotz der ebenfalls vorhandenen Nummerierung benutzt man in Yukon zur Kennzeichnung der ***Highways*** fast ausschließlich die Straßennamen.

Straßen-qualität

Wie bereits erläutert sind ***Alaska***, ***Klondike***, ***Haines Highway*** und ***Tagish Road*** durchgehend asphaltiert. Der ***Silver Trail*** ist auf der Westhälfte bis Mayo komplett **asphaltiert** – beim *Robert Campbell Highway* die westlichen 40%. Alle anderen Straßen weisen **Schotterbelag** wechselnder Qualität auf.

»Wellblech«, Staub und Schlamm

Mit zunehmendem zeitlichem Abstand zur letzten Pflege wandeln sich *Gravel Roads* aber oft zu ziemlich unkomfortablen »Wellblechpisten« (Querrillen) voller Schlaglöcher.

Hinweise zum Fahren auf Schotterstraßen finden sich auf den Seiten 100ff und 382.

Straßenzustandsberichte für Yukon: www.511yukon.ca.

Visitor Centre

Die sechs ***Visitor Centre*** in Yukon – Beaver Creek, Carcross, Dawson City, Haines Junction, Watson Lake und Whitehorse – sind Mitte Mai-Mitte September täglich 8-20 Uhr geöffnet; www.tc.gov.yk.ca/vic.

No	Bezeichnung	von	nach
1	*Alaska Highway*	Dawson Creek, BC	Delta Junction, Alaska
2	*Klondike Highway*	Dawson City	Skagway, Alaska
3	*Haines Road*	Haines Junction	Haines, Alaska
4	*Campbell Highway*	Watson Lake	Carmacks
5	*Dempster Highway*	Klondike Highway	Inuvik, NWT
6	*South Canol Road*	Johnson's Crossing	Ross River
	North Canol Road	Ross River	Grenze Yukon/NWT
7	*Atlin Road*	Jake`s Corner	Atlin, BC
8	*Tagish Road*	Jake`s Corner	Carcross
9	*Top of the World Hwy*	Dawson City	Taylor Highway, Alas.
10	*Nahanni Range Road*	Campbell Hwy	Tungsten/NWT
11	*Silver Trail*	Stewart Crossing	Keno

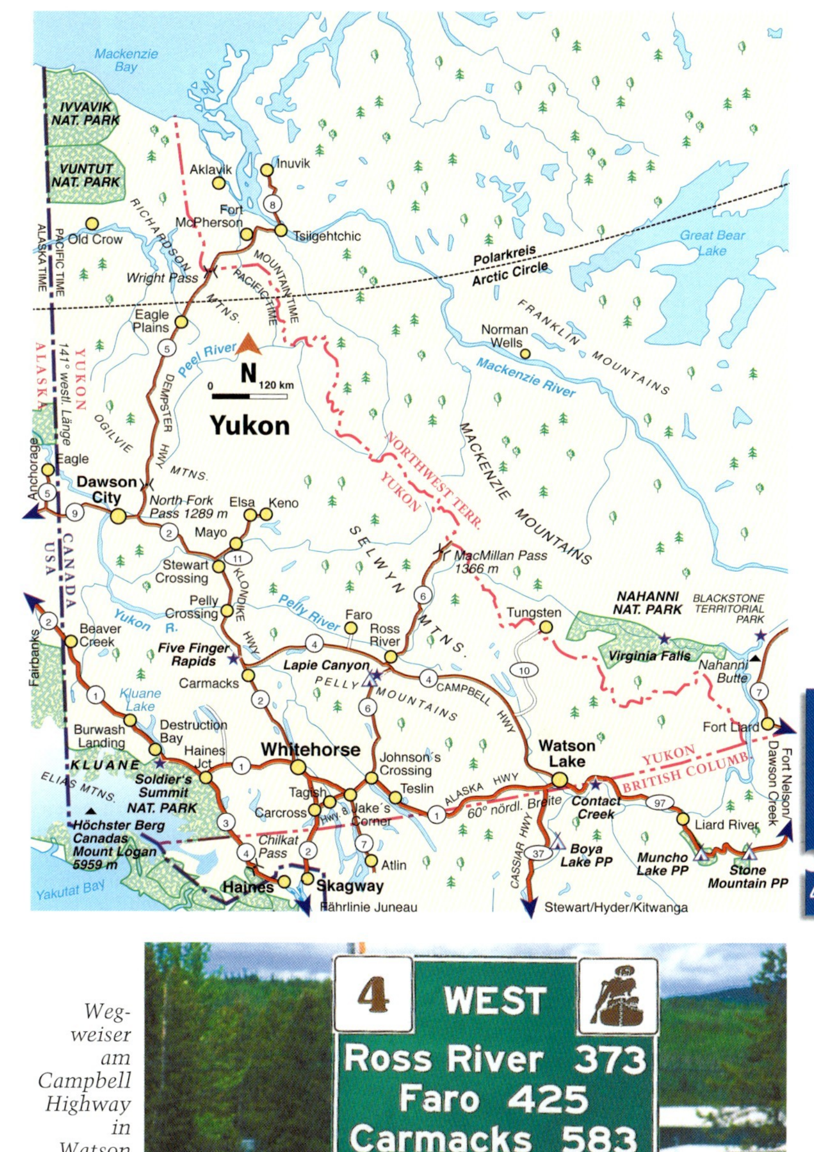

Wegweiser am Campbell Highway in Watson Lake

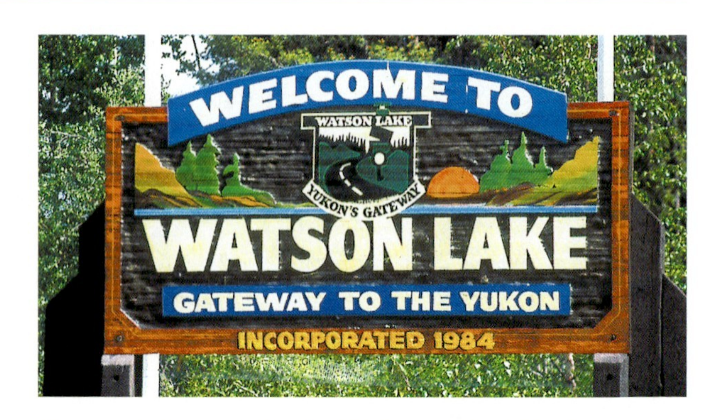

4.2.3 Watson Lake und Alaska Highway bis Whitehorse

Ort Watson Lake

Watson Lake

Watson Lake ist der nach Whitehorse wichtigste Verkehrsknotenpunkt von Yukon. Siedlung und See wurden benannt nach Trapper *Frank Watson*, den es vor einem Jahrhundert mit seiner indianischen Frau in die Abgeschiedenheit dieser Gegend zog. Mit der Ruhe war es vorbei, als 1939 der damals noch als *Fish Lake* bezeichnete See für Starts und Landungen von Wasserflugzeugen erwählt wurde. Bereits zwei Jahre später entstand dort eine »richtige« Landebahn mit Versorgungscamp für die Arbeiter. Beim Bau des *Alaska Highway* wuchs Watson Lake daher eine nachschubtechnische Schlüsselrolle zu, die trotz veränderter Bedingungen bis heute nicht wieder verlorenging: **Außer Whitehorse** (und Dawson City) **ist Watson Lake der einzige Ort im Yukon mit einer vollständigen Versorgungsinfrastruktur inkl. Arzt und Apotheke**.

Sign Post Forest

Ihre Bekanntheit verdankt die mit ca. 800 Einwohnern bereits drittgrößte Stadt in Yukon in erster Linie den ***Watson Lake Sign Posts***, zahlreichen unübersehbaren Holzmasten am *Alaska Highway*, an die Besucher aus aller Welt Wegweiser, Autokennzeichen, Orts- und andere in irgendeiner Form beschriftete Schilder genagelt haben. Der heimwehkranke Soldat *Carl K. Lindley* aus Danville, Illinois, hat während der Bauarbeiten am *Alaska Highway* mit einem Schild seines Heimatortes den Anstoß zu dieser Sammlung gegeben. Andere Arbeiter, Lastwagenfahrer und später unzählige Touristen folgten seinem Beispiel.

Mittlerweile, laut alljährlicher Zählung, ist die bunte **Schildersammlung** auf nahezu unglaubliche ca. 72.000 angewachsen. Was als ein ***Sign Post*** begann, wird wegen der erreichten Ausmaße nun mittlerweile durchaus zu Recht als ***Sign Post Forest*** bezeichnet. Die Stadt stellt laufend weitere (3-4 m hohe) Pfosten auf, da der Platz für neue Schilder immer wieder knapp wird. Die erreichten

Ausmaße des Schilderwaldes sind ebenso erstaunlich wie die Vielfalt der dort zusammengekommenen »Trophäen« aus aller Herren Länder. Man kann ohne weiteres eine Stunde oder mehr mit der Besichtigung *en detail* zubringen. Wer ein ausgedientes Nummernschild oder gar einen heimatlichen Wegweiser dabei hat (die Stadtverwaltung besitzt vielleicht ausgediente Exemplare), darf sein Mitbringsel dort an einer geeignet erscheinenden freien Stelle aufhängen.

Information

Vom Schilderwald weitgehend eingeschlossen ist das Gebäude des ***Visitor Information Centre***, © (867) 536-7469, das außerdem eine interessante Ausstellung mit Video- und Dia-Show und Fotodokumenten zum Bau des *Alaska Highway* enthält (Mitte Mai-Mitte September täglich 8-20 Uhr), ➪ Seite 602; www.watsonlake.ca. Dort gibt es alle touristischen Unterlagen.

Oldtimer - ausstellung an den Sign Posts von Watson Lake

Camping

Die kommerziell geführten Campingplätze im Ort sind nicht sonderlich attraktiv. Okay ist allein das hintere Areal von ***Campground Services***, © (867) 536-7448, 130 Plätze, $15-$30.

Der weitläufige ***Watson Lake Yukon Government Campground***, (55 Plätze, $12) liegt 4 km westlich, dann 2 km Zufahrt an den See.

Government Campgrounds in Yukon

Generell kosten alle Stellplätze auf den **41 *Yukon Government Campgrounds*** $12/Nacht+Fahrzeug. Sie werden vor Ort per ***self registration*** bezahlt; eine Reservierung im voraus ist nicht möglich (www.env.gov.yk.ca/camping-parks/campgrounds).

Wohnmobil-Urlauber finden in den ***Yukon Information Centres*** eine **Liste aller *Campgrounds*** und ***Dump Stations*** in Yukon für Frischwasser und Abwässer. Die oft sehr schön gelegenen *Government Campgrounds* haben weder *Hook-ups* noch Sani-Tanks. Der Eintritt in die Parks ist frei.

Quartiere

Fast alle Hotels und Motels liegen unverfehlbar an der Hauptstraße, einige etwas abseits. *B&B* ist auch verfügbar, z.B. ***Cozy Nest Hideaway***, 1175 Campbell Hwy, © (867) 536-2204; DZ ab $65; www.yukonalaska.com/cozynest.

Laser Show

Schräg gegenüber, auf der anderen Seite des Alaska Highway, gibt es im ***Northern Lights Space and Science Centre*** ganz eindrucksvolle ***Shows*** zum Sternenhimmel und zum Thema »Nordlicht«; Mitte Mai-Mitte September täglich 13, 14, 15, 18.30, 19.30 und 20.30 Uhr, Eintritt $10 (Rabattcoupon im *Visitor Centre*); www.northernlightscentre.ca.

Weiterfahrt über den Campbell Highway?

Der *Sign Post Forest* steht an der Abzweigung des ***Campbell Highway*** (Schotter, ➪ S. 429) vom ***Alaska Highway***. Gegenüber der Kombination *Alaska/Klondike Highways* ist der Weg über Ross River/Carmacks die 40 km kürzere, aber rauhere und zeitlich aufwendigere Alternativroute nach Dawson City, ➪ Seite 429f.

George Johnston Museum in Teslin am Alaska Highway; täglich 9-16 Uhr Mitte Mai-Anfang September, Eintritt $5; www.gjmuseum.yk.net

Nach Whitehorse

Zur Route

Zwischen Watson Lake und Teslin gibt es auf einer Distanz von über 260 km auf breiter, hochgelegter Trasse trotz einiger schöner Teilabschnitte alles in allem nicht viel zu sehen und nur wenige Möglichkeiten für Zwischenstopps. Entsprechend passiert man auf dieser einsamen Passage lediglich einen kleinen Ort (**Upper Liard**), eine Mini-Siedlung (**Swift River**) und eine Handvoll Rasthäuser mit **Motel** inkl. *Campground*.

Rancheria

Etwa 120 km westlich von Watson Lake passiert man in Swift River das ***Rancheria Motel & Cafe*** (© 867-851-6456, DZ $90, auch angenehmer ***Campground***, 43 Plätze, teilweise mit Strom, $10-$20; www.rancherialodgeyukon.com) und erreicht nach weiteren 12 km den Parkplatz an den ***Rancheria Falls***. Ein **kurzer *Trail*** (ca. 500 m) führt zu den Wasserfällen. Sie sind nicht überwältigend, bieten aber eine gute Gelegenheit, sich die Beine zu vertreten.

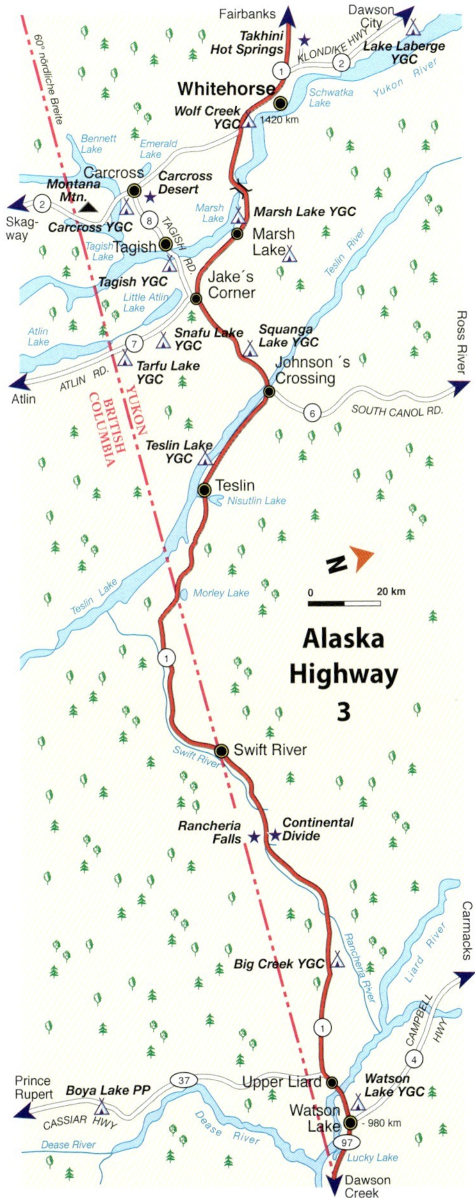

Kurz danach folgt die kontinentale Wasserscheide, der Swift River mündet über den Yukon River im Pazifik, der Rancheria River über den Mackenzie River im Nordpolarmeer.

Teslin Lake

Zwischen **Teslin** und **Johnson's Crossing** begleitet der *Alaska Highway* auf 50 km Länge den von Bergen eingerahmten **Teslin Lake**, ohne dass der Blick auf den See den Reisenden vom Hocker reißt. Zugänglich ist er mangels Abfahrten von der hochgelegten Straße nur an wenigen Stellen.

Teslin (300 Einwohner), gleich westlich der ***Nisutlin Bay Bridge***, ist die einzige Ortschaft zwischen Watson Lake und Whitehorse.

Die Siedlung der ***Tlingit*** **Indianer** könnte man getrost durchfahren. Aber im Ort präsentiert das kleine Museum eine durchaus ansehenswerte Ausstellung über den Namenspaten des Museums, *George Johnston*, und den Stamm der *Tlingit*, ➪ links.

Rund 14 km nordwestlich des Museums passiert man den ***Teslin Lake Yukon Government Campground*** (27 Stellplätze, $12) scheinbar unmittelbar am See. Dessen Stellplätze liegen aber auf einer erhöhten Landzunge ohne Ausblick und ohne direkten Zugang zum Seeufer. Dorthin gelangt man vom Campingplatz aus nur nach einer kleinen Kletterpartie.

Die ***Teslin River Bridge*** in Johnson`s Crossing, wo die Straße den See hinter sich lässt, lohnt einen Fotostopp.

Marsh Lake

Der verbleibende Streckenabschnitt an **Marsh Lake** und *Yukon River* entlang bis **Whitehorse** (ca. 80 km) bietet keine Besonderheiten mehr. Ab der Brücke über den sich zum Fluss verengenden See trägt der *Yukon River* seinen Namen. Am Wege liegt der große ***Wolf Creek Government Campground*** (41 Stellplätze, $12) ein gutes Standquartier für den Besuch in Whitehorse und Ausgangspunkt für den ***Wolf Creek Nature Trail***. Der 3 km lange Rundweg folgt dem mäandernden *Wolf Creek,* in dem im August *Chinook*-Lachse laichen. Von einem höher gelegenen Aussichtspunkt überblickt man den Lauf des Yukon.

Umweg: Tagish Road und Abstecher nach Atlin

Geschichte

Ab ***Jake's Corner*** führt die asphaltierte ***Tagish Road*** (*Yukon Highway* #8) nach **Carcross** (350 Einwohner) am *Klondike Highway*. Die Straße entstand 1942 parallel zu einer Ölpipeline im ***Canol-Projekt*** (➪ Seite 430). Während des Goldrausches kontrollierten kanadische Zöllner am Ufer des Tagish River noch einmal (➪ Seite 430: *Chilkoot Pass Trail*) die Prospektoren, die – über Lake Bennett und Tagish Lake kommend – auf dem Tagish River den Marsh Lake und damit den Yukon River als direkten Transportweg nach Dawson City erreichen wollten. Allein im Mai 1898 passierten 4.735 Boote mit 28.000 Goldsuchern den Posten.

Alternative Route?

Für ein Abfahren dieser Straße (50 km) über das Nest Tagish (Brücke über die Verbindung *Tagish* und *Marsh Lake*) spricht nichts außer 60 km Wegersparnis bei **Fahrtziel Skagway**. Eine Alternative zum *Alaska Highway* ist die Kombination *Tagish Road/Klondike Hwy* (bei zusätzlichen 50 km) nur, wenn genügend Zeit für einen Umweg zum Emerald Lake ist.

Atlin Road

Ein attraktiver Abstecher dagegen führt von *Jake's Corner* nach Atlin (ca. 90 km, davon großenteils bereits wieder in British Columbia). Die Fahrt auf der ***Atlin Road*** (*Yukon Highway #7,* zunächst Schotter, nur das südliche Drittel bis Atlin ist asphaltiert) wird belohnt mit wunderbaren Ausblicken über *Little Atlin Lake, Mount Minto* und den großen *Atlin Lake,* dem größten natürlichen See in British Columbia.

Atlin Geschichte

Atlins beneidenswerte Lage vor einem grandiosen Gebirgspanorama am See bescherte dem nordwestlichsten Städtchen von BC nach dem turbulenten Goldrausch von 1898/99 eine **frühe touristische Blüte**. Über die Bahnverbindung Skagway-Whitehorse gelangten die Reisenden von Carcross mit einem Raddampfer über den Südarm des *Tagish Lake* nach *Taku Landing,* von wo es per Dampfroß auf einer 4-km-Trasse nach *Scotia Bay* und weiter per Boot nach Atlin ging.

Von 1917 bis 1936 verkehrte auf dem letzten Teilstück dieser Strecke der Raddampfer ***SS Tarahne***, der seither (immer noch erstaunlich gut erhalten) im Ort am Seeufer liegt.

Atlin heute

Zu seinen Goldrauschzeiten zählte Atlin über 10.000 Einwohner. Heute leben nur noch knapp 400 Menschen dort. Mitten im Ort befindet sich das **Atlin Museum** mit Relikten aus der Goldgräberzeit (3rd Street; Juni bis September 10-12 Uhr und 13-16 Uhr; Eintritt $3, www.atlinvisitors.com). In der ehemaligen Schule aus dem Jahr 1902 ist Atlins ***Visitor Centre*** untergebracht, ✆ (250) 651-7522.

Umgebung von Atlin

Nach ungefähr 10 km auf der ***Discovery Road*** in Richtung Osten erreicht man die ***Ghosttown*** Discovery. Der Boden dort wurde schon zigmal um- und umgewühlt, und trotzdem sind immer noch unentwegte Prospektoren am Werk. Im selben Tal am Spruce Creek versuchen sich **Hobby-Goldwäscher** an einem öffentlich zugänglichen Claim.

Auf der ***Warm Bay Road*** kann man noch weitere 27 km am See entlang nach Süden fahren. Bei km 3 liegt der kleine städtische ***Pine Creek Campground*** (18 Stellplätze, $10) und bei km 24 sprudeln die ***Warm Springs***, lauwarme Quellen, in einen kleinen Teich.

Der Atlin Lake speist sich aus den Gletschern des Südalaska-Küstengebirges

Letzte Überlebende der Dampfschiffahrt auf dem Yukon River: restaurierte SS Klondike II

4.2.4 Whitehorse

Ortsname

Die Ortsbezeichnung geht auf die hochaufschäumende Gischt der einst gefürchteten *Miles Canyon*-Stromschnellen zurück. Sie erinnerte die Prospektoren an die wehende Mähne eines Schimmels. Heute ist diese Assoziation nicht mehr nachvollziehbar, denn die *Rapids* »ertranken« im *Schwatka Lake*, dem Stausee, der den Wasserstand im Canyon auf Dauer erhöhte.

Geschichte

An diesem größten Hindernis auf dem Weg nach Dawson City entwickelte sich 1898 die wichtigste Etappe der Goldsucher. Von dort bis zur Mündung in das Beringmeer ist der Fluss schiffbar. Die großen Raddampfer (*Sternwheeler*), wie man sie auch vom Mississippi her kennt, kamen auf diesem Weg in den hohen Norden Kanadas. Stromabwärts schafften sie die Strecke von Whitehorse nach Dawson City in 2 Tagen, für den Rückweg benötigten sie aber 4 Tage. Bereits zwei Jahre später erreichten die ersten Züge der ***White Pass & Yukon Route*** Whitehorse.

Entwicklung

Mit dem Bau des *Alaska Highway* begann die Entwicklung der Stadt zum wirtschaftlichen Zentrum des Territoriums. 10 Jahre nach Fertigstellung der Straße verlegte die Regierung – im März 1953 – ihren Sitz von Dawson City nach Whitehorse. Heute leben dort mit rund 23.600 Einwohnern 70% der Yukon-Bevölkerung.

Information

Im ***Visitor Centre*** von ***Tourism Yukon*** in *Downtown* (großer Komplex zwischen Hanson und Lambert Street und 2nd Ave) gibt es neben den üblichen Prospekten (➪ Seite 602) auch noch Multimedia-Präsentationen zum Thema *Yukon*; ✆ (867) 667-3084, www.visitwhitehorse.com; täglich Mitte Mai bis Mitte September 8-20 Uhr, sonst Mo-Fr 8.30-17 Uhr, Sa 10-14 Uhr.

Flughafen

Der ***Whitehorse International Airport*** (YXY) liegt 4 km westlich der Innenstadt, Airportzufahrt ab *Downtown* (6 min) mit der Buslinie #3 von *Whitehorse Transit* ($2,50); www.gov.yk.ca/airports/yxy.

Raddampfer

Die südliche Einfahrt vom *Alaska Highway* nach Whitehorse führt geradewegs an den Yukon River. An seinem Ufer (an der einzigen Brücke der Stadt) liegt der ***Sternwheeler SS Klondike II***. Der 1937 erbaute Raddampfer wurde mit den Maschinen des gesunkenen Vorgängers ***Klondike I*** ausgerüstet und tat bis zur Fertigstellung des *Klondike Highway* im Jahr 1955 Dienst. Seit der Restaurierung in den 1970er-Jahren ist der mit 64 m längste Yukon-Schaufelraddampfer ein Schmuckstück der Stadt. Besichtigungen Mitte Mai bis Anfang Sept täglich 9.30-17 Uhr, $6; www.pc.gc.ca/ssklondike.

MacBride Museum

Die Ausstellungen im nicht zu übersehenden Blockhausbau des ***MacBride Museum*** in der #1124 First Ave. thematisieren in erster Linie Goldrausch, Bergbautechniken und nordische Tierwelt. Die präparierten Tiere vom Adler bis zum Grizzly sind sehenswert. Mitte Mai bis August täglich 9.30-17.30, sonst Di-Sa 10-16 Uhr; Eintritt $10/$5; www.macbridemuseum.com.

Old Log Church

Die Geschichte der anglikanischen Kirche im Yukon wird im ***Old Log Church Museum*** erzählt, das in einem der ältesten Bauwerke der Stadt, einer Kirche von 1900, untergebracht ist (3rd Ave/Elliott Street). Die Ausstellung bezieht sich vornehmlich auf die Christianisierung der Ureinwohner. Mitte Mai bis Anfang September täglich 10-18 Uhr; Eintritt $6/$5; www.oldlogchurchmuseum.ca.

Frantic Follies

Eine besondere Attraktion sind – schon seit 1970 – die ***Frantic Follies*** im *Westmark Whitehorse Hotel*, eine bunte ***Vaudeville Revue*** im Stil der Jahrhundertwende. Über knapp zwei Stunden geht das rauschende Programm mit Musik, ***Can-Can Girls*** und Zauberkunststücken. Vorstellungen von Juni bis August täglich um 20.30 Uhr. Eintritt $24; Kinder $10. Reservierung unter © (867) 668-2042; www.franticfollies.com.

Mitbringsel

Als Souvenirs aus dem Yukon sind vor allem ***Native Products*** beliebt, von Indianern und Eskimos gefertigte Gebrauchsgegenstände und hübsches Kunsthandwerk. Der bekannteste und bestsortierte Laden ist der ***Indian Craft Shop***; 504 Main Street.

Ebenfalls in der Main Street (#100), in der Nähe des (stillgelegten) Bahnhofs, liegt das ***Baked – Café & Bakery***. Die Bäckerei mit Biowaren ist ein populäres Szene-Café; www.bakedcafe.ca.

Zum Miles Canyon

Den bereits eingangs erwähnten ***Miles Canyon*** erreicht man auf der gleichnamigen Straße. Am *Alaska Highway* weist etwa 4 km vor der südlichen Zufahrt nach Whitehorse ein Kamera-Piktogramm den Weg. Von Whitehorse aus gesehen zweigt die ***Miles Canyon Road*** links von der South Access Road (= Robert Service Way) ab und führt am Schwatka Lake vorbei zum Parkplatz in unmittelbarer Nähe des Canyon.

Bootstour

Am Wege befindet sich die Anlegestelle des ***MV Schwatka*** und unweit davon der Airport für Wasserflugzeuge. Das Ausflugsboot startet von dort ab Ende Mai bis Anf. Sept. zur 2-stündigen Tour durch den *Miles Canyon*. Abfahrten täglich 14 Uhr; Mitte Juni-Mitte August auch 16 Uhr, $30; www.yukonrivercruises.com.

4

An den Rand des *Miles Canyon* führt ein kurzer *Trail*. Besonders aufregend ist der Blick auf den heute stromschnellenfrei, wenn auch immer noch rasch fließenden Yukon River nicht. Eine Hängebrücke (nur Fußgänger) führt aufs andere Ufer. Von dort sind es auf zwei alternativen Wegen 2 km zur ***Chadburn Lake Road***, einer Stichstraße zum gleichnamigen See.

Am *Trail* flussaufwärts werden **Ausgrabungen** vorgenommen. Man hofft, dort Reste von ***Canyon City*** zu finden, der wichtigsten Station der Goldsucher 1898 auf ihrem Weg nach Dawson City.

»Fischleiter«

Ebenfalls am östlichen Flussufer befindet sich der ***Whitehorse Fishway*** an der Verlängerung des Nisutlin Drive im Vorort **Riverdale**: Um den Lachsen den vom Schwatka Lake Damm versperrten Weg zu den Laichgründen weiter zu ermöglichen, wurde eine der längsten Fischleitern der Welt gebaut. An ihrem verglasten Teil kann man – vor allem ab Ende Juli – hervorragend beobachten, wie die Lachse die Stufen der Leiter überwinden. Zugang täglich Juni-Anfang September 9-17 Uhr, Ende Juni-Mitte August 9-19 Uhr, frei; www.yukonenergy.ca/energy-in-yukon/our-facilities.

Museen außerhalb Downtown

Direkt am *Alaska Highway* an der Zufahrt zum Airport bewegt sich eine auf einen Sockel montierte *Douglas DC 3* mit der Windrichtung. Die »weltgrößte Wetterfahne« steht neben dem interessanten ***Yukon Transportation Museum***, 30 Electra Crescent. Alle Transportmethoden einst und jetzt – Hundeschlitten, Schaufelraddampfer, *Whitepass & Yukon Railway*, erste Flugzeuge und auch die Konstruk- tion des *Alaska Highway* – werden dort durch viele Exponate demonstriert; täglich Mitte Mai bis August 10-18 Uhr; Eintritt $10/$5; www.goytm.ca.

In unmittelbarer Nachbarschaft thematisiert eine Multimedia - show im modernen ***Yukon Beringia Interpretive Centre*** Eiszeit, Entwicklungsgeschichte, Flora und Fauna von *Beringia,* einer kontinentübergreifenden Tundra zwischen dem Nordosten Asiens und dem Nordwesten Amerikas. Sie entstand während der letzten großen Eiszeit (Höhepunkt vor rund 20.000 Jahren), als der Wasserspiegel bis zu 125 m niedriger als jetzt lag, und Alaska über eine eisfreie Landbrücke mit Sibirien verbunden war. Täglich Mai-September 9-18 Uhr; Eintritt $6/$4; www.beringia.com.

Kanutrips

Whitehorse ist ein hervorragender Ausgangspunkt für Kanufahrten. Wer es den Goldsuchern von 1898 nachtun und den Yukon River bezwingen möchte, kann **Boote *one-way* nach Dawson City** mieten; unter anderem bei ***Kanoe People*** in der 1147 First Ave, ✆ (867) 668-4899, 16 Tage, 740 km, $375; www.kanoepeople.com. Kürzere Strecken, etwa bis Carmacks, sind ebenfalls möglich: acht Tage und 320 km für $225. Das Personal der Verleihfirmen spricht überwiegend gut deutsch. Hinter dem Lake Laberge kommen auch Anfänger auf dem Yukon zügig voran, vorausgesetzt sie können im schnellen, aber hindernislosen Wasser ihr Kanu auf Kurs halten bzw. anlanden.

Unterkunft

- Unter den Hotels ist das ***Best Western Gold Rush Inn*** in der 411 Main Street, © 1-800-661-0539, DZ ab $129, besonders empfehlenswert; www.goldrushinn.com.

- Gut und nicht zu teuer speist man im ***Coast High Country Inn,*** 4051 4th Avenue, © (867) 667-4471, DZ ab $140, Nähe *SS Klondike*, deutschsprachige Karte vorhanden; wwwcoasthotels.com

Camping

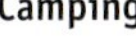

Die folgenden kommerziell betriebenen ***Campgrounds*** verfügen über *Full Hook-up*, großzügige Stellplätze mit vielen Bäumen und Auto-Waschanlage (praktisch vor der Campmobilrückgabe). Stadtnah liegen in der Nähe der Whitehorse-Südzufahrt

- ***Hi Country RV Park***, 91374 Alaska Hwy, © 1-877-458-3806, 130 Stellplätze, $22-$40, www.hicountryrvyukon.com

- ***Pioneer RV Park & Campground***, 91091 Alaska Highway, © 1-866-626-7383, 130 Stellplätze, $19-$32; © (867) 668-5944; www.pioneer-rv-park.com

- 22 km südlich der Stadt, 1 km südlich Abzweigung Klondike Hwy, am Alaska Hwy steht der ***Caribou RV Park***, © (867) 668-2961, 57 Plätze, $20-$36; www.caribou-rv-park.com unter Schweizer Leitung mit Restaurant und Kanuverleih.

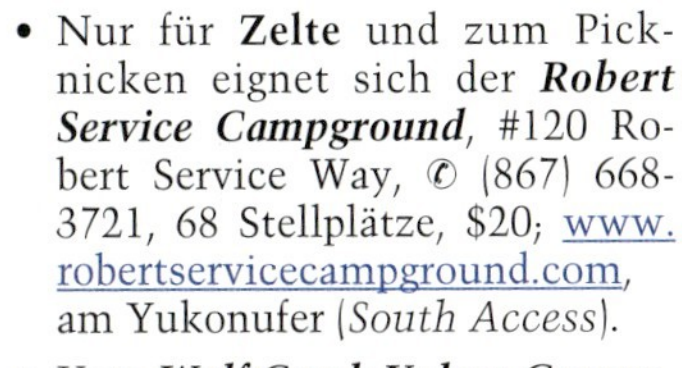

- Nur für **Zelte** und zum Picknicken eignet sich der ***Robert Service Campground***, #120 Robert Service Way, © (867) 668-3721, 68 Stellplätze, $20; www.robertservicecampground.com, am Yukonufer (*South Access*).
- Vom ***Wolf Creek Yukon Government Campground*** am *Alaska Highway* südlich Whitehorse war bereits die Rede, ➪ Seite 398.

Sehr schön ist der **Picknickplatz** am ***Chadburn Lake*** am Ende der gleichnamigen Stichstraße (über den Zugang zum *Miles Canyon* hinaus). Nur zu Fuß über eine Hängebrücke erreicht man den ***Picnic Ground*** auf ***Kishwoot Island*** im Yukon River (2nd Avenue jenseits des zweiten Bahnübergangs).

Miles Canyon: Wo sich früher die Goldsucher durch starke Strom - schnellen kämpfen mussten, paddeln heute Kanuten sogar gegen den Strom weitgehend problemlos durch die Schlucht

4.2.5 Klondike Highway nach Skagway

Verlauf

Etwa 20 km südlich der Stadt endet der im Bereich Whitehorse gemeinsame Verlauf vom *Alaska* und *Klondike Highway*. Letzterer wendet sich dort nach Süden und führt nach Skagway/ Alaska. Die 160 km zwischen *Alaska Highway* und Skagway gehören zu den schönsten Strecken im kanadischen Norden.

Ca. 10 km vor Carcross liegt westlich der Straße der für sein türkisfarben leuchtendes Wasser berühmte **Emerald Lake**. Hoch über dem See befindet sich ein kleiner Picknickplatz. Bester Standort fürs optimale Foto ist der Hügel auf der anderen Straßenseite. Kurz vor Abzweigung der *Tagish Road* passiert man die Zufahrt zur ***Carcross Desert***, ein 260 ha großes Dünengebiet.

Emerald Lake und Klondike Highway

Carcross

In der winzigen Siedlung Carcross (350 Einwohner) zwischen Lake Bennett und dem Nares Lake ist das ***Visitor Information Centre***, © (867) 821-4431, Mitte Mai bis Mitte September täglich 8-20 Uhr, im einstigen Bahnhof der *White Pass & Yukon Route*-Linie, die einzige Sehenswürdigkeit. Bei Carcross zweigt die *Tagish Road* in Richtung Jake`s Corner am *Alaska Highway* ab, ➪ Kasten Seite 398.

Am Wege

Auf den nun folgenden Kilometern – bald durch den nordwestlichsten Zipfel von British Columbia – verführen **spektakuläre Landschaftspanoramen** zum Anhalten und Fotografieren an jedem Aussichtspunkt.

Am *Windy Arm* des Tagish Lake passiert man die Ruinen ehemaliger **Gold- und Silberminen** am Montana Mountain. Einige für den Transport der Erze vorgesehenen Seilbahnen sind dort noch relativ gut erhalten.

Bei **Log Cabin** (Parkplatz am Ende des *Chilkoot Pass Trail,* ⇨ Seite 408) überquert der *Klondike Highway* die Schienen der ***White Pass & Yukon Route***, die danach am jenseitigen Ufer von Summit Lake und Skagway River parallel zur Straße verlaufen.

Bis zur Fertigstellung der Straße 1981 bildete die Schiene die einzige Verbindung über den *White Pass* zwischen Skagway/Alaska und Whitehorse. Aber bereits 1982 wurde der Linienbetrieb eingestellt (Details ⇨ Seite 408).

Grenze

Vom 130 m höher verlaufenden ***Klondike Highway*** überblickt man die Bahntrasse über den ***White Pass*** (873 m). Er markiert 23 Straßen- bzw. 32 Bahnkilometer von Skagway entfernt die Grenze Canada/USA. Der Grenzübergang **Fraser/Skagway** ist von April bis Oktober rund um die Uhr geöffnet, sonst 8-24 Uhr. Hinter dem Pass geht es in steilem Verlauf hinunter.

Skagway

Allein die Anfahrt und Skagways einzigartige Lage an ***Taiya Inlet*** des langgestreckten Fjords *Lynn Canal* und Skagway River unter hochaufragenden Bergen rechtfertigen bereits den Abstecher in die nördliche Ecke von Alaskas *Inside Passage.*

Der ***Klondike Gold Rush National Historical Park*** liefert ein weiteres gutes Motiv. Wenn die Fähre von/nach Prince Rupert oder Haines in die Reiseroute »eingebaut« wurde, führt der Weg ohnehin über Skagway; mehr dazu weiter unten.

Geschichte

Skagway und das heute nicht einmal mehr als eine »Geisterstadt« identifizierbare **Dyea** (sprich: Dei-ih) verdanken dem ***Klondike Gold Rush*** einen kurzen Höhenflug. Im Juli 1897 trafen die ersten Boote mit Goldsuchern ein, und im Oktober desselben Jahres hausten an den Ufern des Inlet 20.000 Menschen. Aber schon 1899 war das Goldfieber wieder vorüber. Die provisorische, überwiegend aus Holzverschlägen und Zelten bestehende Stadt Dyea, die zeitweise über 10.000 Einwohner beherbergt hatte, war schon 1903 fast menschenleer und verkam zur ***Ghost Town***. Skagway erging es kaum besser, aber immerhin blieb der Ort erhalten. Erst mit der Straßenanbindung und der Gründung des *Klondike Gold Rush National Historical Park begann* ein kontinuierlicher Aufschwung. Heute zählt Skagway rund 900 Einwohner, und tagsüber – wenn die riesigen Kreuzfahrtschiffe anlegen – ein Vielfaches davon an Passagieren auf Landgang.

Nostalgische Ausflugsbusse und die White Pass & Yukon Route Railroad warten auf Passagiere von den Kreuzfahrtschiffen

National Historic Park

Für die Erhaltung der historischen Stätten wurde in den letzten Jahren viel getan. Die meisten Gebäude an der Hauptstraße ***Broadway***, die mit ihrem New Yorker Namensvorbild nichts gemein hat, stehen heute als Bestandteile des ***Klondike Gold Rush Nat'l Historical Park*** unter Denkmalschutz. Sie wurden restauriert oder erhielten neue Vorderfronten im alten Stil.

Der ehemalige Bahnhof der ***White Pass & Yukon Route*** dient auch hier als ***Visitor Centre***, 245 Broadway. Eine Ausstellung, Dia-Shows und Filme zum Thema Goldrausch vermitteln einen plastischen Eindruck vom Chaos und Entbehrungen an Skagways Gestaden und auf dem beschwerlichen Weg nach Dawson City; Mai-September täglich 8-18 Uhr, sonst 8-17 Uhr.

Boomtown Skagway

Während in Canada die ***North West Mounted Police*** für Ordnung sorgte, war Alaska damals ein rechtsfreier Raum. So konnte etwa ein *Jefferson Randolph »Soapy« Smith* Skagway ungestraft drangsalieren, z.B. brachte er Neuankömmlinge mit gefälschten Telegrammen dazu, ihren Familien Dollarbeträge zu überweisen, die nie ankamen, sondern in seinen Taschen landeten. *Soapys* »Herrschaft« fand im Sommer 1898 ein jähes Ende, als er in einem Pistolenduell gegen einen *Frank Reid* unterlag. Die Gräber der beiden sind auf dem ***Gold Rush Cemetery*** zu besichtigen.

Tägliche Show

Sie hätten sich nicht träumen lassen, dass ihr zum ***Historical Shoot-out*** hochstilisierter Schusswechsel eines Tages Höhepunkt einer einstündigen ***The Days of '98 Show with Soapy Smith*** werden würde, die von Mai bis September täglich zwei bis vier Mal in der *Eagle`s Hall* (6th Ave/Broadway) stattfindet. Die seit 1925 ohne Pause am längsten laufende Show in ganz Nordamerika erfreut sich immer noch Beliebtheit und ist – im USA-Alaska-Rahmen – ihre US$20 (abends 22$) Eintritt wert; www.thedaysof98show.com.

Unterkunft

Skagway verfügt über eine Handvoll **Hotels/Motels** und ***Bed & Breakfast Places***, bis auf das große ***Westmark Inn*** (3rd Ave/Spring St, DZ $109; www.westmarkhotels.com/skagway) alles kleine und kleinste Häuser. Unter $80-$100 ist im Sommer so gut wie nichts zu machen.

- Stilvoll übernachtet man im ***Skagway Inn***, Broadway Street/ 7th Ave, © 1-888-752-4929, DZ $129; www.skagwayinn.com, in einem viktorianischen Bau von 1897.

- Etwas billiger ist die ***Sgt. Preston's Lodge***, ein Motel an der #370/6th Avenue, © 1-866-983-2521, 40 Zimmer, DZ $100; http://sgtprestons.eskagway.com.

Camping

Direkt neben dem Anleger der **Alaska Marine Highway-Fähren** befindet sich – ohne Reiz, aber in günstiger Lage – der ***Pullen Creek RV Park*** mit allem üblichen Komfort. Der Platz ist oft ausgebucht; man reserviert besser langfristig: © 1-800-936-3731, $25-$38; www.pullencreekrv.com. Die anderen ***RV-Parks*** des Ortes sind (noch) weniger attraktiv und alle eng.

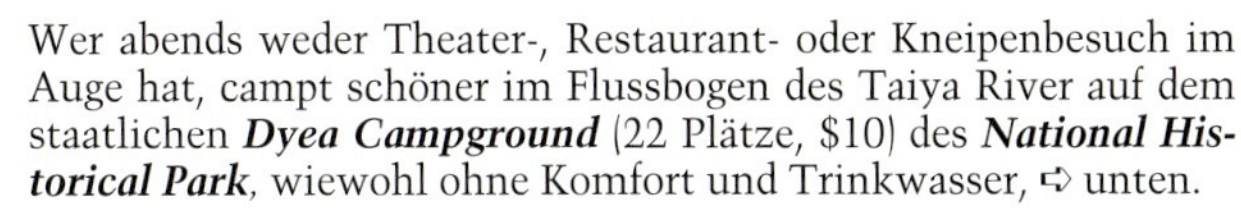

Wer abends weder Theater-, Restaurant- oder Kneipenbesuch im Auge hat, campt schöner im Flussbogen des Taiya River auf dem staatlichen ***Dyea Campground*** (22 Plätze, $10) des ***National Historical Park***, wiewohl ohne Komfort und Trinkwasser, ⇨ unten.

Dyea

Nach Dyea führt die gleichnamige *Road*. Sie zweigt 4 km nördlich von Skagway auf der Westseite der Brücke über den Skagway River vom *Klondike Highway* ab und ist nur anfangs asphaltiert, danach gut gepflegter *Gravel*. Nach etwa 2 km passiert man einen **Aussichtspunkt** mit Blick auf Skagway, übers Inlet und die schneebedeckten Gipfel der Umgebung. Vom Straßenbeginn bis zum sehr schön gelegenen *Dyea Campground* im Wäldchen am Taiya River ganz in der Nähe des Startpunkts des legendären ***Chilkoot Pass Trail*** sind es 11 km.

Vom früheren Ort Dyea (⇨ oben) blieben nur noch einige faulige Pfähle der seinerzeit weit in das flache Wasser der Bucht reichenden Landungsbrücken übrig.

Chilkoot Pass Trail

Der steile Pfad über den *Chilkoot Pass* (1.070 m) stand 1897/98 für die meisten Ankömmlinge am Beginn ihres Weges zu den Klondike-Goldfeldern, die ab dem *Lake Bennett* auf dem Wasserweg erreicht werden konnten. Wer zum Sommeranfang, wenn der Boden langsam auftaute, am Ziel sein wollte, musste den schroffen Pass im Winter erklimmen, am Seeufer beim Bootsbau mitmachen (oder sogar in Einzelteile zerlegte Boote über den Pass schleppen) und nach dem Aufbrechen des Eises in Richtung *Yukon River* ablegen. Ein Unternehmen von gnadenloser Härte.

Ab Februar 1898 kontrollierten jenseits der Passhöhe kanadische Grenzer, ob jeder den geforderten Einjahres-Vorrat mitbrachte. Die legendäre *Ton of Goods* bestand aus ca. 520 kg Lebensmitteln und 180 kg an Ausrüstungsgegenständen und Kleidung. Packtiere kamen wegen der kolossalen Steigung nicht in Frage; die Prospektoren selbst mussten den Transport übernehmen. Die Bilder der endlosen Menschenkolonne auf dem verschneiten Pfad hinauf zum *Chilkoot Pass* sind berühmt geworden. Wer einmal aus der Schlange ausscherte, musste oft lange warten, um sich erneut einreihen zu können. Den Rückweg machten sich viele einfacher und rutschten auf dem Hosenboden hin.

Wer angesichts der Sisyphus-Arbeit nicht bereits vorher aufgab, benötigte gut und gerne drei Monate, bis er seine Ausrüstung Stück für Stück zum 53 km entfernten *Lake Bennett* verbracht hatte. Insgesamt kamen ohne weiteres 2.000 km Fußmarsch in Eis und Kälte zusammen, die Hälfte davon mit schwerem Gepäck. Dennoch überstanden im Winter und Frühjahr 1897/98 über 30.000 Männer und einige Frauen diese Tortur. Die Wälder rund um den Lake Bennett wurden abgeholzt, um Boote und Flöße zu bauen, die im Mai in Richtung Klondike aufbrachen. Manches Boot kenterte zwar, aber die Mehrheit erreichte letztlich Dawson City.

Heute werden der ***Klondike Gold Rush National Historical Park*** auf US-Seite und der ***Chilkoot Trail National Historic Site*** auf kanadischer Seite von *Parks*

Canada und vom *US National Park Service* gemeinsam verwaltet. Schutzhütten zum Kochen sind vorhanden (keine Übernachtung!). Wer es den *1898er-Stampeders* gleichtun möchte, erhält im *Visitor Center* in Skagway alle Informationen und die genaue Karte. Für die Trailnutzung ist ein ***Permit*** erforderlich. Es kostet – jeweils in can$ – $16 US-Seite, $34 kanadische Seite, $50 Combined Permit – und kann unter © 1-800-661-0486 (+$12 Reservierungsgebühr) reserviert werden. Da maximal nur 50 Personen pro Tag zugelassen werden, sollte man sich um Termine im Hochsommer frühzeitig kümmern. Information gibt es im Internet unter www.nps.gov/klgo und www.pc.gc.ca/chilkoot.

Der **Zeitbedarf** für den *Trail* beträgt mindestens 3 Tage. Zusätzlich müssen zur Distanz Dyea-Lake Bennett noch 15 Straßenkilometer ab Skagway zum *Trailhead* und weitere 11 km vom See bis zum *Klondike Highway* (*Log Cabin*) gerechnet werden. Die Rückfahrt Lake Bennett-Skagway kostet mit der Eisenbahn US$95 (nur Di, Fr). Man muss bei der Vorbereitung bedenken, dass 13 km des *Trails* oberhalb der Baumgrenze verlaufen und die Wetterbedingungen ausgesprochen widrig sein können. Auf der Passhöhe hält sich der Schnee gewöhnlich bis lange in den Hochsommer hinein.

Am *Chilkoot Pass* überquert man die USA/Canada-Grenze, also **Reisepass** mitnehmen (⇨ Seite 40ff).

White Pass

Eine **Alternative zum *Chilkoot Trail*** war der längere Weg über den etwas niedrigeren *White Pass* (873 m), über den auch Pferde und Maulesel eingesetzt werden konnten. Über 3.000 der Transporttiere sollen dabei verendet sein. Bedeutung gewann die *White Pass*-Route erst 1900 mit der Inbetriebnahme der Eisenbahn nach Whitehorse. Aber da war der Goldrausch schon fast wieder vorbei.

Nostalgische Railroad

Gleichwohl kam die ***White Pass & Yukon Route*** dank des Transportmonopols zwischen dem Hafen Skagway und der Region Yukon auch ohne die ihr ursprünglich zugedachten Aufgaben über die Runden und wurde mit ihrer reizvollen Trassenführung zur Touristenattraktion.

Mit der Eröffnung des *Klondike Highway* 1981 wurde der Betrieb jedoch unwirtschaftlich und im Folgejahr eingestellt. Seit 1988 befördert der nostalgische Zug ausschließlich Touristen, vor allem Kreuzfahrer auf Landgang, und fährt täglich Mai-Sept. 8.15 und 12.45 Uhr von Skagway zum *White Pass* (33 km). **Hin- und Rückfahrt** dauert mit Stopover **3 Stunden** und kostet stolze US$120/$60. Eine Fahrt nach Whitehorse – Mi, Do, Sa 7.30 Uhr; mit der Bahn nach Carcross, von dort weiter mit dem Bus – ist ebenfalls möglich für US$185/$83. Zum *White Pass* fährt auch eine Dampflokomotive (sonst Diesel): Mo, Do, Fr um 12 Uhr, $159/$80; www.wpyr.com.

Nach Haines

Skagway ist wie Haines Zielhafen der **Fährschiffe** des *Alaska Marine Highway*. Fähranleger und *Terminal* mit Ticketschalter sind nicht zu verfehlen (Verlängerung des Broadway).

Water Taxi/ Fast Ferry

Während man für die Passage nach Prince Rupert mit Auto unbedingt eine Reservierung benötigt, stehen für die **Überfahrt nach Haines** die Chancen auch mit Fahrzeug ohne Vorausbuchung gut. Die knapp einstündige Überfahrt ist relativ preiswert (➪ Tabelle Seite 490). Die Entfernung nach Haines beträgt auf dem Wasser nur 22 km, auf dem Landweg dagegen 580 km.

Passagiere ohne Auto brauchen nicht auf das Fährschiff zu warten. Die Konkurrenz heißt ***Fast Ferry*** und fährt in 45 min bis zu 7x täglich beide Richtungen; US$68 retour, einfach US$34, ✆ 1-888-766-2103; www.hainesskagwayfastferry.com.

4.2.5 Haines und der Dalton Trail (Haines Highway)

Haines

Haines (1.800 Einwohner) wird von weit weniger Kreuzfahrtschiffen angesteuert als Skagway. Der verschlafene Ort liegt auf einer weit in den Lynn Canal hineinreichenden Landzunge zwischen ***Chilkat*** (im Westen) und ***Chilkoot Inlet*** (im Osten). Haines` Lage zwischen schnee- und gletscherbedeckten Gipfeln und Meer und dazu rundherum unberührter Natur ist kaum zu überbieten. Auf keinen Fall auslassen darf man eine Fahrt auf der ***Mud Bay Road*** mit fantastischen Aussichten auf Berge und Gletscher.

Der ***Terminal*** der *Alaska Ferries* liegt etwa 7 km nördlich des Ortes am *Lutak Inlet* (Nordwestzipfel des *Chilkoot Inlet*). Wer zunächst einmal einen Campingplatz sucht, wendet sich weiter stadtauswärts am *Chilkoot Inlet* entlang zum großzügig angelegten ***Chilkoot Lake State Recreation Site*** (Lutak Road, ca. 9 km, 80 Stellplätze, $10) am gleichnamigen See ausgangs des *Lutak Inlet.*

Information

Das ***Haines Visitors Bureau*** befindet sich in der #122 2nd Ave: 1-800-458-3579; www.haines.ak.us

Unterkunft

Haines besitzt eine Reihe **Hotels**, **Motels** und ***Bed & Breakfast Places*** und mehrere kommerzielle ***RV-Parks***. Zu empfehlen:

- ***Hälsingland Hotel*** in den einstigen Offiziersquartieren des Fort Seward, 60 DZ ab $109, mit ausgezeichnetem Restaurant, ✆ 1-800-542-6363; www.hotelhalsingland.com
- Preiswert ist ***Bear Creek Cabins & Hostel***, ✆ (907) 766-2259, $20/Bett; DZ $68; www.bearcreekcabinsalaska.com.
- Lesertipp: ***The Cliffhanger Bed & Breakfast***, in schöner Lage ca. 3 km von Haines entfernt am Berghang; vom Whirlpool aus toller Panoramablick auf das *Chilkat Inlet*, 2 DZ $209, ✆ (907) 314-0099, www.cliffhangerbnb.com.
- ***Fort William H. Seward Bed and Breakfast Inn***, House No. 1, Fort Seward Drive, in diesem zweistöckigen viktorianischen Haus wohnte von 1902-1904 der Kommandeur von Fort Seward, 7 DZ ab $ 119, ✆ 1-877-615-6676, www.fortsewardalaska.com.

Der ***Chilkat State Park Campground*** ($10) an der Mud Bay Road, 11 km südlich von Haines, liegt in exzellenter Lage. Ein kleiner **Platz nur für Zelte** befindet sich am Wasser 2 km südöstlich vom Ort: ***Portage Cove State Recreation Site*** ($5) an der Beach Road.

Haines ist idealer Ausgangspunkt für **Flüge in den *Glacier Bay National Park***, z.B. mit ***Mountain Flying Service***, © (907) 766-3007; ab $159 (60 min.), $75 Aufpreis Gletscherlandung; das ***Haines Airfield*** liegt westlich am Haines Highway; www.flyglacierbay.com.

Sehenswürdigkeiten

Außer einigen mäßig interessanten historischen Gebäuden gibt es in »*Downtown*« Haines nicht allzuviel zu sehen. Als Sehenswürdigkeit gilt in erster Linie das 1904 erbaute ***Fort Seward***, der erste dauerhafte Armeeposten der USA in Alaska, heute u.a. mit Hotel, *B&B* und *Campground*. Das ehemalige Hospital im Fort beherbergt eine Werkstatt indianischer Holzschnitzer, ***Alaska Indian Arts***, Mo-Fr 9-17 Uhr, frei; www.alaskaindianarts.com.

Sheldon Museum

Das ***Sheldon Museum and Cultural Center*** befindet sich in der # 11 Main Street. Gezeigt werden **Kunsthandwerk** der *Tlingit*-Indianer, Dokumente, Karten und Objekte zur lokalen Siedlungsgeschichte und ein Film über die **Weißkopfseeadler** der *Bald Eagle Preserve*. Mitte Mai bis Mitte September, Mo-Fr 10-17 Uhr, Sa+So 13-16 Uhr; $5; www.sheldonmuseum.org.

Naturkunde-Museum

Wenig weiter steht dann auch das ***Natural History Museum*** der *American Bald Eagle Foundation*, 113 Haines Highway. Das Naturkundemuseum zeigt 200 schöne Dioramen zu Tieren aus der Region; im Sommer Mo-Sa 9-17 Uhr, sonst Mo-Fr 10-14 Uhr, frei; www.baldeagles.org.

Ende Juli findet in Haines der 4-tägige ***Southeast Alaska State Fair*** statt: Jahrmarkt, Ausstellung und Musik; www.seakfair.org.

Mud Bay

Südlich der Stadt schließt sich die 18 km lange schmale Chilkat Peninsula an. Die ***Mud Bay Road*** dorthin (zu Anfang asphaltiert) am langen Fjord ***Chilkat Inlet*** entlang sollte auch abfahren, wer nicht beabsichtigt, im *Chilkat State Park* auf dessen wildromantischen Platz im Wald zu campen (dorthin ca. 11 km). Am Wege passiert man den Startpunkt des empfehlenswerten ***Mount Riley Trail*** (kürzeste Route über den Westeinstieg: 4,5 km bis auf 536 m Höhe), von dem man noch sagenhaftere Blicke genießt als bereits von der Straße aus. Nahe des Ortszentrums ab der Beach Road beginnt der ***Haines Battery Point Trail***. Der schöne ebene Weg (2 km) zu einer einsamen Landspitze am *Chilkoot Inlet* führt auch am Ostzustieg des *Mount Riley Trail* vorbei.

Dalton Trail

Die Straße von Haines nach Nordwesten folgt dem Verlauf des alten ***Dalton Trail***, der während des Goldrausches einen alternativen Weg nach Dawson City bot. Ein *Frank Dalton* hatte schon 1890 das erste Teilstück angelegt, später Handelsposten errichtet und sich damit eine Goldgrube geschaffen. Hohe Wegzölle für die Benutzer seiner Straße produzierten mehr Gewinn als die meisten *Claims* der Goldfelder. Aber bereits 1900 verlor der *Dalton Trail* mit der Fertigstellung der Eisenbahn von Skagway nach Whitehorse seine Bedeutung. Erst im Zweiten Weltkrieg baute die US-Armee den *Trail* als strategisch wichtige Verbindung von der Küste zum *Alaska Highway* aus.

Heute ist die grandios geführte, vollständig asphaltierte Straße rund ums Jahr befahrbar, wenngleich Schneefälle die Fahrt noch bis in den Mai und ab September behindern können. Speziell der 75 km lange Mittelabschnitt in British Columbia um den ***Chilkat Pass*** (1.065 m) fasziniert durch sein herrliches Panorama über eine weite baumlose Hochebene.

Auf dem über 240 km langen *Haines Highway* gibt es nur am *33 Mile Roadhouse* eine **Tankstelle**; www.33mileroadhouse.com.

Seeadler

Die Weißkopf-Seeadler sind im Gebiet der ***Alaska Chilkat Bald Eagle Preserve*** im Mündungsbereich des Chilkat River kaum zu übersehen. Zwischen km 30 und km 40 des *Haines Highway* am Fluss entlang lassen sich die mächtigen Vögel gut beobachten.

Die beste Zeit für **Adlerbeobachtungen** ist zwar die »touristenarme« Zeit von Oktober bis Februar, aber schon Ende August beginnt der Lachsauftrieb in Flüssen und Bächen, ein gefundenes Fressen für die ***Bald Eagles***.

Ein kleiner **Einfach-Campingplatz** (5 Plätze, $10) im Adlergebiet (Westende des ***Mosquito Lake State Recreation Site***) liegt am Mosquito Lake (ca. 4 km Zufahrt).

Grenze

Mit der Grenzüberschreitung wechselt die **Zeitzone**, statt *Alaska Time* gilt *Pacific Time* (eine Stunde später). Die Grenzstation **Pleasant Camp/Dalton Cache** ist ganzjährig 8-24 Uhr (*Pacific*) geöffnet.

Haines Road

Am Wege gibt es mehrere schön gelegene Campingplätze und einige reizvolle Wanderwege. Nicht auslassen sollte man den kurzen Weg (800 m) zu den ***Million Dollar Falls*** am gleichnamigen *Yukon Government* ***Campground*** (33 Stellplätze, $12, 89 km südlich Haines Junction). Empfehlenswert ist auch die Kurzwanderung ***Rock Glacier Trail*** (30 min) 7 km nördlich des *Dezadeash Lake Yukon Government Campground* (20 Plätze, $12).

Wenig weiter nördlich passiert die Straße den ***Campground*** am **Kathleen Lake** (39 Plätze, $16) – der einzige mit Auto zugängliche Campingplatz des ***Kluane National Park*** (sprich Klu-ah-nie). Am Seeufer entlang läuft der ***Kokanee-Trail***, ein Holzplankenweg (0,5 km).

Beginn der Haines Road kurz außerhalb des Ortes

4.2.7 Von Whitehorse nach Dawson City über Haines Junction und Tetlin Junction/Alaska

Zur Strecke

Wer dem Umweg über die »Superroute« Skagway/Haines nicht folgt, erreicht Haines Junction auf dem *Alaska Highway*. Dieses ab Whitehorse etwa 160 km lange Teilstück ist zunächst nicht aufregend und bis auf das Indianerdorf *Champagne* auf halbem Wege unbesiedelt. Nach etwa 15 km zweigt der ***Klondike Highway*** nach Dawson City ab. Ein **Abstecher** vom *Alaska Highway* könnte den ***Takhini Hot Springs*** gelten.

Hot Springs

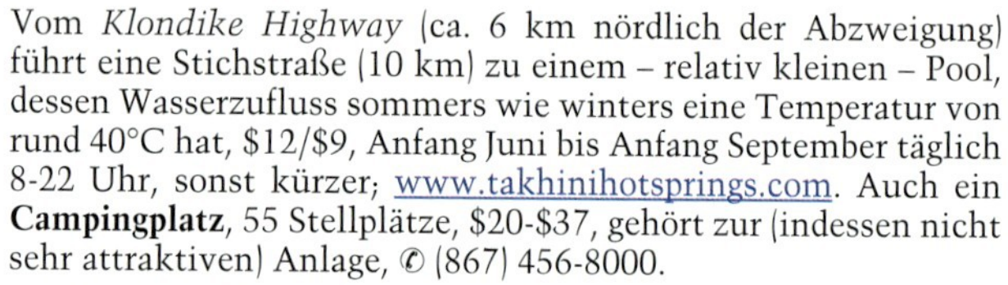

Vom *Klondike Highway* (ca. 6 km nördlich der Abzweigung) führt eine Stichstraße (10 km) zu einem – relativ kleinen – Pool, dessen Wasserzufluss sommers wie winters eine Temperatur von rund 40°C hat, $12/$9, Anfang Juni bis Anfang September täglich 8-22 Uhr, sonst kürzer; www.takhinihotsprings.com. Auch ein **Campingplatz**, 55 Stellplätze, $20-$37, gehört zur (indessen nicht sehr attraktiven) Anlage, © (867) 456-8000.

St. Elias Mountains

Erst kurz vor Haines Junction wird die Landschaft reizvoller. Die Straße führt schnurgerade auf die ***St. Elias Mountains*** mit den höchsten Bergen Canadas zu. Bei klarem Wetter sieht man die schneebedeckten Gipfel des *Mount Kennedy* (4.235 m) und *Mount Hubbard* (4.577 m). Mit Blick auf diese Bergriesen übernachtet man auf dem ***Pine Lake Yukon Government Campground*** (42 Plätze, $12, 5 km Wanderweg bis Haines Junction).

Haines Junction

Haines Junction (600 Einwohner; www.hainesjunctionyukon.com) am Straßendreieck *Alaska/ Haines Highway* besteht im wesentlichen aus Motels, *RV-Campgrounds*, Tankstellen und Läden an der Hauptstraße: ***The Raven Hotel***, deutsche Leitung, ab $145, guter Standard, © (867) 634-2500; www.ravenhotelyukon.com.

Kluane National Park

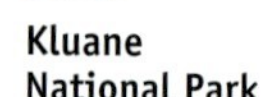

Ausstellungen und Filme im hervorragenden ***Visitor Center*** des ***Kluane National Park*** 300 m östlich der Kreuzung *Alaska Highway/Haines Road* sollte man sich nicht entgehen lassen, zugleich ***Yukon Visitor Information Centre***: Mitte Mai-Mitte September täglich 8-20 Uhr, © (867) 634-2345. Sie zeigen unerschlossene Gebiete und die Tierwelt des Riesenparks (21.980 km^2), dessen dünnes **Wanderwegenetz** sich im wesentlichen auf dessen Randzonen beschränkt.

Der weitgehend unberührte ***Kluane National Park*** und seine geographische Fortsetzung, der ***Wrangell St. Elias National Park*** auf Alaska-Territorium, bilden als besonders schützenswerte Landschaft einen ***World Heritage Site*** der UNESCO.

Information

Kluane National Park
Haines Junction, © (867) 634-7207;
www.pc.gc.ca/kluane

Kluane Lake

Der Streckenabschnitt durch die Nordausläufer der *St. Elias Mountains* von Haines Junction bis hinter den Kluane Lake (Burwash Landing) gehört zu den schönsten des *Alaska Highway*.

Am ***Boutillier Summit*** (Passhöhe, mit 1.004 m höchster Punkt zwischen Whitehorse und Fairbanks), überblickt man erstmalig den mit 400 km² größten See des Yukon Territory. Rund 1 km westlich zweigt eine Schotterstraße (5 km) zur Geisterstadt **Silver City** am Südostufer des Kluane Lake ab. Die Handvoll verfallener Blockhäuser der ***Ghost Town*** waren prima Fotomotive. Ausgeschildert ist das am benachbarten Seeufer gelegene ***Kluane Bed and Breakfast***, 6 Cabins ab $100, © (867) 841-4250, www.kluanecabins.com.

Am Südende des Sees befindet sich das ***Tachäl Dhäl (Sheep Mountain) Visitor Centre*** des *Kluane National Park*. Von dort aus sind oft ***Dallschafe*** zu sehen. Sie ziehen sich im Hochsommer aber meistens etwas zurück.

Der schönste Wanderweg ist hier passenderweise der ***Sheep Creek Trail*** (5 km, 400 Höhenmeter). Er beginnt 3 km vom *Visitor Centre* entfernt und endet an einem tollen Aussichtspunkt etwas oberhalb der Baumgrenze.

Nur wenig nördlich passiert der *Alaska Highway* den ***Soldier's Summit***, wo die Straße am 20. November 1942 offiziell eröffnet wurde. Ein kurzer Fußweg führt vom Parkplatz zur alten Trasse hinauf.

Noch 15 km weiter sind es bis zum gut angelegten ***Congdon Creek Yukon Government Campground*** (81 Stellplätze, $12) mit Plätzen am Ufer des Kluane Lake oder im Wald.

Der ***Mount Logan*** (5.959 m), höchster Berg Canadas, ist leider von der Straße aus nicht sichtbar. Nur auf teuren ***Flightseeing Trips*** gelangen Touristen in die Nähe des Gipfels. In Haines Junction kann man **Flüge über die *St. Elias Mountains*** buchen.

Kluane Lake

Wer See und Umgebung länger genießen möchte, findet im ***Talbot Arm Motel*** in **Destruction Bay** eine ordentliche Unterkunft, © (867) 841-4461, DZ $103; www.talbotarm.com.

In **Burwash Landing** steht neben der angeblich **weltgrößten Goldwaschpfanne** (➪ dazu Seite 345) das ***Kluane Museum of Natural History*** zur Tierwelt im *Kluane Park*; Mitte Mai bis Mitte September täglich 9-18.30 Uhr, $4; www.yukonmuseums.ca.

Burwash Landing ist ein Nest am Kluane Lake mit nur ca. 70 Einwohnern. Da im Anschluss an den Klondike dort 1904 der von der Außenwelt kaum bemerkte Kluane Goldrausch stattfand, gab es einen guten Grund zur Aufstellung dieser über-dimensionalen Goldwasch-pfanne, die den einen oder anderen zusätzlichen Touristen auf dem Alaska Highway stoppen lässt und ein paar Dollar ins Dorf bringt

Die Fahrt wird nun etwas eintöniger. Kurz hinter der *Koidern River*-Brücke passiert man den schön gelegenen ***Lake Creek Campground*** ca. 90 km nördlich von Burwash Landing ($12, 27 Plätze).

Beaver Creek

Im winzigen **Beaver Creek**, 100 Einwohner, 34 km südlich der Grenze, gibt es ein letztes Mal auf kanadischer Seite Motel, Tankstellen und – im ***Visitor Information Centre*** – eine Wildblumen-Ausstellung, täglich 8-20 Uhr Mitte Mai-Mitte September.

Grenze Canada/ Alaska

1983 wurde die kanadische Grenzstation aus **Beaver Creek** heraus ein Stück nach Norden verlegt. Hinter dem Kontrollpunkt geht es auf kurviger Strecke zum 30 km entfernten, ganzjährig rund um die Uhr geöffneten **Grenzübergang Alcan/Beaver Creek**. Dort fällt eine mächtige, schnurgerade durch den Wald geschlagene **Schneise** ins Auge. Sie verläuft auf über 1.000 km Länge genau auf dem 141. Längengrad und markiert vom ***Demarcation Point*** am Nordpolarmeer südwärts bis zum *Mount St. Elias* im gleichnamigen Gebirge die Grenze zwischen Canada und Alaska. Die erst vor kaum mehr als hundert Jahren 1908 fixierte Grenzlinie wurde ab 1925 mit einem 6 m breiten Korridor markiert.

Tetlin Wildlife Refuge

Jenseits der Grenze liegt das ***Tetlin National Wildlife Refuge***, http://tetlin.fws.gov. Der seenreiche Lebensraum für zahlreiche Wasservogelarten erstreckt sich südwestlich des *Alaska Highway* auf einer Länge von über 100 km. Dort vereinigen sich Nabesna und Chisana River zum Tanana River, die Straße verläuft bis nach Fairbanks parallel dazu. 12 km hinter der Grenze befindet sich das ***Visitor Center*** in einem Blockhaus; danach passiert man die ***Campgrounds Deadman Lake*** und ***Lakeview*** (beide kostenfrei; 15 und 11 Plätze).

Alternative zum Alaska Highway

In **Tetlin Junction**, 130 km nördlich der Grenze, beginnt (bzw. endet) eine reizvolle **Alternativstrecke zum *Alaska Highway*** über *Taylor*, *Top of the World* und *Klondike Hwy* nach Whitehorse (➪ Seiten 378f).

Taylor Highway

Der auf den ersten 105 km von Tetlin Junction bis Chicken asphaltierte *Taylor Highway* ist nur noch auf dem 50 km langen Teilstück bis Jack Wade Junction (und der Weiterführung bis Eagle, Alaska, ➪ Seite 417) eine rumpelige Schotterpiste. Daher verwundert nicht, dass sich die Strecke von Tetlin Junction nach Dawson City in beiden Richtungen zu einer populären **Touristen-route** entwickelt hat, auf der heute sogar mehr Campmobile als andere Fahrzeuge unterwegs sind.

Bis Jack Wade Junction gibt es zwar auch einzelne attraktive Abschnitte, aber für Zwischenstopps auf dem *Taylor Hwy* kommen nur ***Downtown (!)* Chicken** (von der Hauptstraße rechts, dann 300 m weiter: dort stehen noch drei Häuser aus der Goldrausch-zeit, heute Shop, Cafeteria und – na klar! – *Saloon;* www.chickenalaska.com) und ca. 30 km weiter die ***Jack Wade Dredge*** in Frage.

Der riesige **Eimerketten-Schwimmbagger** zum Goldwaschen gleich neben der Straße am ***Wade Creek*** ist zwar wie ähnliche Maschinen in Dawson City oder bei Fairbanks längst stillgelegt und »gammelt« vor sich hin, bildet aber ein gutes Fotomotiv.

Top of the World Highway

Jack Wade Junction und Dawson City verbindet der ***Top of the World Highway*** (127 km, davon 20 km rauhe Schotterstraße auf US-, weitgehend asphaltiert auf kanadischer Seite – aber häufig Frostschäden). Ihre Bezeichnung erhielt die Straße wegen der eindrucksvollen Streckenführung entlang einer Kammlinie mit weiten Ausblicken über die Unendlichkeit des menschenleeren Landes. Auf kanadischer Seite steht eine kleine Hütte mit Grassodendach als einziges (längst verlassenes) Gebäude.

Der trostlos einsame **Grenzübergang Little Gold Creek/Poker Creek** ist nur von Mai bis September besetzt (8-20 Uhr Alaskazeit, d.h. 9-21 Uhr *Pacific Time)*, davor/danach gesperrt.

Einen besonders schönen **Panoramablick** hat man vom *Top of the World Highway* noch oberhalb der Baumgrenze kurz vor ihrem Abstieg hinunter nach Dawson City. Sehr gut zu überblicken ist auf diesem letzten Teilstück von einigen Punkten der Zusammenfluss von Klondike und Yukon River.

Yukon-Fähre

Dawson City liegt am Ostufer des Yukon River. Die kostenlose *George Black Ferry* verkehrt von Mitte Mai bis Oktober Tag und Nacht (bedarfsabhängig; Dauer 7 min); www.511yukon.ca.

Camping

Diesseits des Flusses liegt der große ***Yukon River Government Campground*** mit vielen Stellplätzen (von insgesamt 98 zum Einheitstarif von $12) in schöner Lage über dem Ufer des Yukon River (Einfahrt in unmittelbarer Nähe der Fähre).

Historische Raddampfer

Hinter dem Campingplatz stromabwärts verrotten fünf einst mächtige *Riverboats* im ***Sternwheeler Graveyard***. Die Wracks sind heute – nicht zuletzt wegen der zahlreichen Besucher, die den morschen Planken zusetzten – im wesentlichen nur noch Trümmerhaufen, aber dennoch ein ganz interessantes Ziel für einen Spaziergang (ca. 300 m) am steinigen Strand des Yukon River entlang.

Abstecher nach Eagle

Abseits der gängigen Touristenpfade liegt das letzte Teilstück des *Taylor Highway* von Jack Wade Junction bis zum pittoresken Eagle. Die attraktive kurvenreiche Fahrt (über 100 km, mindestens zwei Stunden) führt zunächst steil in Haarnadelkurven hinab in das Tal des Fortymile River und danach hinauf in baumlose Höhen, ein lohnenswerter Tagestrip.

Eagle (www.eaglehistoricalsociety.com) ist ein verschlafenes, gerade mal 90 Einwohner zählendes Nest, das seine Blüte zur Goldrauschzeit Ausgang des 19. Jahrhunderts erlebte. Das weiße Gebäude des ***Visitor Center*** der ***Yukon-Charley Rivers National Preserve*** (Naturschutzgebiet; © (907) 547-2233, www.nps.gov/yuch) vor dem 300 m steil aus dem Yukon River aufragenden dunklen *Eagle Bluff* ist ein beliebtes Fotomotiv und der Berg selber ein guter Aussichtspunkt.

Zweistündige Führungen (täglich um 9 und 13 Uhr, $7) durch den historischen »Ortskern«, während der viele Geschichten erzählt werden, aber wenig zu sehen ist, starten am *Courthouse*, dem ersten Gerichtsgebäude im Inland Alaskas.

Ein einfacher ***BLM-Campground*** (18 Stellplätze, $10) in schöner Lage ca. 1 km westlich des Ortes und 700 m von den fünf restaurierten Gebäuden des ***Fort Egbert*** entfernt eignet sich gut für eine Nacht in Eagle.

4.2.8 Dawson City

Geschichte

Am 17. August 1896 stießen ***George Washington Carmack***, der Bruder seiner indianischen Frau, ***Skookum Jim*** und dessen Neffe ***Tagish Charlie***, am *Rabbit Creek* (später in *Bonanza Creek* umbenannt), einem Zufluss des Klondike River, auf Gold und lösten damit den ***Klondike Goldrush*** aus. **An jedem dritten Montag im August** wird seither in Yukon der ***Discovery Day*** gefeiert. Dawson City legt sich dabei an dem langen Wochenende mit Umzügen und viel Trubel besonders »ins Zeug«.

Der Goldrausch begann, als im Juli 1897 die ersten erfolgreichen Goldsucher auf zwei Schiffen nach Seattle und San Francisco zurückkehrten und mit frisch geschürftem Vermögen Furore machten. Über 100.000 Menschen sollen damals in der Hoffnung auf schnellen Reichtum den Weg nach Norden genommen haben. Nur 30%-40% von ihnen erreichten tatsächlich ihr Ziel.

Die meisten überquerten mitten im Winter 1897/98 den berüchtigten *Chilkoot Pass* (➪ Seite 407), nur um bei Ankunft erkennen zu müssen, dass die besten *Claims* der ***Klondike Goldfields*** lange vergeben waren. Der Mehrheit blieb nichts weiter, als zu miserablen Konditionen für glückliche *Claimholder* zu arbeiten.

Sourdough und Bannock

Oft sind es kleine und – nur scheinbar – nebensächliche Dinge des Alltags, die Abschnitte der Geschichte unverwechselbar machen. Zur Zeit des Pelzhandels und der Entdeckungen in Canada, als Trapper und Goldsucher oft monatelang in der Wildnis unterwegs waren, zählte Sauerteig, auf englisch ***Sourdough***, zum unverzichtbaren Bestandteil der Ausrüstung. Und so bezeichnete man die Pioniere des Nordens auch selbst als *Sourdoughs*.

Damals wurde der Sauerteig vor allem fürs ***Bannock*** gebraucht. Denn die Herstellung dieser Brotart ist denkbar einfach und auch das Backen über dem offenen Feuer kein Problem: Man verrührt 8 Esslöffel Mehl, ein paar Löffel Wasser, etwas Backpulver und eine Prise Salz zu einem geschmeidigen Teig. Den backt man bei niedriger Hitze in einer leicht gefetteten Pfanne, die möglichst zugedeckt sein sollte. Sobald die untere Kruste braun geworden ist, wendet man das *Bannock*.

Nach etwa einer halben Stunde Backzeit hat man ein frisches Brot. Der Sauerteig kommt als ein besonderes Geschmacksingredienz ins Spiel, wobei dessen Menge nach Gusto variiert werden kann: Pro Esslöffel Sauerteig nimmt man dieselbe Menge Mehl weniger. Für weitere Varianten kann man dem Teig beispielsweise Blaubeeren, Zimt, Rosinen oder Kümmel hinzufügen oder das *Bannock* nach dem Wenden mit Käse überbacken.

Der erforderliche Sauerteig-Starter ist in Bioläden oder in Naturkostabteilungen von Supermärkten erhältlich. Für längere Transporte gut geeignet sind kleine, in verschweißte Folien abgepackte Portionen. Zur Herstellung des eigentlichen Sauerteigs benutzt man am besten eine hohe, verschließbare Plastikdose. Da hinein legt man die Starterportion, »füttert« sie mit einigen Esslöffeln Mehl und Wasser und lässt den zähflüssigen Brei an einem warmen Platz »gehen«. Schon am nächsten Tag wirft die Mixtur Blasen. Bei deutlich vergrößertem Volumen hat sie dann den typischen säuerlichen Geruch angenommen. Damit ist der Teig fertig fürs *Bannock*!

Und nicht vergessen: immer genügend Sauerteig für das nächste Brot übrig lassen! Diesem Rest fügt man wieder soviel Mehl und Wasser hinzu, daß die entstehende Masse für die nächste Brotzubereitung ausreicht. Nach ein paar Versuchen hat man das gut im Griff. Sauerteig ist außerordentlich genügsam und übersteht sowohl Kälte als auch ein paar Tage ohne Mehl und Wasser. Sollte er zu langsam »gehen«, beschleunigt ein wenig Trockenhefe den Prozess.

Bannock-Zubereitung auf dem Benzinkocher

Dawson City wuchs **1898** auf über **30.000 Einwohner** und war damit vorübergehend größte Stadt nördlich von Vancouver. Alles musste über Tausende von Kilometern herangeschafft werden. Kein Problem waren die hohen Preise für die Erfolgreichen: Denn allein 1900 betrug die Ausbeute an Waschgold aus Bächen in Yukon fast 34.000 kg. Heute sind es jährlich nur – oder immerhin – in 140 aktiven Minen noch 1.600 kg im Wert von ca. $60 Mio.

Hauptstadt

Als 1898 das Yukon von den Northwest Territories getrennt wurde und seine eigene Verwaltung erhielt, rückte Dawson City zur Hauptstadt auf. Einen echten Verkehrsanschluss erhielt die Stadt aber erst 1900 mit der Fertigstellung der ***White Pass & Yukon Rail***. Von deren Endstation Whitehorse ging es mit Raddampfern, wie man sie vom Mississippi kennt, weiter nach Dawson City.

Nach dem Rausch

Der ***Boom*** dauerte nur wenige Jahre. Die Prospektoren verschwanden, und Dawson City schrumpfte zum Dorf. Zu **Anfang der 1950er-Jahre** wurden zwar immer noch 500 Einwohner registriert, aber die Zahl trügt. Viele der einstigen Bewohner bzw. ihre Nachkommen hatten sich längst anderswo niedergelassen, zahlten jedoch weiterhin Steuern für ihre Häuser, um dabeizusein, sollte ein neuer *Boom* ausbrechen. Schließlich verlegte man 1953 den Regierungssitz nach Whitehorse, das nach Fertigstellung des *Alaska Highway* zum neuen Zentrum des Nordens aufgestiegen war.

Dawson City heute

Aber bereits in den 1960er-Jahren kam es zur Wiederbelebung. Unter der Regie von ***Parks Canada*** wurden historische Gebäude im Stadtkern mit großer Sorgfalt restauriert oder – wie im Fall des baufälligen ***Palace Grand Theatre*** – abgerissen und an anderer Stelle originalgetreu neu gebaut. Die Strassen sind mit Absicht nicht gepflastert, die Gehwege Holzplanken.

Dies und der perfekte Ausbau des *Klondike Highway* haben einen bemerkenswerten Aufschwung bewirkt. Dawson City entwickelte sich zum Besuchermagneten und zählt heute (in den Sommermonaten) wieder rund 1.300 Einwohner mit einem erstaunlich hohen Anteil Jugendlicher.

Information

Wer sich für die Geschichte des Goldrausches intensiver interessiert, findet Ausstellung, Diashow und Filme im ***Visitor Information Centre*** an der Ecke Front Street/King Street:

Das ***Travel Yukon Visitor Information Centre*** in der Front Street, ✆ (867) 993-5566, ist täglich geöffnet, Mitte Mai bis Mitte September 8-20 Uhr. Dort starten auch die **Stadtführungen**. Mit von der Partie sind in diesen Räumen die ***Klondike Visitors Association*** (KVA) und ***Parks Canada*** mit **Kombitickets** für mehrere Attraktionen *(Pick-a-Pack)*; www.dawsoncity.ca; www.pc.gc.ca/klondike.

Gegenüber am Ufer des Yukon (Ecke Front/King Street) befindet sich auch das Besucherzentrum **der Northwest Territories**, Mitte Mai-Mitte September; www.spectacularnwt.com.

Unterkunft

In der Hochsaison kann es in Dawson City schwierig sein, ein Zimmer zu finden. Die **Kapazität** von Hotels, Motels und der Handvoll *B & B Places* ist recht begrenzt. Unter $80 sind dann selbst einfache Quartiere nicht zu haben, sieht man ab vom

- ***Dawson City River Hostel*** am Fähranleger (Westufer des Yukon); $20/Bett, DZ $48, Zelten $24/2 Personen; ✆ (867) 993-6823, www.yukonhostels.com, und dem nostalgischen
- ***Westminster Hotel*** in der 975 3rd Ave, ✆ (867) 993-5463, mit Bierbar und ***Live Music*** in der *Cabaret Lounge*, DZ ab $75, aber Etagenbad; www.thewestminsterhotel-1898.com.
- Modernen Komfort gemixt mit einer gewissen Jahrhundertwende-Eleganz bieten das ***Downtown Hotel***, Queen Street/2nd Ave, ✆ 1-800-661-0514, DZ $133, www. downtownhotel.ca und
- das ***Eldorado Hotel***, #902 3rd Ave, ✆ 1-800-764-3536, DZ $129; www.eldoradohotel.ca

Zum **Frühstück** geht man zu ***Klondike Kate's***, einer »Institution« in der 3rd Ave/King St, ✆ (867) 993-6527. Auch ***Cabins*** sind dort zu mieten, DZ $140; www.klondikekates.ca.

Camping

Die meisten Besucher kommen mit Wohnmobil oder Zelt nach Dawson City. Zwar kann man auch mitten im Ort übernachten (***Gold Rush Campground***, $24-$44, 5th Ave/York Street, ✆ 1-866-330-5006; www.goldrushcampground.com, enge Plätze), angenehmer sind indessen die

- ***Yukon Government Campgrounds***; $12, der erste (*Klondike River*, 38 Plätze) befindet sich am *Klondike Hwy* ca. 20 km außerhalb der Stadt in Airportnähe, der bessere (*Yukon River*) – ➪ Seite 416 – am jenseitigen Ufer des Yukon, erreichbar per Gratisfähre. Viele Stellplätze liegen dort unmittelbar am hohen Ufer des Flusses. Von dort sind es nur 300 m zum ***Sternwheeler Graveyard***.
- Komfort und praktische Lage am Abzweig der Bonanza Creek Road vom *Klondike Highway* bietet das ***Bonanza Gold Motel*** mit ***RV Park***, 119 Stellplätze, $13-$48 (*Full Hook-up*), ✆ 1-888-993-6789; www.bonanzagold.ca.

Sehenswürdigkeiten

Im ***Dawson City Museum*** (595 5th Ave) sind Originaldokumente und -gegenstände und Filme aus dem ersten Viertel unseres Jahrhunderts zu sehen; täglich geöffnet Mitte Mai bis Anfang September 10-18 Uhr, $9; www.dawsonmuseum.ca.

Harrington's Store (3rd Ave/Princess Street) zeigt *»Dawson as they saw it«*, eine **Fotodokumentation** über das Dawson City der Boomjahre (Juni-August 9-17 Uhr, Eintritt frei).

SS Keno

Am Ufer des Yukon liegt der 40 m lange Raddampfer ***SS Keno*** (24 m kürzer als der mächtige *SS Klondike* in Whitehorse). Das 1960 ausrangierte Schiff leistete seit 1922 Fährdienste auf dem Fluss. Juni-Anfang September zu besichtigen, Ende Mai-Mitte Sept. täglich 9.30-12 Uhr, Kombiticket ab $14; www.pc.gc.ca/klondike.

Dichter-lesungen

Mitte Mai bis Mitte September wird vor den früheren Häusern der Schriftsteller (jeweils in der 8th Ave) ***Jack London*** und ***Robert Service*** aus deren Werken authentisch vorgetragen (über Kombiticket *Pick-a-Pack*). Besuchenswerte Lesungen am Originalschauplatz. Dabei ist die Lesung gratis, der Eintritt wird für den Zutritt zu den *Cabins* kassiert.

Spielkasino

Nur noch ***Diamond Tooth Gertie's Gambling Hall*** in der 4th Ave/Queen Street bietet noch Abendunterhaltung. »Gertie's Spielhalle« wurde 1971 eröffnet. Sie war zu jener Zeit das einzige legale Spielkasino in Canada. Bis in den frühen Morgen darf dort bei Roulette, Poker und Black Jack »gezockt« werden.«Einarmige Banditen« fehlen auch nicht. Ein Rahmenprogramm sorgt mit Musik und ***Can-Can-Shows*** aus der »guten alten Zeit« 3 x am Abend (20.30, 22.30 und 24 Uhr) für Unterbrechung des Spieltriebs; Anfang Mai bis Mitte September täglich ab 19 Uhr; Eintritt $12.

Betreiber ist die *Klondike Visitors' Association*. Die Bezeichnung *Diamand Tooth Gertie* (Diamantzahn-Gertie) geht auf die Tänzerin ***Gertie Lovejoy*** zurück, die einen Diamanten zwischen ihren Schneidezähnen eingeklemmt hatte. In der fast frauenlosen Stadt kam *Gertie* während der Goldrauschjahre als »Königin der Ballsäle« zu Wohlstand.

Goldfelder

Ohne die Goldfelder wäre Dawson City nicht, was es ist. Wo einst vor über 100 Jahren unendliche Sand- und Schottermengen x-mal durchwühlt wurden, sucht man immer noch überall nach Gold. Kein Wunder beim Preis von ca. $1.300/Unze (31g). Auch **Touristen** dürfen zur Waschpfanne greifen, aber nicht an beliebiger Stelle.

In Diamond Tooth Gertie`s Gambling Hall

Das Polarlicht – Aurora Borealis

Wer diese Erscheinung noch nie gesehen hat, wird die zarten Lichtspiele am nächtlichen Himmel zunächst vielleicht für vereinzelte Wolken halten. Erst bei genauerem Hinsehen bemerkt man, dass sich die schleierähnlichen Gebilde dafür zu schnell bewegen. Sie zucken lautlos über den Himmel, verschwinden und tauchen unvermittelt in veränderter Form und überraschender Leuchtkraft wieder auf. Je weiter man in den Norden Canadas und Alaskas kommt, desto intensiver gestalten sich die bezaubernden Farbenspiele.

Verantwortlich für die Entstehung das Polarlichtes ist der Solarwind, der als ständig von der Sonne ausgehender Materiestrom in die irdische Magnetosphäre einsickert. Dabei stoßen die eingedrungenen, von erdmagnetischen Feldlinien abgelenkten Elektronen mit Gasteilchen aus der Atmosphäre zusammen und bringen diese in 80-300 km über der Erde zum Leuchten – Stickstoff emittiert blaue und violette, Sauerstoff grüne und rote Farbtöne.

An sich beobachtet man das Polarlicht am häufigsten in einem ringförmigen Gebiet um den magnetischen Nord- bzw. Südpol. Bei starker Son - nenfleckentätigkeit kommt es aber zu kräftigen Solarwindstürmen. Die dadurch verursachten erhöhten erdmagnetischen Störungen werden als Kp-Index gemessen und vom *Geophysical Institute* der *University of Alaska in Fairbanks* publiziert. Dabei deuten höhere Kp-Werte auf verstärkte, auch weit polentfernt sichtbare Polarlichtaktivitäten.

Internet: www.gi.alaska.edu/auroraforecast

Denn alle ***Claims*** sind »gesteckt«. Ohne die ausdrückliche Genehmigung eines *Claim*-Inhabers gibt es Ärger.

Touristen Claim

Zum Glück existieren am ***Bonanza Creek*** – 4 km östlich Dawson City zweigt die *Bonanza Creek Road* vom *Klondike Hwy* ab – auch ***Claims* für jedermann**. Gebührenfrei offen steht der ***Claim #6*** der ***Klondike Visitors Association (KVA)***, etwa 15 km von der Hauptstraße kurz hinter dem *Discovery Claim*, wo *George Carmack* erstmals auf ***Pay Dirt*** gestoßen war. Wer sich im Goldwaschen versuchen möchte und vorsorglich in Dawson City eine Waschpfanne gekauft hat, findet am Touri-Claim aber selten mehr als winzige Goldspuren am Pfannenboden.

Kommerzielles Goldwaschen

Unter Anleitung geht es meistens besser, speziell, wenn der Sand vorher mit Goldflöckchen »veredelt« wurde. An mehreren **privat betriebenen *Claims*** weiht man die Touristen – zu festen Preisen pro gefüllter Pfanne ($15) – in das Geheimnis des Goldwaschens ein; sehr freundlich am Claim 33 im Goldgräbergebiet am Bonanza Creek unweit der *Gold Dredge* #4. Will es nicht recht klappen, helfen bereits gewaschene ***Gold Flakes*** in kleinen Gläschen oder auch ganze ***Nuggets*** im Shop; www.claim33.vpweb.ca.

Wer sich fit genug fühlt, kann an den alljährlich am *Canada Day* (1. Juli) ausgetragenen ***Yukon Gold Panning Championships*** teilnehmen (Kategorien für »Profis« und Touristen).

Gold Dredge

Ebenfalls an der Bonanza Creek Rd, etwa 12 km vom *Klondike Hwy* entfernt, ragt die mächtige, 94 m lange und 30 m hohe ***Gold Dredge #4*** empor. Der größte je für die Förderung und Durchspülung goldhaltigen Gesteins gebaute Eimerketten-Schwimmbagger mit Holzrumpf war bis 1966 in Betrieb und wurde später in desolatem Zustand von ***Parks Canada*** übernommen und restauriert. Besichtigung der 2.700 t schweren Maschinerie von innen nur mit Führung (Aufpreis), Juni-Mitte September täglich 10-16 Uhr, Kombiticket *Pick-a-Pack* $14; www.pc.gc.ca/klondike. Kleine Ausstellung mit alten Fotos und Erläuterungen zur Funktionsweise.

Midnight Dome

Auf keinen Fall auslassen darf man die Auffahrt zum *Midnight Dome* (887 m). Dieser **Aussichtspunkt** knapp 600 m oberhalb der Stadt bietet einen tollen 360°-Rundumblick auf die von Goldschürfern vernarbte Landschaft. Hinauf geht es auf der 9 km langen *Dome Road*, die östlich von Dawson City vom *Klondike Highway* abzweigt, bzw. Zufahrt von der Stadt über die Verlängerung der King Street oder über den steilen *Midnight Dome Trail* (3 km ab Stadt). An jedem 21. Juni erlebt dort halb Dawson die **Mitternachtssonne**, die nur für einen Augenblick hinter den *Ogilvie Mountains* »untergeht«.

Später im Jahr läßt sich in klaren Nächten das **Nordlicht** vom *Midnight Dome* aus besonders gut beobachten. In der dritten Juliwoche ist er Ziel des ***International Dome Race***, eines kräftezehrenden Bergauflaufs.

Abstecher: Auf dem Dempster Highway nach Inuvik

Kennzeichnung

(⇨ Karte Seite 393)

Etwa 40 km östlich von Dawson City (*Dempster Corner*) zweigt der *Dempster* vom *Klondike Highway* ab. **Nach Inuvik** sind es **740 km**. Wer dem *Dempster Highway nicht* in voller Länge folgen möchte, sollte sich als Minimalprogramm den rund 80 km langen Abschnitt bis zum ***North Fork Pass*** (1.289 m, höchster Punkt des Highway) mit Übernachtung auf dem herrlichen ***Tombstone Campground*** im gleichnamigen *Territorial Park* vornehmen – ein sehr schöner Abstecher abseits der üblichen touristischen Pfade.

Auf der Suche nach der ***Last Frontier*** (»letzte Herausforderung«) besitzt der – geschotterte – *Dempster Highway* (nur die nördlichsten 10 km bis Inuvik haben Asphaltbelag) einen ähnlichen Stellenwert wie einst der *Alaska Highway*. Denn auf keiner anderen Straße ist die Einsamkeit des Nordens noch so spürbar. Außerdem führt in Canada nur der *Dempster Highway* bis über den Polarkreis hinaus. Die Straße in den hohen Norden zeichnet sich durch eine abwechslungsreiche Streckenführung mit mehreren Pässen oberhalb der Baumgrenze aus.

Landschaftlich besonders attraktiv ist die Durchquerung der ***Ogilvie*** und der ***Richardson Mountains***.

Orte

Auf der gesamten Strecke gibt es nur drei Ortschaften: die erste, **Fort McPherson** (bereits in den Northwest Territories), erreicht man nach 550 km Fahrt, die nächste, **Tsiigehtchic**, liegt abseits der Straße auf Höhe von Kilometer 608, die dritte ist bereits **Inuvik.** Nicht viel enger ist das Tankstellennetz geknüpft. In Dawson City sollte man auf jeden Fall volltanken, da erst nach 408 km (ab Dawson) in ***Eagle Plains*** die nächste Tankstelle steht. Die anderen Tankstellen befinden sich jeweils in den Orten.

Wer auf dieser Strecke liegenbleibt, den trifft es hart (⇨ Seite 384). **Werkstätten** gibt es erst wieder in Inuvik, und die Tankstellen unterwegs sind bestenfalls bei kleineren Reparaturen kompetent.

Zustand

Der 1959 begonnene Bau des *Dempster Highway* nahm 20 Jahre in Anspruch. Nach Erweiterungsarbeiten ist die einspurige Straße mit breiten Ausweichstellen derzeit alles in allem in einem verhältnismäßig akzeptablen Zustand. Dennoch sollte man auf Überraschungen gefasst sein, da die klimatischen Bedingungen für eine **ständige Erosion** sorgen und – vor allem – schwere Trucks Spuren hinterlassen. Die Routenführung wurde teils der Topographie angepasst, teils nicht. Die Straße verläuft dabei erhöht auf einer isolierenden Schotterschicht über dem Permafrostboden.

Vorsicht ist beim (erlaubten) wilden Campen angebracht: Abseits der Fahrbahn kann der Boden leicht nachgeben.

Wegpunkte

Am Highway gibt es folgende markante Wegpunkte:

- Tombstone Mountain Yukon Government (km 72)
- Engineer Creek Yukon Government (km 194)
- Eagle Plains Hotel, Trailer Park (km 369)
- Rock River Yukon Government (km 447)
- Nitainlaii Territorial Park NWT (km 541)
- Vadzaih Van Tshik NWT (km 692)
- Gwich'in Territorial Campground NWT (km 705)
- Jak Territorial Park NWT (km 731)
- in Inuvik, Happy Valley Territorial Park (km 736)

Fähren (gratis)

Die Fähren über den *Peel* und *Mackenzie River* verkehren nur Juni-Mitte Okt. Im Winter werden sie durch Eisbrücken ersetzt, bei zu dünner Eisdecke in der Übergangszeit kommt der Verkehr auf der Straße **zum Erliegen**. Auch im Sommer verkehren die **Fähren** nicht bei Hochwasser und Unwetter. Aktuelle Infos über **Straßenzustand** und die Betriebszeiten der Fähren ⇨ Seite 495.

Verlauf

Die Straße verläuft ab *Dempster Corner* zunächst durch Waldland, lässt es aber bald hinter sich und steigt entlang des *North Fork Klondike River* hinauf zu den ***Ogilvie Mountains***. Dies ist einer der attraktivsten Abschnitte der gesamten Strecke. Der erste **Campplatz** (***Tombstone***, 36 Stellplätze, $12) liegt südlich der Passhöhe knapp unter der Baumgrenze. Dort beginnt ein schöner ***Trail*** zu den Quellen des Flusses.

Der 1.289 m hohe ***North Fork Pass*** führt durch den *Tombstone-Kamm* der *Ogilvie Mountains* in baumlose Weiten mit grandiosem Weitblick auf die zackigen Berge und auf der nördlichen Passseite entlang des *Blackstone River.*

Der ***Engineer Creek Campground*** (15 Campplätze, $12) liegt kurz vor der Brücke über den Ogilvie River. Auf den dahinter folgenden 50 km schlängelt sich der *Dempster Highway* durch das anfangs enge Tal des Ogilvie River. Die Straße führt danach in eindrucksvollem Verlauf durch die ***Eagle Plains***, eine weite Ebene zwischen *Richardson* und *Ogilvie Mountains.*

Eagle Plains

Erst beim ***Eagle Plains Hotel*** (32 Zi, DZ $145, 26 Plätze $15-$20; ✆ (867) 993-2453) auf halber Strecke, stößt man wieder auf einen Vorposten der Zivilisation. Es gibt hier Hotelzimmer, Restaurant, RV Park und Tankstelle; und einen Shop fürs Nötigste.

Nach 405 km Fahrt ist der Polarkreis erreicht. Dort steht inmitten der Tundra eine Tafel fürs Erinnerungsfoto.

Richardson Mountains

Die folgenden 100 km durch die *Richardson Mountains* bilden das schönste Teilstück der Strecke. Unterwegs liegt, inmitten der beeindruckend kargen Weite, der ***Rock River Yukon Campground*** (20 Plätze, $12) in einem üppig grünen Flusstal. Am ***Wright Pass*** überquert man bei Kilometer 465 endgültig die kontinentale Wasserscheide zwischen Nordpolarmeer und Pazifik.

Mit dem Übergang von Yukon in die Northwest Territories ist ein Zeitzonenwechsel verbunden (*Pacific* zur *Mountain Time*).

Peel River

Etwa 11 km südlich von Fort McPherson setzt man auf einer **Fähre** über den *Peel River*. Nördlich des Flusses liegt der ***Nitainlaii Campground*** (23 Plätze, $15-$23) mit Informationszentrum der Northwest Territories (Mitte Mai bis Mitte September).

Fort McPherson

Der weitere Routenverlauf des *Dempster Highway* auf den letzten knapp 200 km lässt deutlich an Attraktivität nach. Einzig lohnenswerter Stop ist Fort McPherson. Die meisten der ca. 800 Einwohner sind *Gwich'in*-Indianer (*Déné*). Viele leben von der Segeltuchproduktion oder der Herstellung kunsthandwerk - licher Gegenstände; www.gwichintribalcouncil.com. Im Ort gibt es Café, Tankstelle und Supermarkt. Ein weißes Kreuz markiert das Grab der ***Lost Patrol***, der im Winter 1910/11 umgekommenen NWMP Patrouille, auf dem Friedhof der Kirche.

Per Fähre geht es über den Mackenzie River. Ein Abstecher nach Tsiigehtchic, einer abgelegenen, nur 150 Einwohner zählenden *Gwich'in*-Siedlung auf der Ostseite des Arctic Red River ist möglich, lohnt jedoch kaum. Im weiteren Verlauf durchquert der *Dempster Highway* eine flache, bewaldete Taiga. Kurz vor Inuvik liegt der ***Jak Territorial Park Campground*** (38 Stellplätze, $15-$32), ein komfortabler Platz mit Dusche, Strom und Aussichtsturm. Reservierung ➪ Seite 597.

Inuvik

Inuvik ist die größte kanadische Siedlung nördlich des Polarkreises und mit 3.500 Einwohnern (***Déné***-Indianer, ***Inuit*** und Weiße, die meisten davon Regierungsangestellte) drittgrößte Stadt in den Northwest Territories. Der Ort hat eine Handvoll **Motels** – darunter das ***Nova Inn Inuvik***, 300 Mackenzie Rd, DZ $155, ✆ (867) 777-6682, www.novahotels.ca/Nova Inn Inuvik – und die für einen Ort dieser Größe übliche kommerzielle Infrastruktur. Die ab 1955 am East Channel des Mackenzie Delta mit permafrostsicheren oberirdischen Versorgungsleitungen neu entstandene Stadt »ersetzte« das in einer engen Flussschleife langsam im Sumpf versinkende, aber immer noch existente benachbarte Aklavik (650 Einwohner); www.aklavik.ca.

Sonnen - wendtreffen von Dempster Highway-Bezwingern am Polarkreis

»Ewiger« Tag	Zwischen dem 25. Mai und dem 18. Juli geht die Sonne in Inuvik nicht unter. Dafür sehen die Bewohner zwischen dem 6. Dezember und 5. Januar gar kein Sonnenlicht.
Iglu Kirche	***Our Lady of Victory Roman Catholic Church***, 174 Mackenzie Rd, besser bekannt als schneeweiße ***Igloo Church***, an der Hauptzufahrt ist die einzige nennenswerte Sehenswürdigkeit der Stadt.
Aktivitäten	Als Touriaktivitäten kommen **Bootstouren** zum *Mackenzie Delta* oder Flüge zu abgelegenen Inuitsiedlungen in Frage. Info unter © (867) 777-8618, www.inuvik.ca, oder ***Western Arctic Regional VC***, © (867) 777-4727, www.spectacularnwt.com

Die »Lost Patrol«

Sergeant William Dempster (1876-1964), der Namenspate des Highway, stand insgesamt 37 Jahre lang im Dienst der Polizeitruppe im Yukon. Die *North West Mounted Police* (*NWMP*, ➪ Seite 300) erreichte zeitgleich mit den ersten Goldsuchern den Yukon und hielt bereits ab 1904 auch im Winter ihren Patrouillen- und Postdienst zwischen Fort McPherson und Dawson City aufrecht. Dabei bewältigten die Polizisten die ca. 770 km lange Strecke per Hundeschlitten in rund 20-25 Tagen.

Aber die am 21. Dezember 1910 in Fort McPherson aufgebrochene *»Lost Patrol«* von Inspector *Fancis J. Fitzgerald* und drei *Constables* verfehlte die Route und starb ausgehungert auf dem Rückweg. Erst am 28. Februar 1911 wurde in Dawson City eine Suchexpedition losgeschickt. Unter Leitung von *Dempster* fand sie die Leichen drei Wochen später 40 km bzw. 60 km vor Fort McPherson, wo die *Lost Patrol* auch begraben liegt.

Abstecher: Auf dem Silver Trail nach Mayo und Keno

Ausgangspunkt

Unmittelbar nördlich der Brücke über den *Stewart River Bridge* zweigt in *Stewart Crossing* der nur wenig befahrene *Silver Trail* (110 km) vom *Klondike Highway* ab.

Situation

Eine Tafel informiert über den aktuellen Zustand dieser Straße. Sie läuft über **Mayo** (einzige Tankstelle) bis **Keno City** in eine Region einst reicher Silbervorkommen. Als Abstecher in die heute weitgehend versunkene Welt der Silberbergwerksstädte ist der *Silver Trail* bei ausreichend Zeit für einen Abstecher auf den Keno Hill eine empfehlenswerte Route.

Die ersten 60 km bis über Mayo hinaus zum ***Five Mile Lake Government Campground*** ($12, 20 schön Plätze am See) sind geteert.

Mayo

Im 250-Seelen-Ort Mayo wurden die silberhaltigen Erze früher auf Boote verladen und über Stewart River und Yukon River verschifft, bis der Transport auf der Straße möglich war. Der Preisverfall in den 1980er-Jahren führte 1989 zur Schließung der **Silberminen** und damit auch zum Ende der Funktion Mayos als Nachschubbasis. Das ***Binet House*** (304 2nd Ave, Ende Mai-Anfang Sept. täglich 10-18 Uhr, frei) in Mayo beherbergt ein **Informationszentrum** zum *Silver Trail*; www.yukonmuseums.ca.

Zimmer mit Kochgelegenheit bietet das ***North Star Motel***, © (867) 996-2231; DZ $120.; www.mayomotel.com.

Elsa

Nach Aufgabe der ***United Keno Hill Mines*** wurde **Elsa**, ca. 45 km nordöstlich von Mayo und nur wenige Kilometer vor Keno City, die jüngste ***Ghost Town*** des Yukon. Sie beherbergt noch eine Handvoll Einwohner von mehr als 500 in den 1960er-Jahren, als die Silbermine zu den größten in ganz Nordamerika zählte.

Keno

Am Ende des *Silver Trail* liegt **Keno City**. Dem Ort erging es kaum besser als Elsa. In der einst bedeutenden Minenstadt aus den 1920er Jahren leben heute nur noch 15 Menschen. Schachtgerüste und die Aufbereitungsanlage stehen noch. Das ***Keno City Mining Museum*** (Main Street, täglich Ende Mai-Anfang Sept. 10-18 Uhr; $4; www.yukonmuseums.ca) beschwört mit alten Fotografien und Relikten vergangene, »bessere« Zeiten. Ganze 12 Stellplätze hat der ***Keno City Campground***, © (867)-995-3103, 12 Plätze, $10, am Lightning Creek, geöffnet Juni bis Mitte September.

Der nahegelegene, windumtoste ***Keno Hill*** (1.849 m) ist der beste **Aussichtspunkt** weit und breit; aber nur eine schmale, für große Campmobile nicht geeignete Schotterstraße führt hinauf (ziemlich genau 10,5 km). Die Aussicht über schroffe Berge und tiefe Täler ist atemberaubend. Ein Wegweiser zeigt Richtungen und Entfernungen zu Orten in aller Welt.

Duncan Creek Road

Für den Rückweg von Keno kommt auch die ***Duncan Creek Road*** in Frage, eine alternative Strecke bis kurz vor Mayo, die als »originaler« *Silver Trail* bis in die frühen 1930er-Jahre als Transportweg für das Silber diente. Sie ist zwar überwiegend gut erhalten, aber die ersten rund 15 km sind ggf. problematisch (je nach Wetterlage und Gradingzustand).

Wegweiser für »alle Welt« auf dem Keno Hill

4.2.9 Campbell Highway nach Watson Lake

Der ***Campbell Highway*** (*Yukon Highway* #4), eine wenig befahrene Straße von **Carmacks nach Watson Lake** (580 km), davon sind ca. 240 km asphaltiert (210 km westlich von Ross River sowie 30 km westlich von Watson Lake). Der Rest ist eine passable *Gravel Road*. Die Route existiert erst seit 1968. Für die Bewältigung benötigt man weit mehr Zeit als für die Strecke über *Klondike* und *Alaska Highway* nach Watson Lake (620 km).

Geschichte

Robert Campbell, ein Pelzhändler der *Hudson's Bay Company*, fand bereits Mitte des 19. Jahrhunderts eine Kanuroute, die quer durch Yukon zum Yukon River führte. Die heutige Straße folgt ihr weitgehend. Viele Kilometer Fahrt durch eine kaum berührte Gegend machen sie zum **Geheimtip** für Leute, die **Einsamkeit** suchen, ohne in entlegenere Regionen reisen zu wollen.

Tanken

Die einzigen **Tankstellen** am *Campbell Highway* befinden sich in Faro (von Carmacks aus: 170 km) und in Ross River nach 220 km.

Camping

An der Strecke liegen **9 *Yukon Government Campgrounds***

Landschaft

Zwischen Faro und Watson Lake begleiten die Pelly Mountains im Südwesten und Selwyn Mountains im Nordosten den *Campbell Highway*. Dazwischen eingeschlossen liegt der über 700 km lange Senkungsgraben ***Tintina Trench***, dem die Straße im Tal von Pelly River und Finlayson/Frances River folgt. Der Straßenverlauf entlang weitgehend miteinander verbundener langgestreckter Seen und Flüsse ist geprägt durch zahllose zu überquerende Wasserläufe. Ringsum ragen Gebirgsformationen hoch auf und geben dieser Route besonderen Reiz.

Faro

Die erste wichtige Abzweigung – nach 170 km Fahrt auf schöner Strecke – wird durch die Stichstraße mit Brückenquerung über den Pelly River nach Faro (9 km) markiert. Faro (350 Einwohner) besitzt alle wesentlichen Service-Einrichtungen. Der Ort wurde 1969 als Basis für neue Blei-, Silber- und Zinkbergwerke gegründet. Nach Einstellung des Betriebes 13 Jahre später verkam Faro fast zur ***Ghost Town***. 1986 aber wurde die Produktion erneut aufgenommen und machte Faro bis zur nächsten Schließung in den 1990er-Jahren kurzfristig wieder zur bedeutendsten Minenstadt im Yukon Territory.

Gegenüber dem weitläufigen ***John Connolly RV Park***, 13 Stellplätze, $8-$15 (*Full Hook-up*), ✆ (867) 994-2288, gibt es aktuelle Informationen beim ***Campbell Interpretive Centre*** (sehenswert), www.faroyukon.ca. Dort beginnt auch ein kurzer **Pfad** durch eine frühere Waldbrandschneise zum Aussichtspunkt ***Van Gorder Falls***.

Canol Road

Die im 2. Weltkrieg befürchtete, wengleich ausgebliebene japanische Invasion führte nicht nur zum Bau des *Alaska Highway*. Um die Ölversorgung Alaskas zu gewährleisten, wurde auch eine Pipeline von Norman Wells (NWT) zum 825 km entfernten *Johnson's Crossing* am *Alaska Highway* und weiter nach Whitehorse

4

verlegt. Die *Canol* (***Can**adian **Oil***) *Road* war zunächst eine *Service Road* entlang dieser Pipeline, verfiel aber bald. Erst Jahre später wurde sie instandgesetzt und 1958 für den allgemeinen Verkehr freigegeben.

North Canol Road

Die geschotterte ***North Canol Road*** beginnt bei Ross River (350 Einwohner) an der Einmündung des Ross River in den Pelly River. Von Ende Mai bis Mitte Oktober verkehrt ab dort täglich von 8-17 Uhr die ***Pelly Barge***, eine freie Autofähre über den Pelly River. Zu Fuß kann man den Fluss auf einer kleinen Hängebrücke zu jeder Zeit überqueren; www.511yukon.ca.

Vom Nordufer aus geht es auf der verkehrsärmsten Straße im Yukon bis zur Grenze (232 km) mit den Northwest Territories knapp 30 km östlich des *MacMillan Pass* (1.366 m). An der argen Holperpiste gibt es keine Siedlungen, nur namenlose Flüsse, Seen und Berge. Bisweilen trifft man auf Reste von Maschinen, Fahrzeugen und Gebäuden aus den 1940er-Jahren.

Canol Heritage Trail

Wen das Abenteuer lockt, kann – mit der richtigen Ausrüstung – dem ***Canol Heritage Trail*** (372 km!) weiter ins Gebiet der Northwest Territories hinein folgen. Denn einst führte die Straße bis Norman Wells am Mackenzie River. Da die Piste aber seit 1945 nicht mehr gepflegt wird (u.a. sind die meisten Brücken verfallen), eignet sie sich nur noch für Unentwegte auf Gelände-Motorrädern oder ***Mountain Bikes***.

Sehr zu empfehlen wegen seiner schönen Lage ist der ***Lapie Canyon Campground***; er befindet sich am *Campbell Highway*, 2 km westlich der Stichstraße nach Ross River, 18 Stellplätze, $12.

Lapie Canyon

Die ***South Canol Road*** (außer den beiden *Quiet Lake Campgrounds* – 30 Stellplätze, $12 – ebenfalls ohne Service-Einrichtung) verbindet auf einer kurvenreiche Strecke (220 km) *Campbell* und *Alaska Highway*. Die teilweise enge Schotterstraße ist eine der am wenigsten befahrenen in Yukon und keine Route für schlechtes Wetter. Der reizvollste Abschnitt beginnt etwa 7 km südlich des *Campbell Highway* und führt am tief eingeschnittenen ***Lapie River Canyon*** entlang (➪ Foto Seite 602). Dieses erste 25 km lange Teilstück der *Canol Road* lohnt sich auf jeden Fall.

Nach Watson Lake

Im weiteren Verlauf führt der *Campbell Highway* auf 360 km ohne jegliche Siedlung durch Angel- und Kanu-Paradiese und absolute Einsamkeit. Er stößt in Watson Lake am ***Sign Post Forest*** auf den *Alaska Highway*, ➪ Seite 394.

Nur auf den südlichen 100 km begegnet man einigen Trucks, die in Miner's Junction auf die ***Nahanni Range Road*** (Yukon Highway #10) zum 200 km entfernten Straßenende in Tungsten (bereits Northwest Territories) abbiegen.

Die schon mehrmals stillgelegte **Wolfram-Mine *Cantung*** knapp östlich der Yukon-Grenze ist heute wieder in Betrieb, da sich der Weltmarktpreis für Wolfram in den letzten Jahren deutlich nach oben entwickelt hat; www.natungsten.com/s/cantung.asp.

4.2.10 Klondike Highway von Dawson City/Stewart Crossing bis Whitehorse

Verlauf

Entlang der heute gut ausgebauten, aber weitgehend eintönigen Asphaltstraße gibt es wenig zu sehen. Zwischen ***Dempster Corner*** und *Stewart Crossing* (140 km) führt der *Klondike Highway* durch **Sumpfgebiete** und überquert zahlreiche Bach- und Flussläufe. Etwa auf halber Strecke zwischen Dawson City und Whitehorse trifft der *Klondike Hwy* wieder auf den *Yukon River*, der einen großen Bogen landeinwärts genommen hat. 50 km weiter passiert man die Zufahrt zum ***Tatchun Lake Government Campground*** (20 Plätze, $12, 9 km auf der *Frenchman Road* Richtung *Campbell Highway*).

Five Finger Rapids

Etwa 20 km vor Carmacks befindet sich der **Aussichtspunkt** über die ***Five Finger Rapids***. In diesen Stromschnellen kam mancher Goldsucher auf dem Weg nach Dawson City um. Als sicherste Passage gilt der östliche der 5 Finger, deren Strömung aus der Entfernung gar nicht sonderlich gefährlich wirkt. Ein ***Trail*** führt zum Yukon hinunter.

Carmacks

Carmacks (ca. 500 Einwohner; www.carmacks.ca) war einst Zwischenstation der ***Sternwheeler*** auf dem Weg nach Dawson City und überstand die Einstellung des Schiffsbetriebs wegen der Lage am *Klondike Hwy* besser als andere Orte.

Das ***Hotel Carmacks*** an der Hauptstraße, © (867) 863-5221, www.hotelcarmacks.com hat preiswerte Zimmer (DZ $119), 15 Stellplätze (ab $25), eine Bar und ein Restaurant am Yukon River in Nachbarschaft zum ***Boardwalk*** (2 km) am Ufer entlang.

Lake Laberge

Der *Klondike Highway* bietet auch auf dem Rest der Strecke bis zum *Alaska Highway* kaum Abwechslung. Erwähnenswert ist der schöne **Lake Laberge**, eine Erweiterung des Yukon River zum See. Der ***Yukon Government Campground*** dort (16 Stellplätze, $12; 3 km Zufahrt) besitzt einige tolle Plätzchen am und über dem Wasser in separater Alleinlage. Die rückwärtigen Plätze sind weniger attraktiv.

Kanuwandern auf dem Yukon River, hier im Bereich Lake Laberge

Etwa 6 km vor Erreichen des *Alaska Highway* zweigt die Stichstraße zu den ***Takhini Hot Springs*** ab, ➪ Seite 408.

KENAI FJORDS TOURS
KENAI FJORDS
NORTHLAND

Alaska

Bald Headed Eagle und Junges

5. ALASKA

Reiseziel Alaska

Alaska besitzt mit seinen Küsten, Gebirgslandschaften und Naturphänomenen herausragende touristische Attraktionen. Mangelt es nicht an Zeit und Geld für Ausflüge und Abstecher, die einen Alaskabesuch erst richtig abrunden, kann der nördlichste Bundesstaat der USA Eindrücke und Erlebnisse vermitteln, für die sich jede weite Reise lohnt.

Anreise auf dem Landweg

Wer nicht nach Alaska fliegt, sondern von Canada aus auf dem Landweg anreist, sollte aber bedenken, dass selbst die schnellste Straßenroute über den gut ausgebauten *Alaska Highway* etwa bis Tok unweit der Grenze zu Yukon ab Vancouver rund 3.250 km, ab Calgary fast 3.000 km und ab Edmonton knapp 2.700 km lang ist.

Bei knapper Zeitvorgabe fragt sich daher, ob nicht eine kilometermäßig kürzere, dafür intensivere Reise durch den Norden von British Columbia und/oder Yukon – vielleicht mit Abstecher nach Stewart/Hyder – letztlich mehr bringt.

Vorstehendes doppelseitiges Foto: Holgate Glacier im Kenai Fjords Nat'l Park

5.1 Transport nach und in Alaska (Flüge ➪ Seite 58)

5.1.1 Straße und Auto

Zur Anfahrt nach Alaska auf der Straße kommen nur der *Alaska* und der *Klondike Highway* in Frage, siehe dazu ausführlich das vorstehende Kapitel.

Straßennetz

Das Alaska-Straßennetz ist nur teilweise in gutem Zustand, wiewohl alle wichtigen *Highways* asphaltiert sind. Lediglich Nebenstrecken w.z.B. *Copper River, Dalton, Denali, Edgerton, Elliott, Steese, Taylor* und *Top of the World* besitzen streckenweise oder durchgehend Schotterbelag.

Straßenzustandsberichte
unter http://511.alaska.gov und ✆ 1-866-282-7577.

Hinweise zum Fahren auf **Schotterstraßen**, speziell im hohen Norden ➪ Seiten 100ff & 382.

Alaskas Straßen im Überblick (Karte Seite 443)

Bezeichnung	von	nach	Nummer
Alaska Highway	Delta Junction	Dawson Creek, BC	2
Chena Hot Springs Road	Fairbanks	Chena Hot Springs	-
Copper River Highway	Cordova	Million Dollar Bridge	10
Dalton Highway	Elliott Highway	Prudhoe Bay	11
Denali Highway	Richardson Hwy	Parks Hwy	8
Edgerton Highway	Richardson Hwy	Chitina	10
Elliott Highway	Fairbanks	Manley Hot Springs	2
Glenn Highway	Anchorage	Glennallen	1
Haines Highway	Haines	Haines Junction, Yukon	7
Klondike Highway	Skagway	Whitehorse, Yukon	-
Parks Highway	Anchorage	Fairbanks	3
Richardson Highway	Valdez	Fairbanks	2/4
Seward Highway	Anchorage	Seward	1/9
Steese Highway	Fairbanks	Circle	6
Sterling Highway	Seward Highway	Homer	1
Taylor Highway	Tetlin Junction	Eagle	5
Tok Cutoff	Gakona Junction	Tok	1
Top of the World Hwy	Taylor Highway	Dawson City, Yukon	-

5.1.2 Busverbindungen

Situation

Aus den USA gibt es keine direkte Busverbindung nach Alaska, ebensowenig von den südlichen Provinzen Canadas. Wer im Bus nach Alaska möchte, muss auf jeden Fall **in Whitehorse umsteigen** (➪ Seite 88). Alternativ bietet sich die kombinierte Fähren-Bahn-Bus-Verbindung mit der ***White Pass & Yukon Route*** (➪ Seite 408) von Skagway nach Whitehorse an, wobei das ein bisschen kompliziert ist.

Innerhalb Alaskas sind die Busverbindungen alles in allem eher schlecht. Selbst auf den meisten Hauptrouten verkehren Busse nur 2-3 mal wöchentlich.

Beispielhaft einfache Fahrpreise:

mit ***Interior Alaska Bus Line***,
✆ 1-800-770-6652
www.alaskadirectbusline.com
Fairbanks - Anchorage $185 / Anchorage - Tok $130

mit ***Alaska/Yukon Trails***,
✆ (907) 479-2277
www.alaskashuttle.com
Fairbanks - Anchorage $99
Fairbanks - Dawson City $285

Einen öffentlichen Personennahverkehr gibt es nur in Anchorage (➪ Seite 441), Fairbanks, Juneau und Ketchikan.

5.1.3 Eisenbahn

Seward - Fairbanks

Eine Anreise nach Alaska ist mit der Eisenbahn nicht möglich. Im Landesinneren existiert mit der ***Alaska Railroad*** von Seward über Anchorage nach Fairbanks nur ein einziger Schienenstrang als Städteverbindung. Anschrift/Telefon für Informationen und Reservierungen:

Alaska Railroad
327 W Ship Creek Ave, Anchorage; www.akrr.com

Ticket-kosten

Die Strecke **Fairbanks - Anchorage** wurde 1923 in Betrieb genommen. Sie war bis 1971 einzige Landverbindung zwischen den beiden Städten.

Der einfache Fahrpreis für diese 573 km lange 12-stündige sog. »Expressfahrt« von Anchorage nach Fairbanks mit Zwischenstopp im ***Denali NP*** beträgt in der Hauptsaison Juni-August $224.

Von Anchorage bzw. Fairbanks zum *Denali National Park* kostet das *One-way Ticket* $156 bzw. $68. Die Fahrt **von Anchorage nach Seward** (184 km) kostet $85, eine Rückfahrt **von Anchorage nach Whittier** $89 (einfach $74). Sehr empfehlenswert: Der ***Hurricane Turn*** verkehrt auf dem attraktivsten Abschnitt der *Alaska Railroad* mit prachtvollem Panorama von Talkeetna zum *Denali NP* und zurück, $ 96, ➪ Seite 477.

5.1.4 Fähren

Zwischen der US-Pazifikküste bzw. Süd-Canada und Alaskas Kernland gibt es keine generelle Fährverbindung, lediglich **im Sommer** alle 2 Wochen die Fähre **Bellingham-Ketchikan-Juneau-Whittier-Kodiak** (➪ Seite 453). Kreuzfahrtschiffe (ohne Autotransport) laufen im südwestlichen Alaska meist Seward an.

Alaska Marine Highway

Die Staatsfähren des *Alaska Marine Highway* operieren als zwei voneinander unabhängige Systeme im Bereich der *Inside Passage* (➪ Fähren in den Norden, Seite 489) und zwischen Häfen des Kernlandes von Alaska einschließlich *Kodiak Island* und der Alëuten. Für letztere zeigt die Tabelle auf Seite 453 die touristisch interessantesten Verbindungen.

Permafrost

Ganzjährig gefrorener Boden, Permafrost, bestimmt die Lebensbedingungen in weiten Bereichen von Alaska, dem Yukon und den Northwest Territories. Während Permafrost im Norden von Alberta und British Columbia nur sporadisch auftritt, erreicht er auf den Inseln im Nordpolarmeer über 800 m Tiefe. Auch das angenehm warme, oft trockene Sommerwetter mit langer Sonnenscheindauer (➪ Seite 21f) kann dem Dauerfrostboden nur oberflächlich etwas anhaben. Unter dem aufgetauten Erdreich verhindert der Permafrost eine Drainage in den Boden. Regen- und Schmelzwasser verbleiben in Teichen und Seen nahe der Oberfläche. Deshalb ist die arktische Tundra im Sommer oftmals unpassierbar, obwohl der Norden die geringsten Niederschlagsmengen Nordamerikas (➪ Seite 23f) verzeichnet.

Permafrost verursacht besondere Schwierigkeiten beim **Straßen- und Häuserbau**, denn getaute Böden verlieren ihre Stabilität und geben unter Druck nach. Wird der Tauprozess durch Heizungen ausgelöst, erfolgt dies meist sogar noch höchst ungleichmäßig. Nicht nur sinken Bauten allmählich ein, sondern sie verkanten sich gleichzeitig. Die dabei entstehende Spannung führt zu Rissen, im Extremfall zum Bruch des Mauerwerks.

Nur mit (kostspieliger) Technik lässt sich das Auftauen des Bodens verhindern. So wurde der ***Dalton Highway***, die bis zur Prudhoe Bay führende, nördlichste Straße des Kontinents, hoch oberhalb der Vegetation verlegt und teils mit Plastikschaum als Thermalschutz isoliert.

Ebenfalls an der Prudhoe Bay beginnt die ***Trans-Alaska Pipeline***. Die oberirdische Verlegung der Erdölleitung auf hohen Stelzen (Foto Seite 459) verhindert auf dem Weg nach Valdez ein Auftauen des Bodens durch das warme Öl und damit ein unregelmäßiges Absinken der Rohre (mit möglichen Leitungsbrüchen). Aus denselben Gründen verlaufen auch in **Inuvik** am Ende der nördlichsten Straße Canadas die Leitungen der Versorgungseinrichtungen über dem Erdboden. Die erst ab 1955 erbaute Stadt am Ostrand des Mackenzie River trug bis 1958 den Namen »New Aklavik«. Sie sollte die Einwohner von Aklavik am Mackenzie River aufnehmen, wo Erosionsschäden am Flussufer Überschwemmungen und dadurch auftauende Permafrostböden verursacht hatten.

5.2 Anchorage

5.2.1 Kennzeichnung, Information und Unterkunft

Lage und Klima

Anchorage stellt mit 300.000 Einwohnern mehr als 40% der Gesamtbevölkerung Alaskas. Es liegt am Ende der tief ins Land reichenden Bucht ***Cook Inlet*** und wird umschlossen von dessen Ausläufern, dem *Knik* und *Turnagain Arm*.

Die ***Kenai Mountains*** im Süden (jenseits des *Turnagain Arm*) halten einen Großteil des vom Pazifik kommenden Regens ab; die Nähe zum Meer sorgt für recht milde Winter mit Tages-/Nachttemperaturen von -6°/-13°C. In Fairbanks, im Einflussbereich des Kontinentalklimas, sind es zur selben Zeit im Durchschnitt -19°/-29°C. Die Sommer sind an der Küste kühler; die Höchsttemperaturen in Anchorage liegen mit etwa 18°C durchschnittlich 4°C unter denen von Fairbanks.

Erstaunlicherweise tut dieses Klima dem Wachstum der bunten Blumenpracht keinen Abbruch, die in zahlreichen Rabatten, Kübeln und Hängekörben gedeiht und damit der Innenstadt ein freundliches Flair verleiht.

Geschichte

Bereits 1778 erforschte der britische Kapitän *James Cook* auf der vergeblichen Suche nach der Nordwestpassage das später nach ihm benannte *Cook Inlet*.

16 Jahre später traf ***George Vancouver*** während einer seiner Vermessungsfahrten am ***Cook Inlet*** auf russische Pelztierjäger, die die Küsten Alaskas schon seit 1741 erkundet und für die Zarenkrone in Besitz genommen hatten.

Die Gründung von Anchorage im Jahr 1915 geht ausnahmsweise nicht auf Goldsucher zurück; Pate stand vielmehr die ***Alaska Railroad***. Für die Neubaustrecke nach Fairbanks ließ sie an der Mündung des *Ship Creek* ins *Cook Inlet* zunächst ein Bauarbeitercamp errichten und später ihren Firmensitz von Seward dorthin verlegen. Danach profitierte Anchorage sowohl von der landwirtschaftlichen Erschließung des *Matanuska Valley* als auch von **Ölfunden** im *Cook Inlet,* zudem in den 1970er-Jahren vom Bau der ***Trans-Alaska-Pipeline*** vom Nordpolarmeer nach Valdez.

Airport

Der ***Anchorage Int'l Airport*** (ANC), www.anchorageairport.com, liegt etwa 7 km südwestlich der Innenstadt, An- und Abfahrt nur per Taxi, © (907) 266-2526, kein Busshuttle in die City.

Ehemaliges Luftkreuz Anchorage

Anchorage (knapp 5 Mio Passagiere jährlich) schmückte sich lange mit der Bezeichnung ***Air Crossroads of the World***. Das hatte seine Berechtigung, solange Flugzeuge auf den Asien-Routen dort zum Auftanken zwischenlandeten. Heute können Lang - streckenjets auf Stopps in Alaska verzichten. Der internationale Flugverkehr über Alaska verminderte sich dadurch erheblich. Beim Umschlag von **Luftfracht** ist der Airport indessen immer noch fünftgrößter der Welt.

Situation heute

Anchorage ist heute das wirtschaftliche Zentrum Alaskas mit einer – für diese Stadtgröße – immens ausgedehnten kommerziellen Infrastruktur südlich und westlich der überschaubaren Innenstadt. Das allgemeine **Preisniveau** ist niedriger als anderswo in Alaska, speziell gilt dies für den Supermarkteinkauf, für *Fast Food* und Benzin.

Unterkunft

Übernachtungen in **Motels und Hotels** sind indessen – mit Ausnahme der ***Hostels***, ➪ ganz unten und nächste Seite – nicht ganz billig. Einfachste Quartiere kosten etwa ab $70 aufwärts. In der unteren Mittelklasse zahlt man ab $90-$100 für die Nacht. In der Mittelklasse beginnen die Tarife meist deutlich über $100 – z.B. in Häusern bekannter Ketten wie *Best Western*, *Comfort Inn*, *Holiday Inn* etc.

Anchorage verfügt auch über viele ***Bed & Breakfast Places***. Sie werden von Reservierungsagenturen wie ***Anchorage Alaska B&B Association***, © (907)-272-5909; www.anchorage-bnb.com, vermittelt. Anschriften und Telefonnummern findet man auch im ***Anchorage Visitors Guide***.

Information

Diese und andere Broschüren erhält man u.a. im Blockhaus der **Besucherinformation** an der Ecke 4th Ave/F Street im Zentrum. Ein weiteres ***Info Center*** gibt es am Flughafen:

Anchorage Convention & Visitors Bureau
524 W 4th Ave; www.anchorage.net,

Hier einige Unterkunftsempfehlungen:

H/Motels, B & B

- ***Big Bear Bed & Breakfast,*** 3401 Richmond Ave, © (907) 277-8189, DZ ab $95; www.alaskabigbearbb.com, 4 Zimmer in einem gemütlichen Haus 3 km von *Downtown*.
- ***Camai Bed & Breakfast,*** 3838 Westminster Way, ©1-800-659-8763, DZ $159; www.camaibnb.com. Ruhig gelegenes *B&B* mit drei Suiten am Wildbach; oft Elchbesuch.
- ***Hampton Inn***, 4301 Credit Union Drive, Komfortmotel, DZ ab $119, © (907) 550-7000; www.hamptonanchorage.com.
- ***Inlet Tower Hotel & Suites***, 1200 L Street, komfortables Suiten - hotel, 180 Zimmer mit Weitblick aus den oberen Stockwerken, Nähe *Downtown*, Flughafenshuttle, DZ ab $139; © 1-800-544-0786; www.inlettower.com.
- ***Hilton Garden Inn***, 4555 Union Square Drive, © (907) 729-7000; www.hgihotelanchorage.com, zwischen Airport und Innenstadt. Obere Preisklasse, d.h., im Sommer ab ca. $200.
- ***Super 8 Motel***, 3501 Minnesota Drive, 84 Zimmer, DZ ab $149, © (907) 276-8884, © 1-800-454-3213; www.super8.com.

Hostels

- ***Bent Prop Inn Downtown***, 700 H Street einen Block vom Busbahnhof entfernt; 70 Betten, $30/Bett, DZ $65; © (907) 276-3635, www.bentpropinn.com. Dieses *Hostel* ist häufig ausgebucht, daher langfristige Reservierung empfehlenswert.

- ***Alaska Backpackers Inn & Hostel***, 327 Eagle Street, © (907) 277-2770, wwww.alaskabackpackers.com, 208 Betten in zwei Gebäuden, $25, DZ $70; neue zentral gelegene Herberge in Bahnhofsnähe.

Camping

Etwa 20 km nordöstlich von Anchorage (Abfahrt Hiland Road vom *Glenn Highway*) liegt der sehr gut angelegte ***Eagle River Campground*** des ***Chugach State Park*** (www.lifetimeadventures.net; © 1-800-952-8624, 57 Stellplätze, $15) etwas versteckt über dem Südufer des Flusses. Er ist unter den *Campgrounds* im Umfeld der Stadt mit Abstand erste Wahl. Wegen asphaltierter Stellplätze und einer zentralen *Sewage Station* gilt das auch und speziell für Campmobile. Deshalb ist er in der Hauptsaison oft ausgebucht; Reservierung oder frühe Ankunft am Morgen hilft.

Dasselbe gilt für den – jedoch weniger attraktiven – ***Bird Creek Campground*** im *Chugach State Park*, 28 Stellplätze, $15, 25 km südöstlich der Stadtgrenze am *Seward Highway* (➪ Seite 444).

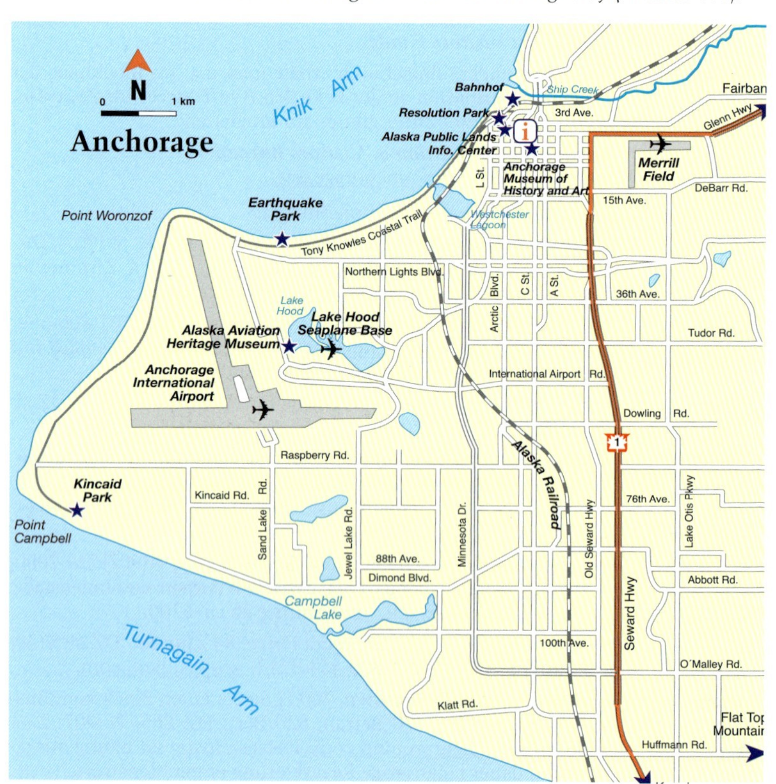

Chugach State Park

Ebenso zum *Chugach State Park* gehört der ***Eklutna Lake Campground*** (45 Stellplätze, $10, ✆ 1-800-952-8624; www.lifetimeadventures.net). Die Zufahrt erfolgt 20 km nordöstlich des *Eagle River Campground* vom *Glenn Highway* über die 16 km lange *Eklutna Lake Road*. Der Platz am gleichnamigen See ist die weniger komfortable Alternative zu *Eagle River*. Aber der blaugrüne, von Bergen umgebene See liefert Motiv genug für einen Abstecher; der 11 km lange Stausee wird vom *Eklutna Glacier* gespeist. Kajakverleih $30/2 Stunden, Fahrräder $30/Tag,

Vom ***Twin Peaks Trail*** zum *Twin Pass* (5 km) hat man eine grandiose Aussicht.

Stadtnäher (Bus nach *Downtown*) und sanitär komfortabler übernachtet man im ***Golden Nugget Camper Park***, 4100 De Barr Road, ✆ 1-800-449-2012, östlich von *Downtown* zwischen *Glenn Highway* und Northern Lights Blvd, 215 Stellplätze, teilweise beengt; $25-$48 (*Full Hook-up*); www.goldennuggetcamperpark.com.

Öffentlicher Nahverkehr

In *Downtown* Anchorage benötigt man kein Auto. Die ***People Mover*** **Busse** bedienen das ganze Stadtgebiet (Fahrpreis $2; Tagespass $5; Infos unter ✆ (907) 343-6543, www.peoplemover.org) und verkehren in der Innenstadt auf jeder zweiten Straße. Indessen gibt's im Zentrum nicht ganz viel zu sehen.

5.2.2 Stadt und Umgebung

Zentrum

Der zentrale Bereich in Anchorage ist rasch abgehakt. Er entspricht den Blocks zwischen 4th und 6th Avenue sowie C- und H-Street mit vielen **Shops** und **Restaurants**.

Parken ist normalerweise kein Problem. In einer der Nebenstraßen etwas außerhalb ist immer eine Parkuhr frei, wenn es zentraler nicht klappt.

Erste Anlaufpunkte sollten das ausgezeichnete ***Alaska Public Lands Information Center*** (605 W 4th Ave, ✆ (907) 644-3661; www.alaskacenters.gov; ➪ Seite 608) oder das **Blockhaus** der ***Visitor Information*** nur wenig weiter sein (524 4th Ave).

Anchorage Museum

Ebenfalls in der Nähe der *Visitor Info* liegt das architektonisch interessante ***Anchorage Museum*** in der 625 C Street. Mai bis September täglich 9-18 Uhr, sonst Di-Sa 10-18, So 12-18 Uhr, Eintritt $15/$7; www.anchoragemuseum.org.

Die Ausstellungen des **größten Museums Alaskas** rund um ein lichtes Atrium sind umfassend und schließen die ***Alaska Gallery*** mit 12.000 Jahren **Geschichte Alaskas** sowie Kunstausstellungen aus dem Hohen Norden ab dem 19. Jahrhundert mit ein.

Tony Knowles Trail/Earthquake Park

Den Nordwestrand der Innenstadt markiert der ***Resolution Park*** (Ecke L Street/3rd Ave.) mit dem großen ***Captain Cook Monument*** und **Panorama** über den *Knik Arm*. Ab Westende der 2nd Ave läuft der ***Tony Knowles Coastal Trail***, ein asphaltierter Rad- und Wanderweg, 18 km am *Knik Arm* entlang bis zum **Kincaid**

Park (Fahrradverleih: ***Downtown Bicycle Rental***, $16/3 Std, 333 W 4th Ave; © (907) 279-5293; www.alaska-bike-rentals.com).

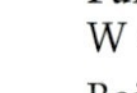

Bei gutem Wetter sieht man von ihm aus besonders gut die nahegelegenen Berge der *Chugach Range*. Am Weg liegt der ***Earthquake Park***. Der Name erinnert an das Karfreitagsbeben von 1964, das hier Teile des Landes und 75 Häuser ins Meer riß.

Wasserflughafen

In unmittelbarer Nachbarschaft zum *International Airport* befindet sich der ***Lake Hood***, der einer Armada von Wasserflugzeugen, die auf dem See und an Land »geparkt« sind, als Start- und Landebahn dient. Im Sommer soll die *Lake Hood Seaplane Base* mit über 430 Starts und Landungen täglich der frequentierteste Wasserflughafen der Welt sein.

Im ***Alaska Aviation Museum*** (4721 Aircraft Dr am Südufer des Sees) dokumentieren historische Filmausschnitte, Fotos, Erinnerungsstücke und Oldtimer die Luftfahrtgeschichte Alaskas und den Wagemut seiner Piloten, Mitte Mai bis Mitte Sept. täglich 9-17, sonst Mi-So 9-17 Uhr; $10/$6; www. alaskaairmuseum.org.

Auf dem ***Merrill Field***, einem Airport für (landgebundene) Kleinflugzeuge östlich des Stadtzentrums am *Glenn Highway* herrscht im Sommer mit täglich über 800 **Starts und Landungen** noch mehr Betrieb als auf dem Lake Hood.

Flightseeing

Auf beiden Airports gibt es zahlreiche **Charterflieger**, die vom kurzen Rundflug bis zum Tagestrip und Transport zu einsamen Seen mit verabredeter Abholung eine große Bandbreite an Möglichkeiten bieten. Speziell ab Anchorage empfehlenswert ist ***Flightseeing*** über die **Gletscherwelt** der *Chugach Mountains*.

Für Flüge in den ***Denali National Park*** ist Talkeetna bester Ausgangspunkt, ➪ Seite 478.

Veranstaltungen

Mitte Mai bis Anfang September findet Sa/So 10-18 Uhr der ***Anchorage Market* mit *Festival*** statt, ein bunter Flohmarkt in der West 3rd Ave zwischen C und E Street. Man findet dort u.a. zahlreiche Verkaufsstände für Souvenirs, Snacks, Obst, Gemüse und Flohmarktobjekte; www.anchoragemarkets.com.

Music in the Park bezeichnet eine Reihe kostenloser Konzerte von lokalen Musikern im Stadtpark (4th Ave/E Street) jeweils Mi+Fr 12-13 Uhr, Juni-Mitte August, www.ancoragedowntown.org.

Ende August bis Anfang September findet auf den ***Fairgrounds*** in Palmer (➪ Seite 479) der ***Alaska State Fair*** statt (für 12 Tage, © (907) 745-4827, www.alaskastatefair.org), eine Riesenangelegenheit mit über 300.000 Besuchern für viel *Show* und *Entertainment* neben den üblichen Ausstellungen einer (auch) Handwerks- und Industriemesse.

Wandern

Anchorage ist landeinwärts von Bergen umgeben. Im ***Chugach State Park*** (➪ Seite 441) findet man ein ausgezeichnetes Wanderwegenetz. Einer der besten **Trails** führt auf den ***Flat Top Mountain*** (Zufahrt südöstlich *Downtown* über die Upper Huffman und

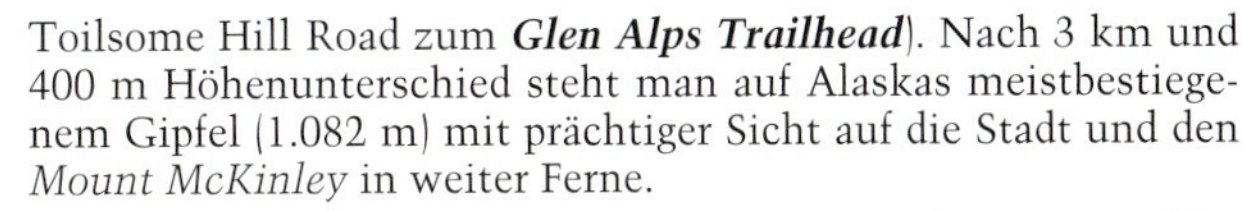

Toilsome Hill Road zum ***Glen Alps Trailhead***). Nach 3 km und 400 m Höhenunterschied steht man auf Alaskas meistbestiegenem Gipfel (1.082 m) mit prächtiger Sicht auf die Stadt und den *Mount McKinley* in weiter Ferne.

Etwa 10 km nordöstlich von Anchorage, zweigt die ***Arctic Valley Road*** vom *Glenn Highway* nach Osten zum Winterskigebiet *Arctiv Valley* ab (www.skiarctic.net). Die kurvenreiche Straße (ca. 12 km) bietet in ihrem Verlauf einige Ausblicke über Anchorage, das Cook Inlet und auf den *Mt. McKinley*. Vom Straßenende führt ein ***Trail*** (3 km, 450 Höhenmeter) auf den ***Rendezvous Peak***, einen weiteren hervorragenden Aussichtsberg (1.230 m).

Vom Ort Eagle River nördlich des gleichnamigen *Campground* (➪ Seite 440) geht es auf der Nordseite des namensgebenden Flusses vom *Glenn Highway* zum 20 km entfernten *Eagle River Nature Center* (www.ernc.org) im ***Chugach State Park***. Es ist Ausgangspunkt diverser Wanderwege, darunter der ***Rodak Nature Trail*** (1 km) mit Erläuterungen zu Geologie und Fauna, speziell zum **Laichverhalten** der Lachse im *Eagle River Valley*.

Blick aus einem »Flightseeing« Helikopter auf die Gletscher - landschaft in den Chugach Mountains unweit Anchorage

5.3 Routen in Alaska

5.3.1 Von Anchorage nach Seward und Homer auf der Kenai Peninsula

Turnagain Arm

Von Anchorage zur *Kenai Peninsula*, einer der attraktivsten Regionen im südlichen Alaska, geht es auf dem ***Seward Highway***. Der erste Abschnitt dieser gut ausgebauten Straße läuft am *Turnagain Arm* entlang. Dort ist der **Gezeitenwechsel mit 11 m Tidenhub** der zweithöchste in Nordamerika; bei Ebbe bleibt im breiten Fjord nur noch ein schmaler Streifen Wasser.

Railroad Museum

Ein kurzer Abschnitt der Straße führt wiederum durch den ***Chugach State Park***. Vor dem ***Potter Section House*** (am Milepost 115 ca. 3 km südöstlich der Stadtgrenze von Anchorage) stehen ein paar Relikte aus der Eisenbahnzeit, sowie ein Eisenbahnwaggon. Interessant ist die vor eine alte Lokomotive montierte Schneeräumturbine. Der **Rastplatz** am ***McHugh Creek*** 5 km weiter eignet sich gut für ein Picknick zwischendurch.

Nur 25 km südöstlich der Stadtgrenze passiert man den kleinen ***Bird Creek Campground*** (28 Plätze, $15) des *State Park* (➪ S. 440). Er liegt oberhalb der Straße und ist etwas laut, dafür ist der Blick über den *Turnagain Arm* auf die Kenai Peninsula ausgezeichnet.

Alyeska

Über ***Alyeska Highway*** (3 km) und ***Crow Creek Road*** (5 km) geht es zur ***Crow Creek Mine***, einem ***National Historic Place***; www.crowcreekmine.com. Aus der Mine (aktiv 1898-1940) wurden Millionen herausgeholt, heute kann man dort nur noch Gold waschen. Eintritt samt *Goldpanning* mit Einweisung und Pfanne mit *goldflakes* $20, ohnedem $10; Mitte Mai-Mitte Sept, tägl. 9-18 Uhr.

Ebenfalls am Alyeska Hwy liegt das ***Alyeska Resort*** bei **Girdwood**, Alaskas größtem Skigebiet. Im Sommer bringt eine Seilbahn *Sightseeing*-Touristen auf den Berg ($20, mit Lunch $30). 700 m über dem Meer hat man einen tollen Blick; www.alyeskaresort.com.

Das zugehörige ***Alyeska Prince Hotel*** zählt zu den besten ganz Alaskas; 1000 Arlberg Ave, © 1-800-880-3880, 304 Zimmer, DZ ab $150. Zu Alaskas Spitzenklasse gehört ebenfalls das ***Seven Glaciers Restaurant***, an der Bergstation, © (907) 754-2237.

Portage

Der Ort Portage am äußersten Ostende des *Turnagain Arm* wurde beim Erdbeben 1964 vollkommen zerstört.

Portage Glacier

Südlich der Brücke über den Portage Creek zweigt der ***Portage Glacier Highway*** zum Portage Lake und nach Whittier (18 km) ab. Auf dem Gletschersee treiben noch im Sommer Schollen.

Am Ufer steht das eindrucksvolle ***Begich Boggs Visitor Center*** des *National Forest Service* (Ende Mai-Mitte September täglich 9-18 Uhr, $5). Dort gibt es einen sehenswerten Film und Informationen zum (nach starkem Abschmelzen) in den letzten Jahren) vom Besucherzentrum aus nicht mehr sichtbaren *Portage Glacier* und zu Flora und Fauna der Region.

Touristische Goldwaschstelle bei der historischen Gold Creek Mine in Girdwood, heute beliebter denn je

Byron Glacier

Dem Südufer des Sees kann man weitere 2,5 km folgen. Vom Straßenendpunkt fährt das **Ausflugsschiff *Ptarmigan*** 5 x täglich (10.30-16.30 Uhr) über den See an den *Portage Glacier* heran, $34/$17, Mitte Mai-Mitte September; 60 min, wenig aufregend; www.portageglaciercruises.com. Wer etwas Zeit hat, sollte kurz vor dem Bootsanleger den ***Byron Glacier Trail*** machen (ca. 2 km), der eindrucksvoll an einer der wenigen straßennahen Gletscherzungen Alaskas endet.

Zwei schöne ***Forest Service Campgrounds*** – *Black Bear* (13 Stellplätze, $14) und *Williwaw* (60 Stellplätze, ab $18) – liegen am *Portage Glacier Highway* nah beieinander, www.reserveamerica.com.

Nördlich des Portage Lake führt der 4 km lange *Anton Anderson*-Tunnel (für Eisenbahn+Straße; tgl. 5.30-23.15 Uhr, $12 für Fahrzeuge bis 28ft; www.tunnel.alaska.gov) **nach Whittier** zur **Fähre durch den *Prince William Sound* nach Valdez**.

In Whittier legt aber nicht nur die Fähre ab, man kann auch eine Rundfahrt buchen: ***Phillips' 26 Glacier Cruise***, ✆ 1-800-544-0529, bietet für $149/$89 (inkl.Verpflegung) einen 5-Stunden-Trip vorbei an 26 Gletschern; www.26glaciers.com.

Zur Fährverbindung Whittier – Valdez im Detail ➪ Seite 453.

Hope

Südwestlich von Portage beginnt die *Kenai* Halbinsel. Nach 37 km geht es hinter der Brücke über den *Canyon Creek* auf dem ***Hope Highway*** zur gleichnamigen Siedlung an der Mündung des *Resurrection Creek* in den *Turnagain Arm*. Hope wurde 1896 von Prospektoren gegründet, die den Bach nach Gold durchwühlten.

Geblieben ist aus jener Zeit der ***Resurrection Pass Trail*** (62 km), der einst der Versorgung der Goldgräbercamps diente und heute der populärste Mehrtagestrail Alaskas ist. Er endet am *Sterling Highway* in der Nähe des *Russian River* am *Campground*, ➪ Seite 448. Am Wege gibt es mehrere Hütten, die man relativ günstig mieten kann. Frühzeitige Reservierung ist zu empfehlen: (➪ auch Seite 608); www.recreation.gov.

Gold Panning

Am *Resurrection Trail* gilt Goldwaschen als vergleichsweise aussichtsreich. Dort wie anderswo müssen jedoch ggf. private *Claim*-Rechte beachtet werden – ***No Panning, Private Claim!***

Als **bester Platz bei Hope** besitzt der ***Porcupine Campground*** (34 Stellplätze, $18-$28, www.reserveamerica.com) einige Plätzchen mit Weitblick über den *Turnagain Arm*. Er gehört ebenso zum *Forest Service* wie der am *Seward Highway* zwischen den Abzweigungen von *Hope* und *Sterling Highways* am Summit Lake gelegene ***Tenderfoot Creek Campground*** (35 Stellplätze, $18) mit schönen Arealen am Seeufer.

Sterling Highway, **(➪ übernächste Seite)**

Etwa 60 km nördlich von Seward zweigt der ***Sterling Highway*** nach Homer an der Westseite der Kenai Peninsula (220 km) vom *Seward Highway* ab. Die beiden Haupt- und wenige Nebenstraßen erschließen nur Randgebiete und schmale Streifen im Inneren der Halbinsel. Der größte Teil ihrer Fläche steht als weitgehend unzugängliche ***Kenai National Wildlife Refuge*** und ***Kenai Fjords National Park*** unter Naturschutz.

Eisfelder, darunter das 800 km² große ***Harding Icefield***, bedecken riesige Gebiete im Osten und Süden.

Beurteilung der Fahrt

Lohnt es sich, den *Sterling Highway* bis nach Homer hinunter zu fahren (und dann auch wieder zurück)?

– nach Homer

Generell gilt: Homer versprüht aufgrund der Abgeschiedenheit noch immer klassisches Alaska-Flair – ein idyllischer Fischerort. Aber: Sehenswürdigkeiten, die den weiten Weg unverzichtbar machen, gibt es kaum. Letztlich kommt es auf die zur Verfügung stehende Zeit und die Wetterbedingungen an. Man muss Homer – und Kenai auf halber Strecke – nicht unbedingt gesehen haben.

– nach Seward

Das Städtchen Seward an der Resurrection Bay zwischen hohen Bergen ist Ausgangspunkt für Kreuzfahrten durch den *Blying Sound* und zu den Eisbergen des ***Kenai Fjord National Park*** und hat aufgrund der vielen Kreuzfahrtschiffe sicher einiges an Ursprünglichkeit verloren; aber: Der Straßenverlauf **durch die *Kenai Mountains*** ist wunderschön. Bäche und Seen laden zu Zwischen - stopps ein, ***Forest Campgrounds*** zum Bleiben.

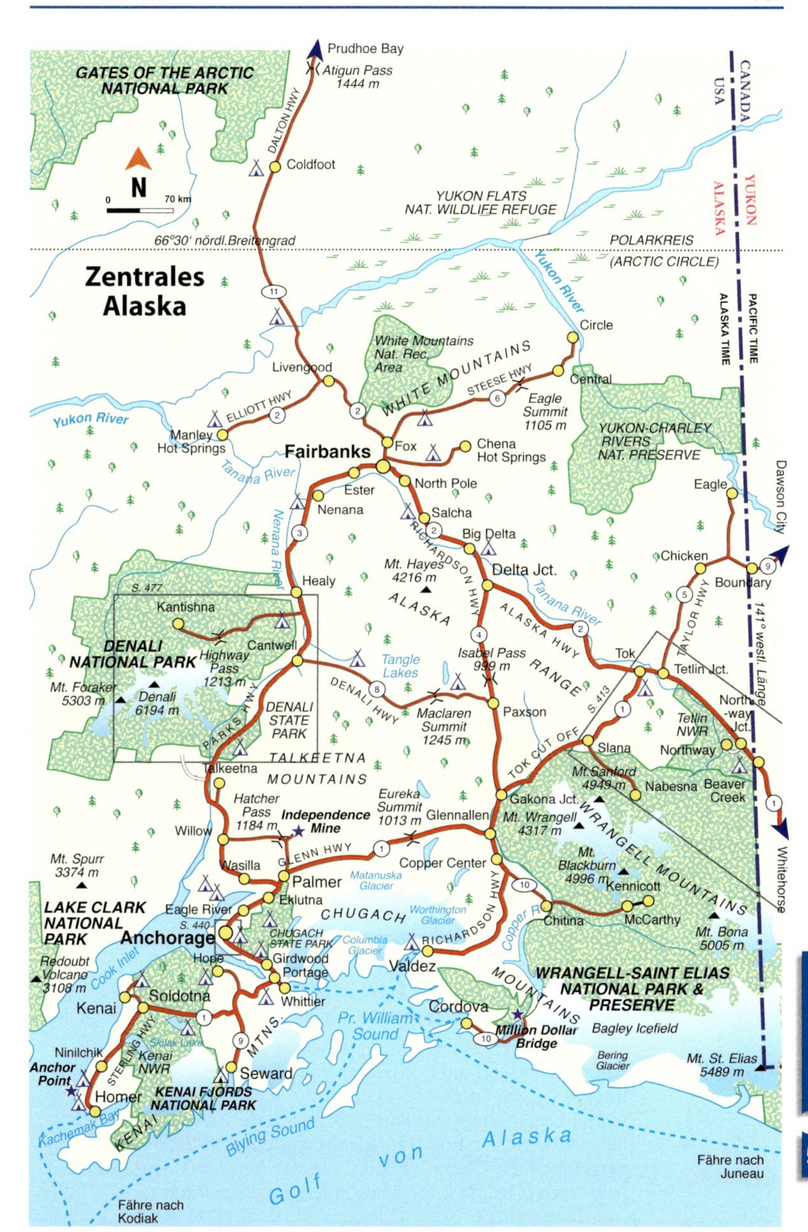
Zentrales Alaska
Prudhoe Bay
Atigun Pass 1444 m
GATES OF THE ARCTIC NATIONAL PARK
N
0 70 km
DALTON HWY
Coldfoot
YUKON FLATS NAT. WILDLIFE REFUGE
66°30' nördl.Breitengrad
POLARKREIS (ARCTIC CIRCLE)
CANADA
USA
YUKON
ALASKA
PACIFIC TIME
ALASKA TIME
Yukon River
Circle
White Mountains Nat. Rec. Area
WHITE MOUNTAINS
STEESE HWY
Eagle Summit 1105 m
Central
Livengood
ELLIOTT HWY
Manley Hot Springs
Fairbanks
Fox
Chena Hot Springs
YUKON-CHARLEY RIVERS NAT. PRESERVE
Tanana River
Ester
North Pole
Nenana
Salcha
Eagle
Dawson City
Nenana River
Big Delta
RICHARDSON HWY
Mt. Hayes 4216 m
Delta Jct.
Chicken
Boundary
Healy
S. 477
Kantishna
ALASKA
ALASKA HWY
TAYLOR HWY
141° westl. Länge
DENALI NATIONAL PARK
Highway Pass 1213 m
Cantwell
Tangle Lakes
Isabel Pass 999 m
RANGE
Tok
Tetlin Jct.
Mt. Foraker 5303 m
Denali 6194 m
DENALI HWY
Maclaren Summit 1245 m
Paxson
S. 413
North-way Jct.
DENALI STATE PARK
PARKS HWY
Tetlin NWR
TOK CUT OFF
Slana
Northway
TALKEETNA MOUNTAINS
Talkeetna
Mt. Sanford 4949 m
Nabesna
Beaver Creek
Hatcher Pass 1184 m
Independence Mine
Eureka Summit 1013 m
Glennallen
Gakona Jct.
Mt. Wrangell 4317 m
WRANGELL MOUNTAINS
Willow
GLENN HWY
Whitehorse
Mt. Spurr 3374 m
Wasilla
Palmer
Matanuska Glacier
Copper Center
Mt. Blackburn 4996 m
Kennicott
Eklutna
LAKE CLARK NATIONAL PARK
Eagle River
S. 440
CHUGACH
Worthington Glacier
Copper R.
Chitina
McCarthy
Mt. Bona 5005 m
Anchorage
CHUGACH STATE PARK
Columbia Glacier
RICHARDSON HWY
Redoubt Volcano 3108 m
Cook Inlet
Hope
Girdwood
Portage
Valdez
MOUNTAINS
WRANGELL-SAINT ELIAS NATIONAL PARK & PRESERVE
Kenai
Soldotna
Whittier
Cordova
Pr. William Sound
Million Dollar Bridge
Bagley Icefield
Ninilchik
STERLING HWY
Skilak Lake
Kenai NWR
MTNS.
Bering Glacier
Mt. St. Elias 5489 m
Anchor Point
Seward
Homer
KENAI FJORDS NATIONAL PARK
Kachemak Bay
KENAI
Blying Sound
Golf von Alaska
Fähre nach Juneau
Fähre nach Kodiak

5

Abstecher: Sterling Highway nach Homer und Kodiak

Auf dem ersten Abschnitt durch das »Herz« Kenais passiert der *Sterling Highway* zahlreiche Seen und Flüsse. Vor allem abseits der Hauptstraße liegen schöne **Campingplätze**, z.B. nach ca. 25 km, dann 3 km Stichstraße, der ***Russian River Campground*** (81 Stellplätze, ab $18; www.reserveamerica.com). 10 km weiter westlich gibt die kleine ***Visitor Contact Station*** des *Kenai National Wildlife Refuge* Infos zu *Trails* und *Campgrounds*.

Skilak Lake

An gleicher Stelle zweigt die ***Skilak Lake Road*** vom *Sterling Highway* ab, eine mit 30 km fast genauso lange parallele Schotterstraße, die sich als gute Alternative zur Hauptstraße anbietet. Zwei **Campingplätze** vor der Kulisse der ***Kenai Mountains*** liegen direkt am *Skilak Lake*.

Kenai

Am nordöstlichen Stadtrand von Soldotna beginnt der ***Kenai Spur Hwy*** (62 km). Er führt zunächst nach Kenai, der bereits 1791 als ***Nikolask Redoubt*** von den Russen gegründeten und heute mit 7.100 Einwohnern größten Stadt der Halbinsel. Die russisch-orthodoxe Kirche erinnert mit drei Zwiebeltürmen an die Ursprünge Kenais. Das ***Kenai Visitors and Cultural Center*** zeigt Ausstellungen, Filme und historische Fotos; 11471 Kenai Spur Hwy, © (907) 283-1991; www.visitkenai.com. Von dort ist es nur ein kurzer Weg entlang der Main Street zum ***Beluga Whale Lookout***. Die weißen Belugawale halten sich allerdings in den letzten Jahren immer seltener im Mündungsbereich des Kenai River auf.

Ganz am Ende des *Kenai Spur Highway* liegt die ***Captain Cook State Recreation Area*** mit herrlichem ***Campground*** (53 Plätze, $10) und einem Picknickplatz auf Felsen hoch über dem *Cook Inlet*. Jenseits des Meeresarms sieht man den zuletzt 1992 ausgebrochenen Vulkan *Mount Spurr* (3.374 m).

Soldotna

In Soldotna (4.200 Einw.) überquert der *Sterling Highway* den Kenai River. Am Südende der Brücke befindet sich das ***Visitor Center*** der Stadt, 44790 Sterling Hwy, © (907) 262-9814; www.soldotnachamber.com, 3 km südlich (Abzweig auf *Ski Hill Road*) das Besucherzentrum der *Kenai National Wildlife Refuge*; www.fws.gov/refuge/kenai.

Lesertipp: ***The Moose is Loose***, 44278 Sterling Highway, © (907) 260-3036; gemütliches Café mit leckerem Kaffee – ganz nach europäischen Geschmack .

Ninilchik

Auf seiner zweiten Hälfte folgt der *Sterling Highway* der Ufer - linie des *Cook Inlet*. Vieles an dieser Küste erinnert an die russische Besiedelung Alaskas, z.B. das malerische Ninilchik Village mit einer orthodoxen Kirche auf einem Hügel. Unter den verschiedenen Campingplätzen in der ***Ninilchik State Recreation Area*** ($10) ist keiner besonders zu empfehlen.

Auf der gegenüberliegenden (Nord-)Seite des *Cook Inlet*, im ***Lake Clark Nat'l Park*** (www.nps.gov/lacl), stehen die immer schneebedeckten Vulkangipfel ***Iliamna*** und ***Redoubt*** (3.053 m bzw. 3.108 m). Einige Aussichtspunkte wurden dort zu wahren Publikumsmagneten, als letzterer zur Jahreswende 1989/90 letztmals ausbrach. Das ***Alaska Volcano Observatory*** listet die derzeitigen Vulkanaktivitäten: www.avo.alaska.edu.

Anchor Point

Wer in Anchor Point der 2 km langen ***Anchor River Road*** bis zum Ende folgt, darf von sich behaupten, am westlichsten, auf durchgehender Straße erreichbaren Punkt Nordamerikas gewesen zu sein, nur 3° östlicher als Hawaii. Die genaue geographische Länge ist: 151° 52'.

Nach Homer

Ab Anchor Point wendet sich die Straße allmählich ostwärts. Kurz vor Homer kann man über ***West Hill Road*** und ***Skyline Drive*** einen 13 km langen Abstecher in die Höhenzüge oberhalb der Stadt machen (Rückweg über *East Hill Road*) und das Panorama der Umgebung genießen.

Homer Spit

Der ***Sterling Highway* endet in Homer** (5.000 Einwohner) auf dem sog. ***Spit***, einer 7 km langen, schmalen Sandzunge, die wie eine spitze Nadel tief in die *Kachemak Bay* hineinsticht. Nichts toppt dort ein Seafood-Dinner (z.B. im ***Fresh Catch Cafe***, 4025 Homer Spit Road, © (907) 235-2289, www.freshcatchalaska.net oder in ***Captain Pattie's Fish House***, #4241, © (907) 235-5135, www.captainpatties.com) mit Blick auf die zahllosen Fischerboote und Angler, die auch die Parkplatzknappheit am *Spit* gefasst tragen. Am *Spit* herrscht in den Sommerwochen sehr viel Betrieb, auch, weil dort viele Ferienjobber der Fischfabriken campen. **Camping** ist 2 km vor Straßenende auf drei markierten Arealen erlaubt: $15/RV (*Fishing Hole Campground*), $8/Zelt (*Tent Area* 1 & 2); www.cityofhomer-ak.gov/recreation. Wer mehr Komfort sucht, findet am *Spit*-Ende den privaten ***Homer Spit Campground***, 122 Plätze, © (907) 235-8206, $30-$50. Hier liegt auch ein ganzjährig eisfreier Hafen, von dem aus die *Alaska State Ferry* Kodiak und Seldovia ansteuert.

Homer nennt sich ***Halibut Fishing Capital of the World***, wo Sportfischer beim alljährlichen »*Halibut Derby*« drei Zentner schwere Heilbutte an Land ziehen; www.homerhalibutderby.com.

Kachemak Bay

Auf der anderen Seite der Bucht, 5 km Luftlinie vom *Homer Spit* entfernt, liegt der ***Kachemak Bay State Park*** inmitten einer urtümlichen Fjordlandschaft. Er ist nur per Boot oder Wasserflugzeug zu erreichen. Ein ***Water-Taxi-Roundtrip***, z. B. mit *Homer Ocean Charters*, kostet ab $ 85; www.homerocean.com. Detaillierte Informationen über Transportmöglichkeiten (nach Halibut Cove), Camping und Wanderwege im Park erhält man im ***Homer Visitor Center***, 201 Sterling Hwy, © (907) 235-7740, www.homeralaska.org.

Homer

Das ***Pratt Museum*** (3779 Bartlett St, Mitte Mai-Mitte Sept. täglich 10-18, sonst Di-So 12-17 Uhr, $8) erläutert Besiedlungsgeschichte und Meeresfauna der Region; www.prattmuseum.org.

Kodiak

Von Homer (10 Stunden) nach Kodiak Island verkehren Fähren des *Alaska Marine Highway*. Bereits 1792 wurde auf Alaskas größter Insel (9.293 km^2) die Siedlung Kodiak als Hauptstadt von Russisch-Alaska gegründet. Die **Zwiebeltürme der orthodoxen Kirchen** stehen im Zentrum des Städtchens (6.200 Einwohner). Das ***Baranov Museum*** (101 Marine Way) wurde von *Alexander Baranov* Anfang des 19. Jahrhunderts als Warenhaus der Russisch-Amerikanischen Handelsgesellschaft erbaut; Mai-Aug Mo-Sa 10-16, sonst Di-Sa 10-15 Uhr; $5, www.baranovmuseum.org.

Kodiaks touristische Attraktionen sind seine unberührte Natur und der Fischfang. Nur wenige Straßen – überwiegend Schotter – erschließen die Insel. Eine Fahrt auf der ***Pillar Mountain Road*** erlaubt herrliche Fernblicke aus 400 m Höhe. Auch ein Picknick am Strand der Anton Larsen Bay oder am malerischen ***Miller Point*** nördlich von Kodiak Stadt im ***Fort Abercrombie State Historical Park*** (Camping $10, 13 Plätze) hat seinen Reiz.

Kodiakbären

Weltweit bekannt ist Kodiak wegen der riesigen **Braunbären**, den ***Kodiak Bears***. In der ***Kodiak National Wildlife Refuge***, die zwei Drittel der Inselfläche ausmacht, leben rund 3.000 Exemplare dieser Art. Sie sind am besten ab Ende Juni beim Lachsfang zu beobachten. Allerdings ist die Wildnis dieses Gebietes nur per Boot oder Flugzeug zugänglich. Auskünfte beim ***Visitor Center*** der ***Wildlife Refuge,*** 1390 Buskin River Rd, © (907) 487-2626; www.fws.gov/refuge/kodiak, oder beim ***Kodiak Island Convention & Visitors Bureau***, 100 Marine Way, © 1-800-789-4782; www.kodiak.org.

Bewertung Kodiak

Ein Abstecher nach Kodiak Island will gut überlegt sein. Er kostet Zeit und Geld, nicht nur für die Überfahrt, sondern zusätzlich für den Transport zu den besonders reizvollen, aber abgelegenen Plätzen. Die Witterung zeigt sich auf den Inseln noch unbeständiger als auf Kenai.

Kodiak Bär

Lachse

Ca. 5 km nördlich von Moose Pass, der einzigen Siedlung auf der Strecke, lassen sich im glasklaren Wasser eines Baches von einem ***Observation Deck*** – speziell im August – gut Lachse beobachten. Eine Informationstafel des *Forest Service* erläutert den Lebenszyklus der Fische.

Exit Glacier

Etwa 6 km vor Seward zweigt die ***Exit Glacier Road*** (15 km) von der Hauptstraße ab. Fast am Ende dieser Stichstraße liegt der ***Exit Glacier Campground*** (12 *Walk-in-Plätze,* frei). Dieser einzige **Campingplatz im Nationalpark** ist im Sommer schnell belegt. Ein kurzer ***Trail*** führt vom Parkplatz am Ende der Straße bis an den Fuss des zum ***Harding Icefield*** gehörenden ***Exit Glacier***.

Nirgendwo sonst im *Kenai Fjords National Park* kommt man so leicht an einen Gletscher heran. Den dramatischen Rückgang des Gletschers dokumentieren Markierungen mit Jahreszahlen. Auf dem ***Harding Icefield Trail*** (5 km) kann man bis zum Eisfeld hinaufgehen. Oberhalb der Baumgrenze begleitet den Wanderer auf dem schönsten *Trail* der Region ein prächtiges Panorama.

Ein bequemer Fußweg führt hinauf zum Exit Glacier

Bootsausflüge

Weitere Ausflüge in den ***Kenai Fjords National Park*** sind nur per Boot möglich. Tagesfahrten zu Gletschern und Eisbergen werden von mehreren Veranstaltern in Seward angeboten. Sie starten im *Small Boat Harbor* und kosten $150 pro Person für 6 Stunden, z.B. ***Kenai Fjords Tours***; www.kenaifjords.com, und gehören zum Allerbesten, was Alaska zu bieten hat. Trotz der hohen Kosten ist die Fahrt zu dieser einmaligen Küste unbedingt zu empfehlen! Siehe auch doppelseitiges Foto auf Seite 432.

Unterwegs sieht man Buckelwale, gelegentlich auch Orcas (Killerwale, Schwertwale), Seeotter, Robben, Seelöwen und Tümmler sowie eine einmalige Vogelwelt, u.a. Weißkopfseeadler. **Höhepunkt** ist aber der Ausflug zum ***Holgate Glacier***, wo sich die Boote nah an den kalbenden Gletscher wagen.

Seward

Schon 1791 diente die *Resurrection Bay* dem Russen *Alexander Baranov* als Schutzhafen vor einem Sturm. Da er dort zu Ostern ankerte (*Resurrection Day*), benannte er die Bucht nach diesem Tag. 1903 wurde sie als geeigneter eisfreier Hafen Ausgangspunkt für eine Eisenbahnlinie – die spätere *Alaska Railroad* – vom Meer nach Fairbanks. Der Ortsname bezieht sich auf den **US-Außenminister *Seward***, der 1867 den Kauf Alaskas veranlasst hatte.

Camping

Seward, 2.700 Einwohner, ist im Sommer populäres Ziel zahlreicher Wochenendtouristen, die in Zelten und Wohnmobilen im ***Seward Waterfront Park*** rund um die Bay campen (überwiegend Ballaine Boulevard – die **Uferstraße** östlich des Zentrums); sanitäre Anlagen einschließlich *Dump Station* sind vorhanden, 378 Stellplätze, $10-$30 (inl. Strom & Waser), © (907) 224-4055.

Wer es ruhiger mag, fährt bis ans Ende der holprigen ***Lowell Point Road*** (5 km südlich des Ortes). Bei ***Miller's Landing*** (50 Plätze, $27-$37, © 1-866-541-5739, *Hook-up*-Stellplätze am Wasser vor Treibholz, weitere schattig im Wald) campt es sich schöner als in Seward unter bisweilen Hunderten von Wohnmobilen; www.millerslandingak.com.

Bei Ebbe kann man von *Miller's Landing* zu Fuß die ***Caines Head State Recreation Area*** erreichen (ca. 7 km). Die letzten 5 km am Ufer entlang gehören zu den schönsten Wanderrouten der Region. Bei Flut geht es nur per Boot zurück.

Seward Highway im Herbst

Wichtigste Fährverbindungen im Golf von Alaska 2014

Alaska Marine Highway; Fahrzeugtarife ohne Fahrer
www.dot.state.ak.us

(Preise in US$, einfache Fahrt)	Person	Auto bis 15 feet	Camper bis 21 feet	Motorrad	Fahrtzeit (Std)	Sommerabfahrten pro Woche
1. Whittier–Valdez	89	105	157	75	3	7x
2. Whittier–Cordova	89	105	157	75	6,5	7x
			auf direkter Route		3,5	7x
3. Valdez–Cordova	50	94	138	58	3	1x
4. Homer–Kodiak	74	152	229	94	10	3x
5. Juneau–Whittier	221	508	749	304	42	➪ Text

Hinweise zu den einzelnen Passagen:

zu 1) Für 2 Personen und einen maximal 15 Fuß großen Pkw kostet die Überfahrt ab Whittier $283 zuzüglich Maut (➪ siehe Seite 441) für den Straßentunnel. Dafür werden immerhin 560 km Straße von Portage nach Valdez eingespart und eine eindrucksvolle Fahrt durch den vergletscherten ***Prince William Sound*** geboten.

zu 2) Ab Whittier haben Tickets nach Valdez oder Cordova denselben Preis. Um aber ggf. von Cordova nach Valdez zu kommen, ist zu beachten, dass diese Route nur noch einmal pro Woche bedient wird.

zu 5) Die Fähre *M/V Kennicott* verkehrt von Mai bis September **im 2-Wochen-Takt** auf der Route Bellingham-Ketchikan-Juneau-Whittier-Kodiak. Die gesamte Fahrt dauert fast volle 6 Tage (planmäßig ca. 140 Stunden).

Für den Sommer sollten alle Fähren sehr zeitig gebucht werden.

Trails

Schöne *Trails* beginnen auch im Ort, so z.B. hinauf zum ***Mount Marathon*** (921 m) ab Lowell Canyon Road (3 km). Das ***Mount Marathon Race*** am 4. Juli jeden Jahres gilt als absoluter Härtetest; www.mmr.seward.com. Die Sieger bewältigen den zum Teil sehr steilen Weg zum Gipfel und zurück ins Tal unter 43 min .

Am Ortsausgang befindet sich das originelle ***Alaska SeaLife Center***, 301 Railway Ave. Dieser Meereszoo präsentiert im Golf von Alaska heimische Tiere; Mitte Mai-August täglich 9-21 Uhr, sonst 10-17 Uhr, $20/$10; www.alaskasealife.org.

Information

Stadtpläne erhält man beim ***Visitor Center***, 2001 Seward Hwy am Orteingang, © (907) 224-8051, www.seward.com.

Infos zu den ***Trails*** im ***Chugach National Forest*** gibt es im *Ranger District* Büro in der 334 4th Ave, © (907) 224-3374, zum ***Kenai Fjords NP*** in 1212 4th Ave; © (907) 422-0535; www.nps. gov/kefj.

Im Hafen von Valdez

5.3.2 Von Whittier nach Valdez/Cordova per Schiff

Route

Die Passage von Whittier nach Valdez durch den *Prince William Sound* ist ein Erlebnis. Das Schiff passiert Buchten mit kalbenden Gletschern und Eisbergen, wie den über 50 km langen und an der Basis 5 km breiten ***Columbia Glacier*** (45 km westlich von Valdez). Mit 35 m pro Tag bewegt der Gletscher sich extrem schnell. Dabei brechen unentwegt Eismassen ins Wasser. Die Fähren halten daher bei der Vorbeifahrt einige Distanz. **Ausflugsschiffe** fahren bis an den Fuß des *Columbia Glacier*; zu buchen in Valdez ab $125/$62 für den 7-Stunden-Trip; z.B. bei ***Stan Stephens Cruises***, © 1-866-867-1297; www.stanstephenscruises.com.

Valdez' Geschichte

Die kleine Stadt Valdez (4.000 Einwohner) entstand 1897/98 als Ausgangspunkt der durch Falschberichte über Goldfunde am Copper River angelockten Prospektoren auf ihrem Marsch in das Landesinnere und wurde später als *Terminal* der ***Trans-Alaska Pipeline*** bekannt. Valdez ist pittoresk von Gletschern und schneebedeckten Bergen umgeben. Weltweit wurde der Ort 1989 bekannt durch die folgenschwerste **Tankerhavarie** der US-Geschichte, die zweite Katastrophe innerhalb weniger Jahre: 1964 hatte ein ***Tsunami*** (Flutwelle), der durch ein Seebeben ausgelöst worden war, Valdez derart zerstört, dass der Ort neu aufgebaut werden musste.

Museum

Mehr über die Ölkatastrophe, den Bau der *Trans-Alaska Pipeline* und das Karfreitagserdbeben erfährt man im ***Valdez Museum*** (217 Egan Drive, täglich 9-17 Uhr Mitte September, sonst Di-So 12-17 Uhr, $7; www.valdezmuseum.org).

Ca. 11 km östlich des Ortes zweigt vom *Richardson Highway* die *Dayville Road* (9 km) zum ***Alyeska Marine Terminal*** ab. Er liegt am Endpunkt der *Trans-Alaska Pipeline* und hat eine Verladekapazität von stündlich 60 Mio. Liter Rohöl, und kann vier Supertanker gleichzeitig versorgen.

Unterkunft

Wer nicht campt, muss in Valdez fürs Hotel-/Motelzimmer tiefer in die Tasche greifen. Unter $120 pro Nacht läuft dort im Sommer so gut wie nichts. Etwas günstiger sind die *Bed & Breakfast* Angebote, ➪ nächste Seite oben genannte Broschüre.

Camping

Aber es gibt eine ganze Reihe von Campingplätzen, allein in der Nähe des *Small Boat Harbor* gleich vier ***RV-Parks***. Der öffentliche, vom Militär betriebene ***Valdez Glacier Campground***, 108 Stellplätze, $15-$35, befindet sich am Ende (#1200) der *Airport Road*, ca. 10 km vom Ort entfernt (zunächst 6 km auf *Richardson Highway*), schöne Anlage; ✆ (907) 873-4058.

Mineral Creek Road

Ein schöner Ausflug (mit Wanderung) führt auf dem *Mineral Creek Drive* (Anfahrt über Hazelet Ave und Hanagita Street mit Aussicht über Valdez) an Wasserfällen vorbei zum ***Mineral Creek Canyon*** (9 km). Vom Straßenendpunkt geht es auf einem alten »Goldgräberweg« (1,5 km) durch die pittoreske Schlucht zu einer verfallenen Mühle.

Trans Alaska Pipeline und Exxon Valdez Oil Spill

Das *Trans Alaska Pipeline*-System wird in erster Linie von einem Konsortium aus drei Ölmultis betrieben (*ExxonMobile, ConocoPhillips* und *BP*). Nach Fertigstellung der 1.287 km langen *Pipeline* von Prudhoe Bay zum eisfreien Hafen Valdez verließ der erste Tanker mit Erdöl aus dem Nordpolarmeer Valdez am 1. August 1977. In den Folgejahren flossen nicht nur ungeheure Mengen Öl durch die Rohre – zur Zeit etwa 160 Mio Liter pro Tag bei einer maximalen Kapazität von 340 Mio Liter pro Tag –, sondern auch viel Geld in die öffentlichen und viele private Kassen Alaskas. Nicht nur Valdez, sondern der gesamte Staat erlebte einen kräftigen wirtschaftlichen Aufschwung. Von Anfang an floss nicht nur Öl, sondern jährlich mindestens 25% der von den Förderunternehmen an den Bundesstaat Alaska entrichteten Lizenzgebühren in einen *Permanent Fund*. Im Februar 2014 betrug sein Wert über 48 Mrd. US$.
Für das Fondmanagement ist die *Alaska Permanent Fund Corporation* zuständig, für die jährliche Gewinnausschüttung die *Permanent Fund Dividend Division*. So erhielt im Jahr 2014 jeder Einwohner Alaskas aus den Fonderträgen 2013 eine Dividende von US$ 900.

Mitte März 1989 ereignete sich der ***Exxon Valdez Oil Spill***. Der Supertanker *Exxon Valdez* lief wegen eines Navigationsfehlers südlich von Valdez auf ein Riff und knapp **41 Mio Liter Rohöl ergossen sich in den *Prince William Sound***; über 2.000 km Küstenlinie wurden verseucht, zahllose Tiere verendeten.

Nach dem Schock begann jedoch das große Geschäft. Die jahrelange Ölbekämpfung brachte zusätzliche gut bezahlte Arbeitsplätze. Die Stadt konnte das Heer der Katastrophenhelfer – zu Spitzenzeiten waren es mehr als 10.000 – kaum beherbergen. Die Tourismusbranche boomte unter dem Motto ***See the Spill***! Die Fischer wurden großzügig entschädigt.

In der Zwischenzeit hat die Natur die Spuren der Katastrophe beseitigt. Die Umwelt leidet dafür zunehmend unter Ölverschmutzungen aus Lecks in der mittlerweile ziemlich maroden ***Trans Alaska Pipeline***.

Info Valdez

Valdez Convention and Visitors Bureau (#104 Chenega Street, © (907) 835-4636; www.valdezalaska.org)

Cordova

Eine Straßenverbindung nach Cordova existiert nicht. Außer Fähren versorgen Charter- und Linienflüge, u.a. *Alaska Airlines*, die Hafenstadt am ***Orca Inlet***. Die Tarife für die Fährpassage Whittier-Valdez-Cordova (6,5 Stunden inkl. Stopp in Valdez) und die direkte Route Whittier-Cordoba (3,3 Stunden) sind identisch. Die küsten- und damit gletschernähere Route über Valdez ist viel attraktiver als die küstenferne Direktroute, aber von Cordova nach Valdez geht's mit Alaska Marine nur einmal pro Woche.

Geschichte

Cordova entstand dank seiner reichen Fischgründe 1887/88 aus zwei kleinen Fischkonservenfabriken. Bereits Anfang des 20. Jahrhunderts fand man Kupfer in den *Wrangell Mountains* (Kennicott, McCarthy) und konstruierte eine **Eisenbahn** (➪ Seite 458), die bis 1938 – dem Ende des Kupferabbaus – in Betrieb blieb.

Als die Mine schloss, nahm auch die Bevölkerung Cordovas stark ab. Der Ort lebte wieder von Fischfang und -verarbeitung, in den letzten Jahren aber zunehmend auch vom Tourismus. Trotz der isolierten Lage zählt Cordova immerhin rund 2.300 Einwohner.

Der Worthington Glacier ist nur ein paar Schritte von der Straße entfernt.

Copper River Highway

Die Touristen zieht in erster Linie der landschaftlich faszinierende 80 km lange ***Copper River Highway*** an, eine Straße, die Cordova über Chitina mit den *Edgerton/Richardson Highways*, d.h. mit dem Alaska-Straßennetz, verbinden sollte, aber nie vollendet wurde. Sie läuft auf der alten Trasse der früheren Erzbahn von Cordova über die Inseln im ***Copper River Delta*** bis zur ***Million Dollar Bridge***. Kurz vor der Brücke über den *Copper River* endet die fast 100 m hohe Zunge des ***Childs Glacier*** spektakulär am Straßenrand. Der nördliche Brückenbogen brach beim Erdbeben 1964 zusammen und wurde nur notdürftig wieder repariert, der Weiterbau des *Highway* wurde ganz aufgegeben. Nur wenig weiter nordöstlich endet die Straße im Nichts. Aktuell (voraussichtlich bis Ende 2014) endet die Fahrt wegen Brückenschäden bereits bei km 58!

Trails und Info

Direkt von Cordova aus, aber auch von den *Trailheads* am *Copper River Highway* führen Wanderwege in die Wildnis.

Im Büro des ***Forest Service*** (612 2nd St., © (907) 424-7661) erhält man ***Trail Maps*** und weiteres Informationsmaterial, ebenso bei der ***Chamber of Commerce***, 404 First Street; © (907) 424-7260, www.cordovachamber.com.

Unterkunft

Nur eine Handvoll **Hotels/Motels,** dafür viele ***B & B*-Quartiere** warten auf Gäste. Offiziell campen kann man auf dem städtischen ***Odiak Camper Park*** an der Whitshed Rd (35 Plätze, $6-$25).

Am *Copper River Highway* finden sich außerdem leicht viele schöne inoffizielle Plätzchen.

5.3.3 Von Valdez nach Tok

Der *Richardson Highway* verbindet Valdez mit dem Alaska-Kernland. Parallel zur Straße läuft die *Trans-Alaska Pipeline* und kreuzt sie mehrfach.

Richardson Highway

Hinter Valdez geht es hinauf in die *Chugach Mountains*. Entlang der Strecke bieten sich zunächst immer wieder schöne Ausblicke über Stadt und Küste. Ein *Highligt* dieses Abschnitts ist der ***Keystone Canyon*** des Lowe River mit seinen Wasserfällen (28 km). Kurz vor der Passhöhe passiert man die Zufahrt zur windigen ***Blueberry Lake State Recreation Area*** ($14) über der Baumgrenze – man campt dort vor einem atemberaubenden Panorama. Nach ca. 48 km erreicht man den ***Thompson Pass*** (816 m). Die feuchten Westwinde sorgen in diesem Bereich für Schneerekorde. Im Winter 1952/53 wurden dort fast 25 m Schneefall gemessen!

Der grandiose ***Worthington Glacier***, nur wenige Kilometer nördlich des Passes, ist über eine kurze Stichstraße leicht zugänglich. Der gleichnamige ***State Recreation Site*** besitzt neben dem »zum Anfassen nahen« Gletscher eine überdachte Aussichtskanzel, Schautafeln zur Geologie, Picknickplätze und ***Trails***. Ein lohnenswerter Abstecher! Nördlich bieten sich von Parkplätzen beiderseits des *Highway* exzellente Aussichten auf den Gletscher.

Alte Kennicott Copper Mine

Edgerton Highway und McCarthy Road

140 km nördlich von Valdez zweigt der (asphaltierte) ***Edgerton Highway*** ab, der nach 56 km beim Nest Chitina (130 Einwohner) endet; der Ort besitzt ein kleines Hotel; www.hotelchitina.com. Als Fortsetzung des *Highway* führt die ***McCarthy Road***, eine gut instandgehaltene **Schotterstraße**, auf der historischen Bahntrasse der *Copper **R**iver* & ***N**orth **W**estern Railway* (CR&NW) über den Copper River hinweg in den ***Wrangell-St. Elias National Park*** hinein. Für die *Ghost Town* Kennecott (obwohl nach dem *Kennicott Glacier* benannt, wird die Stadt seit der Gründung wegen eines Schreibfehlers mit einem *e* geschrieben) lohnt es sich allemal, die 93 km lange Fahrt in Kauf zu nehmen – ein Highlight!

Nach McCarthy

Die Straße endet für den Individualverkehr am Kennicott River (Parkplatz am Fluss $10). Zu Fuß gehts weiter über den Fluss zur Ortschaft **McCarthy** (800 m) mit Restaurants und Hotels:

- ***McCarthy Lodge/Ma Johnson's Hotel***, edle Lodge im *Western-Style* und mit dem besten Restaurant der Region, © (907) 554-4402, DZ ab $199; www.mccarthylodge.com; zum Komplex gehört auch das ***Lancaster's Hotel***, DZ $99.

Kennecott

Von McCarthy aus führt die McCarthy Road noch 8 km weiter zu den **Kennecott Minen** – 1911-1938 mit die ertragreichsten Kupferminen der USA, heute eine sehenswerte ***Ghost Town*** *und* ***National Historic Landmark***. Dorthin fährt ein Shuttle-Bus ($10 retour). Hier auch das ***Visitor Center*** – Übernachtung in der

- ***Kennicott Glacier Lodge***, © 1-800-582-5128, ab $185, www.kennicottlodge.com, und der ***Kennicott River Lodge***, © (907) 554-4441; Bett $40, *Cabins* ab $115; www.kennicottriverlodge.com.

Wer vor der Fußgängerbrücke übernachten möchte, wählt den

- ***Glacier View Campground***, Mai-September, $24, einfach, aber mit Duschen, *Cabin* $95, © (907) 441-5737, Fahrradverleih, $25/Tag; www.glacierviewcampground.com oder die

- ***Currant Ridge Cabins***, *Cabin* ab $195 für 2 Personen, © 1-907-554-4424; www.currantridgecabins.com.

Wegen der zeitraubenden An- und Abfahrt braucht man einschließlich der Busfahrt oder Biketour (Bikeverleih $30/Tag, $15/4 Std; z.B. auch bei *Wild Alpine Outfitters*, 500 Kennicott Avenue in McCarthy, www.wildalpine.com) nach Kennecott, einer Wanderung durch die alten Anlagen und ggf. auf dem ***Root Glacier Trail*** (2,5 km), der an der Seitenmoräne von *Kennicott* und *Root Glacier* mit Blick auf den Mt. Blackburn (4.996 m) langsam aufwärts führt, leicht zwei volle Tage.

Richardson Highway

Zurück auf dem *Richardson Highway* führt dieser bei **Copper Center** um die als Handelsposten 1896 kurz vor dem Goldrausch gegründete Siedlung herum. Eine schönere Variante bleibt die Fahrt auf dem parallelen *Old Richardson Highway* durch den Ort, wo es in der ***Copper Center Lodge*** traditionelle Sauerteig-Pfannkuchen gibt (dem Schild »***Roadhouse***« folgen).

Wenig nördlich von Copper Center passiert man am *Richardson Highway* das ***Visitor Center*** des ***Wrangell-St. Elias National Park***, der zusammen mit dem ***Kluane National Park*** in Yukon eines der weltweit größten Gebiete unberührter Bergwildnis umfasst. Indessen gibt es vom *Richardson Highway* keinen Zugang in den Park. Lediglich die oben beschriebene *McCarthy Road* und die *Nabesna Road* ab Slana (unten) führen hinein.

Information

Wrangell-St. Elias National Park
Mile 106.8, Richardson Hwy, Copper Center; ww.nps.gov/wrst

Tok Cutoff

Rund 190 km nördlich von Valdez trifft der *Richardson Highway* bei Glennallen auf den *Glenn Highway* von Anchorage. Eine der wenigen in Alaska erhaltenen Rastanlagen aus »alten« Zeiten ist die ***Gakona Lodge & Trading Post*** von 1929 (10 Zimmer) mit ***Carriage House Restaurant*** von 1910 am Tok Cutoff, 3 km östlich von Gakona, © (907) 822-3482, www.gakonalodge.com.

Ab **Gakona** geht es auf dem ***Tok Cutoff*** zum *Alaska Highway*. Die Straße bietet keine überragenden landschaftlichen Höhepunkte. Eindrucksvoll ist das im Süden den *Tok Cutoff* zwischen Christochina und Slana lange begleitende Panorama der ***Wrangell Mountains*** mit dem ***Mount Sanford*** (4.949 m).

Nabesna Road

Die *Nabesna Road* (71 km) führt zur ehemaligen, heute verlassenen Minenstadt **Nabesna**. Unweit der Hauptstraße befindet sich eine ***Ranger Station*** des *National Park Service*, wo Auskünfte zum Straßenzustand eingeholt werden können. Am Wege gibt es mehrere Picknickplätze, die von Campmobilen über Nacht genutzt werden dürfen.

Caribous

Die *Caribou*, in Nordamerika wild lebende Verwandte der nordeuropäischen Rentiere, sind im Sommer in der baumlosen Tundra des Hohen Nordens zu Hause, wo sie sich von Gräsern und Moosen ernähren. Die harten Winter zwingen sie zu alljährlichen Wanderungen in die südlich angrenzenden Nadelhölzer der Taiga. Dort bilden Flechten Hauptnahrung der genügsamen Tiere.

Riesige *Caribou*-Herden waren für die Ureinwohner Canadas und Alaskas die wichtigste Lebensgrundlage. Durch deren Jagd mit primitiven Waffen wurde im dünnbesiedelten Norden der Tierbestand nicht gefährdet. Nachdem aber europäische Pelzhändler und *Voyageure* die *Inuit* (Eskimos) und Indianer mit Gewehren versorgt hatten, änderten sich die Jagdgewohnheiten, und die Zahl der *Caribou* nahm mit dem Vordringen der Zivilisation drastisch ab.

Heute behindern *Pipelines* und befestigte Straßen die Herdenwanderung und schränken den Lebensraum der *Caribous* ein. Immerhin hat sich – dank strengerer Jagdbestimmungen – ihr Bestand in jüngster Zeit ersichtlich stabilisiert, allein in Alaska auf 950.000 Tiere in 32 Herden, deren Population sekundär durch die Jagd (30.000 Tiere jährlich), primär aber durch Krankheiten, Raubtiere, Witterung usw. natürlich reguliert wird.

Relativ gute Chancen, freilebende Tiere zu sehen, bietet die Busfahrt durch den *Denali National Park* (➪ Seite 471).

Caribou am Richardson Hwy

Tok

In Tok mündet der *Tok Cutoff* in den *Alaska Highway*. Von dort sind es nur 20 km nach Tetlin Junction mit **Anschluss an die Yukon-Rundfahrt** (➪ Seite 414) und 145 km bis zur Grenze mit Canada. **Tok** (rund 1.300 Einwohner, ✆ (907) 883-5775; Stadtinfo im *Main Street Alaska Visitor Center*; www.tokalaskainfo.com) entstand 1942 aus einem Straßenbaucamp und besitzt – weit auseinandergezogen – entlang des *Alaska Highway* eine dichte **touristische Infrastruktur**. Bester Anlaufpunkt ist das ausgezeichnete ***Alaska Public Lands Information Center***, ✆ (907) 883-5667, www.alaskacenters.gov; ➪ Seite 608.

Camping

Die **Campingplätze** in Tok sind zwar zahlreich, aber wegen der Straßennähe überwiegend laut. Ruhiger schläft man auf dem ***Sourdough RV Park/Campground*** am *Tok Cutoff*, etwa 3 km entfernt vom Alaska Highway, 1 Prospector Way, 60 Plätze, $35-$45, ✆ (907) 883-5543; www.sourdoughcampground.com.

Schönere, wenn auch sanitär schlichte Alternative sind der kleine, gut angelegte *Campground* am warmen **Moon Lake** (***State Recreation Site***), 15 Stellplätze, $15; Alaska Highway 29 km nordwestlich von Tok sowie die ***Eagle Trail State Recreation Area*** (35 Stellplätze, $15) am *Tok Cutoff*, 25 km südwestlich des Ortes. Der Platz der ***Tok River State Recreation Site***, 43 Stellplätze, $15, Alaska Highway 8 km südöstlich von Tok, liegt am Fluss unterhalb der – auch nachts lauten – Straßenbrücke.

5.3.4 Von Tok nach Fairbanks

Der weitere Verlauf der Straße bis Fairbanks ist eher reizlos. Er folgt weitgehend dem Flusslauf des Tanana River. Ein wenig Farbe ins eintönige Landschaftsbild bringen nur die schneebedeckten Gipfel der *Alaska Range* in der Ferne.

Delta Junction

In **Delta Junction** (1.000 Einwohner; www.deltachamber.org) **endet** – wie ein unübersehbares Monument vor dem *Visitor Center* am Straßendreieck ausweist – **der »offizielle« *Alaska Highway***. Der Rest der Strecke bis Fairbanks ist Teil des ***Richardson Hwy***, der in Delta Junction auf den *Alaska Hwy* stößt. Dennoch werden die verbleibenden 150 km auch noch dem *Alaska Highway* zugerechnet.

Delta Junction ist Zentralort einer erst Mitte des 20. Jahrhunderts erschlossenen Landwirtschaftsregion. Für ständigen Konfliktstoff und erhebliche Ernteschäden sorgt dort die größte freilaufende Bisonherde Alaskas. Die 1928 aus Canada umgesiedelten Tiere weiden im Sommer südöstlich des Ortes in der *Delta Junction State Bison Range* (am *Alaska Hwy*) und suchen im Frühjahr zur Geburt ihrer Jungen das 30 km südwestlich gelegene Tal des *Delta River* (am *Richardson Hwy*) auf.

Alaska Pipeline

In **Big Delta**, 15 km nördlich von Delta Junction, überqueren *Highway* und ***Trans-Alaska Pipeline*** den Tanana River. Dort bietet sich eine gute Gelegenheit, die an eine Hängebrücke fixierte Ölleitung aus der Nähe in Augenschein zu nehmen. Kurz vorher geht es noch rechts ab über Rika's Road zu ***Rika's Roadhouse*** im ***Big Delta State Historical Park*** – im frühen 20. Jahrhundert ein beliebter Treffpunkt der Minenarbeiter, Händler, Jäger und Sammler; Eintritt frei, täglich 9-17 Uhr; www.alaskastateparks.org.

Camping

3 km weiter zweigt nach Osten die Zufahrt zur ***Quartz Lake State RA*** (*Campground*: 103 Plätze, $10) ab, wo nach 4 km links der Lost Lake mit einem weiteren, dem ***Forest Service Campground*** (125 Plätze, $25-$30) liegt (schöner als der Platz am Quartz Lake). Vom Lost Lake führt der ***Lost Lake Trail*** zunächst auf die gegenüberliegende Seeseite; an der Gabelung folgt man dem ***Bluff Point Trail***, der unvermittelt aus dem Wald ins Freie führt und nach 3 km eine herrliche Aussicht auf das Tal des Tanana River mit den schneebedeckten Gipfeln der *Alaska Range* im Hintergrund freigibt.

Baden

An heißen Sommertagen lässt sich die Fahrt gut an einigen Badeseen mit Picknick- und Campingplätzen zwischen Big Delta und Fairbanks unterbrechen. Dazu zählen östlich der Ortschaft Salcha die ***Harding Lake State RA*** (83 Plätze, $10) und bei North Pole der mit Stauseen und Dämmen perfekt entwickelte *Chena Lake RA*, $10-$15, Bootsverleih; www.co.fairbanks.ak.us/ParksandRecreation.

Dauer-Weihnacht

Der Weihnachtsmann, vermuten amerikanische Kinder, lebt am Nordpol. Und so wurde aus dem Dorf **North Pole**, 22 km vor Fairbanks, das seinen werbewirksamen Namen dem Vorhaben verdankt, Spielzeugwarenfirmen anzulocken, eine wichtige Adresse für Kinderbriefe an *Santa Claus*. Das ***Santa Claus House***, www.santaclaushouse.com, ist ein ***Gift Shop*** voller Weihnachten ***all year long***. Von dort verschickt der selbst im Sommer stets präsente Weihnachtsmann Briefe seinerseits an Kinder in aller Welt.

Nach 2.380 km (ab Dawson Creek) wird am Zusammenfluss von Tanana und Chena River **Fairbanks** und damit auch »inoffiziell« das **Ende des *Alaska Highway*** erreicht.

Exkurs: Denali Highway

Kennzeichnung

Für alle, die auf Fairbanks und gut ausgebaute Straßen verzichten mögen, gibt es ab Delta Junction eine **alternative Anfahrt zum *Denali National Park*** über Paxson. Diese Route über den ***Denali Highway*** ist zwar 40 km länger und viel zeitaufwendiger als die bestens ausgebaute Straße über Fairbanks, aber ihr Verlauf durch eine wilde, unberührte Landschaft ähnlich der im Nationalpark entschädigt für Querrillen und Schlaglöcher.

Richardson Highway

Entlang des *Richardson Highway* ab Delta Junction läuft teilweise über-, teilweise unterirdisch die ***Trans-Alaska Pipeline***. Die Röhren kreuzen die Straße mehrfach, ihr Zickzackverlauf ist an vielen Punkten ein interessantes Fotomotiv. Schautafeln erläutern Details zur Technik der Ölleitung vom Nordpolarmeer nach Valdez. Im Westen sieht man die eindrucksvolle Gebirgskulisse der vergletscherten ***Alaska Range***. Aus diesem Panorama heraus sticht als höchster Berg eines Gipfel-Dreigestirns mit *Mount Deborah* und *Hess Mountain* der *Mount Hayes* (4.216 m).

Verlauf Denali Highway

130 km südlich von Delta Junction – bereits auf der Abfahrt nach Passieren des *Isabel Pass* (999m) – zweigt bei Paxson der streckenweise sehr attraktiv verlaufende ***Denali Highway*** ab. Bis 1971 war diese Straße die einzige Zufahrt zum *Denali Park*, daher auch seine heute nicht mehr einleuchtende Bezeichnung. Er ist etwa Mitte Mai bis Anfang Oktober für den Verkehr freigegeben. Sein Zustand ist bei gutem Wetter heute selbst für Wohnmobile akzeptabel, indessen finden die meisten

Mieter eine Ausschlussklausel in ihren Verträgen. Die Straße läuft überwiegend oberhalb der Baumgrenze in (bis auf eine Handvoll *Lodges* und zwei Campingplätze) absoluter Einsamkeit. Ein schönes Hochgebirgspanorama, davor weite, von Seen, Flüssen und Mooren durchsetzte offenen Hochflächen, begleitet die Fahrt auf dem größten Teil der Strecke.

Straßenverlauf

Nur die ersten 35 km und die letzten 5 km der 215 km sind asphaltiert. Es geht in schöner Straßenführung in Serpentinen auf eine Passhöhe mit den bereits erwähnten Gipfeln der *Alaska Range* (im Nordwesten), den Bergriesen *Mt. Sanford* (4.949 m) und *Mount Wrangell* (4.317 m) in den *Wrangell Mountains* (im Südosten) und dem *Gulkana Glacier* (Nordosten) im Blickfeld.

Quartier

Wer Schotterstraßen vermeiden möchte, könnte problemlos dieses erste Teilstück abfahren und am Ausbauende den wildromantischen ***BLM Tangle Lakes Campground*** (45 Stellplätze $12) als Übernachtungsquartier wählen. Er ist Ausgangspunkt für Kanu- und Angeltouren auf der Tangle Lakes-Seenplatte. Das nahegelegene ***Tangle River Inn***, © (907) 822-3970, hat nicht nur Zimmer, sondern auch ein Restaurant mit prachtvollem Blick und einen Kanuverleih ($10/Std, $50/Tag), DZ ab $82, $48/Bett, 11 *Cabins* ab $158; www.tangleriverinn.com.

Passhöhe

60 km westlich von Paxson überquert der *Denali Highway* den ***Maclaren Summit*** (1.245 m), den zweithöchsten Pass im öffentlichen Alaska-Straßennetz.

In ihrem weiteren Verlauf – die Straße wird immer enger und kurviger – passiert sie den zweiten *Campground*: ***BLM Brushkana Creek*** (22 Plätze, $12). Rund 20 km vor der Einmündung in den ***Parks Highway*** erkennt man bei guter Sicht erstmals den mächtigen ***Mount Denali*** bzw. ***McKinley*** im Westen.

Demonstrationsteil der Alaska Pipeline, an dem deren Funktionsweise erläutert wird. Führungen wie im Bild finden heute nicht mehr statt

5.3.5 Fairbanks und Umgebung

Fairbanks besitzt heute rund 32.500, mit Einzugsbereich sogar 83.000 Einwohner und ist nach Anchorage und Juneau drittgrößte Stadt Alaskas.

Geschichte

Die Geschichte der Stadt begann erst Anfang des 20 Jahrhunderts. 1901 entstand ein erster Handelsposten, und nur ein Jahr später entdeckte der Italiener *Felix Pedro* **Gold** in einem später nach ihm benannten Flüsschen in den ***Tanana Hills***, 26 km nördlich der neuen Siedlung. Ein Denkmal steht am ***Steese Highway***. Ein »kleiner« Goldrausch folgte. 1910 zählte die inzwischen Fairbanks getaufte Stadt 3.500 Einwohner und 6.000 Goldschürfer in den Minen nördlich der Stadt, 1920 aber nur noch ganze 1.000.

Doch die günstige Lage »am Wege« ins Landesinnere sorgte bald für eine Neuorientierung. Mit der weiteren Besiedelung Alaskas entwickelte sich Fairbanks zur Versorgungsbasis der zentralen und nördlichen Regionen. Im 2. Weltkrieg gab es dank Straßenbau und Militärpräsenz weitere Impulse. Nach ruhigeren Jahren führte 1974 bis 1977 die Konstruktion der *Trans-Alaska Pipeline* zu einem starken Bevölkerungsanstieg.

Fluganbindung

Der ***Fairbanks International Airport*** (**FAI**), knapp 1 Mio Passagiere jährlich; www.dot.alaska.gov/faiiap, liegt ca. 6 km südwestlich der Innenstadt, Anfahrt per Taxi. Von dort aus starten *Alaska* und *Delta Airlines* ins Kernland der USA und *Air North* nach Dawson City. Auch ***Condor* fliegt von Frankfurt nach Fairbanks**.

Raddampfer »Discovery« auf dem Chena River (➪ Seite 467)

Internationale Flüge starten und landen indessen überwiegend in Anchorage, ➪ Seite 58. Alaskaintern lassen sich von Fairbanks viele Orte per Flugzeug erreichen.

Innenstadt

Eine gewachsene Mischung aus Alt und Neu, aus Blockhütten und anderer aus Holz errichteter Gebäude, moderner Bürobauten, Shopping Center und Hotels prägt das insgesamt freundliche, wenngleich langweilige Bild der Innenstadt.

Information

- ***Visitor Information*** der Stadt **Fairbanks:** 101 Dunkel Street, © 1-800-327-5774; www.explorefairbanks.com
- ***Alaska Public Lands Information Center***, © (907) 459-3730, www.alaskacenters.gov, ➪ Seite 608

Beide Agenturen residieren im selben Gebäude am Ufer des Chena River und haben alles erdenkliche touristische Informationsmaterial.

Unterkunft

In Fairbanks findet man zahlreiche Motels und Hotels, darunter die Häuser vieler großer Ketten, außerdem eine große Zahl von *Bed & Breakfast Places.* Das Preisniveau ist insgesamt niedriger als in Anchorage. Hier einige Empfehlungen:

- ***Aurora-Express***, 1540 Chena Ridge Road, © 1-800-221-0073. ***Bed & Breakfast***, 7 Zimmer u. a. in alten Waggons der *Alaska Railroad*, DZ ab $145. Ausblick auf Tanana River; www.fairbanksalaskabedandbreakfast.com.
- ***Golden North Motel***, 4888 Old Airport Way, © 1-800-447-1910. Einfaches Motel unweit des Stadtzentrums, mittlere Preisklasse, DZ $90; www.goldennorthmotel.com.
- ***River's Edge Resort Cottages***, 4200 Boat St, © 1-800-770-3343; www.riversedge.net. Hübsche Häuschen in gepflegter Anlage, z.T. direkt am Ufer des Chena River, *Cottage* ab $205, Restaurant; gleichnamiger ***Campground*** nebenan.
- ***7 Gables Inn,*** 4312 Birch Lane, © (907) 479-0751; www.7gablesinn.com. ***Bed & Breakfast*** in schönem Haus im Tudorstil; 20 komfortable Zimmer, Suiten, DZ ab $90.

Hostels

- ***Billie`s Backpackers Hostel***, 2895 Mack Boulevard, östlich der Universität, $20/Zelt, $30/Bett, $65/DZ, © (907) 479-2034; www.alaskahostel.com.

Camping

Rund um Fairbanks gibt es eine ganze Reihe von Campingmöglichkeiten von $12 bis über $30/Nacht.

Etwas westlich *Downtown* liegen die ersten beiden Plätze:

- Ein komfortabler RV Park (auch Zelte) am Ufer des Chena River ist der ***River's Edge RV Park & Campground***, © wie Resort oben, 190 Stellplätze, $25-$47.
- Ebenfalls eine komfortable Anlage mit allen Extras bietet der ***Riverview RV Park***. Er liegt 13 km südlich der Innenstadt am Chena River, 1316 Badger Road bei North Pole, Zufahrt über den *Richardson Highway*, 160 Stellplätze, $37-$45, © 1-888-488-6392; www.riverviewrvpark.net.

Creamer`s Field

Zur *University of Alaska*, jenseits des Tanana River am nordwestlichen Stadtrand, gelangt man von *Downtown* über die Illinois Street und dann College Road. An dieser Straße liegt das ***Creamer's Field Migratory Waterfowl Refuge***, täglich geöffnet Eintritt frei; www.creamersfield.org.

Im Frühjahr und Herbst rasten dort Tausende von Kanadagänsen, Kraniche und andere Zugvögel auf Ihrem Weg zu/von den Nistplätzen im Norden. Vom Farmhouse *Visitor Center*, 1300 College Road, in einem ehemaligen Bauernhof laden Lehrpfade zu Vogelwelt und Flora Alaskas zum Spaziergang ein. Im Sommer Führungen; www.adfg.alaska.gov.

Museum of the North in der University of Alaska

Das ***Museum of the North*** in der ***University of Alaska Museum*** (#907 Yukon Drive) besitzt Abteilungen zu Flora und Fauna, Ureinwohnern und weißer Besiedlung Alaskas. Glanzstücke sind die 36.000 Jahre alten Knochen eines im Permafrost entdeckten Bisons, eine Goldausstellung, die Konstruktionsgeschichte der *Trans-Alaska Pipeline* und eine Nordlichtshow.

Herzstück eines Museumsflügels ist die ***Rose Berry Alaska Art Gallery***, in der eine Verknüpfung von Kunst und Anthropologie versucht wird. Täglich geöffnet Juni-August 9-19 Uhr, sonst 10-17 Uhr; Eintritt $12/$7; www.uaf.edu/museum.

Botanischer Garten

Die Besichtigung des ***Georgeson Botanical Garden*** (www.georgesonbg.org) der Universität am 117 West Tanana Drive unterhalb des Universitätshügels kostet $5 (Mai-September täglich 9-20 Uhr). Interessant sind dort neben allerhand bunten Blumen erstaunlich große Kohlköpfe, die in diesen Dimensionen nur in Alaska wachsen.

Pioneer Park

Am *Airport Way*, der südlichen Hauptumgehung von *Downtown* Fairbanks liegt *Pioneer Park*, eine Mischung aus ***Amusement Park*** und ***Living Museum*** und ***Gold Rush Town***, Ende Mai-Anfang September täglich 12-20 Uhr. Der **Zutritt zum Gelände ist frei**, man kann sich daher leicht ein Bild machen, ob dieser (eher) kommerzielle Park (die Attraktionen kosten Eintritt) dem eigenen Geschmack entspricht; www.co.fairbanks.ak.us/pioneerpark. Eine 15-minütige Rundfahrt durch den Park unternimmt die *Crooked Creek & Whiskey Island Railroad* ($2/$1).

Im ***Sternwheeler*** »*Nenana*« befindet sich eine Ausstellung mit Dioramen zur Geschichte des 1933 erbauten Schiffes. Im ***Tanana Valley Railroad Museum*** steht die älteste fahrtüchtige Dampflok Alaskas, die 1899 erbaute *Engine #1*, und im ***Alaska Native Museum*** wird den Besuchern das Alltagsleben der *Athabasca*-Indianer demonstriert (alle drei Eintritt frei).

Mitte Mai bis Mitte September werden (täglich 17-21 Uhr) beim ***Alaska Salmon Bake*** Heilbutt, Lachs, Kabeljau und Steaks gegrillt; dazu gibt es eine *All You Can Eat Salad Bar*; alles in rustikaler Umgebung, bei schlechtem Wetter in einer Art Bierzelt. Mit $33 ohne Getränke nicht billig; www.akvisit.com.

Riesenkohlköpfe im Gemüsegarten der University of Alaska

Raddampfer

Mit $60 ebenfalls keine ganz billige Angelegenheit, aber überraschend abwechslungsreich ist die dreistündige Fahrt mit dem ***Sternwheeler »Discovery III«*** auf Chena und Tanana River; Mitte Mai bis Mitte September, täglich 9 Uhr und 14 Uhr. Die Anlegestelle des Raddampfers befindet sich in Flughafennähe am 1975 Discovery Drive. Neben Erläuterungen zur Flussumgebung (noble Villen und neuerbaute Blockhäuser, *Cripple Creek*, eines der einmal reichsten goldhaltigen Flüsschen Alaskas, *Fishwheels*/Lachs - fangräder der Indianer, wird allerhand Unterhaltung geboten; www.riverboatdiscovery.com.

Flussfahrt

Höhepunkte sind die Flug- und Landedemonstration eines Buschflugzeugs, der Zwischenstopp in einem Dorf der *Athabasca*-Indianer und die Schlittenhunde von *Susan Butcher*, die vom Ehemann der vierfachen *Iditarod*-Siegerin (➪ Seite 480) vor ihrem Blockhaus am Fluss vorgeführt werden.

Veranstaltungen

Mitte Juli finden in Fairbanks 5 Tage lang die ***Golden Days*** statt, mit Rennen, Wettbewerben, Paraden und Kostümen im Stil der Jahrhundertwende in Gedenken an die Goldfunde 1902. Im Februar startet das 1.646 km lange ***Yukon Quest International Sled Dog Race*** nach Whitehorse, eines der bedeutendsten Schlittenhunderennen des Nordens, ➪ Seite 479.

Ice Museum

Im ***Fairbanks Ice Museum***, 500 2nd Avenue, gibt es grandiose aus Eis »geschnitzte« Skulpturen lokaler Künstler zu sehen, Mai-September täglich 10-20 Uhr, $12/$6; www.icemuseum.com.

Alaska Pipeline

Nur 14 km nördlich von Fairbanks bietet der ***Trans-Alaska Pipeline Viewpoint*** direkt neben dem *Steese Highway* hervorragende Fotomotive. Über Bau und Unterhaltung der Erdölleitung informieren einige **Schautafeln, ➪ Seite 455**.

Goldfelder

Über die Ausfahrt vom ***Steese Hwy*** im Vorort **Fox** (2 km nördlich des *Pipeline Viewpoint*) erreicht man den Eimerkettenschwimmbagger ***Gold Dredge #8***, 1803 *Old Steese Hwy*. Die Goldschürfmaschine war von 1928-59 in Betrieb; www.golddredgeno8.com.

Eine 2-stündige Tour auf dem Areal der ***Gold Dredge #8*** kostet mit Besichtigung des Baggers und einer Fahrt mit der Schmalspurbahn und anschließendem Goldwaschen $40/$25; Mitte Mai-Mitte September, täglich 10.30 Uhr und 13.45 Uhr.

Umgebung

Fairbanks ist der wichtigste Verkehrsknotenpunkt Alaskas. Hier beginnen alle Straßen in den hohen Norden:

Chena Road

- Die ***Chena Hot Springs Road*** (asphaltiert) zweigt 8 km nördlich von Fairbanks vom *Steese Highway* ab. Zum beliebten ***Chena Hot Springs Resort*** mit komfortablem **Campingplatz** (24 Stellplätze, $20) und **Hotel**, DZ ab $199, © (907) 451-8104, samt Heißwasser- und Whirlpool ($15, tägl. 7-24 Uhr), sind es ca. 90 km; www.chenahotsprings.com. Auf den ersten 40 km führt die Straße durch besiedeltes Gebiet, danach wird ihr Verlauf einsamer. Am Ufer des Chena River befinden sich *Picnic-* und *Campgrounds*.

Howling Dog Saloon am Old Steese Highway in Fox

Chatanika Gold Dredge, Förder- und Verarbei - tungs- maschinerie für gold- haltige Sände

Steese Highway

- Der ***Steese Highway*** (250 km) führt von Fairbanks nach Circle am Yukon River. Lediglich die ersten 100 km sind asphaltiert, der Rest ist eine gut befahrbare Schotterstraße, die **Streckenführung großartig**.

Rustikalen Komfort aus den 1930er-Jahren im Alaska-Stil samt Saloon und Restaurant bietet die ***Chatanika Lodge***, 5760 Steese Hwy, DZ $80, © (907) 389-2164; www.chatanikalodgeak.com. Gegenüber liegt die historische ***Gold Dredge #3***, ein monumentaler Eimerketten-Schwimmbagger aus der Goldrauschzeit.

Zwei ***Campgrounds*** liegen am Wege, am schönsten ist der Platz am Flussufer im ***Upper Chatanika River State Recreation Site*** (24 Plätze, $13), 17 km nordöstlich der *Lodge*.

Auf dem *Steese Highway* geht es über zwei Passhöhen oberhalb der Baumgrenze, zunächst den *Twelvemile Summit* (962 m), dann den *Eagle Summit* (1.105 m). Beide verbindet der ***Pinnell Mountain Trail***, eine 44 km lange Wanderroute auf Tundra-Bergrücken vor einem grandiosen Panorama. Wer nicht den gesamten Weg gehen möchte, kann von beiden *Trailheads* auf nur wenigen Kilometern in einsame Höhen gelangen. Insbesondere der kurze Weg (1 km) zum Gipfel des ***Eagle Summit*** führt zum schönsten Aussichtspunkt weit und breit. Zur Zeit der Sommersonnenwende Ende Juni geht dort die Sonne eine Woche lang nicht unter.

Circle

Der ***Steese Highway*** endet in **Circle**, vor dem *Klondike Gold Rush* größte Goldgräberstadt am breiten Yukon River. Die Bezeichnung geht auf Prospektoren zurück, die glaubten, bereits am Polarkreis zu sein.

Als Etappenpunkt des ***Yukon-Quest*-Schlittenhunderennens** (➪ Seite 480) wird das ruhige 100-Seelen-Dörfchen einmal jährlich von internationalen Medien wahrgenommen.

Elliott Highway Heiße Quellen

- Der 240 km lange ***Elliott Highway*** zweigt in Fox, 18 km nördlich von Fairbanks, vom *Steese Highway* ab. Die Straße ist exakt bis zur Hälfte (Abzweig *Dalton Hwy* in Livengood) asphaltiert. Sie endet an zwei einfachen ***Campgrounds*** in ***Manley Hot Springs***. In einem Gewächshaus (!), in dem gleichzeitig noch Gemüse gezogen wird, befinden sich große Betonwannen, in denen man im heißen Wasser baden kann.

Das ***Manley Roadhouse***, 1 Main Street, eines der ältesten Gasthäuser Alaskas, stammt noch aus Goldrauschzeiten (1906), 13 Zi, DZ ab $70, © (907)-672-3161; www.manleyroadhouse.com

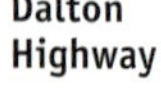

Dalton Highway

- Der mittlerweile zu 25% asphaltierte ***Dalton Highway*** beginnt etwa 130 km nördlich von Fairbanks und führt parallel zur ***Trans Alaska Pipeline*** über 670 km zur Prudhoe Bay an der Beaufort Sea.

Die nördlichste Straße des Kontinents mit dem höchsten Pass Alaskas (*Atigun Pass* 1.444 m) läuft durch Wälder und Tundragebiete über den 70. Breitengrad hinaus und endet an den Schranken zum Ölfördergebiet in **Deadhorse** (Tankstelle und *Deadhorse Camp*, DZ $199, *Milepost* 412.8 Dalton Hwy, © 907-474-3565; www.deadhorsecamp.com).

Eine Fahrt bis zum Nordpolarmeer (5 km) ist mit Privatfahrzeugen nicht möglich.

Mount McKinley oder – auf indianisch – Denali (Blick vom Wonder Lake)

Am *Dalton Highway* gibt es lediglich 3 Service-Stationen – alle jeweils mit Tankstelle, Restaurant und **Motel**: die erste (fast 220 km nördlich von Fairbanks) ist

- ***Yukon River Camp***, DZ $199, © (907)-474-3557; www.yukon-rivercamp. com, an der einzigen Straßenbrücke über den Yukon River in Alaska. Neben dem *Camp* liegt die ***Yukon Crossing Contact Station***. Das Infocenter des *BLM* direkt neben der *Alaska Pipeline* ist von Ende Mai-Sept besetzt.

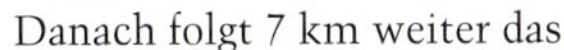

Danach folgt 7 km weiter das

- ***Hotspot Café***, © (907) 451-7543, keine Tankstelle, und als letzte

- ***Coldfoot***, DZ $199, 14 Stellplätze ab $14, © (907) 474-3500; www.coldfootcamp.com, im alten Minencamp mit Postamt und ***Visitor Center*** des ***Gates of The Arctic National Park***.

5.3.6 Von Fairbanks nach Anchorage über den Denali National Park

Der ***Parks Highway*** (520 km) wurde erst 1971 in voller Länge für den Verkehr freigegeben. Streckenweise führt er durch eine fantastische Landschaft. Aussichtspunkte lohnen immer wieder eine Unterbrechung der Fahrt.

Nenana Eiswette

Bei **Nenana** schlug am 15. Juli 1923 US-Präsident *Harding* in einem symbolischen Akt den letzten Nagel in eine Eisenbahnschwelle der ***Alaska Railroad***. Der indianische Ortsname »Nenashna« besagt in etwa: »Stelle, um zwischen zwei Flüssen zu lagern«. Das Städtchen am Zusammenfluss von Tanana und Nenana River ist für das ***Nenana Ice Classic*** bekannt, eine Art Wette, bei der seit 1917 versucht wird, auf die Minute vorauszusagen, wann um Ende April / Anfang Mai das Eis des Tanana River aufbricht. Das wird mit Hilfe eines großen Dreibeins aus Stahlrohr festgestellt. Das Gebilde steht ab März auf dem Eis und ist über eine Leine mit einem Uhrenschalter verbunden. Bricht das Eis, bewegt sich das Dreibein und die Leine stoppt die Uhr.

Tickets kann man überall in Alaska für $2,50/Stück erwerben. Wer mit seiner Einschätzung am besten liegt, erhält den gesamten Topf. Wegen der mittlerweile erreichten Popularität der Eiswette mit mehreren hunderttausend Teilnahmescheinen waren das **2013** beachtliche **US$ 318.500**. Im ***Visitor Center*** an der Hauptstraße liegt eine Liste der offiziellen Eisaufbruchzeiten, sie findet sich ebenso im Internet www.nenanaakiceclassic.com.

Denali National Park

200 km südlich von Fairbanks liegt der populäre ***Denali NP***. ***Denali*** bedeutet ***»Der Hohe«*** und ist die indianische Bezeichnung für den immer schneebedeckten Gipfel (6.194 m). Benannt wurden der **höchste Berg der USA und der Park** einst nach dem ehemaligen US-Präsidenten ***William McKinley*** (1897-1901). Abgeordnete aus *Mc - Kinley*s Heimatstaat Ohio setzten sich vor einiger Zeit erfolgreich gegen die Umbenennung auch des Berges zur Wehr, der bereits über Jahre in vielen Karten als *Denali* bezeichnet wurde. Der Berg heißt nun wieder offiziell ***Mount McKinley***; www.nps.gov/dena.

Anfahrt

Im Vorgebirge der *Alaska Range* verengt sich das *Nenana River Valley*, und die Straße steigt hoch über das Flussbett. Auf der anderen (westlichen) Seite des *River Canyon* erkennt man die Schienen der *Alaska Railroad*, die am Fluss entlang innerhalb des Nationalparks verläuft.

Vor allem nördlich der Parkzufahrt hat sich ab **Healy** (18 km bis zum Park) eine dichte **Infrastruktur** mit Campingplätzen, **Hotels**, **Motels**, vielen ***B&B`s***, Shops, Restaurants und den Anbietern von **Touren** zu Lande und zu Wasser entwickelt. Aber auch auf der Südseite der Einfahrt findet man eine Reihe von Quartieren. Bester Ausgangspunkt für Rundflüge ist Talkeetna (⇨ Seite 478).

Service-Bereich

An der Parkstraße auf dem Weg zu den ***Park Headquarters*** befinden sich – etwa 3 km vom *Parks Highway* entfernt – Flugpiste, Bahnhof der *Alaska Railroad*, Postamt und ein modernes Park Museum, das in multimedialer Aufbereitung den Park aus diversen Blickwinkeln beschreibt. Das groß dimensionierte ***Visitor Center*** mit ausgedehnten Parkplätzen liegt separat davon auf halbem Weg zum Servicebereich. Dort gibt es alle wichtigen Parkinformationen und vor allem die **meist dicht umlagerten *Reservation Desks*** für ***Shuttle Busses*** und ***Campgrounds***, ⇨ rechts. Der **Parkeintritt** beträgt $10 – für alle, die keinen Jahrespass besitzen (***America The Beautiful Pass***, $80 für sämtliche US-Parks).

Situation

Der Park gehört im Juli und August zum festen Programmpunkt unzähliger Alaska-Touristen, auch wenn das Wetter mal nicht so gut ist, wie Jahr für Jahr der immense Besucherandrang zeigt.

Lediglich die ersten **24 km** in den Park hinein bis zur Savage River Brücke sind **asphaltiert**. Bis dorthin verkehrt der freie ***Savage River Shuttle***. Diese Strecke darf auch noch von Touristenfahrzeugen genutzt werden, dahinter ist für den privaten Verkehr jedoch Schluss.

Zugangs-regelung

Wer weiter in den Park hinein will und sich nicht mit ein bisschen *Sightseeing* und Kurzwanderungen im Eingangsbereich zufrieden geben möchte, ist auf das reservierungs- und kostenpflichtige ***Shuttlebus-System*** (⇨ nächste Seite) angewiesen. **Mit eigenem Wagen** dürfen nur Inhaber reservierter Plätze auf dem *Teklanika River Campground* im Parkinneren die Schranke bei Kilometer 24 passieren. Ihnen, Einwohnern des einstigen Minendorfes Kantishna jenseits des Wonder Lake, und Parkangestellten gehören die wenigen Privatautos auf der *Park Road*.

Im Shuttle

Für glückliche Ticketinhaber kommt der Tag der Fahrt in den *Denali* hoffentlich an einem Schönwettertag. Unterwegs melden die Busfahrer das Auftauchen von Großwild und geben Auskunft über Flora und Fauna. Auf Wunsch halten sie auch an; bei Grizzly-Sichtungen werden ohnehin immer **Fotostopps** eingelegt. Man darf die Fahrt auch unterbrechen und mit einem nachfolgenden Bus fortsetzen, der auf Handzeichen hält, sofern noch ein freier Platz verfügbar ist. Die Realität an »vollen Tagen« sieht so aus, dass viele Mitfahrer aus Furcht, für eine Weiterfahrt lange warten zu müssen, den Bus vor der Endstation lieber nicht verlassen.

Das Denali Shuttlebus-System

Über die Jahre wurden wegen der enormen Nachfrage nach den Tickets für die Shuttle Busse – bei aus Naturschutzgründen restriktiver Handhabung der Buskapazität – die Regeln für Busreservierung und nutzung immer wieder verändert. Im Rahmen der Möglichkeiten soll jeder eine Chance haben, in den Park hinein zu gelangen. Gleichzeitig sind Fahrpläne und Kapazitäten so zu gestalten, dass alle zugelassenen Tagesbesucher bis zum Abend auch wieder hinaus transportiert werden können.

Die hier beschriebenen Regeln entsprechen dem Stand Anfang 2014, unterliegen aber ggf. Modifikationen. Wer den *Denali Park* intensiver als nur auf den ersten 24 km der *Park Road* erleben möchte, sollte die aktuell geltenden Reservierungsregelungen bereits vor Ankunft im Park bei den ***Public Lands Information Centers*** in Anchorage, Fairbanks und Tok verifizieren.

Reservierungen für die verschiedenen Shuttlebusse, die unterschiedliche Ziele im Park ansteuern, sind zur Zeit bis 2 Tage vor dem Termin möglich – und zwar telefonisch unter © 1-800-622-7275 / © (907) 272-7275, im **Internet** unter www.reservedenali.com oder **persönlich im *Visitor Center***.

Für **Plätze am selben Tag** stellen sich Besucher **ohne Reservierung** ab 5 Uhr morgens am *Visitor Cente*r an und hoffen auf letzte freie bzw. freiwerdende Plätze von Leuten, die ihre Reservierung nicht in Anspruch nehmen. Die Schlangen dafür sind oft lang.

Je nach Streckenlänge kostet die Busfahrt $27-$50 (retour), bis 15 Jahre frei. **Camper** auf den Plätzen im Parkinneren bezahlen $34,50 für den *Shuttlebus*. Für sie gibt es einen besonderen ***Camper Bus*** mit Gepäckabteil.

Die **Busse** fahren Juni bis Mitte September viertel- bis halbstündlich ab 5.15 Uhr vom ***Wilderness Access Center*** am Eingang zum ***Eielson Visitor Center*** (dorthin 4 Stunden eine Strecke, $34,50 retour), zum **Toklat River** (3,3 Stunden, $27 retour), zum **Wonder Lake** (5,5 Stunden, $47 retour) und nach **Kantishna** (6,5 Stunden, $51,50 retour). Rückfahrten entsprechend.

Eine Alternative sind **Tourbusse**, die nachfrageabhängig und daher unregelmäßiger fahren. Dafür, dass sie teurer sind ($70-$165, bis 15 Jahre die Hälfte), bieten sie höheren Komfort als die brettharten Shuttle Busse und einen Busfahrer, der seine Passagiere mit Parkinfos und Geschichten unterhält.

Camping im Denali Park

Der *Denali Park* verfügt über **6 *Campgrounds*** mit ganzen **275 Stellplätzen**: ***Sanctuary River*** (7 Stellplätze, $9), ***Igloo Creek*** (7 Stellplätze, $9) und ***Wonder Lake*** (28 Stellplätze, $16) sind nur für Zeltcamper zugelassen (Zugang jeweils nur per *Shuttlebus*); im Parkinneren ist nur der ***Teklanika River Campground*** (53 Stellplätze, $16, ab 3 Tagen *Tek Pass* für $34) mit Auto bzw. Wohnmobil zu erreichen. Der Wagen muss dann bis zur Rückfahrt dort abgestellt bleiben (plus $34.50 für *Shuttlebus* für den gesamten Aufenthalt).

- Ohne Einschränkung per Auto zugänglich sind ***Savage River Campground***, (33 Stellplätze, ab $22) an der Straßensperre und ***Riley Creek*** (147 Stellplätze, ab $14) unweit des *Visitor Center*.
- Aber nur ***Riley Creek*** bietet mit *Shop, Dump Station,* Duschen und Waschsalon höheren Komfort. Der Platz liegt zentral im Eingangsbereich des Parks.

Reservierung

Für die *Campgrounds* gilt dasselbe Reservierungssystem wie für die *Shuttle*-Busse. Dabei können **alle Stellplätze per Vorbuchung** vergeben werden. Kurzfristig hat man deshalb in der Hauptsaison kaum Chancen auf einen freien Platz.

Camping im Umfeld

Das kommerzielle Angebot außerhalb der Parkgrenzen bietet einen höheren Komfort und ist teurer, aber im Gegensatz zu allem, was im Park läuft, nicht dauernd ausgebucht. 18 km nördlich der Parkeinfahrt kurz vor der Zufahrt nach **Healy** liegt der

- ***McKinley RV & Campground***, 87 Plätze, $10-$38, © 1-800-478-2562; www.mckinleyrv.com.

Die Chancen, im Denali Park Bären in freier Wildbahn zu sehen, sind relativ gut

- Der nächste private Platz auf der Weiterfahrt am *Parks Highway* ist das ***Denali Grizzly Bear Resort***, 10 km südlich der Parkeinfahrt, schöne Flusslage, © 1-866-583-2696, $25-$39, *Cabins* ab $69, DZ $199; www.denaligrizzlybear.com.

Unterkunft

Motels und **Hotels** im Umfeld des Nationalparks sind in der Sommersaison sehr teuer, besonders Übernachtungen in den 4 Hotels innerhalb der Nationalparkgrenzen, die allesamt in Kantishna am Westende der Parkstraße liegen.

- Erste Empfehlung hier ist die ***Carlo Creek Lodge***, 22 km südlich, neuere Blockhäuser abseits der Straße auf einem schönen Gelände am Bach; © (907) 683-2576; *Cabins* $84, *Lodge* $145, www.denaliparklodging.com.

Hostel

- Das ***Denali Mountain Morning Hostel*** auf der gegenüberliegenden Seite des Carlo Creek sollte im Sommer unbedingt reserviert werden, © (907) 683-7503, www.hostelalaska.com. Die Übernachtung kostet ab $32/Bett, Hütten ab $85. Gäste ohne Auto werden am *Visitor Center* des Nationalparks/am Bahnhof abgeholt und auch dorthin zurückgebracht.

Unterwegs im Park

Hauptaktivitäten der Parkbesucher sind ohne Zweifel zunächst die Fahrt im *Shuttlebus* und mehr oder weniger ausgedehnte **Wanderungen** in die Wildnis.

Wenn das Wetter halbwegs mitspielt und nicht tiefhängende Wolken die *Denali Range* verbergen, lohnt sich eine Bustour immer. Bei Sonne und klarer Sicht wird sie zu einem unvergesslichen Erlebnis. Direkt an der Straße können Landschafts- und Tierfotos gelingen, wie sie sonst nur im Hinterland möglich sind.

Tierwelt

Seit dem Verbot des Privat- und der Limitierung des Busverkehrs haben die Tiere ihre Scheu verloren und selbst ***Grizzlies*** sind leicht zu beobachten. Mit etwas Glück sieht man auch ***Caribous*** (➪ Kasten, Seite 459), Elche, Bergziegen, Dallschafe und *Willow Ptarmigans* (eine Schneehuhnart), die Nationalvögel Alaskas.

Straßen - verlauf

Die **Parkstraße** verlässt nach wenigen Kilometer die bewaldete Taiga und verläuft oberhalb der Baumgrenze durch die Tundra.

Am ***Sable Pass*** (1.173 m) wurde das Terrain rechts und links der Straße für Wanderer gesperrt.

Kurz danach erfolgt der erste Zwischenstopp an der ***Polychrome Pass Rest Area*** (1.097 m) mit Blick auf die andere Talseite und das namensgebende, mehrfarbige Vulkangestein. Hinter dem nächsten **Stopp** (*Toklat River Rest Area*) erreicht die Straße am ***Highway Pass*** (1.213 m) ihren höchsten Punkt.

Nicht weit davon führt ein ***Trail*** auf den ***Stony Hill*** (1.374 m) mit einer herrlichen Aussicht auf den Berg der Berge und seine Nachbarn – so das Wetter mitspielt.

Auch vom ***Eielson Visitor Center*** hat man an guten Tagen einen umwerfenden Blick auf die zerklüfteten, verschneiten Gipfel des *Mount McKinley* und auf den *Muldrow Glacier*.

Mount McKinley

Zwischen **Wonder Lake**, an dessen Ufer sich ein Einfach-Campingplatz befindet (nur für Zelte) und **Gipfel des *McKinley*** beträgt der **Höhenunterschied 5.500 m**. Selbst im Himalaya gibt es keine so steil aufragenden Bergmassive.

Die erste erfolgreiche Besteigung des *McKinley* gelang 1910, als eine Gruppe von *Sourdoughs* (➪ Essay Seite 418) den niedrigeren Nordgipfel erklomm. Erst drei Jahre später wurde der Hauptgipfel bezwungen. Heute versuchen sich jedes Jahr zwischen April und Juli über 1.200 Bergsteiger am *McKinley*, von denen weit über die Hälfte erfolglos aufgibt (2013 war dank langer Schönwetterperioden ein Rekordjahr: Über 800 Alpinisten erreichten den Gipfel!). Zur Verkürzung des Anmarschwegs lassen sich die meisten von Talkeetna südlich des Nationalparks zu einem *Basecamp* auf dem *Kahiltna Glacier* fliegen.

Weitere Aktivitäten

Wer genügend Zeit hat, findet vor den Toren des Parks ein großes Angebot für spannende Aktivitäten und Abenteuer, deren einziger Nachteil die hohen dafür notwendigen Dollarbeträge sind. Namentlich ***River Rafting***, Wildwassertrips auf dem Nenana River, ***Flightseeing*** über das *McKinley*-Massiv können bei mehreren Veranstaltern gebucht werden.

Weder Kosten noch aufwendige Organisation und Planung verursacht die 4 km lange **Wanderung** vom *Park Museum* zum ***Mount Healy Overlook*** (gut 500 m Höhenunterschied) mit prima Aussicht, wenn auch nicht auf den *Mt. McKinley*.

Ebenfalls im Eingangsbereich sollte man in den *Dog Kennels* neben den *Park Headquarters* die halbstündige »Show« der Schlittenhunde inkl. einer kurzen Rundfahrt nicht verpassen (im Sommer täglich 10, 14 und 16 Uhr; Zutritt nur bei Fahrt mit dem kostenlosen ***Sled Dog Demonstration Shuttle*** oder via ***Rock Creek Trail*** (4 km) oder ***Roadside Trail*** (2,5 km).

Weiterfahrt

Auf der Weiterfahrt vom *Denali Park* in Richtung Anchorage passiert man bei **Cantwell** den westlichen Endpunkt des *Denali Highway*, ➪ Seite 462. Einer der schönsten Abschnitte der Strecke ist die bald danach folgende Auffahrt zum ***Broad Pass*** (700 m) über die *Alaska Range*.

Denali State Park

Etwa 50 km südlich der Passhöhe beginnt der ***Denali State Park*** (➪ Karte) mit den besten Aussichtspunkten auf den *McKinley* entlang des *Parks Highway*. Nach knapp 10 km im Park passiert man den ***Denali View North***, einen Parkplatz mit Aussichtsfernrohren, von dem man bei klarem Wetter einen sagenhaften Blick hat – genauso vom 45 km weiter südlich gelegenen ***Denali View South***.

Ein Teil des Parkplatzes ist jeweils als ***Campingplatz*** ($10, *North*: 20 Stellplätze, *South*: 9 Stellplätze) hergerichtet. Eigentlich kein romantisches Plätzchen und dazu ohne Komfort, aber die Camper genießen die Abendsonne – und selbst wenn die Nacht wolkenverhangen ist, so hat man doch am Morgen eine weitere Chance für den Blick auf den Berg der Berge; www.alaskastateparks.org.

Byers Lake Camping

Im Wald am **Byers Lake** liegt seefern ein »richtiger« ***Campground*** (73 Plätze, $10). Ein ***Trail*** (ca. 8 km) umrundet den See, Wanderer mit Zelt können den ***Lakeshore Campground*** nutzen (2 km), der auch gerne von Kanufahrern angelaufen wird. Von dort blickt man über die Wasserfläche in Richtung Abendsonne und *Mount McKinley*. An klaren Tagen hebt er sich mit seinen weißen Flanken glanzvoll vom blauen Himmel ab und spiegelt sich im See.

Talkeetna

Eine Stichstraße (23 km) parallel zum *Parks Hwy* endet jenseits des Susitna River in nördlicher Richtung in **Talkeetna**, einer authentischen 900-Seelen-Siedlung, die sich gut auf die Touristen eingestellt hat (schönes Kunsthandwerk!). Sie ist wichtigster Ausgangspunkt für Besteigungen des *McKinley*, da die meisten Bergsteiger von dort zum *Basecamp* fliegen. In Talkeetna starten auch viele Touristen zu einem **Rundflug über das *McKinley*-Massiv** (60 min $205), © 1-800-764-2291, www.flyk2.com. Auch 90-min-Flüge einschließlich Gletscherlandung und Füße vertreten auf dem Eis, $290.

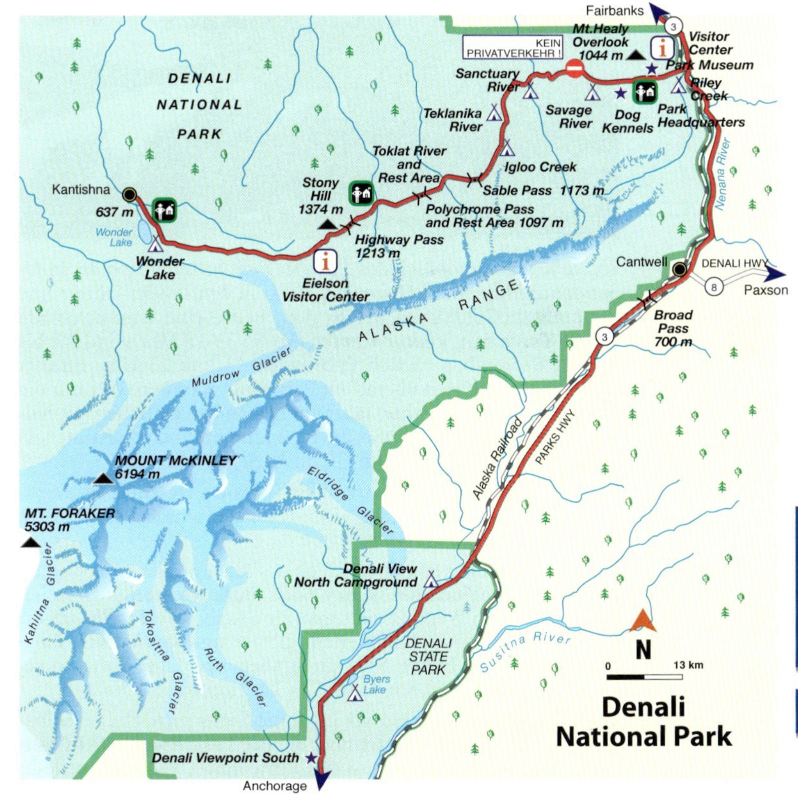

Hatcher Pass Road

44 km südlich der *Talkeetna Spur Road* bietet sich eine interessante Umgehung der Hauptstraße an: und zwar die 80 km lange ***Hatcher Pass Road***, die ca. 3 km nördlich von Willow als ***Willow Fishhook Road*** nach Osten abzweigt. Diese – bis auf die 35 km entlang der Passhöhe – asphaltierte Straße führt in diversen engen Serpentinen (keine größeren Wohnmobile) aus dem Tal in baumlose Höhen zum *Hatcher Pass* (1.184 m; oft bis Juni und wieder ab September Schneefall). Mehrere noch aktive und stillgelegte **Goldminen** säumen die Strecke.

Summit Lake an der Hatcher Pass Road

Goldmine/ Ghost Town

Einige Kilometer östlich des *Hatcher Pass* befindet sich der ***Independence Mine State Historical Park***, in den 1930er-Jahren eine der größten Goldminen der Region, heute eine eindrucksvolle ***Ghost Town*** mit ***Visitor Center*** (Mi-So 11-18 Uhr von Juni bis Anfang September; täglich Führungen 13 und 15 Uhr, Eintritt frei). Besucher dürfen überall im Park **Gold waschen**. Wer nur die Mine besichtigen möchte, fährt am besten den östlichen, asphaltierten Abschnitt der Straße, die ca. 2 km nördlich von Palmer als ***Palmer-Fishhook Road*** vom *Glenn Highway* abzweigt.

Wer auf dem *Parks Highway* bleibt, passiert westlich des *Highway* zwischen Willow (der »Fast-Haupstadt« Alaskas, ➪ Seite 485) und **Wasilla** zwei Seenplatten.

Seengebiete

Über eine Zufahrt (10 km) nördlich des Nancy Lake erreicht man die einsameren Seen der ***Nancy Lake State Recreation Area*** (30 Plätze, $10). Am Wege passiert man eine Reihe von ***Trailheads*** für Wanderungen. Einen **Kanuverleih** gibt es am ***South Rolly Lake Campground*** (96 Plätze, $10) am Straßenende. Über Portagen gelangt man von See zu See; Kanu $25/Tag (*Tippecanoe Rental*).

Die Anfahrt zum größten als moderne Sommerfrische erschlossenen See der Region erfolgt über die ***Big Lake Road*** (10 km vom *Parks Highway*): Ferienort (3.400 Einwohner), Hausbootverleih,

Motels, Supermärkte, Campingplätze, sogar Einkaufszentrum und Flugplatz – alles ist dort vorhanden. Indessen bilden die Seen eher ein gutes Wochenendziel für die Einwohner von Anchorage als einen Alaska-Anlaufpunkt für Touristen aus Übersee.

Iditarod Museum

Etwa 3 km südlich von **Wasilla** (8.500 Einwohner, © (907) 376-1299; www.wasillachamber.org) befindet sich neben dem ***Lake Lucille Park*** (mit ***Campground***, $10) das ***Iditarod Trail Sled Dog Race Headquarters*** (2100 Knik-Goose Bay Road), © (907) 376-5155. Am Veranstaltungssitz des populärsten Schlittenhunderennens der Welt vermittelt ein Museum (frei, Mitte Mai-Mitte September, täglich 8-19 Uhr) alles über Hunderennen und vor allem über das lokale Sportereignis (➪ Kasten). Außerdem kann man eine 200 m-Runde auf Hundeschlitten mitfahren (9-17 Uhr, $10).

Das Rennen geht auf eine Diphterie-Epidemie in Nome an der Beringstraße im Jahre 1925 zurück, als das einzig vorrätige Serum mangels einsatzbereiter Flugzeuge per Eisenbahn (von Anchorage nach Nenana) und von dort per Hundeschlittenstaffel (Nenana-Nome!) transportiert werden musste.

Palmer

Palmer liegt im Herzen des fruchtbaren *Matanuska Valley*, der bedeutendsten Landwirtschaftsregion Alaskas. Erst in den 1930er-Jahren begann man dort in großem Stil mit dem Aufbau landwirtschaftlicher Betriebe. Die Region bietet mit jährlich 165 frostfreien Tagen und der extrem langen sommerlichen Sonnenscheindauer ideale Wachstumsbedingungen für zahlreiche Gemüsearten. Beim *Alaska State Fair* (➪ Seite 442) in Palmer wurde z. B. kürzlich ein 48 kg schwerer Rekord-Kohlkopf prämiert.

Info

Am *Parks Highway* 2 km westlich des *Glenn Highway*, befindet sich das ***Matanuska Susitna Visitor Center*** für die Region Palmer/Wasilla, Mile 35,5 Parks Hwy; www.alaskavisit.com.

Schlittenhunde

Noch vor 75 Jahren wurden in Canadas Norden und in Alaska Lasten im Winter ausschließlich mit Hundeschlitten transportiert. Heute haben Schneemobile und Flugzeuge das traditionelle Fortbewegungsmittel selbst in solchen Regionen verdrängt, wo keine winterfesten Straßen existieren. Die Züchtung von Schlittenhunden wurde zur Liebhaberei, und Hunderennen mit Schlitten brachten es zu enormer Popularität.

Rennhunde haben aber heute nicht mehr sehr viel mit den halbwilden, wolfsähnlichen Geschöpfen gemein, die Indianer und *Inuit* einst vor ihre Schlitten spannten. Die populärsten reinblütigen Schlittenhunde, die *Siberian Huskies*, erkennt man an ihren charakteristischen blauen Augen. Die *Alaskan Malamutes*, ihre größeren und kräftigeren Verwandten, eignen sich eher zum langsameren Lastentransport als für den Rennwettbewerb.

Eine der Hauptaufgaben des ***Musher***, des Hundeschlittenführers, besteht darin, die ideale Zusammensetzung des Gespanns zu finden; dabei spielt die reinrassige Abkunft eine eher geringe Rolle.

Denn es kommt – da sie keine Lasten mehr schleppen – weniger auf Kraft, als auf Schnelligkeit und Ausdauer an. *Alaskan Huskies* sind in Alaska aufgezogene Mischlinge auf Basis des *Siberian Husky*. Die durchtrainierten, leichtgewichtigen Rennhunde ähneln – sieht man ab vom bauschigen Fell eher dem amerikanischen *Greyhound* oder dem deutschen Kurzhaar als dem *Siberian Husky*.

Das bedeutendste Rennen der Welt ist das ***Iditarod Trail Sled Dog Race*** von Anchorage nach Nome (seit 1973). Der Start erfolgt am ersten Samstag im März, in geraden Jahren über die 1.757 km lange Nord-, in ungeraden Jahren über die 1.773 km lange Südroute. Vom Preisgeld (2013 insgesamt US$600.000) erhält der Sieger US$90.000. 1985 gewann ***Libby Riddles*** als erste Frau das Rennen. Als einzig andere siegreiche Frau sauste inzwischen ***Susan Butcher*** aus Eureka/ Alaska 4x mit ihrem Hundeteam als erste durchs Ziel. 2010 gewann ***Lance Mackey*** als Erster viermal in Folge das Rennen. Den Streckenrekord hält seit dem Jahr 2011 John Baker, der für die Strecke 8 Tage, 18 Std, 46 min und 39 sec benötigte.

Für das ***Yukon Quest International Sled Dog Race***, ein 1.646 km langes Rennen von Fairbanks nach Whitehorse (Erstaustragung 1984) gab es 2013 $115.000 Preisgeld. Auch bei den beiden bekanntesten Kurzstreckenrennen über etwa 40 km – ***Rondy*** (www.furrondy.net) in Anchorage und den ***Open North American Championships*** in Fairbanks (www.sleddog.org) – gelangen außerordentliche Summen zur Verteilung. Mittlerweile bestreiten *Sled Dog Race* Profiteams mit Preis- und Sponsorengeldern ihren Lebensunterhalt. Für die meisten *Musher* ist die Hundezucht jedoch ein Hobby; allenfalls verdienen sie sich mit Züchtung und gelegentlichen Verkäufen von Huskies ein Zubrot.

Die Rennsaison dauert von Dezember bis April, im Sommer trainieren die Gespanne mit Rollen unter den Schlitten. In Wasilla und im ***Denali National Park*** finden während der sommerlichen Touristensaison täglich Vorführungen mit Schlittenhunden statt.

Mehr Informationen unter www.iditarod.com und www.yukonquest.com

5.3.7 Glenn Highway

Glenn Highway

Der ***Glenn Highway***, auf den der *Parks Highway* mündet bzw. an dem er beginnt, verbindet Anchorage direkt mit dem *Richardson Highway* und ist eine attraktive **Alternativstrecke** zur beschriebenen kombinierten **Route Straße/Fähre/Straße Anchorage–Whittier–Valdez–Glenallen**.

Der landschaftlich reizvollste Abschnitt des *Glenn Highway* ist die erste Hälfte der Strecke bis zum ***Eureka Summit***.

Moschusochsen

Nördlich von Palmer liegt die kleine ***Musk Ox Farm*** (12850 E Archie Road, Nähe Einmündung der Straße zum *Hatcher Pass*). Auf der Moschusochsenfarm werden die Mitte des 19. Jahrhunderts in Alaska ausgerotteten und 1930 aus Grönland wieder eingeführten Tiere wegen ihrer besonders feinen, wärmenden Unterwolle (*Qiviut*) gezüchtet. Traditionell fertigen *Inuit* Handschuhe und Mützen aus der Wolle. Halbstündige Führungen täglich Mitte Mai bis Mitte Sept; 10-18 Uhr; Eintritt $11/$5; www.muskoxfarm.org.

Höhepunkt der Etappe ist der ***Matanuska Glacier***, den man von der hochgelegenen Straße aus sehr gut überblicken kann. Die einzige Zufahrt per Auto zum Gletscher führt über ein Privatgelände und kostet happige $20 Eintritt/Person – *Matanuska Glacier Adventures*; zuviel für alle, die woanders noch/schon Gletscher zu sehen krieg(t)en. Alternativ kommt eine Wanderung mit Ausgangspunkt ***Matanuska Glacier State Recreation Site*** in Frage (nur 6 Stellplätze, $15). Man passiert ihn etwa 2 km vor der Zufahrt zum Gletscher. Der *State Site* ist wegen des ***Matanuska Viewpoint*** ein beliebter Anlaufpunkt für *Sightseeing*-Ausflügler.

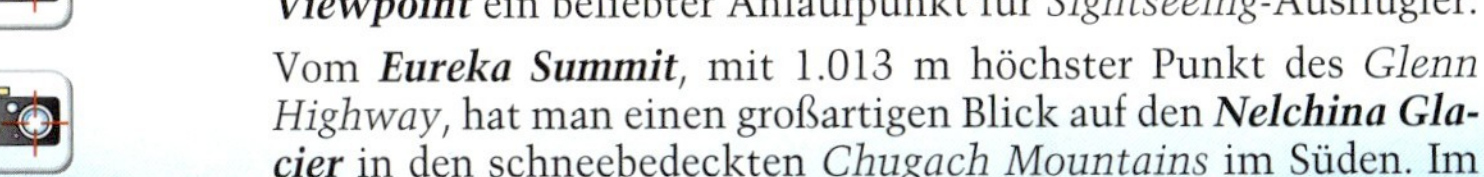

Vom ***Eureka Summit***, mit 1.013 m höchster Punkt des *Glenn Highway*, hat man einen großartigen Blick auf den ***Nelchina Glacier*** in den schneebedeckten *Chugach Mountains* im Süden. Im Nordwesten erheben sich die *Talkeetna Mountains*.

Straßenumzug zum Unabhängigkeitstag der USA in Glenallen

5.4 Die Inside Passage

Kennzeichnung

Der vom *Glacier Bay NP* bis Prince Rupert in British Columbia reichende Küstenstreifen Alaskas wird als ***Inside Passage*** bezeichnet. Dieses Gebiet ist durchs unzugängliche Gebirgsmassiv der *Coast Mountains* vom Kernland getrennt und besteht zum großen Teil aus Inseln und – dadurch – vor dem Pazifik geschützten Wasserstraßen. Touristisch gesehen profitieren Ketchikan und Juneau, zum Teil auch Sitka erheblich vom Kreuzfahrtboom nach Alaska. Aus bis zu sechs gleichzeitig ankernden gigantischen Luxuslinern stürmen bis zu je 2.000 Passagiere zu Kurzausflügen auf Landgang. Um Petersburg und Wrangell ist es ruhiger geblieben, und abseits der Kreuzfahrerziele herrscht ohnehin Einsamkeit. Nicht nur die isolierte Lage, sondern wohl auch die Unbilden des wechselhaften Wetters sind dafür verantwortlich.

Zum Reisen in der Inside Passage

Leider sind Reisen in dieses Gebiet mit erheblichen Ausgaben verbunden, sieht man ab von Haines und Skagway, die sich per Straße vom Yukon Territory aus erreichen lassen und bereits ausführlich behandelt wurden, ➪ Seiten 405 bzw. 409. Mit der Anreise ist es im übrigen nicht getan. Erst (meist teure) Abstecher und Ausflüge – und damit verbunden auch Aufenthaltskosten – machen die *Inside Passage* lohnenswert.

Information

Auskünfte über die aktuellen Möglichkeiten und Daten:

Southeast Alaska Tourism Council
www.alaskainfo.org mit Links zu allen Orten.

Information

Einzelheiten zu den Fähren in und durch die *Inside Passage* finden sich im folgenden Kapitel »Fähren in den Norden«.

Zunächst aber zu den Zielen der *Inside Passage*:

Ketchikan

Lage und Klima

Ketchikan, die südlichste und mit 8.300 Einwohnern fünftgrößte Stadt Alaskas, erstreckt sich über mehrere Kilometer auf einem schmalen Uferstreifen zwischen Bergen und Meer (*Tongass Narrows*). Die attraktive Stadt liegt in der regenreichsten Region der *Inside Passage*. Mit 3.830 mm ist die jährliche Niederschlagsmenge dort größer als auf Vancouver Island (➪ Seite 24) und sechsmal so hoch wie in Deutschland.

Die **Übernachtungskosten** in Ketchikan beginnen bei ca. **$80-$100 für *Bed & Breakfast*-Quartiere**.

Ein von den »Kreuzfahrern« aus den Luxuslinern überlaufenes Zentrum ist die pittoreske ***Creek Street*** an der ***Waterfront*** in *Downtown*. Bis in die 1950er-Jahre war dies ein bekannter Rotlicht-Bezirk. Die meisten der auf Pfeilern gebauten Häuser am ***Ketchikan Creek*** wurden restauriert und beherbergen *Shops*, Restaurants und Kneipen.

Sightseeing und Info

Totempfähle der *Tlingit*-Indianer im ***Saxman Native Village*** am *South Tongass Highway* ($5, 4 km südlich) oder im ***Totem Bight State Historical Park*** am *North Tongass Highway*, 16 km nördlich der Stadt, prägen Ketchikan.

Alaskas beste Totem-Kollektion mit 33 über 100 Jahre alten Pfählen steht im ***Totem Heritage Center***, 601 Deermount St (Mai-September täglich 8-17 Uhr, $5).

Informationen beim ***Visitors Bureau*** in der #131 Front Street, ✆ (907) 225-6166 oder ✆ 1-800-770-3300, www.visit-ketchikan.com oder ***Southeast Alaska Discovery Center***, 50 Main Street, ✆ (907) 228-6220; www.alaskacenters.gov (➪ auch Seite 608).

Wrangell

In Wrangell, einst Etappe für Goldsucher am Stikine River, scheint die Zeit stehengeblieben zu sein. Die 2.400 Einwohner leben von Fischfang und der Holzindustrie.

Die *Totem Poles* auf ***Chief Shakes Island*** im Hafen sind die Hauptattraktion des Ortes; ganz neu ist dort das ***Tlingit Tribal House***; www.shakesisland.com.

Idealer Punkt zur **Bärenbeobachtung** ist eine Aussichtsplattform am ***Anan Creek***, 55 km südöstlich von Wrangell im ***Tongass Nat'l Forest***. Dort gehen die gefräßigen Vierbeiner traditionell im Juli und August auf Lachsfang (*Pink Salmon*); www.fs.usda.gov/detail/r10/about-region/overview/?cid=fsbdev2_038669.

Zugang per Charterboot ($285; www.alaskawaters.com) ✆ 1-800-347-4462) oder Wasserflugzeug.

Stadtinfo unter ✆ (907) 874-2381; www.wrangell.com.

Petersburg

Geschichte

Der Norweger Peter Buschmann errichtete Ende des 19. Jahrhunderts auf *Mitkof Island* eine Sägemühle und einen Betrieb für die Lachsverarbeitung. Nach ihm wurde der Ort benannt. Die Fischindustrie und Holzwirtschaft blieben die wichtigsten ökonomischen Säulen von Petersburg (3.000 Einwohner).

Tagesaufenthalt

Der Fähranleger befindet sich 1 km südlich der Stadt, die – obwohl hübsch anzusehen und schön gelegen – touristisch wenig zu bieten hat. Einzige echte Attraktion ist die Bootstour zum mächtigen ***LeConte Glacier*** 40 km südöstlich, $180 für den 5-6-Std-Trip, ✆ 1-888-385-2488; www.breakawayadventrues.com.

Information

Petersburg Chamber of Commerce,
1st Street/Fram Street, ✆ 1-866-484-4700; www.petersburg.org.

Sitka

Baranof Island/ Geschichte

Im Gegensatz zu den anderen wichtigen Orten der *Inside Passage* liegt Sitka direkt an der Pazifikküste **(Baranof Island)**. Die 9.100 Einwohner von Sitka, der viertgrößten Stadt Alaskas, leben auf geschichtsträchtigem Boden. Der Russe *Alexander Baranov* gründete hier auf einem einstigen Siedlungsplatz der *Tlingit*-Indianer 1799 ein Fort, das sich rasch zum größten Ort der Westküste entwickelte und neun Jahre später die Hauptstadt von Russisch-Alaska wurde. An ***Baranof Castle Hill Historic Site*** fand 1867 die offizielle Übergabe Alaskas an die USA statt.

Sitka National Park

Einige Gebäude aus russischer Zeit gehören heute zum ***Sitka National Historical Park***, Mitte Mai-Sept. täglich 9-17 Uhr; $4, darunter das ***Russian Bishop's House*** von 1842 (103 Monastery Street) in der Stadt und das alte Fort (am Ostende Lincoln Street einen Kilometer

Goldwäscher zur Zeit der Jahrhundertwende

weiter östlich), im Jahr 1804 Schauplatz der ***Battle of Sitka***. Es war der letzte (erfolglose) Versuch der *Tlingit*, den Weißen Paroli zu bieten. Die lokale Historie wird in einem Video im *Southeast Alaska Indian Cultural Center* im **Visitor Center** des Parks dokumentiert; www.nps.gov/sitk.

Totem Poles

Eine Reihe schöner Totempfähle steht vor dem Gebäude und entlang eines *Nature Trail* am Sitka Sound. Eine neuere Rekonstruktion ist die russisch-orthodoxe *St. Michael's Cathedral* (Lincoln Street); das Original von 1848 brannte 1966 ab.

Unterkunft

Vor allem an ***Bed & Breakfast***-Quartieren (z.B. ***Biorka Guest House***, 611 Biorka Street, 2 DZ $85, ©(907) 738-7333; www.biorkaguesthouse.com) herrscht in Sitka kein Mangel. Hotels sind deutlich teurer.

Information

Sitka Convention & Visitors Bureau, 303 Lincoln Street, © (907) 747-5940, www.sitka.org.

Juneau

Geschichte

Die abseits gelegene, attraktive **Hauptstadt Alaskas** am geschützten *Gastineau Channel* zählt 32.600 Einwohner und ist damit nach Anchorage **zweitgrößte Stadt** des Staates.

Ihre Geschichte begann 1880, als *Joe Juneau* und *Richard Harris* an einem später ***Gold Creek*** genannten Bach fündig wurden. Mehrere **Goldminen** entstanden, darunter die enorm reiche *Treadwell Mine* auf Douglas Island, die aber 1917 voll Wasser lief. Erst in den 1940er-Jahren gab als letzte Mine die ***Alaska Juneau Mine*** nach fast 30 Jahren Produktion ihren Betrieb auf. Insgesamt hat die Region über die Jahre knapp 7 Mio. Unzen (über 200 t) reines Gold hervorgebracht.

Hauptstadt

Dank des Goldrausches und der daraus resultierenden Einwohnerzahl war Juneau zunächst die bedeutendste Stadt Alaskas und wurde 1906 Hauptstadt. Nach mehreren »Anläufen«, die Hauptstadtfunktion auf einen Ort im Alaska-Kernland zu übertragen, votierten 1976 die Einwohner Alaskas endlich für den Umzug der Regierung nach Willow, einem Ort 100 km nördlich von Anchorage), stimmten aber 1982 gegen die damit verbundenen Ausgaben in Milliardenhöhe. Seither ruht die Angelegenheit zur Erleichterung der Bevölkerung von Juneau, deren Arbeitsplätze zur Hälfte von der öffentlichen Verwaltung gestellt werden.

Fähren

Juneau ist am besten mit den Fähren des ***Alaska Marine Highway*** ab Haines/Skagway zu erreichen; es gibt täglich mehrere Verbindungen. Außerdem gibt es Flugverbindungen.

Der Anleger der Fährschiffe befindet sich 23 km nördlich der Stadt. Busse (3 km Fußweg zur Bushaltestelle) und Taxen sorgen für den Transport in die belebte *Downtown*.

Information

Gleich im ***Visitor Information Center*** am Fährhafen sollte man sich eine ***Walking Tour Map*** besorgen; www.traveljuneau.com.

Sights

Eine Attraktion Juneaus ist die **Seilbahn am *Mount Roberts*** in *Downtown* (490 S Franklin Street, Mai-Sept. täglich 9-21 Uhr, $32/$16; www.goldbelttours.com). An der Bergstation (500 m, zu Fuß 3 km ab 6th Street) beginnen Wanderwege mit prächtiger Aussicht auf Stadt und Umgebung. Besuchenswert war das ***Alaska State Museum*** (395 Whittier Street), das den Schwerpunkt auf die Siedlungsgeschichte Alaskas sowie indianische Kultur gelegt hat – nun ist es erstmal geschlossen und soll im April 2016 an gleicher Stelle in neuen Räumlichkeiten wieder öffnen; www.museums.state.ak.us.

Unweit des *State Capitol* an der Main Street liegt das ***Juneau-Douglas City Museum*** (im *Veterans Memorial Bldg*, 155 S Seward Street; www.juneau.org/parkrec/museum), das dem Goldrausch und den Goldminen viel Raum widmet; Mai-September Mo-Fr 9-18 Uhr, Sa+So 10-17, sonst Di-Sa 10-16 Uhr, $6.

Mendenhall Glacier

Das erste Ziel außerhalb Downtown ist der 19 km lange und über 2 km breite *Mendenhall Glacier*, der vom 3.800 km² großen ***Juneau Icefield*** hinunter ins Tal drückt. Die ***Mendenhall Loop Road*** zweigt 15 km nördlich der Stadtmitte vom *Glacier Highway* ab und führt hinauf zum Mendenhall Lake, an dem das ***Mendenhall Glacier Visitor Center*** des *Forest Service* steht; 8510 Mendenhall Loop Rd, Mai-Sept täglich 8-19.30 Uhr; Eintritt $3. ***Nature Trails*** führen beiderseits des Sees an den Gletscher heran

Bootstour

Für $160/$95 kann man einen 10-stündigen Bootsausflug in den wunderschönen ***Tracy Arm*** unternehmen, wo kalbende Gletscher ins Meer stürzen; z.B. ***Adventure Bound Alaska***, © 1-800-228-3875; www.adventureboundalaska.com. Der Trip ist ggf. eine gute Alternative zur teuren *Glacier Bay Tour*.

Hubschrauber

Auf dem Luftweg in die Gletscherwelt führt ein 35-minütiger Hubschrauberflug mit Landung und 25-min-Aufenthalt auf dem ***Taku Glacier***, ***Era Helicopters***, $286; www.flightseeingtours.com.

Unterkunft

Die Hotels und Motels kosten im Minimum ab $89, die meisten über $100 fürs DZ. ***B&B*** beginnt bei etwa $100 für 2 Personen:

- ***Cozy Log B & B***, © (907) 789-2582, 8668 Dudley Street; zwei Zimmer, $140, gemütlich; www.cozylog.net

- ***Pearson's Pond Luxury Inn***, 4541 Sawa Circle, © 1-888-658-6328 und © (907) 789-3772, www.pearsonspond.com; DZ $310
- Einzige preiswerte Alternative ist das ***Juneau Hostel***, 614 Harris St, © (907) 586-9559; $12/Person, www.juneauhostel.net; direkt in *Downtown*, langfristige Reservierung nötig.

Campingplätze gibt es um Juneau mehrere; am schönsten ist der ***Mendenhall Lake Campground*** ($10-$28) des *Forest Service*.

Admiralty Island

Südlich von Juneau liegt Admiralty Island, eine Insel, die zu knapp 90% als ***National Monument*** unter Naturschutz steht. **1.500 Braunbären** sollen auf Admiralty Island leben. Insbesondere während der Lachswanderung Mitte Juli bis Ende August gehen die Bären gleichzeitig auf Fischfang. Sie vom ***Pack Creek***

Brown Bear Viewing Area aus zu beobachten, ist ein Erlebnis. Man benötigt dazu ein ***Permit*** vom *Mendenhall Glacier VC* (➪ links), © (907) 586-8800; www.fs.usda.gov/main/r10/specialplaces. Der **Transport nach Admiralty Island** erfolgt per Wasserflugzeug ab Juneau; ***Alaska Seaplanes***, Hin- und Rückflug bei maximal 8 Std. Aufenthalt US$689 pro Person; © (907) 789-3331; www.flyalaskaseaplanes.com.

Glacier Bay Nationalpark

Der einzigartige ***Glacier Bay National Park*** schließt im Norden die *Inside Passage*. Seine Gletscher und Eisberge zählen zu den touristischen Höhepunkten Alaskas und sind ein einmaliges Erlebnis. Voraussetzung für den Besuch ist allerdings ein großzügig bemessenes Reisebudget. **Information** bei:

Glacier Bay National Park; © (907) 697-2230; www.nps.gov/glba.

Gletscherflüge auf den Taku Glacier gibt es ab Juneau;

Wale

Zur Zeit der ersten Erkundung der ***Icy Strait*** im Jahr 1794 durch *Captain George Vancouver* war die *Glacier Bay* bis auf 8 km vollkommen mit Eis bedeckt, das sich seither über 100 km zurückzog und eine bis 20 km breite Bucht freigab, in die 12 kalbende Gletscher »münden«. Von Juni bis September ziehen **Buckelwale** im nahrungsreichen Wasser ihre Jungen auf. Zum Nationalpark gehört auch der 30 km von der *Glacier Bay* entfernte ***Mount Fairweather***, mit 4.663 m der höchste Gipfel Südostalaskas.

Lage

An der ***Icy Strait***, der *Glacier Bay* abgewandt, liegt **Gustavus** (www.gustavusak.com) eine »Service-Siedlung«, deren 450 Einwohner im Nationalpark, in der Fischerei oder im Touristengeschäft tätig sind. Von dort führt eine 16 km lange Straße nach **Bartlett Cove** ausgangs der *Glacier Bay*; Verbindung durch *Shuttlebus* oder TLC Taxi, $15 einfach, www.glacierbaytravel.com.

Bartlett Cove besteht im wesentlichen aus Bootsanleger, *Park Headquarters*, ***Glacier Bay Lodge*** mit Restaurant (Zimmer ab $199, ©1-888-229-8687, www.visitglacierbay.com) und dem ***Bartlett Cove Campground***, 25 Stellplätze, frei.

Transport

Den Nationalpark erreicht man nur per Schiff oder Flugzeug, z.B. Juneau-Gustavus mit ***Alaska Airlines*** (Sommerfahrplan) ➪ Seite 58. Die meisten Fluggäste landen aber mit kleinen **Propellermaschinen** in Gustavus, die in Haines, Skagway und Juneau starten. Bezahlbare Flüge bietet ab Juneau *Wings of Alaska*, ✆ 1-800-789-9464, www.wingsofalaska.com, $89 einfach.

Die Schiffe des *Alaska Marine Highway* laufen die Glacier Bay 2x pro Woche an (Juneau-Gustavus $33), ➪ Seite 490.

Absoluter **Höhepunkt** ist die Exkursion mit dem Ausflugsschiff ab Bartlett Cove in die Glacier Bay hinein (8 Stunden). Auf Alaskas bestem Bootstrip beobachtet man *Grizzlies* am Ufer und auftauchende Wale. Gletscher, die alpine Ausmaße um ein Vielfaches übertreffen, und der ***Mount Fairweather***, dessen eisbedeckte Flanken vom Meeresspiegel bis in eine Höhe von 4.663 m emporragen, bilden im Hintergrund die Kulisse.

Am Ende der Bucht bieten die kalbenden Gletscher ***Grand Pacific*** und ***Margerie*** ein fantastisches Naturschauspiel. Information zu Bootstouren dorthin ($185/$93) umseitig unter *Glacier Bay Lodge*.

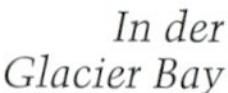

In der Glacier Bay

5.5 Fähren in den Norden

System

Die Städte an der *Inside Passage* in Südostalaska sind untereinander, mit Prince Rupert (in British Columbia) und Bellingham (am *Puget Sound* nördlich von Seattle im US-Staat Washington) durch Fähren verbunden. Sie gehören zum System des ***Alaska Marine Highway****), das einen weiteren Liniendienst im Bereich des zentralen und südwestlichen Alaskas betreibt, ➪ Seite 453.

Nur im Sommer besteht zwischen diesen beiden getrennten Breichen des *Alaska Marine Highway* eine Verbindung: alle zwei Wochen bedient dann eine Autofähre die ganze Route **Bellingham–Prince Rupert–Ketchikan–Juneau–Whittier-Kodiak** und retour (*Southeast/Southwest Cross Golf Trip,* ➪ auch Seite 453).

Netz Inside Passage

Die in der *Inside Passage* operierenden Schiffe pendeln entweder zwischen den wichtigen Städt(ch)en und kleineren Ortschaften (vor allem) auf den der Küste vorgelagerten Inseln oder sind Langstreckenfähren wie oben bereits erläutert.

Nur an den folgenden drei Punkten besteht **Anschluss ans kanadische Straßennetz**:

- in **Prince Rupert** über den *Yellowhead Highway*
- in **Haines** über die *Haines Road* zum *Alaska Highway*
- in **Skagway** über den *Klondike* zum *Alaska Highway*

Kurztrips ohne Reservierung

Mit jeweils einer Abfahrt täglich sind die Routen Skagway–Juneau bzw. Haines–Juneau ideal für einen relativ preiswerten Kurztrip in die *Inside Passage*. 3-mal wöchentlich verkehrt die Fähre Prince Rupert-Ketchikan. Diese drei Fährtrips sind ohne langfristige Reservierung zu machen. Auch für die einstündige Überfahrt Skagway–Haines reicht eine kurzfristige Reservierung.

Häfen unterwegs

Außer an den Endpunkten legen alle Fähren in Ketchikan, Wrangell, Petersburg und Juneau an, aber nur 1-mal pro Woche steht der Umweg über Sitka auf dem Fahrplan.

Reservierung

Wer auf einer Sommerreise zu vorgeplanten Daten die Alaska-Fähre benutzen möchte, sollte möglichst frühzeitig reservieren. Kabinenplätze sind oft schon Mitte Januar für die gesamte Hauptsaison ausgebucht, die Fahrzeugkapazität nicht viel später, beson - ders, was Campmobile betrifft.

Ohne Auto und den Wunsch nach einem Kabinenbett kommt man als Deckspassagier (ziemlich unbequeme Pullmannsessel zum Schlafen oder einfach Schlafsack irgendwo) meist sogar kurzfristig noch auf den Schiffen unter. Die Chancen dafür sind ab Prince Rupert besser als ab Bellingham. Das gilt ebenso für Motorradfahrer.

Reservierung und aktuelle Informationen wie Fahrpläne und Tarife ➪ nächste Seite unter der Tabelle:

---

*) Der Begriff *Highway* mag in diesem Zusammenhang irritieren, in Kombination mit *Marine* wird daraus in der Übersetzung »Wasserstraße«.

Tarife 2014 Alaska-Fähren in US$, jeweils einfache Fahrt
(nur im Bereich der *Inside Passage*, Fahrzeugtarife ohne Fahrer)

Sommerabfahrten pro Woche	Dauer (in Std.)	PKW bis 15 Fuß	Camper bis 21 Fuß	Person	Motorrad
1x Bellingham–Skagway	67	820	1257	363	478
3x Gustavus–Juneau	4	58	89	33	40
3x Prince Rupert–Juneau	25	302	458	141	179
3x Prince Rupert–Ketchikan	5	98	143	54	61
6x Ketchikan–Juneau	18	238	360	107	142
7x Haines–Skagway	1	41	58	31	31
7x Haines–Juneau	6	75	108	37	49
7x Skagway–Juneau	7	98	146	50	63
4-6x Juneau–Sitka	4,5	79	..114	52	45

Alaska Marine Highway
7559 North Tongass Hwy, Ketchikan, AK
© 1-800-642-0066 und © (907) 465-3941
www.ferryalaska.com

Reservierungen sind nur mit Kreditkarte möglich.

Zwei Tarifbeispiele (**2014**) vermitteln einen Eindruck der in etwa zu erwartenden – leider extrem hohen – Kosten:

- Die einfache Fährfahrt von **Bellingham nach Skagway** für **zwei Personen mit Kabinenplatz** kostet mit einem **Pkw bis 15 Fuß** in der günstigsten Kategorie **US$1.883,** mit einem kleinen **Campmobil bis 21 Fuß US$2.320**
- Für den landschaftlich reizvolleren Nordabschnitt der *Inside Passage* von **Prince Rupert nach Juneau** kostet der Spaß bei identischer Konstellation **US$708** bzw. **US$864**

Folgendes ist darüber hinaus wichtig zu beachten:

Frequenz der Fähren

Die Fähre **von Bellingham bis Skagway** (Anschluss an die Straßen im Norden!) verkehrt nur einmal pro Woche von Mai bis September. Sie benötigt für die volle Strecke ab Bellingham **67 Stunden**. Es sind **3 Nächte auf dem Schiff** zu verbringen.

Eine Fahrt durch die *Inside Passage* **von Prince Rupert nach Skagway/Haines** bedingt nur **eine Nacht an Bord**. Man ist dann aber noch nicht am Ziel. Ab Juneau (keine Straßenanbindung) muss man zusätzlich die Fähre nach Skagway/Haines buchen (6 Std).

Schlafen

Auf See ist der Aufenthalt im eigenen Auto im Fahrzeugdeck untersagt. Wer sich nicht mit einem der (ziemlich unbequemen) Schlafsessel oder dem ausgerollten Schlafsack (erlaubt sind auf dem Oberdeck selbsttragende Kuppelzelte) begnügen mag, muss sich rechtzeitig um einen Kabinenplatz kümmern.

An Bord

Der Komfort auf den Schiffen ist nicht überragend. Neben **Bar** und **Cafeteria** gibt es lediglich ein beheiztes überdachtes Aussichtsdeck und ein kleines teures Geschäft mit begrenztem Angebot. Auf den langen Strecken halten ***Park Ranger*** **Vorträge über Geographie**, **Flora und Fauna der *Inside Passage***. Bei schlechtem Wetter, wenn Wolken und Regen die Aussicht trüben, wird die Fahrt aber dennoch rasch langweilig. Auch bei guten Witterungsbedingungen bleibt manches Sehenswerte während der Nachtstunden im wahrsten Sinne des Wortes im Dunkeln.

Unter-brechung

Die Häfen werden nur zum Be- und Entladen angelaufen, so dass nicht genug Zeit bleibt, einen Landausflug zu machen. Wer die Fähre spontan verlässt, hat für die Weiterreise mit den nachfolgenden Schiffen keine Reservierung mehr. **Man muss** zuvor die Belegung nachkommender Fähren telefonisch erfragen und, falls Platz ist, **entsprechend umbuchen**. Mit Fahrzeugen besteht das Problem der jeweiligen Fahrspur im Autodeck, was ein Abändern der ursprünglichen Pläne unterwegs fast unmöglich macht.

Sinnvoller ist bei den Alaskafähren (speziell mit Auto und/oder Kabinenbuchung) eine minutiöse Vorausplanung. Die Kosten der Tickets erhöhen sich durch Fahrtunterbrechungen gegenüber einer durchgehenden Buchung nur unwesentlich.

Beurteilung mit Auto

Die Frage, ob sich die **mit Fahrzeug** extrem hohen Ausgaben für die Fähre überhaupt lohnen, ist nicht klar zu beantworten. Rein ökonomisch auf den ersten Blick kaum, denn die zusätzlichen 2.400 Straßenkilometer (ab Bellingham) bzw. 1.200 km (ab Prince Rupert) nach Whitehorse verursachen vergleichsweise geringe Benzinkosten und nur 2 bis 3 zusätzliche Miettage.

Haines und **Skagway** (von dort ggf. Juneau und den *Glacier Bay National Park* per Boot oder Flugzeug) kann man ebenso gut über das Straßensystem ansteuern und dabei den besonders attraktiven Teilabschnitt der *Inside Passage* zwischen Skagway und Haines (ggf. unter Einbeziehung von Juneau) ebenfalls vom Wasser aus erleben, ➪ Seite 409.

Anders sieht es eventuell dann aus, wenn man die Fährpassage zunächst als **»Anreise« ohne Auto** plant, so dass sich ggf. die Mietzeit für ein Campmobil um einige Tage verkürzt – z.B. bei **Übernahme des Fahrzeugs** erst ab/bis Whitehorse – und Einbau der ***White Pass Yukon Railroad*** als *Highlight zum* Schluss.

... ohne Auto/ Motorrad

Für Leute **ganz ohne Auto** oder mit einem billiger zu transportierenden **Motorrad** ist die Entscheidung leichter. Der Einbau der Alaska-Fähre in die Reiseroute dürfte immer dann eine gute Idee sein, wenn unterwegs Zeit für Zwischenstopps ist.

Fähre oder Neben routen?

Da eine Fahrt in den hohen Norden dank der *Klondike, Top of the World, Taylor* und *Cassiar Highways* nicht mehr notwendigerweise über weite Strecken auf derselben Route zurückgehen muss, entfällt das Argument, dass nur mit Hilfe der Fähren eine schöne Rundstrecke realisiert werden kann. Berücksichtigt werden muss ggf., dass die meisten Vermieter das Befahren von *Gravel Roads* untersagen bzw. mit Zuschlägen belegen. Der Anteil der Schotterstrecken wird jedoch immer geringer, ➪ Seite 378ff.

Kreuzfahrt-schiffe

Wie erläutert, gibt es mit einer Ausnahme keine Linienschiffe von Süden ins Alaska-Kernland, nur **Kreuzfahrer** operieren nördlich der *Inside Passage*. Die Kosten liegen aber erheblich über den ohnehin nicht billigen Fährpassagen, wenn auch einschließlich höherem Komfort und Mahlzeiten. Zum Programm gehören nahe Vorbeifahrten an kalbenden Gletschern und Zwischenstopps in Häfen mit Ausflugsangebot.

Kosten

In der Hauptsaison bezahlt man für 2 Personen inklusive aller Mahlzeiten (7 Nächte, jedoch kein Autotransport möglich) für die von allen Kreuzfahrtlinien angebotene Standardroute von Vancouver über Glacier Bay und Whittier bzw. Seward nach Anchorage mit Tagesaufenthalten in Ketchikan, Skagway, Juneau ab €1.900 (Innenkabine) und ab €2.300 (Außenkabine).

Deutlich billiger sind Kreuzfahrten vor Mitte Juni oder nach Mitte August. Die meisten Abfahrten auf der Vancouver–Anchorage-Route bieten die ***Holland America Line*** (www.hollandamerica.com) und **Princess Cruises** (www.princess.com).

Riesen-Kreuzfahrer am Kai von Seward/Alaska

Northwest
Territories

6. DURCH DIE NORTHWEST TERRITORIES

6.1 Zur Planung

Rundfahrt

Wer mit dem Gedanken spielt, die Canada-Reise um eine Fahrt in die Einsamkeit der Northwest Territories zu ergänzen, muss bedenken, dass sich eine Tour dorthin nur als **Rundfahrt *Mackenzie Hwy–Liard Hwy–Alaska Hwy*** (oder umgekehrt) und auch nur in Kombination mit einem Abstecher nach *Yellowknife* lohnt. Mittlerweile ist der Großteil dieser Straßen asphaltiert und die verbliebenen Schotterpisten von 220 km auf dem *Mackenzie Highway* (Abzweigung *Yellowknife Highway* bis Checkpoint) bzw. 210 km auf dem *Liard Highway* (Checkpoint bis Grenze British Columbia) sind in einem akzeptablen Zustand. In Kombination mit dem *Alaska Highway* bis Watson Lake bietet die Route durch den leicht zugänglichen Teil der Northwest Territories eine mögliche Variante einer Reise durch Kanadas Norden.

Distanzen

Die dabei anfallenden Zusatzkilometer hängen vom Ausgangspunkt ab, wobei nachfolgend die Abstecher nach Yellowknife, Fort Simpson und Hay River jeweils berücksichtigt sind. Ab Edmonton legt man auf *Mackenzie* und *Liard Highway* bis Fort Nelson am *Alaska Highway* 2.700 km, bzw. ab Calgary 3.000 km zurück. Dabei macht man jeweils einen Umweg im Vergleich zur Direktroute über *Dawson Creek* von über 1.600 km.

Lohnt sich die Fahrt?

Wer über ausreichend Zeit verfügt, sollte den Umweg in Erwägung ziehen. Die Strecke »entschädigt« indessen nur für die Mühe, wenn genügend Zeit (Minimum 3-4 Tage) für den Abstecher nach Yellowknife, nach Fort Simpson und ggf. noch einen Ausflug in die Wildnis bleibt (etwa Flug zu den *Virginia Falls*).

Andererseits bieten speziell der westliche Abschnitt des *Mackenzie Highway* und der *Liard Highway* weit mehr Einsamkeit des Nordens als der mittlerweile doch ziemlich populäre *Alaska Highway*. Und wer kann schon von sich sagen, er sei in Yellowknife gewesen?

Bärenfalle auf einem Campingplatz in den Northwest Territories

6.2 Übersicht über das NWT-Straßennetz

Nr.	Bezeichnung	von	nach
1	Mackenzie Hwy	Grimshaw, Alberta	Wrigley
2	Hay River Hwy	Enterprise	Hay River
3	Yellowknife Hwy	Mackenzie Hwy	Yellowknife
4	Ingraham Trail	Yellowknife	nach Osten
5	Fort Smith Hwy	Hay River	Fort Smith
6	Fort Resolution Hwy	Fort Smith Hwy	Fort Resolution
7	Liard Hwy	Mackenzie Hwy	Alaska Hwy, BC
8	Dempster Hwy*)	Klondike Hwy, Yukon	Inuvik

Straßen-qualität

Asphaltiert sind der ***Mackenzie Highway*** von Alberta bis zur Abzweigung des *Yellowknife Hwyy* und von der *Liard Hwy Junction* bis Fort Simpson, der komplette ***Hay River Highway***, die west - lichen 30 km des ***Ingraham Trail***, 160 km des ***Fort Smith Highway***, die westlichen 20 km des ***Fort Resolution Highway*** sowie der komplette ***Yellowknife Highway***. Das Gros der verbliebenen ***Schotterstraßen*** ist problemlos mit PKW oder Wohnmobil (so nicht vertraglich untersagt) zu befahren.

Tanken

Tankstellen besitzen in den NWT **Seltenheitswert**. Es gibt sie nur in den in der Übersichtskarte (schwarze «Nadel«, ➪ nächste Seite) verzeichneten Ortschaften (bis auf Edzo/Rae und Nahanni Butte). Entlang der Straßen findet man abseits der Orte außer den in der Karte eingetragenen keine *Campgrounds* oder sonstige Serviceeinrichtungen. Im Norden sollte man daher an jeder Tankstelle nachtanken, denn eine Station kann auch mal überraschend geschlossen oder gerade »*out of gas*« sein. Noch einmal **Volltanken in Alberta vor Erreichen der NWT** ist außerdem kostensparend.

Fähren

Die NWT unterhalten vier kostenlose **Autofähren**. Sofern die Flüsse eisfrei sind, verkehren sie täglich:

- **Mackenzie Highway (13. Mai - 4. November):** östlich Fort Simpson **über den Liard River** 8-23.45 Uhr,
- **Mackenzie Highway (23. Mai - 30. Oktober):** westlich Fort Simpson **über den Mackenzie River** 9-11 Uhr und 14-20 Uhr.
- **Dempster Highway*) (1. Juni - 24. Oktober):** bei Fort McPherson über den Peel River*) 9.30-0.45 Uhr
- **Dempster Highway*) (2. Juni - 24. Oktober):** bei Tsiigehtchic über den Mackenzie River*) 9.15-0.45 Uhr

Planung

Zur grundsätzlichen Vorbereitung einer Fahrt in den Norden und zum Fahren auf Schotter ➪ Seiten 126ff. und 382. Aktuelle Fährzeiten und Straßenzustandsberichte unter ✆ 1-800-661-0750 oder www.dot.gov.nt.ca.

*) Beschreibung im Kapitel 4 (Alaska Highway und Yukon)

6.3 Die Routen

6.3.1 Mackenzie Highway (1.170 km)

Geschichte

Der *Mackenzie Highway* von Grimshaw/Alberta in das südwestliche Kernland der Northwest Territories wurde 1949 eingeweiht und blieb bis zur Eröffnung des *Liard Hwy* 1984 die einzige Landverbindung. Er ist – bis Wrigley, 220 km nordwestlich Fort Simpson – ca. 1200 km lang. Die parallele *Great Slave Lake Railway* wurde erst 1964 fertiggestellt.

Verlauf in Alberta

Der offizielle ***Mile-0-Marker*** des *Mackenzie Highway* befindet sich in **Grimshaw** (2.500 Einwohner; www.grimshaw.ca) unweit der *Tourist Information* in einem Eisenbahnwaggon, 5005 53 Ave. Die folgenden 500 km der Straße laufen ohne besondere Höhepunkte zunächst durch unendlich erscheinende Agrar- und später Waldgebiete. Unterwegs lohnen sich nur Stopps in High Level (3.700 Einwohner; www.highlevel.ca) beim ***Visitor Centre*** – mit ***Mackenzie Crossroads Museum*** (10803 96th Street; Mitte Mai-Mitte Sept täglich 9-20 Uhr, frei) und beim ***60th Parallel Visitor Information Centre*** an der Grenze Alberta/NWT am 60. Breitengrad.

Informationen NWT

Dieses Besucherzentrum der Northwest Territories ist Mitte Mai bis Mitte September täglich 8.30-20.30 Uhr geöffnet. Zum Gratisbecher Kaffee gibt es die ***Highway Map*** und alle Informationen *up-to-date*. Ein kleiner ***Campground*** mit einem überdachten Küchenhäuschen liegt nebenan am Hay River (7 Plätze, $15-$23).

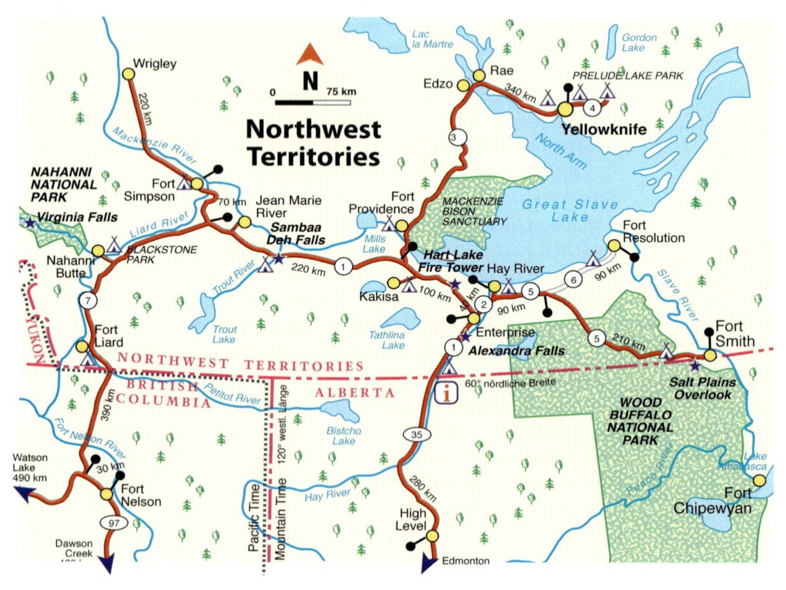

Wasserfälle

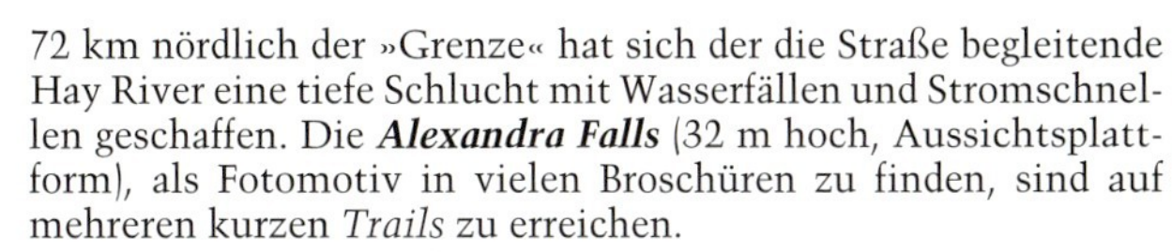

72 km nördlich der »Grenze« hat sich der die Straße begleitende Hay River eine tiefe Schlucht mit Wasserfällen und Stromschnellen geschaffen. Die ***Alexandra Falls*** (32 m hoch, Aussichtsplattform), als Fotomotiv in vielen Broschüren zu finden, sind auf mehreren kurzen *Trails* zu erreichen.

Gut 2 km weiter zweigt die Zufahrt zu den ***Louise Falls*** ab. Der dreistufige Wasserfall ist nur 20 m hoch, aber dafür lädt ein schön angelegter und instandgehaltener ***Campground*** (21 Stellplätze, $15-$32, Duschen; Reservierung möglich, ➪ Seite 597) zum Bleiben ein. Man kann vom Campingplatz auch flussaufwärts zu den ***Alexandra Falls*** (2 km) und flussabwärts zu den kleineren Wasserfällen des ***Escarpment Creek*** laufen (3 km).Dort befindet sich ein auch von der Straße aus erreichbarer ***Picnic Ground***. Die drei Wasserfälle sind Teil des ***Twin Falls Territorial Park.***

Hay River

In **Enterprise** (100 Einwohner) wendet sich der *Mackenzie Highway* nach Westen. Geradeaus geht es auf dem 38 km langen ***Hay River Highway*** zur zweitgrößten Ortschaft der NWT – Hay River, 3.600 Einwohner –, Standort des 17 Stockwerke (!) hohen ***Mackenzie Place***, 3 Capital Drive.

Der Ort besitzt einen kleinen Hafen, in dem Fischerboote und Frachtschiffe liegen, die entlegene Gebiete am *Great Slave Lake* bedienen. Der zweitgrößte, ganz in Canada gelegene See (28.568 km^2) ist bis in den Juni hinein eisbedeckt.

Der ***Campground*** im ***Hay River Territorial Park*** (156 Miron Drive, 35 Stellplätze, $15-$32; flauer Badestrand mit angeschwemmten Baumstämmen; www.campingnwt.ca) befindet sich auf Vale Island, einer Insel im Mündungsbereich des Hay River, die auch die kleine Altstadt (***Old Town***) beherbergt. Nach einer Überflutung 1963 entstand 4 km südlich auf dem Festland die heute erheblich größere ***New Town***.

Fort Smith

Nach Fort Smith, der mit 2.100 Einwohnern viertgrößten Siedlung der NWT, sind es von Hay River 270 km. Die Hälfte der Strecke führt durch den ***Wood Buffalo National Park***, dessen ***Visitor Centre*** sich in Fort Smith befindet.

Wood Buffalo National Park

Wood Buffalo ist der größte Nationalpark Canadas und Heimat eines 5.000 Köpfe starken Bisonbestandes, zugleich deren letzte Zufluchtstätte in Nordamerika, wo die Bisons über Hunderte von Kilometern ungehindert umherziehen können.

Ein zweiter Superlativ ist das ausgedehnte **Flussdelta** am Zusammenfluss von Peace River und Athabasca River. Das Labyrinth aus flachen Seen und Sümpfen wird durch ein Netz von mäandernden Wasserwegen verbunden.

Mit einer Fläche von 44.800 km^2 ist der *Wood Buffalo National Park* größer als die Schweiz und verfügt dennoch mit dem Fort Smith Highway nur über eine einzige Zufahrt. Obwohl der Löwenanteil seiner Fläche im nördlichen Alberta liegt, erreicht man den Park nur über diese Route.

Wood Buffalos

Auch wenn die Geschichte der ***Wood Buffalos*** ganz interessant ist, den weiten Ausflug von Hay River zum *Wood Buffalo National Park* und ggf. weiter nach Fort Smith sollte nur ins Auge fassen, wer neben der (prioritären) Fahrt nach Yellowknife viel Zeit hat. Außer zur Bisonbeobachtung am Wegesrand (aber bessere Beobachtungspunkte gibt's am Yellowknife Hwy und oft am Liard Hwy) lohnt sich unterwegs auch ein Stop am ***Salt Plains Viewpoint*** (13 km Stichstraße). Salzwasser gelangt dort aus Quellen an die Oberfläche und trocknet zu ausgedehnten weißen Krusten.

Information

Wood Buffalo National Park
Visitor Information Centre, Fort Smith,
© (867) 872-7960, www.pc.gc.ca/woodbuffalo

Fort Smith Visitor Info (im *Recreation Centre*)
© (867) 872-3065; www.fortsmith.ca

Bisons in den Northwest Territories

In Nordamerika gibt es zwei Arten von Bisons. Die **Präriebisons**, die einst in riesigen Herden durch die weiten Grassavannen zogen, standen gegen Ende des 19. Jahrhunderts kurz vor der Ausrottung. Nur in wenigen abgelegenen Reservaten und auf abseits gelegenen *Ranches* gab es noch einige geschützte Bestände. Auch in den Northwest Territories hatten die größten Landsäugetiere Nordamerikas überlebt. Bei ihnen handelte es sich aber um **Waldbisons**, die sich nur durch wenige Merkmale wie den etwas größeren Körperbau und die dunklere Behaarung vom Präriebison unterscheiden und in den nordwestlichen Wäldern Canadas beheimatet waren.

Zwischen 1925 und 1928 wurden mehrere tausend Bisons aus dem seinerzeitigen (1913-1939) ***Buffalo National Park*** bei Wainwright östlich von Edmonton in den 1922 gegründeten ***Wood Buffalo National Park*** gebracht. Beide Bisonarten vermischten sich, die Zahl der Tiere nahm zu.

Der »Erfolg« dieser Aktion war sogar so groß, dass es nach wenigen Jahrzehnten anscheinend keine reinrassigen Waldbisons mehr gab und sie um 1950 als ausgestorben angesehen werden mussten.

Überraschenderweise fand man 1957 am Nyarling River an der nördlichen Parkgrenze noch einige reinrassige Waldbisons. Sie wurden separiert und bildeten die Basis für die krankheitsfreien, reinrassigen Waldbisonherden in der ***Mackenzie Bison Sanctuary*** und im ***Elk Island National Park.***

Die Lage der Mischrasse ist dagegen problematisch. Rund 50% der im Park lebenden Bisons sind von Tuberkulose und von Brucellose befallen, Krankheiten, die seinerzeit von den Präriebisons eingeschleppt worden waren.

Da das Ökosystem im Nationalpark durch die erkrankten Bisons aber nur wenig belastet wird, der Bisonbestand trotz Wolfsattacken besonders auf geschwächte Tiere konstant bleibt und die erkrankte Herde (mit Wanderungsüberwachung) von der gesunden weit separiert lebt, bleibt bis zur Vorlage weiterer Forschungsergebnise über die Bekämpfung von Brucellose bzw. Tuberkoluse der Status quo erhalten.

Aussicht

Vom *Mackenzie Highway* geht es 45 km westlich von Enterprise zum ***Hart Lake Fire Tower***. Von der Beobachtungsplattform aus überschaut man ein riesiges Waldgebiet und in der Ferne den von der Straße aus nicht sichtbaren Great Slave Lake. Waldbrände sind in dieser Gegend wegen der Trockenheit nicht selten.

Evelyn Falls

Nach weiteren 39 km auf dem *Mackenzie Highway* erreicht man über die Straße in Richtung der kleinen Dené-Siedlung Kakisa am Kakisa Lake die ***Lady Evelyn Falls*** (7 km) mit einem schönem ***Territorial Campground*** (23 Stellplätze, $15-$32) oberhalb des 17 m hohen Wasserfalls, an dessen Basis man schwimmen kann.

Rund 160 km weiter passiert die Straße den den kleinen, an einem Hang oberhalb des Trout River gelegenen ***Sambaa Deh Falls Territorial Park***. 20 erfreuliche Stellplätze ($15-$23) mit Strom und Duschen warten dort auf Camper. Die beiden Wasserfälle *Sambaa Deh* und *Coral Falls* verbindet ein 1,5 km langer ***Trail***.

Fort Simpson

An der Abzweigung des ***Liard Highway*** stehen zwar einige Häuser, es gibt aber keine Serviceeinrichtungen.

Auf dem langen Weg in die NWT sollte man von dort aus den Abstecher (ca. 70 km Asphaltstraße) nach **Fort Simpson**, dem einzig nennenswerten Ort (1.250 Einwohner; www.fortsimpson.com) am langen *Mackenzie Highway*, nicht auslassen. Von der kostenlosen Fähre (➪ Seite 495) über den *Liard River* sind es dorthin nur noch 20 km.

Fort Simpson liegt auf einer Insel an der Mündung des Liard in den *Mackenzie River*. Als »Tor« in den einsamen Norden verfügt der Ort über eine komplette Versorgungsinfrastruktur (mäßiger ***Campground*** am Ortseingang ***Fort Simpson Territorial Park***, 32 Stellplätze, $15-$32) und ist Ausgangspunkt für ***Flightseeing*** und geführte Touren, insbesondere in den ***Nahanni Nat'l Park***.

Nahanni National Park

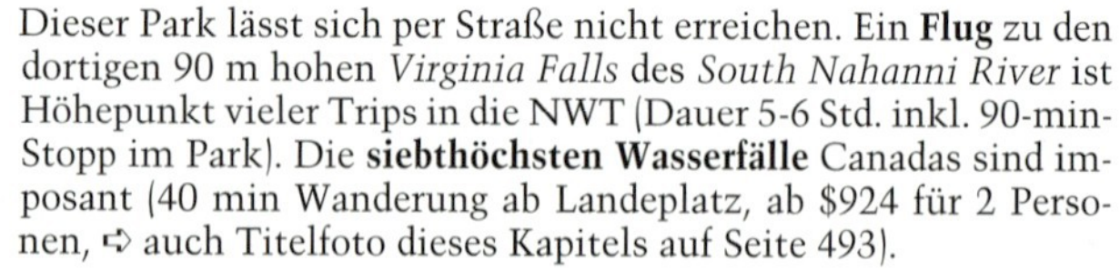

Dieser Park lässt sich per Straße nicht erreichen. Ein **Flug** zu den dortigen 90 m hohen *Virginia Falls* des *South Nahanni River* ist Höhepunkt vieler Trips in die NWT (Dauer 5-6 Std. inkl. 90-min-Stopp im Park). Die **siebthöchsten Wasserfälle** Canadas sind imposant (40 min Wanderung ab Landeplatz, ab $924 für 2 Personen, ➪ auch Titelfoto dieses Kapitels auf Seite 493).

Beeindruckend ist auf den unterschiedlichen Hin- und Rückflug - routen (je 270 km) auch der Blick über die Flusscanyons und die scheinbar unendliche Wildnis; www.simpsonair.ca. Im ***Nahanni Nati'l Park Information Centre*** gibt es Fotos und Filme zu sehen; www.pc.gc.ca/nahanni.

Alexandra Falls des Hay River, *➪ Seite 497*

6.3.2 Yellowknife Highway

Zeitbedarf

Eine Fahrt in die Northwest Territories ohne den Abstecher nach Yellowknife wäre wenig sinnvoll. Die reine Fahrtzeit beträgt auf der asphaltierten Straße (Hwy #3, Abzweigung vom MacKenzie Hwy ca. 20 km nördlich der *Lady Evelyn Falls*) 4 Stunden für den einfachen Weg, ca. **340 km**. Pausen, Besichtigungen und eine Weiterfahrt auf dem *Ingraham Trail* mitgerechnet, ist ein Abstecher nach Yellowknife ab 2 Tagen zu machen. **Hinweis**: Die **Supermarktpreise** liegen in Yellowknife niedriger als in anderen entlegenen Orten. Auch das Tanken ist dort günstiger als in Fort Simpson.

Brücke

Nach 25 km überquert man den hier bereits sehr breiten **Mackenzie River**. Bis Ende 2012 ging das nur mit einer Fähre, die bis in den Juni hinein mit Eisschollen zu kämpfen hatte – heute freut man sich über die nagelneue ***Deh Cho Bridge***.

Bisons

Auf den folgenden 80 km bildet die Straße die Westgrenze des ***Mackenzie Bison Sanctuary***, Reservat einer weiteren Herde reinrassiger ***Wood Buffalos***. In der Regel weiden einige der über 2.000 Waldbisons direkt an der Straße. Die Bisons bekommt man dort eher und näher zu Gesicht als im *Wood Buffalo National Park*.

Fort Providence

Fort Providence ist ein 730-Seelen-Dorf mit überwiegend indianischer Bevölkerung. Interesse an ***Indian Handicraft*** – dort vor allem Stickereien aus Elchhaar – wäre ein Motiv für den Abstecher (5 km). Der schöne ***Fort Providence Territorial Park Campground*** (21 Stellplätze, $15-$32) liegt am Ufer des Mackenzie River, etwa 2 km vom *Yellowknife Highway* entfernt.

Park am Great Slave Lake

Diese Straße bietet auf den folgenden 200 km kaum Abwechslung. Im ***North Arm Park*** gibt es einen guten **Picknickplatz** am *Great Slave Lake.*

Behchokò

Im Bereich des *North Arm*, rund 100 km westlich vor Yellowknife, passiert man die Zufahrt nach Behchokò, 1.950 Einwohner. Die größte Gemeinde der ***Tlicho*** setzt sich aus den ehemals *Rae* und *Edzo* genannten Dörfer zusammen. Der Name Behchokò (Platz der großen Messer) entstand in Anlehnung an den Messerhandel in der Siedlung; 11 km ab dem *Yellowknife Highway*. Mehr zu den NWT-Indianern ab Seite 597.

Der Übergang von den bewaldeten Ebenen der ***Mackenzie Lowlands*** zur felsigen Hügellandschaft des Kanadischen Schildes erfolgt in diesem Bereich. Die restliche Strecke bis Yellowknife ist erheblich reizvoller als der erste Abschnitt.

Yellowknife

Einige Kilometer vor der Ortseinfahrt von Yellowknife liegt der ***Fred Henne Territorial Park*** (115 Stellplätze, $15-$32), dessen Sandstrand am Long Lake beliebtes Ausflugsziel ist. Die Sommersonne erwärmt das Wasser des kleinen Sees auf badefreundliche Temperaturen. Schließlich verzeichnet Yellowknife mit 1.037 Stunden von Juni-August mehr Sonnenschein als alle anderen kanadischen Städte. Der schön angelegte ***Campground*** (Reservierung ➪ S. 597) bietet trotz des nahen Flugfeldes relativ ruhige Übernachtungsplätze in Ortsnähe. Auf dem ***Prospector's Trail*** (4 km) kann man die geologischen Besonderheiten der Region studieren.

Hauptstadt

Yellowknife an der *Back Bay* der Slave-Lake-Nordküste beherbergt mit ca. **19.400 Einwohnern** über 45% der Bevölkerung der Territories. Als Hauptstadt und Verwaltungszentrum verfügt sie über eine komplette Infrastruktur; auch der Anschluss ans nationale Flugnetz per Linienjet fehlt nicht.

Geschichte

Die nach den kupfernen Messern der *dort ansässigen* Indianer benannte Stadt existiert erst seit knapp 70 Jahren. Die Entdeckung von **Gold** hatte **1934** erstmals weiße Siedler in die Gegend nördlich des Great Slave Lake gebracht. Anders als etwa beim *Klondike Goldrush* ab 1898 kamen damals nicht Tausende, um in mühseliger Handarbeit *Pay Dirt* zu waschen, sondern die Goldgewinnung nahm rasch industrielle Formen an. Bis heute sind **Goldminen** in Betrieb.

Information

Der erste Weg in Yellowknife sollte zum sehr gut ausgestatteten ***Northern Frontier Visitors Centre*** führen, 4807 49th Street. Dort erhält man den **Ortsplan** und alle erdenklichen Unterlagen. Informationen im **Internet** unter www.visityellowknife.com.

Museum

Unbedingt besuchen sollte man das ***Prince of Wales Northern Heritage Centre,*** 4750 48th Street, am *Frame Lake,* der sich von der Touristeninformation zu Fuß erreichen lässt. Das *Heritage Centre,* faktisch ein kombiniertes **Geschichts-, Naturkunde- und Kunstmuseum**, ist ausgesprochen informativ; es thematisiert u.a. die Geschichte sowie Flora und Fauna des Nordens. Geöffnet täglich 10.30-17 Uhr; Eintritt frei; www.pwnhc.ca.

Vom Museum führt ein kurzer Fußweg zum ***Legislative Assembly Building***. Das 1993 erbaute Parlament der Northwest Territories, ein moderner lichtdurchfluteter Kuppelbau, liegt ebenfalls am Frame Lake; www.assembly.gov.nt.ca.

Überblick

Neben diesem modernen Stadtzentrum besitzt Yellowknife noch einen zweiten historischen Stadtkern. Den besten Überblick über diese »*Old Town*« (1934!), hat man vom ***Pilot's Monument*** auf der dem heutigen Stadtzentrum östlich vorgelagerten Landzunge, Parkplatz am Ingraham Drive. An ***Back Bay*** und ***Yellowknife Bay*** liegen zahllose Hausboote und Wasserflugzeuge.

Abstecher

Von Yellowknife in absolute Einsamkeit führt der einst als Ostumgehung des *Great Slave Lake* projektierte ***Ingraham Trail*** (ca. 70 km in östliche Richtung bis zum Tibbitt Lake). Die beiden ***Territorial Campgrounds*** am Wege eignen sich gut für Kanu- und Angeltouren. Kanuverleih für $45/Tag bei *Overlander Sports,* 4909 50th Street; © (867) 873-2474; www. overlandersports.com.

Im ***Prelude Lake Territorial Park*** (prima *Campground,* 28 km östlich der Stadt, 44 Stellplätze, $15-$23, Reservierung ⇨ Seite 597) entstand mit viel Liebe zum Detail ein 3 km langer ***Nature Trail***. Auf dem Rundweg über die weiten Granithügel werden die Besonderheiten der Tier- und Pflanzenwelt der NWT unter den dort vorherrschenden klimatischen Verhältnissen erläutert. Am Ostende der Straße zählt der ***Reid Lake Territorial Park*** 76 Stellplätze, $15-$23; Reservierung ⇨ Seite 597.

6.3.3 Liard Highway

Verlauf

Der ***Liard Highway*** (390 km) führt durch eine einsame Waldlandschaft. Obwohl er die einzige direkte Verbindung zwischen den Northwest Territories und British Columbia darstellt, ist das Verkehrsaufkommen gering.

Geschichte und Qualität

Vorgänger des *Liard Highway* war eine »Winterroute« zwischen Fort Simpson und Fort Nelson/BC. Erst 1984 offiziell für den öffentlichen Verkehr freigegeben, ist die Straße heute relativ gut zu befahren. In BC ist die Trasse mittlerweile sogar voll asphaltiert, die verbleibenden 210 km in den NWT sind eine akzeptable Schotterstraße. Unterwegs grasen immer wieder Bisons am Straßenrand, und manchmal legen die mächtigen Tiere mitten auf dem *Highway* eine verkehrsblockierende Siesta ein.

Blackstone Park

Der ***Blackstone Territorial Park*** am Ostufer des breiten Liard River ist nach guten 100 km der erste markante Punkt für einen

Zwischenstopp. Jenseits des Flusses beginnen die Mackenzie Mountains. Vom ***Visitor Centre*** (geöffnet von Mitte Mai bis Mitte September) hat man einen herrlichen Fernblick auf den ***Nahanni Butte*** (1.396 m) am Zusammenfluss von South Nahanni und Liard River. Ein – offenbar nur schlecht gepflegter (so Leser) – ***Campground*** mit Duschen ist auch vorhanden; 19 Plätze, $15-$23.

Fort Liard

Fort Liard (530 Einwohner; www. fortliard.com) liegt 6 km abseits des *Liard Highway*. An der Stichstraße, auf halbem Weg dorthin, befindet sich der kommunale ***Hay Lake Campground*** (12 Plätze, gratis) am gleichnamigen See.

Der wenig attraktive Ort Fort Liard zeichnet sich nur durch seine Lage unmittelbar an der Einmündung des dunklen *Petitot River* in den breiten, helleren *Liard River* positiv aus.

Im gut sortierten Shop ***Acho Dene Native Crafts*** (www.adnc.ca) im ***Visitor Centre*** gibt es ***Indian Handicraft*** wie Mokassins, Körbe und andere Artikel aus Leder und Birkenrinde, ✆ (867) 770-4161.

Letzte Kilometer

Ca. 40 km weiter westlich passiert der *Liard Highway* die Grenze zwischen den North West Territories (*Mountain Time*) und British Columbia (*Pacific Time*). Kurz darauf überquert man den **Petitot River**, einen für sein **warmes Wasser** bekannten Fluss, bei schönem Wetter eine gute Gelegenheit für ein Bad.

Die einspurige **Brücke** über den Fort Nelson River liefert ein letztes gutes Fotomotiv auf dem *Liard Highway*, bevor man 28 km nordwestlich von Fort Nelson den *Alaska Hwy* erreicht, ➪ Seite 389.

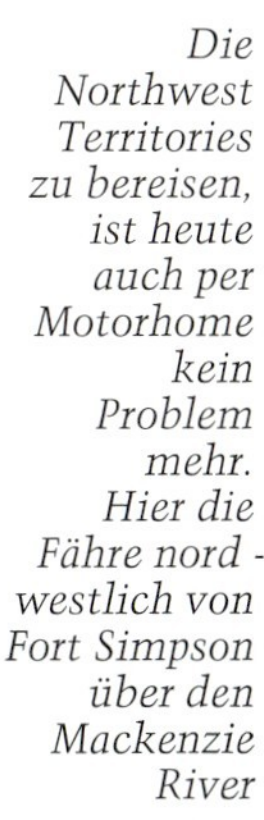

Die Northwest Territories zu bereisen, ist heute auch per Motorhome kein Problem mehr. Hier die Fähre nord - westlich von Fort Simpson über den Mackenzie River

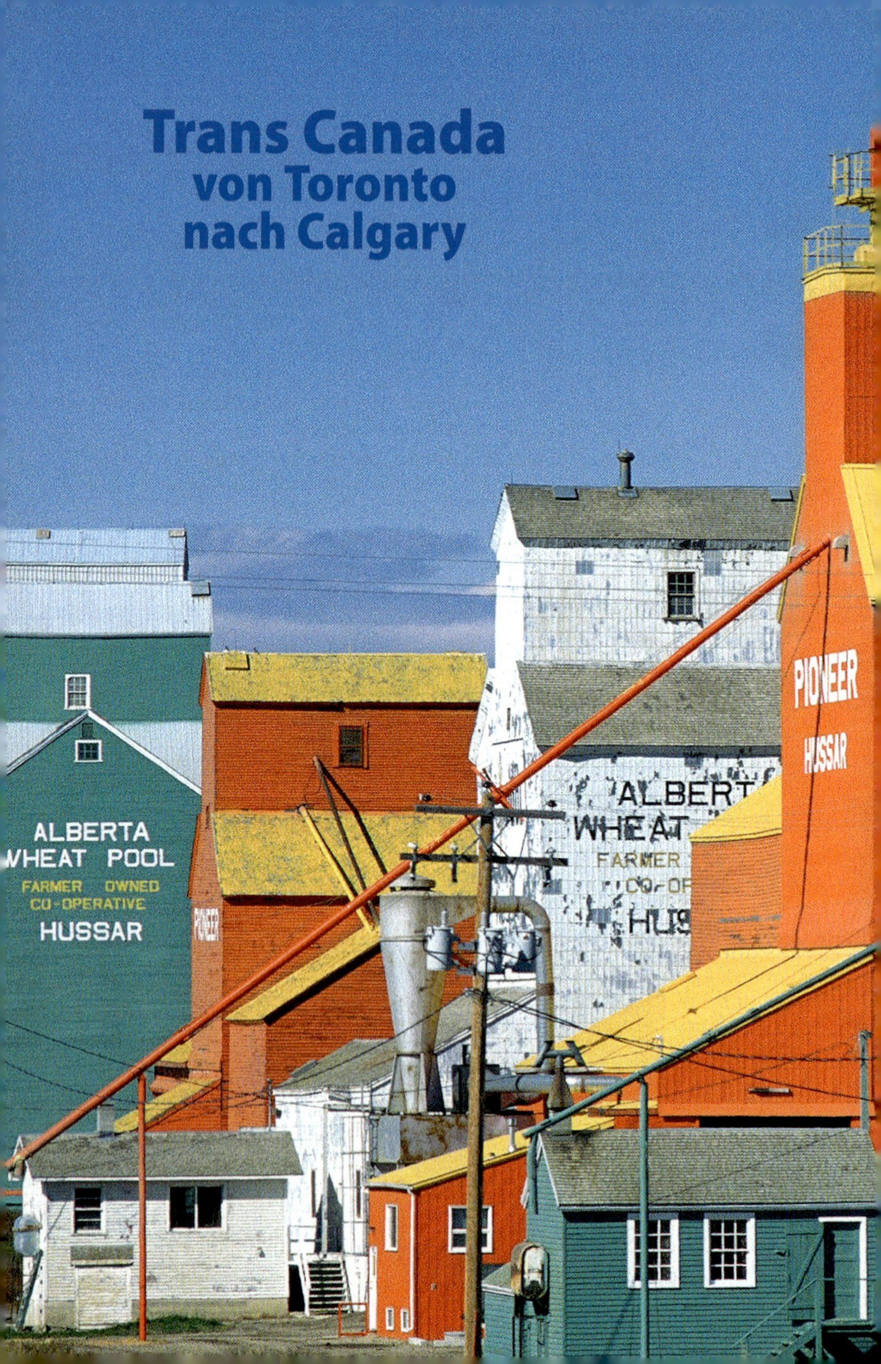
Trans Canada
von Toronto
nach Calgary
ALBERTA
WHEAT POOL
FARMER OWNED
CO-OPERATIVE
HUSSAR
PIONEER
HUSSAR

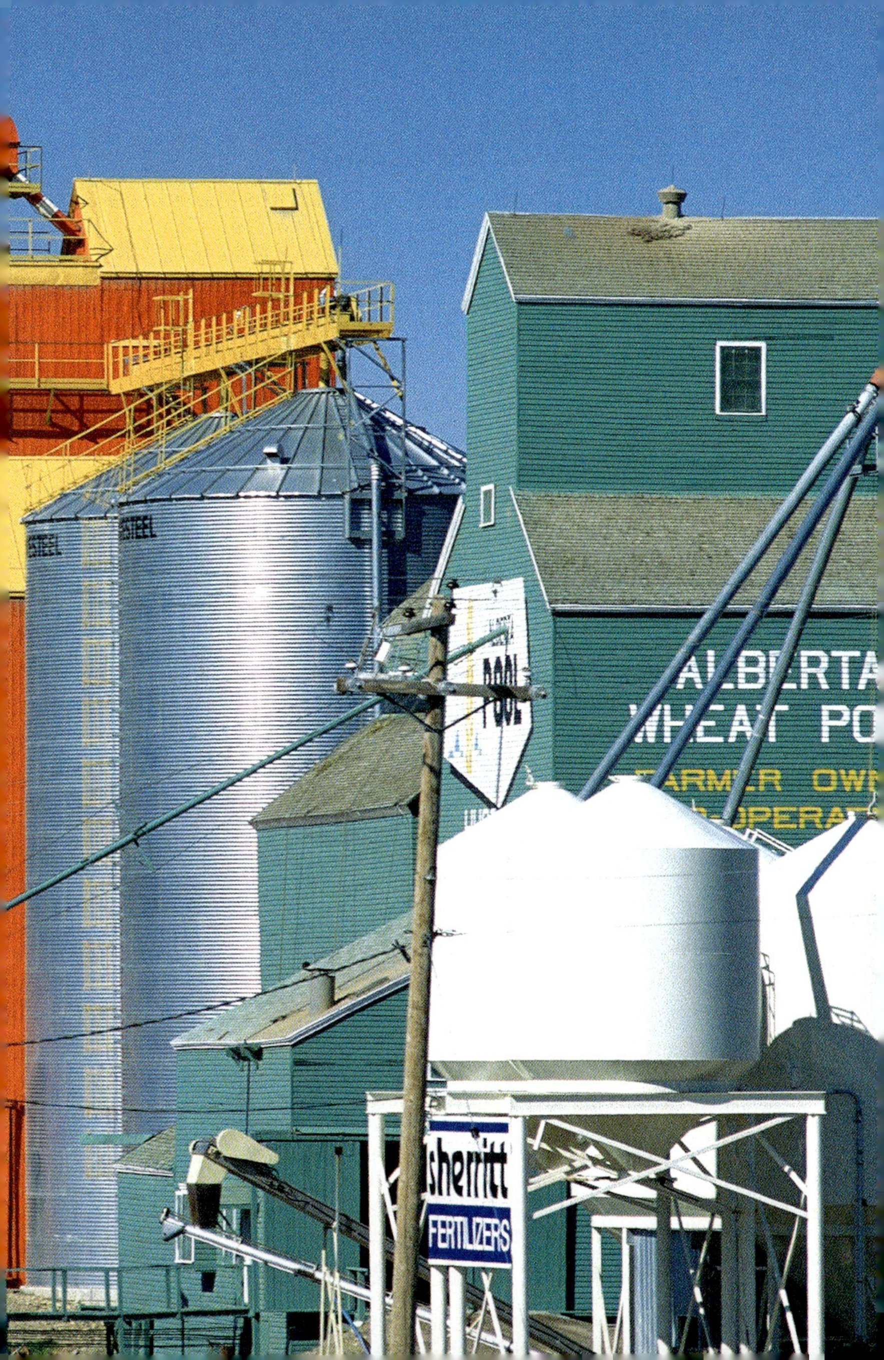
ALBERTA
WHEAT
POOL
sherritt
FERTILIZERS

7. TRANS CANADA ROUTE VON TORONTO NACH CALGARY

Dieses Kapitel ist für alle diejenigen gedacht, die ihre Reise in und durch den Westen Canadas zunächst weiter östlich beginnen möchten. Es beschreibt die landschaftlich und kulturell interessanteste Route von Toronto bis Calgary.

Zur Route

Zu etwa der Hälfte entspricht die Strecke dem Verlauf des ***Trans Canada Highway*** (TCH, ➪ mehr zu dieser Straße auf Seite 213). Die hier vorgeschlagenen Abweichungen umgehen weniger aufregende TCH-Abschnitte zum Teil weiträumig. Insbesondere für die Provinzen Manitobo und Saskatchewan bietet die nachfolgende Route eine erstaunlich abwechslungsreiche Streckenführung. Für die Fahrtrichtung **Ost-West** spricht vor allem, dass sich dann die landschaftliche Attraktivität Canadas fortwährend steigert.

Start in Toronto

Als Start (oder Ziel) für eine solche Reise bietet sich **Toronto** insofern an, als die Stadt den am besten zu erreichenden internationalen Flughafen Canadas besitzt. Vergleichbar gute Verbindungen hat nur **Chicago**, gut 800 km südwestlich, ebenfalls ein bedenkenswerter Ausgangspunkt für Ost-West-Trips. Beide Cities mit Ontario und Niagara Falls bzw. einer Route von Chicago durch Michigan nach Sault Ste. Marie als Anfahrt zum TCH werden ausführlich im Reise Know-How-Führer ***Kanada Osten/ USA Nordosten*** behandelt, ➪ Werbeseiten hinten im Buch.

Toronto ist Canadas größte Stadt. Ihre Skyline unterscheidet sich nicht von der US-amerika - nischer Big Cities

7.1 Durchs westliche Ontario

7.1.1 Von Toronto nach Sault Ste. Marie

Startroute

Die schönste *Trans Canada Route* verlässt Toronto zunächst nordwärts auf der **Autobahn #400** über Barrie, eine Großstadt mit 170.000 Einwohnern am *Lake Simcoe*, in Richtung Port Severn bis zur Ausfahrt #147 und auf der **#12** weiter in **Richtung Midland**; www.southerngeorgianbay.ca.

Living Museum

Etwa 5 km östlich des Städtchens liegt das Freilichtmuseum ***Sainte-Marie among the Hurons***. 1639 errichteten dort französische Jesuiten im Gebiet der Huronen die erste europäische Siedlung in Ontario. Nach heftigen Angriffen der mit den Huronen verfeindeten Irokesen sahen sich die Geistlichen (➪ unten) und die von ihnen bekehrten Indianer gezwungen, die Mission 1649 aufzugeben, brannten sie aber vorher bis auf die Grundmauern nieder; www.saintemarieamongthehurons.on.ca.

Das nach historischem Vorbild auf den originalen Ruinen wieder aufgebaute Dorf vermittelt dank liebevoller Detailrestaurierung und zeitgenössisch gekleideter »Bewohner« eindrucksvoll die Atmosphäre jener Zeit (geöffnet von Mai bis Anfang September täglich 10-17 Uhr, Eintritt $12/$9).

Martyrs' Shrine

Gleich gegenüber von *Sainte-Marie* ragen die hellen Zwillingstürme des ***Martyrs' Shrine*** empor. Acht der als Missionare in *Ste-Marie* tätigen Jesuiten waren von den Irokesen ermordet und posthum zu Märtyrern und Heiligen erklärt worden. Den Schrein schuf man ihnen zu Ehren. Er ist heute Ziel von Pilgern wie Touristen gleichermaßen (Mai-Oktober täglich 8-21 Uhr; Eintritt $4; www.martyrs-shrine.com). Große Bedeutung wird einem Papstbesuch im Jahr 1984 zugemessen – die Visite von Johannes Paul II. ist ausführlichst dokumentiert.

Wye Marsh Wildlife Centre

Direkt südlich an Sainte-Marie grenzt das ***Wye Marsh Wildlife Centre***, 16160 Hwy 12 E, wo am *Wye River* die in Ostcanada ausgerotteten **Trompeterschwäne** wieder angesiedelt wurden. Auf vier *Trails* und geführten **Kanutouren** ($8, Juni Sa+So, Juli/Aug. täglich, 60 min) kann man den größten Wasservogel Nordamerikas beobachten (täglich 9-17 Uhr, $11/$8; www.wyemarsh.com).

Penetan - guishene

Einige Kilometer nördlich von Midland liegt **Penetanguishene**. Das Städtchen war seit dem frühen 19. Jahrhundert britischer Marine-Stützpunkt und Werfthafen. Vor dem ***Discovery Harbour*** (93 Jury Drive, Ende Juni-August täglich 10-17 Uhr, Eintritt $9/$8), einem kleinen *Living Museum*, ankern originalgetreue Nachbauten der Segler ***HMS Bee*** von 1817 und der ***HMS Tecumseth*** von 1814; www.discoveryharbour.on.ca.

Zur Nottawasaga Bay

Von dort sind es nur wenige Kilometer hinüber zur ***Nottawasaga Bay***. Über die Küstenstraße hinter endlosen Sommerhaussiedlungen erreicht man die Ferienregion Wasaga Beach.

Wasaga Beach

Der ***Wasaga Beach Provincial Park*** besitzt einen 14 km langen weißen Sandstrand. Seine Hauptattraktion ist – neben dem weltlängsten Süßwasser-Strand – der ***Nancy Island Historic Site*** (Mitte Juni-Anfang September täglich 10-18 Uhr). Im britisch-amerikanischen Krieg von 1812-14 wurde vor der Mündung des Nottawasaga River die britische *HMS Nancy* von US-Kriegsschiffen versenkt. Gestein und Sand, die sich um das Wrack sammelten, sorgten für die Bildung von Nancy Island. Auf dem zwischen Dünen und Fluss gelegenen ***Historic Site*** befinden sich heute Leuchtturm und Museum; www.ontarioparks.com/park/wasagabeach.

Niagara Escarpment

Westlich von **Wasaga Beach** erhebt sich bei **Collingwood** der ***Blue Mountain***, mit 541 m eine der höchsten Berge des *Niagara Escarpment.* Diese Kalksandstein-Abbruchkante erstreckt sich quer durch Südontario auf einer Länge von 725 km von den Niagarafällen über die Ostseite der Bruce Peninsula bis nach Tobermory. Der 782 km lange Fernwanderweg ***Bruce Trail*** (www.brucetrail.org) von Queenston (bei Niagara Falls) bis Tobermory folgt dem Verlauf des *Escarpment*.

Dieser Weg passiert u.a. das Gipfelplateau des ***Blue Mountain Resort***, ein populäres Sommerferiengebiet mit Seilbahn, **Mountain-Bike-Parcours** (*Bike Park Pass* $10, *Day Downhill Pass* $35, Mountainbike $40/Tag; 108 Jozo Weider Blvd; www.bluemountain.ca) und Spazierwegen. Via *Blue Mountain Road* geht's zu den ***Scenic Caves*** auf der benachbarten Bergspitze, wo neben einer langen Hängebrücke (126 m) ein Rundweg zu Höhlen, Schluchten und Aussichtspunkten führt (Mai-Okt. tägl. 9-17 Uhr, Juli+Aug. 9-20 Uhr, $23/$19; www.sceniccaves.com).

Nach Tobermory

Von Owen Sound geht es über die Hauptstraße #6 nach Tobermory. Den schönsten Abschnitt bilden die letzten Kilometer entlang der Ostküste der Bruce Peninsula. Die Westufer der Halbinsel am Lake Huron sind flach und streckenweise sumpfig. Sie verfügen aber auch über weitläufige Badestrände.

Abstecher

Weitere Abstecher von der #6 an die Westküste machen erst im Nationalpark Sinn (siehe unten). An die Ostküste führen dagegen mehrere lohnenswerte Stichstraßen. Eine davon, die #9 führt nach *Lion`s Head* mit einem Sandstrand. Von dort aus sind es auf einem Teilstück des ***Bruce Trail*** noch etwa 2 km zu den Klippen des ***Lion's Head Provincial Nature Reserve***.

Bruce Peninsula National Park

Der ***Bruce Peninsula National Park*** liegt an der Nordspitze der Halbinsel beidseitig der Hauptstraße. Zur spektakulären Küste der *Georgian Bay* mit überhängenden Felsen, Höhlen und stillen Buchten geht es dort nur auf Schusters Rappen. Glasklares blaugrünes Wasser verführt am ***Indian Head Cove*** zum Baden, wenn auch die Temperaturen niedrig sind. 43 **Orchideenarten** gehören zur vielfältigen Flora des Parks. Im Westteil, am Lake Huron, erstrecken sich Sümpfe, sandige Buchten und Dünen. Gut zugänglich sind die ***Singing Sands*** an der Dorcas Bay mit langem Badestrand.

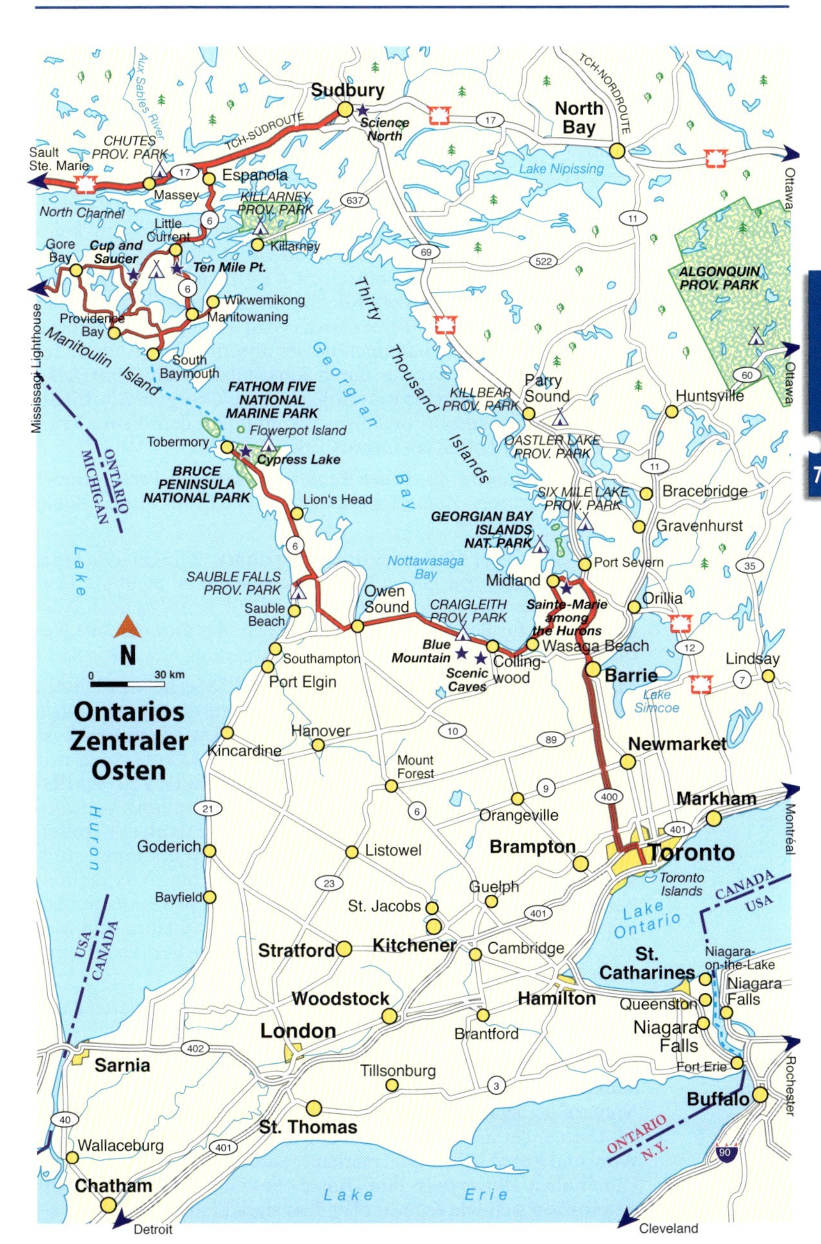

Ontarios Zentraler Osten
Sudbury
Science North
North Bay
TCH-SÜDROUTE
TCH-NORDROUTE
Lake Nipissing
Ottawa
Sault Ste. Marie
CHUTES PROV. PARK
Aux Sables River
Espanola
Massey
KILLARNEY PROV. PARK
Killarney
North Channel
Little Current
Gore Bay
Cup and Saucer
Ten Mile Pt.
Wikwemikong
Manitowaning
Providence Bay
South Baymouth
Manitoulin Island
Mississagi Lighthouse
ALGONQUIN PROV. PARK
Thirty Thousand Islands
Georgian Bay
FATHOM FIVE NATIONAL MARINE PARK
Flowerpot Island
Tobermory
Cypress Lake
BRUCE PENINSULA NATIONAL PARK
Lion's Head
KILLBEAR PROV. PARK
Parry Sound
Huntsville
OASTLER LAKE PROV. PARK
SIX MILE LAKE PROV. PARK
Bracebridge
Gravenhurst
GEORGIAN BAY ISLANDS NAT. PARK
Port Severn
Nottawasaga Bay
Midland
Sainte-Marie among the Hurons
Orillia
SAUBLE FALLS PROV. PARK
Sauble Beach
Owen Sound
CRAIGLEITH PROV. PARK
Blue Mountain
Scenic Caves
Collingwood
Wasaga Beach
Barrie
Lindsay
Lake Simcoe
Southampton
Port Elgin
N
0 30 km
Kincardine
Hanover
Newmarket
Mount Forest
Orangeville
Markham
Montréal
Goderich
Listowel
Brampton
Toronto
Toronto Islands
Bayfield
Guelph
St. Jacobs
Lake Ontario
CANADA
USA
Stratford
Kitchener
Cambridge
St. Catharines
Niagara-on-the-Lake
Niagara Falls
Queenston
Hamilton
Woodstock
London
Brantford
Sarnia
Tillsonburg
Fort Erie
Buffalo
Rochester
St. Thomas
Wallaceburg
Chatham
ONTARIO
N.Y.
Lake Erie
Detroit
Cleveland
Lake Huron
ONTARIO
MICHIGAN
USA
CANADA
17
637
6
11
69
522
60
35
12
7
10
89
9
400
401
21
23
402
3
40
90

Cyprus Lake

Am *Cyprus Lake* liegen die drei **Campingplätze** des Parks dicht beieinander, © 1-877-636-3683, $24; www.pccamping.ca. Der ruhige See eignet sich besser zum **Schwimmen** als die kalte *Georgian Bay*. Der *Loop Trail* (5 km) um den Cyprus Lake ist aber weniger attraktiv als die Wege zur *Georgian Bay*.

Wanderungen

Vom *Trailhead* am Cyprus Lake führen ***Horse Lake***, ***Georgian Bay*** und ***Marr Lake Trail*** (alle um 1 km Länge) zum Uferpfad. Eine Kombination des *Horse Lake Trail* mit einem Teilstück des *Bruce Trail* und dem *Marr Lake Trail* ergibt eine der schönsten Rundwanderungen der Halbinsel (ca. 4 km): Entlang der felsigen Küste geht es zum ***Halfway Rock Point*** und anschließend über

die ***Indian Head Cove*** zu einer etwas versteckt liegenden Grotte. Ein ungewöhnliches Phänomen ist der unterirdische Abfluss des **Horse Lake**, dessen Wasser durch Karsthöhlen zum *Marr Lake* und von diesem ebenfalls unterirdisch in die *Georgian Bay* fließt. Wer den Rücktransport organisiert, könnte auf dem ***Bruce Trail*** **bis Tobermory** laufen (ab Cyprus Lake 19 km).

Das ***Visitor Centre*** des ***Bruce Peninsula National Park*** befindet sich in Tobermory, Zufahrt nordöstlich über *Chi sin tib dek Road*; www.pc.gc.ca/bruce.

Tobermory

An der Spitze der Halbinsel liegt **Tobermory**, © (519) 596-2452; www.tobermory.org. Dieser hübsche kleine Ort ist nicht nur Heimathafen der Fähre nach Manitoulin Island, sondern auch Ausgangspunkt für Bootsausflüge zu den Inseln des ***Fathom Five National Marine Park***.

Fathom Five National Park

Zum *Fathom Five National Marine Park* ($6/$3) gehören 19 Inseln nördlich von Tobermory und ein Uferstreifen entlang der *Little Dunks Bay* östlich des Ortes. Canadas erster **Unterwasserpark** ist ein Paradies für Taucher und Ziel täglicher Exkursionen mit **Glasbodenbooten**. Eine zweistündige Fahrt zu den **22 Schiffswracks** (ohne Zwischenstopp und inkl. Umrundung von *Flowerpot Island)* vor der Küste Tobermorys, die dank der großen Wassertransparenz von oben recht deutlich zu erkennen sind, kostet $36/$26. Ende Juni-Anfang September bis zu 3x täglich; www.blueheronco.com. Die meisten von ihnen verfehlten bei schwerer See die Passage zwischen *Bruce Peninsula* und Manitoulin Island und gerieten in die Untiefen der Tobermory vorgelagerten Felsinseln.

Information im ***Visitor Centre*** des *Bruce Peninsula National Park*, im Internet unter www.pc.gc.ca/fathomfive.

Flowerpot Island

Die 5 km vom Festland entfernte »Blumentopfinsel« (***Flowerpot Island***) ist die bekannteste Insel im Nationalpark. Sie ist Teil des ***Niagara Escarpment***, das ab Tobermory unter Wasser verläuft und am Ostufer der Insel beeindruckende Kalksteinformationen bildet. Wind und Regen haben zwei markante Säulen modelliert, die 7 und 12 m hohen ***Flowerpots***. Ihre »Köpfe« bestehen aus festerem Fels und wölben sich wie Kappen über dem stark erodierten Schaft.

Einer der beiden »Flowerpots« auf der gleichnamigen Insel

Boote zur Insel

Wer die *Flowerpots* und die Inselflora (mit zahlreichen Orchideenarten!) näher kennenlernen möchte, muss eine 80-min-**Exkursion mit den Glasbodenschiffen** buchen. Besucher können sich auf *Flowerpot Island* absetzen und von einem späteren Boot wieder abholen lassen (***Blue Heron Cruises***; täglich Mai-Mitte Oktober 4-6x täglich, $38, ohne Landgang $29) Die Überfahrt dauert 15 min. Ebenfalls 4-6x täglich geht's mit der ***Tobermory Jet Boat Cruise*** zu den Schiffswracks und *Flowerpots*.

Trails

Zwei Wanderwege stehen zur Auswahl. Der schöne ***Flowerpot Loop Trail*** (2,7 km) läuft an der Küste entlang und führt an beiden *Flowerpots* vorbei zum Leuchtturm. Quer über die Insel geht es zum Ausgangspunkt zurück. Mit festem Schuhwerk und Taschenlampe kann man auch die Höhle am größeren *Flowerpot* (Zugang per Treppenstufen) auf eigene Faust erforschen. Im Südosten der Insel gibt es am Ufer sogar **6 Camping-Plattformen für Zelte**, die nach Reihenfolge der Ankunft vergeben werden ($10).

Fähre nach Manitoulin Island

Die Fähre ***MS Chi-Cheemaun*** fährt Ende Juni bis Anfang September viermal täglich – zu Anfang schöner Kurs durch den ***Fathom Five National Marine Park*** (nicht direkt am *Flowerpot* vorbei!) – in ca. 105 min von Tobermory nach South Baymouth in der Südostecke von Manitoulin Island; Abfahrt Tobermory 7, 11.20, 15.40, 20 Uhr; Abfahrt South Baymouth 9.10, 13.30, 17.50, 22 Uhr. Sonst verkehrt sie ab Anfang Mai bzw. bis Mitte Oktober nur zweimal täglich, freitags dreimal.

Kosten und Reservierung

Pro Person kostet die einfache Fahrt $17. Für Fahrzeuge bis 2,60 m Höhe zahlt man $37, für höhere Fahrzeuge $91. Bei mehr als 20 Fuß (6,10 m) langen Wohnmobilen werden pro Fuß Überlänge $2,70 bis 2,59m Höhe, sonst $5,25 Extragebühren fällig.

Reservierungen sind beim ***Owen Sound Transportation Company*** über **✆ 1-800-265-3163** möglich:

Information über Abfahrten, ggf. Verspätungen etc:
Tobermory: ✆ (519) 596-2510
South Baymouth: ✆ (705) 859-3161

Aktuelle Tarife und Fahrplan unter www.chicheemaun.com

Indianerjunge beim Wikwemikong Pow Wow (an jedem ersten Wochenende im August)

Big Tub Lighthouse

Wartezeiten lassen sich gut durch einen kleinen Abstecher zum **Fotomotiv *Big Tub Lighthouse*** am Ende der Landzunge nordwestlich von Tobermory überbrücken.

Manitoulin Island

Manitoulin Island (2.765 km^2; www.manitoulintourism.com; ***Welcome Centre*** in Little Current, 70 Meredith Street E) gilt als weltgrößte Insel in einem Süßwassersee. ***Manitoulin*** ist ein Wort aus der *Ojibwe*-Sprache und bedeutet soviel wie »**Heimat des Großen Geistes Manitou**«. Noch in den 1970er-Jahren lag die knapp 130 km lange Insel völlig abseits der Touristenströme. Der Ausbau von Straßen und Infrastruktur, wie die Indienststellung der MS Chi-Cheemaun 1974, hat aber seither für mehr Besucher gesorgt, wiewohl Massentourismus mangels »Top-Attraktionen« auf Manitoulin Island nicht existiert.

Außer einem kleinen historischen Museum im ***Little Schoolhouse*** von 1898 am Ortseingang neben dem Fähranleger (113 Church St, Mai-Mitte Okt tägl. 9.30-16.30 Uhr; frei) gibt es dort nicht viel zu sehen. **Campen** kann man ca. 1 km außerhalb an der Hauptstraße #6 im *South Bay Resort* mit Stellplätzen unmittelbar am Wasser mit Sandstrand; \$26-\$36, *Cabins* \$80, www.southbayresort.ca.

Manitowaning

Die Straße von South Baymouth nach *Little Current* bietet anfangs wenig fürs Auge. Etwa auf halber Strecke dorthin liegt Manitowaning und in seinem Hafen das ***Steam Ship Norisle***, 1946-74 Personen- und Autofähre zwischen South Baymouth und Tobermory. Unweit davon befindet sich in einem alten Gefängnisgebäude das ***Assiginack Museum***, 125 Arthur St, mit Relikten der ersten Siedler. Schiff und Museum sind Juni bis Oktober täglich 10-17 Uhr zu besichtigen; Eintritt \$2.

Manitowaning spielt in der Geschichte der Insel eine bedeutende Rolle. In Anerkennung der Unterzeichnung des Friedensvertrags von Niagara 1764 verteilte die britische Kolonialverwaltung alljährlich Geschenke an die beteiligten Indianerstämme. Während einer solchen Zeremonie wurde 1836 in *Manitowaning* der Friedensvertrag von *Manitoulin* unterzeichnet. Bis zu seiner Annullierung 1862 blieb Weißen die Besiedelung der Insel verschlossen.

Manitowaning Experiment

Wohl deshalb wurde Manitowaning für das in den 1850er-Jahren gescheiterte ***Manitowaning Experiment*** ausgewählt, dessen Ziel es war, die ***Ojibwe*-Indianer** mit europäischen Landwirtschafts- und Handelsformen vertraut zu machen. Bei der Unterweisung galt besonderes Augenmerk den Kindern. Denn ihre Eltern brachten ihnen nach alter Tradition lieber das Fischen und Jagen bei, anstatt sie zur Schule zu schicken.

Wikwemikong

Die ***Wikwemikong Unceded Indian Reserve*** mit 2.800 Einwohnern ist die einzige kanadische Indianerreservation, die ihr Territorium nicht in einem Vertrag an den Staat Canada abgetreten hat. Schon anfangs des 19. Jahrhundert wurden die *Wikwemikong*-Indianer zum katholischen Glauben bekehrt. Die Ruine der abgebrannten ersten ***Holy Cross Mission*** der Jesuiten ist ein sichtbarer Zeuge der Missionsgeschichte; www.wikwemikong.ca.

Indian Pow-Wow

Seit 1960 findet jedes Jahr am ersten Wochenende im August das dreitägige ***Wikwemikong Cultural Festival*** statt, das älteste ***Pow Wow*** in Ostcanada; www.wikwemikongheritage.org.

Straße #6

Nördlich von Manitowaning passiert die Straße #6 im Ort High Falls Wasserfälle, die aber kleiner sind, als die Bezeichnung vermuten lässt. Attraktiver ist der etwas weiter im Norden liegende ***Ten Mile Point*** (= 16 km südlich von Little Current, © (705) 368-2377). Von dort hat man bei klarem Wetter eine schöne Aussicht auf die umliegenden Buchten und das Inselende im Norden.

Providence und Gore Bay

Als Route ins Inselinnere käme auch eine Fahrt von **Tehkummah** nach **Providence Bay** in Frage. Vom Küstenort am Lake Huron mit dem größten Sandstrand der Insel quert man sie in nur 41 km bis Gore Bay am *North Channel.* In diesem Städtchen beherbergt das einstige Gefängnis das kleine ***Gore Bay Museum*** (12 Dawson Street, Mai-Okt. täglich 10-16 Uhr, $4), der rot bedachte Pavillon an der *Waterfront* ein ***Visitor Centre*** (15 Water Street, © (705) 282-2420; www.gorebay.ca). Eine kurze Zufahrt führt östlich der Bucht zu einem Aussichtsfelsen auf dem *East Bluff.*

Mississagi Strait

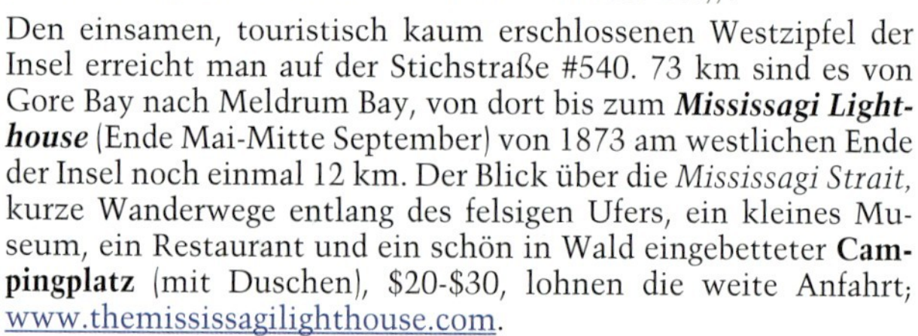

Den einsamen, touristisch kaum erschlossenen Westzipfel der Insel erreicht man auf der Stichstraße #540. 73 km sind es von Gore Bay nach Meldrum Bay, von dort bis zum ***Mississagi Lighthouse*** (Ende Mai-Mitte September) von 1873 am westlichen Ende der Insel noch einmal 12 km. Der Blick über die *Mississagi Strait,* kurze Wanderwege entlang des felsigen Ufers, ein kleines Museum, ein Restaurant und ein schön in Wald eingebetteter **Campingplatz** (mit Duschen), $20-$30, lohnen die weite Anfahrt; www.themississagilighthouse.com.

Am Ostende der Straße #540 (18 km westlich von Little Current) beginnt das Wegenetz am ***Cup and Saucer***, einem bewaldeten Höhenzug des sich hier fortsetzenden *Niagara Escarpment* mit 70 m hohen Klippen. Die Bezeichnung spielt auf die Landschaftsform an, ein schmaler Hügel steht auf einem breiteren Hügel wie eine Tasse *(cup)* auf einer Untertasse *(saucer).* Der 3 km lange ***Upper Trail*** zum höchsten Punkt auf Manitoulin Island ist die schönste Wanderung der Insel. Parallel dazu quert der 500 m lange ***Adventure Trail*** über einige Leitern den Felsen etwas unterhalb der Klippen.

Little Current

Auf der Straße #540 fährt man nordostwärts weiter nach **Little Current** (www.townofnemi.on.ca), dem nach Wikwemikong zweitgrößten Ort der Insel. Eine Meerenge, der *North Channel,* trennt Manitoulin Island vom Nachbarn, der **Great La Cloche Island**. Tagsüber jeweils 15 min zur vollen Stunde passiert der Schiffsverkehr die Drehbrücke ***Little Current Swing Bridge*** zwischen beiden Inseln. An der Straße #6 erinnert ein *Historical Marker* an den ersten Europäer um 1612 auf diesem Wasserweg, den Franzosen ***Etienne Brûlé***, und die Pelzhändler, die ihm später mit ihren Transportkanus folgten. Die **Strecke bis Espanola** verläuft abwechslungsreich durch eine attraktive Seen- und Insellandschaft.

Chutes Park

Der TCH von Espanola bis nach Sault Ste. Marie bietet mit Ausnahme des ***Chutes Provincial Park*** bei **Massey** kaum Höhepunkte. Der Provinzpark wird auf ganzer Länge vom verzweigten

Abstecher nach Sudbury

Sudbury Basin

Sudbury (161.000 Einwohner), 80 km östlich von Espanola, liegt im gigantischen Krater des an Bodenschätzen reichen *Sudbury Basin* mit Eisen-, Gold-, Kupfer- und Silberlagerstätten und einem der weltgrößten Nickelvorkommen:

Sudbury Tourism Office, 200 Brady Street, www.sudburytourism.ca.

Erzlager

Bereits 1902 wurde in Sudbury der Bergbaukonzern VALE gegründet. Seither ist Wohl und Wehe der Stadt eng mit dem mittlerweile zweitgrößten Nickelproduzenten der Welt verknüpft. Derzeit betreibt er in Sudbury Canadas größte Erzförder- und verarbeitungsanlage (*Copper Cliff*) sowie die tiefste Nickelmine der Welt (*Creighton Deep*, 2.300 m); www.vale.com.

Museen

In der Stadt befindet sich mit den nur ca. 5 km auseinanderliegenden ***Science North*** (100 Ramsey Lake Road) und ***Dynamic Earth*** (122 Big Nickel Road) einer der interessantesten Museumskomplexe in Ontario. Die 9 m hohe 5-Cent-Münze aus Nickel bei ***Dynamic Earth*** (Westaus-/einfahrt des Ortes) gilt als das Wahrzeichen Sudburys.

Dynamic Earth

In letzterem Komplex fahren Besucher nach einer tollen Videoshow im gläsernen Aufzug in die Tiefe und lernen während einer Untertageführung Fördertechniken verschiedener Bergbauepochen und manches mehr kennen.

Science North

Das auffällige in Form zweier Schneeflocken konstruierte Gebäude von ***Science North*** liegt am Ufer des Ramsey Lake (Ausflugsboot ab Museum, Uferweg, Picknickplätze). Auf vier Stockwerken vermitteln Demonstrationen und *Do-it-yourself-*Experimente Naturwissenschaft hautnah. Außerdem gibt es 4D-Filme, ein Planetarium und einen tropischen Regenwald voller Schmetterlinge. Ein IMAX-Kino fehlt natürlich auch nicht; www.sciencenorth.ca.

Info

Juli-Anfang September täglich 9-18 Uhr, Ende April-Juni 10-16 Uhr, *Science North* $20, *Dynamic Earth* $20, IMAX-Kino $11, *Planetarium* $8, Bootstour $14. Ermäßigte Kombitickets; © 1-800-461-4898.

Aux Sables River durchflossen. Am Nordende noch voller Stromschnellen und Wirbel, beruhigt er sich im weiteren Verlauf. Südlich der Wasserfälle gibt es einen kleinen **Sandstrand** – eine gute Gelegenheit zum Baden. Dem Verlauf des Flusses folgt beiderseitig der ***Twin Bridges Trail*** (3 km). Von einer Aussichtsplattform überblickt man den Strand und den einstigen Standort der *Log Chute*: Bis Ende der 1920er-Jahre wurden auf der Holzrutsche Baumstämme um die Fälle herumgeflößt. Der **Campingplatz** des Parks liegt am Westufer, \$34-\$39; www.ontarioparks.com/park/chutes.

Sault Ste. Marie

Bemerkenswert an Sault Ste. Marie (76.000 Einwohner) ist die Lage zwischen Lake Huron und Lake Superior und die Existenz einer Schwesterstadt gleichen Namens im US-Staat Michigan jenseits der ***International Bridge***.

Die beiden Sault Ste. Maries sind die letzten Städte bis Thunder Bay. Aus luftiger Höhe (der *International Bridge* bei Grenzübertritt) fällt der Blick über die Schleusenanlagen zwischen beiden Seen. Unübersehbar und oft recht lästig für die Nase sind die Schlote der holzverarbeitenden Industrie.

Tourism Sault Ste. Marie, 99 Foster Drive,
✆ 1-800-461-6020; www.saulttourism.com

Schleusen

Die 1895 erbaute kanadische Schleuse (***Lock***) des St. Marys River steht unter der Verwaltung von *Parks Canada*. Ein eigenes ***Visitor Centre*** informiert über ihre Funktionsweise.

Shopping Mall

In guter *Downtown*-Lage einen Block nördlich des Flusses ist ***The Station Mall*** (293 Bay Street, www.thestationmall.com) das einzig größere Einkaufszentrum bis Thunder Bay: letzte Gelegenheit zum Shopping, bevor der *Trans Canada Highway* dem kaum erschlossenen Lake-Superior-Nordufer folgt.

Eisenbahn-Ausflug

Der ***Algoma Central Railway Terminal*** in der Bay Street unweit der Schleusen im kanadischen Sault Ste. Marie ist Ausgangspunkt für einen Tagestrip (Ende Juni-Mitte Oktober täglich 8-18 Uhr) mit dem ***Agawa Canyon Tour Train*** zum Südostrand des ***Lake Superior Provincial Park***. 183 km benötigt die Eisenbahn bis zum *Canyon* des Agawa River. Die Trasse führt durch die Einsamkeit. Am Zielpunkt reichen die zwei Stunden Aufenthalt aus für kleine Wanderungen wie den ***Lookout Trail*** zu einem 75 m höher gelegenen Aussichtspunkt. Der Trip kostet $90 und ist so recht nur zu empfehlen im Herbst zur Zeit des ***Indian Summer*** (dann aber $110/Person). Tickets besser im voraus beschaffen: ✆ 1-800-242-9287; www.agawacanyontourtrain.com.

7.1.2 Von Sault Ste. Marie bis Kenora/Lake of the Woods

TCH am Lake Superior

Mit Erreichen der **Batchawana Bay** des Lake Superior, ca. 40 km nördlich von Sault Ste. Marie, beginnt einer der attraktivsten Abschnitte des TCH in Ontario: Felsige Küsten und Sandstrände prägen seinen Verlauf bis in den ***Lake Superior Provincial Park*** hinein.

Pancake Bay Provincial Park

Der ***Batchawana Provincial Park*** besitzt keinen Campingplatz. Im größeren ***Pancake Bay Provincial Park*** gibt es am 3,2 km langen sandigen Uferstreifen hübsche **Camping- und Picknickplätze**, $34-$39; www.ontarioparks.com/park/pancakebay.

Bis Anfang August hat sich das fast überall sonst eiskalte Wasser des Lake Superior in der geschützten »Pfannkuchen-Bucht« und in der *Batchawana Bay* soweit erwärmt, dass man dort ohne Kälteschockgefahr schwimmen kann.

Lake Superior Prov. Park

Der ***Lake Superior Provincial Park*** ist mit 1556 km² Ausdehnung einer der größten Provinzparks Ontarios. Über 120 km unerschlossene Küste und eine ausgedehnte Hügellandschaft voller Wälder und Gewässer (die typische Landschaftsform des Kanadischen Schildes) kennzeichnen sein Erscheinungsbild. Die flacheren Seen im Inland erreichen zumindest im Hochsommer halbwegs badefreundliche Temperaturen.

Agawa Rock

Die kurze Zufahrt vom TCH zu den ***Agawa Rock Indian Pictographs*** nördlich der *Agawa Bay* lässt sich nicht verfehlen. Die indianischen Felsmalereien über der Brandung des Lake Superior gehören zwar zu den Hauptsehenswürdigkeiten des Parks, sind jedoch nicht übermäßig beeindruckend. Trotzdem lohnt sich der Abstecher auf jeden Fall: für den kurzen ***Trail*** durch enge Felsspalten zum ***Agawa Rock***.

Trails

Auch wer keinen längeren Aufenthalt plant, sollte erwägen, ein paar Stunden Zeit zu reservieren für zumindest eine der folgenden beiden **Wanderungen**:

- Am Sand River, 7 km nördlich des Abzweigs zum *Agawa Rock*, darf man den ***Pinguisibi Trail*** (3 km) flussaufwärts einfach nicht auslassen. Der Abschnitt bis zu den ersten Stromschnellen ist der schönste. Auch die Fortsetzung bis zu den weiteren Fallstufen lohnt. Ein hübscher Picknickplatz liegt am Fluss.

- ***Orphan Lake Trail*** (4 km), die populäre Wanderroute mit Aussichtspunkten am Übergang vom nordischen borealen Nadelwald zum Laubwald führt zunächst zum *Orphan Lake* und folgt anschließend den Stromschnellen des Baldhead River zur steinigen Küste.

In der südlichen Parkhälfte ist der 63 km lange ***Coastal Trail*** zwar eine anspruchsvolle Mehrtagestour, einzelne Kurzetappen kann man aber auch ohne Übernachtung ablaufen. Zwischen ***Agawa Bay Campground*** und *Baldhead River* (insgesamt 33 km) bietet die parallel verlaufende Straße #17 am Südende des Provinzparks zahlreiche Zugänge zum Küstenwanderweg, dessen schönster Abschnitt (7 km) zwischen Coldwater und Baldhead River liegt.

Camping

Von den drei Campingplätzen des Parks ist der ***Agawa Bay Campground*** ($34-$43) im Süden des Parks mit einem 3 km langen Strand, Duschen und *Coin Laundry* der größte und komfortabelste. Ein ***Visitor Centre*** informiert dort über organisierte Aktivitäten, Flora und Fauna, Geologie und Geschichte des Parks. Der ***Crescent Lake Campground*** (nur 20 Plätze, $30-$34) an der südlichen Parkgrenze bietet zwar keinen Komfort, liegt aber sehr ruhig im Wald am See. Als Ausgangspunkt für Wanderungen und Kanutouren in das Hinterland eignet sich am besten der ***Rabbit Blanket Lake Campground*** ($34-$39) im Nordareal.

Badebucht mit Strand im Pukaskwa National Park

Nach Verlassen des Provinzparks entfernt sich der TCH vom Lake Superior und beschreibt einen 200 km langen Bogen durch das Landesinnere. Wawa und White River sind die einzigen nennenswerten Orte in diesem Bereich.

Wawa

Etwas abseits des TCH (Straße #17) liegt **Wawa** (www.wawa.cc) am gleichnamigen, glasklaren See. An der Einmündung #17/#101 werden Besucher von einer 9 m hohen **Kanadagans** aus Stahl begrüßt. Viele tausend der in der Ojibwe-Sprache ***Wawa*** genannten Zugvögel machen im Frühjahr/Herbst auf ihrem alljährlichen Flug in den Norden/Süden am *Wawa Lake* Zwischenstation.

White River

In White River, 93 km nördlich von Wawa, erinnert vor der Tourist-Info eine **Winnie-the-Pooh-Statue** an den Herkunftsort des berühmten Bären.

Pukaskwa Park

Der ***Pukaskwa National Park*** am Lake Superior stellt eines der schönsten Wildnisgebiete Ontarios unter Naturschutz. Der Abstecher vom TCH (12 km) lohnt auf jeden Fall. Allerdings führt die Stichstraße nicht weiter als 2 km bis in dessen äußersten Nordwestzipfel, wo man in der einzigen erschlossenen Region des Nationalparks (***Hattie Cove***) an den Sandstränden im flachen Wasser baden kann. Ein komfortabler **Campingplatz** ($26-$30) liegt unweit des Seeufers im Wald.

Trails

In *Hattie Cove* beginnen die **vier *Trails*** des Nationalparks. Dabei lassen sich die drei Kurzwanderwege leicht zu einer reizvollen, 6 km langen Rundtour kombinieren: ab *Visitor Centre* folgt man zunächst dem ***Southern Headland Trail*** zu einem Aussichtshügel mit Blick über den Lake Superior, dann geht es in westlicher Richtung auf dem ***Beach Trail*** am Strand entlang und zum Abschluss umrundet man auf dem ***Halfway Lake Trail*** den gleichnamigen See.

Rundwanderung

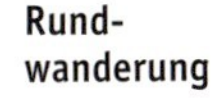

Dagegen ist der vierte Trail eine anspruchsvolle Mehrtagescampingtour entlang der Küste. Der 59 km lange ***Coastal Hiking Trail*** beginnt am ***Hattie Cove Visitor Centre*** und läuft zum *North Swallow River*. Für den Rückweg nach *Hattie Cove* kann einen Transport per Boot organisieren, wer den *Trail* nicht doppelt laufen möchte. An einem Tag zu bewältigen ist die erste Etappe bis zur Hängebrücke über den White River – 7,5 km ab Hattie Cove – eine schöne Wildnistour.

Nat'l Park Information: © (807) 229-0801, www.pc.gc.ca/pukaskwa

Westlich von **Marathon** folgt der TCH bis zum 300 km entfernten *Thunder Bay* wieder dem Verlauf des Lake Superior und gewinnt dabei deutlich an Attraktivität – entlang einsamer Küstenregionen passiert die Transkontinentalroute nur wenige Orte.

Neys Park

Der ***Neys Provincial Park*** liegt auf der ***Coldwell Peninsula*** 26 km westlich von Marathon. Die Rundwege ***Dune Trail*** (1 km) und ***Lookout Trail*** (2 km) sind Kurzbesuchern als Aktivität zu empfehlen. Auch der 2 km lange Strand lädt zu einem Spaziergang ein, so auf dem ***Under the Volvano Trail*** (Baden für Abgehärtete).

Großartige Aussichten über Park-Halbinsel und Lake Superior bietet der ***Point Trail*** (1 km) von der ***Prisoner's Cove Picnic Area*** zu einer hochgelegenen Landzunge. Drei **Campingbereiche** befinden sich in guter Lage an der ***Neys Beach***, ein vierter knapp nördlich davon; 144 Plätze, $34-$39; www.ontarioparks.com/park/neys.

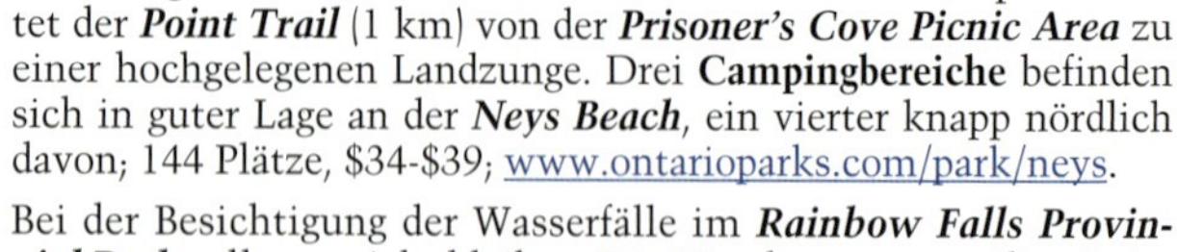

Rainbow Falls Park

Bei der Besichtigung der Wasserfälle im ***Rainbow Falls Provincial Park*** sollte es nicht bleiben. Die Wanderung etwa über *Rainbow Falls* und Whitesand River hinaus zu einem Aussichtspunkt (1,5 km) ist sehr empfehlenswert. Eltern mit kleinen Kindern werden **Spielplatz** und Sandstrand am (im Sommer) angenehm warmen von bewaldeten Hügeln umgebenen **Whitesand Lake** zu schätzen wissen.

Ein Campingplatz befindet sich ebenfalls am Whitesand Lake, ein weiterer, der ***Rossport Campground*** (beide $34-$39), zwischen Lake Superior und TCH rund 5 km westlich des Hauptareals direkt am kalten Wasser; www.ontarioparks.com/park/rainbowfalls.

Terry Fox

Zwischen Nipigon und Thunder Bay trägt ein 83 km langer Abschnitt des TCH (#11/#17) die Bezeichnung ***Terry Fox Courage Highway***. *Terry Fox* hatte mit 18 Jahren durch ein Krebsleiden ein Bein verloren und trug seitdem eine Prothese. Um Lebensmut zu demonstrieren und Geld für die Krebsforschung zu sammeln, startete er den ***Marathon of Hope***, der von St. John`s in Newfoundland über den gesamten *Trans Canada Highway* bis zu dessen Endpunkt auf Vancouver Island führen sollte. Er brach am 12.4.1980 auf; geplant waren Tagesetappen von 42 km. Anfangs blieb das Unternehmen relativ unbeachtet, erst allmählich wurden die Medien auf *Terry Fox'* Lauf aufmerksam. An den Zielen seiner Tagesetappen kam es schließlich zu regelrechten Volksfesten, auf denen der tapfere junge Mann gefeiert wurde; www.terryfox.org.

Die Legende vom Sleeping Giant

Bei Ankunft der ersten Weißen waren die *Isle Royal* und die Wälder um Thunder Bay Heimat der *Ojibwe*-Indianer. Sie verehrten den Großen Geist *Nanibijou*, der sie auf ihren Reisen über den Lake Superior vor allen Gefahren schützte. Als sie sich dem Großen Geist besonders wohlgefällig gezeigt hatten, so die Legende, sollten die Indianer eine Belohnung erhalten. Allerdings war daran die Bedingung geknüpft, dass niemals ein weißer Mann davon erfahren dürfe, sonst würden der Große Geist versteinern.

Dies sagten die Ojibwe zu, und *Nanabijou* zeigte ihnen den Zugangstunnel zur reichen Silbermine »Silver Islet«. Ein Sioux-Krieger jedoch erkundete die Route und verriet sie an die Weißen, die daraufhin mit Kanus über den See zur Mine paddelten. Ein gewaltiger Sturm ließ zwar die Boote der Eindringlinge kentern und die Besatzung spurlos verschwinden, aber am nächsten Morgen breitete sich in der Bucht eine große Halbinsel aus: der zu Stein gewordene *Nanabijou* in Gestalt eines schlafenden Riesen.

7

Dabei kamen $24 Mio Spenden für die Krebshilfe zusammen. ***Terry Fox*** musste den Lauf nach 143 Tagen und 5.373 km knapp vor Thunder Bay abbrechen. Er wurde nur 22 Jahre alt, sein Leben später verfilmt. In der Nähe seines Aufgabepunktes liegt der vielbesuchte ***Terry Fox Scenic Lookout*** (TCH, 15 km nordöstlich von Thunder Bay) mit dem ***Terry Fox Monument*** samt Läuferstatue und Thunder Bay Stadtinfo. In Canada schmückt sein Porträt zwei Briefmarken und eine 1$-Münze; ein Gipfel in den Rocky Mountains trägt seinen Namen und im gesamten Land wird zeitgleich zunächst in den meisten Schulen dann in vielen Ortszentren der alljährliche ***Terry Fox Run*** ausgerichtet.

Ouimet Canyon

Etwa auf halber Strecke zwischen Nipigon und Thunder Bay zweigt die kurze Stichstraße zum beeindruckenden *Ouimet Canyon* ab, einem ***Day-Use Provincial Park*** ohne Campingplatz. Ein 1 km langer Rundweg führt vom Parkplatz zu zwei Aussichtsplattformen über steilen Felswänden aus schmalen Diabas-Basaltsäulen. Auf den Grund dieser 60 m (im Norden) bis 200 m (im Süden) breiten und 100 m tiefen Schlucht fällt kaum Sonne. Deshalb herrscht dort ein besonders kühles, feuchtes Klima, in dem sich teilweise eine Flora entwickelte, wie sie sonst nur in der Arktis vorkommt. Zu ihrem Schutz sind Wanderungen in den Canyon nicht möglich; www.ontarioparks.com/park/ouimetcanyon.

Sleeping Giant Provincial Park

Ein etwas längerer Abstecher sollte dem ***Sleeping Giant Provincial Park*** mit dem gleichnamigen 564 m hohen Monolithen gelten. Er bedeckt den größten Teil der Sibley-Halbinsel (52 km lang, bis zu 10 km breit). Deren Ufer sind auf der Ostseite recht flach, im Südwesten dagegen ragen bis zu 300 m hohe Klippen vertikal aus dem Wasser. Am Ende der Straße #587 durch den Park liegt direkt am Lake Superior **Silver Islet.**

Trails

1 km westlich des kleinen Touristennestes beginnt der ***Top of the Giant Trail*** (11 km ab *Kabeyun Trail*) zum prächtigen Aussichtspunkt auf dem höchsten Berggipfel 380 m oberhalb des Lake Superior. Zudem durchziehen weitere 90 km Wanderwege die Halbinsel. Schönster Aussichtspunkt ist der ***Thunder Bay Lookout*** am nördlichen Straßenende. Auf einem Plateau des Felsrückens liegt am Badesee ***Lake Marie Louise*** ein schöner ***Campground*** gleichen Namens. Vor allem die Stellplätze in Ufernähe sind zu empfehlen; $34-$39; www.ontarioparks.com/park/sleepinggiant.

Thunder Bay

Thunder Bay (109.000 Einw.) existiert unter dieser Bezeichnung erst seit 1969 als Zusammenschluss der Städte Port Arthur und Fort William. Obwohl der Hafen am Lake Superior am westlichen Ende des *St. Lawrence Seaway* noch immer ein bedeutender Umschlagplatz für Getreide aus den kanadischen Prärien ist, erlitt Thunder Bay mit der allmählichen Verlagerung des Transports von den Großen Seen auf andere Routen erhebliche Einbußen.

Thunder Bay Information Centre am Terry Fox Monument:
✆ 1-800-667-8386, www.visitthunderbay.com

Versorgung

Die Innenstadt als solche hat Touristen zwar nicht ganz viel zu bieten, aber Supermärkte und Einkaufszentren wie das ***Intercity Shopping Centre*** (mit über 100 Läden die größte *Mall* im Nordwesten Ontarios) an der #1000 *Fort William Road* bieten reichlich Gelegenheit zum Einkauf; www.intercityshoppingcentre.ca.

Centennial Park

Entlang des Current River erstrecken sich am nordöstlichen Stadtrand (die TCH-Ausfahrt liegt 1 km westlich des *Terry Fox Scenic Lookout*) drei durch kurze Wege miteinander verbundene Stadtparks. Zum 60 ha großen städtischen ***Centennial Park*** gehören eine kleine Farm mit Tieren und der Nachbau eines Holzfällercamps von 1910 samt Museum und **Muskeg-Express-Train-Bimmelbahn** (Juni Sa+So, Juli-August Mi-So 12-16 Uhr, $2,50). Außerdem gibt es Naturlehrpfade. Flussabwärts besitzt der **Boulevard Lake Park** einen populären Sandstrand. Die Picknickplätze in beiden Parks eignen sich gut für einen Zwischenstopp.

Trowbridge Park

Das gilt ebenso für den *Trowbridge Park*, etwas weiter flussaufwärts nördlich des TCH, Zufahrt Copenhagen Road. Über Stufen von schwarzem Gestein hat der **Current River** die ***Trowbridge Falls*** gebildet. Sie eignen sich wunderbar zum **Baden**.

Nur Benutzer des ***Trowbridge Falls Municipal Campground***, 125 Copenhagen Road, © (807) 683-6661, $25-$35, haben einen direkten Zugang zu den Stromschnellen, alle anderen Besucher müssen vom Parkplatz noch einige hundert Meter weit laufen.

Mt. McKay

Einen schönen Panoramablick bietet der **Mount McKay** in der ***Fort William First Nation Indianerreservation***, www.fwfn.com. Vom *Scenic Lookout* auf halber Berghöhe führen Wanderwege zum Gipfel 300 m oberhalb der Stadt, Zufahrt über *Mission Road* direkt südlich von Thunder Bay, Mitte Mai-Anfang Oktober täglich 9-22 Uhr, Auto $6.

Fort William

Die **größte Sehenswürdigkeit** der Region ist ***Fort William Historical Park*** (*Campground* im Park, 40 Plätze, $25-$35), eines der besten »lebenden« Museen Canadas. Das einstige westliche **Hauptquartier der *North West Company*** von 1803 bis 1821 hat man am Kaministiquia River 14 km westlich der originalen Stelle originalgetreu wieder aufgebaut (über Broadway Ave südwestlich der Stadt, 1350 King Road). Das Fort diente den Pelztierjägern westlich und nördlich des Lake Superior als Treffpunkt, zentraler Umschlagplatz und Winterquartier. Von hier aus wurden ihre Felle auf riesigen Lastkanus im Frühjahr nach Montréal weitertransportiert.

Die für diese Art Museen typische Inszenierung der »guten alten Zeit« erreicht im *Fort William* einen hohen Grad an Perfektion. Im **Palisadenfort** vermitteln 42 historische Gebäude und seine in zeitgenössischer Kleidung agierenden »Bewohner« ein authentisches Bild von Leben und Alltag am Rande der Wildnis im Jahre 1815. An einem Wochenende Anfang Juli findet alljährlich das ***Great Rendezvous*** statt, das Treffen der Pelzhändler mit den Trappern, bei dem – was sonst? – kräftig gefeiert wird.

Ihren besonderen Reiz bezieht die Anlage aus der Geschlossenheit der Gesamtkonzeption. Die Neuzeit scheint in dem großen Waldstück am Fluss gänzlich ausgeblendet zu sein; nicht einmal die unvermeidlichen Parkplätze liegen im Blickfeld. Mitte Mai bis September täglich 10-17 Uhr, Eintritt Mitte Juni-Mitte August $14, sonst $12; www.fwhp.ca.

Kakabeka Falls

Gute 30 km westlich von Thunder Bay passiert man auf dem TCH (hier mit Dopppelnummerierung #11/#17) im gleichnamigen Provinzpark die ***Kakabeka Falls***, laut lokaler Tourismuswerbung die »Niagara-Fälle des Nordens« (39 m). Der Vergleich ist reichlich übertrieben. Die Kontrolle der Wassermenge durch zwei Kraftwerke führt außerdem bisweilen dazu, dass nur noch ein besseres Rinnsaal im Fluss verbleibt.

In unmittelbarer Nachbarschaft befindet sich der etwas beengte ***Ferns Edge Campground*** (75 Plätze, $33), 1 km entfernt der großzügigere ***Whispering Hills Campground*** (74 Plätze, $34-$39); www.ontarioparks.com/park/kakabekafalls.

Der TCH teilt sich in **Shabaqua Corners**, 60 km westlich von Thunder Bay. Wegen der besonders schönen letzten Kilometer im Bereich des Lake of the Woods sollte man die südliche TCH-Alternative (#11/#71) über Fort Frances vorziehen.

Quetico Park

Nur entlang der #11 besteht Gelegenheit zu einem Abstecher in den ***Quetico Provincial Park***. Die einzige Autozufahrt führt 40 km östlich von Atikokan in dessen äußersten Nordostzipfel, wo man im ***Visitor Centre*** vorbildlich über Flora, Fauna und Siedlungsgeschichte der Quetico-Region informiert. Jenseits der Grenze, im US-Staat Minnesota, schließt die ***Boundary Waters Canoe Area Wilderness*** an den kanadischen Park an. Beide Gebiete schützen eine von der Zivilisation weitgehend unberührte riesige Wasserwildnis.

Mit **1500 Routenkilometern** ist der *Quetico Prov'l Park* neben dem *Algonquin Park* das **Eldorado Ontarios für Kanufahrer**.

Kanuverleih bei ***Canoe Canada Outfitters***, © (807) 597-6418; www.canoecanada.com: $42/Kanu und Tag.

Wer über Nacht bleiben möchte, findet im Park neben vielen nur auf dem Wasserweg erreichbaren Zeltplätzen am French Lake auch den ***Dawson Trail*** **Campingplatz** für Autofahrer (106 Plätze, $34-$39). Auf einer ufernahen Insel sind zahlreiche **Weißkopfseeadler** heimisch; www.ontarioparks.com/park/quetico.

Fort Frances

Über die Brücken des ***Noden Causeway*** – die Inselwelt des überquerten **Rainy Lake**, der mit den Gewässern des *Quetico Park* verbunden ist, bietet schöne Fotomotive – erreicht man **Fort Frances** (601 Mowat Ave; www.fortfranceschamber.com). Einst Zentrum des Pelzhandels, erlebt man die Grenzstadt (8.000 Einwohner) heute als eher uninteressanten Industriestandort. Die *Sorting Gap Marina* beherbergt den restaurierten Holzschleppkahn ***Hallett*** (Front Street, *Downtown*).

Provincial Parks

Die Strecke zwischen Caliper Lake und Kenora gehört zu den besten Abschnitten des TCH in Ontario. Die Straße führt durch malerische **Fels- und Waldlandschaften**, unterbrochen von zahlreichen Seen. **Drei hervorragende Provinzparks** – *Caliper Lake, Sioux Narrows* und *Rushing River* – bieten wunderbare **Campingplätze** und verführen zum Bleiben.

Caliper Lake Park

Im ***Caliper Lake Park*** eignet sich der saubere und warme See ideal zum **Baden**. Insbesondere Familien mit Kindern werden den Spielplatz direkt am Sandstrand und die gepflegte ***Picnic Area*** mit großer Spielwiese zu schätzen wissen. Der hübsche ***Campground*** liegt in einem Kiefernwald unweit des Ufers; er war 2013 geschlossen, soll aber 2014 wieder öffnen.

Sioux Narrows Park

Im ***Sioux Narrows Provincial Park*** ist dank der Aussicht auf die Regina Bay und die *Narrows* der Picknickplatz mit flachem Sandstrand am etwas kühleren **Lake of the Woods** überaus beliebt. Von den Stellplätzen des ***Campground*** (56 Plätze, $33, Kanuverleih) am Hang fällt der Blick übers Wasser; www.ontarioparks.com/park/siouxnarrows.

Rushing River Park

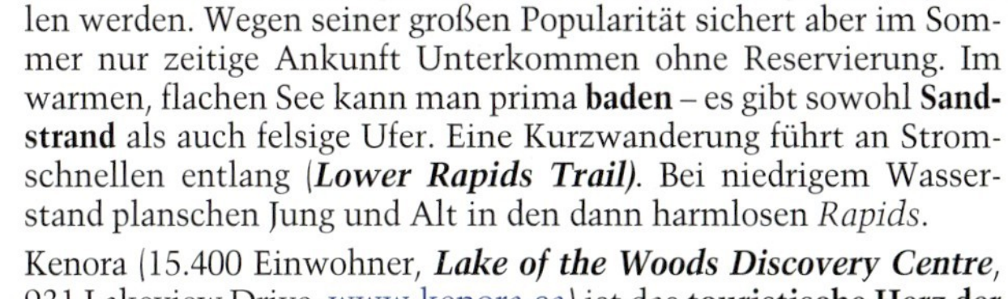

Der ***Rushing River Provincial Park*** und sein Campingplatz (216 Plätze, $34-$43; www.ontarioparks.com/park/rushingriver) nördlich und südlich des Dogtooth Lake können kaum genug empfohlen werden. Wegen seiner großen Popularität sichert aber im Sommer nur zeitige Ankunft Unterkommen ohne Reservierung. Im warmen, flachen See kann man prima **baden** – es gibt sowohl **Sandstrand** als auch felsige Ufer. Eine Kurzwanderung führt an Stromschnellen entlang (***Lower Rapids Trail)***. Bei niedrigem Wasserstand planschen Jung und Alt in den dann harmlosen *Rapids*.

Kenora

Kenora (15.400 Einwohner, ***Lake of the Woods Discovery Centre***, 931 Lakeview Drive; www.kenora.ca) ist das **touristische Herz der Lake-of-the-Woods-Region** mit zahlreichen Motorboot- und Kanuvermietern.

Während die Seeufer vielfach – wegen ausgedehnten Privatbesitzes – nur begrenzt zugänglich sind, gibt es im Stadtbereich einige **Parks mit öffentlichen Badestränden**.

Bootstouren

Mehrmals täglich verlässt die *MS Kenora* Ende Juni bis Anfang September die ***Harbourfront*** (13.30 Uhr, 15.30 Uhr, 18.30 Uhr, ✆ (807) 468-9124) zu 2-stündigen **Rundfahrten** durch die Inselwelt des Lake of the Woods; $28/Person; www.mskenora.com.

Rundflüge

Ab $200 für 3 Personen kostet der 30-min-Rundflug per Cessna; www.river-air-minaki.com. Der Hafen für Wasserflugzeuge befindet sich unmittelbar am *2nd Street Dock* der *Harbourfront*.

Hausboote

Wegen seiner unzähligen Buchten und **14.600 Inseln** eignet sich der 3.150 km^2 große See ganz besonders für **Hausbootferien**. Hausboote kann man tage- und wochenweise mieten. Die kleineren Typen kosten ab $1350 für das Wochenende (3 Nächte), und für 4 Nächte wochentags; weitere Infos bei *Houseboat Adventures* unter ✆ 1-800-253-6672, www.houseboatadventures.com.

Museum

Ebenfalls an der *Harbourfront*, in der 300 South Main Street, befindet sich das ***Lake of the Woods Museum***. Es besitzt eine Kollektion indianischer Kunstwerke und dokumentiert die Geschichte des Ortes, der früher **Rat Portage** hieß. Juli bis August täglich 10-17, sonst Di-Sa 10-17 Uhr; Eintritt $4; www.lakeofthewoodsmuseum.ca.

7

Caddy Lake im Whiteshell Provincial Park

7.2 Durch Manitoba und Saskatchewan

7.2.1 Vom Lake of the Woods nach Winnipeg

Highway #1

Mit Erreichen Manitobas erhält der **TCH** die **Ziffer 1**. Dabei bleibt es bis zum Endpunkt in Victoria auf Vancouver Island.

Nach Manitoba

Der **TCH** (➪ auch Seite 213) **ist die einzige Straßenverbindung** zwischen Ontario und Manitoba. Gleich hinter der Provinzgrenze erwartet den Reisenden ein großes ***Tourist Information Centre***.

Verlauf des TCH

Nach kurzer Strecke durch den unmittelbar an der Grenze zu Ontario gelegenen *Whiteshell Provincial Park* verlässt er die Seenplatte des Kanadischen Schilds (➪ Seite 14) und läuft für über 1.450 km durch die Prärien im Süden Canadas. Diese bestehen – entgegen manchem Vorurteil – durchaus nicht nur aus ebenen Weideflächen und unendlichen Weizenfeldern, sondern werden von Hügellandschaften und Waldbeständen aufgelockert. Tatsächlich jedoch bietet eine Fahrt auf dem weitgehend vierspurig ausgebauten TCH nicht eben viel Abwechslung. Mit ein bisschen Extrazeit für Abstecher und Umwege lässt sich speziell in Manitoba eine Reise aber überraschend reizvoll gestalten.

Da wäre vor allem im Sommer zunächst ein »Schlenker« in nördliche Richtung zum Lake Winnipeg und seinen Badestränden zu erwägen, zumindest aber ein Stopp im ***Whiteshell Provincial Park.***

Whiteshell Provincial Park

Unweit des TCH sind die Orte **West Hawk Lake** und **Falcon Lake** leicht erreichbare Anlaufpunkte mit ***Campgrounds*** und ausgebauter touristischer Infrastruktur (Strände, Hotels, Reitstall). Ruhiger wird es entlang der Straße #307 durch den zentralen Westen dieses Parks. Eine hübsche Anlage im Park ist die ***Falcon Beach Ranch*** am Falcon Lake, © 1-877-949-2410, *Cabin* ab $160, eine Stunde Ausritt $38; www.falconbeachranch.com.

Einen Stopp wert innerhalb des *Whiteshell Park* ist (noch an der Straße #44 unweit westlich der Abzweigung der #307) das ***Alfred Hole Goose Sanctuary*** bei Rennie, Mitte Juni-Anfang September Do-So 10-18 Uhr, Fr-So im September, frei. Im Sommer leben dort fast 100 der seltenen Canada Gänse. Ein ***Visitor Centre*** informiert über Eigenarten dieses Vogelschutzgebietes und vom Uferweg überblickt man die Nester im See.

Die #307 läuft an einer Kette hübscher Seen und an Flüssen mit Stromschnellen und Wasserfällen entlang, wo gut angelegte **Campingplätze** zum Bleiben einladen. Vom ***White Lake Campground*** (37 Stellplätze, $14; www.manitobaparks.com) bzw.vom benachbarten ***White Lake Resort*** (© 204-348-7605, Cottage ab $65, www.whitelakeresort.com) erreicht man die lokal gerne gelobten, aber nicht besonders aufregenden ***Rainbow Falls***.

Ca. 10 km nordwestlich des White Lake zwischen **Betula Lake** und **Nutimik Lake** beginnt der 2 km lange ***Trail*** zu den pittoresken ***Pine Point Rapids***.

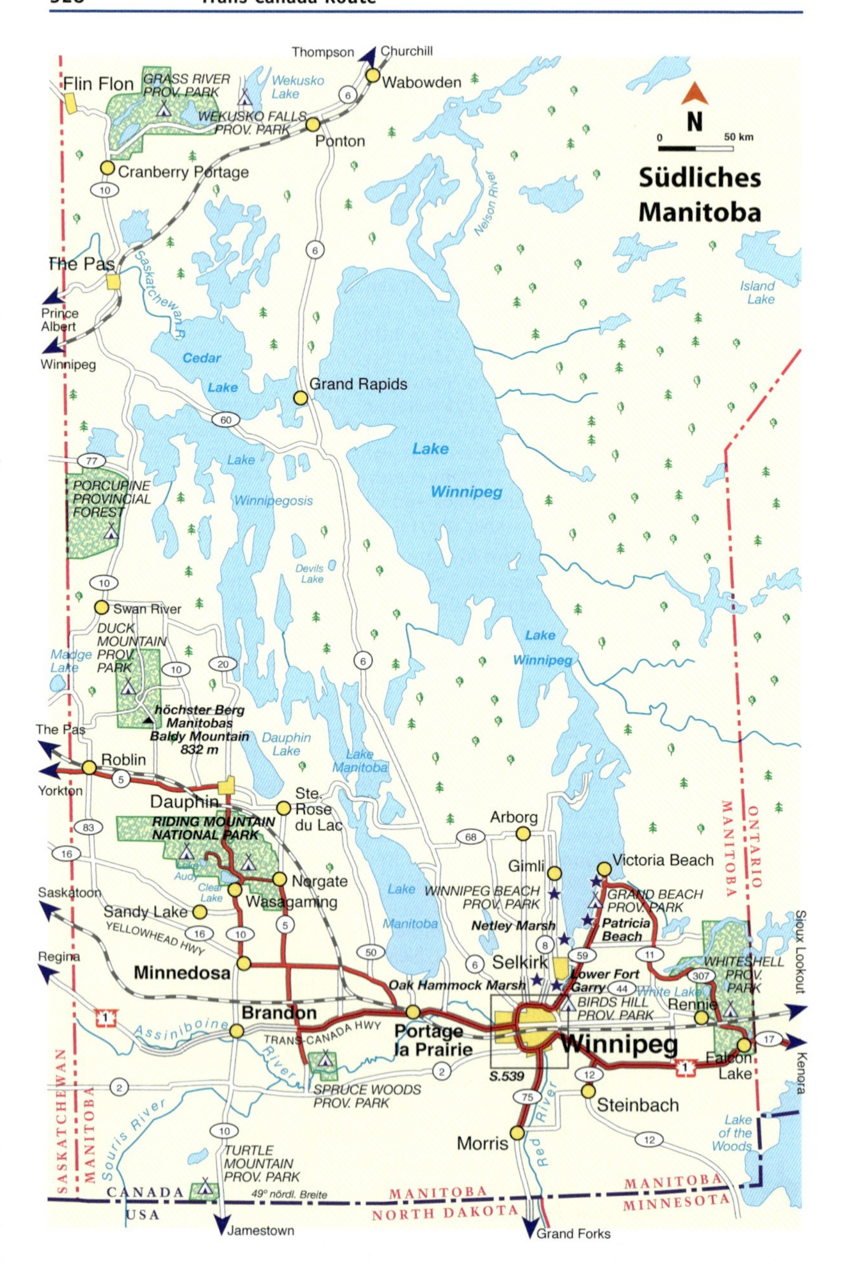
Südliches Manitoba
N
0
50 km
Thompson
Churchill
Wabowden
Flin Flon
GRASS RIVER PROV. PARK
Wekusko Lake
WEKUSKO FALLS PROV. PARK
Ponton
Cranberry Portage
Nelson River
The Pas
Saskatchewan R.
Prince Albert
Winnipeg
Island Lake
Cedar Lake
Grand Rapids
Lake Winnipeg
Lake Winnipegosis
PORCUPINE PROVINCIAL FOREST
Devils Lake
Swan River
DUCK MOUNTAIN PROV. PARK
Madge Lake
höchster Berg Manitobas Baldy Mountain 832 m
Dauphin Lake
Lake Manitoba
Roblin
Yorkton
Dauphin
Ste. Rose du Lac
RIDING MOUNTAIN NATIONAL PARK
Arborg
Gimli
Victoria Beach
Lake Audy
Clear Lake
Norgate
Wasagaming
Saskatoon
Sandy Lake
YELLOWHEAD HWY
WINNIPEG BEACH PROV. PARK
GRAND BEACH PROV. PARK
Netley Marsh
Patricia Beach
ONTARIO
MANITOBA
Sioux Lookout
Regina
Minnedosa
Selkirk
Lower Fort Garry
WHITESHELL PROV. PARK
Oak Hammock Marsh
White Lake
BIRDS HILL PROV. PARK
Rennie
Brandon
Assiniboine
TRANS-CANADA HWY
Portage la Prairie
Winnipeg
Falcon Lake
Kenora
River
SPRUCE WOODS PROV. PARK
S.539
Steinbach
Souris River
Red River
Lake of the Woods
SASKATCHEWAN
MANITOBA
TURTLE MOUNTAIN PROV. PARK
Morris
CANADA
USA
49° nördl. Breite
MANITOBA
NORTH DAKOTA
MANITOBA
MINNESOTA
Jamestown
Grand Forks

Lake Winnipeg

Am Winnipeg River verlässt die #307 den Park und stößt auf die Straße #11, die 90 km dem breiten Fluss zum Südostufer des riesigen Lake Winnipeg folgt, einem populären Seebereich mit flachem, schnell erwärmtem Wasser, langen Sandstränden und Dünenstreifen. Besonders an Wochenenden beliebt ist der ***Grand Beach Provincial Park*** mit hohen, weißen Sanddünen und **Campingplatz**, 189 Stellplätze, $18-$23; www.manitobaparks.com. Einen kaum weniger attraktiven, aber nicht so überlaufenen Strand findet man mit der ***Patricia Beach***.

Außerhalb der offiziell öffentlich zugänglichen Strände befindet sich bis hinauf zum Sommerfrischeort Victoria Beach die Küste leider überwiegend in Privathand.

Auch auf dem Südwestufer hat der Lake Winnipeg eine Reihe schöner Badestrände. Besonderer Beliebtheit bei Windsurfern erfreut sich der ***Winnipeg Beach Provincial Park*** (Camping $26).

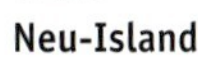

Neu-Island

Weiter nördlich sind die langen **Sandstrände von *Gimli***, trotz der nur 5.900 Einwohner einer der größten isländischen Gemeinden außerhalb Islands, erwähnenswert. Kultur- und Siedlungshistorie der Region, die Ende des 19. Jahrhunderts 12 Jahre lang zur ***»Republic of New Iceland«*** gehörte, wird vom ***New Iceland Heritage Museum*** beleuchtet (Waterfront Centre, 94 1st Ave, Ende Mai-Anfang September Mo-Fr 10-16, Sa/So 13-16 Uhr – sonst an Wochenenden geschlossen, $6; www.nihm.ca). Anfang August lebt diese Periode der »Unabhängigkeit« beim 4-tägigen *Icelandic Festival of Manitoba* wieder auf.

Vogelreservat

Die Südufer des Sees sind wegen der verzweigten Mündung des Red River versumpft und bieten in der *Netley Marsh* einer artenreichen Vogelpopulation geschützten Lebensraum. Vom ***Breezy Point Observation Tower*** an der Mündung des Netley Creek (Ende Straße #320, etwa 16 km nördlich von Selkirk) überschaut man eines der größten Marschgebiete Manitobas.

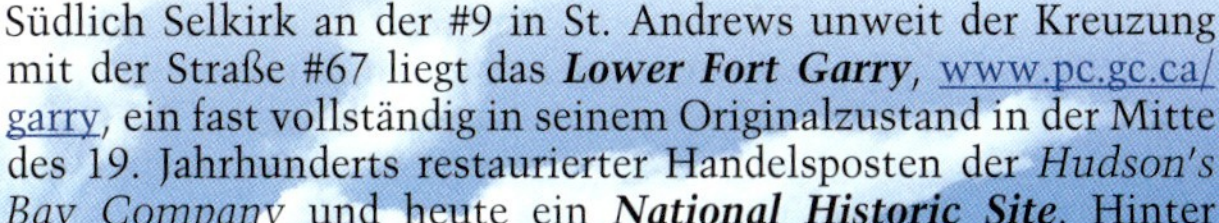

Lower Fort Garry

Südlich Selkirk an der #9 in St. Andrews unweit der Kreuzung mit der Straße #67 liegt das ***Lower Fort Garry***, www.pc.gc.ca/garry, ein fast vollständig in seinem Originalzustand in der Mitte des 19. Jahrhunderts restaurierter Handelsposten der *Hudson's Bay Company* und heute ein ***National Historic Site***. Hinter dicken Steinmauern befindet sich das kleine *Visitor Centre*. Zeitgenössisch kostümiertes Personal erläutert Geschichte und Bedeutung des Forts.

Sommerhitze am Lake Winnipeg

Zwar kann *Fort Garry* nicht mit den herausragenden Museen dieser Art wie dem *Old Fort William* bei Thunder Bay mithalten, ist aber das beste lebende Museum in Manitoba. Geöffnet Mitte Mai bis Anfang September täglich 9-17 Uhr, Eintritt $8.

Oak Hammock Marsh

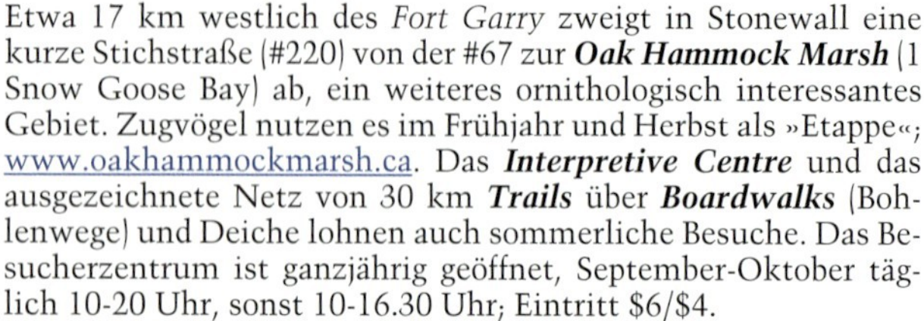

Etwa 17 km westlich des *Fort Garry* zweigt in Stonewall eine kurze Stichstraße (#220) von der #67 zur ***Oak Hammock Marsh*** (1 Snow Goose Bay) ab, ein weiteres ornithologisch interessantes Gebiet. Zugvögel nutzen es im Frühjahr und Herbst als »Etappe«; www.oakhammockmarsh.ca. Das ***Interpretive Centre*** und das ausgezeichnete Netz von 30 km ***Trails*** über ***Boardwalks*** (Bohlenwege) und Deiche lohnen auch sommerliche Besuche. Das Besucherzentrum ist ganzjährig geöffnet, September-Oktober täglich 10-20 Uhr, sonst 10-16.30 Uhr; Eintritt $6/$4.

Boardwalk mit Beobachtungspavillon im Sumpfgebiet der Oak Hammock Marsh

Steinbach

Auf der direkten Route von Ontario nach Winnipeg liegt ein Abstecher nach Steinbach (13.600 Einwohner) nahe, 19 km südlich des TCH (Straße #12N). Noch vor der Stadt, deren Entstehung 1874 Mennoniten russischer Abstammung zu verdanken ist, stößt man auf das ***Mennonite Village Museum***; ✆ 1-866-280-8741, www.mennoniteheritagevillage.com. Dabei handelt es sich um ein nach alten Vorbildern errichtetes Mennonitendorf aus der Zeit um 1900. Die Anlage mit 20 Gebäuden und Restaurant vermittelt sicher ein realistisches Bild von den damaligen Verhältnissen, ist aber als solche nicht top interessant. Ein Besuch lohnt sich eher wegen der aufschlussreichen Dokumentation zu den Mennonitenwanderungen von Holland über Norddeutschland und Russland nach Canada. Mai-September Mo-Sa 10-17 Uhr, So 12-17 Uhr; Juli-August jeweils bis 18 Uhr; $10/$4.

Deutsche Ortsnamen

Neben Steinbach findet man noch eine ganze Reihe weiterer **Ortschaften mit typisch deutschen Namen** im südöstlichen Manitoba. Bezeichnungen wie Kleefeld, Altona, Gnadenthal, Reinland u.a.m. geben Aufschluss über die Herkunft der ersten Siedler. Lohnende Ziele sind diese Prärienester eher nicht.

Deutschstämmige Minderheiten in Canada: Hutterer, Mennoniten und Amish

Die Mehrheit der deutschen Einwanderer passte sich in Canada – wie auch andere kleinere Immigrationsgruppen – rasch der anglo-kanadischen Kultur an. Bereits die zweite Generation lernte Englisch als Muttersprache, und selbst die Familiennamen wurden oft von den Einwanderungsbehörden anglisiert oder – insbesondere während der beiden Weltkriege – nachträglich abgeändert. Dennoch haben sich deutsche Traditionen bis heute gehalten. So veranstaltet beispielsweise Kitchener in Ontario, das bis zum 1. Weltkrieg Berlin hieß, das größte Oktoberfest in Nordamerika (www.oktoberfest.ca). Radiosendungen in deutscher Sprache mit meist kirchlicher Ausrichtung, werden – außer im Süden Ontarios – auch in Manitoba, Saskatchewan und Alberta ausgestrahlt.

In Canada erscheinen einige deutschsprachige Zeitungen (alle monatlich). Die auflagenstärksten sind: **Das Echo** (Quebec; www.dasecho.com), **Echo Germanica** (südliches Ontario, www.echoworld.net) und die **Deutsche Rundschau** (Ontario, www.deutsche-rundschau.com).

Darüber hinaus gibt es bis heute in relativer Abgeschiedenheit lebende deutschsprachige Gruppen. So sind die ***Hutterer*** eine in urchristlicher Gütergemeinschaft lebende Gemeinde. Sie hält in strenger Religiosität an überlieferten Gepflogenheiten fest. Namensgeber ist der 1533 in Mähren, zum ersten Bischof der Gemeinde gewählte *Jakob Hutter* (1536 in Innsbruck verbrannt). Sie praktizierten die Erwachsenentaufe und gerieten damit als sogenannte »Wiedertäufer« in Widerspruch zur Amtskirche (erste hutterische Glaubenstaufe 1525). Weil sie in Mähren verfolgt wurden, zogen sie zunächst nach Siebenbürgen; von dort ging es weiter in die Ukraine. Ab 1870 wanderte die Bruderschaft in die USA aus, von wo aus die meisten ab 1918 nach Canada übersiedelten.

Gegenwärtig leben ca. 45.000 Hutterer in Nordamerika – die meisten in Manitoba, Saskatchewan und Alberta; www.hutterites.org. Mehrere Familien bewirtschaften jeweils gemeinsam einen »Bruderhof«. Nachwuchssorgen haben die Gemeinden dank ihres Kinderreichtums nicht.

Die Hutterertrachten haben sich in Jahrhunderten kaum verändert. Die Röcke und Schürzen der Frauen sind in gedeckten Farben gehalten und weisen dezente Muster auf, unerlässlich ist ein gepunktetes Kopftuch. Die »Mannsleut'« tragen schwarze Hosen mit Hosenträgern und einfache gestreifte oder karierte Hemden; immer haben sie einen Kinnbart. Die pazifistisch gesinnten Hutterer lehnen den Wehrdienst ab und verweigern vor Gericht den Eid.

Die Interessen des Individuums sind dem Gemeinwohl der »Kolonie« grundsätzlich nachgeordnet. Die herkömmliche Rollenverteilung zwischen den Geschlechtern blieb bis heute unangetastet: Die Frauen »regieren« in Haus und Hof, die Männer arbeiten auf Feld und Weide.

Trotz aller Bemühungen, die kulturelle Identität zu wahren, zeichnen sich in einigen Bereichen aber doch Veränderungen ab. Da diese bei den einzelnen Bruderhöfen unterschiedlich ausfallen, bieten die Hutterer heute kein einheitliches Bild mehr. Es wird auch jetzt noch überwiegend Deutsch gesprochen (mit einem Dialekt der mährischen Urheimat).

Auch der technische Fortschritt ist nicht ganz aufzuhalten. Zwar lehnen die Hutterer immer noch Radio, Fernsehen und Computer ab, doch Maschinen zur Erhöhung der Arbeitseffektivität werden in zunehmendem Maße eingesetzt. Der hutterische Siedlungsbereich umfasst heute die kanadischen Provinzen Alberta, Manitoba und Saskatchewan, sowie Montana, North und South Dakota in den USA.

Die ***Mennoniten***, ebenfalls »Wiedertäufer«, folgen den Glaubenslehren von *Menno Simons*, der ab 1537 ihr Bischof war. Sie waren ursprünglich in den Niederlanden und Norddeutschland beheimatet. Wie die Hutterer lebten sie lange Zeit in Russland und emigrierten dann über die USA nach Canada, wo sie sich erstmals 1776 in Ontario ansiedelten. Die Traditionalisten *Old Order Mennonites* unter ihnen lehnen die Nutzung moderner Technik rigoros ab. Wie in alten Zeiten spannen sie z.B. in St. Jacobs/ Ontario Pferde vor den Pflug und fahren in der Kutsche zur Kirche, während die meisten Glaubensbrüder heute Auto fahren.

8.000 russische Einwanderer gründeten 1874-84 die ersten Mennonitengemeinden Manitobas. Heute hat die *Mennonite Church Canada* ca. 31.000 Mitglieder; www.mennonitechurch.ca.

Von den Mennoniten spalteten sich 1693 die ultrakonservativen ***Amish People*** – benannt nach ihrem Bischof *Jacob Amann* – ab. Sie ließen sich vor allem in den US-Bundesstaaten Ohio und Pennsylvania nieder. Die aus Europa nehezu vollständig vertriebenen Amish emigrierten um 1825 nach Canada. Ihr erstes und bislang einziges kanadisches Siedlungsgebiet war Ontario, wo sie in 14 Orten leben.

Hutterer-frauen in der für das 19. Jahr-hundert typischen schlichten Tracht

7.2.2 Winnipeg

Lage

Winnipeg ist die einzige »echte« Großstadt zwischen Toronto (2.100 km) und Calgary/Edmonton (1.300 km) und wirtschaftliches und kulturelles Zentrum einer weit über die Provinzgrenzen hinausreichenden Region. Die Hauptstadt liegt in der südöstlichen »Ecke« von Manitoba, rund 150 km westlich von Ontario und rund 100 km nördlich der Grenze zu den USA.

Klima und Geschichte

Klima

Das Klima Winnipegs entspricht weitgehend der auf Seite 585 zu findenden Kennzeichnung für die Provinz Manitoba. Die ungeschützte Lage nach Norden wie nach Süden sorgt für starke jahreszeitliche Gegensätze. Im Sommer – mit im Juli/August Tageshöchsttemperaturen um 26°C – darf man mit stabilen **Schönwetterperioden** rechnen; nur gelegentlich setzen Gewitter Straßen und Campingplätze unter Wasser. Im Winter beschert das wetterbestimmende kontinentale Hoch der Stadt nur geringen Schneefall und Temperaturen bis unter –20°C. Mit 358 Stunden verzeichnet Winnipeg von Dezember bis Februar den meisten Sonnenschein von allen kanadischen Städten, ➪ Seiten 22 und 24.

Geschichte

Der Zusammenfluss von Assiniboine und Red River war schon 4.000 v.Chr. über alle Zeiten hinweg ein wichtiger Treffpunkt der indianischen Urbevölkerung. Die Franzosen unter ***Pierre de la Vérendrye*** erkannten die strategisch günstige Position dieses Ortes und gründeten dort 1738 die Pelzhandelsstation ***Fort Rouge***. Von dort aus betrieben sie die Erschließung des kanadischen Nordwestens. An fast gleicher Stelle errichtete 1809 die *North West Company* das **Fort Gibraltar**. Der 1822 von der *Hudson s Bay Company* in **Fort Garry** umbenannte Stützpunkt versank vier Jahre später in den Fluten des Red River. Als Neubau entstanden zwei Festungen mit dicken Steinmauern: flussabwärts in Selkirk das ***Lower Fort Garry*** (➪ Seite 529) und am anderen Flussufer im Stadtzentrum das ***Upper Fort Garry*** (➪ Seite 540); www.fortgibraltar.com.

Métis

Nachdem 1812 der ***Earl of Selkirk*** schottische Siedler an die fruchtbaren Ufer des Red River gebracht hatte, kam es zu ständigen Konfrontationen mit den bereits dort ansässigen *Métis*, Nachkommen französischer Trapper und indianischer Frauen. Denn mit der Abholzung von Waldland zur Ausdehnung der Landwirtschaft reduzierten sich die Jagdreviere der *Métis*. Die Auseinandersetzungen gipfelten unter Führung von ***Louis Riel*** in der ***Red River Rebellion*** von 1869, die zur Schaffung Manitobas und zur Anerkennung von Minderheitenrechten für die *Métis* führte.

Nach den ersten unruhigen Jahren verlief die weitere Geschichte der Siedlung, die sich um das ***Upper Fort Garry*** entwickelt hatte, nun weniger turbulent. Mit der Konstituierung Manitobas (1870,

➪ Seite 585) wurde Winnipeg Verwaltungssitz, erhielt aber erst **1873 Stadtrechte** und seinen heutigen Namen, der aus der Sprache der *Cree*-Indianer stammt (*win nipee* = schlammiges Wasser).

Eisenbahn

Bereits mit dem Anschluss an das Eisenbahnnetz des Ostens (1878) gewann Winnipeg eine zentrale Position für den Weizentransport in die Bevölkerungszentren. Bereits 1887 war die *Winnipeg Commodity Exchange* als Börsenplatz gegründet worden. Die Ankunft der ***Canadian Pacific Railway*** (CPR) und die Verkehrsanbindung an die Westküste 1885 sowie der Bau weiterer Bahnlinien – so auch nach Churchill an der Hudson Bay (1929) – machten Winnipeg zum Eisenbahnknotenpunkt und zur einzigen kanadischen Metropole im Umkreis von 1.300 km.

Bevölkerung

Winnipeg hatte zu Beginn des 1. Weltkrieges erst um die 150.000 Einwohner. Heute leben mit 780.000 Menschen im Großraum (635.000 in der Stadt) über 60% der Bevölkerung Manitobas in der Provinzhauptstadt und deren Umgebung.

Information, Orientierung und öffentliche Verkehrsmittel

Touristen Infomation

Tourism Winnipeg
259 Portage Ave (*Downtown*); www.tourismwinnipeg.com.

Explore Manitoba Centre in ***The Forks National Historic Site***, 21 Forks Market Road. Große Touristeninfo mit Ausstellungen über die Provinz, tägl. 10-18 Uhr; www.travelmanitoba.com.

Der ***Winnipeg International Airport*** (YWG), www.waa.ca, liegt nur 6 km westlich der Innenstadt. Airportzufahrt von *Downtown* (30 min) mit der Airport-Buslinie #15, ✆ (204) 987-9402.

Zentrum

Das **Stadtzentrum** mit den höchsten Wolkenkratzern zwischen Toronto und Calgary befindet sich nordwestlich der Einmündung des Assiniboine River in den Red River, ungefähr begrenzt durch Portage Ave, Broadway und Main Street. Am Ostufer des Red River liegt das alte Stadtviertel ***Saint Boniface*** mit französischsprachiger Bevölkerungsmehrheit.

Verkehrssituation

Der ***Trans Canada Highway*** führt mitten durch die City (Main Street/Broadway). Alternativen dazu sind zwei weiträumig die City umgehende Autobahnen (***Perimeter Highway #100*** im Süden bzw.***Perimeter Highway #101*** im Norden). Im großzügig angelegten Winnipeg bereitet Autofahren kein Kopfzerbrechen.

Nahverkehr

In *Downtown* Winnipeg fahren drei ***Downtown-Spirit-Buslinien*** Mo-Fr 7-19, Sa 11-19, So 12-17.30 Uhr auf einem Rundkurs um das Geschäftszentrum und weiter zu *The Forks* (➪ unten) gratis.

Auf anderen Routen gilt für ***Winnipeg Transit*** **Busse** – unabhängig von der Fahrtstrecke – ein Einheitstarif von $2,55; 5 Tickets $11. Man benötigt in den Bussen abgezähltes Kleingeld. Für *Transit Information* wählt man ✆ 1-877-311-4974 oder schaut ins Internet: www.winnipegtransit.com

Unterkunft und Camping

Hotels/Motels

Übernachten ist in Winnipeg nicht besonders teuer. In *Downtown* findet man u.a. das edle, 1913 erbaute

- ***Fort Garry Hotel***, 222 Broadway Ave, ab $139, ✆ (204) 942-8251 bzw. ✆ 1-800-665-8088; www.fortgarryhotel.com.

In den Außenbezirken liegen zahlreiche **Hotels und Motels** entlang der südlichen Zufahrtsstraße #42 (Pembina Hwy), an der westlichen Zufahrtsstraße #1/#85 (Portage Ave) sowie im Flughafenbereich. Ein gutes Preis-/Leistungs-Verhältnis haben

- ***Comfort Inn Winnipeg Airport***, 1770 Sargent Ave, ab $109, ✆ (204) 783-5627; www.choicehotels.com/hotel/cn237
- ***Holiday Inn Airport West***, 2520 Portage Ave, ab $109, ✆ (204) 885-4478; www.holidayinn.com
- ***Canad Inns Destination Centre Fort Garry***, ab $112, 1824 Pembina Hwy, ✆ (250) 261-7450, ✆ 1-888-332-2623; www.canadinns.com.

Preiswerte Unterkünfte

Die preiswerteste Übernachtung in Winnipeg bieten die ***Hostels***:

- ***Winnipeg Royal Plaza Hostel (HI)***
  330 Kennedy Street; 100 Betten, DZ $62, $29/Bett
  ✆ (204) 783-3000; www.hihostels.ca/winnipeg.

- ***Guest House International***
  168 Maryland Street, $29/Bett, DZ $60,
  ✆ 1-800-743-4423; www.backpackerswinnipeg.com

Bed & Breakfast

Die folgende Agentur vermittelt in Manitoba über 60 Unterkünfte zu Preisen ab ca. $60:

- ***Bed & Breakfast of Manitoba,*** www.bedandbreakfast.mb.ca.

Camping

Der stadtnächste Campingplatz (riesig mit 476 Stellplätzen, $18-$26) befindet sich im ***Birds Hill Provincial Park*** 25 km nordöstlich von Winnipeg an der Straße #59. Der Park verfügt über eine hervorragende Infrastruktur mit Reitstall, Badesee, Wander- und Fahrradwegen. Dem jährlichen ***Winnipeg Folk Festival*** dient er als Veranstaltungsort (➪ Seite 544); www.manitobaparks.com.

Luis Riel Fußgängerbrücke parallel zur Provencher Bridge mit Bistro »Chez Sophie«

Unter mehreren kommerziellen Plätzen im Bereich des ***Perimeter Highway*** ist ***Traveller's RV Resort and Campground***, 264 Stellplätze, © 1-888-615-1995, $23-$36, eine gute Wahl. Der Platz (#870 Murdock Road neben *Fun Mountain Waterslide Park*) liegt 14 km östlich von *Downtown* Winnipeg am TCH, Kreuzung mit Hwy #100; www.travellersresort.com.

Stadtbesichtigung: Downtown

Situation

Eine Besichtigung von *Downtown* Winnipeg lässt sich gut zu Fuß machen. Zur Überwindung etwas größerer Distanzen kann man den ***Downtown Spirit*** in Anspruch nehmen, ➪ Seite 534.

Die Beschreibung der Sehenswürdigkeiten Winnipegs beginnt an der **Main Street** knapp nördlich von *Downtown*:

Manitoba Museum

Im herausragenden ***Manitoba Museum*** (190 Rupert Avenue) wird die Natur- und Menschheitsgeschichte der Provinz über Dioramen, Filme und naturgetreue Modelle sehr anschaulich dargestellt. Die ***Earth History Gallery*** vermittelt einen sehr guten Überblick über die geologischen Epochen der Region Manitoba; in der ***Arctic & Subarctic*** und der ***Boreal Forest Gallery*** geht es um das Leben der Ureinwohner des Nordens, und in der ***Grasslands Gallery*** um die Siedlungsgeschichte des südlichen Manitoba. Die ***Urban Gallery*** zeigt Straßenzüge der Kleinstadt Winnipeg um 1920.

In der ***Nonsuch Gallery*** steht ein originalgetreuer Nachbau des Segelschiffs ***Nonsuch***, mit dem *Des Grosseilliers* 1668/69 in der Hudson Bay überwinterte (ca. 15 m, ➪ Foto rechts). Das Schiff ist einer der Höhepunkte der Ausstellung. Vor der Verbringung ins Museum hatte es 1970 anlässlich der 300-Jahr-Feier der *Hudson`s Bay Company*-Gründung die historische Seereise noch einmal mit Erfolg absolviert.

Planetarium

Im dazugehörigen Planetarium sorgen moderne Video- und Computertechnologie für beeindruckende ***Multi Media Shows***. Vor allem virtuelle Reisen durchs Weltall fesseln die Besucher. In der ***Science Gallery*** garantieren verblüffende Effekte und Illusionen einen kurzweiligen Aufenthalt.

Manitoba Museum, Planetarium und *Science Gallery* geöffnet Mitte Mai bis Anfang September täglich 10-17 Uhr, sonst Di-Fr 10-16, Sa+So 11-17 Uhr, Eintritt je $9, 2 zusammen $17, alle 3 $23; www.manitobamuseum.ca.

Centennial Concert Hall

Neben dem *Manitoba Museum* ist ein Kulturzentrum entstanden. Die *Centennial Concert Hall*, 555 Main Street, bietet eine Bühne für die *Manitoba Opera*, www.manitobaopera.mb.ca, *Canada's Royal Winnipeg Ballet*, www.rwb.org, und das *Symphony Orchestra*, www.wso.ca. Im *Royal Manitoba Theatre Centre*, www.mtc.mb.ca,174 Market Ave, gibt's populäres Theater; www.centennialconcerthall.com.

Exchange District

Das *Manitoba Museum* grenzt an den über 20 Blocks umspannenden ***Exchange District***; www.exchangedistrict.org. Dieses originale, kommerzielle und kulturelle Herz von Winnipeg verdankt seinen Namen dem *Grain Exchange Building*, 167 Lombard Ave; www.grainexchangebuilding.com. Südlich der inzwischen stillgelegten Warenbörse stehen an der Kreuzung Portage Ave/Main St die drei höchsten Gebäude von Winnipeg: das 128 m hohe ***201 Portage***, das 124 m hohe ***Richardson Building*** und das 117 m hohe ***360 Main*** mit dem ***Winnipeg Square*** im Erdgeschoss. Neben 40 Geschäften finden hier die Büroangestellten ihre Restaurants und *Fast Food Places*, Mo-Fr 9-17.30 Uhr, www.winnipegsquare.com.

Nachbau der »Nonsuch«, mit der Des Grosseilliers 1668/69 als erster auf dem Seeweg die Hudson Bay erreichte und dort überwinterte

Die Einkaufs- und Restaurant-Arkaden im *Exchange District* locken zahlreiche Besucher an. Der **Kernbereich** liegt westlich der Main Street. Um den *Old Market Square* mit Ess- und Verkaufsständen sowie oftmals *Entertainment* verbergen sich hinter sorgfältig restaurierten Fassaden ehemalige Wohn-, Handels- und Lagerhäuser aus dem ausgehenden 19. Jahrhundert.

Chinatown

An den *Exchange District* schließt sich nördlich ***Chinatown*** an (Zentrum an der King St), das bereits im 19. Jh. als Wohnstadt chinesischer Eisenbahnarbeiter entstand. Das Viertel ist kleiner als die *Chinatown* in Vancouver, aber für einen kurzen Abstecher durchaus erwägenswert. Sehenswert sind das in traditioneller Architektur um einen chinesischen Garten herum errichtete ***Dynasty Building*** (180 King St) mit Chinesischem Tor.

Ukrainisches Zentrum

Östlich *Chinatown* besitzt die nach Briten und Deutschen drittgrößte ethnische Gruppe Manitobas mit dem ***Oseredok Ukrainian Cultural and Educational Centre***, 184 Alexander Ave East eines der größten Kulturzentren dieser Art außerhalb der Ukraine, www.oseredok.org. Es präsentiert ukrainische Geschichte und Volkskunst wie handgemalte Ostereier (*Pysanky*), Keramik und Kunst (Mo-Sa 10-16, Juli-August So auch 13-16 Uhr; frei). Wer die Main Street (Hwy #52) ca. 2 km weiter in Richtung Norden fährt, kann die Kuppeltürme im ukrainischen Barockstil der ***Holy Trinity Ukrainian Orthodox Metropolitan Cathedral***, 1175 Main Street, nicht verfehlen. Dort hat der Metropol der Ukrainian *Orthodox Church of Canada* seinen Amtssitz; www.htuomc.org.

City Center

Hauptgeschäftsstraße Winnipegs ist die ***Portage Avenue*** zwischen Main Street und Memorial Blvd. Kaufhäuser und *Shopping*-Komplexe konzentrieren sich dort und in unmittelbarer Nähe. Teilweise sind sie über verglaste Brücken oder unterirdisch miteinander verbunden. Das mit über 100 Shops größte Einkaufszentrum ist ***Portage Place***, 393 Portage Avenue; www.portageplace.mb.ca. Eine weitere Shopping Mall ist ***City Place*** (40 Shops, 333 St. Mary Ave; www.cityplacewinnipeg.com). Zwischen all den Konsumpalästen steht das ultramoderne ***MTS Center***, u.a. Stadion der ***Winnipeg Jets*** (*NHL* – Eishockey).

Kunst Museum

Die ***Winnipeg Art Gallery***, 300 Memorial Blvd, ist zwischen Calgary und Toronto konkurrenzlos; www.wag.ca. Das gilt auch für die ungewöhnliche Architektur des Museumsgebäudes mit dreieckigem Grundriss. Unter den Kollektionen verschiedener Kunstrichtungen und Epochen sind die Sammlung zur kanadischen Gegenwartskunst und Kanadas umfangreichste Ausstellung der ***Inuit-Art*** hervorzuheben. Öffnungszeiten, Di-So 11-17 Uhr, aber Fr bis 21 Uhr, Eintritt $12; attraktives Bistro in der Dachetage.

Regierungsgebäude

In einem eigenen Park zwischen Broadway/Assiniboine River und Osborne/Kennedy Street steht das ***Legislative Building***, 450 Broadway, Sitz der Provinzregierung und des Parlaments Manitobas. Auf der Kuppel des neoklassizistischen Bauwerks von (1920) steht das Wahrzeichen Winnipegs – die Statue des ***Golden Boy***, eines

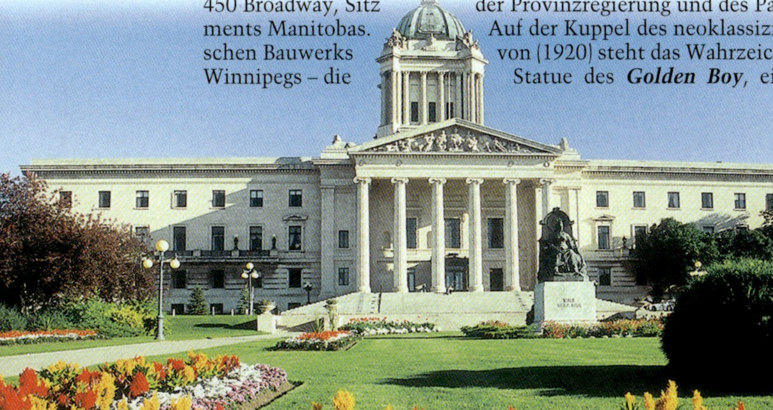

rennenden Jünglings mit Weizengarbe im Arm und einer Fackel in der Hand. Mit 77 m war die Fackelspitze lange Zeit höchster Punkt Winnipegs. Das Gebäude steht täglich zur Besichtigung – auf eigene Faust oder mit Führung – offen (8-20 Uhr), Eintritt frei; www.gov.mb.ca/legtour.

Osborne Village

Auf der anderen Seite des Flusses (Zugang über *Osborne Bridge*, Hwy #62) reihen sich zahlreiche kleine Geschäfte beiderseits der Osborne St. Zusätzliche Attraktivität gewinnt das *Osborne Village* durch seine **Restaurants und Cafés**; www.osbornevillage.com.

Dalnavert House

Besucher aus den USA schwärmen für das mit über 100 Jahren »uralte« ***Dalnavert House*** in der 61 Carlton Street. Es verkörperte 1895 nicht nur äußerlich den Gipfel des Luxus, sondern war mit Zentralheizung, Heißwasser und Elektrizitätsanschluss auch technisch auf dem neuesten Stand; www.mhs.mb.ca.

In dem akribisch restaurierten Anwesen lebte *Sir Hugh John MacDonald*. Der Sohn des ersten kanadischen Ministerpräsidenten war 1899-1900 *Premierminister* Manitobas. Geöffnet Fr-Sa 10-16 Uhr; Eintritt $6.

Fort Garry

In einem kleinen Park an der Main Street zeugt nur der kleine Torbogen ***Upper Fort Garry Gate*** vom zweiten Fort der *Hudson's Bay Company* in Winnipeg (⇨ unter »Geschichte«). Das erste wurde nach einer Überflutung zerstört.

The Forks

Der Zugang zu ***The Forks***, einem zwischen der Bahnlinie östlich der Main Street und dem Westufer des Red River gelegenen ehemaligen Rangierbahnhof, erfolgt südlich der *VIA Rail Station* über die Forks Market Road bzw. von Norden über den Waterfront Drive. Das weitläufige Areal am Zusammenfluss von Red und Assiniboine River ist wegen seiner Rolle als (6.000 Jahre alter) indianischer Versammlungsort und Keimzelle Winnipegs zum ***National Historic Site*** deklariert worden; www.pc.gc.ca/forks – und gleichzeitig ein modern konzipierter, attraktiver Freizeitpark mit vielen Veranstaltungen; www.theforks.com.

Im Park befinden sich ***Tourist Information*** (im *Explore Manitoba Centre*, ⇨ Seite 534), Hafen mit Leuchtturm (!) und Bootsverleih, das ***Children's Museum*** (45 Forks Market Road, *Kinsmen Building* von 1889, täglich 9.30-16.30 Uhr, Fr/Sa bis 18 Uhr, $10; www.childrensmuseum.com) und das *Johnston Terminal*, ein Lagerhaus von 1930 voller Läden und **Bistros**.

Der ***The Forks Market*** ist in einem ehemaligen Eisenbahngebäude untergebracht (täglich 9.30-18.30 Uhr, Juli+Aug. bis 21 Uhr) und beherbergt eine bunte Vielfalt an Obst- und Gemüse-, Fleisch- und Fischständen, **Restaurants** und jede Menge Shops aller Art. Vom 6. Stock des voll verglasten Aussichtsturms überschaut man das Gelände von *The Forks* und die *Skyline* von Winnipeg.

Museum for Human Rights

Im September 2014 eröffnet nordöstlich des Waterfront Drive das ***Canadian Museum for Human Rights***, 85 Israel Asper Way, in einem spektakulären Gebäude; www.museumforhumanrights.ca.

Der ***Riverwalk*** zwischen *Legislative Building* und *Alexander Dock* lädt zu Spaziergängen mit Blick auf die *Skyline* ein.

Boottrips

Ebenso gut ist die Sicht vom ***Wassertaxi***, Einfachfahrt $3, Tagespass $15. Der ***River Spirit Water Bus***, www.splashdash.ca, verkehrt mit 6 Haltestellen zwischen *Hugo Dock* (Zugang Corydon Strip) und *Exchange Dock* – Stopps sind *The Forks, Legislative Dock, Norwood Dock* und *Tache Dock,* Juni-September alle 15 min.

Ab *Alexander Dock* (Waterfront Drive am Westufer des Red River, Ecke Alexander Ave) startet das Ausflugsboot ***River Rouge*** (www.msrouge.com) täglich zu Fahrten auf dem Red und dem Assiniboine River, Juni-September, 13 Uhr *Sightseeing* 2 Stunden ($19), 19 Uhr *Sunset Cruise* über 3 Stunden ($20).

Ziele außerhalb des Zentrums

St. Boniface

St. Boniface, der Stadtteil am Ostufer des Red River sozusagen gegenüber *Downtown* Winnipeg, beherbergt die größte französischsprachige Gemeinde Canadas westlich von Québec. Er entstand auf dem traditionellen Siedlungsraum der Métis. In *St. Boniface* wurde ***Louis Riel*** 1844 geboren (➪ Geschichte, Seiten 584+590). Während die Anglokanadier den später gehängten *Riel* als Aufrührer betrachten, sehen die Frankokanadier in ihm einen Vorkämpfer für ihre Rechte.

Louis Riel

Mit über hundert Jahren Abstand wird dem Métis-Führer mittlerweile viel Ehre zuteil. In Saskatchewan z.B. trägt die Autobahn 11 zwischen Regina und Saskatoon den Namen ***Louis Riel Trail***. Sein Grab neben der Cathédrale de Saint-Boniface (190, Ave de la Cathédrale) wird bis heute sorgfältig gepflegt. Die ersten drei katholischen Kirchen wurden Anfang des 19. Jahrhunderts erbaut, fielen aber wiederholt Neubauten und Bränden zum Opfer. Das letzte Großfeuer wütete 1968 und ließ allein die romanische Vorderfront und einige Wände stehen. Die heutige 6. Kirche stammt

Die restaurierte Ruine von St. Boniface vor der Silhouette der City of Winnipeg

7

bis auf dieses Relikt aus dem Jahre 1972. In der Nachbarschaft befindet sich mit der ***Université de Saint-Boniface*** ein französischsprachiger Ableger der *University of Manitoba*.

Museum

Das nahe ***Musée de Saint-Boniface*** (494 Ave Taché) befindet sich in einem Eichen-Blockhaus, dem ältesten Gebäude Winnipegs, das 1846 zunächst als Kloster für die »Grauen Nonnen« errichtet worden war. Hauptthema des Museums ist der Beitrag der ***Métis*** zur Entwicklung Winnipegs. Mai bis Mitte Oktober Mo-Fr 9-17 Uhr, Sa/So 12-16 Uhr, $6; www.msbm.mb.ca.

Riel House

Der ***Riel House National Historic Site*** mit dem Wohnhaus der Mutter von *Louis Riel* liegt außerhalb des Viertels *St. Boniface* im Süden Winnipegs. *Riel* hat zwar dieses Holzhaus unweit das *Red River* nie bewohnt, er wurde aber nach seiner Hinrichtung 1885 dort aufgebahrt (330 River Road, Juli bis Anfang September täglich 10-17 Uhr, Eintritt $4; www.pc.gc.ca/riel).

Canadian Mint

Der futuristisch anmutende Glasbau der ***Royal Canadian Mint*** (520 Lagimodiere Blvd = Hwy #59) liegt unübersehbar im Osten Winnipegs südlich der Kreuzung mit dem *Trans Canada Highway* #1, Erläuterungen auf der Besuchergalerie, Mitte Mai-Anfang Sept. täglich 9-16, ansonsten Di-Sa 9-16 Uhr; Eintritt $6; www.mint.ca.

Die ***Mint*** produziert alle Umlaufmünzen für Kanada und weitere Länder. Für die Prägung von Sammler- und Goldmünzen wie den kanadischen ***Maple Leaf Dollar*** ist die Zentrale in Ottawa zuständig; Sa/So keine Produktion und keine Erläuterungen. Beeindruckend sind Einführungsfilm und Münzausstellung.

Assiniboine Park

Westlich von Downtown beeindruckt *Little Italy* mit **Restaurants, Terrassencafes, Bars** und sommerlichem *Nightlife* entlang des »Corydon Strip« (Corydon Avenue westlich Ostborne Street; www.corydonbiz.com). Im weiteren Straßenverlauf liegt am Süd-ufer des Assiniboine River der sehr schöne ***Assiniboine Park***. Das Parkgelände verfügt über **Rad- und Wanderwege**, ein Gewächshaus voller tropischer Pflanzen, englische und französische Gärten sowie den ***Assiniboine Park Zoo***; 2595 Roblin Blvd, Mitte Mai bis Mitte Oktober 9-18 Uhr, $9; www.assiniboineparkzoo.ca.

Prairie Museum und Park

Das ***Living Prairie Museum*** (2795 Ness Ave südwestlich des Flughafens) schützt Reste einer einst für den Süden Manitobas typischen Hochgras-Prärielandschaft. Im Besucherzentrum (kein Eintritt Juli-August, täglich 10-17 Uhr, Mai-Juni nur So) gibt es einen Videofilm. Ein Lehrpfad vermittelt das Gesehene in natura.

Flugzeugmuseum

Das ***Western Canada Aviation Museum*** (958 Ferry Road, Süd-ostseite des Flughafens, Mo-Sa 9.30-16.30 Uhr, So 12-17 Uhr, Eintritt $8) bezieht sich im wesentlichen auf die kanadische Luftfahrt von frühen Buschpiloten bis heute; www.wcam.mb.ca.

Neben 25 Flugzeugen gibt es im zweitgrößten kanadischen Luft-fahrtmuseum Flugsimulatoren, eine Weltraumreise mit Landung auf dem Mars sowie zahlreiche Erinnerungsstücke und Videos.

Shopping

Südöstlich des Flughafens erstreckt sich der ***Polo Park***, 1485 Portage Ave (Straße #1) an der Kreuzung mit der #90. Die größte ***Shopping Mall*** Manitobas, beherbergt über 200 Geschäfte; Mo-Fr 10-21 Uhr, Sa+So bis 18 Uhr; www.polopark.ca.

Fort Whyte Centre

Im Freigelände des ***Fort Whyte Centre*** (1961 McCreary Road am Highway #155; Mo-Fr 9-17 Uhr, Sa+So 10-17 Uhr; Eintritt $7; www.fortwhyte.org) durchziehen **Wanderwege und Holzplankenstege** 180 ha Sumpf, Feuchtbiotope und Bisonfreigehege. Schautafeln erläutern ökologisch bedeutsame Details.

Abkühlung

Der ***Fun Mountain Waterslide Park*** liegt am TCH östlich der City, 804 Murdock Road; täglich Mitte Juni-August 11-18 Uhr; $20; www.funmountain.ca. Eine Autostunde entfernt sind die **Strände** des Lake Winnipeg (*Grand Beach*, ➪ Foto Seite 529).

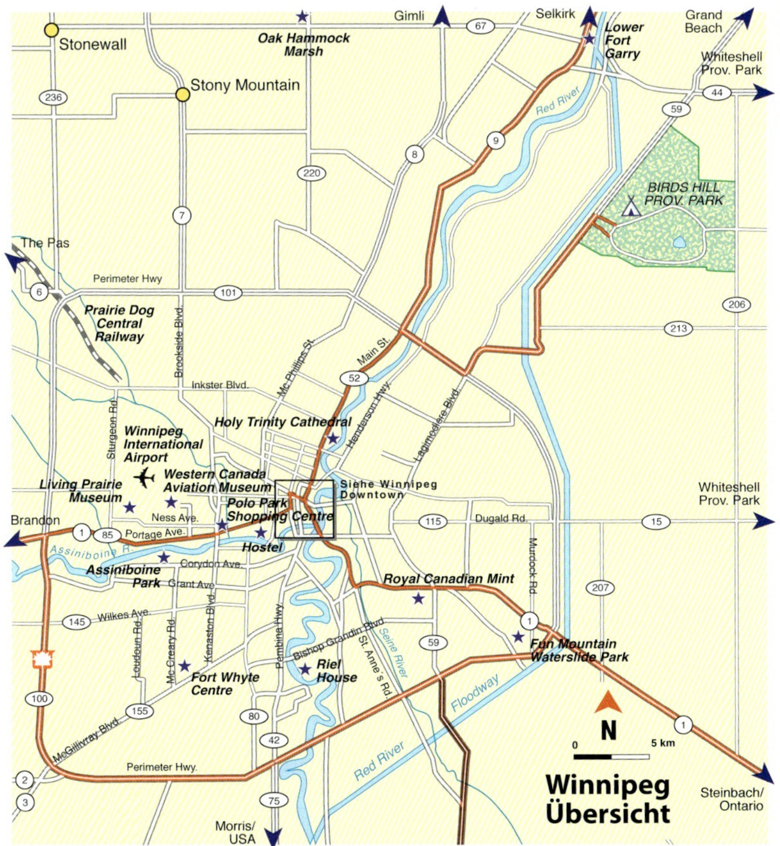

Saddle Bronc Riding (⇨ Seite 287) auf der Morris Stampede

In Winnipegs Kalender sind drei Daten hervorzuheben:

Folk-Festivals

- An 5 Tagen Mitte Juli findet im *Birds Hill Provincial Park* das international besetzte ***Winnipeg Folk Festival*** statt, © 1-866-301-3823; www.winnipegfolkfestival.ca
- Anfang August beginnt die zweiwöchige ***Folklorama***. In vielen über die Innenstadt verteilten Pavillons zeigen ethnische Gruppen aus aller Welt Musikshows, nationaltypische Gerichte, Kunst- und Handwerksprodukte. Information unter © 1-800-665-0234; www.folklorama.ca.

Morris/ Stampede

- In der Region südlich von Winnipeg spielt nur Morris während der alljährlichen ***Manitoba Stampede*** & ***Exhibition*** eine touristisch bedeutsame Rolle. Im Anschluss an die ***Calgary Stampede*** (Daten und Kennzeichnung, ⇨ Seite 286f.) findet dort Mitte Juli jeweils von Donnerstag bis Sonntag eine der größten Rodeoveranstaltungen Canadas statt.

  Sie verwandelt das ansonsten ruhige 1.700-Einwohner-Städtchen am Zusammenfluss von Red und Morris River für 4 Tage in eine Art ***Boomtown***. Motels, Hotels und Campingplätze sind hoffnungslos überbelegt, und auf den Freiflächen um das Stampedegelände drängen sich Wohnmobile dicht an dicht. Eine Vielfaches der Einwohnerzahl fällt täglich nach Morris ein, um sich bei Jahrmarkt, Viehausstellung und Rodeo zu amüsieren. Alles, was unter »***Calgary Stampede***« beschrieben wird, gilt auch für Morris, wiewohl in einem kleineren, überschaubaren Rahmen. Wer es einrichten kann, sollte die ***Manitoba Stampede*** nicht versäumen; sie ist eine der attraktivsten Veranstaltungen ihrer Art in Canada. Information unter © 1-866-657-4741; www.manitobastampede.ca.

7.2.3 Von Winnipeg nach Calgary

Auf dem TCH nach Westen

Etwa 80 km westlich von Winnipeg passiert der TCH **Portage la Prairie** (13.000 Einwohner). Der Ort ging aus einem Rastplatz der Felltransporteure (*Voyageurs)* hervor, die dort mit ihren beladenen Kanus nach einer beschwerlichen *Portage* (Tragen der Kanus über Land) vom Lake Manitoba den Assiniboine River erreichten. Das ***Fort la Reine Museum & Pioneer Village*** liegt am östlichen Stadtrand an der Gabelung der #1 und #1A. Der Nachbau einer Handelsniederlassung von 1738, von der aus ***Pierre de la Vérendrye*** seine Entdeckungsreisen durch die Prärien startete, beherbergt viele Relikte aus jenen Tagen. Geöffnet Mai bis Anfang September täglich 9-18 Uhr, So ab 12 Uhr; Eintritt $8/$6; www.fortlareinemuseum.ca.

Spruce Woods

Auf der Fahrt durch Manitoba erscheint lediglich eine Abweichung vom Verlauf des TCH sinnvoll: Der Abstecher in den ***Spruce Woods Provincial Park***, ein großes Wald- und Hügelgebiet südwestlich von Portage la Prairie. Die Besonderheit dieser Region ist ein wüstenähnliches, etwa 5 km² großes Areal (***Spirit Sands***) mit feinsandigen Wanderdünen und sogar Kakteenbewuchs. Die Ausgangspunkte für *Trails* in die Dünen wie auch für den nahen, gut angelegten ***Kiche Manitou Campground*** (164 Stellplätze, $21-$26) liegen rund 30 km vom TCH entfernt (Straße #5); www.manitobaparks.com.

Riding Mountain National Park

Der Verlauf des TCH im westlichen Manitoba bis weit nach Saskatchewan hinein bietet kaum Abwechslung oder sinnvolle Abstecher. Der einzige landschaftliche Höhepunkt dieser Region, der ***Riding Mountain National Park***, liegt rund 90 km nördlich. Wenn die Zeit es irgend zulässt, sollte man den Umweg dorthin machen und mindestens einen vollen Tag Aufenthalt einplanen. Der Park verfügt über das beste Wanderwegenetz Manitobas.

Charakter des Parks

Der Bezeichnung ***Riding Mountain*** reflektiert die ungewöhnliche Position des 110 km langen Nationalparks. Seine Höhenzüge »reiten« quasi auf der bis über 500 m tiefer liegenden Umgebung. Flora und Fauna des von drei Landschaftsformen geprägten Nationalparks unterscheiden sich erheblich von Vegetation und Tierwelt der Prärie. Den Großteil von *Riding Mountain* nehmen in den Höhenlagen nordische Nadelwälder ein, die von Espenwald sowie im Westen auch von Prärien und Wiesen umschlossen werden. In den östlichen Tälern des Parks enden die letzten Ausläufer des ostkanadischen Laubwalds.

Flora & Fauna

Für einige Tier- und Pflanzenarten bietet *Riding Mountain* einen isolierten Lebensraum, der sie vor der Ausrottung bewahrte. Andere gefährdete Gattungen konnten sich dort erholen und eine stabile Existenzbasis zurückgewinnen. Die Anzahl der **Wölfe** im Park hat sich z.B. mittlerweile auf über 100 erhöht.

Zufahrt

Die schönste Route in den Park hinein ist die **Straße #19**, anzusteuern **über Norgate**, ca. 90 km nördlich des *Trans Canada Highway* auf der #5. Auf dieser Ostzufahrt passiert man zahlreiche Seen mit Biberburgen und -dämmen.

Info

Riding Mountain National Park,
Wasagaming; © 1-888-773-8888;
www.pc.gc.ca/riding

Den meisten Komfort bietet im Park der ***Wasagaming Campground***, 484 Stellplätze, $28-$39; www.reservations.pc.gc.ca. Neben dem *Campground* ***Audy Lake*** (➪ Seite rechts besitzt der Nationalpark lediglich einen weiteren *Campground* mit Autozufahrt (***Deep Lake Campground***, 12 Stellplätze, $16) im Westzipfel des Parks.

Osteinfahrt in den Riding Mountain National Park

Trails

Beim *Visitor Centre* in Wasagaming erhält man Infomaterial zu den *Self-guided Trails* des Nationalparks. Informationstafeln entlang der Wege erklären dabei die Natur.

Gleich eingangs des Parks am Highway #19 beginnt der ***Burls and Bittersweet Trail***, ein hübscher Rundweg von ca. 2 km Länge durch Laubwald, wie man ihn sonst nur im Osten Canadas findet.

Clear Lake

Mit perfekter touristischer Infrastruktur gesegnet ist Wasagaming am **Clear Lake**. An dessen Südende laden hübsche Strände und glasklares, im Juli und August erstaunlich warmes Wasser zum Baden ein. Das Tourismus-Portal der *Wasagaming Chamber of Commerce* bietet viele Infos zu Quartieren, Restaurants und Aktivitäten; www.discoverclearlake.com.

Bison Enclosure

Ein Besuch der ***Bison Enclosure*** gehört im *Riding Mountain Nat'l Park* zum »Pflichtprogramm«. In dem umzäunten Areal lebt eine kleine **Bisonherde**. Eine Aussichtsplattform hilft beim Entdeckender Bisons. Versteckt in den Waldstücken oder im hohem Gras sind die mächtigen Tiere oft nicht zu sehen.

Bisons im Freigehege Bison Enclosure

Lake Audy

Als Zubringer zur *Bison Enclosure* dient die ***Lake Audy Road***, an der sich der schönste **Campingplatz** des Parks ($16) befindet. Beim Lagerfeuer mit Blick auf den Sonnenuntergang über dem See vergisst man fast, dass sich dieses wunderbare Fleckchen Erde eigentlich mitten in der Prärie befindet.

Weiter nördlich lohnt sich ein kleiner Abstecher von der *Park Road #10* zum teilweise über Holzbohlen verlaufenden ***Boreal Island Trail***, einem Lehrpfad zu Pflanzen- und Tierwelt des nordischen Nadelwaldes. Unbedingt besteigen sollte man den Aussichtsturm ***Agassiz Tower*** – Anfang 2014 noch wegen baulicher Mängel gesperrt – unweit der nördlichen Parkeinfahrt. Von ihm hat man einen herrlichen Blick über die Prärie nach Dauphin und den Anstieg des *Riding Mountain* aus der Ebene.

Weiterfahrt

Nach Verlassen des Parks setzt man die Fahrt zunächst auf der Straße #5 fort, die in Saskatchewan die #10 annimmt.

Ukraina

Die Region rund um den *Riding Mountain Park* gehörte zu den Siedlungsschwerpunkten ukrainischer Einwanderer. Die markanten **Zwiebeltürme** russisch-orthodoxer Kirchen weisen in vielen Präriedörfern auf den Ursprung der Bewohner hin, z.B. südlich des Parks in Sandy Lake, nördlich in Dauphin und westlich in Wroxton (bereits Saskatchewan). In einem 10.000 Zuschauer fassenden Amphitheater in **Selo Ukraina** (»ukrainisches Dorf«), ca. 12 km südlich von Dauphin, findet jährlich Anfang August das große dreitägige ***Canada's National Ukrainian Festival*** statt; ✆ 1-877-474-2683; www.cnuf.ca.

Yorkton

Mit knapp 16.000 Einwohnern ist Yorkton die fünftgrößte Stadt Saskatchewans und Zentrale der Südostregion. Am westlichen

Ortsausgang (#16A) steht eines von **4 *Western Development Museen*** Saskatchewans (www.wdm.ca/yk.html), ➪ Seite 552, welche die Siedlungsgeschichte des kanadischen Westens beleuchten. Das Thema des relativ schwächsten Museums in Yorkton lautet ***Story of People***. Die Historie wird dem Besucher u.a. durch nachgestellte Szenen aus dem kargen Leben der ersten Einwanderer nahegebracht. Geöffnet April-Dez Mo-Fr 9-17, Sa, So 12-17 Uhr, sonst Mo geschlossen; Eintritt $8/$6.

Camping

Der landschaftlich beste Campingplatz der Region liegt im 48 km (nordwestlich) entfernten ***Good Spirit Lake Provincial Park***, Zufahrt über die Straße #47. Herrliche Sanddünen und ein langer Strand sorgen für die große Beliebtheit des Parks; 214 Stellplätze auf drei *Campgrounds* (*Aspen, Balsam, Sandy Ridge*), $17-$27; www.saskparks.net/goodspiritlake.

Zurück auf den TCH/Fort Qu`Appelle

Ab Yorkton bleibt man weiter auf der #10, die bei Regina auf den TCH zurückführt. Für Abwechslung nach langer Fahrt eignen sich die östlich und westlich von ***Fort Qu`Appelle*** aufgestauten *Pasqua, Echo, Mission* und *Katepwa Lake.* Diese 4 sog. **Fishing Lakes** sind beliebte Wassersport- und Angelreviere. Ihre Strände bieten an heißen Sommertagen Abkühlung. Über mehrere ***Campgrounds*** – am besten ist ***Lakeview*** – verfügt westlich von Fort Qu'Appelle der ***Echo Valley Provincial Park***; Straße #210, 353 Stellplätze auf 3 *Campgrounds* (*Aspen, Lakeview, Valleyview*), $15-$35. Fort Qu'Appelle entstand aus einem Handelsposten der *Hudson`s Bay Company* und beherbergt heute ein Museum, 198 Bay Avenue N, Juni-August täglich 13-17 Uhr, ✆ (306) 332-5751; www.fortquappelle.com/history.html. Dort unterzeichneten 1874 die *Cree* und *Saulteaux*-Indianer die Verzichtserklärung auf einen Großteil ihrer früheren Stammesgebiete.

Regina

In einem großflächig ebenen, baumlosen Bereich der Prärie liegt Regina. Die zweitgrößte Stadt in Saskatchewan hieß zunächst wegen der vielen in dieser Gegend von der Bisonjagd zurückgebliebenen Skelette bei den Indianern ***Wascana*** und bei den Siedlern ***Pile of Bones*** hieß (in beiden Fällen zu deutsch »Knochenhaufen«). Den Aufstieg in städtische Dimensionen verdankt das einstige Dorf dem Bau der ***Canadian Pacific Railway***. Als die transkontinentale Verbindung 1882 den Ort erreichte, entschied man sich, den unschönen Namen zu Ehren der *Queen Victoria* von England durch das vornehmere lateinische *Regina* (= Königin) zu ersetzen. Derart geadelt erfüllte das Städtchen die Voraussetzung seiner Erhebung zur Verwaltungszentrale für das damalige *North West Territory*, das die heutigen Provinzen Saskatchewan, Alberta, große Teile Manitobas und den gesamten Norden Kanadas umfasste. Mittlerweile ist aus Regina, das 1905 mit der Schaffung der Provinz Saskatchewan zu deren Hauptstadt avancierte, eine City mit 195.000 Einwohnern geworden.

Information

Tourism Regina,
1926 Rose Street, ✆ 1-800-661-5099; www.tourismregina.com

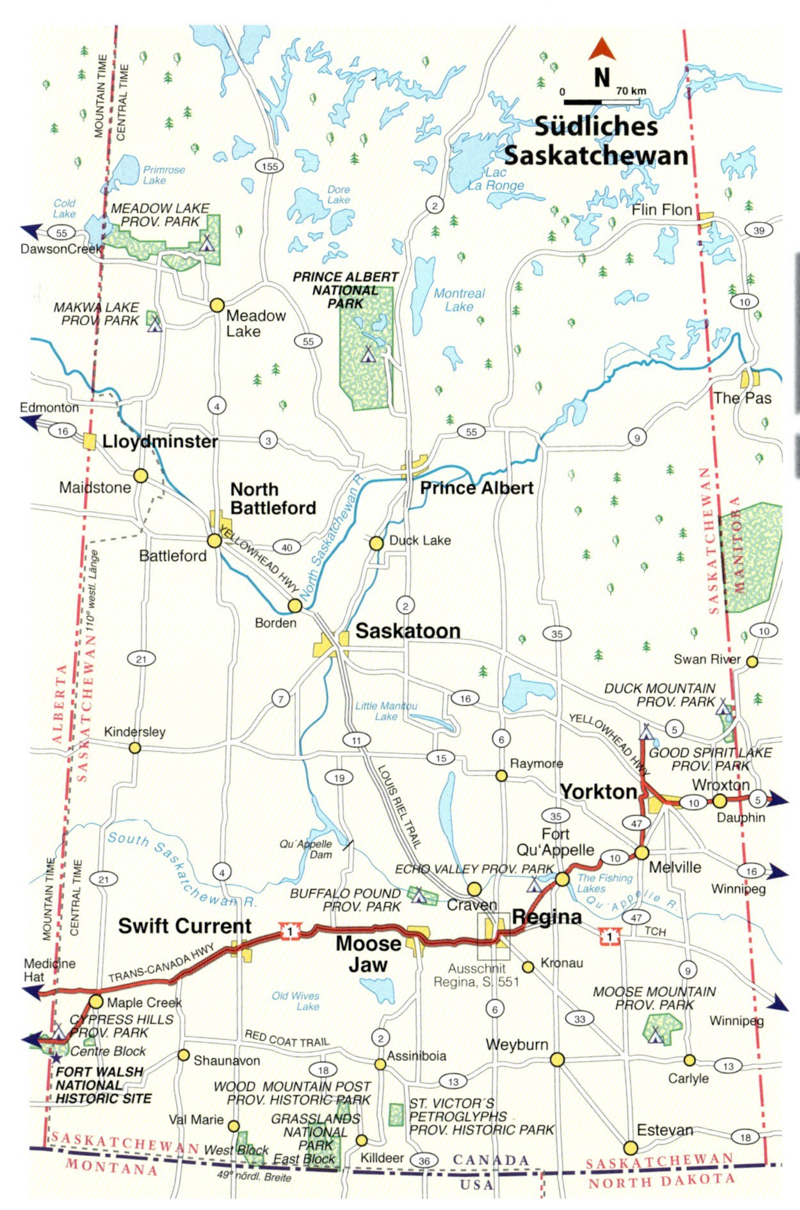

Südliches Saskatchewan
N
0 70 km
Lac La Ronge
Flin Flon
Primrose Lake
Cold Lake
Dore Lake
MEADOW LAKE PROV. PARK
DawsonCreek
PRINCE ALBERT NATIONAL PARK
Montreal Lake
MAKWA LAKE PROV. PARK
Meadow Lake
The Pas
Edmonton
Lloydminster
Maidstone
North Battleford
Prince Albert
Battleford
Duck Lake
YELLOWHEAD HWY
North Saskatchewan R.
Borden
Saskatoon
Swan River
DUCK MOUNTAIN PROV. PARK
Little Manitou Lake
Kindersley
GOOD SPIRIT LAKE PROV. PARK
Raymore
LOUIS RIEL TRAIL
Yorkton
Wroxton
Dauphin
Fort Qu'Appelle
Melville
Qu'Appelle Dam
South Saskatchewan R.
ECHO VALLEY PROV. PARK
The Fishing Lakes
Winnipeg
BUFFALO POUND PROV. PARK
Craven
Qu'Appelle R.
Swift Current
Moose Jaw
Regina
TCH
Medicine Hat
TRANS-CANADA HWY
Ausschnit Regina, S. 551
Kronau
Maple Creek
Old Wives Lake
MOOSE MOUNTAIN PROV. PARK
CYPRESS HILLS PROV. PARK
Centre Block
RED COAT TRAIL
Weyburn
Shaunavon
Assiniboia
Carlyle
FORT WALSH NATIONAL HISTORIC SITE
WOOD MOUNTAIN POST PROV. HISTORIC PARK
ST. VICTOR'S PETROGLYPHS PROV. HISTORIC PARK
Val Marie
GRASSLANDS NATIONAL PARK
West Block
East Block
Estevan
Killdeer
CANADA
USA
MOUNTAIN TIME
CENTRAL TIME
110° westl. Länge
49° nördl. Breite
ALBERTA
SASKATCHEWAN
MANITOBA
MONTANA
NORTH DAKOTA

Mounties Sunset Retreat

Der ***Regina International Airport*** (YQR, www.yqr.ca) befindet sich 3 km östlich der Innenstadt, An-/Abfahrt nur per Taxi.

Royal Mounties

Eng verbunden mit Regina ist die Geschichte der ***Mounties***, Canadas legendärer Polizeitruppe ***Royal Canadian Mounted Police***, ➪ 296. Sie besitzt am westlichen Stadtrand (5907 Dewdney Ave West) ein wichtiges Ausbildungszentrum, zu dem auch das ***Heritage Centre*** gehört. Öffnungszeiten Juli bis Anfang September täglich 10-18 Uhr, sonst täglich 11-17 Uhr, Eintritt $10/ $5; www.rcmpheritagecentre.com.

Das *RCMP Centre* informiert ausführlich über Glanz und Gloria der Polizeitruppe von ihren Anfängen bis heute. Wer sich für die Siedlungsgeschichte des kanadischen Westens und alte Waffen interessiert, sollte den Besuch einplanen. Ganzjährig kann man die Rotröcke Mo+Mi+Fr um 12.45 Uhr bei der ***Sergeant Major's Parade***, dazu Juli bis Anfang August dienstags um 18.30 Uhr bei der ***RCMP Sunset Retreat Ceremony*** bewundern, einer farbenfrohen Parade in historischen Uniformen (jeweils 30 min).

Wascana Centre

Unmittelbar südlich des kleinen Geschäfts- und Bürozentrums von Regina erstreckt sich das ***Wascana Centre*** (www.wascana.ca) mit dem gleichnamigen, durch Aufstauen das *Wascana Creek* entstandenen Sees über eine Fläche von fast 10 km^2. Die hügelige Parklandschaft mit schönem Baumbestand und sogar mehreren Inseln im See wirkt nach einer Fahrt durch die Prärie besonders einladend. ***Willow Island*** ist ein beliebter Platz fürs sommerliche Picknick. Die Fähre hinüber vom ***Willow Island Overlook*** am Wascana Drive kostet $5 (Ende Mai-Anfang September, nur Mo-Fr 12-16 Uhr, © (306) 522-3661; Kanu $15/Stunde; www.wascanacanoekayakrentals.com). Einen Bootsverleih gibt es in der nahegelegenen ***Wascana Marina Road***, beim ***Willow Restaurant***, Höhe Broad Street; www.willowonwascana.ca.

Sehenswertes

Royal Saskatchewan Museum

Rund ums *Wascana Centre* liegen fast alle Sehenswürdigkeiten. Besuchenswert ist das ***Royal Saskatchewan Museum*** (2445 Albert Street, täglich 9.30-17 Uhr, $6/$3). Die Ausstellung bezieht sich überwiegend auf Naturgeschichte und -kunde Saskatchewans und die Geschichte der Indianer; www.royalsaskmuseum.ca.

Parlaments-gebäude

Das ***Legislative Building*** (2405 Legislative Dr, im Sommer 8-21, sonst bis 17 Uhr, frei) am Südufer des Sees ist ein mächtiger neoklassizistischer Kuppelbau. Erwähnenswert im Inneren des Parlamentsgebäudes sind der Sitzungssaal mit Holzschnitzereien und Böden und Wände mit Marmor aus aller Welt; legassembly.sk.ca.

Science Centre

Ebenfalls im *Wascana Centre* befindet sich in einem früheren Kraftwerk das ***Saskatchewan Science Centre*** (2903 Powerhouse Drive) mit dem einzigen IMAX-Kino der Provinz (täglich 12-21 Uhr; www.sasksciencecentre.com). Im ***Powerhouse of Discovery*** *gibt's* Naturwissenschaft zum Anfassen (Ende Mai bis Anfang Sept. Mo-Fr 9-18 Uhr, Sa-So 11-18 Uhr, sonst Mo geschlossen, Museum $9 +IMAX $9, Kombi $16).

Unterkunft

In Regina herrscht weder an den Ausfallstraßen noch in der City Mangel an Hotels/Motels. Nahe dem *Wascana Centre* liegt das

- ***Regina Turgeon Int'l Hostel*** (HI), 2310 McIntyre Street, © (306) 791-8165, 30 Betten, $30; DZ ab $56; www.hihostels.ca.

Kommerzielle Campingplätze befinden sich östlich am TCH.

Ruhigere *Campgrounds* bietet der ***Buffalo Pound Provincial Park*** mit Badestrand am ***Buffalo Pound Lake*** des ***Qu'Appelle River Valley*** 30 km nördlich von Moose Jaw, © 1-855-737-7275, 252 Plätze auf 6 *Campgrounds*, $15-$35; www.saskparks.net/buffalopound.

Country Music Festival

Alljährlich **Mitte Juli** läuft in Craven im *Qu'Appelle Valley* 35 km nordwestlich von Regina das 4-tägige ***Craven Country Jamboree***, (www.cravencountryjamboree.com) ein bedeutendes Konzertspektakel mit bekannten Namen. Neben dem Festgelände darf man campen; © 1-866-388-0007.

Moose Jaw

Moose Jaw (33.000 Einwohner, **Info**: 450 Diefenbaker Drive, © 1-866-693-8097; www.tourismmoosejaw.ca) bedürfte keiner besonderen Erwähnung, befände sich nicht direkt am TCH eines der ***Western Development*** **Museen** der Provinz (50 Diefenbaker Drive). Das Thema dieses Hauses ist die Geschichte des Verkehrs. Alte Propellerflugzeuge, Auto- und Motorrad-Oldtimer sowie eine Schmalspur-Dampflokomotive bilden eine sehenswerte Ausstellung. Geöffnet April-Dez. täglich 9-17 Uhr, sonst Mo zu, Eintritt $9; www.wdm.ca/mj.html; ➪ Seite 548 oben.

Snowbirds

Der Fluglärm um Moose Jaw stammt von einem der größten Militärflughäfen Canadas, wo auch die Kunstflieger ***Snowbirds***; www.snowbirds.dnd.ca, beheimatet sind. Sie zeigen auf 70 Flug - shows in Nordamerika tollkühne Flugformationen.

Red Coat Trail

Zu einer Abweichung vom TCH, etwa entlang des ***Red Coat Trail***, sollte sich in Saskatchewan nur entschließen, wer die TCH-Strecke schon einmal gefahren ist. Der *Dinosaur Provincial Park* und das Gebiet um Drumheller mit dem *Tyrrell Museum* (beides Alberta, ➪ Seite 296f.) sind eindrucksvoller als Saskatchewans *Badlands* im Provinzsüden.

Grasslands National Park

Positiv auf die Bewertung des Südwestens von Saskatchewan könnte sich die Weiterentwicklung des ***Grasslands National Park*** auswirken, wo erstmals die Flora und Fauna der Prärien unter den Schutz von *Parks Canada* gestellt wurden. Zwischen **Val Marie** und **Killdeer** blieben dadurch von der Nutzung als Ackerland verschonte Prärieareale so erhalten, wie sie vor über 100 Jahren von den ersten Siedlern vorgefunden wurden, einmal im *West Block* (*Frenchman River Valley*) und im *East Block* in den *Killdeer Badlands*. Bislang besitzt der Park bis auf einige **Wanderwege** im Westteil kaum Infrastruktur. Diesen Bereich durchquert eine 80 km lange Schotterstraße (»Frenchman River Valley Ecotour«). Ein ***Visitor Centre*** existiert in Val Marie; www.pc.gc.ca/grasslands. Einziger *Campground* im Park ist der ***Frenchman Valley Campground*** (20 Plätze, $16) in einem Flusstal im Westteil.

Cypress Hills

Die **schönste Landschaft** im Süden der kanadischen Prärien und zudem den **höchsten Berg** (1.468 m) zwischen Rocky Mountains und Labrador können die dichtbewaldeten ***Cypress Hills*** im Grenzgebiet von Saskatchewan und Alberta für sich reklamieren; www.cypresshills.com. Der gleichnamige ***Interprovincial Park*** beiderseits der Grenzlinie wird in Saskatchewan ergänzt durch ein kleineres davon abgetrenntes Areal (»***Centre Block***« genannt) an der Straße #21. In 37 km Entfernung vom TCH bietet der letztgenannte Teil des Parks mit mehreren warmen Seen prima **Wassersportreviere**, Badefreuden und Angelvergnügen.

Dort sorgen das komfortable ***Cypress Park Resort Inn*** (✆ 306-662-4477, *Cabin* ab $120; www.cypressresortinn.com) und 560 Stellplätze in diversen ***Campgrounds*** aller Qualitätsstufen dafür, dass der *Centre Block* besonders bei Familienurlaubern beliebt und im Juli/August und an Wochenenden stark besucht wird. Auf den Hügeln ist das Klima im Sommer viel angenehmer als in den heißen Ebenen der Prärie.

Fort Walsh

Vorrangiges Motiv für einen Abstecher in den grenzüberschreitenden Teil der *Cypress Hills* auf der Saskatchewan-Seite wäre das rekonstruierte ***Fort Walsh National Historic Site***; Ende Mai-Anfang September täglich 9.30-17.30 Uhr, bis Ende Juni nur Di-So, $10, ✆ (306) 662-3590; www.pc.gc.ca/walsh. Das Palisadenfort entspricht dem aus den Western bekannten Bild perfekt. Um diesen 1875 angelegten, aber schon 1883 wieder aufgegebenen Stützpunkt der NWMP entwickelte sich keine Ortschaft, so dass die idyllische landschaftliche Einbettung der Anlage auf einer Anhöhe erhalten blieb.

Ca. 3 km südlich vom Fort wird die Erinnerung an das ***Cypress Hills Massacre*** aufrechterhalten. Die Ermordung einer Indianergruppe durch Whiskeyschmuggler aus den nahen USA hatte 1873 wesentlichen Anteil an der Gründung der NWMP (➪ Seite 300).

Mountie auf den Cypress Hills. Tief unten erkennt man das Fort Walsh

Verbindung der Cypress Hills Areale

Vom TCH bis zum Fort sind es immerhin über 60 km Stichstraße. Für eine direkte Weiterfahrt quer durch den Park zum Alberta-Areal der *Cypress Hills* nach Elkwater und Rückkehr auf den TCH bei Medicine Hat gibt es im Park selber keine asphaltierte Straße sondern nur ***Gravel Roads*** (*Battle Creek Road, Reesor Lake Road*).

Wohnmobilfahrern ist von dieser rauhen, wiewohl schön geführten und bei Trockenheit für Pkw, *Vans* oder *Truck Camper* noch befahrbaren Route vorbei am Reesor Lake (➪ unten) abzuraten.

Cypress Hills/Alberta

Die einzige asphaltierte Zufahrt zum *Cypress Hills Park* (*Visitor Centre*, Campingreservierung, ➪ Seite 576) in Alberta führt über die Straße #41 nach Elkwater. Im Vordergrund stehen dort, ähnlich wie im *Centre Block* in Saskatchewan, Familienurlaub und -freizeit. Am **Elkwater Lake** gibt es diverse große, an Wochenenden stark genutzte Campingplätze. Die ***Reesor Lake Road*** zum ***Campground*** am gleichnamigen See erschließt das Parkinnere.

Der TCH in Alberta ist bis auf wenige Kilometer autobahnmäßig ausgebaut und in seinem Verlauf weiterhin monoton.

Medicine Hat

Rund 300 km östlich Calgary liegt Medicine Hat (**Info**: 8 Gehring Road SW; www.tourismmedicinehat.com). Die 61.000-Einwohnerstadt besitzt außer der ***Esplanade Art Gallery*** (im ***Esplanade Arts & Heritage Centre***, Mo-Fr 10-17 Uhr, Sa 12-17 Uhr, Eintritt $5; www.esplanade.ca), keine besonderen Sehenswürdigkeiten.

Heiße Sommertage sind in dieser Gegend nicht ungewöhnlich. Schließlich ist Medicine Hat an durchschnittlich 270 Tagen im Jahr ohne Niederschlag und damit **die trockenste Stadt Canadas**.

Nach Calgary

Die Weiterfahrt nach Calgary erfolgt über den TCH mit einem eventuellen Abstecher zu Albertas ***Badlands*** (➪ Seite 295ff.) im ***Dinosaur Provincial Park*** und bei Drumheller oder über die Straße #3 durch Südalberta und Abstecher zum ***Writing-on-Stone Provincial Park*** und/oder zum ***Waterton Lakes National Park*** (➪ Seiten 297 und 303).

Blick über die Grasslands im südlichen Saskatchewan

Routen durch
Canadas Westen

8. ROUTENVORSCHLÄGE

Vorgaben

Die folgenden Vorschläge ergänzen die in den vorstehenden Kapiteln bereits großenteils als Rundfahrten angelegten Routenbeschreibungen. **Sie kombinieren in unterschiedlichen Abschnitten erläuterte Routen** so, daß möglichst viele der jeweils attraktivsten Ziele und Teilstrecken »mitgenommen« werden. Überwiegend beziehen sie sich auf Reisezeiten von 3-4 Wochen. Erweiterungen sind kein Problem. Auf einige Möglichkeiten wird hingewiesen. Sie ergeben sich auch aus der Lektüre der Reisekapitel.

Für kürzere Aufenthalte von 1-2 Wochen sind die Möglichkeiten in Abhängigkeit vom Startpunkt begrenzter. In Frage kommende Routen lassen sich z.B. mit Hilfe der Übersicht in der vorderen Umschlagklappe zusammenzustellen.

Kilometerleistung

Die **Kilometerangaben** beziehen sich auf die Summe der Entfernungen zwischen allen Punkten einer Route. **Die effektiv gefahrenen Kilometer** werden deutlich über dieser Zahl liegen, da Stadtverkehr, Unterkunfts- und/oder Campingplatzsuche, Fahrten innerhalb von Nationalparks und zum Einkauf/für Unternehmun gen nicht berücksichtigt wurden. Dafür fallen leicht zusätzlich 15%-30% der Entfernungskilometer an.

Zeitbedarf

Die Angaben zum Zeitbedarf beinhalten keine Aufenthaltstage am Start-/Zielpunkt (Seattle/Vancouver, Calgary, Edmonton, Whitehorse, Anchorage) und beziehen sich auf Rundfahrten ohne längere Zwischenaufenthalte. Zwar bleibt auf Basis der jeweiligen Wochenangaben durchaus Zeit für Aktivitäten wie kurze bis zu Halbtageswanderungen, für ein Entspannen in heißen Quellen und den Besuch eines Museums, auch für volle Tage etwa in Banff oder Jasper, aber nicht für ausgedehnteres, spontanes Verweilen etwa an einem einsamen See während einiger Schönwettertage, einen längeren Trip per Kanu oder Pferd etc. Wer diese Art einer ruhigen und erholsamen Reise vorzieht, braucht für die vorgeschlagenen Routen 25%-50% mehr Zeit als hier vorkalkuliert oder muß sie abkürzen.

Route 1: Durchs südliche British Columbia und die Alberta Rocky Mountains

Eckpunkte der Route:

(Seattle –) Vancouver – Whistler – Duffey Lake Road – Lillooet – 100 Mile House – Clearwater – Wells Gray Park –Mt. Robson Park – Jasper Nat`l Park – Abstecher Maligne Lake – Icefields Parkway – Abstecher Yoho NP/Takakkaw Falls – Lake Louise – Banff – Abstecher Calgary – Kootenay Nat`l Park – Radium Hot Springs – Fort Steele – Creston – Balfour – Kaslo – Nakusp Hot Springs – Vernon – Okanagan Valley – Osoyoos – Seattle (– Vancouver).

Ausgangspunkte: Seattle, **Vancouver**, **Calgary**, ggf.auch Edmonton

Streckenlänge: mit den genannten Abstechern 3.400 km. Ab und bis Edmonton verlängert sich die Tour um über 700 km.

Zeitbedarf: 3 Wochen

Empfohlener Reisebeginn:

Da der *Icefields Parkway* bis Mitte Juni noch und ab Mitte September wieder verschneit sein kann, nicht vor Juni und aus demselben Grund nicht später als Anfang September. Ideal wäre die zweite Augusthälfte, wenn der Reiseverkehr langsam abnimmt. Anfang September ist man dann im warmen Süden von British Columbia.

Bemerkungen:

Der Hauptakzent dieser Route liegt auf dem Besuch der *Rocky Mountain National Parks* mit viel Natur »am Wege«, auf heißen Quellen und Badeseen. Die Rundfahrt läßt sich bequem in drei Wochen bewältigen.

Erweiterungsmöglichkeiten:

Jede Reise durch British Columbia kann mit einem Abstecher nach Vancouver Island sehr schön abgerundet werden. Dabei sollte man zumindest Victoria und den *Pacific Rim National Park* ansteuern. Der minimale zusätzliche Zeitbedarf beträgt fünf Tage, die zusätzliche Streckenlänge rund 500 km bzw. ca. 650 km, wenn man sich zu einer Rundfahrt über die Sunshine Coast nördlich Vancouver entschließt.

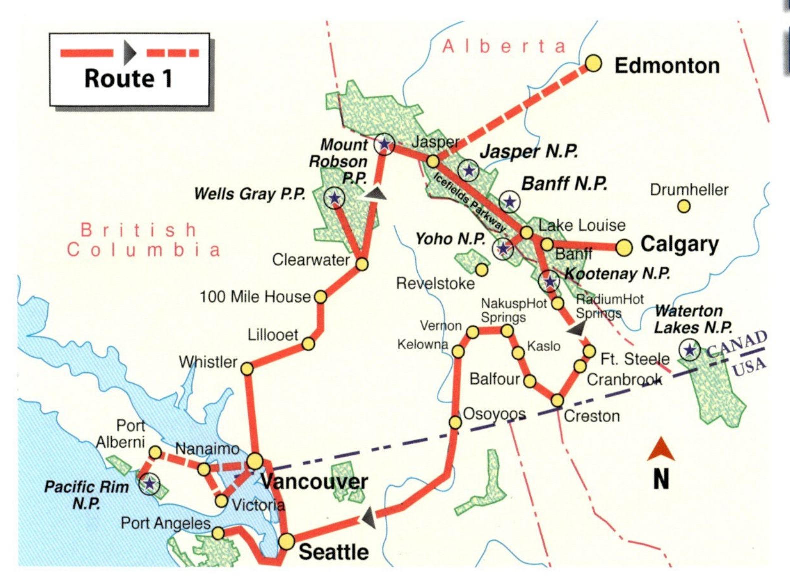

Route 2: Vancouver Island und Rocky Mountain National Parks

Eckpunkte der Route:
Seattle – Port Angeles – Victoria – Nanaimo – Pacific Rim National Park – Port Hardy mit Fähre nach Prince Rupert – Abstecher Stewart/Hyder – Yellowhead Highway – Jasper – Lake Maligne – Icefields Parkway – Lake Louise – Abstecher Yoho Nat'l Park – Banff/Abstecher Calgary – Kootenay Nat'l Park – Glacier Nat'l Park – Mount Revelstoke National Park – Nakusp Hot Springs – Vernon – Okanagan Valley – Osoyoos – Vancouver – Seattle.

Ausgangspunkte: Seattle, Vancouver, Calgary, ggf. auch Edmonton

Streckenlänge:
Mit allen oben aufgeführten Abstechern knapp 5.000 km.
Ab und bis Edmonton verlängert sich die Strecke um 700 km.

Zeitbedarf: 4 Wochen

Empfohlener Reisebeginn:
Mitte Juni bis Anfang September, siehe dazu Route 1

Bemerkungen:
Für diese äußerst abwechslungsreiche Rundstrecke muß man die Fähre Port Hardy-Prince Rupert unbedingt vorbuchen.

Erweiterungsmöglichkeiten:
Ab Prince George ließe sich der *Yellowhead Highway* #16 durch folgende Route umgehen: Prince George – Quesnel – Barkerville/Bowron Lake – 100 Mile House – Wells Gray Park – Tête Jaune Cache und dann weiter nach Jasper wie gehabt. Ca. 700 km und 3 Tage zusätzlich.

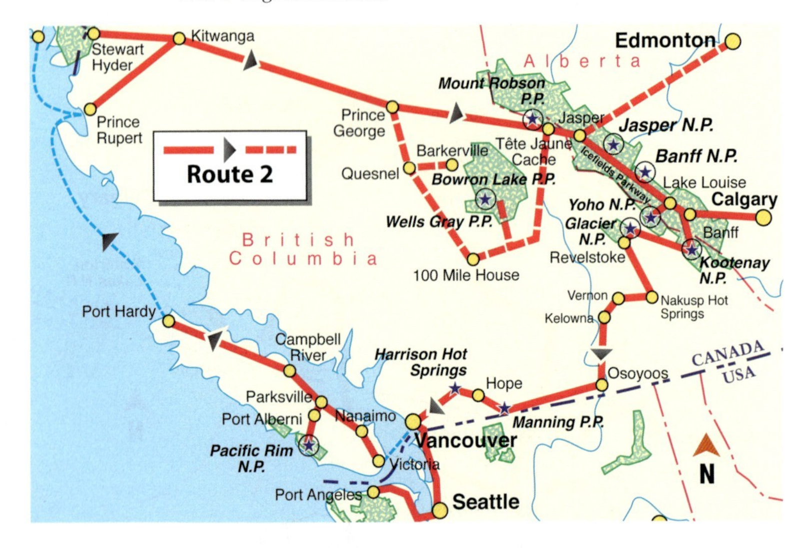

Route 3 Durch die Provinz Yukon und zu den Alberta Rocky Mountains

Eckpunkte der Route:

(Seattle –) Vancouver – Lillooet – Williams Lake – Abstecher nach Barkerville – Prince George – Fort St. John – Alaska Highway – Watson Lake – Whitehorse – Skagway/Haines (Fähre) – Alaska Highway bis Tetlin Junction/Alaska – Dawson City – Carmacks – Campbell Highway – Watson Lake – Cassiar Highway – Abstecher nach Stewart/Hyder – Kitwanga – Prince George – Jasper – Abstecher Maligne Lake – Icefields Parkway – Lake Louise – Abstecher Banff und ggf. Calgary – Yoho National Park – Glacier Nat'l Park – Mount Revelstoke National Park – Vernon – Osoyoos – Seattle (– Vancouver).

Ausgangspunkte: Seattle, Vancouver, Calgary, ggf. auch Edmonton

Streckenlänge: Mit allen Abstechern über 8.600 km (darunter jeweils 460 km Schotterstrecke). Ab und bis Edmonton verlängert sich die Strecke um 700 km.

Zeitbedarf:

4-6 Wochen

Empfohlener Reisebeginn:

Mitte Juni bis spätestens Mitte August.

Bemerkungen: Voraussetzung für diese Route(n) ist ein Fahrzeug, das für Fahrten in den Norden und am besten auch für Schotterstraßen zugelassen ist. Wenn *Gravel Roads* nicht befahren werden dürfen, besteht die Möglichkeit, *Campbell* und *Cassiar Highway* durch die **Fähre Skagway-Prince Rupert** zu »ersetzen«. Eine zeitsparende, aber auch teure und im voraus zu planende und zu reservierende Alternative.

Diese **schönste und abwechslungsreichste Tour** durch den Westen Canadas kombiniert die **Highlights des Nordens** mit den **Nationalparks des Südens**. Es empfiehlt sich, zuerst die langen Etappen in den hohen Norden anzutreten (gibt Zeitreserven fürs Verweilen und bei eventuellen Pannen).

Abkürzungen:

Bei knapper Zeit (3-4 Wochen) sind leicht Kürzungen möglich:

- Ein Verzicht auf den Yukon-Abstecher (Watson Lake, Whitehorse, Skagway, Tetlin Jct, Dawson City) spart 2.500 km.
- Wer die Fährkosten in seinem Urlaubsbudget einigermaßen verschmerzen mag, könnte den Südosten von BC sowie die *Rocky Mountain National Parks* und Calgary in Alberta auslassen. Die verkürzte Streckenführung (ab/bis Vancouver über 7.200 km) hält sich sonst weitgehend an die »Eckpunkte der Route«. Aber die Rückfahrt ginge dann ab Kitwanga über Prince Rupert, Port Hardy (auch für diese Fähre rechtzeitig reservieren), Vancouver Island nach Vancouver.

- Wer auf den Süden von BC mit Vancouver verzichtet, hat ab/bis Calgary bzw. ab/bis Edmonton noch ca. 6.700 km. Auch hierbei ist die Streckenführung in großen Bereichen identisch mit den Eckpunkten der Route. Nur der Hinweg führt über Edmonton (via Autobahn #2), Grande Prairie, Dawson City nach Fort St. John, die Rückfahrt erfolgt über Jasper via *Icefields Parkway*, Lake Louise (inkl. Abstecher zum Yoho National Park) und Banff nach Calgary.

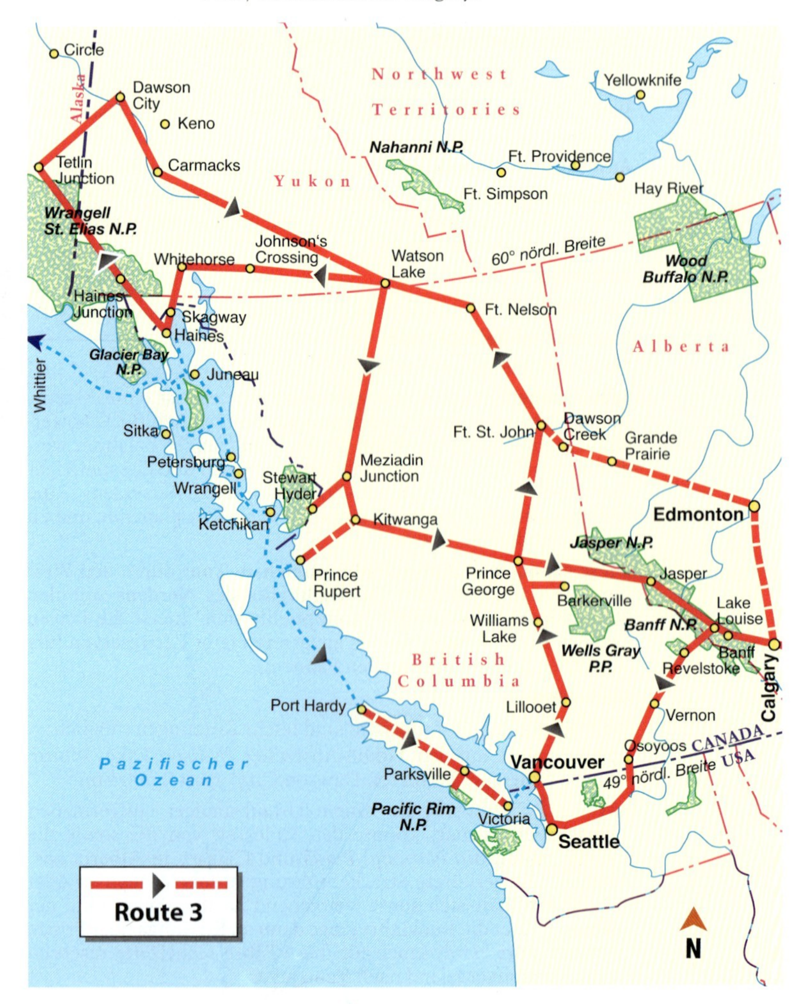

Route 4: Alaska und Yukon

Eckpunkte der Route:

Anchorage – Portage – Abstecher nach Seward – Fähre Whittier-Valdez – Glennallen – Tok – Dawson City – Whitehorse – Skagway/Haines (Fähre) – Haines Junction – Alaska Highway – Fairbanks – Denali National Park – Anchorage.

Ausgangspunkte: Anchorage oder **Whitehorse**

Streckenlänge: einschließlich Abstecher ca. 3.400 km (davon nur ca. 120 km Schotterstraße zwischen Dawson City und Tok).

Zeitbedarf: inkl. Pausentage sehr gut machbar in 3 Wochen

Empfohlener Reisebeginn: ab Mitte Juni bis Mitte August

Bemerkungen:

Die Route entspricht der Alaska-Rundtour ergänzt um Teile der Yukon-Rundtour. Damit kombiniert sie die meisten Alaska *Highlights* mit den attraktivsten Strecken und interessantesten Zielen im Yukon Territory. Die **Fähre Whittier-Valdez** sollte vorgebucht werden. Auf der Strecke Skagway–Haines kommt man in der Regel auch kurzfristig unter; »zur Not« fährt man den landschaftlich wirklich umwerfenden *Klondike Highway* von Whitehorse nach Skagway hin und zurück.

Erweiterungsmöglichkeiten:

Mit ein bißchen Extrazeit könnte man noch zusätzlich Atlin, Keno oder Homer besuchen und von Skagway/Haines aus einen Abstecher zum *Glacier Bay National Park* machen.

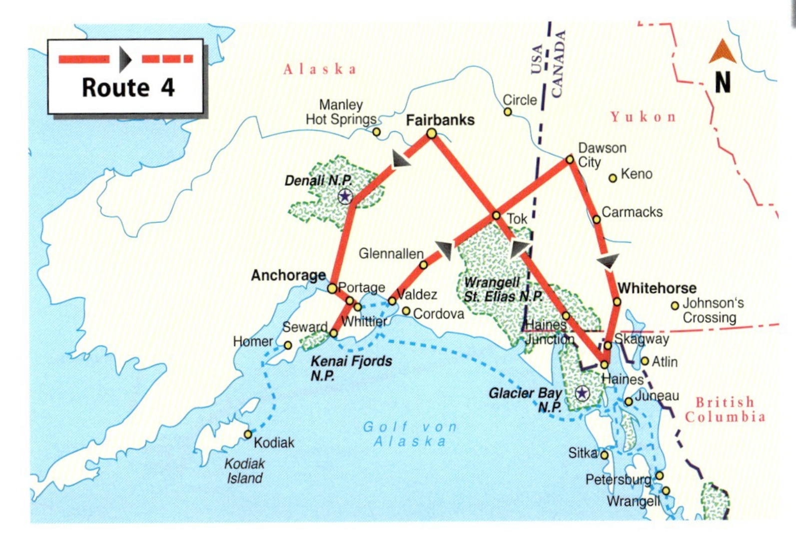

Route 5: Northwest Territories, Cassiar Highway und Rocky Mountains

Eckpunkte der Route:

Edmonton – Peace River – Mackenzie Hwy – Hay River – Abstecher nach Yellowknife – Abstecher Fort Simpson – Liard Hwy – Alaska Hwy – Watson Lake – Cassiar Hwy – Abstecher nach Stewart/Hyder – Kitwanga – Prince George – Jasper – Icefields Parkway – Lake Louise – Yoho Nat'l Park – Radium Hot Springs – Kootenay Nat'l Park – Banff – Calgary – Edmonton.

Ausgangspunkte: Edmonton oder **Calgary**

Streckenlänge: inkl. aller oben aufgeführten Abstecher rund 6.000 km, davon ca. 430 km Schotterstraße

Zeitbedarf: 4 Wochen, ab/bis Edmonton machbar in 3 Wochen bei Verzicht auf den *Icefields Parkway* am Ende und direkter Rückfahrt nach Edmonton ab Jasper (knapp 5.400 km)

Empfohlener Reisebeginn: Mitte Juni bis Mitte August

Bemerkungen:

Die Route entspricht der beschriebenen Strecke durch die Northwest Territories in Kombination mit dem schönsten Teil des *Alaska Highway* von Fort Nelson nach Watson Lake sowie dem *Cassiar Highway* und dem *Icefields Parkway*. Eine schöne Erweiterung wäre eine Fahrt durch das Yukon Territory (nordwestlicher Teil Route 3: 2.500 km ab/bis Watson Lake) inkl. Fährstrecke Skagway – Prince Rupert.

Route 6: Transkontinentalreise von Toronto nach Vancouver

Eckpunkte der Route:

Toronto – Midland – Bruce Peninsula – Manitoulin Island – Sault Ste. Marie – Pukaskwa National Park – Abstecher Sleeping Giant – Thunder Bay – Fort Frances – Kenora – Winnipeg – Portage La Prairie – Riding Mountain National Park – Good Spirit Lake – Regina – Cypress Hills Provincial Park – Dinosaur Provincial Park – Calgary – Banff – Lake Louise – Abstecher Yoho National Park – Icefields Parkway – Jasper – Abstecher Maligne Lake – Mount Robson Provincial Park – Wells Gray Provincial Park – Clearwater – 100 Mile House – Lillooet – Duffey Lake Road – Whistler – Vancouver (–Seattle).

Ausgangspunkte: Toronto oder **Vancouver**, ggf. auch **Seattle**

Streckenlänge:
knapp 6.000 km einschließlich aller oben aufgeführten Abstecher

Zeitbedarf: 4 Wochen

Empfohlener Reisebeginn: Ab Ende Mai bis Mitte August; bei Start in Vancouver oder Seattle ab Mitte Juni bis Anfang September.

Bemerkungen:
Diese Route in Ost-West-Richtung, ➪ Hinweise auf Seite 502, entspricht weitgehend der in Kapitel 7 beschriebenen Transkontinentalfahrt. Bis Calgary handelt es sich um die reizvollste Strecke durch Ontario, Manitoba und Saskatchewan. Sie verläuft ab Toronto über die Bruce Peninsula und folgt anschliessßend dem *Trans Canada Highway* bis Winnipeg. Mit einem Schlenker über den *Riding Mountain National Park* geht es weiter bis Calgary. Von dort folgt man noch ein kurzes Stück dem TCH bis Lake Louise, wendet sich auf dem *Icefields Parkway* nach Jasper und fährt von dort die Route 1 (➪ Seite 553) in Gegenrichtung.

Alternative Routenführung:
Für den Fall, daß Ziele weiter nördlich reizen (*Saskatoon*, nördliches Saskatchewan und Alberta), könnte man westlich des *Riding Mountain Park* den *Yellowhead Highway* nehmen. Von Edmonton ginge es dann nach Jasper, den *Icefields Parkway* nach Süden bis Lake Louise und Banff und weiter wie in Route 2, ➪ Seite 554. Die Gesamtdistanz erhöht sich dann auf ca. 6.500 km.

Fotonachweis

Air Alaska: Seite 58

Air Canada: Seite 53

Alaska Dision of Tourism: Seiten 432/3, 434, 445, 450, 469, 470, 484, 609

Alberta Government Tourism/Travel Alberta:
Seiten 13, 21, 33, 172/3, 272, 278, 279, 283, 287, 302, 306, 310, 314, 318, 321, 504, 521, 564

BC Tourism: Seiten 66, 84, 227, 229, 241, 243, 250, 255, 363, 365, 369, 373, 375

British Airways: Seite 51

Hans-R. Grundmann: Seiten 30, 38, 61, 69, 71, 75, 83, 96, 101, 106, 118, 120, 122, 124, 128, 171, 178, 182, 187, 196, 199, 208, 209, 211, 217, 218, 238, 240, 247, 263, 308, 327, 340, 357, 358, 359, 372, 395, 405, 467, 473

ISTC: Seiten 554, 572

©iStockphoto.com Seite: Memory_Gallery 34, stacey_newman 40, Weim 43, alancrosthwaite 47, toos 98, Photawa 115, lilly3 116, jewhyte 133+570, MatthewSinger 134, jay72274 139, ImagineGolf 141, Donyanedomam 147, chas272 148, JimmyAnderson 151, JaimePharr 155, jamesh1977 158, gregobagel 160, PhilAugustavo 161, dsblock 163, JPaulMoore 167, Tashka 168+370, wwing 315, silawat_j 317, JosefHanus 355, gregritchie 411, kaleigh 443, herreid 482, Nelepl 535, aeropw 576, natureniche 582, benedek 586, psychoschlumpf 589,

Sabine Menzel, Frankfurt/Main (www.canada-specialist.com): Seite 387

Northwest Territories Tourism: Seiten 493, 596

Okanagan/Thompson Valley TA: Seite 31

Ontario Government Tourism: Seiten 37, 511, 512

Parks Canada: Seiten 267, 277, 332, 346, 349, 474, 485, 498

Rocky Mountaineer: Seite 564

Theo Plück & Christel Valdez: Seiten 144/5, 197, 254

Andreas Scheidle, Augsburg (www.trailheads.de): Seite 67

Isabel Synnatschke, Dresden (www.synnatschke.com): Seiten 109, 153

Tourism Saskatchewan: Seiten 550, 553, 593

Travel Manitoba: 526, 529, 530, 537, 541

Vancouver Tourism: 175, 183, 185, 186, 191, 198

Yukon Tourism: 376/7, 380, 398, 403, 404, 411, 414, 421, 422, 426, 431, 480, 602

Bernd Wagner: alle übrigen Fotos

Canada und Alaska Wissen

*) Die Informationen zu den Provinzen sind identisch aufgebaut, die Gliederung ist hier am Beispiel Alberta nur einmal exemplarisch aufgeführt.

Der Staat Canada

Steckbrief

Unabhängigkeitsjahr		
de facto im *Britisch North America Act*:		1867
nominell im *Statute of Westminster:* 1931		
eigene Verfassung im *Constitution Act:*		1982
Staatsoberhaupt:		Queen Elizabeth II.
Staatsflagge:		Ahornblatt, seit 1965
Nationalfeiertag:		1. Juli, Canada Day
Fläche:		9.984.670 km² (einschl. 891.163 km² Binnengewässer)
Einwohner:		35.200.000
Bevölkerungsdichte:		3,5 Einwohner/km²
Hauptstadt:		Ottawa (seit 1857)
Größte Städte: (jeweils Einzugsbereich)	Toronto	6 Mio. Einw.
	Montréal	4 Mio. Einw.
	Vancouver	2,5 Mio. Einw.
	Calgary	1,4 Mio. Einw.
	Ottawa-Gatineau	1,3 Mio. Einw.
	Edmonton	1,2 Mio. Einw.
	Winnipeg	0,8 Mio. Einw.
Provinzen (10):	Alberta, British Columbia, Manitoba, New Brunswick, Newfoundland, Nova Scotia, Ontario, Prince Edward Island, Québec und Saskatchewan	
Territorien (3):	Northwest Territories, Nunavut, Yukon	
Amtssprachen:	Englisch und Französisch	
Höchste Berge:	Mount Logan	5.959 m
	Mount St. Elias	5.489 m
Längste Flüsse:	Mackenzie River	4.241 km
	Yukon River	3.185 km
Größte Insel:	Baffin Island	507.451 km²
Größter See:	Lake Superior	82.100 km²
Hauptexportländer:	USA 73%, Europa 12%, China 4%	
Hauptimportländer:	USA 51%, China 11%	
Exportprodukte:	Maschinen, Kraftfahrzeuge/teile, *Aircraft*	
Importprodukte:	Maschinen, Kraftfahrzeuge/teile	

Bevölkerung

Verteilung

Mit 3,5 Einwohnern pro km² (zum Vergleich: 226 Einwohner pro km² in Deutschland) ist Canada eines der am dünnsten besiedelten Länder der Erde. Allerdings liefert hier die reine Statistik ein verfälschtes Bild der tatsächlichen Verhältnisse: Fast 50 Prozent aller Kanadier leben im Einzugsbereich der sieben großen Metropolen Toronto, Montréal, Vancouver, Calgary, Ottawa, Edmonton und Winnipeg. Auch die Region um die *Great Lakes* und entlang des St. Lorenz Stroms ist dichter besiedelt. Die wenigen Bewohner außerhalb dieser Zone konzentrieren sich auf Siedlungen entlang einer Handvoll Straßen. Unglaublich ausgedehnte Gebiete im Norden sind so gut wie menschenleer.

Immigration

Zwar kontrollieren strenge Einwanderungsbeschränkungen Zahl und Zusammensetzung der kanadischen Bevölkerung, aber dennoch nahm das Land rund 21% der derzeitigen Einwohnerschaft als Immigranten auf (zum Vergleich Deutschland – auch ein Einwandererland: 13%). Zukünftige Kanadier müssen einer gesuchten Berufsgruppe angehören, ein gutes Finanzpolster mitbringen oder (erfolgreich) politisches Asyl beantragen, um Einlass zu erhalten. Die reizvolle Idee, sich als Aussteiger in die Wildnis zurückzuziehen und am einsamen See ein Blockhaus zu bauen, können nur Kapitalkräftige realisieren.

Ethnische Gruppen

Kanadier britischer (50%), französischer (16%) und deutscher (10%) Abstammung stellen die größten Bevölkerungsanteile. Der Anteil der Ureinwohner, Indianer und *Inuit* liegt heute bei knapp 3%. Deutsche Einwanderer kamen regelmäßig ins Land, wobei die Dekade 1945-1955 nach dem 2. Weltkrieg eine besonders starke Immigrationswelle brachte. Insgesamt haben 5% aller Kanadier deutsche Vorfahren. Nach 1945 gab es auch einen starken Zuzug aus Italien. Italiener ließen sich vor allem in den Großstädten des Ostens nieder. Ukrainer stellen die nächstgrößte Minderheit. Viele ihrer Vorfahren kamen Anfang des 20. Jahrhunderts und gründeten in den Prärien zahlreiche ukrainische Gemeinden.

Während die Einwanderer zunächst im wesentlichen aus Europa kamen, sind in den letzten Jahren Immigranten aus Asien deutlich in der Mehrheit. Die Zahl Schwarzer blieb in Canada vergleichsweise niedrig.

Sprachen

Situation

Als Muttersprache pflegen ca. 60% der Kanadier Englisch und 20% Französisch. Hinzu kommen Sprachen der ethnischen Minderheiten (Bedeutung in dieser Reihenfolge): chinesisch, indisch, spanisch, deutsch, italienisch sowie regional verschiedene Inuit- und Indianeridiome.

Offiziell zwei Sprachen

Canada tat mit dem ***Official Languages Act***, der dem Land 1969 zwei Amtssprachen gab, einen wichtigen Schritt zur Beruhigung

Englisch dominiert

eines nichtsdestoweniger bis heute schwelenden Sprachenkonflikts. Jeder Bürger hat seither das Recht, bei Ämtern und Behörden in Englisch oder Französisch vorzusprechen und Formulare in der Sprache seiner Wahl zu verlangen. In der Realität jedoch ist Canada von einer echten Zweisprachigkeit weit entfernt. In der Provinz Québec sowie in einigen Regionen von New Brunswick (Acadia) und Nova Scotia (Cape Breton) wird fast ausschließlich Französisch, im Rest des Landes überwiegend Englisch gesprochen. **In den Westprovinzen ist Englisch faktisch alleinige Sprache**. Französisch hört man nur vereinzelt und in eng begrenzten Bezirken (z.B. in St. Boniface in Winnipeg). Besuchern fällt die Zweisprachigkeit allenfalls an den in Französisch **und** Englisch gehaltenen Broschüren und Schildern der Nationalparks und Veröffentlichungen anderer regierungsoffizieller Organisationen und Stellen auf.

Problem Québec

Mit dem Siebenjährigen Krieg (1756-63), in dessen Verlauf das französische Québec an England fiel, begann der Sprachenkonflikt. Bald besetzten die Engländer, die eine kleine Minderheit in der Provinz darstellten, die Schlüsselpositionen in Wirtschaft, Militär und Verwaltung – und versuchten ihren *English way of life* in Québec durchzusetzen. Bis dahin offiziell zweisprachig, preschte 1977 die damalige Regierung der *Parti Québécois* – die bis heute die Unabhängigkeit Québecs (knapp 30% französischstämmig) von Kanada anstrebt – unter *René Lévesque* vor und erließ die *Charte de la Langue Francaise*, die Französisch als alleinige Amtssprache definiert. Diese wurde dann 11 Jahre später vom *Supreme Court of Canada* in Ottawa als verfassungswidrig wieder aufgehoben. Die heutigen, mehrfach modifizierten Sprachgesetze der Provinz Québec betonen aber immer noch die Präferenz des Französischen.

Im sogenannten ***Meech Lake Accord*** sollte 1987 sogar eine eigenständige kulturelle Entwicklung der französischsprachigen Bevölkerungsgruppe verfassungsrechtlich festgeschrieben werden. Kritiker dieser Regelung wendeten sich gegen Sonderbestimmungen für nur eine Bevölkerungsgruppe, die andere Minoritäten, wie z. B. Indianer und Inuit nicht berücksichtigten. 1990 wurde der *Meech Lake Accord* in Manitoba und Neufundland abgelehnt. Die Verfassungsänderung trat daher nicht in Kraft. Ergebnis war eine weitere Verstärkung separatistischer Bewegungen in Québec. 1995 sprach sich die Bevölkerung Québecs in einem Referendum mit der denkbar knappen Mehrheit von 50,6 % für den Verbleib in Canada und gegen eine eigenstaatliche Unabhängigkeit aus.

Politik

Verfassung

Mit dem ***British North America Act*** (auch: *Constitution Act*) gab Großbritannien seinen Provinzen New Brunswick, Nova Scotia, Ontario und Québec 1867 eine eigene Verfassung und einte sie im ***Dominion of Canada***. Nach wenigen Jahren schlossen sich Prince Edward Island, British Columbia und Manitoba dem Bund an, 1905 Alberta und Saskatchewan, 1949 als letzte Provinz Newfoundland.

Die Konstitution unter britischer Oberhoheit sah eine Kompetenzenteilung zwischen Bund und Provinzen vor, die der Zentralregierung die bundesweite Verantwortung für die Außen- und Verteidigungspolitik, Wirtschaft und Finanzen übertrug. Eine eigenständige, von der einstigen Kolonialmacht unabhängige **kanadische Verfassung** löste **erst 1982** den *Constitution Act* von 1867 ab.

Konstitutionelle Monarchie

Canada blieb auch unter der neuen Verfassung eine konstitutionelle Monarchie mit ***Queen Elizabeth II***. von England als offiziellem Staatsoberhaupt. Die englische Krone wird durch einen vom kanadischen Premierminister vorgeschlagenen Generalgouverneur vertreten. Seine Befugnisse beschränken sich auf wenige formale Amtshandlungen; die faktische Regierungsgewalt liegt beim kanadischen Premierminister.

House of Commons und Senate

Die Legislative setzt sich aus dem ***House of Commons*** (Unterhaus) und dem ***Senate*** (Oberhaus) zusammen. Das *House of Commons* bestimmt die Gesetzgebung des Bundes. Seine 308 Mitglieder werden direkt in ebensovielen Wahlkreisen gewählt, wobei mindestens alle fünf Jahre eine Neuwahl abgehalten werden muss. Bedingt durch das Mehrheitswahlrecht ist ein Abgeordneter schon gewählt, wenn er die relative Mehrheit in seinem Wahlkreis erreicht hat. Die 105 Mitglieder im *Senate* werden nach einem regionalen Schlüssel auf Vorschlag des Premierministers durch den Generalgouverneur ernannt. Dadurch liegen die Mehrheitsverhältnisse in *Senate* manchmal anders als im *House of Commons*. Allerdings kann der *Senate* die Verabschiedung eines Gesetzes nur hinauszögern, nicht verhindern.

Regierung

Stephen Harper von der ***Conservative Party*** ist seit Februar 2006 der kanadische **Premierminister** – seit 2011 regiert er nach vorherigen Minderheitsregierungen mit einer absoluten Mehrheit. Die zweitstärkste Kraft und Opposition bildet erstmalig die ***New Democratic Party*** (die 12,45% zulegte) vor der ***Liberal Party*** (die 7,36% verlor). Die Separatistenpartei des ***Bloc Québécois*** – eng verknüpft mit der *Parti Québécois* (➪ links) – erlitt in Québec eine vernichtende Niederlage und bekam nur noch 4 Sitze (vorher 49).

Mit diesem Wahlergebnis erteilten die Bürger Québecs dem strikten Separatismus des *Bloc Québecois* eine klare Absage.

Ergebnis der 41. Parlamentswahlen vom Mai 2011

Partei	Mandate	Stimmenanteil
Conservative	166	53,9%
New Democrats	103	33,4%
Liberal	34	11,1%
Bloc Québécois	4	1,3%
Grüne	1	0.3%
Insgesamt	308	100%

Die Legislaturperiode läuft offiziell bis 2015.

Die Territorien

Die (seit 1999 drei) Territorien im Norden von Canada werden jeweils von einem direkt gewählten Territorialrat verwaltet. 1992 stimmten die Wähler in den NWT für die Abspaltung eines mehrheitlich von Inuit bewohnten Territoriums. Es entstand ***Nunavut*** (unser Land) – 36.000 Einwohner, davon 24.600 Inuit. Mit einer Fläche von 2.093.190 km² ist es größer als die verbliebenen *Northwest Territories*, ➪ Seite 594.

Indianer und Inuit

Weitere Diskussionspunkte in den Territorialparlamenten ergeben sich aus den Ansprüchen und Konflikten der unterschiedlichen Indianer- und Inuitverbände bei der Erschließung des Nordens. Sie geben sich nicht mehr mit Geldzuwendungen allein zufrieden, sondern setzen der Bevormundung aus dem Süden politischen Widerstand entgegen und fordern Mitbestimmung und Lizenzabgaben kanadischer wie ausländischer Firmen direkt an die Stämme.

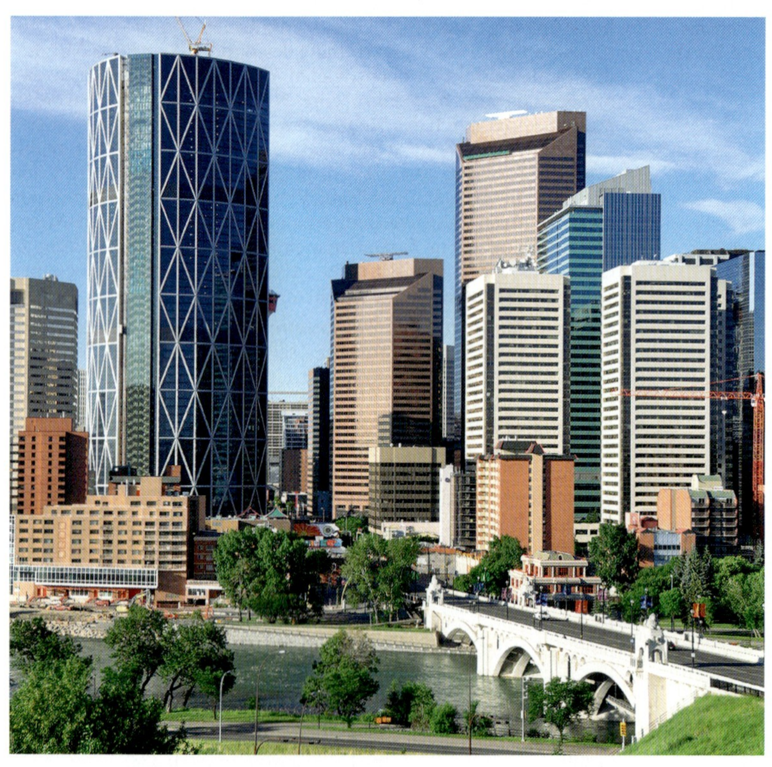

Canada gehört zu den großen Öl- und Erdgasexporteuren der Welt, wobei sich die Förderung bzw. Ölsand- und Ölschieferabbau überwiegend auf Alberta konzentriert. Das Bild zeigt die Hochhäuser der Ölkonzerne am Bow River in Calgary.

Rechtswesen

Das kanadische Rechtswesen geht – mit Ausnahme von Québec, welches den *Code Civil* Frankreichs adaptiert hat – zurück auf das britische *Common Law*. Von Ottawa erlassene Gesetze haben im ganzen Land Gültigkeit, die oberste Instanz für alle Rechtsfragen ist das ***Supreme Court of Canada***, vergleichbar unserem Bundesverfassungsgericht. Provinzgesetze gelten ausschließlich in der jeweiligen Provinz. Dadurch ergeben sich teilweise erhebliche Unterschiede in der Rechtsprechung benachbarter Provinzen.

Sozialstaat

Canada besitzt eine **provinzübergreifende Sozialgesetzgebung**, dessen Maschen wesentlich dichter geknüpft sind als in den USA. Insbesondere bei der Krankenversicherung gibt es gravierende Unterschiede. Während schwere Erkrankungen für viele US-Bürger den finanziellen Ruin bedeuten können – *Obamacare* soll jetzt Abhilfe schaffen –, ist die Art und Effizienz der Krankenversicherung in Canada (***Health Canada***) mit der in Deutschland vergleichbar. Auch Arbeitslosenversicherung (***Service Canada***) und Rentenversicherung (***Canada Pension Plan / Old Age Security***) funktionieren nach europäischem Prinzip.

Wirtschaft

Industrienation Canada

Bereits Ende des 19. Jahrhunderts begann die Entwicklung des zunächst weitgehend agrarisch orientierten Landes zu einer Industrienation. Bis heute spielen aber Holzwirtschaft, Getreideanbau und Viehzucht für die Gesamtwirtschaft und den Export Canadas eine große Rolle. Angesichts der enormen Nutzwälder, Anbauflächen und Viehweiden überrascht dabei, dass gegenwärtig nur noch knapp 3% der Erwerbstätigen in der Forst- und Landwirtschaft arbeiten.

Bei Industrieholz belegt Canada weltweit den dritten Platz, bei der Papiererzeugung den fünften. Verarbeitende Industrie existiert vor allem im Süden Ontarios, darunter insbesondere Automobil- und Maschinenbauer.

Rohstoffreserven

Im Norden lagern bislang noch überwiegend unangetastete Boden - schätze, darunter enorme Ölsandvorkommen. Canada bzw. die Provinz Alberta, deren Förderung über 90% der kanadischen Gesamtmenge ausmacht, steht unter den Erdöl produzierenden Länder auf Platz sechs, in der Erdgasproduktion sogar auf Platz drei.

Canada ist einer der weltgrößten Exporteure von Mineralien und Metallen. Dank gestiegener Rohstoffpreise konnte die kanadische Bergbauindustrie in den letzten Jahren den Produktionswert der metallischen wie nichtmetallischen Mineralien 2013 auf $47 Mrd. steigern, wobei allein Kalisalze und Kohle zu einem Drittel diese Wertes beitrugen.

Trotz seiner geringen Einwohnerzahl ist Canada daher heute ein wesentlicher Faktor im internationalen Wirtschaftsgefüge und gehört zur Gruppe der acht wichtigsten Industriestaaten (G8).

Struktur der Arbeitnehmer

Über 78% aller kanadischen Erwerbstätigen arbeiten heute im Dienstleistungssektor, davon ein Großteil im Tourismus und in davon abhängigen Branchen. Nur 22% sind in Produktionsbetrieben beschäftigt. Insbesondere im Norden sind zahlreiche Arbeitsplätze direkt oder indirekt vom Staat abhängig. Die früher sehr hohe **Arbeitslosenquote** ist mittlerweile auf unter 7% gesunken.

Außenhandel

Die Wirtschaftsstruktur Canadas ist eng mit dem Haupthandelspartner USA verwoben. 73% der kanadischen Exporte gehen zum südlichen Nachbarn, 51% der Importe kommen von dort.

Schwankungen der Wirtschaftsentwicklung in den USA übertragen sich daher stark auf die Wirtschaft Canadas. Dasselbe gilt auch für den Tourismus, 68% aller Auslandsbesucher in Canada sind US-Bürger. In andere wichtige Industrieländer werden hauptsächlich Rohstoffe, Holz- und Landwirtschaftsprodukte exportiert.

Im Jahr 1994 trat das nordamerikanische Freihandelsabkommen (***North American Free Trade Agreement***, kurz **NAFTA**) zwischen Mexiko, USA und Canada in Kraft, das ähnlich wie in der EU die Grenzen für den Warenaustausch weiter öffnet. Canada versprach sich davon zusätzliche Impulse, wie die zwischenzeitliche Entwicklung bereits bewies.

Umweltprobleme

Wenngleich Canada wegen seiner Geographie und der in weiten Landesteilen extremen Klimabedingungen nur regional industrialisiert werden kann, blieben Umweltschäden auch dort nicht aus, z.B. verursacht durch die Abholzung der Westküsten-Regenwälder und damit einhergehender Wasser- und Luftverschmutzung dank riesiger ***Pulp Mills*** (Papiermühlen) in British Columbia und Ölsandgewinnung in Alberta, aber auch durch »Sauren Regen« (überwiegend aus den USA), der auch in Gegenden abregnet, die fernab industrieller Zentren liegen.

Im Pro-Kopf-Energieverbrauch bzw.der -verschwendung steht Canada zusammen mit den USA einsam an der Weltspitze.

Die Royal Mounted Canadian Police ist mit ihren roten »Röcken« ein wichtiger Imageträger für den Tourismus nach Canada

Provinzen und Territorien

Alberta

Geschichte, Geographie und Klima

19. Jahrhundert

Die **Indianer** auf dem Gebiet des heutigen Alberta (***Blackfoot, Cree***, ***Scarcee***) wurden bis Mitte des 19. Jahrhunderts von den Weißen noch kaum bedrängt. Nur die Pelzhandelsgesellschaften – *North West* und *Hudson's Bay Company* (➪ Seite 236) – hatten auf Indianerland bereits Stützpunkte angelegt.

Steckbrief

Konstituierung als Provinz:		1905
Einwohner:		4.100.000
Anteil an der kanadischen Bevölkerung:		11,7%
Fläche:		661.848 km²
Anteil an der kanadischen Fläche:		6,6%
Bevölkerungsdichte:	6,2 Einwohner pro km²	
Hauptstadt:	Edmonton (seit 1905)	
Größte Städte:	Calgary:	1.150.000 Einw.
	im Großraum	1.350.000 Einw.
	Edmonton:	820.000 Einw.
	im Großraum	1.250.000 Einw.
	Red Deer:	91.000 Einw.
	Lethbridge:	84.000 Einw.
	Medicine Hat	61.000 Einw.
Provinzfeiertag:	*Heritage Day* am 1. Montag im August	
Höchster Berg:	Mount Columbia (Jasper National Park)	3.747 m
Niedrigster Punkt:	Salt River (Wood Buffalo NP an der Grenze zu den NWT)	170 m
Größter See:	Lake Athabasca	7.935 km²
Längste Flüsse:	Peace/Mackenzie River	4.241 km
	Bow/Saskatchewan/ Nelson River	2.575 km
Nationalparks:	Banff, Elk Island, Jasper, Waterton Lakes, Wood Buffalo	
Zeitzone:	Mountain Time, mit Sommerzeit	
Telefonvorwahl: (*Area Code*)	Süden	403, 587 und 825
	Norden	587, 780 und 825
Provincial Sales Tax:		keine

Eine nennenswerte Immigration begann erst nach Gründung des *Dominion of Canada* in 1867 und der Übernahme des bis dato von der HBC beanspruchten *Ruperts Land* durch den Staat zwei Jahre später. Trotz anfänglicher, großenteils durch illegalen Alkoholhandel verursachter Probleme blieben ernstere kriegerische Auseinandersetzungen zwischen Indianern und Neuankömmlingen wie in den USA aus. Im wesentlichen dank der eigens für die neuen Territorien im Westen geschaffenen berittenen Polizeitruppe ***North West Mounted Police***, Vorgängerin der »Rotröcke« (➪ RCMP, Seiten 300+550).

District of Alberta

Nicht verhindern konnte oder wollte die Polizei jedoch die mit der Besiedelung einhergehende dramatische Dezimierung der Bisonbestände, der wichtigsten Lebensgrundlage der Indianer. In der Folge mussten sie wohl oder übel der Abtretung des Großteils ihrer leergejagten Prärien zur Nutzung als Acker- und Weideland durch die Einwanderer zustimmen. 1882 entstand ein ***Provisional District of Alberta***, so benannt nach der Frau des britischen Gouverneurs und Tochter der Königin, Prinzessin *Louise Caroline Alberta*.

Eisenbahn 1885

Drei Jahre später, im Jahr 1885, wurde die transkontinentale Eisenbahnlinie ***Canadian Pacific Railway*** vollendet. Sie verband Alberta sowohl mit der Westküste als auch mit dem Osten des Landes und sorgte für einen kontinuierlichen Strom neuer Siedler. Mit der verkehrsmäßigen Erschließung und dem Bevölkerungsanstieg prosperierte bald die zunächst auf Ackerbau und Viehzucht basierende Wirtschaft Albertas. Die Festlegung der seither unverändert gültigen Grenzen (siehe unten) und die Konstituierung des bis dato voll von der Zentralgewalt abhängigen provisorischen Distrikts Alberta als selbstverwaltete Provinz erfolgte im Jahre 1905.

Provinz Alberta

Öl und Erdgas

Ölfunde 1914 und – noch ergiebiger – 1947 verhalfen Alberta zu einem zusätzlichen wirtschaftlichen »Standbein«. Kohle, Öl und Erdgas spülen vor allem seit den Ölkrisen der 70er-Jahre so viel Abgaben in die öffentlichen Kassen, dass Alberta ohne die sonst übliche Umsatzsteuer (*sales tax*) auskommt und dennoch einen Haushaltsüberschuss erwirtschaftet. Zum Wohlstand Albertas, einer der reichsten Provinzen des Landes, tragen außerdem erhebliche **Fremdenverkehrseinnahmen** bei. Die *Rocky Mountain Parks* ***Banff*** und ***Jasper*** sind die meistbesuchten Nationalparks Canadas, und die ***Calgary Stampede*** ist ein weiterer Besuchermagnet.

Tourismus

Geographie

Die Grenzen Albertas wurden im Süden und Norden entlang des 49. und 60. Breitengrades definiert und im Osten und Westen am 110. bzw. 120. Längengrad ausgerichtet. Lediglich in den Rocky Mountains verläuft die Grenze unregelmäßig auf der durch die Wasserscheide zwischen Atlantik und Pazifik (*Continental Divide*) vorgegebenen Linie. Auf jeder Seite besitzt Alberta nur einen Nachbarn: Saskatchewan im Osten, den US-Staat Montana im Süden, British Columbia im Westen und die Northwest Territories im Norden.

Waldgebiete

Riesige, seenreiche Waldgebiete bedecken etwa zwei Drittel der Fläche Albertas nördlich und westlich von Edmonton, wohingegen die **Prärien nur ein Drittel** ausmachen. Die Hochgebirgsregion spielt flächenmäßig kaum eine Rolle.

Prärie, Badlands und Berge

Die Prärien steigen von etwa 700 m im Osten (Medicine Hat) über Calgary (1.050 m) bis auf Höhenlagen von 1.300 m im Westen (Canmore). Dort enden sie an den Ausläufern der Rocky Mountains, im Bereich des ***Waterton Lakes National Park*** im äußersten Südwestzipfel der Provinz fast übergangslos vor dem Panorama des Hochgebirges. Ausgedehnte *Badlands* mit kargen Sandsteinformationen und tiefeingeschnittene Täler entlang des **Red Deer** und **Milk River** verhindern vor allem im Südosten die großflächige agrarische Nutzung der Prärie.

Die ergiebigsten **Fossilien-** und **Dinosaurierfundstellen** Nordamerikas (*Dinosaur Provincial Parks*, ➪ Seite 297) liegen in dieser Region nur wenig unterhalb der Erdoberfläche, ebenso wie große Kohlevorkommen.

Neben den Badlands unterbrechen zahlreiche Flussläufe, Seen und kleinere Hügelgebiete die Landschaft – am markantesten die ***Cypress Hills*** an der Grenze zu Saskatchewan.

Bevölkerung

Der überwiegende Teil der Bevölkerung Albertas lebt entlang der Nord-Süd-Achse Lethbridge–Calgary–Red Deer–Edmonton. Sieht man ab von der Handvoll kleinerer Städte wie Medicine Hat, Fort McMurray und Grande Prairie und ihrem jeweiligen Umfeld ist der gesamte Rest der Provinz nur spärlich, der Norden so gut wie gar nicht besiedelt.

Klima

An den **Osthängen der Rocky Mountains** fallen etwa **700 mm Niederschlag** pro Jahr, was ungefähr deutschen Mittelwerten entspricht. Das Landesinnere dagegen ist mit nur noch der halben Regenmenge vergleichsweise trocken. In den Sommermonaten sind in der Prärie – einschließlich Calgary und Edmonton – Tageshöchsttemperaturen von 25°C die Regel, aber am ***Icefields Parkway*** in den Nationalparks *Jasper* und *Banff* kommen selbst im Juli Frost und Schnee vor. Im an sich bitterkalten Winter sorgt gelegentlich der ***Chinook***, ein vom Pazifik über die Berge ins südliche Alberta steigender Föhn, innerhalb weniger Stunden für Temperaturwechsel von über 20°C.

Informationen für Touristen

Besucherzentren

In den ***Alberta Information Centres*** an den Hauptstraßen werden Reisende mit Gratismaterial bestens bedient. Informationen zu den **Provinzparks** und **Recreation Areas** Albertas findet man im Internet unter www.albertaparks.ca. In vielen Parks lassen sich die Campingplätze reservieren (Gebühr $12), ✆ 1-877-537-2757; www.reserve.albertaparks.ca.

Übersicht Fremdenverkehrsbüros: www.travelalberta.com.

Informative Broschüren

- ***Lodging in Alberta***; eine umfangreiche Liste von Hotels und Motels.
- ***Campground in Alberta***; eine – vor allem in Zusammenwirken mit der *Road Map* – äußerst hilfreiche Übersicht über die meisten Campingplätze der Provinz.
- ***Alberta Road Map***, eine ordentliche Straßenkarte im Maßstab 1:1.500.000. Grüne und schwarze Dreiecke markieren die geographische Lage der *Campgrounds*. Die Broschüre oben erläutert alle zugehörigen Details.
- ***Alberta Reiseplaner*** zu Attraktionen und Aktivitäten in der Natur und in Städten für alle Regionen Albertras

Camping Alberta

Grüne Dreiecke in den Straßenkarten kennzeichnen die Lage staatlicher Plätze in den *National Parks* (*Banff, Jasper, Elk Island, Waterton Lakes*), *Provincial Parks* und *Recreation Areas*. Zahlreiche ***Alberta Forest Campgrounds*** befinden sich in traumhafter Umgebung. Sie gehören zur Einfachkategorie, sind preiswert und bieten Wasserpumpe, »Plumpsklo« und Picknicktische, oft auch gratis grobe Holzscheite fürs Lagerfeuer.

Schwarze Dreiecke stehen für private und städtische Camping - plätze. Bei weitem nicht alle privaten Plätze finden sich in dieser Karte bzw. im ***Alberta Campground Guide***.

Eine ziemlich komplette Liste aller in Frage kommenden Plätze entlang der hier beschriebenen Routen liefert das diesem Buch **beigefügte Camping-Verzeichnis Alberta & BC**.

Campen in Provinzparks ➪ Seite 119

British Columbia

Geschichte

Entdeckung

Bereits 1579 soll der englische Freibeuter *Sir Francis Drake* bis nach Vancouver Island gelangt sein. Er war auf der Flucht vor spanischen Verfolgern nach Norden gesegelt in der Hoffnung, durch das Nordpolarmeer eine Passage nach Europa zu finden.

Steckbrief

Konstituierung als Provinz:		1871
Einwohner:		4.600.000
Anteil an der kanadischen Bevölkerung:		13,1%
Fläche:		944.735 km²
Anteil an der kanadischen Fläche:		9,5%
Bevölkerungsdichte:		4,9 Einwohner pro km²
Hauptstadt:		Victoria (seit 1871)
Größte Städte:	Vancouver	667.000 Einw.
	Großraum Vancouver	2.500.000 Einw.
	Victoria	81.000 Einw.
	Großraum Victoria	358.000 Einw.
	Kelowna	118.000 Einw.
	Kamloops	86.000 Einw.
	Nanaimo	84.000 Einw.
	Prince George	72.000 Einw.
Provinzfeiertag:	British Columbia Day 1. Montag im August	
Höchster Berg:	Fairweather Mountain (St. Elias Range/Grenze zu Alaska)	4.663 m
Niedrigster Punkt:	Meeresspiegel des Pazifik	
Größter See:	Williston Lake	1.761 km²
Längste Flüsse:	Peace/Mackenzie River	4.241 km
	Columbia River	2.000 km
	Fraser River	1.370 km
Größte Insel:	Vancouver Island	31.285 km²
Nationalparks:	Glacier, Gulf Islands, Gwaii Haanas (Queen Charlotte Islands), Kootenay, Mount Revelstoke, Pacific Rim (Vancouver Island), Yoho	
Zeitzonen:	Mountain Time / teils mit Sommerzeit (nur Rocky Mountains)	
	Pacific Time mit Sommerzeit	
Telefonvorwahl: (*Area Code*)	Südwest BC mit Vancouver	236, 604 und 778
	Rest BC	236, 250 und 778
Sales Tax:		7%

1592 glaubte dann der Spanier *Juan de Fuca*, die Nordwest-Passage entdeckt zu haben. Tatsächlich handelte es sich jedoch um die später nach ihm benannte Wasserstraße zwischen Vancouver Island und der Olympic-Halbinsel.

Inbesitznahme

Nach diesen ersten Visiten vergingen fast zwei Jahrhunderte, bis sich die europäischen Mächte Spanien, England und Russland für den nördlichen Abschnitt der amerikanischen Pazifikküste zu interessieren begannen. 1774 landeten ***Bodega Quadra*** und ***Juan José Pérez*** auf Vancouver und Queen Charlotte Island und reklamierten sogleich die gesamte Region für die spanische Krone.

Vier Jahre später erhob der berühmte Seefahrer *James Cook* britische Besitzansprüche. Der Konflikt mit Spanien wurde von den Briten durch Kriegsdrohung gelöst: Die Spanier erlaubten auch anderen Nationen den Zugang zur (späteren) kanadischen Westküste, und ***George Vancouver*** erklärte während seiner Küstenerkundung 1792-94 den Nordwesten des Kontinents kurzerhand zum Besitz Großbritanniens.

Pelzhändler

Über Landrouten zum Pazifik drangen als erste Weiße die *Explorer* der Pelzhandelsgesellschaft ***North West Company*** vor: ***Alexander Mackenzie*** folgte dem Peace River flussaufwärts, überquerte die Rocky Mountains und erreichte 1793 beim heutigen Bella Coola das Meer. ***Simon Fraser*** befuhr 1808 den später nach ihm benannten Fluss bis zur Mündung, und ***David Thompson*** gelangte 1811 auf dem Columbia River (US-Bundesstaaten Washington und Oregon) zum Pazifik. In der Folge etablierten sich ***North West*** und ***Hudson's Bay Company*** (➪ Seite 236) mit Stützpunkten in ***New Caledonia***, was heute dem östlichen und zentralen Bereich von British Columbia entspricht, aber auch auf heutigem US-Gebiet.

Grenzziehung

1846 schlossen England und die USA den ***Oregon Treaty***. Dieser Vertrag legte den 49. Breitengrad, der – bis zu den Rocky Mountains – schon seit 1818 die britische Kolonie Canada und die westlichen Territorien der USA trennte, als offizielle Grenze bis zum Pazifik fest. Damit gerieten die heutigen US-Nordweststaaten aus englischem nun voll unter US-amerikanischen Einfluss. Vancouver Island, obwohl es über den 49. Breitengrad hinausreicht, wurde ganz Großbritannien überlassen. Nur die ***San Juan Islands*** blieben weiter umstritten. Als sich ein britisches Schwein um die Gebietsstreitigkeiten buchstäblich einen Dreck scherte und ein amerikanisches Kartoffelfeld durchwühlte, drohte die Kontroverse im sogenannten »**Schweinekrieg**« zu einem ernsthaften Konflikt auszuarten. Der tatsächlich als Vermittler eingesetzte deutsche Kaiser Wilhelm I. beendete 1872 den Streit, indem er die Inseln den USA zusprach.

Konstituierung

In der Zwischenzeit war neben der ursprünglichen Kolonie Vancouver Island auf dem Festland das separate Territorium British Columbia entstanden.

Goldrausch

Gerade rechtzeitig, um während des ***Fraser River*** (1858/59) und ***Cariboo Goldrush*** (1861-64) einigermaßen Recht und Gesetz durchzusetzen (➪ Seite 233). Die Goldrauschzeit sorgte nicht nur für eine Zuwanderung in den bis dato menschenleeren Raum, sondern auch für die Anlage erster Straßen ins Landesinnere, namentlich des heute noch so bezeichneten *Cariboo Trail* von Yale (am TCH oberhalb Hope) nach Barkerville. Vancouver an der Mündung des Fraser River entstand ebenfalls in den Jahren des Goldrausches.

Als **Provinz** – bestehend aus Vancouver Island und dem Festland westlich der Rockies (bis 1866 verwaltungstechnisch getrennt) – trat British Columbia dem *Dominion of Canada* **1871** bei. **Hauptstadt wurde Victoria**, damals einzige nennenswerte Stadt.

BC und Canada

Die Felsbarriere der *Rocky Mountains* und weiterer Gebirgszüge erschwerte lange Zeit die Kommunikation zwischen BC und dem restlichen Canada. Haupthandelspartner war daher der südliche Nachbar. Sogar der Postweg von Vancouver nach Toronto lief über die USA. Die Situation änderte sich 1885 nach Fertigstellung der transkontinentalen ***Canadian Pacific Railway***.

BC heute

Bald florierte auch der Handel mit Asien. British Columbia stieg zur wirtschaftlich bedeutendsten Provinz des Westens auf und wurde zu einer Art kanadischem Kalifornien. Heute ist die Wirtschaft mehr denn je auf den pazifischen Raum ausgerichtet. Die **Region Vancouver** gilt als die reichste Canadas.

Geographie und Klima

Gebirge

Die Geographie der Provinz wird durch zahlreiche Gebirgszüge bestimmt, die überwiegend parallel und hintereinander in Südost-Nordwest-Richtung verlaufen. Im Osten sind dies die ***Rocky Mountains***. Im Westen reichen die ***Coast Mountains*** mit Gipfeln, welche die Höhe der BC-Rockies übertreffen (*Mount Waddington* 4.042 m), und Gletscherfeldern bis ans Meer. Dazwischen liegen u.a. die ***Cassiar Mountains*** im Norden und ***Columbia Mountains*** im Süden mit mehreren Teilgebirgen. Die höchsten von ihnen sind die ***Selkirk Mountains*** (mit *Glacier* und *Mount Revelstoke Nat'l Parks*) und die ***Cariboo Mountains*** (mit den Provinzparks *Wells Gray* und *Bowron Lake*) mit über 3.500 m hohen Gipfeln.

Rocky Mountains

Im Südosten markiert der Hauptkamm der *Rocky Mountains* den Grenzverlauf zwischen British Columbia und Alberta. Zugleich bildet er die Wasserscheide (*Continental Divide*) zwischen Atlantik und Pazifik. Mit dem ***Mount Robson*** steht unweit Jasper/Alberta, aber bereits auf BC-Gebiet, der höchste Berg der kanadischen Rockies (3.954 m). Lediglich vier Pässe erlauben die Überquerung der *Rockies*: der ***Crowsnest Pass*** (1.396 m) im Süden, der ***Vermilion Pass*** (1.651 m) zwischen den *National Parks Banff* und *Kootenay* (Straße #93), der ***Kicking Horse Pass***/ TCH (1.647 m) und der ***Yellowhead Pass*** (1.146 m) des gleichnamigen *Highway*.

Ebenen

Zwischen den Gebirgen erstrecken sich bewaldete Ebenen, durchzogen von Seenplatten und Flüssen, darunter das riesige ***Interior Plateau*** zwischen *Coast* und *Columbia Mountains* und in etwa TCH (Kamloops-Cache Creek) und *Yellowhead Highway*. Im Nordosten ragt British Columbia mit einer »Ecke« in die *Lowlands* hinein, die den Norden der Prärieprovinzen kennzeichnen.

Flüsse

Viele Verkehrswege folgen dem Lauf großer Flüsse, wie z.B. der *Yellowhead Highway* dem oberen ***Fraser*** und dem ***Skeena River*** oder der TCH dem ***Thompson*** und Unterlauf des ***Fraser River***. Der (erst in den USA) mächtige ***Columbia River*** und seine Nebenflüsse haben ihren Ursprung in British Columbia. Ihr Fluss in Nord-Süd Richtung wird durch zahlreiche Stauseen unterbrochen, allgemein beliebte Freizeitreviere. Das von mildem Klima begünstigte (➪ unten) Seengebiet im ***Okanagan Valley*** ist nach den Nationalparks meistfrequentierte Touristenregion der Provinz.

Inseln

Vor der zerklüfteten Küste liegen fast **7.000 Inseln**, darunter mit Vancouver Island die größte Nordamerikas.

Fläche und Besiedelung

British Columbia ist größer als Deutschland, Frankreich und die Schweiz zusammen und **außerordentlich dünn besiedelt**. Im Provinznorden kann von einer Besiedelung nur entlang der *Highways John Hart, Alaska, Yellowhead* und *Cassiar* die Rede sein; die riesigen Gebiete dazwischen sind praktisch menschenleer. Dasselbe gilt für die Region zwischen Vancouver und *Yellowhead Highway* westlich der Achse Vancouver–Prince George.

Die **Bevölkerung konzentriert sich auf den Süden der Provinz**, und auch dort im wesentlichen auf wenige Schwerpunkte. Zwei Drittel der Einwohner leben in den Großräumen Vancouver und Victoria und weitere 20% im Einzugsbereich des *Okanagan Valley* einschließlich Kamloops und in Orten am *Crowsnest Highway* entlang der US-Grenze.

Klima/ Regen

Höhe und Lage der Gebirgsketten sorgen für unterschiedlichste Klimazonen. Feuchte pazifische Winde bestimmen das **Wetter im äußersten Westen** der Provinz. Sie regnen sich an den Berghängen der *Coast Mountains* ab. Die uralten Regenwälder an der pazifischen Küste verzeichnen dabei ähnliche Niederschlagsmengen wie der tropische Amazonas-Urwald. Extreme Temperaturschwankungen, wie sie östlich der *Rockies* auftreten, sind dort unbekannt, die Sommer relativ kühl und die Winter mild. Viel Regen fällt auch an den Westhängen der **Gebirge im Inland** einschließlich der *Rocky Mountains* Region. Das ***Interior Plateau*** und die Täler bleiben dagegen recht trocken; im Sommer sind Regentage dort eher selten. Der **Nordosten** unterliegt bereits arktischem Kontinentalklima mit kurzen kühlen und gelegentlich nassen Sommern und schneereichen, kalten Wintern.

Sommer/ Temperaturen

Milde Sommer mit gleichmäßig angenehmen Temperaturen um 20°C machen die Ostküsten von **Vancouver Island** im Bereich zwischen Nainamo und Courtenay zur beliebten Urlaubsregion.

Gleichzeitig sind die Winter so mild wie in keiner anderen Region. Auf der dem Pazifik zugewandten Seite dagegen herrscht Küstenklima mit Rekord-Regenmengen.

Heiß ist es während der Sommermonate oft in den breiten Tälern **im zentralen Süden der Provinz**, insbesondere entlang der Flusstäler des *Fraser* und *Thompson River* und im *Okanagan Valley*, das unmittelbar an die nördlichen Ausläufer des wüstenähnlichen *Columbia Plateau* (USA) anschließt. In dieser Region gibt es sogar Kakteen und Klapperschlangen.

Informationen für Touristen

BC Travel Info Centres

In British Columbia existiert ein dichtes Netz von ***Visitor Info Centres*** für Touristen. Dank ihrer großen Zahl in über 100 Orten und unübersehbaren Ausschilderung sind sie mühelos zu finden.

Übersicht **Fremdenverkehrsbüros**: www.hellobc.com.

Infos über die sechs **Tourismusregionen** von BC im **Internet**:

Vancouver Island	www.tourismvi.ca
Vancouver, Coast & Mountains	www.vcmbc.com
Thompson/Okanagan	www.thompsonokanagan.com
Kootenay/Rockies	www.kootenayrockies.com
Cariboo Chilcotin Coast	www.landwithoutlimits.com
Northern BC	www.nbctourism.com

Unterlagen

In den ***Info Centres*** bzw. bei ***Tourism BC*** gibt es unter anderem die folgenden Unterlagen:

- die Straßenkarte ***BC Road Map and Parks Guide*** im Maßstab ca. 1:1.500.000 enthält Übersichten für alle nennenswerten Städte und eine Liste von kanpp 290 erschlossenen *Provincial Parks* mit Ausstattungsdetails und ob mit/ohne Campingplatz, Länge und Zustand der Zufahrt. Im Norden und im zentralen Bereich der Provinz leistet die Karte ausreichende Dienste, im Süden – speziell Großraum Vancouver und Victoria – besitzt sie Detailkarten.

  Für den Bereich Vancouver und Victoria sollte man sich dennoch Stadtpläne bei den *Visitor Info Centres* bzw. beim Automobilclub CAA beschaffen (➪ Seite 105).
- den ***BC Vacation Planner***, ein attraktiv gemachtes Heft, in dem die sechs touristischen Regionen der Provinz vorgestellt werden. Für jede von ihnen gibt es wiederum einen eigenen *Travel Guide*; die Qualität der Einzelausgaben ist indessen recht unterschiedlich.
- die Broschüre ***Outdoor Adventure***, in der zahlreiche Möglich - keiten zu Freizeitaktivitäten und Anschriften von Veranstaltern genannt werden.

- das Heft ***Approved Accommodation***, ein sehr informatives Hotel-, Motel-, *Bed & Breakfast*- und Campingplatzverzeichnis für British Columbia mit reisepraktischer Einleitung, der man außerdem weitere Informationen entnehmen kann.
- das Heft ***Super Camping***, einen Campingführer, der einen Teil der privat betriebenen Plätze und die Provinzparks mit Campingplatz listet.
- Rund die Hälfte der ***Provincial Parks*** besitzt ***Campgrounds*** mit Auto-Stellplätzen (ab $10 pro Nacht). Zu den größeren Provinzparks gibt es ein gesondertes Faltblatt; der **Eintritt in die Parks ist frei**. Parkinfo im Internet unter: www.bcparks.ca.

  Die Mehrheit von ihnen gut bis sehr gut angelegt , wenn auch im Sanitärbereich überwiegend einfach ausgestattet (Wasser und Toilette). Fast immer gibt es Feuerholz, wenn auch in groben Scheiten, die noch Nacharbeit mit der Axt erfordern. Weitere Details dazu im Beileger.

  Die **Campingplätze in vielen *Provincial Parks* können unter ✆ 1-800-689-9025** oder **✆ (519) 826-6850 3 Monate im voraus reserviert werden**: www.discovercamping.ca, Reservierungsgebühr $6/ Nacht, maximal $18/Aufenthalt, Telefonreservierung kostet zusätzlich $5 Aufpreis.
- BC verfügt über viele ***Forest Campgrounds***, von denen die meisten abseits der Hauptstraßen liegen. Karten der Forste mit Markierung dieser Plätze erhält man in den lokalen Büros des *Forest Service*. Auch die **Holzindustrie** hat in manchen Gebieten Campingplätze eingerichtet; www.sitesandtrailsbc.ca.

Haynes Point Provincial Park mit Campground am Ende der in den Osoyoos Lake ragenden Landzunge (im Okanagan Valley nahe der US-Grenze)

Manitoba

Geschichte, Geographie und Klima

Die ersten Entdecker

Bereits 1610 entdeckte der Engländer ***Henry Hudson*** die mit dem Atlantik verbundene riesige Bucht im zentralen Nordosten Canadas. Aber es verstrich ein halbes Jahrhundert, ehe die französischen Forscher ***Radisson*** und ***Des Groseilliers*** auf Überlandrouten an die James Bay gelangten und die große wirtschaftliche Bedeutung des »Binnenmeers« Hudson Bay erkannten. Von dort war der Weg zu den ertragreichen Pelztierjagdgebieten des kanadischen Nordens wesentlich kürzer als auf der beschwerlichen Route über den St.-Lorenz-Strom und die Großen Seen. Als sie von Frankreich abgewiesen wurden, wandten sich die beiden

Steckbrief

Konstituierung als Provinz:		1870
Einwohner:		1.270.000
Anteil an der kanadischen Bevölkerung:		3,6%
Fläche:		647.797 km²
Anteil an der kanadischen Fläche:		6,5%
Bevölkerungsdichte:		1,9 Einwohner pro km²
Hauptstadt:		Winnipeg (seit 1870)
Größte Städte:	Winnipeg	635.000 Einw.
	Großraum Winnipeg	780.000 Einw.
	Brandon	46.100 Einw.
	Springfield	14.100 Einw.
	Hanover	14.000 Einw.
Provinzfeiertag:	Civic Holiday am 1. Montag im August	
Höchster Berg:	Baldy Mountain im Duck Mountain Provincial Park	832 m
Niedrigster Punkt:	Meeresspiegel (Hudson Bay)	
Größter See:	Lake Winnipeg (größer als Hessen!)	24.387 km²
Längster Fluss:	Bow/Saskatchewan/ Nelson River	2.575 km
	Churchill River	1.609 km
Nationalparks:	Riding Mountain Wapusk	
Zeitzone:	Central Time mit Sommerzeit	
Telefonvorwahl (*Area Code*):		204 und 431
Provincial Sales Tax:		8%

Franzosen mit dem Plan, eine Pelzhandelsstation an der Hudson Bay zu errichten, an die englische Krone. König *Charles II* ging auf den Vorschlag ein und beauftragte sie mit der Erforschung des Gebietes. 1668/69 überwinterte ***Des Groseilliers*** in der James Bay an Bord des Schoners ***Nonsuch*** (eine Nachbildung dieses bemerkenswerten Schiffes steht in Winnipeg im ***Manitoba Museum***, ➪ Seite 537) und kehrte von dieser Reise mit besten Winterpelzen beladen zurück.

Hudson's Bay Company

Aus dieser Reise resultierte die Gründung der ***Hudson's Bay Company***, die sich das Pelzhandelsmonopol in ***Rupert's Land*** sicherte, dem Einzugsbereich aller in die Hudson Bay mündenden Gewässer. **York Factory** im heutigen Manitoba am Nordufer des Hayes River war eines der ersten Handelsforts der Gesellschaft und wurde rasch zu ihrem wichtigsten Stützpunkt. Es erwirtschaftete nach kurzer Zeit glänzende Gewinne, da Trapper und Indianer des Nordwestens den kürzeren Weg an die Hudson Bay der langen Reise zu den Handelsposten am St. Lawrence River vorzogen.

Rupert's Land

Nun interessierten sich auch die Franzosen für die Hudson Bay. Bewaffnete Auseinandersetzungen ließen nicht lange auf sich warten. Mit dem Frieden zu Utrecht 1713 fanden jedoch die Streitigkeiten zwischen Franzosen und Engländern um die besten Handelsplätze an der Hudson Bay ein Ende. Denn *Rupert's Land* gelangte endgültig unter britische Kontrolle. Wohl vorsichtshalber wurde 1717 trotzdem noch das ***Fort Churchill*** gegründet und später zum mächtigen ***Fort Prince of Wales*** ausgebaut, das aber niemals in kriegerischen Auseinandersetzungen benötigt wurde.

Fort Rouge

Nach dem Verlust des Seeweges über die Hudson Bay setzten die Franzosen verstärkt auf die alten Pelzhandelsrouten und errichteten 1738 am Zusammenfluss von Red River und Assiniboine River das ***Fort Rouge***, die **Keimzelle Winnipegs**. Weitere Forts und Handelsposten der ***North West Company*** und der ***Hudson's Bay Company*** (➪ Seite 236) entstanden in der Folge auf dem Gebiet des heutigen Manitoba.

Die Métis

1812 brachte *Lord Selkirk* die ersten schottischen Siedler an den Red River. Sie sollten ein protestantisches Gegengewicht zu den dort mittlerweile etablierten katholischen ***Métis*** bilden. Zwischen dieser Volksgruppe, die aus der Verbindung französischer Trapper mit Indianerfrauen entstanden war, und den Schotten gab es schon bald Reibereien. Und als die HBC 1869 *Rupert's Land* an das *Dominion of Canada* abtrat, kam es unter Führung eines ***Louis Riel*** über die Frage der Land- und Jagdrechte zum **Aufstand**.

Provinz Manitoba

Nach Beilegung dieser sog. ***Red River Rebellion*** (1869/70) im Verhandlungswege erfolgte die Aufnahme Manitobas als **fünfte Provinz** in das *Dominion of Canada*. Das Wort ***Manito bau*** (»Stimme des großen Geistes«) aus der *Cree*-Indianer-Sprache stand Pate bei der Namensgebung. Der von *Riel* formulierte Schutz für die französische Sprache und Kultur wurde in die Verfassung

(*Manitoba Act of 1870*) aufgenommen. Die neue Provinz war mit gut 33.000 km² für kanadische Verhältnisse zunächst nur »briefmarkengroß«. Erst **1912** wurden die heutigen Grenzen festgelegt, die nun ein Gebiet von 647.797 km² umschließen.

Geographie der Prärieprovinzen

Der US-amerikanische Mittelwesten mit seinen unendlichen Weiden und Getreidefeldern setzt sich in Manitoba, Saskatchewan und Alberta nach Norden fort. Aber nur das südliche Drittel der Flächen Manitobas und seiner Nachbarn besteht aus agrarisch genutztem Flach- und Hügelland. *Trans Canada* und *Yellowhead Highway* führen mitten hindurch. Im zentralen Teil der Provinz liegt die Tiefebene ***Manitoba Lowlands*** zwischen Lake Winnipeg und der **Seenplatte Lakes Manitoba/ Winnepegosis**, riesigen Überbleibseln des zu Urzeiten noch ausgedehnteren *Lake Agassiz*. Die restlichen zwei Drittel Manitobas bedeckt die bewaldete, fast menschenleere Seenlandschaft des »kanadischen Schilds« (➪ Seite 14). Nur wenige Straßen und die Eisenbahnlinie nach Churchill an der Hudson Bay erschließen den Norden. Viele Ansiedlungen können nur per (Wasser-)Flugzeug oder Boot erreicht werden.

Die Hügelkette des ***Manitoba Escarpment*** trennt die *Manitoba Lowlands* von den Prärien Saskatchewans. Sie zieht sich von den *Turtle Mountain Provincial Park* an der US-Grenze über ***Riding Mountain*** und ***Duck Mountain*** zu den Porcupine Hills. Trotz ihrer vergleichsweise geringen Höhe (der höchste Berg Manitobas ist mit 832 m der **Baldy Mountain** im *Duck Mountain Provincial Park*) stehen Landschaft und Vegetation dieser Regionen in erstaunlichem Kontrast zu ihrer relativ eintönigen Umgebung.

Klima

Das (kontinentale) Klima Manitobas ist durch **extreme jahreszeitliche Schwankungen** gekennzeichnet. Die Sommer sind im allgemeinen sehr warm und trocken. Im Juli und August überwiegen Tage mit Temperaturen über 25°C; Hitzewellen mit über 30°C sind keine Seltenheit. Tiefausläufer und kräftige Gewitter sorgen nur gelegentlich für Regen. Selbst in nördlichen Gefilden übertreffen die sommerlichen Tagestemperaturen oft noch 20°C. **Im Winter** dagegen gelten Temperaturen **unter minus 20°C** über längere Perioden selbst im Provinzsüden als normal. Ein langer Übergang zwischen Sommer und Winter bleibt Manitoba nicht.

Informationen für Touristen

Karten/ Prospekte

Travel Manitoba, www.travelmanitoba.com

Bei *Travel Manitoba* erhält man gratis folgende Broschüren:

- ***Official Highway Map*** im Maßstab 1:1.300.000, für Touristen völlig ausreichend; die Provinzkarte verfügt auf der Rückseite über Innenstadtpläne größerer Städte sowie eine Liste der kana - disch-amerikanischen Grenzübergange mit Öffnungszeiten.
- ***Outdoor Adventure Guide***; er enthält alle touristisch relevanten Informationen über Freizeitaktivitäten.

- ***Accommodation Guide***; eine ziemlich vollständige Liste der Motels und Hotels Manitobas, sämtliche staatlichen und eine Auswahl privater Campingplätze jeweils mit Preisen, sowie wesentlichen Attraktionen.
- ***Vacation Guide***; dieser halbjährlich neu aufgelegte Führer listet alle wichtigen Attraktionen in Manitoba.

Provinzparks/ Camping

Die ***86 Provincial Parks*** kosten $5 Eintritt. Fürs Campen sind zusätzlich $12-$24 (einfacher Stellplatz), $16-$28 (Elektrizität), $19-$27 (Platz mit Strom/Wasser) oder $24-$29 (*Full Hook-up*) zu entrichten. Manitoba verfügt daneben über ein Netz überwiegend schön gelegener ***Wayside Parks***, einige mit Campingplatz, andere offiziell nicht als Übernachtungsplätze eingerichtet.

Informationen über die ***Provincial Parks*** kann man auch über das **Internet** abrufen: www.manitobaparks.com, **Campreservierung**: ✆ **1-888-482-2267** für viele Parks möglich, Gebühr $10.

Typisch für Manitoba: die russisch-orthodoxen Kirchen ukrainischer Einwanderer

Ontario

Steckbrief

Konstituierung als Provinz: (Gründungsprovinz des Staates)		1867
Einwohner:		13.600.000
Anteil an der kanadischen Bevölkerung:		38,6%
Fläche:		1.076.395 km²
Anteil an der kanadischen Fläche:		10,8%
Bevölkerungsdichte:		12,6 Einwohner pro km²
Hauptstadt:		Toronto (seit 1867)
Größte Städte:	Toronto	2.615.000 Einw.
	Großraum Toronto	5.583.000 Einw.
	Ottawa	897.000 Einw.
	Großraum Ottawa	1.300.000 Einw.
Größere Städte West-Ontario:	Sudbury	161.000 Einw.
	Thunder Bay	109.000 Einw.
	Sault Ste. Marie	76.000 Einw.
Provinzfeiertag:	Simcoe Day	1. Montag im August
Höchster Punkt:	Ishpatina Ridge	693 m
Niedrigster Punkt:	Meeresspiegel (Hudson Bay)	
Größte Seen:	Lake Superior:	82.100 km²
	Lake Huron:	59.600 km²
	Lake Erie:	25.700 km²
	Lake Ontario:	18.960 km²
Längster Fluss:	St. Lawrence River	3.058 km
Nationalparks:	Bruce Peninsula, Georgian Bay Islands, Point Pelee, Pukaskwa, Thousand Islands	
Zeitzonen:	Eastern Time mit Sommerzeit, Central Time im äußersten Westen mit Sommerzeit	
Telefonvorwahl (*Area Code*):	West-Ontario 807	Zentral-O. 249 u.705
Harmonized Sales Tax:	HST, ➪ Seite 142	13%

Geschichte, Geographie und Klima

Entdecker

Der Franzose ***Samuel de Champlain*** gelangte 1615 als erster Europäer an den Lake Huron. 1634 und 1639 gründeten die Jesuitenpater *Jean le Brébeuf* und *Jérôme Lalemont* mehrere Missionsstationen im Siedlungsgebiet der Huronen, darunter auch das spätere Sault Sainte Marie. Trotz großer Schwierigkeiten mit den **Irokesen**, die zur Zerstörung der ersten Missionen führten, erklärte **Frankreich 1669** das dünnbesiedelte Gebiet nördlich von

Ottawa River, Huron und Superior Lake zu seiner Kolonie. Die Franzosen unternahmen aber in der Folge wenig, um diesem Anspruch – etwa durch den Bau von Forts – entschieden Nachdruck zu verleihen.

18. Jahrhundert

Im selben Jahr wurden der kurz zuvor gegründeten ***Hudson's Bay Company*** von der englischen Krone die »Rechte« zur Ausbeutung von ***Rupert's Land*** übertragen (➪ im Detail Seite 236). Damit geriet der Norden der von den Franzosen beanspruchten Region unter britischen Einfluss, was ständige Gebietsstreitigkeiten nach sich zog. Rund 100 Jahre später fiel das französische Territorium (*New France*) im Frieden von Paris 1763 an Großbritannien.

Lower and Upper Canada

In der Region zwischen Lake Erie, Ontario und Huron kam es darauf (im Anschluss an den nordamerikanischen Unabhängigkeitskrieg) zu einem Zustrom königstreuer Siedler *(British Loyalists)* und damit zu einer englischsprachigen Bevölkerungsmehrheit. Dies führte 1791 zu einer **Zweiteilung der Kolonie**, in das französischsprachige ***Lower Canada*** (Québec) und das britisch orientierte ***Upper Canada*** (Ontario). Niagara-on-the-Lake wurde Hauptstadt von *Upper Canada*, verlor diese Funktion aber schon ein paar Jahre später an York, das heutige Toronto.

Provinz Ontario

Nach einer Übergangsperiode, in der Ontario unter der Bezeichnung ***Canada-West*** zur britischen Kolonie Canada gehörte, wurde 1867 im ***British North America Act*** die Gründung des vom Mutterland Großbritannien bereits relativ unabhängigen ***Dominion of Canada*** proklamiert. Es umfasste zunächst die Provinzen **Ontario, Québec, New Brunswick und Nova Scotia**.

Ontario entwickelte sich in der Folge zur bevölkerungsreichsten und auch wohlhabendsten Provinz des *Dominion of Canada* bzw. später des Staates Canada.

Geographie

Mit Ontario verbindet man zunächst einmal die Südostregion um Ottawa, Toronto und Hamilton, wo sich 85% der Provinzbevölkerung und die Industriestandorte befinden. Im Osten liegen auch die bekannteren Tourismusgebiete der Provinz wie *Niagara Falls* und der *Algonquin Park*. Über 80% der Fläche Ontarios erstrecken sich aber weiter westlich: zwischen der Georgian Bay des Huron Lake und dem Superior Lake einerseits sowie Hudson und James Bay andererseits. Ontario ist die nach Québec **zweitgrößte Provinz Canadas**. Ihre Ausdehnung entspricht der Fläche von Spanien und Frankreich. Die Länge des TCH durch Ontario – von Ottawa bis nach Kenora am Lake of the Woods – beträgt über 2.000 km.

Landschaftsformen

Die Landschaft der Provinz ist überwiegend flach oder leicht hügelig. Sie wird nur hier und dort durch **Erhebungen bis zu maximal 700 m** unterbrochen. In der – mit Ausnahme des Südostens – vom kanadischen Schild geprägten Geographie Ontarios (➪ Seite 14) gibt es **zahllose Gewässer und weitverzweigte Seenplatten**. Vier der fünf Großen Seen (Ontario, Erie, Huron und Superior) mit ihren Verbindungen, der St. Lorenz Strom und der Rainy River zwischen Lake of the Woods und Superior Lake bilden eine natürliche Grenze zu den USA.

St. Lawrence Seaway

Sie entspricht ab Thunder Bay dem Verlauf des 1957 fertiggestellten ***Great Lakes-St. Lawrence Seaway***, einer 3.700 km langen, für Hochseeschiffe befahrbaren Wasserstraße vom tiefsten Binnenland zum Atlantik. Bemerkenswert ist auf dieser Route der schon 1824 zur Umgehung der Niagarafälle geschaffene und später ausgebaute ***Welland Canal*** zwischen Ontario und Erie Lake. Seine Schleusen gleichen über 100 m Höhendifferenz aus.

Klima

Starke **Gegensätze** zwischen Nord- und Südregionen kennzeichnen das Klima Ontarios. **Im Süden** bewirkt die Nähe der Großen Seen feuchtwarme Sommer und milde Winter bei relativ hohen Niederschlägen. Unter dem Einfluss trockener Polarluft sind die Sommer **im Norden** kurz und recht warm, die Winter lang und kalt. Insgesamt fallen weniger Niederschläge als im Süden.

Informationen für Touristen

Ontario Tourism; www.ontariotravel.net.

Broschüren

Weitere ***Ontario Travel Information Centres*** befinden sich an den Hauptstraßen bei den Provinzgrenzen. Sie sind in der

Official Ontario Road Map
(1:250.000 Ballungsräume, 1:700.000 Süden, 1:1.600.000 Norden) mit einem Fragezeichen markiert. Dort erhält man u.a. die folgenden nützlichen Broschüren:

- ***Great Outdoor Adventure Calendar*** mit Listen zahlreicher Veranstalter für Wildnis- und Abenteuertrips,
- ***Provincial Attractions;*** er enthält einen ausführlichen Überblick und alles Wesentliche über Attraktionen ,
- ***Festivals & Events,*** den Veranstaltungskalender.

Herbstlaubfärbung

Unter © 1-800-668-2746 können sich Herbsturlauber auch informieren, wann und wo die ***Fall Foliage***, die spätherbstliche Laubfärbung, am ausgeprägtesten ist (Bandansage).

Provincial Parks/ Camping

Ontario besitzt **über 100 erschlossene *Provincial Parks***. Viele verfügen neben *Picnic Areas* und *Nature Trails* auch über großzügig angelegte Campingplätze. Stellplätze können auf den meisten Provinzparks mit *Campgrounds* reserviert werden. Ein Teil der Kapazität wird nichtsdestoweniger nach *first-come-first-served* vergeben. Die **Tarife** für Eintritt und Übernachtung betragen in den Provinzparks Ontarios $11-$20 für die Tageskarte und – je nach Komfort – $28-$43 fürs Camping. Weitere Informationen unter www.ontarioparks.com. **Campingplatzreservierung ($12 Gebühr)** unter © **1-888-668-7275.**

Penetanguishene an der Georgian Bay des Lake Huron/Ontario

Saskatchewan

Geschichte, Geographie und Klima

Erste Besiedelung

Pelztierjäger erreichten Gebiete im heutigen Saskatchewan bereits Ende des 17. Jahrhunderts, aber erst **Mitte des 18.Jahrhunderts** begannen *Hudson Bay* und *North West Company* mit dem Aufbau von Handelsposten. Als erste permanente Siedlung gilt Cumberland House, das ein *Samuel Hearne* 1774 im zentralen Osten der Provinz zwischen Saskatchewan River und Cumberland Lake gründete.

Métis und Indianer

Nach Übernahme Manitobas durch Canada zogen sich viele *Métis* und Indianer (➪ Seite 584) auf Territorien in Saskatchewan zurück. Kanadische Truppen und die ***North West Mounted Police*** (NWMP) rückten jedoch bald weiter nach Westen vor und errichteten an strategisch wichtigen Punkten militärische Befestigungsanlagen. Weiße Immigranten zogen nach und drängten allmählich *Métis* und Indianer zurück.

Im Gegensatz zu den USA, wo immense Einwandererströme weitgehend unkontrolliert das Indianerland besetzten und erst später die Staatsgewalt – nach damaligen Maßstäben – Recht und Ordnung herstellte, verhinderte in Canada eine Art »vorbeugende« Militärpräsenz zunächst größere bewaffnete Auseinandersetzungen zwischen Indianern und Siedlern.

Eisenbahnbau

Kritisch wurde die Situation mit dem Bau der Eisenbahn, die die Verbindung zwischen British Columbia und den Ostprovinzen herstellen sollte. Das Projekt brachte automatisch – und politisch beabsichtigt, um einer befürchteten US-Expansion entgegenzuwirken – einen verstärkten Zuzug weiterer Siedler.

Nach Fertigstellung der ***Canadian Pacific Railway*** verschwand der bis dahin noch vorhandene Freiraum der *Métis* und Indianer vollends. Ungeschützt vom Staat – die NWMP vertrat in erster Linie die Interessen der Neusiedler – wurden sie von den Immigranten förmlich überrannt. Endlich kam es 1885 zum Aufstand der *Métis*, der sogenannten ***Northwest Rebellion***.

Aufstand der Métis

Aber die schwache Koalition aus *Métis* und *Cree* Indianern unter ***Chief Big Bear*** (andere Stämme ließen sich nicht zur Teilnahme bewegen) war von vornherein chancenlos. Lediglich der erste Zusammenstoß im März 1885 war für die Rebellen erfolgreich: Nach der verlorenen ***Battle of Duck Lake*** musste die NWMP den Rückzug antreten.

Dank Bahnlinie und telegrafischer Kommunikation schaffte die Regierung jedoch rasch Verstärkungen in den Westen, und einen Monat später gelang der *North West Field Force* in Batoche der entscheidende Sieg. Der militärische Führer der *Métis*, *Gabriel Dumont*, floh in die USA und trat später in *Buffalo Bill*s berühmter Wildwest-Show auf.

Steckbrief

Konstituierung als Provinz:		1905
Einwohner:		1.110.000
Anteil an der kanadischen Bevölkerung:		3,2%
Fläche:		651.036 km²
Anteil an der kanadischen Fläche:		6,5%
Bevölkerungsdichte:		1,7 Einwohner pro km²
Hauptstadt:		Regina (seit 1905)
Größte Städte:	Saskatoon	225.000 Einw.
	Regina:	193.000 Einw.
	Prince Albert	35.200 Einw.
	Moose Jaw	33.300 Einw.
	Yorkton	15.700 Einw.
Provinzfeiertag:	Saskatchewan Day, am 1. Montag im Aug.	
Höchster Berg:	Cypress Hills	1.392 m
Niedrigster Punkt:	Lake Athabasca	213 m
Größter See:	Lake Athabasca	7.935 km²
Längster Fluss: Bow/Saskatchewan/Nelson River		2.575 km
Nationalparks:	Grasslands	
	Prince Albert	
Zeitzone:	Central Time ohne Sommerzeit, Mountain Time mit Sommerzeit um die westliche Grenzstadt Lloydminster	
Telefonvorwahl (Area Code):		306 und 639
Provincial Sales Tax:		5%

Der politische Kopf, ***Louis Riel***, wurde gefangengesetzt. Während er nach der ***Red River Rebellion*** in Manitoba noch mit fünf Jahren Verbannung davongekommen war, kannte der Staat nun keine Gnade mehr. Im November 1885 endete *Riel* am Galgen.

Provinz Saskatchewan

1905 trat Saskatchewan gleichzeitig mit Alberta dem *Dominion of Canada* bei. Die bis dahin von Regina aus mitverwalteten Northwest Territories verblieben unter Bundeshoheit.

Weizen, Segen und Fluch der Prärien

In der Folge entwickelte sich Saskatchewan zur führenden Weizenprovinz Canadas. Die Technisierung der Landwirtschaft und ertragreiche Getreidearten sorgten zeitweise für Spitzenernten. Aber extrem trockene Jahre vor allem im Provinzsüden fielen zusammen mit Überproduktion in anderenRegionen Nordamerikas und in Europa. Der damit einhergehende Preisverfall und Missernten führten in den vergangenen Dekaden zu erheblichen **strukturellen Problemen**.

Einst wohlhabende Dörfer verloren einen Großteil ihrer Einwohnerschaft und sind heute sichtlich verkommen. Riesige Flächen liegen brach; die einst fruchtbare Erde wird davongeweht. An manchen Tagen **verdunkeln Sandstürme den Himmel über der Prärie**, ein Phänomen, mit dem auch die Agrarstaaten der USA zu kämpfen haben. Denn in den Blütezeiten der Getreidewirtschaft wurde beidseitig der Grenze auch noch der letzte, die Bearbeitung der Felder mit Großgeräten »störende« Baum gerodet.

Öl, Erdgas und Kali

Einen ökonomischen Ausgleich findet Saskatchewan in **Öl-, Erdgas**- und insbesondere in **Kalivorkommen**. Nichtsdestoweniger leistet der **Agrarsektor** mit 68% der kanadischen Weizenproduktion immer noch den höchsten Beitrag zur wirtschaftlichen Gesamtleistung der Provinz.

Geographie

Die Grenzen des nahezu rechteckig geschnittenen Saskatchewan verlaufen identisch mit dem 49. bzw. 60. Breitengrad sowie dem 110. und – in etwa – dem 102. Längengrad.

Süden

Die südlichen zwei Drittel der Provinz mit ihren endlosen Weizenfeldern und riesigen Getreidespeichern als einziger Abwechslung sind relativ eben und eintönig. Sie werden nur hin und wieder unterbrochen von Höhenzügen (***Moose Mountain*** im Osten und den ***Cypress Hills*** an der Grenze zu Alberta), kargen Hügellandschaften mit Namen wie ***Big Muddy Badlands*** oder ***Great Sand Hills*** und tiefeingeschnittenen, teilweise in Stauseen versunkenen Flusstälern (Qu'Appelle, North und South Saskatchewan River).

Regina Skyline mit Wasacana Park

Norden

Der weitgehend unbewohnte und nur per Wasserflugzeug zugängliche Norden Saskatchewans zeigt das typische Landschaftsbild des kanadischen Schildes. Unendliche Nadelwälder, riesige, durch zahllose Wasserläufe miteinander verbundene Seenplatten und sumpfige Flussniederungen kennzeichnen dieses Gebiet. Es gilt als Geheimtip für Wildnisabenteuer mit Kanu und Angelroute. In völliger Einsamkeit existieren dort viele ***Fly-in Camps***, wo sich Urlauber absetzen lassen, um ungestörte Tage oder Wochen weitab der Zivilisation zu verbringen.

Klima

Die klimatischen Verhältnisse Saskatchewans stimmen weitgehend mit denen Manitobas überein. Es herrscht ein kontinentales Klima mit extremen jahreszeitlichen Schwankungen. Der touristisch vor allem interessante Sommer ist heiß und trocken.

Das Städtchen **Estevan** im Südosten der Provinz nahe der Grenze zu den USA nimmt sogar für sich in Anspruch, mit 2.537 Stunden Sonnenschein im Jahr die sonnenreichste Stadt Canadas zu sein.

Informationen für Touristen

Tourism Saskatchewan; www.tourismsaskatchewan.com

Tourism Saskatchewan gibt u.a. folgende **Broschüren** heraus:

- Die ***Official Road Map*** zeigt auch die Nebenrouten. Die Karte im Maßstab von ca. 1:1.600.000 enthält im allgemeinen Informationsteil neben üblichen Angaben eine Auflistung der Grenzübergänge zu den USA mit Öffnungszeiten, eine Übersicht über alle Fährverbindungen der Provinz sowie brauchbare Übersichtskarten für alle nennenswerten Ortschaften.
- ***The Saskatchewan Discovery Guide.*** Darin werden die Provinz (Geographie, Geschichte, Tierwelt etc.) vorgestellt und die Vielfalt der Möglichkeiten für Freizeit- und Urlaubsgestaltung beschrieben sowie Hotels und Motels der Provinz einschließlich aller Campingplätze gelistet.

Provincial Parks/ Camping

Saskatchewan Environment betreut **35 *Provincial Parks***, sowie 130 *Recreation Sites* mit *Campgrounds*. Der Eintritt beträgt $7 bei einmaligem Besuch, $25 für den Wochenpass oder **$50 für einen Jahrespass**. Die Pässe gelten in allen Parks. Die Preise fürs Camping betragen in Abhängigkeit von der Ausstattung der Plätze $13-$26; viele akzeptieren Campingreservierungen (✆ 1-855-737-7275, Gebühren $10). Im **Internet** sind die Provinzparks unter www.saskparks.net zu finden.

Regional Parks

Neben den Provinzparks verfügt Saskatchewan über ein dichtes Netz von über 100 ***Regional Parks***. Selbst in an sich tristen Landstrichen liegen diese Parks manchmal in unerwartet hübschen Ecken an einem bewaldeten Flussbett, an in den Straßenkarten nicht verzeichneten kleinen Seen usw. Die Eintrittsgebühren für den *Day-Use* wie auch die Campingkosten sind etwas niedriger; www.saskregionalparks.ca.

Die Northwest Territories

Geschichte, Geographie und Klima

Geschichte

Bereits 1789 durchquerte der Entdecker ***Alexander Mackenzie*** im Auftrag der ***North West Company*** (NWC) das Gebiet der North West Territories. Dabei folgte er als erster Mensch ab dem Great Slave Lake dem später nach ihm benannten Strom hinunter bis an seine Mündung. Ihm folgten Trapper und Pelzhändler; aber außerhalb der wenigen Handelsniederlassungen entstanden zunächst keine weiteren Siedlungen.

Faktisch lag der Nordwesten Kanadas fast vollständig im Einflussbereich der beiden Pelzhandelsgesellschaften *North West* und *Hudson`s Bay*, bevor Großbritannien 1870 diesen Teil Canadas zusammen mit dem ein Jahr zuvor für 300.000 britische Pfund von der HBC erworbenen ***Rupert's Land*** (⇨ Seite 584) als **Northwest Territories** an das 1867 gegründete ***Dominion of Canada*** übertrug. Drei Jahrzehnte später wurden 1898 das Yukon Territory, 1905 die Provinzen Alberta und Saskatchewan und 1912 der Norden von Manitoba, Ontario und Québec abgetrennt.

Die nunmehr wohl endgültigen Grenzen sind erst 1999 neu definiert worden: Seither existiert der größere **Ostteil der bisherigen Northwest Territories unter der Bezeichnung *Nunavut*** als eigenständige Einheit.

Verwaltungs gebiet

Selbst 50 Jahre nach der Eingliederung in das *Dominion of Canada* gab es in den riesigen Northwest Territories nur ganze neun Polizeiwachen. Von dort aus übernahm zunächst die ***Royal Canadian Mounted Police*** auch administrative Aufgaben, die Kirche die schulische und medizinische Versorgung. Mit dem 2. Weltkrieg erwachte strategisch-militärisches Interesse am unerschlossenen Land im Norden, und die Bundesregierung begann, dort Flugplätze und Radarposten einzurichten.

Status heute

1967 verlegte sie die **Territorialverwaltung**, die bis dato in Ottawa erledigt worden war, nach **Yellowknife**. Das erste *Territorial Council*, eine Art Parlament mit eingeschränkten Befugnissen, wurde 1975 gewählt.

Geographie

Die Bezeichnung ***Northwest*** gibt die Position der Territorien heute nicht mehr korrekt wieder. Sie liegen zwar nördlich des 60. Breitengrades, aber als mittleres der drei kanadischen Territorien zwischen dem neugeschaffenen **Nunavut** im Osten und dem alten Yukon Territory im Westen. In diesem immer noch riesigen Gebiet (über 1,3 Mio km^2) leben ganze 43.500 Menschen, womit rein rechnerisch auf jeden einzelnen eine Fläche von 31 km^2 kommt.

Lowlands

Der Mackenzie River durchfließt hier die waldreichen ***Mackenzie River Lowlands***. Die Tiefebene ist die nördliche Fortsetzung der *Great Plains* und bestimmt das Landschaftsbild der südwestlichen Northwest Territories.

Steckbrief

Konstituierung als eigenständiges Territorium:		1870
Einwohner:		43.500
Anteil an der kanadischen Bevölkerung:		0,1%
Fläche:		1.346.106 km²
Anteil an der kanadischen Fläche:		13,5%
Bevölkerungsdichte:		ein Einwohner auf 31 km²
Hauptstadt:		Yellowknife (seit 1967)
Größte Orte:	Yellowknife	19.300 Einw.
	Hay River	3.600 Einw.
	Inuvik	3.500 Einw.
	Fort Smith	2.100 Einw.
Territorialer Feiertag:	Civic Holiday am 1. Montag im August	
Höchster Berg:	Mount Nirvana (Mackenzie Mountains)	2.773 m
Niedrigster Punkt:	Meeresspiegel (Nordpolarmeer)	
Größte Seen:	Great Bear Lake	31.328 km²
	Great Slave Lake	28.568 km²
Längster Fluss:	Peace/Mackenzie River	4.241 km
Größte Insel:	Victoria Island	217.291 km²
Nationalparks:	Aulavik, Nahanni, Nááts'ihch'oh Tuktut Nogait, Wood Buffalo	
Zeitzone:	Mountain Time, mit Sommerzeit	
Telefonvorwahl (*Area Code*):		867
Terrritorial Sales Tax:		keine

Dempster Highway in den NWT im Herbst

Ein **Straßennetz** existiert nur im äußersten südwestlichen Bereich, wo der *Yellowknife Highway* in die Felslandschaft des Kanadischen Schildes führt ➪ Seite 14.

Klima

Permafrost kennzeichnet den Großteil der Fläche. Die Seen füllen sich im (späten) Frühjahr mit Schmelzwasser aus den an der Oberfläche tauenden Böden, Schnee und Eis; ➪ auch Themenkasten Seite 437.

Dennoch sind in Orten wie Hay River oder Fort Simpson im Juli/August dank der langen Tage bei Sonnenschein angenehmen **Tagestemperaturen von über 20°C** normal.

Im Sommer fallen in den ***Mackenzie River Lowlands*** und insbesondere der arktischen Tundra weniger **Niederschläge** als etwa im *Okanagan Valley*.

Informationen für Touristen

Northwest Territories Tourism; www.spectacularnwt.com

Folgende nützliche Unterlagen sind bei den *Information Centres* der Northwest Territories erhältlich:

- ***Road and Campground Guide,*** kilometerweise Auflistung des Straßennetzes mit Campingplätzen und Attraktionen

- der ***Explorers' Guide***, ein Hochglanzprospekt mit umfassenden Informationen über Parks, Attraktionen, Quartiere etc.
- die ***Explorers' Map***, eine Karte im Maßstab 1:5.000.000 mit Detailkarten und Liste der *Territorial Camp & Picnic Areas*

Infos zu den 32 ***Territorial Parks*** – geöffnet Mitte Mai-Mitte September – unter www.nwtparks.ca. Die Campinggebühren betragen $15(Zelt); Campmobile $23 ohne Strom-, $32 mit Stromanschluss

Campgroundreservierung für 15 Parks unter www.campingnwt.ca ($5 Gebühr)

Eine weitere wichtige **Servicenummer** der NWT, besonders für Herbst- und Frühjahrsurlauber zum **Fährbetrieb und Straßenzustand**, ist © **1-800-661-0750**.

Straßenzustand im Internet: www.dot.gov.nt.ca

Die Inuit

Die Ahnen der *Inuit* überquerten in mehreren Einwanderungswellen die Bering-Landbrücke nach Alaska. Als Halbnomaden jagten sie Großwale. Nach deren Verschwinden im 18. Jahrhundert – vermutlich aufgrund von Klimaänderungen – verlegte man sich auf kleinere Beutetiere wie Seehund und Walross. Caribous, eine weitere wichtige Nahrungsquelle, wurden ins Wasser getrieben und vom Kayak aus erlegt.

Kontakte mit den wenigen weißen Forschern wie z.B. *Martin Frobisher* und *John Franklin* kamen gelegentlich vor, doch erst die Walfänger des frühen 19. Jahrhunderts veränderten das Leben der *Inuit*. Insbesondere an der Nordwestküste der Hudson Bay tauschten sie Frischfleisch und Pelze gegen Waffen und Gerätschaften der Walfänger. Erst Anfang des 20. Jahrhunderts brachten Pelzhändler, Missionare und die RCMP weitere »Errungenschaften« der Zivilisation ins Land der *Inuit* und beendeten das überlieferte Jagdverhalten und damit die Lebensgewohnheiten. Die Missionare sorgten für Christentum und Schriftsprache, aber auch für medizinische Versorgung und Schulen. Aus den Selbstversorgern wurden nach und nach Handeltreibende und Subventionsempfänger.

Von den 51.000 kanadischen *Inuit* lebt gut die Hälfte in Nuna - vut, weitere knapp 20% im Norden der Provinz Québec und 6 % im Norden von Yukon und den Northwest Territories. Sie wohnen dort – im arktischen Kanada – weit verstreut in isolierten Siedlungen und sprechen viele unterschiedliche Dialekte. In der Inuitsprache (Inuktitut) bedeutet Inuit *Menschen*.

Die kanadische Regierung erschloss erst nach dem 2. Weltkrieg den Norden. Da gleichzeitig der Pelzhandel zurückging und Jagd und Fischfang allein die *Inuit* nicht mehr ernähren konnten, kümmerte sich der Wohlfahrtstaat um die Ureinwohner.

Gutgemeinte Sozialleistungen und Fertighaussiedlungen führten aber zu einer Auflösung der traditionellen Mehrfamilienverbände und – Folge der Ernährungsumstellung – einer Verschlechterung des Gesundheitszustands. Viele *Inuit* starben an Krankheiten, gegen die sie keine Abwehrkräfte besaßen. Um dem wirtschaftlichen und sozialen Verfall der *Inuit*-Siedlungen entgegenzuwirken, förderte die Regierung u.a. ein Programm zur kommerziellen Nutzung von Kunsthandwerk. Die traditionelle Fertigung von Gebrauchsgegenständen und Werkzeugen aus Stein und Knochen wurde als eine Möglichkeit zur Existenzsicherung erkannt. Heute arbeiten *Inuit* in regelrechten **Künstlerkolonien**, die ihre Produkte über Kooperativen vermarkten. Eine davon ist die **Ladenkette *Northern Images***; www.northernimages.ca.

Die in der heutigen Form erst in den letzten 60 Jahren entstandene »typische« Kunst der *Inuit* besitzt heute einen guten Ruf. Für die Objekte werden hohe Preise gezahlt, und bekannte Museen wie die ***Winnipeg Art Gallery*** besitzen große ***Inuit Art***-Sammlungen.

Nomadisierende *Inuit* gibt es nur noch wenige. Und die verknüpfen beim Fischen und Jagen moderne Technik mit alten Traditionen. Im Winter gehört das Schneemobil zur Grundausstattung.

Gleichzeitig haben die *Inuit* auch insgesamt – so scheint es – die Zeit der Agonie überwunden. **Politische Verantwortung und Selbstverwaltung** übernahmen die ***First Nations***, die kanadischen Ureinwohner, **in Nunavut**. Dieses Inuktitutwort bedeutet ***Unser Land***, und als solches existiert es seit April 1999 im ehemaligen Osten der Northwest Territories. Von der **Hauptstadt Iqaluit** (»Ort der vielen Fische«), der größten Stadt (6.700 Einwohner) des Territoriums, sind sie nun verantwortlich für fast 2,1 Mio. km^2, in denen die *Inuit* 85% der Gesamtbevölkerung von ganzen 33.500 stellen.

Der **Weg nach Nunavut** begann 1992, als die Einwohner der Northwest Territories für die Aufteilung ihres Territoriums in zwei Teile stimmten. Ein Jahr später waren mit der kanadischen Bundesregierung die Details der Territorialgründung geregelt. Das Einzigartige hieran ist die größte, friedliche Übertragung von Landrechten in Nordamerika, allerdings für eine nahezu unbewohnte Region mit bis dato geringem wirtschaftlichen Nutzwert im menschenabweisenden Nordostkanada.

Nunavut liegt vollständig nördlich der Baumgrenze zwischen der weiten, baumlosen Tundra auf dem Festland und unzähligen Inseln im Nordpolarmeer. Der Permafrostboden weicht im Sommer nur oberflächlich etwas auf. Abgesehen von der Verwaltung, dem Militär, ein bisschen Erdölexploration und Kunstgewerbe sind Erwerbsquellen rar, aber der Tourismus dringt allmählich selbst in diese abgelegene Region vor.

Yukon

Steckbrief

Konstituierung als eigenständiges Territorium:		1898
Einwohner:		36.700
Anteil an der kanadischen Bevölkerung:		0,1%
Fläche:		482.443 km²
Anteil an der kanadischen Fläche:		4,8%
Bevölkerungsdichte:		ein Einwohner auf 13 km²
Hauptstadt:		Whitehorse (seit 1953)
Größte Orte:	Whitehorse	23.600 Einw.
	Dawson City	1.300 Einw.
	Watson Lake	800 Einw.
	Haines Junction	600 Einw.
Territorialer Feiertag:	Discovery Day, 3. Montag im August	
Höchste Berge:	Mount Logan (höchster Berg Canadas)	5.959 m
	Mount St. Elias	5.489 m
Niedrigster Punkt:	Meeresspiegel (Nordpolarmeer)	
Größter See:	Kluane Lake	409 km²
Längster Fluss:	Yukon River	3.185 km
Nationalparks	Ivvavik	
	Kluane	
	Vuntut	
Zeitzone:	Pacific Time mit Sommerzeit	
Telefonvorwahl (*Area Code*):		867
Territorial Sales Tax:		keine

Geschichte, Geographie und Klima

Geschichte

Das Gebiet am Oberlauf des Yukon River (»großer Fluss« in der Sprache der Ureinwohner) mit reichen Jagd- und Fischgründen war seit jeher nur äußerst dünn besiedelt. Kontakte zwischen Yukon-Indianern (*Gwichin, Tagish, Tlingit* u.a.) und Weißen ergaben sich erst im 19. Jahrhundert, als die Trapper der Pelzhandelsgesellschaften weit nach Norden vordrangen. Sie veranlassten die **Indianer** zur verstärkten Jagd auf Pelztiere. Die Lebensgewohnheiten der ***Inuit***, Bewohner der Nordpolarmeer-Küstengebiete, wurden durch Walfangjäger verändert, die ihr Revier ebenfalls bis in den hohen Norden ausdehnten.

Zwei spektakuläre Ereignisse rückten das einsame Land am nordwestlichen Rand Canadas ins Bewusstsein der Öffentlichkeit: der ***Klondike Gold Rush*** zur Jahrhundertwende und der Bau des ***Alaska Highway*** 45 Jahre später.

Klondike Goldrausch

Nachrichten von Goldfunden am ***Bonanza Creek***, einem Zufluss des Klondike und damit Yukon River, lösten den größten Goldrausch der Yukongeschichte aus. Im Winter 1897/98 strömten über 100.000 potentielle Prospektoren in den Norden. Die langwierige und gefahrvolle Anreise bis **Dawson City**, dem Zentrum des Goldfiebers, schreckte sie offenbar nicht. Die meisten kamen per Schiff von Seattle, Portland oder San Francisco nach Skagway und überquerten in entbehrungsreichen Fußmärschen den ***Chilkoot*** oder ***White Pass***, um ans Ufer des Lake Bennett zu gelangen (➪ Seite 407f). Von dort wurden auf dem Yukon River nach Dawson City 900 km in Booten zurückgelegt, die in der Wildnis zusammengehauen worden waren. Nur wenige Menschen konnten sich die bequemere, aber weit längere Route an der Küste entlang bis zur Mündung des Yukon River ins Beringmeer und dann (ab St. Michael östlich der Yukon-River-Mündung) per Raddampfer stromaufwärts zum 2.400 km entfernten **Dawson City** leisten.

Als Folge des Goldrausches spaltete sich 1898 Yukon von den Northwest Territories ab. Kurz vor dem Ende des 19. Jahrhunderts lebten in der zur Hauptstadt des neuen Territoriums avancierten ***Boom Town*** und ihrer Umgebung mehr Menschen als heute im ganzen Yukon-Gebiet. Als der Rausch nach wenigen Jahren abflaute, kehrten die meisten Goldsucher – ärmer, als sie gekommen waren – dem Norden wieder den Rücken.

Alaska Highway

Der Bau des *Alaska Highway* brachte Yukon die zweite »Invasion«. Zwar blieb der Bevölkerungszuwachs wiederum eine vorübergehende Erscheinung, die neue Straße förderte jedoch nachhaltig die Entwicklung der Region. **Whitehorse**, als Endpunkt der *White Pass & Yukon Railway Route* bis dahin eine eher unbedeutende Zwischenstation auf dem Weg nach Dawson City, löste dank seiner Lage das alte Goldgräberzentrum als Zentralort ab und übernahm 1953 auch die Hauptstadtfunktion.

Bevölkerung

Rund 90% der Bevölkerung von Yukon leben im Einzugsbereich des *Alaska Highway*, und davon wieder die meisten in Whitehorse und Umgebung (➪ Steckbrief). Siedlungen wie Watson Lake (800 Einwohner), Teslin (120 Einwohner) und Haines Junction (600 Einwohner) sind die einzigen »größeren« Ortschaften an der Hauptverkehrsader. Nur ein einziger – abseits des *Alaska Highway* gelegener Ort besitzt nennenswerte Größe: **Dawson City** weist mit 1.300 Einwohnern zwar nur einen Bruchteil seiner Bevölkerung der Jahrhundertwende auf, entwickelt sich aber dank steigender Besucherzahlen seit einigen Jahren überdurchschnittlich.

Geographie

Die südliche Grenze von Yukon entspricht exakt dem Verlauf des 60. Breitengrades, die westliche (zu Alaska) dem 141. Längengrad. Das **Mackenzie Massiv**, eine Teilformation der *Rocky Mountains*, trennt Yukon und die Northwest Territories; die Grenze verläuft im Südosten streckenweise entlang der Wasserscheide zwischen Pazifik und Nordpolarmeer. Die Umrisse von Yukon bilden damit ein fast geschlossenes Dreieck mit einer **Fläche**, die ca. der von Deutschland, Österreich und der Schweiz zusammen entspricht.

Die **landschaftliche Gliederung** ähnelt der des südlichen Nach - barn British Columbia: Im Westen und Osten begrenzen hohe Gebirge das Territorium, dazwischen erstrecken sich ausgedehnte Ebenen unterbrochen von weiteren Höhenzügen.

Die ***Coast Mountains*** und die vergletscherte ***St. Elias Range*** mit dem ***Mount Logan*** (5.959 m), dem höchsten Berg Canadas, schirmen Yukon weitgehend gegen pazifische Einflüsse ab und sorgen für ein Abregnen der vom Meer heranziehenden Wolken. Die Niederschlagsmenge im Inland ist daher vergleichsweise niedrig. Im Regenschatten der Berge liegt das durchschnittlich 800 m hohe ***Yukon Plateau***, durch dessen nordische Nadelwaldbestände *Alaska* und *Klondike Highway* führen. Der ***Yukon River***, mit knapp 3.200 km einer der längsten Flüsse Nordamerikas, durchschneidet die Hochebene über 1.200 km. Lange war er der einzige Transportweg zwischen Küste und Inland.

Klima

Yukon liegt größtenteils im Wirkungsbereich des trockenen Kontinentalklimas. Die dafür typischen starken Temperaturunterschiede zwischen den Jahreszeiten werden durch die lange Sonnenscheindauer im Sommer und die ausgedehnten Winternächte verstärkt. Selbst am südlichsten Punkt des Yukon, in Watson Lake, scheint die Sonne im Juni/ Juli bis zu 19 Stunden täglich, während sie sich an Wintertagen im Dezember und Januar höchstens 6 Stunden zeigt. Obwohl die durchschnittliche Tiefsttemperatur dort -30°C beträgt, zeigt das Thermometer zwischen Juni und August im Tagesmaximum über 25°C an.

Permafrost

Das Erdreich im nördlichen Teil des Yukon ist permanent gefroren. Im Sommer taut lediglich die Oberfläche auf. Permafrost erreicht am *Dempster Highway* eine Tiefe bis 300 m, aber auch weiter südlich dringt er noch bis zu 30 m tief in den Boden ein.

Regen/ Schnee

Im Südwesten von Yukon sorgen feuchte Pazifikwinde für Niederschläge, speziell in den Küstengebirgen an der Grenze zu British Columbia und Alaska. Die ***Saint Elias Mountains*** verzeichnen im Winter bis zu 5 m Schnee. In den nördlichen Regionen dagegen fällt kaum Regen und selten mehr als 50 cm Schnee.

Informationen für Touristen

Yukon betreibt sechs offizielle ***Visitor Information Centres***. Das beste **Infozentrum** vor Ort existiert in Watson Lake in räumlicher Einheit mit dem ***Interpretive Centre*** zum Bau des *Alaska Highway* am *Signpost Forest* (➪ Seite 395).

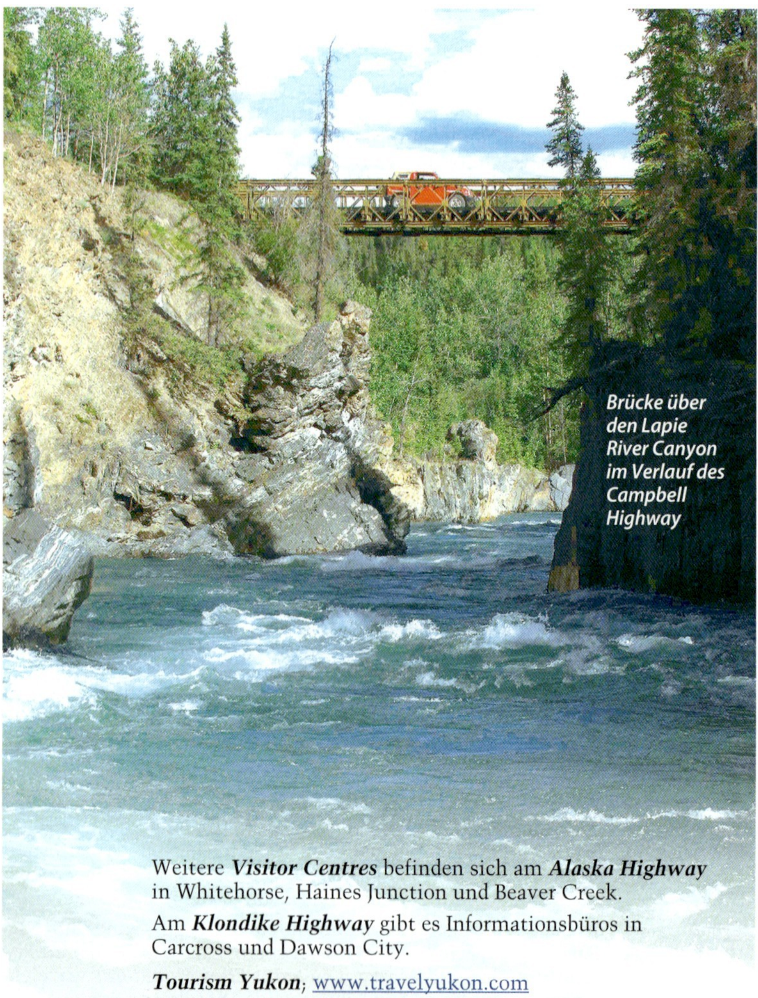

Brücke über den Lapie River Canyon im Verlauf des Campbell Highway

Weitere ***Visitor Centres*** befinden sich am ***Alaska Highway*** in Whitehorse, Haines Junction und Beaver Creek.

Am ***Klondike Highway*** gibt es Informationsbüros in Carcross und Dawson City.

Tourism Yukon; www.travelyukon.com

Unbedingt beschaffen sollte man sich:

- die ***Highway Map*** im Maßstab 1:2.500.000
- den ***Yukon Vacation Planner***, der umfassende Reiseinfos für alle Straßen liefert. Die Lage von *Campgrounds* und Sehenswürdigkeiten ist kilometergenau angegeben.

Einzelheiten zu den ***Yukon Government Campgrounds*** und deren Reservierung ➪ Seite 395.

US-Bundesstaat Alaska

Steckbrief

Kauf durch die USA:		18.10.1867
Konstituierung als 49. Bundesstaat der USA:		3.1.1959
Einwohner:		732.000
Anteil an der US-Bevölkerung:		0,2%
Fläche:		1.700.138 km² (größter US-Bundesstaat)
Anteil an der Gesamtfläche der USA:		17,3 %
Bevölkerungsdichte:		1 Einwohner auf 2,3 km²
Hauptstadt:		Juneau (seit 1959)
Städte:	Anchorage	299.000 Einw.
	Juneau	32.600 Einw.
	Fairbanks	32.400 Einw.
	Sitka	9.100 Einw.
	Wasilla	8.500 Einw.
	Ketchikan	8.300 Einw.
	Kenai	7.400 Einw.
Staatsfeiertag:	Alaska Day, 18. Oktober	
Höchste Berge:	Mount McKinley/Denali (höchster Berg Nordamerikas)	6.194 m
	Mount St. Elias	5.489 m
Niedrigster Punkt:	Meeresspiegel (Pazifik, Nordpolarmeer)	
Größter Gletscher:	Bering Glacier mit Bagley Icefield	5.200 km², 190 km lang
Größte Insel:	Kodiak Island	9.293 km²
Längster Fluss:	Yukon River	3.185 km
Nationalparks:	Denali, Gates of the Arctic, Glacier Bay, Katmai, Kenai Fjords, Kobuk Valley, Lake Clark, Wrangell-St. Elias	
Zeitzonen:	Alaska Time (–10 Stunden MEZ) Hawaii-Aleutian Time (–11 Std MEZ) auf den westlichen Aleuten jeweils mit Sommerzeit	
Wirtschaftszweige:	Erdöl, Erdgas, Tourismus, Fischfang, Bergbau	
Telefonvorwahl (*Area Code*):		907
State Sales Tax:		0%

Geschichte

Über die ausgetrocknete Beringstraße erfolgte vermutlich vor ca. 12.000 Jahren von Sibirien aus die erste Besiedlung Amerikas. Von den Ureinwohnern ist wenig mehr überliefert als die Bezeichnung, die sie dem Festlandsausläufer gaben: *Alyeska*, ein Wort der Aleuten-Indianer für »mächtiges Land«.

Erste Entdecker

Der Däne ***Vitus Bering***, von Peter dem Großen mit der Suche nach einer vermuteten Landbrücke von Sibirien nach Amerika beauftragt, musste 1728 zunächst feststellen, dass Russland und Amerika durch eine Meerenge, die später nach ihm benannte Beringstraße, getrennt sind. Eine zweite Großexpedition unter seiner Leitung erreichte 1741 die Inselkette der Aleuten und nordamerikanisches Festland am Golf von Alaska vor den *St. Elias Mountains*. Bering nahm den Küstenstreifen für den Zaren in Besitz.

In den 70er-Jahren des 18. Jahrhunderts segelten im nördlichen Pazifik Spanier und der britische Kapitän ***James Cook***, der 1778 Alaskas Küste bis nördlich der Beringstraße kartografierte. Die erste Besiedlung Alaskas blieb jedoch (ab 1784) russischen Trappern und Pelzhändlern vorbehalten.

Rußland/ Verkauf an die USA

Das Interesse der Russen an Alaska beschränkte sich im wesentlichen auf die Pelztiere. Der Verkauf ihrer Felle versprach hohen Profit. Die gnadenlose Jagd führte aber bald zur fast vollständigen Ausrottung der Seeotter und zu einer hohen Dezimierung anderer Arten. Da die Kolonie ab Mitte des 19. Jahrhunderts daher keinen Ertrag mehr für die Zarenkrone abwarf und stattdessen hohe Kosten verursachte, wurde Alaska zum Verkauf angeboten.

Der **US-Außenminister *Seward* unterschrieb im Jahr 1867 den Vertrag**: Alaska ging für die aus heutiger Sicht lächerliche Summe von **7,2 Mio. Dollar** (weniger als $5/km^2!) an die Vereinigten Staaten. Trotz des günstigen Preises spottete man in den USA zunächst über *Sewards* »Eiskasten«, aber nur 13 Jahre später sollte sich die öffentliche Meinung gründlich ändern.

Gold

1880 fand ***Joe Juneau*** Gold, wo heute die nach ihm benannte Hauptstadt steht. Weitere Goldvorkommen wurden anderswo entdeckt, und amerikanische Prospektoren strömten nach Alaska, das bis dahin (unter russischer Herrschaft) nur am schmalen Küstenstreifen dünn besiedelt war. 18 Jahre später folgte der legendäre ***Klondike Gold Rush***. Zehntausende von Goldsuchern machten im Winter 1897/98 den kleinen Hafen **Skagway** zur größten Stadt Alaskas, als sie von dort ins benachbarte Yukon Territory strömten. Als 1898 auch in Nome Gold gefunden wurde, drängte es 30.000 Goldsucher sogar in den äußersten Westen Alaskas.

2. Weltkrieg

Die Jahre des Goldrausches blieben eine kurze Episode. Nach Ausbeutung der Lagerstätten und einem Abklingen der vom Gold verursachten Boom-Jahre verlor sich das öffentliche Interesse am Hohen Norden rasch. Erst im Jahr 1942 geriet Alaska wieder ins

Blickfeld der Öffentlichkeit, als die Japaner die Alëuten besetzten. Man befürchtete nach den Erfahrungen von Pearl Harbour die Besetzung ganz Alaskas.

Das US-Militär reagierte auf die vermeintliche Bedrohung mit dem Bau neuer Stützpunkte und – in Kooperation mit Canada – des ***Alaska Highway***. Zwar kam es im hohen Norden letztlich zu keinen Kampfhandlungen, aber das Militär war nun präsent und gab wesentliche Anstöße auch für die Nachkriegsentwicklung.

US-Staat Alaska

Mit dem neuen »kalten« Kriegsfeind Sowjetunion jenseits der Beringstraße stieg Alaskas strategische Bedeutung. **1959** erfolgte daher seine Konstituierung als **49. US-Bundesstaat** .

Erdbeben

Am 27. März 1964 machte Alaska wieder von sich reden. Das mit weit über 8 auf der Richterskala verzeichnete Karfreitagsbeben (***Good Friday Earthquake***) markierte das stärkste je gemessene Beben Nordamerikas. Hohe seismische Flutwellen zerstörten – ausgehend vom Meeresboden im Golf von Alaska – viele Ortschaften. Unter anderem wurden Valdez, Seward und Anchorage verheerend getroffen; Valdez musste an anderer Stelle neu errichtet werden. Das in einigen Karten noch immer eingezeichnete Portage am Nordende der Kenai Halbinsel wurde ganz aufgegeben.

Öl

Das entscheidende Jahr für die weitere Entwicklung Alaskas war **1968**, als man in der ***Prudhoe Bay*** im Nordpolarmeer auf Öl stieß. Seit 1977 fließt es über die 1.285 km lange ***Trans-Alaska Pipeline*** quer durch Alaska zum eisfreien Hafen Valdez. Dank des »schwarzen Goldes« verzeichnete **Alaska bis 1986 das höchste Pro-Kopf-Einkommen aller US-Bundesstaaten**, allerdings auch das höchste Preisniveau. Zu Alaskas Boomzeit lag der Lebensmittelpreisindex von Anchorage bis zu 25% über dem von Seattle, in anderen Landesteilen noch erheblich darüber.

Preisniveau

Die in den 1980er-Jahren sinkenden Ölpreise bremsten die Einkommensentwicklung und damit auch den Preisauftrieb: In den 1990er-Jahren kosteten Lebensmittel in Anchorage sogar weniger als in Washington State. Mit dem Anstieg des Rohölpreises auf den Weltmärkten verbesserte sich in den letzten Jahren Alaskas wirtschaftliche Situation enorm. Gleichzeitig stieg allerdings auch das allgemeine Preisniveau auf neue Höhen.

Öl-katastrophe

Zuletzt geriet Alaskas Erdölindustrie 1989 durch die Havarie der ***Exxon Valdez*** in die Schlagzeilen der Weltpresse. Der *Prince William Sound* vor Valdez und die Küsten der *Kenai Peninsula*, von *Kodiak Island* und der sich weit nach Westen ziehenden Alaska-Halbinsel wurden vom Öl verseucht. Säuberungsaktionen und die Natur selbst haben dafür gesorgt, dass heute keine Spuren der Katastrophe mehr zu sehen sind.

Pipeline-schäden

2006 wurden an der Ölpipeline Risse und Leckstellen entdeckt; sie sorgten für Unruhe, speziell unter Umweltschützern. In der Zwischenzeit investierten die Betreiber und der Staat Alaska große Summen in die Sicherheit der Leitungen.

Geographie

Lage

Wegen Alaskas geographischer Lage hat man leicht falsche Vorstellungen: Der nördlichste US-Bundesstaat erstreckt sich alles in allem nur auf der Höhe Skandinaviens. Derselbe Breitengrad läuft durch Anchorage und Helsinki, und Fairbanks liegt auf der Höhe von Island, kaum nördlicher als das norwegische Trondheim. Selbst *Cape Barrow*, Alaskas nördlichster Punkt, teilt noch den Breitengrad mit dem skandinavischen Nordkap.

Fläche und Ausdehnung

Alaskas über **1,7 Millionen km²** entsprechen einem Sechstel des gesamten US-Territoriums oder einer über vierfachen Größe Deutschlands. Auf drei Seiten ist diese enorme Fläche von Meer umgeben. Der kürzeste Abstand zwischen dem Festland Amerikas und Asiens beträgt über die Beringstraße von *Cape Prince of Wales* (Alaska) nach *Kap Deshneva* (Sibirien) nur 89 km.

Im Osten läuft auf exakt 141° westlicher Länge schnurgerade die Grenze zum Nachbarn Canada, sieht man ab vom sog. ***Panhandle*** an der Pazifikküste: Vom *Wrangell/St. Elias* Massiv ragt ein schmaler Streifen Land mitsamt der Inselwelt der ***Inside Passage*** pfannenstielartig 800 km tief hinunter nach Süden, so dass Alaska tatsächlich bereits wenig nördlich der kanadischen Stadt Prince Rupert beginnt, und nicht erst ganz hoch im Norden.

Topographie

Mehrere mächtige Gebirgsformationen prägen das Landschaftsbild Alaskas. Die bogenförmige *Alaska Range* mit dem ***Mount McKinley*** (6.194 m), dem höchsten Berg Nordamerikas, trennt das südliche Alaska von den inneren Plateaus, die im Norden mit der *Brooks Range* enden. Hohe Berge liegen auch zwischen Pazifikküste (Golf von Alaska) von der *Kenai Peninsula* bis nach Valdez und weiter. Sie gehen über in das *Wrangell/St. Elias*-Massiv.

Etwa ein Drittel Alaskas liegt nördlich des Polarkreises. In dieser Region befinden sich die Gebirge der ***Brooks Range*** mit dem größten Nationalpark der USA ***Gates of the Arctic***, und die ausgedehnte arktische Küstenebene, eine flache, baumlose Tundra.

Pipeline

Als einzige Straße führt der ***Dalton Highway*** entlang der *Trans-Alaska Pipeline* in dieses Gebiet. Um den problematischen Permafrost-Boden zu meiden, wurde die *Pipeline* über weite Strecken oberirdisch auf Stelzen gebaut.

Erdbebenzone Alaska

Die Südwestküste Alaskas gehört zur aktiven **Erdbeben- und Vulkanzone** rings um den Pazifik (*Ring of Fire*) und erlebte in jüngster Vergangenheit mehrere größere Eruptionen. Der Ausbruch des *Novarupta* im *Katmai National Park* auf der Alaska Peninsula war 1912 – bezogen auf die Eruptionsmenge von 30 Kubikkilometern – der zweitgrößte der Neuzeit.

Nationalparks

Das phantasievoll bezeichnete Gebiet ***Valley of 10.000 Smokes*** mit dem im 20. Jahrhundert viermal ausgebrochenen *Mount Trident* liegt ebenfalls im *Katmai National Park*. Im »benachbarten« ***Lake Clark National Park*** steht der *Mount Redoubt*, dessen Ausbrüche mehrmals den Flugverkehr Alaskas lahmlegten.

Klima

Pazifischer Einfluß

Das Wettergeschehen wird wie im Westen Canadas vom Pazifik bestimmt. Der warme, nordwestwärts fließende Alaskastrom hält die Südküsten Alaskas eisfrei und versorgt die aus Westen heranziehenden Luftmassen mit Feuchtigkeit.

Auf der *Kenai Peninsula* und **im *Panhandle*** bzw. i**m Bereich der *Inside Passage* regnet es ausgiebig**. In Ketchikan etwa beträgt der Niederschlag beachtliche 4 m im Jahr, östlich der Küstengebirge dagegen weniger als ein Zehntel davon. Während sich die Küste selbst im Sommer gerne unter Nebel und Regenwolken versteckt, verzeichnet das Inland oft lange Schönwetterperioden.

Temperaturen

Die pazifischen Westwinde sorgen aber nicht nur für Regen, sondern verhindern auch extreme Temperaturschwankungen. In **Anchorage** kennt man kaum strenge Winterkälte und hat bereits im März die ersten frostfreien Tage. Auch an der ***Inside Passage*** liegen die Temperaturen im Winter überwiegend oberhalb der Frostgrenze. Im Sommer misst man im Küstenbereich andererseits selten höhere Tagestemperaturen als 18°C.

Inland

Das **Landesinnere Alaskas** weist ein trockenes Kontinentalklima mit einem sehr ausgeprägten Jahreszeitenwechsel auf. In Fairbanks sind Wintertemperaturen von minus 30°C keine Seltenheit, während im Juli die lange Sonnenscheindauer oft für angenehme Temperaturen um 20°C und nicht selten deutlich mehr sorgt. Sogar die Seen in der Umgebung von Fairbanks erwärmen sich im Sommer auf badefreundliches Niveau. Die höchste jemals in Alaska gemessene Temperatur war **36°C am Polarkreis** (!) in Fort Yukon, die niedrigste **minus 62°C** am *Prospect Creek/ Dalton Highway* auf gleicher Breite.

Arktik

Die extrem trockene **arktische Tundra** nördlich der *Brooks Range* erhält nur 100-200 mm Niederschlag im Jahr. Den größten Teil des Jahres (Oktober bis August) bedeckt Packeis die Küste an der *Beaufort Sea*, so dass der Erdöltransport aus der *Prudhoe Bay* nicht per Schiff erfolgen kann. Im langen Polarwinter sieht Barrow vom 18.11 bis zum 24.1 kein Sonnenlicht. Zum Ausgleich versinkt die Sonne vom 10.5. bis zum 2.8. insgesamt 84 Tage lang nicht hinter dem Horizont.

Informationen für Touristen

Alaska Travel; www.travelalaska.com

Unterlagen

Folgende Gratis-Unterlagen kann man dort anfordern:

- den ***Alaska Vacation Planner***, eine gute Informationsquelle, die detaillierte Angaben zu Orten, Parks und touristischen Attraktionen enthält und Hotels, Motels, *Bed & Breakfast*-Agenturen und Campingplätze listet.
- den **Alaska Reiseplane**r (deutsch); nur eine kurze Übersicht.

- die ***Official State Map*** (*and Campgrounds Guide*) im Maßstab von ca. 1:4,3 Millionen. Diese Karte ist für Autofahrer ebensowenig ausreichend wie die im *Rand Mc-Nally Road Atlas*, enthält aber eine Übersicht aller mit Fahrzeug zugänglichen öffentlichen Campingplätze in Alaska.

(**Hinweis**: Die **Karte des AAA/CAA** im Maßstab 1:4,0 Millionen – für Mitglieder europäischer Partnerclubs kostenlos – ist unterwegs erheblich brauchbarer. Sie besitzt detaillierte *Strip Maps* mit Angaben zu Tankstellen, Motels, *Campgrounds* und Läden).

Camping

Campen in Alaska ist besonders auf den rund **130** staatlichen, per Straße erreichbaren ***Campgrounds*** empfehlenswert. Sie zeichnen sich mehrheitlich durch eine schöne Lage aus. Darunter fallen auch die Plätze in 123 ***Alaska State Parks***: www.alaskastateparks.org. Gebührenpflichtige Plätze (kein Parkeintritt, teils Parkgebühren \$5-\$10, Feuerholz teils \$5-\$8; \$10-\$28 pro Nacht) haben meist Trinkwasser, gehören aber generell zur sanitären Einfachkategorie. Es gilt generell: ***first-come-first-served***. Nur wenige können reserviert werden *(z.B. Eagle River,* ➪ Seite 440).

In Alaska betreibt der ***US Fish and Wildlife Service*** (USFWS; ➪ Seite 414; www.fws.gov/alaska) *Campgrounds* im *Tetlin Nat'l Wildlife Refuge* und im *Kenai Nat'l Wildlife Refuge*, ➪ Seite 448.

Hostels

Die ***Alaska Hostel Association*** listet 27 Hostels in Alaska; www.alaskahostelassociation.org.

Camping und Hütten

Der ***US Forest Service*** (USFS) unterhält in Alaska ***Campgrounds*** im *Chugach National Forest* und im *Tongass National Forest* (www.fs.usda.gov/r10). Von diesen können einige zentral reserviert werden: © 1-877-444-6777, www.recreation.gov.

Ebenso kann man die Reservierung von über **200 Hütten** (*Remote Cabins*) des *Forest Service* im Hinterland arrangieren, die nur auf Wanderwegen, per Flugzeug oder Boot zu erreichen sind.

Die Büros des ***Alaska Public Lands Information Center*** in:

Anchorage, ➪ Seite 441

Ketchikan, ➪ Seite 483

Fairbanks, ➪ Seite 465 **Tok**, ➪ Seite 460

haben Infos (© 1-866-869-6887) für die staatlichen Campingplätze, *Cabins* und Parks, darüberhinaus Ausstellungen, Videos und Filme zu Alaskas Naturschutzgebieten. www.alaskacenters.gov.

Das ***Bureau of Land Management*** (BLM; www.blm.gov/ak) unterhält ebenfalls einige *Campgrounds* in Alaska, etwa in Eagle.

Die ***ACOA – Alaska Campgrounds Owners Association*** ist ein Zusammenschluss von 50 privaten Campgrounds in Alaska; www.alaskacampgrounds.net.

Das ***Department of Transportation*** (DOT, www.dot.alaska.gov) informiert über den aktuellen Straßenzustand, Baustellen und Fähren in Alaska, © 1-866-282-7577.

Bären

Die **Beobachtung von Bären beim Lachsfang** ist eine von zahlreichen Alaska-Attraktionen. Während sich die Lachse mühsam flussaufwärts quälen, bedienen sich die Bären wie im Schlaraffenland. Sie lassen sich dabei von Menschen kaum stören, solange die ihnen nicht zu dicht auf den Pelz rücken.

Die beliebtesten Lachsfangplätze der Bären sind wohlbekannt. Problemlos an der Straße sind die Bären in Hyder (➪ Seite 373) oder im Denali NP (➪ Seite 472) zu beobachten. Um den Andrang der »Beobachter« andernorts zu kanalisieren, stellt die zuständige Behörde regelrechte ***Permits*** fürs ***Bear Watching*** aus. Ohne eine derartige Erlaubnis ist die gezielte Fotojagd in den Schutzgebieten nicht möglich. Das gilt teilweise auch für

- das ***McNeil River State Game Sanctuary*** nördlich des *Katmai National Park*. Die beste Zeit ist von Anf. Juli bis Mitte August. Das *Alaska Department of Fish and Game, McNeil River Sanctuary* vergibt online die *Permits*: www.adfg.alaska.gov/store.
- ***Brooks Camp Campground*** im *Katmai National Park*; beste Zeit ist Mitte Juli und im September. Infos: *Katmai NP*, King Salmon, © (907) 246-3305, www.nps.gov/katm
- den ***Pack Creek*** im *Admiralty Island National Monument*, ➪ Seite 487
- ***Anan Wildlife Observatory*** im *Tongass NF*, ➪ Seite 483
- die ***Kodiak National Wildlife Refuge*** (➪ Seite 450)

Glenn Highway

Adressenanhang

Unterlagenversand für deutschsprachige Länder

Canadian Tourism Commission **(CTC)**
✆ (01805) 526232;
E-Mail: info@meinkanada.com;
www.kanada-entdecker.de

Fremdenverkehrsbüros der einzelnen Provinzen

Travel Alberta
PO Box 2500
Edmonton, AB T5J 2Z4
✆ (780) 427-4321, ✆ 1-800-252-3782
www.travelalberta.com

Tourism British Columbia
PO Box 9830
Victoria, BC V8W 9W5
✆ (250) 356-6363, ✆ 1-800-435-5622
www.hellobc.com

Travel Manitoba
155 Carlton Street
Winnipeg, MB R3C 3H8
✆ (204) 927-7838, ✆ 1-800-665-0040
www.travelmanitoba.com

Northwest Territories
PO Box 610
Yellowknife, NT X1A 2N5
✆ (867) 873-7200, ✆ 1-800-661-0788;
www.spectacularnwt.de

Nunavut
PO Box 1450
Iqaluit, NU X0A 0H0
✆ (867) 979-6551, ✆ 1-866-686-2888
www.nunavuttourism.com

Ontario Travel
10 Dundas Street, Suite 900,
Toronto, ON M7A 2A1,
✆ 1-800-668-2746, ✆ (416) 326-9326,
www.ontariotravel.net/de

Ontario Travel **in Deutschland**:
Lieb Management
Hauptstr. 19a, 83135 Schechen
✆ (089) 689063837
www.lieb-management.de

Tourism Saskatchewan
1621 Albert Street
Regina, SK S4P 2S5
✆ (306) 787-9600, ✆1-877-237-2273
www.sasktourism.com

Tourism Yukon
PO Box 2703
Whitehorse, YT, Y1A 2C6
✆ (867) 667-3051, ✆ 1-800-661-0494
www.travelyukon.com

Tourism Yukon **in Deutschland**:
Kleine Hochstr. 4, 60313 Frankfurt
www.travelyukon.de

Alaska Travel Industry
2600 Cordova Street, Suite 201
Anchorage, AK 99503
✆ (907) 929-2842, ✆ 1-800-667-8489
www.travelalaska.com

Alaska Travel in Deutschland
c/o ESTM,
Postfach 1425,
61284 Bad Homburg,
✆ 06172/921601,
www.alaska-travel.de

Kanadische Botschaften

Deutschland:
Leipziger Platz 17
10117 Berlin
✆ (030) 20312-0
www.kanada.de

Schweiz:
Kirchenfeldstr. 88
CH-3005 Bern
✆ (031) 3573200
www.canadainternational.gc.ca/switzerland-suisse

Österreich:
Laurenzerberg 2
A-1010 Wien
✆ (01) 531383000
www.kanada.at

Botschaften der USA

Deutschland:
Clayallee 170
14191 Berlin
✆ (030) 83050
www.us-botschaft.de

Schweiz:
Sulgeneckstr. 19
CH-3007 Bern
✆ (031) 3577011
http://bern.usembassy.gov

Österreich:
Boltzmanngasse 16
A-1090 Wien
✆ (01) 31339-0
www.usembassy.at

Botschaften in Canada

Deutsche Botschaft

Embassy of Germany
1 Waverley St
Ottawa, ON K2P 0T8
✆ (613) 232-1101
www.ottawa.diplo.de

Österreichische Botschaft

Embassy of Austria
445 Wilbrod Street
Ottawa, ON K1N 6M7
✆ (613) 789-1444
www.austro.org

Schweizer Botschaft

Embassy of Switzerland
5 Marlborough Ave.
Ottawa, ON K1N 8E6
✆ (613) 235-1837
www.eda.admin.ch/canada

Botschaften in den USA

Deutsche Botschaft

Embassy of Germany
2300 M Street NW
Washington DC 20037
✆ (202) 298-4000
www.germany.info

Österreichische Botschaft

Embassy of Austria
3524 International Court NW
Washington DC 20008
✆ (202) 895-6700
www.austria.org

Schweizer Botschaft

Embassy of Switzerland
2900 Cathedral Ave NW
Washington DC 20008
✆ (202) 745-7900
www.swissemb.org

Fremdenverkehrsbüros

USA: ***Discover America***, http://de.discoveramerica.com.
Canada: ***Canadian Tourism Commission (CTC)***, www.keepexploring.de.

Die Reiseführer von Reise

Reisehandbücher
Urlaubshandbücher
Reisesachbücher
Europa

Algarve, Lissabon
Amrum
Amsterdam
Andalusien
Apulien
Athen
Auvergne, Cévennen

Barcelona
Berlin, Potsdam
Borkum
Bretagne
Budapest
Burgund

City-Trips mit Billigfliegern
City-Trips mit Billigfliegern, Bd.2
Cornwall
Costa Blanca
Costa Brava
Costa de la Luz
Costa del Sol
Costa Dorada
Côte d'Azur, Seealpen, Hochprovence

Dalmatien
Dänemarks Nordseeküste
Disneyland Resort Paris
Dresden

Eifel
El Hierro
Elsass, Vogesen
England, der Süden
Erste Hilfe unterwegs
Estland
Europa BikeBuch

Fahrrad-Weltführer
Fehmarn
Föhr
Formentera
Friaul, Venetien
Fuerteventura

Gardasee, Trentino
Golf von Neapel, Kampanien
Gomera
Gotland
Gran Canaria
Großbritannien

Hamburg
Helgoland
Hollands Nordseeinseln
Hollands Westküste
Holsteinische Schweiz

Ibiza, Formentera
Irland
Island, Faröer
Istanbul
Istrien, Kvarner Bucht

Juist

Kalabrien, Basilikata
Katalonien
Köln
Kopenhagen
Korfu, Ionische Inseln
Korsika
Krakau, Tschenst.
Kreta
Krim, Lemberg, Kiew
Kroatien

Landgang an der Ostsee
Langeoog
La Palma
Lanzarote
Latium mit Rom
Leipzig
Ligurien, Cinque Terre
Litauen
London

Madeira
Madrid
Mallorca
Mallorca, Leben/Arbeiten
Mallorca, Wandern
Malta, Gozo, Comino
Mecklenb./Brandenb.: Wasserwandern
Mecklenburg-Vorp. Binnenland
Menorca
Montenegro
Moskau
Motorradreisen
München

Norderney
Nordseeinseln, Dt.
Nordseeküste Niedersachsens
Nordseeküste Schleswig-Holstein
Nordspanien
Nordzypern
Normandie
Norwegen

Ostseeküste Mecklenburg-Vorp.
Ostseeküste Schleswig-Holstein
Outdoor-Praxis

Paris
Piemont, Aostatal
Polens Norden
Polens Süden
Prag
Provence
Provence, Templer
Pyrenäen

Rhodos
Rom
Rügen, Hiddensee
Ruhrgebiet
Rumänien, Rep. Moldau

Sächsische Schweiz
Salzburg, Salzkammergut
Sardinien
Schottland
Schwarzwald, südl.
Schweiz, Liechtenstein
Sizilien, Lipar. Inseln
Skandinavien, der Norden
Slowakei
Slowenien, Triest
Spaniens Mittelmeerküste
Spiekeroog
St. Tropez und Umgebung
Südnorwegen
Südwestfrankreich
Sylt

Teneriffa
Tessin, Lago Maggiore
Thüringer Wald
Toscana
Tschechien
Türkei, Hotelführer
Türkei: Mittelmeerküste

Umbrien
Usedom

Venedig

Know-How auf einen Blick

Reisehandbücher
Urlaubshandbücher
Reisesachbücher

Fernziele

Afrika, Durch, 2 Bde.
Agadir, Marrakesch, Südmarokko
Ägypten individuell
Ägypten/Niltal
Alaska ⇗ Kanada
Algerische Sahara
Argentinien, Uruguay, Paraguay
Äthiopien
Australien – Auswandern
Australien, Osten und Zentrum
Australien, Westen und Zentrum

Baikal, See u. Region
Bali und Lombok
Bali, die Trauminsel
Bangkok
Botswana
Brasilien
Brasilien kompakt

Cabo Verde
Chicago
Chile, Osterinsel
China Manual
Chinas Osten
Costa Rica
Cuba

Djerba & Zarzis
Dominikanische Republik
Dubai, Emirat

Ecuador, Galápagos
Erste Hilfe unterwegs

Fahrrad-Weltführer
Florida
Fuerteventura

Guatemala

Havanna
Hawaii
Honduras
Hongkong, Macau, Kanton

Indien, der Norden
Indien, der Süden
Iran

Japan
Jemen
Jordanien

Kalifornien und USA Südwesten
Kalifornien, Süden und Zentrum
Kambodscha
Kamerun
Kanada, USA
Kanadas Maritime Provinzen
Kanadas Osten, USA Nordosten
Kanadas Westen, Alaska
Kapstadt – Garden Route (Südafrika)
Kapverdische Inseln
Kenia
Kenia kompakt
Kerala (Indien)
Krügerpark – Kapstadt (Südafrika)

Ladakh, Zanskar
Laos
Lateinamerika BikeBuch
Libyen

Malaysia, Singapur, Brunei
Marokko
Mauritius, La Réunion
Mexiko
Mexiko kompakt
Mongolei
Motorradreisen
Myanmar

Namibia
Namibia kompakt
Neuseeland BikeBuch
New Orleans
New York City
New York im Film

Oman
Outdoor-Praxis

Panama
Peru, Bolivien
Peru kompakt
Phuket (Thailand)

Qatar
Queensland (Australien)

Rajasthan (Indien)

San Francisco
Senegal, Gambia
Singapur
Sri Lanka
St. Lucia, St. Vincent, Grenada
Südafrika
Südafrika: Kapstadt – Garden Route
Südafrika: Krügerpark – Kapstadt
Sydney, Naturparks
Syrien

Taiwan
Tansania, Sansibar
Thailand
Thailand – Tauch- und Strandführer
Thailands Süden
Tokyo, Kyoto, Yokohama
Transsib
Trinidad und Tobago
Tunesien
Türkei, Hotelführer
Türkei: Mittelmeerküste

Uganda, Ruanda
USA, als Gastschüler
USA, Kanada
USA, Canada BikeBuch
USA Nordosten, Kanada Osten
USA, der große Süden
USA Südwesten, Kalif., Baja California
USA, Südwesten, Natur u. Wandern
USA, der ganze Westen

Venezuela
Vereinigte Arabische Emirate
Vietnam

Westafrika – Sahel
Westafrika – Küste
Wo es keinen Arzt gibt

Yucatán (Mexiko)

PANORAMA

Australien
Cuba
Rajasthans Palasthotels
Südafrika
Thailands Bergvölker und Seenomaden
Tibet
Vietnam

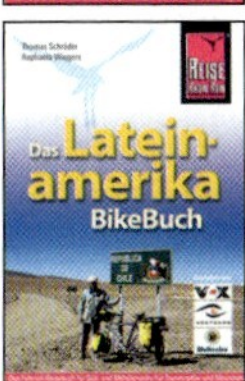

Edition Reise Know-How

In der Edition Reise Know-How erscheinen außergewöhnliche Reiseberichte, Reportagen und Abenteuerberichte, landes kundliche Essays und Geschichten. Gemeinsam ist allen Titeln dieser Reihe: Sie unterhalten, sei es unterwegs oder zu Hause – auch als ideale Ergänzung zum jeweiligen Reiseführer.

Abenteuer Anden - Eine Reise durch das Inka-Reich.
ISBN 3-89662-307-9 · € 17,50

Auf Heiligen Spuren - 1700 km zu Fuß durch Indien.
ISBN 3-89662-387-7· € 17,50

Die Salzkarawane - Mit den Tuareg durch die Ténéré.
ISBN 3-89662-380-X · € 17,50

Durchgedreht – Sieben Jahre im Sattel
ISBN 3-89662-383-4 · € 17,50

Myanmar/Burma – Reisen im Land der Pagoden.
ISBN 3-89662-196-3 · € 17,50

Odyssee ins Glück – Als Rad-Nomaden um die Welt
10 Jahre, 160.000 km und 5 Kontinente
ISBN 978-3-89662-520-5 · € 17,50

Please wait to be seated – Bizzares und Erheiterndes von Reisen in Amerika. ISBN 3-89662-198-X · € 12,50

Rad ab – 71.000 km mit dem Fahrrad um die Welt.
ISBN 3-89662-383-4 · € 17,50

Südwärts – von San Francisco nach Santiago de Chile.
ISBN 3-89662-308-7 · € 17,50

Suerte – 8 Monate auf Motorrädern durch Südamerika.
ISBN 978-3-89662-366-9 · € 17,50

Taiga Tour – 40.000 km allein mit dem Motorrad von München durch Russland nach Korea und Japan · ISBN 3-89662-308-7 · € 17,50

USA Unlimited Mileage – Abgefahrene Episoden einer Reise durch Amerika. ISBN 3-89662-189-0 · € 14,90

Völlig losgelöst – Panamericana Mexiko–Feuerland in zwei Jahren
ISBN 978-89662-365-2 · € 14,90

Die goldene Insel – Geschichten aus Mallorca
ISBN 3-89662-308-7 · € 10,50

Eine Finca auf Mallorca oder Geckos im Gästebett
ISBN 3-89662-176-9 · € 10,50

Eine mallorquinische Reise – Mallorca 1929
ISBN 3-89662-308-7 · € 10,50

Geschichten aus dem anderen Mallorca
ISBN 3-89662-308-7 · € 10,50

Mallorca für Leib und Seele – Schlange im Schneckensud und andere Köstlichkeiten · ISBN 3-89662-195-5 · € 14,90

„Rad & Bike"

Fahrrad Weltführer – Das Standardwerk für Fernreiseradler, 2. Aufl., 744 Seiten. ISBN 3-89662-304-4 · € 23,50

BikeBuch USA/Canada – 624 S., über 170 Fotos und 45 Karten
ISBN 3-89662-389-3 · € 23,50

Fahrrad-Europaführer– 3. Auflage, 648 S., über 50 Karten und 200 Fotos und Abb. · ISBN 978-3-89662-384-3 · € 25,00

Das Lateinamerika BikeBuch 696 S., 92 SW- und 32 Farbfotos, 27 Karten · ISBN 978-3-89662-388-1 · € 25,00

Hans-R. Grundmann, Markus Hundt

Süd- und Zentral-kalifornien mit Las Vegas

Mit dem neuesten USA-Führer von Reise Know-How Kalifornien und Las Vegas entdecken und **Abstecher zu den Nationalparks Zion, Bryce und Grand Canyon** einplanen. Ein dichtes Routennetz führt zu allen großen National Parks, zu State Parks, Cities und weniger bekannten Attraktionen zwischen Pazifikküste und den Wüsten Ostkaliforniens (Death Valley) und Nevada.

Ideal für Reisen auf eigene Faust mit Miet-Pkw oder Campmobil: Über 250 Camping- und 300 H/Motel-Hinweise.

608 Seiten, 48 Karten, über 400 Farbfotos; mit separater Planungskarte; 1. Auflage 2013, ISBN 978-3-89662-223-5 · €22,50

P. Thomas, E. Berghahn, H.-R. Grundmann

Kanada Osten / USA Nordosten

Dieser grenzüberschreitende Reiseführer behandelt über ein dichtes Routennetz auf kanadischer Seite Ontario, Québec, New Brunswick, Nova Scotia und Newfoundland, in den USA die Neu-England-Staaten mit Boston und New York City und State sowie Michigan mit Chicago und Detroit. Ideal für Reisen auf eigene Faust per Pkw mit Motel-/Hotel- oder Zeltübernachtung oder mit Campmobil. Zahlreiche Unterkunftsempfehlungen und Hunderte von Hinweisen auf die schönsten Campplätze am Wege.

720 Seiten, 56 Karten, vierfarbig. Mit sep. Karte der Gesamtregion und New York City Extra (48 Seiten). ISBN 978-3-89662-276-1 · €25,00

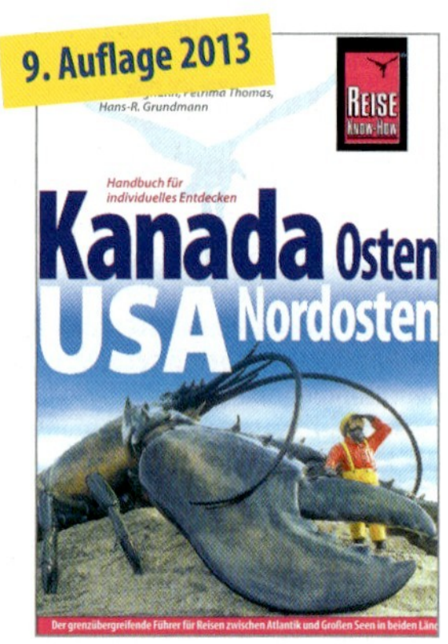

Hans-R. Grundmann, Bernd Wagner

Florida mit Atlanta, Charleston, New Orleans

Nicht nur Strände, High-Life, Disney- und Amusementparks, sondern auch Natur satt mit exotischer Flora und Fauna in Mangrovensümpfen, an glasklaren Quellflüssen und am sagenumwobenen Suwanee River. Dazu alte Historie, Multikulti, Architektur- und Musentempel. Als Kontrapunkt Weltraum- und Militärtechnik hautnah. Routen nach Florida ab Atlanta

Landeskunde und ausführlicher Serviceteil mit jeder Menge Unterkunfts-, Camping- und Restauranttipps; dazu Hunderte von Webadressen für weiterführende Informationen.

500 Seiten, 47 Karten, über 300 Farbfotos; mit separater Florida-Karte; 6. Auflage 2013, ISBN 978-3-89662-280-8 · €22,50

Hans.-R. Grundmann

USA OSTEN der alte Süden

US-Staaten zwischen Ostküste und Mississippi von Philadelphia/Washington DC bis nach Florida

Die schönsten Routen durch Virginia, die Carolinas, Tennessee, Georgia, Mississippi, Louisiana, Alabama – und darüberhinaus durch Florida. Großes City-Kapitel Washington DC mit Abstechern nach in Maryland und Pennsylvania. Geschichte, Kultur, Landschaften.

In diesem Buch erfährt der Leser alles zu Planung und Vorbereitung einer Reise auf eigene Faust durch den ganzen US-Süden mit Mietwagen & Motel-/Hotelunterkunft, Mietauto & Zelt oder per Campmobil. Ausgewählte Übernachtungstipps und viele Campingempfehlungen.

696 Seiten, 70 Karten, über 300 Farbfotos, separate Karte USA-Südstaaten.

ISBN 978-3-89662-255-6 · €25,00

2. Auflage 6/2014

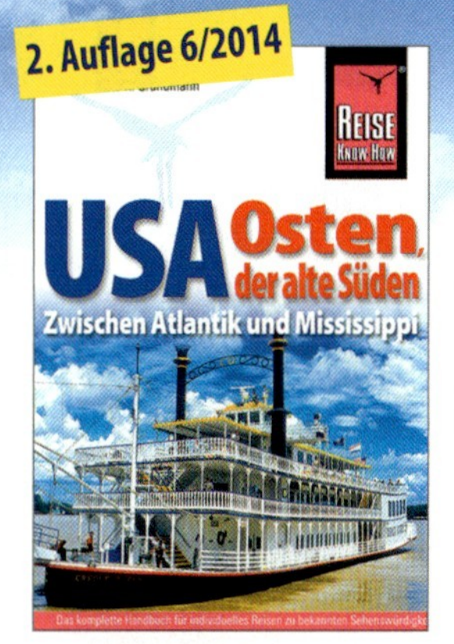

Hans-R. Grundmann, Isabel Synnatschke

USA Südwesten mit ganz Kalifornien

»USA Südwesten« ist von denselben Autoren wie der RKH-Erfolgstitel »USA Westen« und behandelt noch detaillierter das Kerngebiet des USA-West-Tourismus. Neben ganz Kalifornien sind dies der südliche Teil Nevadas, der Süden Utahs und Colorados sowie der Westen von New Mexico und ganz Arizona. In diesem Bereich befinden sich die meisten bekannten Nationalparks der USA und mit San Francisco, Los Angeles, San Diego, Las Vegas, Phoenix, Tucson und Santa Fe die attraktivsten Städte des Westens.

768 Seiten, 68 Karten, über 400 Farbfotos, separate Planungskarte USA-Südwesten.

ISBN 978-3-89662-178-8 · €23,50

1. Auflage 1/2014

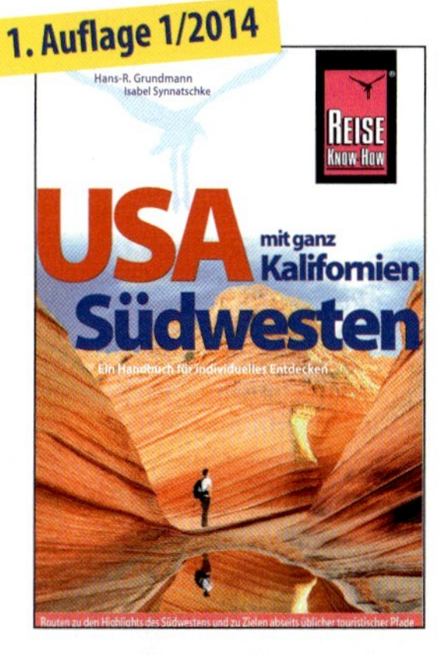

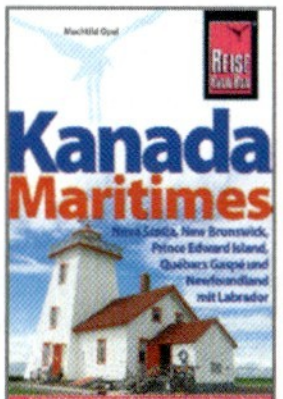

Reise Know-How-Verlag Dr. Hans-R. Grundmann GmbH,
Am Hamjebusch 29 26655 Westerstede; **www.reisebuch.de**

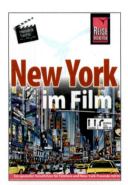

ALPHABETISCHES REGISTER – INDEX

Im Register finden sich alle Ortsnamen, Sehenswürdigkeiten und geographischen Bezeichnungen ebenso wie alle wichtigen Sachbegriffe. Egal, wonach man sucht, seien es Informationen zur Automiete, zu einer Stadt oder einem Nationalpark, alles ist unterschiedslos alphabetisch eingeordnet.

Abkürzungen:

NHP=National Historic Park; **NP**=National Park; **PP**=Provincial Park; **SP**=State Park (USA-Alaska)

AB=Alberta; **BC**=British Columbia

Stadt- und Umgebungspläne in Canada

Provinzen und Regionen

Icefields Parkway

Alaska Highway

Karten Alaska

Karten für Anfahrt ab Seattle/USA

(dazu kein Kartenschnitt in der Klappe rechts)

Sonstige Karten

Routenvorschläge 1 bis 6

KARTENLEGENDE

Trans-Canada-Highway *(TCH)*

Autobahnen und wichtige Fernstraßen

befestigte Provincial und County Roads

Im Buch beschriebene Strecken

Wanderwege *(Trails)*

unbefestigte Straßen

Streckenhinweise

Nationalparks / Provincial Parks

Sehenswürdigkeiten und wichtige Anlaufpunkte

Information, Parkplatz, Tankstelle

Ranger-Station

Campingplätze

Berg, Pass, Ausblick